亳州年鉴

YEARBOOK OF BOZHOU

中共亳州市委党史和地方志研究室　编

2019

总第18卷

图书在版编目（CIP）数据

亳州年鉴 2019/ 中共亳州市委党史和地方志研究室编 .
—北京：方志出版社，2019.9
ISBN 978-7-5144-3916-8

Ⅰ . ①亳… Ⅱ . ①中… Ⅲ . ①亳州市－ 2019 －年鉴
Ⅳ . ① Z525.43

中国版本图书馆 CIP 数据核字（2019）第 259910 号

亳州年鉴（2019）

编　　者：中共亳州市委党史和地方志研究室
责任编辑：张　颢

出 版 者：方志出版社
地址　北京市朝阳区潘家园东里 9 号（国家方志馆 4 层）
邮编　100021
网址　http://www.fzph.org
发　　行：方志出版社图书经销中心
电话（010）67110500
经　　销：各地新华书店
印　　刷：安徽新华印刷股份有限公司

开　　本：889×1194　　1/16
印　　张：28.5
字　　数：689 千字
版　　次：2019 年 9 月第 1 版　　2019 年 9 月第 1 次印刷
印　　数：001~800 册

ISBN 978-7-5144-3916-8　　定价：180.00 元

亳州年鉴编纂委员会

主　　任　杜延安　市委副书记、市政府市长

常务副主任　曹振萍　市政府副市长

副 主 任　靳家海　市委副秘书长、办公室主任

苏维峰　市人大常委会副秘书长、办公室主任

张秀忠　市政府副秘书长、办公室主任

李　松　市政协副秘书长、办公室主任

杨立民　市纪委监委副书记、副主任

胡海鹏　市委组织部副部长、市委老干部局局长

修　薇　市委宣传部（市政府新闻办公室）副部长（主任）

时明金　中共亳州市委党史和地方志研究室主任

委　　员　张　磊　市委政法委副书记

管卫东　市委统战部副部长、市工商联党组书记、市侨办主任（兼）

韩　建　市发展和改革委员会副主任

孙德平　市农业农村局副局长

何志魁　市经济和信息化局副局长

孙亚伟　市人力资源和社会保障局副局长

袁　剑　市商务局副局长

宋保众　市财政局副局长

袁　芬　市审计局副局长

鲁　娅　市民政局副局长

张　明　市文化旅游体育局（市广播电视新闻出版局）副调研员

修　琳　市卫生健康委员会（市中医管理局）副主任

耿成华　市教育局副局长

钱飞龙　市统计局副局长

李　军　市科学技术局副调研员

张中智　市总工会调研员

刘恒新　亳州晚报社副社长、副总编辑

吴　宏　人民银行亳州市中心支行副行长

刘　年　中国银行保险监督管理委员会亳州监管分局副调研员

张天峰　国家税务总局亳州市税务局

王景彩　市档案局副局长

梅　飞　市自然资源和规划局（市林业局）副调研员

张　峡　中共亳州市委党史和地方志研究室副主任

陈长安　涡阳县委常委、副书记，县委政法委书记、县委党校校长

怀　颖　蒙城县委常委、副书记

潘秀峰　利辛县委常委、县委办公室主任

杨　荔　谯城区政府副区长

亳州年鉴编辑部

主　　编　时明金

副 主 编　张　峡　任亚东　孙静（执行）

编　　辑　孙　静

校　　对　孙　静　胡晓瑞　李之平　葛靖雯　张艳慧

英文目录　蔡　莉

篆　　刻　孙　凯

编辑说明

一、《亳州年鉴(2019)》以马克思列宁主义、毛泽东思想、邓小平理论、“三个代表”重要思想、科学发展观、习近平新时代中国特色社会主义思想为指导，坚持辩证唯物主义和历史唯物主义的立场、观点和方法，全面记述2018年全市自然、经济、政治、文化、社会生态文明等各方面的发展情况，本卷是连续出版的第18卷。

二、本卷年鉴除“特载”类目采用综合性文章外，其余均采用分级分类法，按照类目、分目、条目三级分类编纂，设特载、专记、大事记、市情概览、中国共产党亳州市委员会、亳州市人民代表大会、亳州市人民政府、中国人民政治协商会议亳州市委员会、纪检监察、民主党派、群众团体、法治、军事、发展改革、经济管理、中药业、农业、工业、商业、旅游业、财政 税务 金融、交通 邮政 通信、城乡建设与管理、教育、科技、文化、医疗卫生、体育、社会事务管理、开发区建设、县（区）概览、建制镇、人物等33个类目、166个分目、905个条目。并在卷首设有图片专题、卷尾设有附录。全卷有附表22个，主体类目使用图片184幅。本卷年鉴记述起讫时间原则上为2018年1月1日至2018年12月31日。为保持内容资料的完整性和连续性，部分文字资料和图片资料适当上溯或下延。

三、本卷文字资料由全市各部门、各县（区）及其他有关单位提供，亳州市年鉴编辑部统筹编纂，经各部门和单位审核定稿。

四、本卷主要综合性统计数据由市统计局提供。所用数据由于统计的来源、口径、方式、方法和时间的不同，可能存在一定差异，使用时请以市统计局提供的统计资料数据为准；凡市统计局未做统计的，以供稿单位提供的数据为准。

五、本卷计量单位一般均使用法定的单位，如土地面积的计量单位使用“公顷”“平方米”，里程计量单位使用“千米”“米”等。“农业”类目及“附录”中，为遵从行业或使用习惯，有些内容使用“亩”等单位。

六、本卷使用的数据一般保留到小数点后两位，保留数末尾为“零”的，一般不标出。同时，根据实际情况对部分数据予以全部保留。

七、本卷对熟知度不高的英文缩写、简称和专有名词进行解释，熟知度较高的英文缩写、简称和专有名词一般不作解释。

八、本卷中机构或单位名称首次出现时使用全称，此后使用规范简称。

九、为方便读者检索，本卷年鉴卷首设有详细目录，卷尾设有主题索引，正文每页设有书眉。

要　目

Y A O M U

亳州市行政区划图

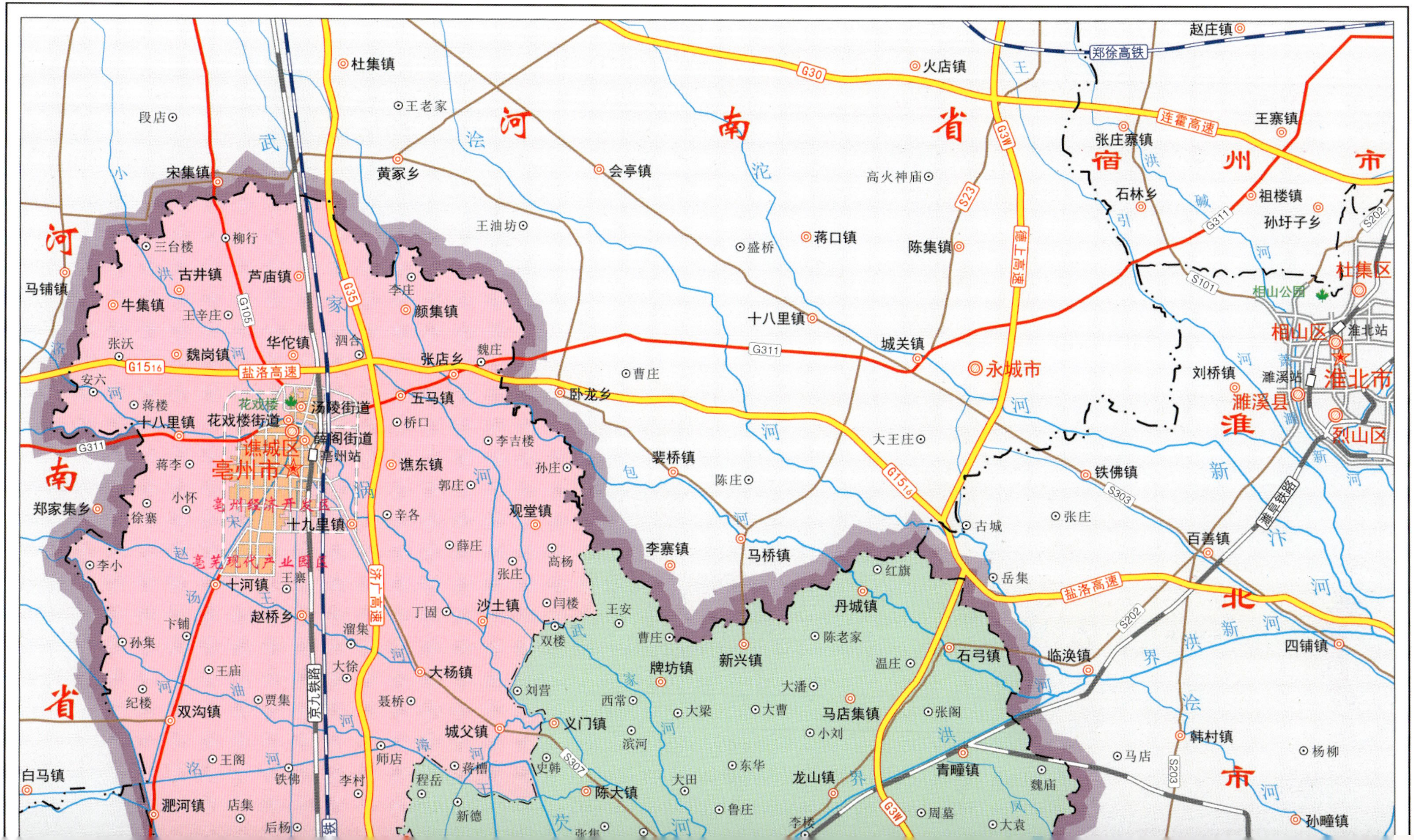

河南省
宿州市
淮北市
杜集区
相山区
烈山区
濉溪县
永城市
亳州市
谯城区
亳州经济开发区
亳芜现代产业园区
相山公园
花戏楼
淮北站
濉溪站
亳州站
郑徐高铁
京九铁路
濉阜铁路
连霍高速
德上高速
盐洛高速
济广高速
G30
G3W
G35
G15₁₆
G311
G105
S101
S202
S203
S23
S303
S307
赵庄镇
火店镇
杜集镇
王寨镇
张庄寨镇
石林乡
祖楼镇
孙圩子乡
王老家
段店
宋集镇
黄冢乡
会亭镇
高火神庙
王油坊
盛桥
蒋口镇
陈集镇
马铺镇
三台楼
柳行
古井镇
芦庙镇
李庄
颜集镇
牛集镇
王辛庄
华佗镇
泗合
张店乡
魏庄
十八里镇
城关镇
张沃
魏岗镇
安六
蒋楼
汤陵街道
五马镇
卧龙乡
曹庄
刘桥镇
花戏楼街道
薛阁街道
桥口
李吉楼
大王庄
裴桥镇
蒋李
谯东镇
孙庄
陈庄
铁佛镇
郑家集乡
小怀
徐寨
郭庄
辛各
观堂镇
十九里镇
古城
张庄
薛庄
李寨镇
马桥镇
百善镇
李小
十河镇
王寨
高杨
张庄
红旗
岳集
汤王
丁固
沙土镇
闫楼
王安
丹城镇
卞铺
赵桥乡
溜集
双楼
曹庄
陈老家
孙集
王庙
大徐
大杨镇
刘营
牌坊镇
新兴镇
温庄
石弓镇
临涣镇
四铺镇
纪楼
贾集
聂桥
西常
大潘
双沟镇
大梁
大曹
马店集镇
张阁
义门镇
城父镇
滨河
小刘
韩村镇
王阁
师店
蒋槽
史韩
东华
马店
杨柳
白马镇
铁佛
李村
程岳
大田
龙山镇
青疃镇
魏庙
淝河镇
店集
新德
陈大镇
鲁庄
周墓
大袁
后杨
张集
李楼
孙疃镇
武家河
涡河
洪河
油河
洺河
漳河
茨河
凤河
浍河
界洪河
新河
淮河
包河
赵王河
沱河
王引河
碱河
洪河

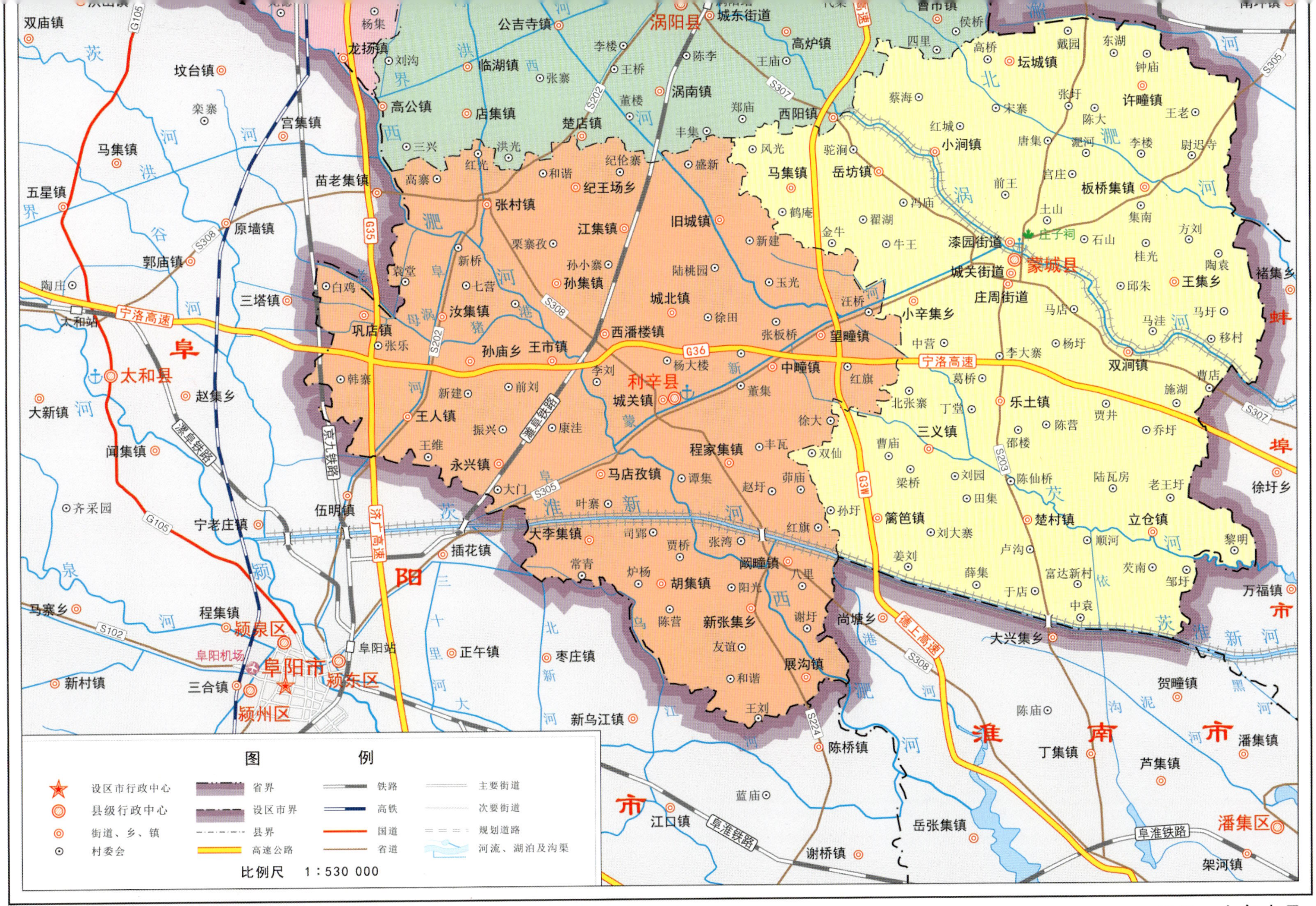

安徽省第四测绘院编制 审图号：皖亳S（2017）03号

二〇一七年十月

亳芍花开（陈海红　摄）

地区生产总值及增长

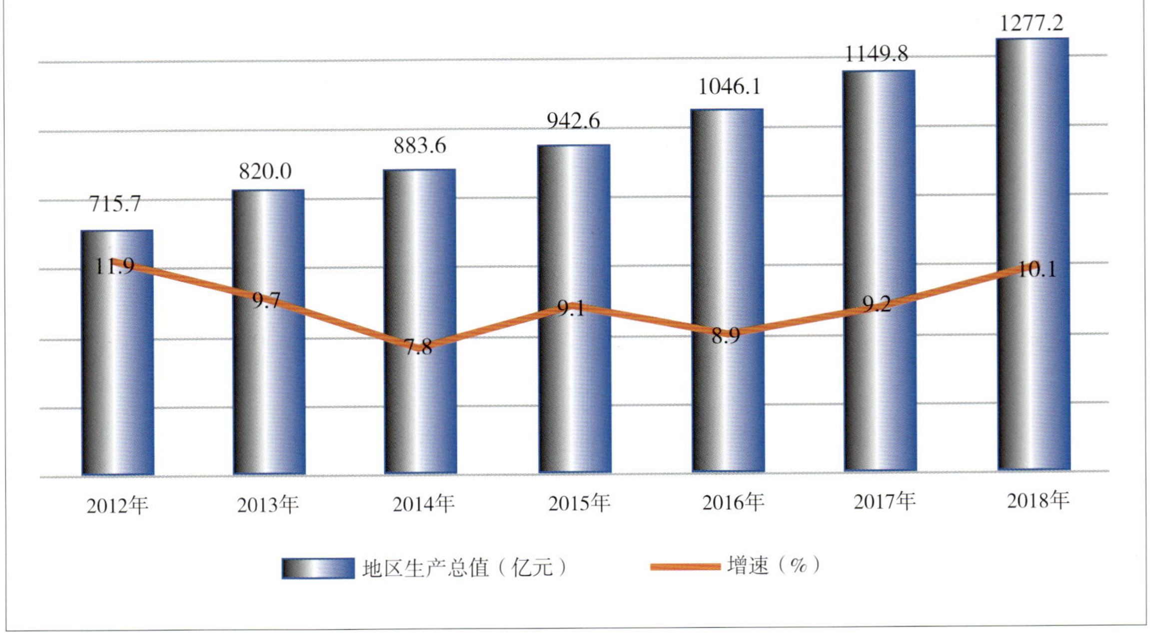

粮食产量及增长

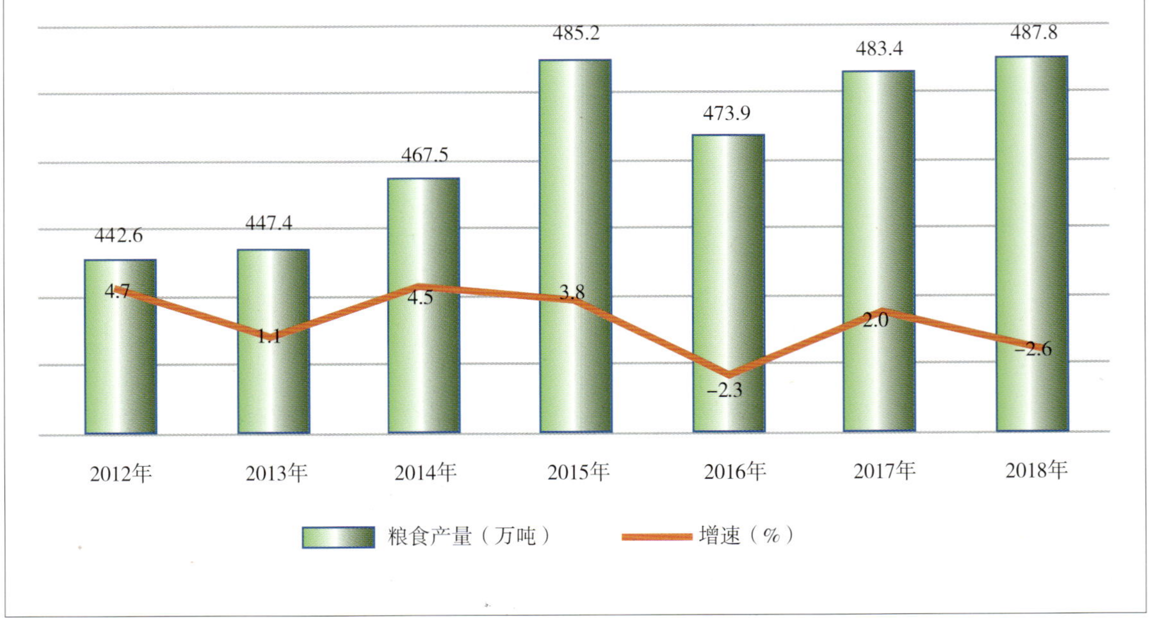

固定资产投资及增长
1067.2
874.9
767.3
650.9
541.5
430.3
29.4
25.8
20.2
17.9
14.0
22.0
18.0
2012年
2013年
2014年
2015年
2016年
2017年
2018年
固定资产投资（亿元）
增速（%）

工业增加值及增长
399.8
359.8
336.1
305.8
286.7
269.2
241.0
16.7
14.8
8.6
10.1
9.7
8.5
10.9
2012年
2013年
2014年
2015年
2016年
2017 年
2018 年
工业增加值（亿元）
增速（%）

财政收入及增长

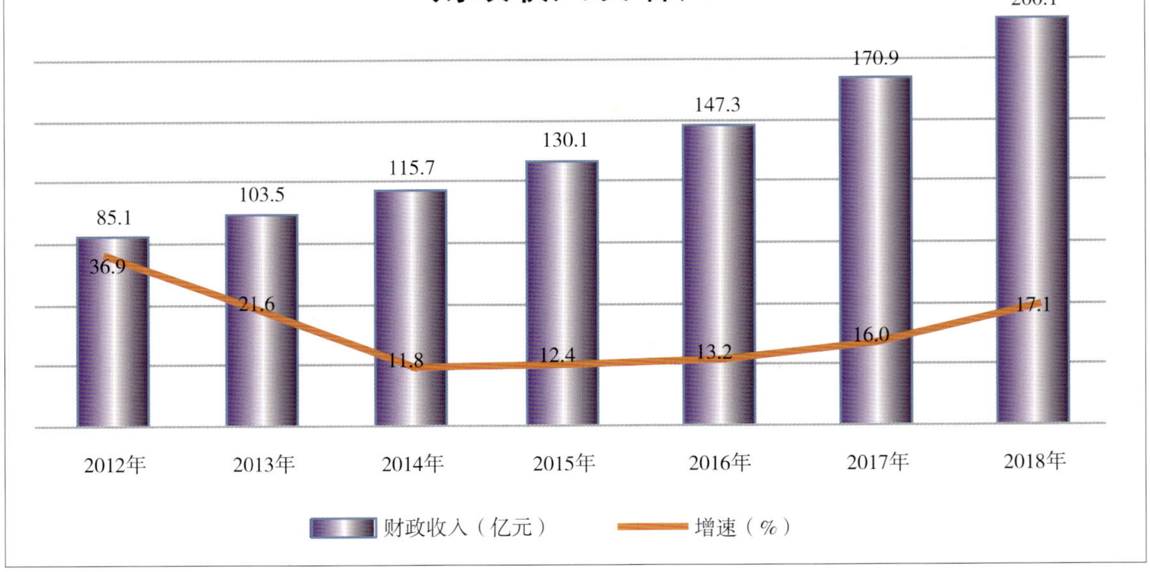

社会消费品零售总额及增长

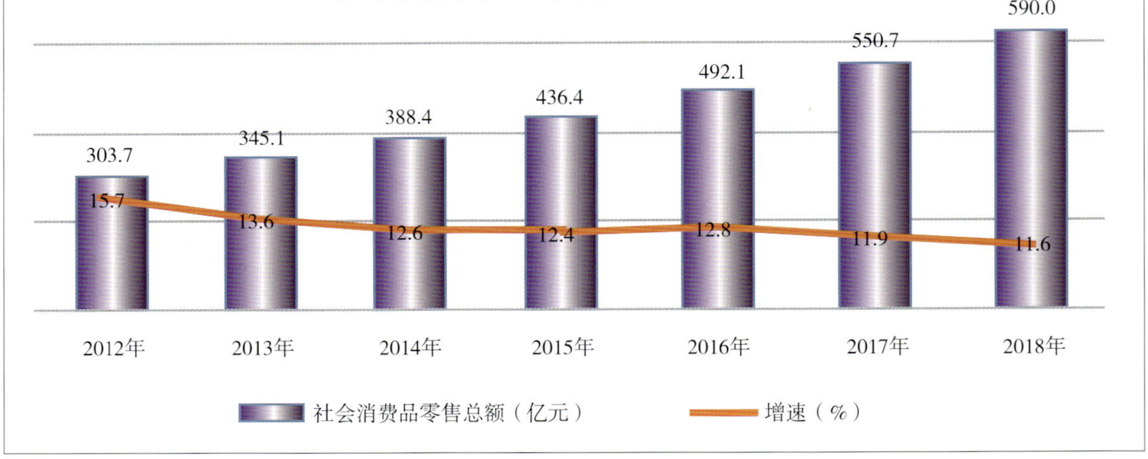

进出口总额及增长

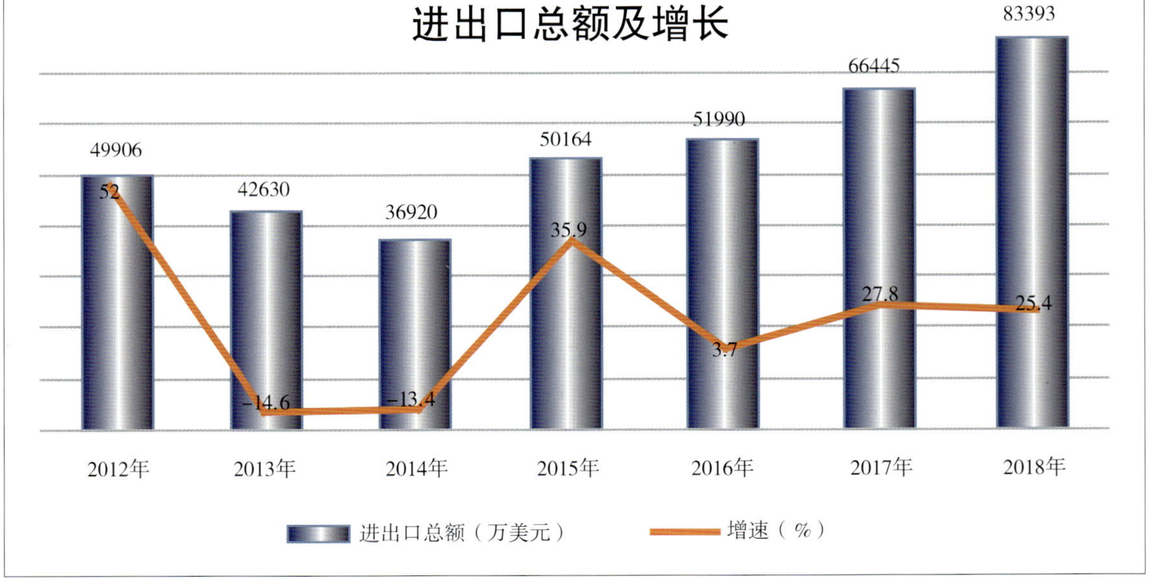

城镇常住居民人均可支配收入及增长
20488
22605
21192
23120
25053
27246
29711
13.2
10.3
8.6
9.1
8.4
8.8
9.1
2012年
2013年
2014年
2015 年
2016 年
2017年
2018年
城镇常住居民人均可支配收入（元）
增速（%）

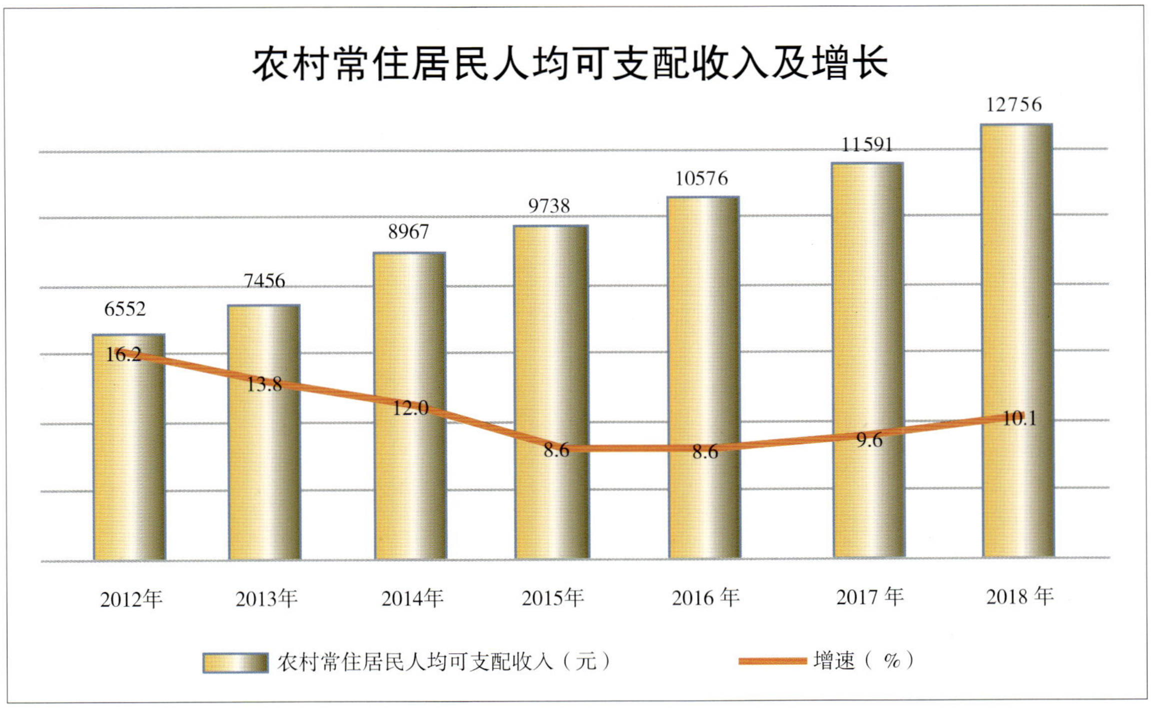
农村常住居民人均可支配收入及增长
6552
7456
8967
9738
10576
11591
12756
16.2
13.8
12.0
8.6
8.6
9.6
10.1
2012年
2013年
2014年
2015年
2016 年
2017 年
2018 年
农村常住居民人均可支配收入（元）
增速（%）

2018 年 1 月 6-9 日，亳州市第四届人民代表大会第二次会议召开（张延林　摄）

2018 年 1 月 5-8 日，中国人民政治协商会议第四届亳州市委员会第二次会议召开（张延林　摄）

2018 年，亳州市掀起学习贯彻党的十九大精神热潮。图为市直机关学习贯彻党的十九大精神科级干部轮训（杨锐　供图）

2018 年 2 月 22 日，全市推进五大发展第一次督查调度会暨招商引资工作会议（张延林　摄）

2018 年 12 月 9 日，商合杭高铁跨涡河特大桥连续钢构拱桥建设中（刘勤利　摄）

2018 年 10 月 18 日，涡河建安路隧道正式通车（刘勤利　摄）

2018 年 12 月 23 日，引江济淮供水管道工程施工现场（李伟奇　摄）

2018年，亳州市持续推进优质专用粮食生产，全年粮食总产居全省第二位。图为6月2日，谯城区赵桥乡双楼村，农民利用收割机在田间收获小麦（刘勤利　摄）

2018年，亳州市中医药产业规模突破1000亿元，“世界中医药之都”建设步伐加快。图为9月21日华佗国药智能化提取及配方颗粒生产项目车间（张延林　摄）

近年来，亳州市全力推进招商引资。图为2018年12月29日，涡阳县鸿路钢构一期、二期全貌

（董鹏　供图）

2017 年 12 月 31 日，2018 年亳州文化旅游年开幕式（刘勤利　摄）

2018 年 12 月 12 日，第六届道德模范、第三届美德少年颁奖典礼（刘勤利　摄）

2018 年 5 月 13 日，亳州国际马拉松开赛（刘勤利　摄）

2018 年，亳州市推进生态环境保护。图为 5 月 22 日，北部新城陵西湖美景（刘勤利　摄）

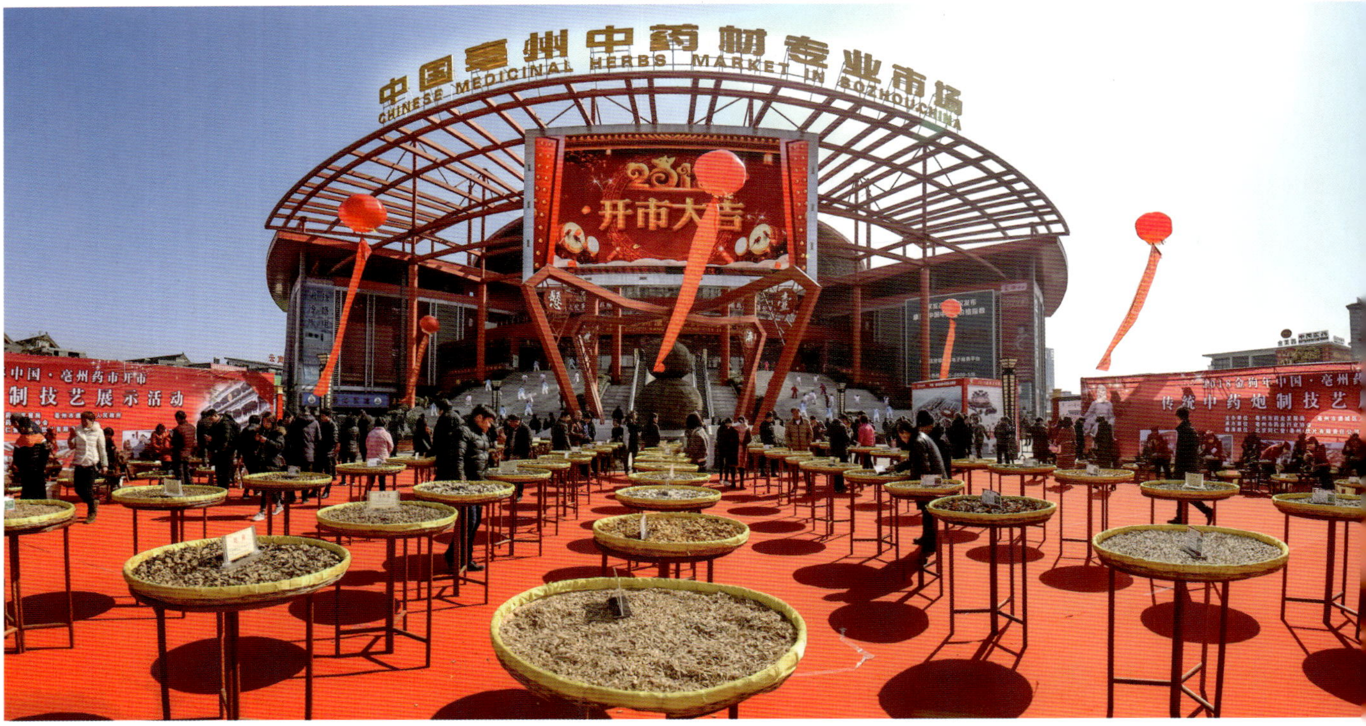

2018 年 3 月 5 日，亳州药市开市（陈海红　摄）

2018 年 3 月 5 日，亳州药材市场（刘勤利　摄）

2018年9月9日，纪念华佗诞辰1891年祭祀典礼（梁西海 摄）

2018年9月9日，华佗国医馆正式开馆，名中医坐堂为市民诊治（刘勤利 摄）

2018年3月5日，传统中药炮制技艺展演（张延林 摄）

药都亳州

2018 年 9 月 9 日，2018 年国际（亳州）中医药博览会暨第 34 届全国（亳州）中药材交易会开幕（梁西海　摄）

2018 年 4 月 14 日，亳州牡丹花海（陈海红　摄）

2018 年 9 月 24 日，谯东镇菊花种植基地，农民在收获菊花（刘勤利　摄）

2018 年 9 月 16 日，世界药膳文化美食节暨中国（亳州）药膳大赛在亳州举办（周同超　供图）

2018 年 9 月 16 日，药膳大赛上参赛作品——“曹操宴”（张延林　摄）

2018 年 9 月 16 日，药膳大赛上，有关人员品评非洲菜（王长江　摄）

2018 年 9 月 19 日，古井贡酒秋季开酿大典（桑雅　摄）

2018 年 9 月 19 日，《九酝酒法》被载入吉尼斯世界纪录（桑雅　摄）

2018 年 9 月 19 日，古井贡酒开酿大典上，与会人员畅饮秋酿头酒（桑雅　摄）

2018 年 9 月 19 日，古井贡酒开酿大典上，与会人员抢购秋酿头酒（桑雅　摄）

无极酒窖（刘少宁　摄）

2018 年 12 月 15 日至 18 日，古井集团 37 度亳菊酒亮相博鳌健康产业发展论坛 2018 年年会（李琼 供图

2018 年 12 月 6 日，全国酿酒产业首届党建文化工作交流会在古井集团召开（桑雅 摄）

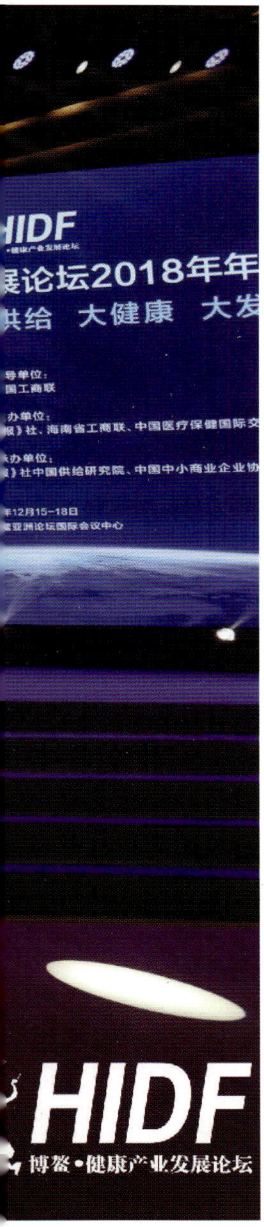

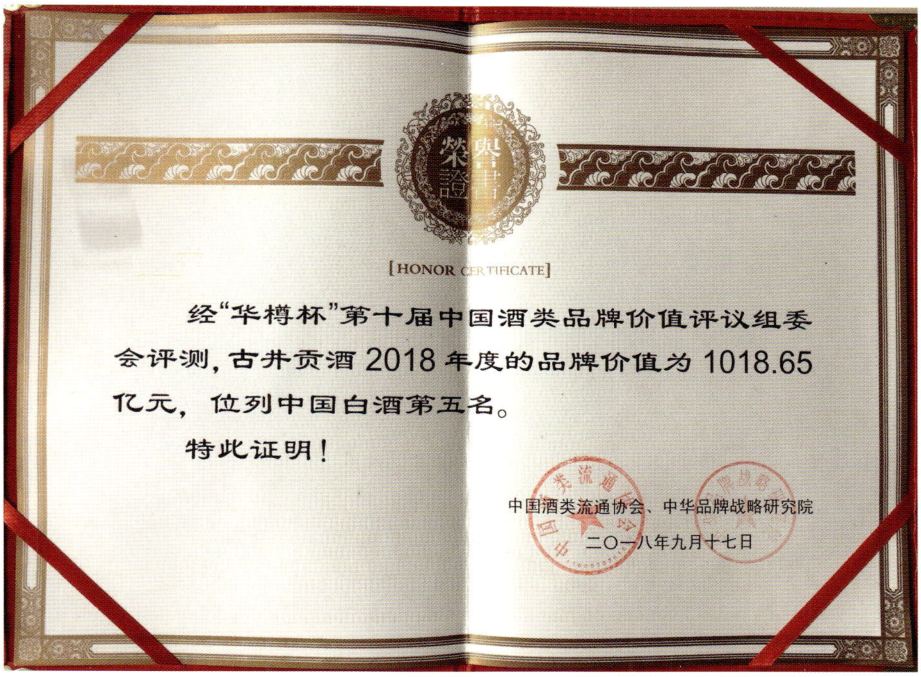

2018中国酒类品牌价值出炉　古井贡1018.65亿，居全国第五名，安徽第一名

2018年6月9日，古井贡酒中国酒文化全球巡礼走进新加坡（李琼　供图）

2018年11月16日，2018中国国际酒业博览会（秋季）在国家会展中心（上海）开幕，与会人员品鉴古井贡酒（桑雅　摄）

2018年11月16日，古井贡获世界烈酒名牌（李琼　供图）

2018 年 10 月 10 日，古井党建企业文化馆（桑雅　摄）

2018 年 1 月 24 日，古井贡酒・年份原浆号高铁冠名列车首发（李琼　供图）

目　录

亳州市人民代表大会

亳州市人民政府

中国人民政治协商会议亳州市委员会

纪检监察

民主党派

群众团体

法　治

军　事

发展·改革

经济管理

中药业

农　业

工　业

商　业

旅游业

财政 · 税务 · 金融

交通·邮政·通信

城乡建设与管理

教　育

科　技

文　化

医疗卫生

体　育

社会事务管理

开发区建设

县（区）概览

建制镇

人　物

附　录

索　引

CONTENTS

特　载

图1　2018年4月16日，亳州花戏楼（刘勤利 摄）

市委常委会工作报告（节选）

——2018 年 12 月 25 日在市委四届七次全会上

中共亳州市委书记　汪一光

一、关于 2018 年以来的工作

2018 年以来，在省委的坚强领导下，全市上下深入学习贯彻习近平新时代中国特色社会主义思想和党的十九大精神，坚持稳中求进工作总基调，紧紧围绕建设现代化五大发展美好亳州目标，坚持“四个导向”，紧盯“四个点问题”，以年度岗位责任目标为抓手，全力推进经济社会高质量发展，着力抓好全面从严治党，努力闯出后发地区弯道超车、跨越崛起的新路。市委常委会在推进各项工作的同时，重点抓了七件大事，就是“三大攻坚战”和“四项专项整治”。

第一，突出打好精准脱贫攻坚战。认真学习贯彻习近平总书记扶贫开发重要论述，坚持以脱贫攻坚统揽经济社会发展全局，2016 年度、2017 年度在省考核中连续两年荣获“好”的等次，谯城区、蒙城县成为全省首批脱贫“摘帽”县区，涡阳县、利辛县列入 2018 年度拟脱贫“摘帽”县区。严格按照“六个精准”“五个一批”“六看六确保”“七个不落、一个不少”等工作要求，聚焦精准，尽锐出战，满足扶贫工作的一切需要。坚持市县乡村四级党组织书记用主要精力主抓脱贫攻坚，扎实开展“五级书记遍访贫困对象”活动。围绕“基础信息一个不能错、精准施策一个不能差、政策落实一个不能缺”目标，组织开展“聚焦精准·脱贫攻坚大调研”。结合“重精准、补短板、促攻坚”专项整改行动，分级分类举办专题培训班 3400 余场、累计培训 17 万多人次。坚持问题导向，扎实开展脱贫攻坚“大排查”工作，认真梳理形成《国家、省反馈脱贫攻坚问题清单》，系统归纳出 82 项重点工作，逐项制定落实举措，明确责任人、完成时限，全面推进问题整改。打造智慧化精准扶贫模式，优化提升亳州市脱贫攻坚手机 APP 功能，扎实做好扶贫对象动态管理和信息采集工作，持续推进数据质量提升，确保系统数据、扶贫手册、档案资料与贫困户真实情况一致。今年安排专项扶贫资金 16 亿元、支出 15.53 亿元。光伏电站已累计发电 5.3 亿千瓦时，等效利用小时数 1053 小时。发挥养殖“两块地”作用，建成特色种养业扶贫基地 295 个。“金银林”扶贫工程落实 9.3 万户、1.4 万公顷。全市扶贫小额信贷余额 24.8 亿元，较年初新增 9.4 亿元。狠抓各项政策措施落实，开展脱贫攻坚春夏秋季攻势，取得了阶段性成效。落实“三残”儿童送教上门有关政策措施。开展慢性病“零材料”鉴定，为贫困慢性病患者开展免费送证、送药上门服务；对贫困精神病人安排医生集中入户鉴定办证。探索开展失能“五保”老人在乡镇卫生院集中供养享受医疗护理，做到有病治病、无病护理，累计入住卫生院 875 人。全省健康脱贫三年攻坚工作会议在我市召开。深入实施“关爱工程”。加强宣传引导，充分发挥“村村通”广播作用，扶贫文艺“轻骑兵”深入田间地头开展巡回演出，开展寻找“最励志脱贫故事”等活动，《安徽亳州：农村“小喇叭”奏响扶贫大乐章》被中国扶贫微信公众号选为“脱贫攻坚100计”。今年已征集“微心愿”15万多条，兑现14万余条。积极推进“中国社会扶贫网”注册使用，“爱心传递·赠衣扶贫”活动取得良好社会效应。创新监督检查方式，盯住关键要害，以暗访为主加强督察，将督察发现问题与效能考核直接挂钩。全市基层基本公共服务8大领域19项主要发展指标，均已完成或超额完成2018年度目标任务。持续开展扶贫领域“懒政怠政、不作为慢作为”专项整治，全市共查处扶贫领域腐败和作风问题399起，处理599人，其中党纪政务处分242人、组织处理317人。

第二，突出打好污染防治攻坚战。紧紧围绕“地净、路畅、水活、天蓝、林拥城”目标，按照“同呼吸、共奋斗、齐行动”要求，健全了市委常委会直接领导、“11+1”工作组、市县乡村分级负责、领导干部分工负责、各职能部门各负其责的领导体制；建立了清单制、挂牌督办、网格化精准治理、做实“二区”“约法三章”、系列专项整治、全域启动、全民参与、大规模走访调研、应急响应、科技支撑等工作机制。召开市委常委会、市委全委会、市环保委扩大会、全市生态文明建设工作电视电话会议、专题调度会等190多次，深入学习领会习近平生态文明思想，安排部署生态文明建设和突出环境问题整治工作。制定《关于全面加强生态环境保护坚决打好污染防治攻坚战的实施意见》等“1+N”系列文件，扎实开展燃煤污染、涉车涉油、非道路移动机械、道路扬尘、餐饮油烟、晒药筛药熏药烘药等系列专项整治。选优配强市县环保部门班子，市县抽调精兵强将成立15个现场检查组，谯城区、市经开区分别抽调人员集中办公，新招录100名工作人员充实到环保力量。举办“共奋斗”研讨班，共开展培训4.1万余人次。按照“四化三可”和“找交销查考”的工作要求，对中央环保督察、生态环境部华东督察局督察、省第二环保督察组督察反馈问题等四类问题逐项进行认真分解，其中中央环保督察反馈问题分解成5020个具体问题；同时不断充实《亳州市生态环境问题清单》，实施清单管理、挂图作战，一事一号、终身不变，做到明确办理责任、明确办理措施、明确办理时限，分别交办、挂牌督办、对账销号。认真开展市级核查验收，过去申请的销号一律取消，重新甄别、重新判定，重新逐一进行现场核查。强化科技支撑，邀请科研机构、环保专家参与我市大气污染防治课题研究，建立会商机制，帮助科学研判。加大科技装备投入，市财政投入4462.5万元，购置一批现代化装备，实现精准锁定“敌人”。开展各行业全门类环境问题大排查，推动问题全整改。今年午季全市实现秸秆焚烧环境卫星遥感监测零火点。开展“全民参与·环保风暴”行动，共受理投诉7634件次，已发放33批次话费充值奖励，共50.67万元。今年以来，全市取缔“十小”企业16家，排查散乱污企业200家，完成整改176家。纪检监察机关已查处环保领域问题线索78起，问责200人，其中警告39人，诫勉49人，正在立案调查8人。对中央环保督察反馈问题涉及相关企业，责令整改1024家，取缔关闭110家，立案处罚85家，罚款553万元。生态环境部《关于通报重点区域2018年10月环境空气质量有关情况的函》通报重点区域10月环境空气质量，亳州在长三角地区41个城市中，PM2.5平均浓度降幅排名第一位。

第三，突出打好防范化解重大风险攻坚战。成立了高规格的市防范化解重大风险领导小组，制定出台防范金融风险年度工作计划，认真落实防范化解金融风险各项措施，守住了不发生系统性金融风险底线。全市债务率、新增债务率、逾期债务率均在预警值以下。开展信用风险、同业风险、互联互保风险等系列排查，加快不良贷款处置，开展互联网金融风险整治，严厉打击非法金融活动，全市银行业金融机构不良贷款率1.48%，低于管控目标。严格执行商品房预售资金监管制度，严格落实房地产信贷政策。落实属地管理责任和监管部门责任，加大非法集资积案处置工作力度，全力推进历史积案的解决，坚决防范新案件发生。截至11月末，全市银行业金融机构各项存款余额2114亿元，较年初增加271亿元，增长14.7%，增幅居全省第三位，存贷比78.4%，新增存贷比118.2%。

第四，扎实推进中央巡视反馈问题整改。明确“1+2+3+16+N”工作思路，深入开展以“查漏洞、抓反弹、补短板”为主要内容的中央巡视整改情况“回头看”，一体推进巡视反馈问题和巡察发现问题整改。对省委巡视整改“回头看”反馈的问题，分别对相关责任人进行约谈。梳理全国全省巡视问题典型案例，制定《巡视各类问题案例参考》，逐一对照，未巡先改。出台《贯彻〈关于市县党委建立巡察制度的意见〉实施办法》等文件。督促两县一区抓好省委第四巡视组巡视反馈问题整改，积极配合省委第七巡视组对我市进行巡视，坚持“即知即改、立行立改”。组织开展市委第三、四、五、六轮常规巡察和脱贫攻坚领域、医疗卫生领域专项巡察，市级常规巡察发现问题1907个，移交问题线索73件；县区常规巡察反馈问题4944个，移交问题线索416件；两个领域专项巡察发现问题1644个，立行立改762个，移交问题线索191件，扎实做好巡视巡察“后半篇文章”。

第五，扎实推进药品药材市场专项整治。成立领导小组，制定行动方案，依法、从严、从快、公开查处违法违规行为。市委常委会专题学习贯彻中央政治局常务委员会会议和习近平总书记关于吉林长春长生生物疫苗案件重要指示精神，引以为戒、举一反三，认真抓好中药药品药材质量监管工作。强化工作保障，成立中药材专业市场秩序整治组等10个工作组，对药品生产企业、经营企业、涉药市场、城乡接合部、农药销售和使用等开展全面检查，进行全环节监管。邀请专家对干部和企业负责人进行培训。探索建立药业产业发展、追溯、监管、诚信、协同五大工作机制。发动全民参与，实行有奖举报。专项整治以来，飞检药品生产企业217家次，收回GMP证书18张；查处城乡接合部非法加工场所1013处。立案行政处罚案件362起，结案264起，罚没金额294.13万元，移交公安机关案件14起。

第六，扎实推进信访维稳专项整治。紧紧围绕“为了谁、依靠谁”这个群众工作永恒主题，认真落实“三到位一处理”工作要求，完善领导接访、带案下访等工作机制，实行“三位一体”包保化解、挂牌督办、挂职信访干部、“三个一”制度，突出从源头上防范化解社会矛盾。创新发展新时代“枫桥经验”，不断完善基层人民调解工作制度。选派228名优秀干部专司信访积案化解工作。深入开展“深重促”专项行动，狠抓各项措施落实，589件市挂牌信访积案、83件省交办“2+3+X”信访积案和挂职信访干部包保的352件信访积案全部化解。“三涉”群体稳定可控，完成退役军人信息采集，开发退役军人专项岗位。全市信访维稳形势持续平稳，实现信访形势、信访秩序“双好转”，信访增量、信访存量“双下降”、信访公信力和群众满意度“双提升”。

第七，扎实推进河长制工作专项整治。成立水污染防治工作组，市县乡村四级河长体系全面建立，制定《河长制专项整治交办问题清单》，完善“找交销查考”工作机制，坚决打好碧水保卫战。加强水资源管理，制定《节水型社会建设规划》，完成高效节水灌溉项目建设任务3513.33公顷，治理小型农田灌排区面积8.03万公顷，谯城区连续三年荣获全省农田水利基本建设“江淮杯”一等奖。加强岸线管理保护，排查整改河道管理范围内乱搭乱建问题688个；拆除无证经营码头272家，对码头沿岸复垦植树，恢复岸线原貌；加强水污染防治，拆除禁养区网箱35368个、围网790.93公顷，关闭或搬迁沿河禁养区范围内畜禽养殖场366家。完成319个入河排污口整改任务，组织实施17条主干道雨污分流管网改造工程，完成黑臭水体治理28条。宋汤河五期、凤尾沟二期等“水活”工程竣工，凤尾沟三期、龙凤新河工程清淤完成，实现水系贯通。水生态修复有序实施，1—10月，国家考核水质断面达标比例得分100分、居全省首位，全市9个水功能区全部达标，已获省级地表水生态补偿资金1700万元。

今年以来，市委常委会在突出抓好以上七项工作的同时，继续坚持一心一意谋发展、聚精会神抓党建，有力推动了经济社会发展行稳致远、党的建设全面加强。

一方面，坚持以五大发展行动计划为抓手，着力推动经济社会高质量发展。我们认真贯彻落实习近平总书记视察安徽时提出的“用新发展理念引领发展行动”重要指示精神，坚持质量第一、效益优先，制定出台《关于促进经济高质量发展的实施意见》，推动经济高质量发展。前三季度，全市地区生产总值931亿元、增长10.3%，增幅居全省第一位；前11个月，全市财政总收入184.6亿元同比增长15.7%，总量、增幅分别居全省第十位、第三位。预计全年财政收入突破200亿元、增长17%左右，提前两年完成我市“十三五”规划目标任务。

一是创新发展取得新成效。着力加快战略性新兴产业发展。坚持以药立市，编制完成《“世界中医药之都”建设发展规划》，加快药品技术转让、中药配方颗粒基地建设等工作，吸引药品技术转让品种200多个，成功引进兽药品种2个，上报省药监局待批中药配方颗粒质量标准研究品种1294个。现代中药产业集聚发展基地在全省考核中被评为A档，获奖补资金5000万元。1—11月，实现产值280亿元，179个重大药业项目完成投资138.7亿元、增长45.1%；现代中医药及健康产业亳州专板第三批次集中挂牌88家企业，累计达233家。亳州新健康快速检测试剂研制专项获批省第三批重大新兴产业专项，36家企业被认定为省2018年第一批高新技术企业，济人药业“中药提取安徽省技术创新中心”获批建设，协和成药业“中药饮片制造新技术安徽省重点实验室”通过认定，东方帝维生物制品等2家企业入选省技术创新示范企业。着力推动工业高质量发展。新增规模工业企业80家，规模工业增加值增长11.6%。食品工业规模企业发展到223家，规上食品工业产值增长12%；市、县食品产业园入驻企业109家，投资78亿元。深化国有企业改革，完善现代企业制度，古井集团坚持剥离辅业、壮大主业，预计全年实现营收104亿元、同比增长19.5%，荣获“中国轻工业百强企业”“中国轻工业食品行业五十强企业”“安徽制造业综合实力50强企业”等称号。蒙城县江淮安驰M5生产线项目建成投产。利辛县富亚纱网上榜工信部制造业单项冠军示范企业；翰联色纺入选工信部制造业与互联网融合发展试点示范项目。推广应用工业机器人152台。新增安徽名牌产品12个，“恒盛”“力源”商标被认定为中国驰名商标。谯城区、蒙城县分别位列省制造业发展综合10强区、增速10快县。着力抓好现代服务业发展。发挥我市历史文化底蕴深厚的优势，顺应群众新期待，持续开展文化旅游年活动，积极创建国家中医药健康旅游示范区，完成北关历史街区精品旅游线路改造一期、二期等一批旅游项目，亳药花海休闲观光大世界、中华药博园项目扎实推进，获评“2018年度中国十大最具活力休闲城市”。1—10月，接待国内旅游人数2266万人次，同比增长22.4%、增幅居全省第一名。出台《亳州市服务业集聚区发展规划（2017—2021年）》，设立现代服务业发展基金50亿元，建成服务业重点项目库，累计入库亿元以上服务业项目161个，总投资1543.7亿元。谯城区成功获批“十三五”省级服务业综合改革试点单位，北关历史街区获批省级服务业集聚区，康美（亳州）华佗国际中药城被评为省级服务业集聚示范园区。亳芜现代产业园区新签约服务外包企业8家，总数达15家；浪潮（亳州）大数据产业园加快建设。大力发展电子商务，培育省级电商先进县2个、电商特色小镇12个、电商示范村40个。着力抓好创新创业。全社会研发经费支出6.2亿元、增长26.7%。深入开展“亳州老乡，请您回家”和助力青年学子创业活动，筑梦社区、青年创客空间分别入驻企业712家、91家。

二是协调发展呈现新气象。扎实推进以人为核心的新型城镇化。加快提升中心城区能级，《城市总体规划（2010—2030年）》获批修编，市中心城区“一纵一横一联一环”快速交通通道完成设计和勘察。今年市中心城区实施重点城建项目133个，已完成投资33.4亿元。引江济淮工程亳州段全面建设，商合杭高铁亳州段线下工程全部完成，高铁南站及站前广场开工建设，亳州机场完成军方审核，亳蚌城际铁路、亳蒙高速前期工作扎实推进。绕城快速通道南西北三线贯通，东线前期工作进展顺利。亳州北公交客运枢纽站建成使用，建安路涡河隧道建成通车，汤王大道涡河隧道和6条下穿铁路立交桥道路顺利推进，三清大道涡河大桥开工建设。坚持产城融合，蒙城、谯城经开区均跻身省开发区综合考评30强。亳芜现代产业园区在2017年度全省南北共建园区发展目标考核中，名列受援方考核第一名。加快新型智慧城市建设步伐，建立“互联网+城管”模式，受理案件65万件、整改率97%。大力实施乡村振兴战略。积极推进农业供给侧结构性改革，全市小麦单产509.5千克、单产水平居全省第一。新增农业“三品一标”认证企业38家73个产品。农民专业合作社发展到19891家，适度规模经营面积29.39万公顷。出台市级农机作业托管服务方案，协议托管面积49.23万公顷。2017年度美丽乡村建设任务全部完成，2018年度建设任务已完成88.3%。持续开展乡村生态游，培育精品旅游线路7条，吸引4万多名游客。深入推进农村环境“三大革命”。坚持“农户分类、有害回收、无害填埋”垃圾分类处理做法，全市设置有毒有害垃圾回收点1315个，回收有毒有害垃圾4600多吨；建设77个乡镇污水处理设施，已建成运营72个；改厕10.2万套。拆除整治破旧废弃房屋248.3万平方米。加快“四好农村路”建设，实施农村道路畅通工程1938千米。大力开展农村土地综合整治。坚持把土地增减挂钩作为经济社会发展的战略突破口和重要抓手，已完成2017年度增减挂钩项目1200公顷的验收报备工作；新建库2733.33公顷，已组卷上报1306.67公顷，完成实施1160公顷；工矿废弃地复垦利用已选定项目区400公顷，完成组卷9个批次、280公顷。

三是绿色发展取得新进步。全面推进林长制改革，深入推进绿色家园建设，完成人工造林1.03万公顷，建设森林生态廊道360千米，新建完善农田林网5.4万公顷，成功创建森林城镇4个、森林村庄27个。涡阳县“道源湿地公园”成功创建为“国家湿地公园”。林拥城绿道60.6千米全部贯通运营，被列为“省级现代林业示范区”，全省加快推进国土绿化现场会在我市召开。大力发展新能源产业。全市累计建成并网太阳能光伏发电装机规模近100万千瓦。国能蒙城、上海电气蒙城生物质、亳州国祯生物质热电联产、亳州洁能垃圾焚烧及污泥处理项目建成投运。制定实施《关于推进省级开发区集中供热的实施意见》，瑞能热电联产超低排放改造项目完工并通过验收。获批风电项目6个、总装机规模30万千瓦。累计实施地热能利用项目7个。推广新能源汽车5257辆。编制《亳州市分布式能源发展规划》，在市中心城区规划建设网络型泛能站11个。加强能源基础设施建设，太和到亳州天然气管道工程即将开工。板集煤矿复建工作全面展开，板集电厂项目荣获国家优质工程金质奖。推进园区循环化改造，蒙城经济开发区、谯城经济开发区成功申报省级园区循环化改造试点。实行能源消耗总量和强度“双控”制度，万元GDP用水量比2017年下降6.2%。

四是开放发展取得新突破。狠抓各项改革任务落实落地，形成一批制度成果。持续提升网上办事大厅功能，7367项服务事项中7075项实现“一次上网，事就办成”，其中2655项实现“一日办结”，累计受理1620万件、办结1606万件，群众满意率99.99%。创新开展一般工业项目审批改革和承诺制改革，市经开区被列为全省承诺制“无审批”改革先行试点开发区。常态化推进“四送一服”双千工程，政企直通车平台累计收集问题9714件、办结9635件。出台降低企业成本“20条”，减轻企业各类负担23.8亿元。全市新增市场主体67887户，增量位居全省前列。1—11月，我市民间投资同比增长27.9%，高出全省平均水平9个百分点，占固定资产比重由去年同期的66%提高到71%。安徽正宇面粉有限公司进入全省民营企业100强。民营企业调查点工作获全国工商联“先进基层单位”称号。我市大力推进降成本、增强民间投资动力的做法，作为国务院第五次大督察发现的典型经验，获国务院办公厅通报表扬。着力打造内陆开放新高地，主动对接“一带一路”等国家战略，加强交流合作，大力推进招商引资，成功举办2018年药博会。1—11月，新签约亿元以上工业项目218个、总投资873.9亿元，新建亿元以上省外投资项目207个、在建399个，实际到位省外资金661亿元。大力推进项目建设，严格落实“四督四保”“双调度”等机制，选派项目挂职干部，分领域、分条块或具体项目，协调解决存在问题。1—11月，725个市重点项目全年累计完成投资1107.4亿元，占年度计划的115%。383个省重点项目累计完成投资756.1亿元，投资完成率、开工率、竣工率均位居全省前列。亳州海关获批筹建。推进亳州现代中药外贸转型升级示范基地建设，药业企业进出口实现2.24亿美元，同比增长13.7%。全流程电子招投标加速实施，电子化比率92.7%。在全国262个地级市城市信用监测排名中，我市跃居第34位。我市被商务部等八部门确定为首批国家级供应链创新与应用试点城市。市供销社荣获“全国供销社系统先进集体”称号。

*五是共享发展开创新局面。*33项民生工程累计落实资金176.7亿元，资金落实率100.7%。棚改住房37766套、完成率108%。整治老旧小区26.17万平方米。我市荣获全国基层中医药工作先进市和全国无偿献血先进市称号，智慧医疗信息化建设获全国基础卫生信息化应用创新大赛最具潜力奖，华佗中医院初步通过全国“三甲”中医院评定。新建、改扩建中小学55所、公办幼儿园36所。全市城镇新增就业6.44万人，城镇登记失业率2.77%。市“五位一体”文化活动中心、华佗国医馆、市体育馆、文化公园等投入使用，市博物馆成为全省首家夜间开放的博物馆，数字档案馆建设已基本完成，广电中心项目主体工程已封顶。梆剧《春暖花开》入选全国优秀现实题材舞台艺术作品展演剧目。着力打造法治亳州、平安亳州。推进“七五”普法中期验收工作。“江淮风暴”执行攻坚战成效明显。按照“党政同责，一岗双责，齐抓共管、失职追责”的要求，严格落实安全生产责任制，安全生产形势持续向好。市、县区两级财政投资21.46亿元，建设6.27万路全高清视频监控探头，实现城乡重要节点全覆盖。扎实开展扫黑除恶专项斗争，1—11月，全市刑事案件发案数同比下降25%，群众安全感进一步提升。积极发展社会主义民主政治。支持人大加强监督，出台《亳州国家历史文化名城保护条例》《亳州市城市绿化条例》。完善政府立法体制机制，首部政府规章《亳州市人民政府规章制定程序规定》正式公布。市人大、市政协组织专班，围绕突出环境问题开展常态化执法监督和民主监督。启动大型国防教育综合基地建设。各民主党派组织针对脱贫攻坚、中央环保督察反馈问题整改开展常态化参政监督。统战、民族宗教、老干部等工作不断进步，工会、共青团、妇联、科协、残联等群团组织作用充分发挥，营造了团结和谐、干事创业的良好氛围。

另一方面，坚持以党的政治建设为统领，全面从严治党取得重要进展。我们牢记习近平总书记“全面从严治党永远在路上”的谆谆告诫，坚持把抓好党建作为最大的政绩，认真落实管党治党政治责任，推动全面从严治党向纵深发展。

*一是党的政治建设明显加强。*严肃政治纪律和政治规矩，严格执行新形势下党内政治生活若干准则，增强党内政治生活的政治性、时代性、原则性、战斗性。制定《关于贯彻落实〈中共中央政治局关于加强和维护党中央集中统一领导的若干规定〉的实施意见》，把党章党规执行情况融入日常监督管理和执纪审查之中。扎实开展“讲严立”专题警示教育，持续深化“三查三问”，教育督促各级党组织和广大党员干部树牢“四个意识”、坚定“四个自信”、强化“两个维护”、做到“五个纯粹”，持续优化我市政治生态。查处违反政治纪律、组织纪律78人。

*二是党的思想建设基础夯实。*深入学习贯彻习近平新时代中国特色社会主义思想和党的十九大精神，召开市委理论学习中心组学习会议15次，各级共举办集中轮训班403期，培训党员干部7.7万余人。开展理论宣讲活动6300多场次，受众40万余人。认真落实意识形态工作责任制，组织开展两轮专项巡察和一轮专项督察；建立市委网络安全和信息化领导小组联席会议制

度，召开全市网络安全和信息化工作会议，切实维护网络安全。县级融媒体中心全部挂牌。积极推进新时代文明实践中心建设，全市已创建1700多个。开展最美家庭及最美家庭成员推评活动，持续加强家庭文明建设。由中宣部宣教局、光明日报社共同主办的“核心价值观百场讲坛”工程在涡阳县举办。蒙城县入围全国文明城市提名城市。今年以来，入选“安徽好人”19人、“中国好人”14人，入选人数保持全省前列。

三是党的组织建设全面加强。创新开展基层党建工作季度“对标巡诊”，标准化建设达标率86.76%；出台《全市基层党组织“登高计划”实施方案》，首批命名挂牌“五星基层党组织”70个。开展“全体党员讲微型党课”“微型党课”巡讲暨“万堂党课进基层”活动，5.4万多名党员登台讲党课，50余万党员群众受教育。全面消除集体经济“空壳村”。出台我市《关于进一步激励广大干部新时代新担当新作为的实施意见》，按照好干部“20字”标准和“赛场选马”要求，坚持在脱贫攻坚、生态环保等基层一线和吃苦吃劲岗位培养历练干部，今年以来从基层一线提拔重用县处级干部21名，占提拔重用总数的43.75%。同时，加大干部调“下”的力度，因组织问责、不适宜担任现职调“下”县处级干部3人。干部工作满意度测评在98%以上。针对基层干部队伍“三偏”等问题，研究制定《村干部任职资格条件》，圆满完成村“两委”换届工作。坚持党管人才原则，深入推进人才强市战略，加强党委联系服务专家工作；召开全市人才工作大会，表彰全市首届突出贡献人才、首席专家、拔尖人才、优秀人才102名。

四是党的作风建设持续深入。认真履行党风廉政建设主体责任，组织市级领导干部、市委委员和候补委员到市廉政教育基地，现场接受党性党风党纪教育。严格执行中央“八项规定”精神及修订后的《实施细则》，驰而不息纠正“四风”，集中整治形式主义官僚主义。查处违反中央八项规定精神问题329起，处理417人，给予党纪政务处分193人。

五是党的纪律建设成效显著。坚持把纪律规矩挺在前面，注重用身边事教育身边人，每月拍摄1部警示教育片。持续深化监察体制改革，创造性搭建“谈纪说法”大讲堂。在全省率先建立21个乡镇纪检监察工作协作区，探索建立派驻机构审查调查协作组，提高派驻监督全覆盖质量。建设审查调查陪护队伍，筑牢审查调查安全底线。大力推进纪检监察信息化建设，让监督插上科技的翅膀。制定《加强和改进党内同级监督若干规定（试行）》，扎实推进落实全面从严治党主体责任谈话工作。持续深化政治巡察，已开展六轮对89家单位党组织的常规巡察，覆盖率57.42%。精准运用监督执纪“四种形态”，处置4192人次，其中，运用第一、第二种形态处置3799人次，占90.6%。严惩侵害群众利益的不正之风和腐败问题，查处问题1855件，处理2205人，给予党纪政务处分1481人。保持反腐败高压态势，处置问题线索4314件，立案2212件，给予党纪政务处分1890人，移送司法机关处理25人。同时，扎实开展对受处分人员的暖心回访工作。

以上报告的是市委常委会一年来的主要工作。总的来看，今年以来全市各项工作保持了健康较快发展势头，这是习近平新时代中国特色社会主义思想科学指引的结果，是省委坚强领导的结果，也是全市各级党组织和广大党员干部共同奋斗的结果。成绩来之不易，应当充分肯定。特别是各位市委委员在各自岗位上心系大局、勤奋工作、锐意进取，对市委常委会的工作给予了充分信任、真诚帮助和有力支持。在此，我代表市委常委会，向在座的各位同志，向全市各级党组织和广大党员干部，表示衷心的感谢！希望同志们对市委常委会工作提出意见和建议，帮助我们把工作做得更好。同时，我们也要清醒认识到，与中央和省委的要求相比，与全市650万人民的期待相比，还有不小的差距，需要付出更大的努力。一是发展不平衡不充分的基本市情没有改变，产业发展层次不高，经济总量仍然偏低；二是环境保护压力较大，环保工作仍需进一步加强；三是深化改革任重道远，创新能力不强；四是高层次人才短缺，外地人才招引难、本地人才培养难的问题依然存在；五是社会事业发展还存在不少短板，医疗、教育发展相对滞后；六是脱贫攻坚任务艰巨；七是全面从严治党责任需要进一步强化，干部的作风能力与面临的新形势新任务的要求还有较大差距。

二、关于下一步经济社会发展重点任务

2019年是中华人民共和国成立70周年，是全面建成小康社会关键之年。我们要坚持以习近平新时代中国特色社会主义思想为指导，深入贯彻党的十九大精神，统筹推进“五位一体”总体布局，协调推进“四个全面”战略布局，坚持发展第一要务，坚持稳中求进工作总基调，坚持新发展理念，坚持推进高质量发展，坚持以供给侧结构性改革为主线，认真落实中央“六稳”工作部署，坚持“四个导向”，聚焦“四个点问题”，以全面推行清单制为抓手，扎实推进五大发展行动计划，突出抓好“三大攻坚战”，推动经济持续健康发展和社会大局稳定。初步考虑，2019年经济社会发展的主要预期目标是：地区生产总值、财政收入均增长9%左右。

（一）全力打好“三大攻坚战”。打好“三大攻坚战”，不仅是经济发展问题，而且是社会政治问题，是对我们党驾驭风险、跨越关口的能力检验，是对各级领导干部担当尽责、攻坚克难的作风检验。要按照已确定的行动方案，针对突出问题，打好重点战役，着力守住高质量发展的底线。一要加大精准脱贫力度。涡阳县、蒙城县和谯城区是革命老区、省级贫困县，利辛县是国家级贫困县，脱贫攻坚任务重，要认真落实中央和省委关于脱贫攻坚工作决策部署，聚焦精准，巩固成果，提高质量，确保涡阳县、利辛县高质量摘帽，确保脱贫攻坚战顺利推进。根据国家、省贫困县退出要求，对照“一低一高一全部一接近”贫困县退出标准，围绕主要指标，强化协调指导、督察暗访，发现问题及时整改。坚持问题导向，对照“七个不落、一个不少”的主要内容，结合中央脱贫攻坚专项巡视、省脱贫攻坚第三方监测评估等发现问题，全面梳理排查，加快推进扶贫领域问题清单编制工作。持续推进数据质量提升，加强数据比对、疑点排查清洗力度，强化扶贫对象动态管理，不断提高识别和退出的精准度，坚决杜绝“两该两不该”。要立足各地实际，研究解决那些收入水平略高于建档立卡贫困户的群体缺乏政策支持等新问题。强化政策落实，深入推进“四带一自”产业扶贫、“三有一网”点位扶贫，打造产业扶贫“升级版”。精准实施技能培训，加强就业扶贫驿站（车间）规范化建设。实施村级光伏扶贫电站综合运维管理模式，提高运维管理工作质量。坚持把激发贫困人口内生动力、增强发展能力作为根本举措，将扶贫与扶志扶智相结合，增强脱贫和防止返贫的主动性积极性。积极做好后续帮扶计划及巩固提升工作，建立健全稳定脱贫的长效机制，努力做到“四个不摘”和“四个只增不减”。二要加强环境保护和生态建设。打好污染防治攻坚战是推动和引领高质量发展的重要手段和措施。要自觉把经济社会发展同生态文明建设统筹起来，牢固树立“绿水青山就是金山银山”的理念，按照“两手抓”“两突出”“严细序”等工作要求，围绕“地净、路畅、水活、天蓝、林拥城”目标，突出抓好环境问题整改，加快推进各行业全门类问题大排查，坚持清单制批次管理，扎实推进问题整改，确保金刚石等行业实现规范有序发展。突出抓好大气污染防治，加强组织领导，科学统筹调度，强化督察检查，全力以赴做好应急管控工作，确保各项措施落实到位。科学制定分类考核标准，加强考核评比，抓好问题整改，及时严格兑现奖惩。提高水污染防治工作水平，坚持规划引领，做好自然保护区管理，落实河长制工作要求，大力推进市中心城区水系综合治理，不断改善水环境质量。扎实推进土壤污染防治，坚持“防、控、治”三位一体，加快土壤污染状况详查，实行分级分类管控，加快实施土壤污染治理与修复。三要防范化解重大风险。建立健全金融监管体系，加强金融风险监测预警，守住不发生系统性金融风险的底线。坚持规范运作政府债务，确保债务率、新增债务率以及逾期债务率不突破国家安全警戒线。

（二）全力推进高质量发展。一要抓好创新驱动。深入实施创新驱动战略，设立现代中医药成果转化基金，建设政府主导、企业参与、市场化运作、委托经营、突出中医药产业特色的共有成果转化平台和新型研发机构。强化企业研发激励，推动骨干龙头企业开展多种形式产学研对接，着力培育一批具有创新能力的排头兵企业。实施新一轮技术改造专项行动，推进互联网、大数据、人工智能与实体经济深度融合，引导企业加大设备更新改造力度，不断提升智能化、信息化水平。推进人才强市战略，深化体制机制改革，弘扬工匠精神，大力培育引进一批创新创业人才、经营管理人才、技能技术人才，鼓励发明创造，加大知识产权保护力度，为高质量发展提供智力支撑。二要抓好产业发展。以“三重一创”建设为重点，以加快新型工业化进程为主线，坚持集约集聚发展，加快构建现代化经济体系，支持产业转型升级，实现一二三产业协调发展。聚焦打造“世界中医药之都”，深入推进现代中药产业集聚发展基地建设，加快药品品种转移引进，支持中药配方颗粒、医疗器械产业发展，不断延伸现代中医药产业链条。深入推进食品产业园区建设，促进食品饮料制造等传统产业优化升级。支持白酒产业进一步做大做强。深入推进服务贸易产业发展，加快建设浪潮（亳州）大数据产业园等特色园中园，继续引进一批数据处理中心、呼叫中心项目，支持酒类、中药材专业市场发展电子商务。坚持把文化旅游业作为经济发展的重要支柱产业和新的增长极，以创建国家中医药健康旅游示范区为抓手，深入推进文化旅游年活动，加快建设林拥城、亳药花海休闲观光大世界、中华药博园、大型国防教育综合基地及红色旅游景区等重大旅游项目，全面打造亳州文化旅游品牌。继续开展好“亳州老乡，请您回家”和助力青年学子创业活动，落实创业优惠政策，打造“双创”升级版。三要抓好营商环境。用好“政企直通车”微信平台，深入推进网上办事大厅建设，不断优化“我家亳州”APP，进一步提高服务效率。深入推进“放管服”改革，持续创优“四最”营商环境，降低制度性交易、用地、用能、物流、融资等成本，全面激发市场主体创新创业活力。四要不断提升城市能级。围绕百万人口省际交汇区域中心城市目标，加强城市规划建设，加大城市基础设施建设和公共服务配套力度，不断完善城市综合服务功能，优化公交站点设置，切实加大非机动车道路交通违法行为整治力度，确保交通安全畅通有序。加快推进亳州机场、亳蚌城际铁路、亳蒙高速、快速交通通道等项目建设，力争商合杭高铁亳州段年内具备通车条件。支持谯城经济开发区创建国家级经济开发区、亳州经济开发区创建省级高新技术开发区，推进三县开发区特色化、差异化发展，着力拓展高质量发展的空间格局。

（三）全力实施乡村振兴战略。认真贯彻习近平总书记“五个振兴”“七条道路”的要求，切实抓好新时代“三农”工作各项任务。一要加强农村突出环境问题综合治理。大力推进农村环境“三大革命”，继续做好农村垃圾分类回收，持续提升农村人居环境。二要稳步推进农村集体产权制度改革。深化农村“三变”改革，继续做好以城乡建设用地增减挂钩为主的农村土地综合整治工作。三要深入推进美丽乡村建设。建好“四好农村路”，优化乡村道路环境，加快“错车台”建设。实施农村饮水安全巩固提升和新一轮农村电网改造升级工程，加快改善农村基础设施和公共服务条件，加快推进城乡公交一体化进程。四要实施农业产业化发展工程。促进农村一二三产业融合发展，拓宽农民增收渠道，加大金融对农业扶持力度，壮大村级集体经济，加快推进农业由增产导向转向提质导向。五要坚持走乡村善治之路。健全自治、法治、德治相结合的乡村治理体系，集中整治农村黑恶势力，确保农村社会既充满活力又和谐有序。六要大力推进县域突破。学习借鉴“晋江经验”，坚持全面协调发展，坚持发展实体经济，落实支持县域振兴政策，严格落实高质量发展考核评价体系，不断培育主导产业，加快推进县域特色产业集群（基地）建设，推动县域经济高质量发展。

（四）全力深化改革开放。

要牢牢把握改革开放这个关键一招，认真落实习近平总书记在庆祝改革开放40周年大会上的重要讲话精神，在更高起点上推动改革再深化、开放再出发，着力激发高质量发展活力。一要纵深推进重点领域改革。深化机构改革是党中央交给我们的重大政治任务，是必须扛起的重大政治责任。我们要坚决贯彻中央、省委改革部署，以对党、对人民、对历史高度负责的态度，精心组织、稳妥推进，统筹做好全市机构改革，确保思想不乱、工作不断、队伍不散、干劲不减，确保如期高质量完成各项任务。要将全面推行清单制改革作为推动各项工作的新抓手，形成以市委常委会直接领导、分工负责、各负其责、分级负责、分类推进为核心的清单制工作机制，防止工作流于形式、泛泛而谈，推动任务落细落小落实。要深化市场化改革，加快公共资源要素市场化配置，推动自然资源、产权资产等有序纳入统一的交易平台体系，完善建设用地审批制度。要坚持以供给侧结构性改革为主线，壮大文化旅游产业，推动消费供给升级。二要坚定不移支持民营经济高质量发展。坚持"两个毫不动摇"，以做强做优民营经济为重大抓手，融化市场的"冰山"，削低融资的"高山"，跨越转型的"火山"，着力夯实高质量发展的根基。健全政企沟通长效机制，加强线上线下法律服务，依法保护企业家人身和财产安全，积极构建亲清新型政商关系。开展优秀民营企业和优秀民营企业家评选表彰，大力弘扬优秀企业家精神。三要推动更高水平对外开放。主动融入"一带一路"、长江经济带、中原经济区、淮河生态经济带等重大战略，抓好招商引资和项目建设，全方位扩大对内对外开放。抢抓国家加大基础设施投资机遇，加强项目申报和中央投资项目争取工作，积极扩大有效投资规模。围绕"五全"目标，严格落实"四督四保"、清单化管理等机制，坚持项目挂职干部制度，持续实施"挂图督战"，着力解决项目推进中遇到的问题。加大招商引资力度，围绕打造"世界中医药之都"，紧盯产业转移新趋势，紧盯重点领域、重点企业招商引资、招才引智。积极引进外资，大力发展对外贸易，认真筹备举办2019年国际（亳州）中医药博览会暨第35届全国（亳州）中药材交易会，积极参与重大经贸活动。

（五）全力保障和改善民生。坚持以人民为中心的发展思想，不断增强人民群众的获得感、幸福感、安全感。继续深化医药卫生体制改革，推进失能五保老人集中供养、中医药"四名"工程、市第二人民医院PPP项目建设、市儿童医院和谯城区人民医院项目建设，切实加大医疗资源投入，提升医疗卫生服务质量。办好优质公平教育，继续优先发展义务教育，加快公办幼儿园建设进度，加快普及高中阶段教育，深化职业教育产教融合工程，支持发展高等教育，完善中小学教师待遇保障机制。完善养老护理体系。抓好食品药品安全，坚决打击假冒伪劣产品；督促药品批发企业及时核减许可经营范围大于实际经营品种范围的部分，杜绝出租出借证照的隐患。牢固树立安全发展理念，坚决遏制较大安全事故。把稳就业摆在突出位置，重点解决好高校毕业生、农民工、退役军人等群体就业。坚持房子是用来住的、不是用来炒的定位，构建房地产市场健康发展长效机制。

（六）全力加强民主法治建设。强化民主政治建设。注重发挥人大常委会党组的领导核心作用，支持市人大及其常委会依法行使职权，充分发挥人大代表作用。加强新时代人民政协党的建设工作，注重发挥人民政协作为协商民主重要渠道和专门协商机构作用，支持开展政治协商、民主监督和参政议政。切实做好新形势下统战工作，支持各民主党派开展脱贫攻坚、环境保护民主监督。做好民族宗教、外事、侨务、港澳、对台和党外知识分子、非公有制经济人士、新的社会阶层人士工作。推动工会、共青团、妇联、科协、残联等群团组织改革创新。加强未成年人思想道德建设，关注关爱未成年人健康成长。深入推进依法治市。加强和改进市委对立法工作的领导，用好人大地方立法权，提高立法质量。严格依法决策、依法办事，全面推进依法行政。支持司法机关依法独立公正行使职权，进一步提高司法公信力。创新社会治理。完善党委领导、政府负责、社会协同、公众参与、法治保障的社会治理体制，提高社会治理社会化、法治化、智能化、专业化水平。加强预防和化解社会矛盾机制建设，正确处理人民内部矛盾。加快社会治安防控体系建设，依法打击和惩治黄赌毒黑拐骗等违法犯罪活动。支持国防和军队建设，积极开展双拥共建活动，推进军民融合深度发展，维护社会和谐稳定。

三、关于全面从严治党

牢牢把握新时代党的建设总要求，落实全面从严治党的主体责任和监督责任，以党的政治建设为统领，扎实做好党的建设各项工作，不断开创我市党建工作新局面。

（一）进一步抓好党的政治建设。习近平总书记指出："党的政治建设是党的根本性建设，决定着党的建设方向和效果。"要坚持把党的政治建设摆在首位，坚决维护习近平总书记核心地位、坚决维护党中央权威和集中统一领导作为最高政治原则，融入各项工作全过程和各方面。要把准政治方向。充分发挥政治指引作用，确保各项事业始终沿着党中央确定的正确政治方向前进。要严守政治纪律。始终坚持把纪律和规矩挺在前面，时刻将党章党规党纪作为标尺，谨记"四个服从"，恪守"五个必须"，严防"七个有之"，严格执行请示报告制度。认真贯彻执行民主集中制原则和组织制度，增强党内政治生活的政治性、时代性、原则性、战斗性。巩固"讲严立"专题警示教育成果，深入开展"三查三问"，充分发挥督察问责的警醒效应。推进党内政治文化建设，着力营造良好政治生态。要提升政治能力。始终牢记习近平总书记"不仅要有担当的宽肩膀，还要有成事的真本领"的谆谆教诲，全面增强"八种本领"，尤其是提高辨别政治是非、保持政治定力、驾驭政治局面、防范政治风险的能力，更好担负起党和人民赋予的政治责任。

（二）进一步加强思想建设。坚持把加强理想信念教育作为重大政治责任，深入学习贯彻习近平新时代中国特色社会主义思想和党的十九大精神，扎实推进"两学一做"学习教育常态化制度化，精心组织开展"不忘初心、牢记使命"主题教育，切实筑牢信仰之基、补足精神之钙、把稳思想之舵，解决好世界观、人生观、价值观这个"总开关"问题。要切实掌握意识形态工作"领导权"，严格落实意识形态工作责任制，认真贯彻主管主办和属地管理原则，强化意识形态阵地建设和管理，加强和改进高校思想政治工作，依法依规加强网络空间治理，健全网络舆情发现、研判、处置机制，着力营造繁荣清朗的网络空间和文化环境。注重家庭家教家风建设，推动形成爱国爱家、相亲相爱、向上向善、共建共享的社会主义家庭文明新风尚。

（三）进一步加强组织建设。认真落实新时代党的组织路线，牢固树立大抓基层的鲜明导向，以提升组织力为重点，突出政治功能，着力解决一些基层党组织弱化、虚化、边缘化问题，真正把基层党组织建设成为坚强的战斗堡垒。一要夯实基层基础。要认真贯彻《中国共产党支部工作条例（试行）》，把抓好党支部作为管党治党的基本任务，以实施党支部建设提升行动为抓手，持续深化"双争"活动，全面推进基层党组织"登高计划"，持续开展季度"对标巡诊"，推动基层党组织标准化建设达标升级。加强党员干部培训，实施村党组织带头人整体优化提升行动。二要规范组织生活。加强党员学习教育，将"微型党课"作为"三会一课"经常化、规范化的重要抓手。扎实开展党员主题党日活动，突出主题，丰富内容，切实增强党组织吸引力号召力凝聚力。三要提升党建质量。把网上办事大厅建设作为基层党建工作的重要平台，擦亮为民服务全程代理这一党建工作品牌。深化"互联网＋党建"，充分发挥微信党支部作用，扎实推进农村党建"一抓双促"工程和城市党建"三抓一增强"工程，加大机关、学校、国有企业、非公有制经济组织和社会组织党建工作力度。要不断壮大村集体经济，确保资金管理规范、发挥效益。四要加快建设高素质干部队伍。要始终坚持党管干部原则，认真贯彻"20字"好干部标准，以加快建立素质培养、知事识人、选拔任用、从严管理、正向激励"五大体系"为抓手，坚持公正用人，拓宽用人视野，扎实做好干部的培育、选拔、管理、使用工作，建设忠诚干净担当的高素质干部队伍。五要大力发现培养选拔优秀年轻干部。要认真落实中央和省委关于适应新时代要求大力发现培养选拔优秀年轻干部的重要部署，立足事业发展，创新思路举措，努力建设一支高素质专业化年轻干部队伍。同时，做好女干部、少数民族干部、党外干部的培养选拔工作。

（四）进一步加强作风建设。针对亳州当前干部队伍政治生态建设中存在的问题，组织开展好“作风建设年”活动。一要坚持“严细序”。要依法依规、严守底线，只搞真的、不搞假的，推动各项工作往深里走、往实里走。要从小处着眼，从细节入手，抓真实、抓具体。要把雷厉风行和久久为功结合起来，防止“三分钟热度”，不犯“急躁症”，不犯“拖延症”，一锤接着一锤敲，一件接着一件干，有力有序推进各项工作。二要大兴调研之风。要加强学习实践，深入调查研究，把握事物发展脉动、认识事物发展规律、判断事物发展长期走向。围绕“四个点问题”，聚焦当前中心工作，坚持用脚步丈量每一寸土地，用眼睛发现每一个问题，深到脱贫攻坚一线查实情，深到污染隐患前沿寻对策，深到项目建设现场破难题，掌握第一手资料，提出有针对性的办法举措，努力把各项工作做实做好。三要密切联系群众。严格落实直接联系服务群众、驻村蹲点、结对帮扶等制度，在同群众接触相处中增进对群众的深厚感情，着力解决群众最急最忧最怨的问题。四要坚定不移纠“四风”、树新风。发扬钉钉子精神，持之以恒落实中央八项规定精神和实施细则，紧盯不敬畏、不在乎、喊口号、装样子的问题，持续开展“懒政怠政、不作为慢作为”专项整治行动，坚决破除形式主义、官僚主义。

（五）进一步加强纪律建设。严明纪律是全面从严治党的可靠保证。要持续深化国家监察体制改革，推进反腐败工作法治化规范化。坚持决心不变、力度不减、尺度不松，有力削减存量、有效遏制增量，巩固发展反腐败斗争压倒性胜利，推动全面从严治党取得更大成果。一要强化监督执纪问责。坚持纪严于法、纪法协同，精准运用监督执纪“四种形态”特别是第一种形态，抓早抓小、防微杜渐，加强谈心谈话、提醒教育，让咬耳扯袖、红脸出汗成为常态，让党员干部不犯错误少犯错误。加强制度建设，加大问责力度，让制度“长牙”、纪律“带电”。二要狠抓巡视巡察整改。坚持发现问题和整改落实并重，扎实开展巡视整改“回头看”工作，认真做好中央和省委巡视反馈问题整改。按照“全覆盖、高质量”要求，深入推进市委巡察工作，打造全方位、无死角的监督网络。三要保持惩治腐败的高压震慑。坚持无禁区、全覆盖、零容忍，坚决查处发生在重要岗位和关键环节的领导干部违纪违法案件，坚决整治发生在群众身边的腐败和作风问题。坚持标本兼治，一体推进“三不”机制建设，推动全面从严治党向基层、向一线、向群众身边延伸，让人民群众真正感受到清正干部、清廉政府、清明政治就在身边、就在眼前。四要强化干部教育管理。坚持严管和厚爱结合、激励和约束并重，完善干部考核评价机制，建立激励机制和容错纠错机制，激励广大干部新时代新担当新作为。

（六）进一步加强市委自身建设。打铁还需自身硬。市委常委会、全委会及各位同志要牢记习近平总书记的谆谆教导，一心一意谋发展，聚精会神抓党建，突出“关键少数”作用，充分发挥“头雁效应”，不断创造新的工作业绩。一要带头讲政治。树牢“四个意识”，坚定“四个自信”，坚持“两个维护”，始终在政治立场、政治方向、政治原则、政治道路上同以习近平同志为核心的党中央保持高度一致。二要带头谋发展。崇尚实干、狠抓落实，把心思用在干事创业上，把精力投到解决问题上，把行动体现在推动发展上，进一步提升发展标杆，敢于攀高比强，奋力闯出后发地区弯道超车、跨越崛起的新路。三要带头严自律。把廉洁自律摆在首要位置，做到慎独慎初慎微慎欲，自念“紧箍咒”，常打“预防针”，始终做到不放纵、不越轨、不逾矩，切实增强拒腐防变的免疫力，争做新时代忠诚干净担当的表率。

（市委办公室）

政府工作报告（节选）

——2019年2月22日在亳州市第四届人民代表大会第三次会议上

亳州市人民政府市长　杜延安

一、2018年工作回顾

过去一年，面对复杂严峻的宏观经济形势和艰巨繁重的改革发展任务，全市人民在省委、省政府和市委的坚强领导下，坚持以习近平新时代中国特色社会主义思想为指导，坚持稳中求进工作总基调，按照高质量发展要求，深入实施五大发展行动计划，突出抓好防范化解重大风险、精准脱贫、污染防治三大攻坚战，强力推进中央巡视反馈问题、药品药材市场、信访维稳、河长制工作四项专项整治，较好完成了市四届人大二次会议确定的主要目标任务，现代化五大发展美好亳州建设迈出新的步伐。

——发展速度领跑全省。在省统计局公布的23项主要经济指标中，我市增速居全省前八位的有21项，前三位的有13项，第一位的有7项。全市地区生产总值1277.2亿元，增长10.1%、连续两年居全省第一位，是全省唯一增速超过两位数的市；财政收入突破200亿元，增长17.1%，提前两年完成“十三五”规划目标任务；固定资产投资增长18%，居全省第二位；三次产业结构优化为16.5 ∶ 38.9 ∶ 44.6，服务业对经济增长的贡献率达50.3%。经济发展质量和效益持续攀升，被省政府办公厅、省统计局总结为“亳州现象”。

——各项改革不断深化。97项年度改革任务全面完成，形成一批制度成果。蒙城县“一户一块田”创新实践推动农村改革入选全国改革开放40年地方改革创新40案例。亳州经济开发区获批全省企业投资项目承诺制改革三个先行试点开发区之一，改革经验在全省推介。国资国企改革纵深推进，古井集团深化改革取得积极成效，建安集团实现战略转型、长期主体信用等级上升为AA+，新组建城建、交控、文旅投资集团。国家税务总局亳州市税务局、亳州银保监分局、市中医药管理局顺利挂牌，行政体制改革红利加速释放。

——重大项目加快建设。725个市重点项目完成投资1150亿元，占年度计划的119.6%；其中383个省重点项目累计完成投资826亿元，投资完成率、竣工率、开工率分别居全省第一、第二、第四位。中嘉环保建材、万成辉机电机械装备、美誉医药产业园、群康药业中药饮片等95个亿元以上项目建成投产或主体完工，鸿路钢构等40个10亿元以上重大项目加快建设。

——民生福祉持续增进。居民人均可支配收入18778元，增长10.2%、居全省第一位；农村、城镇常住居民人均可支配收入分别达12756元、29711元，增长10.1%、9.1%，居全省第二、第四位。城镇登记失业率2.8%。民生支出占比85.2%，33项民生工程落实资金178.2亿元。25个贫困村出列，4.9万贫困人口脱贫，贫困发生率由上年的1.67%降至0.86%。

——苦干实干成效突出。全市上下攻坚克难、奋勇争先的氛围更加浓厚。“大力推进降成本，增强民间投资动力”经验受到国务院及省政府通报表扬，市政府连续三年荣获省政府目标管理绩效考核先进单位称号并荣获稳增长贡献奖。“互联网+政务服务”等5项工作获省政府肯定推广，企业债券发行等5项工作获省政府表扬激励，民营经济发展等119项工作获省级以上表彰，“四好农村路”建设等34项工作在省级以上会议作典型发言，国土绿化等11次省级以上现场会在我市召开。

一年来，我们按照“深入践行五大发展理念，奋力走在皖北振兴前列”要求，重点抓了以下工作：

（一）抓实体、强创新，新兴工业强市建设迈出新步伐。

中医药产业首位度显著提升。编制完成《世界中医药之都（安徽亳州）建设发展规划》，协同推进全产业链发展，中医药产业规模突破1000亿元、达1096.8亿元，其中中医药流通贸易额743.2亿元、医药工业产值318亿元、种植业产值35.6亿元。现代中药产业集聚发展基地产值313亿元、增长10.8%，179个重大药业项目完成投资142.5亿元、增长36.7%，在全省考核中获评A档。全国中医药百强企业已有57家落户我市，3家本土企业入选中华民族医药百强，新获批GMP生产企业14家、总数达175家。转入药品技术品种6个、待转入394个，报批中药配方颗粒品种1294个，吸引仿制药一致性评价品种303个，引进兽药品种2个。破壁饮片生产实现新突破。列入国家、省医保目录品种增至4个。中药材标准化种植面积2.27万公顷，总面积突破8万公顷，获评为中药材安徽特色农产品优势区。建立中药产业发展、追溯、监管、诚信、协同五大工作机制，药品药材质量更有保障，“诚信药都”形象进一步彰显。

工业发展质效持续提高。规模工业增加值增长11.8%，工业投资增长51.5%，技改投资增长81%，均居全省第一位。新增规模工业企业79家，新认定中国驰名商标2件，推广应用工业机器人152台，规模工业企业主营业务收入利润率提高到7.9%，谯城区、蒙城县分别位列省制造业发展综合10强区、增速10快县。规上白酒产业产值124亿元、增长14.7%；古井集团位列中国轻工业食品行业50强、省制造业综合实力50强，营业收入突破100亿元、达104.8亿元、增长19.95%，利税总额56.9亿元、增长26.2%，“古井贡”品牌价值突破1000亿元、达1018.7亿元。汽车及现代农机装备制造业加快发展，江淮安驰年产1万辆M5生产线建成投产。煤炭开采和洗选业产值增长64.1%，纺织服装、计算机及电子设备制造业产值分别增长15.2%、114.8%。并网太阳能光伏发电装机规模近100万千瓦，建成投运生物质发电项目3个。单位GDP能耗、用水总量控制、万元GDP用水量完成年度目标任务。

科技创新能力不断增强。新认定高新技术企业49家，是建市17年的总和。每万人口发明专利拥有量增速居全省第一位，全社会研发经费增长26.1%，战略性新兴产业产值增长14.8%，高新技术产业增加值增长16.1%。获评国家知识产权示范企业、国家和省知识产权优势企业13家，获批建设省技术创新中心、省重点实验室各1个，获批省重大新兴产业专项和省重大科技专项11项，新增省技术创新示范企业、省级企业技术中心14家，青年创客空间获评省级科技企业孵化器，市中医药产业技术研究院正式成立。聚力招才引智，新建高水平创新平台5个，新增院士、博士后科研工作站6家，引进高层次创新人才45人。园区转型升级扎实推进，6个省级开发区经营收入增长16.5%、固定资产投资增长22%、财政收入增长27%。亳芜现代产业园区各项建设扎实推进。亳州经济开发区获批省级高新技术产业开发区。蒙城经济开发区、谯城经济开发区获批省级园区循环化改造试点园区并位居全省开发区综合考核前30强。

营商环境日益优化。新增市场主体7.8万户、居全省第三位。深入开展“四送一服”双千工程活动，收集“政企直通车”平台反映问题4415件、办结率98%。深入推进“放管服”改革，强力整治“两难两多一长”，市级申请材料精简62.2%，一般工业项目行政审批时限压减至27个工作日以内，企业开办时间压减至3个工作日以内，免费为新开办企业刻制公章。出台降低企业成本“20条”，减轻各类负担29.4亿元，民营经济增加值增长7.9%，民间投资占固定资产投资比重提高到72.9%。安徽正宇面粉有限公司入选全省民营企业100强。亳州老乡返乡创业投资500万元以上项目142个，带动投资52.6亿元，带动就业7.1万人次。

（二）抓“三农”、助振兴，现代农业强市建设取得新成效。

脱贫攻坚战果丰硕。我市连续两年在省考核中获得“好”的等次，谯城区、蒙城县成为全省首批脱贫摘帽县区，涡阳县、利辛县列入2018年度拟脱贫摘帽县。投入各类扶贫资金24.8亿元，强力推进脱贫攻坚“十大工程”，发展特色种养业扶贫到村项目551个、到户项目16.6万个，建设特色种养业扶贫基地301个、“一村一品”专业村64个，光伏扶贫电站累计发电5.6亿千瓦时，新增扶贫小额贷款9.4亿元，栽植“金银林”1.4万公顷，帮扶贫困人口就业16838人，改造贫困户危房13185户，硬化非建档立卡贫困村道路1038.1千米，发放建档立卡贫困户家庭学生资助资金1.2亿元，兑现“三保障一兜底一补充”政策223.51万人次。

农村改革持续深化。建设优质专用粮食生产基地13.87万公顷，我市成为全国唯一实现主要农作物生产全程机械化示范县区全覆盖的省辖市。全面完成1323个村集体资产清产核资和291个村“三变”改革任务。农机作业托管服务实现全覆盖。涡阳县农村土地承包经营权抵押贷款试点走在全省前列，全年累计发放贷款6.4亿元。国有林场改革和供销社综合改革顺利完成。

现代农业提质增效。粮食总产居全省第二位，小麦亩产居全省第一位。食品制造及农产品加工业加快发展，市县区食品产业园入驻企业109家，规模以上农产品加工业产值增长10.1%。市级以上龙头企业发展到549家。适度规模经营面积29.39万公顷。新认证“三品一标”企业38家、产品73个，新增巩店香椿等3个国家地理标志保护产品。完成病险涵闸除险加固和中小河流治理工程7项。谯城区连续三年荣获全省农田水利基本建设“江淮杯”竞赛一等奖。

美丽乡村加快建设。建成省级美丽乡村中心村31个，整治乡镇政府驻地建成区43个。古井白酒小镇、义门中药养生小镇获批省级特色小镇，十河镇大周村跻身2018年中国美丽休闲乡村，义门镇获评省十大旅游古村镇。深入推进农村环境“三大革命”，建成乡镇污水处理设施80个，改造农村厕所10.2万户，回收有毒有害垃圾3583吨。拆除农村破旧房屋248.3万平方米。完成城乡建设用地增减挂钩项目2066.67公顷，整改违法用地232.27公顷，补充耕地2000公顷，建成高标准基本农田6.07万公顷。建设“四好农村路”2060千米，改造农村公路危桥152座，新增通客车建制村40个，利辛县荣获省“四好农村路”示范县称号，涡阳县荣获省城乡道路客运一体化示范县称号。完成农村电网升级改造投资2.7亿元。铺设天然气镇镇通管道84.9千米。村级红白理事会实现全覆盖。

农民增收渠道拓宽。大力培育农村新型经营主体，培训新型职业农民5650人，新增省农民专业合作社示范社11家、家庭农场18家。农产品电子商务销售额31亿元，新培育电商经营主体531家。大力实施旅游富民工程，推出乡村旅游精品线路7条，成功创建省优秀旅游乡镇6个、旅游示范村12个，获批省级以上休闲农业示范点1个、省五星级农家乐1个、省乡村旅游创客示范基地3个，建成扶贫农家小院40家。

（三）抓开放、促升级，文化旅游强市建设奏出新乐章。

深化开放合作成效显著。突

出招大引强，新签约亿元以上工业项目246个、总投资925.7亿元，新建亿元以上省外投资项目212个、在建404个，实际到位省外资金722.3亿元、增长36.1%。鼓励企业“走出去”，培育外经主体3家。实际利用外资9亿美元、增长15.4%。实现进出口总额8.3亿美元、增长25.4%，新增进出口实绩企业63家。成功举办2018年药博会。亳州海关获批筹建。

文化旅游产业快速成长。文化旅游年活动精彩纷呈，国内旅游人数、入境旅游人数、旅游总收入、旅游外汇收入增速均居全省第一位，国内旅游收入增速居全省第二位。深入实施精品示范工程，完成北关历史街区精品旅游线路改造、亳药花海休闲观光大世界二期工程，新增AAA级旅游景区6家，林拥城、亳州城市展览馆通过AAAA级旅游景区景观质量评定，古井贡酒《九酝酒法》和亳药花海休闲观光大世界芍药花田创吉尼斯世界纪录。深入实施服务提升工程，建成北部游客集散服务中心、林拥城景区旅游服务综合体，新建旅游停车场36个、旅游标识标牌160块，新建改建旅游厕所200座。联合省文化和旅游厅推出“道源问道”中华传统文化之旅精品示范线路，获批国家级中医药健康旅游示范基地1个、省级2个，新增全国中小学生研学实践教育基地1个。

现代服务业加快发展。坚持金融服务实体经济导向，新增贷款325.6亿元，实现直接融资138亿元；新设银行业金融机构网点8家、保险业金融机构1家。药都银行IPO成功报会，上市后备企业10家，挂牌新三板企业1家，新增省股权托管交易中心现代中医药及健康产业亳州专板企业88家、专精特新板企业14家、科技板企业6家。设立50亿元的现代服务业发展基金，新增省级服务业集聚区、集聚区示范园区各1家，谯城区获批省级服务业综合改革试点区。新增限上商贸流通企业215家、总数达920家，实现社会消费品零售总额590亿元、增长11.6%。电子商务进农村全覆盖“两中心一站点”全部通过省级核查，荣获电子商务进农村全覆盖工作示范县2个、示范镇6个、示范村4个。我市获批首批国家级供应链创新与应用试点城市。邮政行业业务总量突破15亿元，花草茶项目荣获全国快递服务现代农业金牌项目。

（四）抓建设、提品质，新型智慧城市建设实现新跨越。

城区承载力稳步提升。《亳州市城市总体规划（2010—2030年）》（2018年修改）已报省待批，中心城区发展边界增加到218平方千米，城市蓝线、绿地布局、建设用地性质得到科学优化调整。中心城区133个城建重点项目完成投资近40亿元，西关排涝泵站建设、中心城区3个污水处理厂扩建、王合拉生活垃圾填埋场封场等46个项目顺利完工。引江济淮亳州段工程加快建设，大中型涵闸远程监控系统二期工程投入使用，凤尾沟三期、龙凤新河、团结沟治理等一批“水活”项目主体工程完工。33个项目列入全国PPP综合信息平台项目管理库，已落地22个、总投资305.6亿元。三县一区新城区路网、电网、水网、绿化、亮化等基础设施加快推进，老城区老旧小区、雨污分流管网、小街巷改造和断头路打通等工程有序实施，新城建设、老城改造齐头并进、持续提速，群众居住环境进一步改善。我市荣获2018年度中国十大最具活力休闲城市称号，涡阳县荣获央视2018最美揽夏地称号。

内外交通网逐步完善。建成建安路涡河隧道、道东1号地路网工程、高铁片区地下综合管廊、亳州北公交客运枢纽站，贯通绕城快速南西北三线，打通京九西路等5条断头路。汤王大道涡河隧道和杜仲路等6条下穿商合杭高铁立交桥加快推进，三清大道涡河大桥开工建设，中心城区40千米快速路网完成设计。总投资59.5亿元、总长125千米的13个国省干线公路PPP项目扎实推进。商合杭高铁亳州段线下工程全面完工，亳州公路客运高铁枢纽站主站房顺利完工。亳州机场立项通过中央军委联合参谋部审核。涡河高等级航道整治、涡河蒙城枢纽顺利开工，淮蒙阜城际铁路、亳蚌城际铁路、亳蒙高速前期工作有序推进。

信息化建设加快推进。市数据中心整合数据 36.1 亿条，日交换数据约 3.8 亿条，形成人口、企业、电子证照、信用、医疗、地理空间等一系列智慧城市信息数据库。市视频数据监控平台摄像机总量 6.3 万台，在线率 99% 以上，广泛应用于治安防控、城市管理、环保督察、教育医疗、食品药品监管等公共领域。网上办事大厅全年办件量 705.4 万件，7367 项服务事项中 7075 项实现“最多上一次”“一次上网，事就办成”，其中 2654 项实现“一日办结”。数字城管实现市县一体、互联互通，受理案件 65 万件、整改率 97%。“12345”市长热线受理线上线下群众诉求 34.2 万件，群众满意率 93.5%。全流程电子招投标比率 95.1%，药都网上商城完成交易 1.7 亿元。浪潮（亳州）大数据产业园加快建设，筹建市信息产业集团。我市发放全省第一张全程电子化车辆检验合格标志。

（五）抓生态、惠民生，健康养生城市建设呈现新面貌。

生态宜居环境进一步改善。实行网格化精准治理，持续推进“地净、路畅、水活、天蓝、林拥城”工程，深入开展“全民参与·环保风暴”活动，全力抓好中央环保督察反馈问题及转办的群众信访件、省环保督察交办突出环境问题等整改工作。推进燃煤污染、餐饮油烟等“1+N”系列专项整治，中心城区和三县县城规划区全面禁止燃放烟花爆竹，秸秆禁烧实现“零火点”，PM2.5 平均浓度下降 11.1%，优良天数提高 4.5%。扎实推进河长制工作专项整治，整改河道“八乱”问题 1934 个、入河排污口 319 个、城市黑臭水体 30 处，水环境质量考核居全省第三位。扎实开展土壤污染状况详查，整治完成非法固体废物堆放点位 44 个、非正规垃圾堆放点 13 个，195 家医院和乡镇卫生院医疗废物实现专业化处理处置。全面建立四级林长负责制，人工造林 1.03 万公顷，建设森林生态廊道 360 千米，60.6 千米林拥城绿道荣获省级现代林业示范区称号。

民生社会事业进一步发展。新增城镇就业 7.1 万人，转移农村劳动力 12.7 万人，农民工进城就业 4.2 万人。扎实推进全民参保计划，社会保障进一步提标扩面。累计投入 9.9 亿元，救助各类困难群众 227.4 万人次。城市低保标准提高 6%，农村低保平均标准提高 28%。完成农村敬老院公建民营改革 20 所，新建养老服务指导站点 100 所，新增社会办养老床位 650 张。749 名失能五保老人入住乡镇卫生院集中供养。创新建设农民工实名制登记及工资支付监管平台，通过平台发放工资 20.4 亿元。基本建成棚户区改造住房 3.4 万套，分配公租房 2866 套。整治老旧小区 26.2 万平方米。坚持“房住不炒”，严厉打击逾期备案、违规销售、哄抬房价等违规行为，严格监管商品房预售资金，房地产市场保持平稳健康发展。大力发展教育事业，投资 23.1 亿元新建改扩建公办中小学 55 所、幼儿园 36 所，实施义务教育全面改薄项目 156 个。建立中小学教职工编制周转池制度，深化中小学教师无校籍管理改革，出台优秀教育人才引进和奖励办法，补充公办中小学、幼儿园教师 2391 人；亳州学院新增本科专业 6 个，亳州职业技术学院二期工程首批建设项目顺利完工。市文化馆正式建成，市广电中心主体封顶，市数字档案馆基本建成，市博物馆成为全省首家夜间开放的博物馆。梆剧《春暖花开》入选全国优秀现实题材舞台艺术作品展演剧目。全民科学素养得到新提升。古井酿造遗址保护规划通过国家文物局评审，花戏楼、尉迟寺遗址保护规划获省批复。

“健康亳州”建设进一步加快。我市荣获全国基层中医药工作先进市和全国无偿献血先进市称号。深化医药卫生体制改革，公立医院编制周转池制度改革全面推开，出院患者实施临床路径比例 78.8%，药占比较改革前下降 10.5%，县域内就诊率提高到 85%。华佗国医馆正式开馆，市级全民健康信息平台建成投用，华佗中医院创建三级甲等中医医院通过省级初评，省中医药大学第一附属医院涡阳分院正式揭牌，利辛县荣获“国家级妇幼健康优质示范县”称号。成功举办 2018 世界药膳文化美食节暨中国

（亳州）药膳大赛。初步建成“十五分钟健身圈”，市体育馆正式投用，国际全程马拉松赛、全国航模公开赛等20余项知名赛事在我市举办。

社会治理体系进一步完善。坚决打好防范化解重大风险攻坚战，严厉打击各类非法金融活动，守住了不发生系统性金融风险的底线。深化安全生产“铸安”行动，推进消防安全形势持续好转，402处省市挂牌重大隐患全部按期整改，事故起数、死亡人数和受伤人数连续两年实现“三下降”。推进“深督导、重化解、促落实”专项行动，589件市挂牌信访积案、83件省交办信访积案全部化解。强力推进扫黑除恶专项斗争，扎实开展“守护平安—2018铁拳行动”，侦办涉黑案件5起，摧毁恶势力团伙63个，实现刑事案件发案数“五连降”、群众安全感指数“四连升”。深入开展药品药材生产经营综合整治，建成食用农产品检验（快检）室130处，食品药品经营秩序显著好转。入选“中国好人”15人、“安徽好人”21人。城市信用监测排名跃居全国第34位。市人防基本指挥所顺利完工。“七五”普法中期验收全面完成，公共法律服务水平进一步提升。村和社区“两委”顺利换届。

全民国防教育、国防动员和后备力量建设深入推进，三县一区全部荣获全省双拥模范县（城），退役军人服务保障工作取得新进展，军民融合医药科技产业园立项启动。《亳州年鉴（2017）》成为全省唯一荣获国家奖项的市级年鉴。第四次经济普查工作扎实推进。民族宗教、妇女儿童、老龄、残疾人、红十字事业实现健康发展。外事、侨务、对台、气象、地震、防灾减灾、新闻出版、应急管理、公积金管理、无线电管理、机关事务管理等工作取得新进步。

过去一年，我们大力加强政府自身建设，竭尽全力打造人民满意的政府。始终坚定讲看齐，深入学习贯彻习近平新时代中国特色社会主义思想和党的十九大精神，扎实开展“讲忠诚、严纪律、立政德”专题警示教育，坚决贯彻落实党中央、国务院、省委、省政府和市委各项决策部署。始终提振精气神，崇尚实干、狠抓落实，夙夜在公、奋勇攻坚，完成政府系统年度岗位责任目标任务759项，整改政府工作问题清单事项368项，办理人大代表议案建议244件、政协提案415件。始终强化执行力，不折不扣执行中央八项规定精神及实施细则，自觉接受人大法律监督、工作监督和政协民主监督，出台实施首部政府规章，全面推进政务公开，持续强化审计监督，严控“三公”经费等一般性支出，政府系统党风廉政建设和反腐败工作进一步加强。

各位代表，过去一年取得的成绩，是省委、省政府和市委坚强领导的结果，是市人大、市政协监督支持的结果，是全市650万人民团结拼搏、苦干实干的结果。在此，我代表市人民政府，向在各个岗位上辛勤工作的全市人民，向给予政府工作大力支持的全体人大代表、政协委员，向各民主党派、工商联、各人民团体和社会各界人士，向驻亳解放军指战员、武警官兵、政法干警和消防救援队伍指战员，致以崇高的敬意！向所有参与亳州建设的各位投资者和关心支持亳州发展的各界朋友，表示衷心的感谢！

我们也清醒地看到，我市发展中还有不少短板和不足：经济发展的质量和效益还不够高，新旧动能转换和产业升级步伐亟需加快，科技创新力和人才支撑力还不够强，民营经济做大做强还面临许多困难；三大攻坚战任务依然十分艰巨，还需持续用力、久久为功；发展不平衡现象依然存在，人民群众在教育、医疗、养老、交通出行等方面还有许多不满意的地方；个别部门和少数工作人员能力素质、担当精神与新时代发展要求相比仍有差距，形式主义、官僚主义等问题不同程度存在。对此，我们必须切实增强忧患意识，时刻自省，采取有力举措，认真加以解决。

二、2019年目标任务

今年政府工作的总体要求是：坚持以习近平新时代中国特色社会主义思想为指导，全面贯彻落实党的十九大和十九届二中、三中全会精神，统筹推进“五位一体”总体布局，协调推进“四个全面”战略布局，牢牢把握并全面用好重要战略机遇期，坚持稳中求进工作总基调，坚持新发展理念，坚持推动高质量发展，坚持以供给侧结构性改革为主线，坚持深化市场化改革、扩大高水平开放，以五大发展行动计划为总抓手，继续打好三大攻坚战，持续深化四项专项整治，统筹推进稳增长、促改革、调结构、惠民生、防风险工作，进一步稳就业、稳金融、稳外贸、稳外资、稳投资、稳预期，全力保持经济持续健康发展和社会大局和谐稳定，加快建设现代化五大发展美好亳州，为全面建成小康社会收官打下决定性基础，以优异成绩庆祝中华人民共和国成立70周年。

经济社会发展的主要预期目标是：地区生产总值增长8.5%左右，财政收入增长与经济增长同步，固定资产投资增长15%左右，规模工业增加值增长10%左右，社会消费品零售总额增长11%左右，进出口总额增长高于全省平均水平；农村、城镇常住居民人均可支配收入分别增长9%左右、8.5%左右；金融财政风险有效防控，3万左右贫困人口脱贫、涡阳县和利辛县脱贫摘帽，生态环境进一步改善，大气污染防治、单位GDP能耗、用水总量控制、万元GDP用水量等完成省下达的目标任务。

围绕实现上述目标，重点做好以下七个方面的工作：

（一）坚定不移打好三大攻坚战。

强力防范化解重大风险。坚持底线思维，增强忧患意识，聚焦政治、意识形态、经济、科技、社会、外部环境、政府系统党的建设等领域重大风险，制定出台“1+8+12”工作方案，切实扛起政治职责，强化斗争本领，永葆斗争精神，全力做好防范化解重大风险各项工作。着力压降地方金融机构不良贷款，持续深化政府隐性债务“四清四实”专项整治。加快建立地方金融监管体系，加强企业信用债违约、互联网金融等风险点整治，严厉打击各类非法金融活动。规范保险业发展。坚持把防范化解金融风险和服务实体经济更好结合起来，加大对科技创新、“三农”和中小微企业等融资支持，新增贷款240亿元以上；加快发展多层次资本市场，力争药都银行首发上市，新增各类挂牌企业30家，面向全省做好现代中医药及健康产业亳州专板扩容工作；实现直接融资80亿元以上。坚持因城施策、分类指导，稳定房地产市场供给，严控房地产领域风险。

强力推进精准脱贫。坚持把提高脱贫质量放在首位，扎实推进脱贫攻坚“十大工程”，重点解决好“两不愁三保障”面临的突出问题。强化脱贫资金保障，确保地方财政收入增量的20%以上、清理收回财政存量资金可统筹使用部分的50%以上用于脱贫攻坚。大力实施“四带一自”产业扶贫、“三有一网”点位扶贫、“三业一岗”就业扶贫，强化扶贫“金银林”管护，实现有条件、有需求的贫困村就业扶贫驿站全覆盖。完善防范返贫、稳定脱贫长效机制，统筹推进贫困村与非贫困村脱贫攻坚，抓好脱贫后续帮扶及巩固提升工作，增强贫困群众内生动力和自我发展能力，确保贫困群众真脱贫、不返贫。

强力推进污染防治。坚决贯彻习近平生态文明思想，聚焦“三大保卫战”和“七大标志性战役”，加快推进各行业全门类环保问题大排查，继续开展“全民参与·环保风暴”活动，完成中央环保督察和“回头看”反馈问题、省环保督察交办突出环境问题整改年度任务。坚决打赢蓝天保卫战，深入推进大气污染防治精细管理和中心城区网格化环境精准整治，持续开展“五控”专项行动，继续抓好秸秆禁烧工作，完成省下达年度目标任务。着力打好碧水保卫战，建成河长制信息化系统，开展河湖“清四乱”专项行动，实施城镇污水处理提质增效三年行动，加强入河排污口整治和规模化畜禽养殖污染防治，推进农村黑臭水体治理，确保城市黑臭水体消除比例90%以上。扎实推进净土保卫战，抓实土壤环境质量详查，强化土壤污染管控和修复，确保主要农作物化肥和农药使用量“零增长”。强化资源节约集约利用，严守生态保护红线。

（二）坚定不移推进改革开放。

持续深化重点领域改革。坚持以清单制改革为抓手，扎实推进各项改革任务落地。按期完成市县政府机构改革各项任务。树立过紧日子的思想，优化财政支出结构，改进财政投入方式，全面实施预算绩效管理。完成税收征管体制改革后续工作。加快国资国企改革，开展经营性国有资产集中统一监管试点，推动古井集团和建安、城建、交控、文旅集团运营发展实现新突破，持续做强做优做大国有资本。推进中小学教职工编制周转池制度试点工作，深化教师无校籍管理改革。强化公共资源要素市场化配置，推动自然资源、产权资产等有序纳入统一的交易平台体系。继续深化综合医改，扎实推进“三医联动”，确保县域内就诊率87%以上。

持续巩固“三去一降一补”成果。大力破除无效供给，依法依规化解并严禁新增过剩产能，加快利辛县煤电循环产业园建设。大力培育新动能，依托筑梦社区、青年创客空间等双创园区，开展“数字+”“智慧+”应用试点示范，组建市信息产业集团，加快建设浪潮（亳州）大数据产业园，推进政务数据共享及视频数据平台深度应用，培育互联网、大数据、人工智能领域企业30家。聚力发展新能源等战略性新兴产业，加快推进风电、生物质发电等项目建设，力争战略性新兴产业产值增长16%。大力降低实体经济成本，聚焦制度性交易、人工、税负、社保、财务、用能用电、物流等领域，落实更大规模减税、更加明显降费，让企业轻装上阵、放手发展。

持续激发创新创造活力。坚持以科技创新驱动产业提档升级，力争高新技术企业总数突破100家，确保高新技术产业增加值增长12%以上。加快产学研深度融合，加大中医药人才、技术引进力度，建成投用市中医药产业技术研究院，推动技术转移和科技成果转化通道建设，支持科技成果前期孵化，新建众创空间、科技孵化器、院士工作站等5家以上。开展共性关键技术攻关和科技成果推广，组织申报科技项目20项以上。完成发明专利授权量150件以上，万人发明专利拥有量增速居全省前列。深入实施药都“双创”英才计划，引进高层次人才50人以上，持续推进“亳州老乡，请您回家”和助力青年学子创业活动，让各类人才创新愉快、创业愉快。

持续打造对外开放高地。主动融入长三角区域一体化发展国家战略、“一带一路”建设，全面参与中原经济区、淮海经济区、淮河生态经济带建设。着力扩大新一届药博会影响力。坚持内外资企业一视同仁、平等对待，营造更加公平便利可预期、更有吸引力的外商投资环境，进一步提高利用外商直接投资水平。调整优化外贸进出口结构，积极组织企业开拓国际市场，培育新增进出口实绩企业30家。加快推进亳州海关建设，探索发展多式联运。发挥外事、侨务资源优势，深化与国际友城交流合作。继续发挥异地亳州商会、亳州之友联谊会作用。

（三）坚定不移发展实体经济。

大力实施中医药产业转型提质行动。强化规划引领，细化落实《世界中医药之都（安徽亳州）建设发展规划》各项具体任务，推动各产业链协同发力，确保产业总规模突破1150亿元。强化产业集聚，依托现代中药产业集聚发展基地，指导企业试点生产破壁饮片，加快医疗器械、制药设备产业园建设，推动中药工业向中高端迈进，实现产值350亿元以上。强化品种培育，设立现代中医药成果转化基金，推动中医药领域产学研一体化，完成药品技术转让或委托加工受理协议品种200个以上，引进仿制药品种20个以上。强化绿色增效，推进产地趁鲜初加工，力争中药材标准化种植面积扩大到2.4万公顷，实现中药材种植业产值36亿元以上。聚焦有形、无形两个市场，依托国家级供应链创新与应用试点城市建设，巩固中药材交易市场行业龙头地位，力争中药流通业贸易总额770亿元以上。

大力实施制造业改造提升行动。深入开展新一轮大规模技术改造，继续实施工业“三百工程”和“个转企、小升规、规提升”计划，新培育规模工业企业80家，工业投资增长13%以上、技改投资增长15%以上。加快推动白酒酿造、食品制造及农产品加工、汽车及零部件制造、煤电煤化工、纺织服装、建筑材料等产业智能化、网络化、绿色化改造，培育省级企业技术中心2家、智能工厂和数字车间3~5家、专精特新中小企业20家。加强质量品牌建设，培育申报中国驰名商标2件。大力弘扬劳模精神，激发产业工人积极性、创造性。

大力实施服务业聚力提速行动。继续开展文化旅游年活动，聚力打造北关历史街区精品旅游线路、亳药花海休闲观光大世界三期工程、中华中医药博览园、陈抟文化园、道源国家湿地公园等一批重点旅游项目，加快创建国家中医药健康旅游示范区，确保全年接待国内游客2500万人次，实现旅游总收入200亿元。加快科技服务、工业设计等现代服务业发展，新引进服务外包企业6家，新增限上商贸流通企业90家，确保邮政行业业务总量突破20亿元。主动适应群众消费升级新趋势，规范校外培训机构发展，加快体育休闲、家政育幼、健康养老等服务业发展，新建改造一批农贸市场、菜市场、社区菜店，新增社会办养老机构床位600张，建成医养结合示范项目10家以上。

大力实施民营经济培育提效行动。坚持“两个毫不动摇”，全力落实好支持民营经济发展的各项政策，新增私营企业1.2万家、个体工商户2.8万户，民营经济增加值增长9%以上。组建市担保集团，开展“千名行长进万企”活动，引导更多信贷资金向民营企业倾斜，重点解决好中小微企业融资难、融资贵问题。坚持“非禁即入”，完善PPP项目推进模式，引导优质社会资本进入医疗、养老、体育等领域。依法保护企业合法权益和企业家人身财产安全，在微观执法过程中坚决不搞“一刀切”。大力弘扬企业家精神，健全政企沟通长效机制，着力构建亲清新型政商关系。

（四）坚定不移扩大有效投资。

强力推动项目建设大突破。全面落实稳投资各项部署，继续实行“四督四保”、领导包保、“双调度”制度，750个以上重点项目完成投资1000亿元以上。突出加大基础设施补短板力度，实施重点项目储备和前期工作攻坚，新谋划重点项目1200个以上、总投资3600亿元以上。主动对接中央预算内投资重点支持领域，力争更多项目列入国家投资计划。聚焦保障重点项目用地需求，推进农村土地综合整治，完成建设用地增减挂钩项目2000公顷、工矿废弃地复垦利用400公顷、补充耕地1333.33公顷。

强力推动招商引资大升级。紧盯国家和省政策方向，“立改废释”招商政策，打造招大引强“投资高地”，新建亿元以上省外投资项目165个以上，实际利用省外资金增长10%以上。围绕重点产业，突出工业招商、补链招商、强链招商，深化驻点招商、委托招商、基金平台招商，签约亿元以上工业项目165个以上，每个招商载体至少引进5亿元以上项目5个、10亿元以上项目2个。

强力推动园区发展大转型。聚焦开发区高质量发展和标准化建设，持续完善产业配套体系和综合服务功能，支持谯城经济开发区创建国家级经济开发区，支持亳芜现代产业园区创新发展，大力提升6个省级开发区规模能级，力争在全省开发区综合考核中争先进位，确保经营收入增长15%以上，规模工业增加值增长11%以上。开展创新能力提升、特色产业做强、龙头企业培育专项行动，扎实推动开发区主导产业全链条发展、传统优势产业做大做强、新产业新业态新模式加快成长，持续提高开发区亩均投资强度和产出率。

强力推动营商环境大提升。继续推进“放管服”改革，深入开展“减证便民”专项行动，动态调整权责清单、公共服务清单、中介服务清单和市场准入负面清单。深化“互联网+政务服务”，对接完成全国一体化在线政务服务平台，确保市本级公共服务事项全部一日内办结，96%以上的为民、为企服务事项“最多上一次”“一次上网，事就办成”。总结推广一般工业项目审批和企业投资项目承诺制改革试点经验，健全压缩企业开办时间长效机制。牢固树立“为自己人办事就是办自己事”的观念，深入实施“四送一服”双千工程，用好省综合服务平台和市“政企直通车”微信平台，穷尽办法、倾尽全力、依法依规帮助企业解决转型、融资、市场开拓等难题，更大力度创优“四最”营商环境，为企业发展清障护航。

（五）坚定不移提升城市能级。

加快完善城市功能配套。发挥《亳州市城市总体规划（2010—2030年）》（2018年修改）统领作用，动态优化中心城区各专项规划，修编完善三县城市总体规划，推进“多规合一”信息平台建设，探索开展全域规划管控。聚焦提升中心城区首位度，坚持整体有序、联动开发，完善亳州高新技术产业开发区道西片区配套设施和道东片区供气供热、强电网络，加快高铁站片区集中连片建设，推进谯城区老城区改造和北部新城建设。加快三县老城功能改造提升、新区配套设施完善，推进特色产业集聚发展，打造县域振兴“升级版”。开工建设市垃圾焚烧发电厂二期和市餐厨废弃物处理项目，推进垃圾中转站运行和生活垃圾转运PPP项目。加快太和至亳州天然气输气管道、亳州油库建设。推进引江济淮亳州段工程建设，建成城南地表水厂。

加快提升精细管理水平。健全市政设施养护长效机制。强力整治流动摊点占道经营现象，持续提升物业管理服务水平，及时精准处置城市管理难题，打造一批“样板街”“示范路”“示范小区”。启动智慧管网建设，提升城市地下管网监管水平。大力整治“城市看海”现象，完成中心城区9条道路雨污分流改造和7处严重积水路段整治任务。实施合欢路、张良路等29条道路增亮改造工程，进一步扮靓亳州夜景。贯彻落实《亳州国家历史文化名城保护条例》《亳州市城市绿化条例》和即将出台的《亳州市城市市容和环境卫生管理条例》，加强城市规范化、精细化、法治化管理，更好地延续历史文脉，提升城市品质。

加快畅通内外交通网络。投资31亿元实施三清大道、道东2号地和3号地路网等47条道路、桥梁项目，加快中心城区快速路网前期工作，启用亳州北公交客运枢纽站、亳州公路客运高铁枢纽站，完成杜仲路等6条下穿商合杭高铁立交桥主体工程，让群众出行更方便、更快捷。提档升级10条普通国省干线公路，加快实施涡河高等级航道整治工程，推动亳州机场、亳蚌城际铁路、淮蒙阜城际铁路、亳蒙高速取得突破性进展。全力配合推进商合杭高铁亳州段建设，确保年底前通车，实现亳州人民群众期盼已久的“高铁梦”。

继续实施“地净、路畅、水活、天蓝、林拥城”工程。深化市县数字城管平台和“五车”监管平台应用，开展市容市貌和环境卫生专项整治，进一步提升道路清扫精细化保洁水平。完成汤王大道涡河隧道主体工程，打通酒城大道、光明西路等断头路21条，新建续建公共停车场22座、停车位4266个，新增公交车328辆，建设一批电动汽车充电桩，加快城乡公交一体化进程。强化城区水系治理，贯通凤尾沟三期、龙凤新河、团结沟、宋汤河六期城区水系。推深做实林长制改革，加快推进“林拥城”、沿主干道路、沿主干河流三类森林廊道建设，完成人工造林6266.66公顷，创建森林城市1个、森林城镇4个、森林村庄36个、森林长廊示范段110千米，新建完善农田林网5.33万公顷。

（六）坚定不移推动乡村振兴。

持续提升农业效益。深化农业供给侧结构性改革，落实藏粮于地、藏粮于技战略，实施粮食绿色高质高效创建和蔬果产业绿色增效工程，加快推进高标准基本农田建设，完成谯城区油河、涡阳县北淝河上段、蒙城县茨河3项中小河流治理工程，加强农产品质量监管，新增绿色食品、有机食品、农产品地理标志30个，新增优质专用粮食生产基地6666.67公顷、设施蔬菜面积2666.67公顷。坚持农地姓农，彻底整治“大棚房”问题。实施百家龙头企业提升工程，加快市县区食品产业园建设，新增规模以上农产品加工企业10家，确保规模以上农产品加工业产值增长10%以上。抓好非洲猪瘟疫情防控，加强畜禽养殖废弃物资源化利用，创建部省级标准化示范场2家，力争资源化利用率在

83% 以上。持续推进秸秆综合利用，加快秸秆综合利用产业园建设，确保综合利用率稳定在 91% 以上。深入实施“互联网 +”农产品出村工程，新增农村电商经营主体 200 个以上，农产品网络销售额突破 40 亿元。

持续改善农村环境。建成 48 个省级美丽乡村中心村。深入推进农村人居环境整治，改造农村厕所 10 万户，处理农村生活垃圾 30 万吨以上，完成农村环境综合整治任务 50 个。坚持产业引领、因地制宜、市场主导、融合发展，加快建设特色小镇，力争成功申报省级特色小镇 1~2 个。推进农村基础设施建设，完成农村电网改造投资 3 亿元以上，改造农村危房 1750 户，建成“四好农村路”扩面延伸工程 1200 千米。深入开展移风易俗弘扬时代新风行动，积极发挥新乡贤作用，遏制大操大办、人情攀比等陈规陋习，倡导农村文明新风尚。

持续深化农村改革。深化农村土地制度改革，巩固确权成果，加快土地确权县级数据库建设。深化农村集体产权制度改革，持续推进农村集体经营性资产股份合作制改革，建立健全农村集体经济组织。完成农村“三变”改革的村在 30% 以上。加强农村人才培育，培训新型职业农民 5000 人，新增省农民合作社示范社 6 家、家庭农场 12 家，力争适度规模经营面积达 30 万公顷。强化为农服务，建设为农服务中心 8 家，新建改造新型基层合作社 16 家、农家店 160 家、农村综合服务社（中心）24 家。建强农村基层组织，培养造就一支懂农业、爱农村、爱农民的“三农”工作队伍。

（七）坚定不移改善人民生活。

精心实施民生工程。全面完成 33 项民生工程年度任务。坚持就业是最大的民生，重点做好高校毕业生、农民工、退役军人等群体就业，开展技能培训 1.3 万人，新增城镇就业 3.2 万人，城镇登记失业率控制在 4.5% 以内。加大住房保障力度，新开工棚户区住房 28224 套，优先用于保障环卫、公交等行业困难群体。继续推进农村饮水安全巩固提升工程，进一步提升供水保障率、水质达标率。深入实施全民参保计划。稳步提高低保覆盖率和城乡低保统筹水平。持续扩大孤儿、困境儿童保障范围。扎实做好失能五保老人入住乡镇卫生院工作。

聚力发展社会事业。千方百计补齐公办教育短板，投入 28.5 亿元新建改扩建公办中小学 21 所、幼儿园 75 所，其中中心城区投入 10.8 亿元新建改扩建公办中小学 11 所、幼儿园 22 所，推进教育教学质量持续提升，努力促进义务教育向优质均衡发展。加快亳州一中升级改造。推进亳州学院四期工程和新设 5 个本科专业、亳州职业技术学院二期工程和数字化校园建设。落实优秀教育人才引进和奖励办法，完善中小学教师待遇保障机制，让广大人民教师安心从教、热心从教。加快“健康亳州”建设，推进医联体、医共体建设，开展县域卫生优质服务基层行活动，建成投用市妇幼保健计划生育服务中心，开工建设市第二人民医院、市儿童医院。实施中医药传承创新工程，发展大健康产业。繁荣文化事业，开展文化惠民活动，建成市广电中心，升级县区文化馆、图书馆，抓好文化遗产保护利用，推动新闻出版、广播电视、档案方志等事业发展。完善“十五分钟健身圈”，建成市业余体校训练中心，举办 2019 亳州国际马拉松等一批知名赛事，争创全国全民运动健身模范市。大力提升全民科学素养。加快推进老年事业发展。

持续强化社会治理。深化安全生产隐患排查治理，排查、整改一般隐患不少于 1 万处，挂牌督办重大隐患 400 处以上、整改率 98% 以上。扎实开展中药饮片质量集中整治，全力守护“诚信药都”金字招牌。积极创建省级食品药品安全城市，大力推进餐饮质量提升工程，保障群众饮食用药安全。加快实施“雪亮工程”，推进市县乡村综治中心规范化建设。继续推行开门接访、带案下访、重点约访、专题接访和包案回访制度，确保信访形势持续好转。切实维护意识形态领域安全，纵深推进扫黑除恶专项斗争，重拳打击盗抢骗、黄赌毒等违法犯罪活动，着力打造高质量的“平安亳州”。大力弘扬社会主义核心价值观，继续开展道德模范、身边好人和寻找“最美家庭”评选、推荐、宣传活动。提升应急联动和防灾减灾能力。用好市人防基本指挥所。高质量完成第四次经济普查工作。推进军民融合医药科技产业园建设，加强党管武装、全民国防教育、国防动员和后备力量建设，强化退役军人服务保障，落实优抚安置政策，力争蝉联全国双拥模范城。充分发挥工会、共青团、妇联、残联等人民团体作用，大力推进对台、侨务、红十字、气象、地震、民族宗教、无线电管理、公积金管理和机关事务管理等事业发展。

三、加强政府自身建设

实现高质量发展对政府工作提出了新的更高要求。我们务必要始终坚持底线思维、增强忧患意识，始终坚持“三严三实”“马上就办、真抓实干”，大力弘扬“亮剑”精神，坚决克服小富即安、小进即满思想，撸起袖子加油干，苦干实干拼命干，用我们的辛苦指数换取全市人民的幸福指数和亳州发展的质量指数。

（一）绝对忠诚跟党走。坚持用习近平新时代中国特色社会主义思想武装头脑，树牢“四个意识”，坚定“四个自信”，坚决做到“两个维护”，始终在政治立场、政治方向、政治原则、政治道路上同以习近平同志为核心的党中央保持高度一致。严守政治纪律和政治规矩，全面贯彻执行党中央、国务院、省委、省政府和市委决策部署，确保政令畅通、令行禁止、落地见效、开花结果。扎实开展理想信念教育，持续推进“两学一做”学习教育常态化制度化，深入开展“不忘初心，牢记使命”主题教育，引导政府系统全体人员全面提升“八种本领”，时刻把责任扛在肩上，主动作为、奋发有为，对党忠诚、为党分忧、为党尽职、为民造福。

（二）一心为民破难题。始终坚持以人民为中心的发展思想，按照“四化、三可”和“好、快、高”要求，聚焦“四个点问题”，紧盯事关人民群众切身利益的脱贫攻坚、环境保护、就业创业、公办教育、医疗卫生等工作，最大力度改进工作、最实举措推动落实、最快速度兑现承诺，不断满足人民群众对美好生活的向往。始终牢记群众利益无小事，满腔热忱倾听民意企声，动真碰硬化解民苦企痛，全力以赴满足民愿企盼。始终坚持勤政为民，持续完善激励机制和容错纠错机制，激励广大干部在矛盾困难面前敢于作为、风险考验面前敢于负责、大事难事面前敢于担当，确保利民之事丝发必兴。

（三）提速增效干事业。以“开局就是决战，起步就是冲刺”的紧迫感，“见红旗就扛，见第一就争”。坚持雷厉风行抓落实，大力倡导践行“一线工作法”，用脚步丈量每一寸土地，用眼睛发现每一个问题，下沉一线寻对策，直插现场破难题。坚持压实责任抓落实，继续实行“三单六会”和“双调度”制度，拧紧责任螺丝，上紧督察发条，打造全方位落实、全流程监督的责任体系。坚持改进作风抓落实，严格执行中央八项规定精神及实施细则，扎实开展“严规矩、强监督、转作风”集中整治形式主义、官僚主义专项行动，加大机关效能督察暗访力度，全力营造崇尚实干、狠抓落实、勇争一流的干事创业氛围。

（四）严守法纪树形象。扎实开展政府立法工作，严格执行重大事项决策程序，持续完善法律顾问和公职律师制度，全面推行行政执法公示、执法全过程记录、重大执法决定法制审核制度，着力加大政务公开力度，抓深抓实“七五”普法，全力打造法治政府。坚持重大事项向市委请示、向人大报告、向政协通报，自觉接受人大及其常委会的法律监督、工作监督和政协的民主监督，切实办好人大代表议案建议和政协提案，广泛听取各民主党派、工商联、无党派人士意见建议。坚定不移推动全面从严治党向纵深发展，坚决落实主体责任，严格履行“一岗双责”，强力抓好巡视巡察发现问题整改，大力支持纪检监察机关依规依纪依法履行职责，扎实推进新一轮全覆盖审计，让忠诚、干净、担当成为干部的自觉追求。

注：1. 四好农村路——即建好、管好、护好、运营好农村公路。

2. 四送一服——即送新发展理念、送支持政策、送创新项目、送生产要素，服务实体经济。

3. 两难两多一长——即企业开办难、企业不动产登记难，申请材料多、办理程序多，办理时间长。

4. 一村一品——即在一定区域范围内，以村为基本单位，充分发挥本地资源优势，通过规模化、标准化、品牌化和市场化建设，使一个村（或几个村）拥有一个（或几个）市场潜力大、区域特色明显、附加值高的主导产品和产业。

5. 三保障一兜底一补充——即提高基本医保、大病保险、医疗救助保障待遇水平，设定政府兜底保障线，实行慢性病门诊补充医疗保障。

6. 三变——即资源变资产、资金变股金、农民变股东。

7. 三品一标——即无公害农产品、绿色食品、有机食品和农产品地理标志。

8. 农村环境“三大革命”——即农村垃圾、污水、厕所专项整治。

9.1+N——即出台《关于全面加强生态环境保护坚决打好污染防治攻坚战的实施意见》，开展燃煤污染、餐饮油烟、涉车涉油污染、建筑工地扬尘等“N”项系列专项整治。

10. 八乱——即乱搭乱建、乱倒乱排、乱设乱耕、乱采乱取。

11. 四清四实——即底数清、结构分布清、原因症结清、具体责任清，控增减量和化解举措要稳妥务实、处置工作预案要周密翔实、依法监督问责要严实、深化改革和规范管理要全面落实。

12. 四带一自——即园区带动、龙头企业带动、农民合作社带动、能人大户（家庭农场）带动，贫困户自种自养。

13. 三有一网——即村有当家产业、户有致富门路、人有一技之长，网络扶贫增效。

14. 三业一岗——即推广培育生态友好型产业、发展劳动密集型产业、组织外出就业，开发公益岗位。

15. 三大保卫战——即蓝天、碧水、净土保卫战。

16. 七大标志性战役——即打赢蓝天保卫战和柴油货车污染治理、城市黑臭水体治理、巢湖综合治理、长江保护修复、水源地保护、农业农村污染治理攻坚战等 7 场标志性战役。

17. 五控——即控煤、控气、控车、控尘、控烧。

18. 清四乱——即对乱占、乱采、乱堆、乱建等河湖管理保护突出问题开展专项清理整治。

19. 三医联动——即医疗、医保、医药改革联动。

20. 三百工程——即实施 100 个在建项目、100 个亿元项目、100 个技改项目。

21. 两个毫不动摇——即毫不动摇巩固和发展公有制经济，毫不动摇鼓励、支持、引导非公有制经济发展。

22. 四督四保——即督察推进新建项目，保证开工率；督察推进续建项目，保证竣工率；督察推进竣工项目，保证达产率；督察推进储备项目，保证转化率。

23. 双调度——即对经济运行、项目建设、安全生产、环境保护四项工作，实行市政府分管负责人半月一调度、市政府主要负责人和分管负责人共同一月一调度的工作制度。

24. 四最——即审批事项最少、办事效率最高、投资环境最优、市场主体和人民群众获得感最强。

25. 多规合一——即将经济社会发展规划、城市空间规划与土地利用总体规划等多项规划编制、实施融合起来。

26. 五车——即洒水车、清扫车、垃圾运输车、渣土车、混凝土搅拌车。

27. 雪亮工程——即以县、乡、村三级综治中心为指挥平台、以综治信息化为支撑、以网格化管理为基础、以公共安全视频监控联网应用为重点的群众性治安防控工程。

28. 三单六会——即政府系统年度岗位责任目标任务清单、政府工作问题清单、市长工作提示清单，市政府常务会议、市长工作例会、市长专题调度会、市政府双调度会、市规委会、市土委会。

（市政府办公室）

专　记

图2　2018年10月30日，谯城区古城镇张桥民族村村民在蔬菜大棚里除草（张延林　摄）

脱贫攻坚

【概况】2018年，亳州市出台《亳州市打赢脱贫攻坚战三年行动的实施方案》，明确路线图和时间表，确保2020年现行标准下农村贫困人口全部实现稳定脱贫。归纳梳理出82项重点工作，印发《2018年亳州市脱贫攻坚重点工作任务作战图》，明确落实举措、责任单位、责任人及完成时限。

开展大调研活动。全市9828名干部实地走访贫困户18.9万户，印发《脱贫攻坚在行动·聚焦精准大调研专报》18期。自3月起，市、县（区）、乡（镇）党委主要负责人带头选择1个偏远的村，蹲点调研，摸实情、解难题、谋对策，形成调研报告。采取“先试点，后推开”的方式，选取试点乡镇、试点村、试点户组织镇村扶贫干部集中练兵，后全面推开。由驻村（扶贫）工作队、村包户干部、扶贫档案员等分组入户，逐户进行基础信息采集，根据贫困户家庭实际情况勾选帮扶措施，相关县区直部门对勾选措施入户审核，修改基础数据信息82.5万条，勾选措施238.8万条，审核通过221.3万条。排查疑似危房8274户、疑似慢性病人4.1万人、疑似残疾人1.2万人、疑似户籍问题2.3万条，均做到符合条件予以办理，不符合条件予以结论。

坚持问题导向，抓好整改。梳理2017年省考核评估，2018年省年中督察巡查、脱贫攻坚督察巡查、大排查专项督察反馈问题，建立问题清单台账，明确整改时限、责任、措施。省督察检查反馈的83个问题全部完成整改。开展大排查问题整改。开展“七个不落，一个不少”大排查活动，共排查20.9万户，发现问题14.8万条，全部完成整改。强化大排查调度推进、督察督导等过程管控，成立5个督察组，开展大排查工作作风问题专项督察。推进巡视问题整改。成立由市委、市政府主要负责人任组长的中央脱贫攻坚专项巡视反馈问题整改工作领导小组，印发问题整改方案和工作实施方案，上下联动抓整改。对查摆出的对基层工作指导不力、扶贫与扶志扶智相结合注重不够等14个方面问题，深挖根源、深析本质，立行立改、举一反三，确保各类问题改到位。

开展民主监督。建立由市委主要负责人、市政府分管负责人、各民主党派主委和各县区委书记及相关部门负责人等在内“民主党派脱贫攻坚监督微信平台”，健全“找、交、销、查、考”工作机制，民主监督发现的问题梳理汇总后上传到该微信平台，对应县区和涉及的有关市直责任部门责任人直接认领，实行问题清单管理，定期通报，挂账销号。5个民主党派累计下县区开展脱贫攻坚民主监督190次（天），到401个自然村、1422户贫困家庭实地调研，提出意见建议217条，发现问题236条，办复率100%。

开展扶贫领域作风问题专项整治行动。全市扶贫领域监督执纪问责共查处问题451起，处理618人，其中党纪政务处分283人，组织处理335人。把扶贫领域作风问题专项治理与强化扶贫领域监督执纪问责和扶贫领域“懒政怠政、不作为慢作为”专项整治相结合，市纪委监委牵头，市扶贫开发领导小组成员单位配合，抽调人员集中办公，市县联动。开展扶贫领域“懒政怠政、不作为慢作为”专项整治行动。印发《亳州市开展扶贫领域作风问题专项治理实施方案》，开展9轮次明察暗访，发现问题199件，交办整改事项165件，重点交办督办问题线索34件，查处49件112人。开展扶贫领域专项巡察。组织42个专项巡察组、5个督导组，开展两轮扶贫领域专项巡察，实现对全市286个贫困村专项巡察全覆盖。发现问题1361个，全部整改。建立多渠道搜集排查问题线索制度。利用“12345”市长热线、“12388”信访举报电话、媒体曝光、舆情反映等渠道，搜集排查问题线索，全市共排查重点问题线索547起。

市委主要负责人履行第一责任人责任，研究谋划扶贫领域腐败和作风问题专项治理，每月定期听取工作汇报，层层压实责任。紧盯8类41项问题，市、县（区）联动，成立15个专项督察组，开展多轮次常态化督察。聚焦扶贫领域腐败和作风问题等，开展“进基层、抓监督、解难题”专项行动。采取市委统筹、市县联动、混合编组、分级谋划方式，开展扶贫领域专项巡察，实现扶贫领域专项巡察全覆盖。开展扶贫领域危房改造、“五保”低保重点扶贫问题等专项治理。构建长效机制。建立问题线索排查、定期报送通报、账单式管理等日常监管机制。加强村和社区党组织纪检队伍建设，在村（社区）党组织配备1328名纪检委员，发挥基层党组织纪检委员“前哨”和“网底”作用。建立乡镇纪检监察工作协作区制度，建成协作区21个，重点问题线索全程交办督办。共查处扶贫领域腐败和作风问题451起、处理618人。在全省深化专项治理扶贫领域腐败和作风问题工作推进会上，亳州市作交流发言。

本年度，蒙城县、谯城区通过摘帽验收，成为全省首批脱贫摘帽县区。经省脱贫攻坚第三方监测评估，完成4.9万贫困人口脱贫、25个贫困村出列的年度目标，涡阳县、利辛县摘帽退出通过市级初审。截至2018年年底，全市286个贫困村全部出列，建档立卡贫困人口由48.9万人减至4.9万人，贫困发生率从9.68%降至0.86%。

【动态管理】2018年，亳州市坚持把精准识别和精准退出作为精准扶贫精准脱贫的基础工作，全面查准核实对象，杜绝“两该两不该”现象。按照国家、省关于完善建档立卡工作部署，6—7月，组织开展扶贫对象动态调整，坚持全面排查与特别关注相结合，新识别1680户4209人、清退1085户3916人。围绕“一收入、两不愁、三保障”标准，10—12月，全面入户核查贫困户和困难群体基本信息、帮扶措施等要素指标，对拟出列贫困村和拟脱贫户进行全覆盖的调查核实和分析评价。新识别739户2029人，清退32户90人，自然增加8259人，自然减少24402人，标注出列村25个、标注脱贫户21205户49141人。建立专人负责、定期核查、同步清洗的数据管理制度，对国务院扶贫办系统筛查的79类、省扶贫办补充筛查的10类问题，进行常态化核准纠正，加强行业部门数据比对和信息共享，全面摸排整改自身数据疑点，及时补充完善系统信息数据。全市建档立卡数据质量综合排名居全省前列。

【“两册一审”】2018年，亳州市把“两册一审”作为建档立卡贫困人口精准识别的重要抓手，防止评议流于形式，确保实现“一个不落”。通过村广播、宣传栏对方案、政策等进行宣传，做到家喻户晓，提高群众参与的积极性。做好代表的培训工作，做到贫困户识别标准和程序、返贫的条件和程序、清退要求和条件、如何精准施策、纪律要求等“五个讲清”。把老党员、老干部、老教师、老退伍军人等群众公认的乡贤作为代表，按照自然村人口每30人产生1名参评，群众代表最低不少于6名。对照户籍花名册和建档立卡贫困户花名册，逐户介绍家庭详情，逐户评议，逐户表决，全程录像，对代表存疑问题进行调查核实，确保过程真实、结果真实。同时对表决结果进行数据比对，张榜公示。通过“两册一审”，新识别贫困户1680户4194人，清退1001户3251人，发现户内漏人1432户2503人，户内增加2846户4333人，户内减员7823户10610人。

【聚焦特困群体】2018年，亳州市聚焦特困群体精准施策，探索开展失能“五保”老人在乡镇卫生院集中供养享受医疗护理，将全市失能“五保”老人补助标准提高到3.6万元，明确由乡镇卫生院负责集中统一供养，按照1：2的比例配备护工，做到有病治病、无病护理，筛查摸底符合入住条件的失能“五保”老人954人，累计入住880人，经过乡镇卫生院精心照护，全市688名不能自理的老人中有403人已能基本自理，547名不能行动的老人中有411人已能基本行动，333名患病老人中有316人病情得到基本控制，173名有褥疮的老人中有170人已经愈合，入住老人满意率100%。《改革内参》《中国扶贫》《中国社区报》等中央媒体对这一做法进行专题报道。

简化有住院记录贫困慢性病患者办证程序，实行“零材料”办证和送证上门服务。家庭医生签约服务实现贫困人口全覆盖。对行动不便的贫困慢性病患者，制定精准诊疗方案和常年服药配送计划，开展免费送药服务。已发放贫困慢性病证135561个，其中2018年增发43422个，92个乡镇卫生院为行动不便的贫困慢性病长期服药患者开展送药上门服务。

出台《亳州市贫困精神障碍患者医疗费用支付办法》，对贫困精神病患者，享受“351”和“180”政策后仍有困难的，市县区财政每年设立200万元救助资金用于其医疗和生活救助，对贫困精神病人安排医生集中入户鉴定办证，入院治疗做到应进尽进，做好关锁精神病人的救治工作。开展贫困残疾人排查鉴定，符合的发证，不符合的出具结论。在7月3日第三期全省脱贫攻坚专题培训班上，亳州市就“聚焦特困群体精准帮扶”作交流发言。

【扶贫队伍建设】2018年，亳州市从组织、宣传、财政、发改、农委、信息局等部门，通过任职、挂职等方式，选派18名优秀干部到市扶贫局，加强工作力量。各县区新增任职、挂职优秀扶贫干部69名，形成专班专人负责、上下联动、协同统一的工作机制。各县区将新录用的110名工作人员安排到县区扶贫部门工作，加强县级扶贫工作力量。

选优配强村“两委”班子。新一届村（社区）“两委”班子成员共9515人，其中新进班子4084人、占42.9%，扶贫专干（信息员）进入村（社区）“两委”班子406人；大专及以上学历的3542人、占37.2%；平均年龄42.3岁，较上届减少6.1岁，新一届村（社区）“两委”班子成员学历、年龄、性别结构进一步优化。

制定出台《关于聚焦打好精准脱贫攻坚战开展干部培训工作的实施意见》，按照“分级分类培训，全面全员培训”要求，培育扶贫干部队伍。全市累计培训17万余人次，实现市、县、乡、村四级干部培训全覆盖。开展“重补促”专题培训。围绕“重精准、补短板、促攻坚”专项整改行动，组织开展3期专题培训班，1300余人次参加培训。开展行业部门专项培训。全市共举办财政扶贫资金管理、光伏运维管理、教育扶贫等专项培训18场次，培训各级干部3000余人次。开展帮扶工作培训。培训市级帮扶责任人3930名，各县区同步开展，基本实现帮扶责任人培训全覆盖。将培训视频上传至亳州先锋网，供广大干部日常学习。对新一届村（社区）“两委”干部进行全员扶贫业务等专题培训，其中，分7期对4084名新进村（社区）“两委”干部开展脱贫攻坚专题培训班。

【精准帮扶】2018年，亳州市动员全社会力量参与扶贫帮扶，全市1321家单位、5.7万余名干部参与“双包”工作，实现所有有扶贫任务的村（社区）和贫困户“两个帮扶”全覆盖。新选派第七批帮扶干部260名，全市第七批选派帮扶干部共521名。对72个乡镇、180个贫困村驻村工作队、363名选派干部进行暗访，召回选派帮扶干部5名，约谈、提醒谈话驻村工作队26个，及时调整帮扶责任人2817名。

抓好社会帮扶。印发《亳州市2018年扶贫日活动方案》，开展扶贫日系列宣传和项目认领认捐活动，摸排项目需求，编制项目需求名册，动员全市广大企事业单位、社会组织、党员干部群众参与扶贫项目认领认捐，185家企事业单位认领认捐221个扶贫项目、774.3万元。开展“爱心传递·赠衣扶贫”活动，18.5万贫困群众接受捐赠。举办“中国社会扶贫网”各级信息管理员业务培训班，注册爱心人士21.8万人，贫困户21.7万人。开展“微心愿”征集活动，由帮扶责任人逐户征集贫困户在发展生产、就业、培训等方面的微心愿15万余个，兑现14万余个。

【扶贫资金投入】2018年，亳州市共安排专项扶贫资金16亿元，支出15.6亿元，支出率98%。其中，市本级安排专项扶贫资金5.6亿元，占市本级财政收入增量的41%。清理收回的可统筹财政存量资金9534万元，7416万元用于脱贫攻坚，占比78%。整合涉农资金18.8亿元，支出18.4亿元，支出率98%。

强化项目资金管理，定期开展扶贫资金支出台账建立和支出进度等专项检查，完善公示公告制度，接受群众和社会监督，规范项目资金使用。全年实施扶贫项目4798个，总投资90.4亿元，完成投资85.8亿元，完成率94.9%。

加强绩效管理，对纳入扶贫资金动态监控系统的224个扶贫项目及24.8亿元扶贫资金实施全过程绩效管理。

【基础设施建设】2018年，亳州市加强“双基”建设。全市基层基本公共服务8大领域18项主要发展指标均达到或超过全省平均水平。基层基础设施水、电、路3项建设任务全部完成2018年目标任务，解决2.7万农村人口饮水问题，治理小型农田灌排区面积8.03万公顷；推进87个35千伏及以下农配网项目投资建设；建设农村道路畅通工程908.2千米，非贫困村道路硬化1038.1千米。

提升人居环境。印发《亳州市农村人居环境整治三年行动实施方案》，推进农村“三大革命”，全面推行农村垃圾分类处理，清理垃圾5亿千克左右；完成80个乡镇政府驻地建成区污水处理设施建设；开展“共建整洁庭院，助力脱贫攻坚”活动，完成改厕10万户。开展农村破旧废弃房屋整治，拆除破旧废弃房屋12.5万间248.2万平方米。

【扶贫政策落实】2018年，亳州市推进各项扶贫政策措施落地见效。全市产业扶贫项目到村、到户覆盖率分别为100%和99.8%。全市286个贫困村发展1项特色种养业，其中64个贫困村形成“一村一品”专业村；落实特色种养扶贫到村项目551个、到户项目166691个；园区和新型农业经营主体共带动贫困村286个、贫困户126777户，自种自养贫困户56200户；贫困村建设特色种养业扶贫基地301个。落实林业产业扶贫1.39万公顷，受益贫困户9.2万户。光伏扶贫电站累计发电5.6亿千瓦时，受益贫困户10.68万户。全市帮扶就业15864人；建成投用就业扶贫驿站（扶贫车间）119个，吸纳贫困人员就业1254人；开发安置扶贫公益岗位31465人，支付公益岗位劳务待遇1.8亿元；开展技能脱贫培训5964人；招募就业扶贫基地123个。

223.5万人次贫困人口享受“三保障一兜底一补充”综合医保政策，“一站式”即时结算医药总费用12.8亿元，总报补11.4亿元；9种大病累计筛查确诊4062人，共救治4062人，救治率100%。危房改造竣工10748户，完成省下达任务7051户的1.52倍。发放建档立卡贫困户家庭学生资助资金1.2亿元，资助学生16.6万人次。

保障农村低保对象140万人次，支出4.3亿元；发放特困人员供养资金1.4亿元；发放孤儿保障资金4227人、3652.7万元；发放困难残疾人生活补贴79991人、4884.8万元；发放重度残疾人护理补贴60273人、3740万元。

【光伏扶贫】2018年，亳州市投入35.91亿元，建成并网村级光伏扶贫电站2239座、总装机规模50.6万千瓦，约占全省的21%。建立专业运维管理队伍，建设互联网智能运维管理系统，实现电站现场实时监控、运行信息采集、故障报警等功能，进一步提高运维效率。出台《亳州市村级光伏扶贫电站收益分配管理实施细则》，规范收益分配。累计发电5.61亿千瓦时，等效利用小时数1109小时，超过国务院扶贫办“年等效利用小时数1000小时”的目标，光伏效益约6.9亿元，带动286个贫困村出列，受益贫困户10.68万户。亳州市关于创新村级光伏扶贫电站建设管理的经验做法被全国村级光伏扶贫电站建设管理工作会作为典型案例。

【脱贫攻坚宣传】2018年，亳州市坚持扶贫同扶志、扶智相结合，引导贫困群众树立主体意识，发扬自力更生精神。开展寻找“最励志脱贫故事”等活动，开展脱贫示范户评选，组织脱贫攻坚先进事迹报告会，讲好扶贫故事，感受榜样力量，树立脱贫光荣导向。

加大宣传力度。举办文化惠民演出活动，组织扶贫文艺“轻骑兵”开展巡回演出，创作戏曲小品《扶贫见真情》、快板《扶贫宣传八大员》等一批生动活泼的文艺作品，原创扶贫剧《春暖花开》获文化和旅游部精品剧目并在全国展演。利用“村村通”

广播进行宣传。全市扶贫宣传省级及以上媒体发稿4398篇，其中，中央主要媒体发稿95篇。

加强示范引导。利用特色种养扶贫基地、扶贫驿站（扶贫车间）和自主脱贫典型，组织贫困群众现场观摩、示范学习。全年培训贫困群众87173人次。组织42期“亳州旅游扶贫新貌游”，让贫困群众了解亳州经济社会发展新成就，感受亳州新变化，提振贫困群众精气神。强化教育引导，将激发贫困群众内生发展动力作为驻村工作队和帮扶责任人入户帮扶重要内容，加强产业就业等扶持政策宣传，教育贫困群众克服等、靠、要思想，鼓励和引导他们依靠自己努力实现增收脱贫。

整合宣传资源。打造市级广播节目——《药都“三农”之声》，领导干部带头讲、身边典型示范讲、文艺精品艺术化宣传等方式，每天固定2个时段面向全市开展扶贫宣传。组织节目播发。通过遍布全市各个角落的3.03万只“村村通”喇叭，同步转播市、县广播电视台扶贫节目，适时播放本地自办扶贫广播。建强三支队伍。精选具有专业职称和技术的人员，建设专门从事扶贫宣传的采编队伍。层层配备广播播放、养护专兼职队伍。分级明确扶贫广播宣传负责人及具办人员，壮大扶贫广播宣传管理队伍。强化保障措施。出台推动农村广播宣传常态化长效化的实施意见，健全完善管理运维、内容供给、队伍建设三项机制，明确按照分级负责原则，保障地方公共财政在广播基础设施建设改造、运行维护等方面的投入，确保广播宣传畅通高效。《安徽亳州：农村“小喇叭”奏响扶贫大乐章》被中国扶贫微信公众号选为“脱贫攻坚100计”。

（郑　崴）

环境保护

【概况】2018年，亳州市成立由市委书记、市长为双组长的市环境保护委员会，推进“地净、路畅、天蓝、水活、林拥城”工程。

出台《亳州市城市绿化条例》。制定《贯彻落实〈中共安徽省委安徽省人民政府关于深入贯彻落实习近平总书记视察安徽重要讲话精神进一步加强环境保护工作的实施意见〉的工作方案》《亳州市生态文明体制改革实施方案》《亳州市实施绿色发展专项实施方案》《关于全面加强生态环境保护坚决打好污染防治攻坚战的实施意见》等“1+N”系列大气污染防治专项整治方案。出台《亳州市中心城区网格化环境综合整治责任制管理方案》《亳州市中心城区网格化环境综合整治工作方案》，按照“属地管理、分级负责、无缝衔接、全面覆盖、责任到人”的原则，制作大气污染防治网格电子地图，建立“市、区（市经开区）、乡镇（街道、管理区）、行政村（社区）”四级网格化责任制管理体系，细化到最基本的单元网格，并明确到具体包保责任人，构建起纵向到底、横向到边、点面结合的网格化环境综合整治工作机制，做到工作到点、任务到人、监督到人。

健全完善工作机制，推动环保督察问题整改工作科学化、规范化、常态化。坚持市委常委会直接领导，全面负责抓好中央环境保护督察整改工作，加大调度频次，定期研究相关议题，分析存在问题，狠抓整改落实。健全“11+1”工作组。发挥统筹协调和专业技术人员优势，坚持一件事一个专门班子，成立市生态环境保护工作现场检查组、非现场检查组、行政执法组、刑事执法组、执纪问责组、组织处理组、宣传组、河长制组、土壤污染防治组、机动车尾气超标排放整治组、砖瓦窑厂专项整治工作组等11个工作组及由5个民主党派主委任组长的民主监督现场核验组，“11+1”工作组在市委常委会的直接领导下开展工作。落实市县乡村分级负责、领导干部分工负责、各职能部门各负其责。各县区对本区域的生态环境负总责；各乡镇街道对涉及本辖区交办问题具体办理，明确专人承接，第一时间进行整改；环境突出问题涉及企业业主担负整改主体责任，配合相关部门，落实整改。坚持“党政同责、一岗双责、失职追责”，县区主要负责人是第一责任人、负全面领导责任；分管领导负直接领导责任，其他领导履行好分管领域的环保职责。各级环保部门发挥统一组织、牵头抓总、协调指挥的作用，加强统筹调度，主动协调县区或乡镇街道、市直或县直其他单位，及时掌握整改进度，稳步推进整改；各有关部门各司其职、明确责任，对本部门、本系统、本行业存在问题整改工作负责。

结合“六五世界环境日”主题宣传活动，组织开展专题采访报道、典型报道、违法案例曝光、生态环境宣传进社区、进学校等活动，共发放宣传资料1万余份，制作新媒体作品1个，接受群众咨询2000余人，在媒体发布环境信息1500余篇，召开大气污染系列专项整治新闻发布会8期。开展典型宣传2批，分行业分类别开展重污染天气应急减排措施宣传，印发告知书共计6000余份，各县区、各部门张贴或滚动播放环境公益广告宣传条幅1000余条，在全市城区、各乡镇街道小喇叭循环播放生态环境倡议书和禁止燃放烟花爆竹等，基本实现全覆盖。加强信息公开。通过市县电视台天气预报节目和中心城区人员集中区域设置电子屏，公开发布PM2.5、PM10和O_3三项空气质量指标，提高社会各界的环保意识。印发《致广大市民的一封信》，开展“全民参与·环保风暴”行动，动员社会各界有奖举报身边环境问题。受理投诉8156件次，发放35批次100元话费充值奖励，共53.8万元。将生态文明与环境保护列入党委（党组）理论学习中心组学习内容，纳入市县党校主体班教育内容。举办规模畜禽养殖企业污染防治、人工影响天气业务技能、建筑工地扬尘污染防治等培训会，组织对业主和建筑工人、装修工人、挖掘机手等从业人员环保业务知识培训。举办生态环境保护培训班、推进污染防治攻坚加强生态文明建设培训班等2期专题培训班。各类环保培训共覆盖3.2万人次。

完成第二次全国污染源普查清查建库等阶段性工作。确定实际应查数为工业源2869家，农业源1530家，集中式90家。

检查污染单位1.2万余家次，查处一批典型性违法案件。共实施环境行政行为408起，行政处罚136件，罚款668.86万元，取缔“十小”企业17家。共摸排“散乱污”企业491家，全部完成整改，其中关闭取缔330家，整顿规范161家。依据新环保法配套办法查处环境违法行为275件，案件总数量较上年同期增长20%，其中查封扣押204件，限产停产35件，移送公安拘留32件，涉嫌环境污染犯罪移送4件，追究刑事责任5人。受理信访投诉2110件，查处率100%，办结率98.7%。

本年度，全市大气环境质量持续改善，呈现“两下降一提升”态势。PM2.5平均浓度为56微克/立方米，同比下降11.1%，PM10平均浓度为93微克/立方米，同比下降9.7%，优良天数比率61%、同比上升4.5个百分点。水环境质量稳中向好。各地表水断面监测结果，涡河龙亢断面水质保持Ⅳ类、西淝河马店孜断面水质保持Ⅲ类、涡河涡阳义门大桥断面水质保持Ⅴ类及以上，涡河岳坊大桥断面水质基本保持Ⅴ类及以上，以上4个国控考核断面均完成考核目标。土壤环境质量较为稳定。实施土壤污染防治行动计划，按照国家、省统一部署，开展农用地土壤详查，完成土壤样品采样，进行实验室分析。全市未出现一起因自身原因造成的较大以上污染事件。

亳州市环境监察支队被安徽省人力资源和社会保障厅和安徽省环境保护厅评为全省环境保护系统先进集体；被安徽省生态环境厅评为环境执法大练兵表现突出集体。亳州市环保局被安徽省环境保护厅评为全省环境信访工作责任目标考核优秀等次单位。

【大气污染防治】2018年，亳州市持续开展“五控”（控煤、控气、控车、控尘、控烧）专项行动。开展城区及周边8个乡镇高污染燃料禁燃区散煤治理和散煤燃用设施清查工作，完成建成区35蒸吨/小时和20家乡镇10蒸吨/小时以下燃煤锅炉，清理散煤32处，收缴散煤约1390吨，拆除各类燃煤炉9955个；严把环境准入关，不再审批35蒸吨/小时及以下燃煤锅炉。开展汽车维修行业挥发性有机物专项治理，完成废气治理60家，取缔41家；完成工业企业挥发性有机物治理7家。全面整治城区27个砂石料场，依法取缔25个、规范整治2个。完成药业企业安装布袋除尘装置165家。餐饮门店实行“掩门营业”，基本完成城区餐饮油烟治理。全市全面使用“国V”标准车用汽油；完成非道路移动机械排查和整治，共检测非道路移动柴油机械1139台套，对检测合格的1017台机械核发合格标志，对疑似超标的122台套机械实行“双向交办”，即移交项目主管部门和市公安交警支队，实施暂扣、强制拖离施工现场并禁止作业等；推进汽车废气遥感监测及平台建设，在城区主要进出口，安装1套固定遥感监测设备和2套黑烟抓拍系统，购置3台移动遥感检测车。完成港口码头岸电系统改造项目19个。深化道路扬尘防治，道路洒水每天6次，科学实施雾炮作业，同时辅助人工保洁，城区主干道机械化清扫率在95%以上；对绕城区国省干线公路每日至少清扫2次，减少绕城国省干线公路的起尘量。实施市主城区及三县建成区全面禁止燃放烟花爆竹，开展禁止露天烧烤和露天焚烧垃圾等废弃物专项整治工作。开展秸秆禁烧和秸秆综合利用工作，成立40个督察组和4个督导组进行督察督导，推进实现“零火点”“禁得住、种的下”的目标。

邀请生态环境部环科院、PM2.5特别防治小组等专家参与大气污染防治课题研究，开展污染源解析，找准“敌人”，科学施策。加大装备投入，建成市中心城区微观监测站、乡镇自动监测站和购置手持移动监测设备等，实现移动和固定相结合的全覆盖监测。加强非现场远程监管，对重点问题、重点企业和易反复隐患处安装监控摄像头，实现24小时在线监管。

应对重污染天气。修订《亳州市重污染天气应急预案》，编制《亳州市重污染天气应急减排清单》，细化黄色、橙色、红色应急响应程序及减排措施，同时环保、气象部门每日同PM2.5特别防治小组会商，及时发布重污染天气应急公告，同时安排10个督察组开展应急减排措施落实情况督察。探索与周边环境空气区域会商机制，与淮北、宿州沟通联系，关注商丘环境空气质量变化，掌握污染变化趋势，做好应急应对工作。

网格化环境精准整治。建立73个中级网格、441个基础网格，实行网格排名和城区217段道路排名，各网格和道路均明确包保责任人，强化日常巡查，并负责交办问题整改。

【水污染防治】2018年，亳州市建成投运城市污水处理厂17座，实际处理能力为每天48.2万吨。2018年规划建设乡镇污水处理厂80个，除利辛县阚疃镇和谯城区大杨镇在安装设备外，其余78个皆按计划建成。整治完成入河排污口320个。全市35条黑臭水体完成整治28条，其中市本级11条已完成10条，完成地级市整治80%以上的治理目标。实施黑臭水体生态修复及后期管护工程。全面划定禁养区范围，全市禁养区内308家养殖场现已全部完成关闭或搬迁工作。3065家规模化畜禽养殖场，2797家完成环保治理并正常运行，268家有序推进。全市450个加油站点、1135个地下油罐率先在全省完成防治改造任务。根据省水环境保护办公室2018年第二季度通报结果，畜禽粪污处理设施覆盖率位居全省第一位。1—9月，国家考核水质断面达标比例得分100分、居全省首位，全市9个水功能区全部达标，获得省级地表水生态补偿资金1900万元。根据2018年各地表水断面监测结果，涡河龙亢断面、西淝河马店孜断面、涡河涡阳义门大桥断面、涡河岳坊大桥断面4个国控考核断面均完成考核目标。建成市区望月潭、陵西湖、蒙城鲲鹏湖等一批水体公园。宋汤河五期、凤尾沟二期等“水活”工程竣工，凤尾沟三期、龙凤新河工程清淤完成，实现水系贯通。40个农村环境综合整治任务全部完成。

【土壤污染防治】2018年，亳州市实施土壤污染防治行动计划，按照国家、省统一部署，完成农用地土壤详查工作。开展固体废物非法转移、倾倒、处置专项整治活动，建立固体废物污染防控长效机制，实施固体废物排查“四联签”制度。在全市范围内排查发现问题点位44个，并全部完成整改。加强危险废物管理，开展危险废物规范化管理督察2次，落实危险废物产生、经营单位落实危险废物规范化管理主体责任，全市共收集转移工业危险废物2388吨，全市195家医院和乡镇卫生院医疗废物均实行专业化处理处置。加强重金属污染防控，开展涉镉等重金属行业企业排查整治。完成13个非正规垃圾填埋点整治任务。开展农膜、农药包装废弃物等有害垃圾回收处理工作，实行“农户分类、有害回收、无害填埋”的垃圾分类处理体系，在全市所有行政村均设置收集点，共收集转移有害垃圾3559.6吨。推进化肥农药使用量零增长行动，全市落实小麦、药材、蔬菜等农作物测土配方施肥技术应用面积95.87万公顷，小麦、玉米、大豆作物病虫害专业化统防统治面积1461万亩次。

【生态环境保护】2018年，亳州市制定《亳州市严守生态红线重点工作任务清单》。确定生态红线保护范围，明确责任单位和责任人，邀请专家到亳州市开展生态红线保护培训。推进农村环境综合整治，完成农村环境综合整治村庄40个，四项指标均达到国家要求的标准。

全面推进林长制改革，市、县、乡、村四级林长制体系初步建立，设立各级林长3530名。推进绿色家园建设，持续推进林拥城项目，完成人工造林1.03万公顷，建设森林生态廊道230.3千米；成功创建省级森林城市1个、森林城镇8个、森林村庄36个，全市森林覆盖率18.6%。新建完善农田林网5.33万公顷，超额完成年度建设任务。水生态修复有序实施，开展“河长制”工作专项整治，排查河道“八乱”问题1775个，整改销号1246个，销号率70.2%；清理渔具网箱、围栏网1313.33公顷；基本完成2018年度41个入河排污口整治工作，建成市区望月潭、陵西湖、蒙城鲲鹏湖等一批水体公园。宋汤河五期、凤尾沟二期等“水活”工程竣工，凤尾沟三期、龙凤新河工程清淤完成，实现水系贯通。

【环境监测】2018年，亳州市主城区内共有空气自动站8座，其中国控空气自动站2座，市控空气自动站6座。完成3座新建国控水质自动站建设。完成对颜集站的采水系统进行重新改造工程。在武家河、赵王河、油河3个国控断面各建市控水质自动站1座，完成验收。开展国控、省控地表水水质监测，出具地表水监测数据7993个。对2个集中式饮用水源地，1—12月，每月开展一次23项分析监测工作，全年共出具地表水监测数据7993个。市空气自动站共获得监测数据57万多个，其中2个国控站点运行率为98.5%，监测数据有效率在97%以上，共出具空气质量监测周报52期。共上报空气质量预报365期，总体预报级别准确率在80%以上。完成8个功能区定点噪声、106个区域环境噪声、21条交通干线噪声监测工作，出具监测数据7077个。开展酸雨监测工作，按照逢雨即测的要求，上报监测数据1404个。监测结果显示，全市无酸性降水现象。每季度对利辛县江集村的地下水、空气环境质量、生活污水处理厂及附近河流断面进行监测。全年水站共获得监测数据15万多个，运行率均超过95%，有效率均在95%以上。出具水质监测周报52期。出具监督性监测及比对监测数据1210个。

【环境监管执法】2018年，亳州市每季度对全市重点排污企业开展一次“双随机、一公开”专项行动，共抽查企业504家；每季度分别对全市的砖瓦窑厂、规模化养殖场、乡镇以上卫生医疗机构开展一次随机抽查，共抽查2000多家；每半年对全市乡镇级和县级集中式饮用水水源地开展一次随机抽查，检查集中式饮用水源地314处，每季度对市级集中式饮用水水源地开展一次专项检查。开展重点园区专项检查、重点区域拉网式检查、突出环境问题集中检查行动等一系列专项检查行动，打击焦固体废物及危险废物非法转移和倾倒行为。对35家金刚石企业进行核查，对各企业存在环境问题列出清单，对企业非法储存、销售危险废物环境违法行为处理进行处罚。邀请环保专家对各企业存在问题制定出整改方案，按照“关停一批、规范一批、提升一批”的原则，制定“一厂一策”方案，分别送达各企业，分类治理。开展环境应急演练，做好日常环境应急值守，成功处置两起突发环境应急事件。

全市共出动执法人员检查排污单位约1.2万家次，查处一批典型违法案件。共实施环境行政处罚136件，罚款668.86万元，其中两张大额罚单全部执行到位。共实施环境行政行为408起，取缔“十小”企业17家，摸排散乱污企业491家，全部完成整改，其中关闭取缔330家，整顿规范161家。使用新环保法“配套办法”查处环境违法行为共275件，案件总数量较上年同期增长20%，其中查封扣押204件，限产停产35件，移送公安拘留32件，涉嫌环境污染犯罪移送4件，追究刑事责任5人。全市共受理查处环境信访投诉2110件，查处率100%，办结率98.7%。

对县区环境保护行政执法和刑事司法衔接工作开展督察。各县区环保、公安、检察部门加强相互沟通和支持，环保部门每半年向检察和公安部门通报一次行政处罚信息，推进完善环境保护“两法衔接”工作机制，严厉打击环境违法犯罪。8月31日，全省第一个检察院驻环保局检察室在利辛县环保局挂牌成立；10月19日，亳州市公益诉讼研究中心在亳州市人民检察院成立。

审批119个建设项目的环境影响评价文本，其中环境影响报告表77个，环境影响报告书42个。在环评审批中严把环境关，对于不符合实际、与环保法律法规相违背或环评文本中提出的环保工艺存在问题的建设项目，一律不予通过，共否决项目15个，驳回环评文本约45个。清理违反环保法律法规建设项目，共排查出34家“未批先建”违法建设项目，按照分类处置的原则，17家企业已补办环评，7家企业已关闭，9家企业停产在履行处罚或环评手续中。开展亳州市生态区域违法建设问题排查整治工作，调度各县（区）人民政府和市直部门开展亳州市生态区域违法建设问题前期排查和排查“回头看”工作。全市共排查出134个生态区域违法建设问题，有序完成整改工作。

核发排污许可25张，是2017年的2.1倍，其中，屠宰及肉类企业20家，淀粉企业1家，火电企业2家，造纸企业1家，农药企业1家。开展关于专家论证企业项目落地服务、排污许可证申报、“四送一服”双千工程政策宣讲约100场次，参与企业约300家，400人次，参与干部约100人次；收集并处理企业技术要素需求10个，土地要素需求3个，调度处理省“四送一服”双千工程留言回复平台问题2个，民众信息公开材料3个。

【环保问题整改】2018年，亳州市将中央环保督察反馈等四类问题分解成10658个具体问题，其中中央环保督察反馈问题分解成5020个具体问题，对所有问题逐一挂牌督办，建立“找交销查考”工作机制，按照“明确办理责任、明确办理措施、明确办理时限，分别交办、挂牌督办、对账销号”工作要求，实施挂图作战和动态销号管理，确保所有问题见底清零。

重新梳理中央环保督察反馈问题、生态环境部华东督察局反馈问题、省交办突出环境问题以及信访举报涉及的各类环境问题，将过去已销号的问题推倒重来，逐一重新现场核查、重新甄别、重新判定，县区自查后报市复核。各行业主管部门牵头组织成立17个环保督察问题整改情况核验组，分别对县区的畜禽养殖、砖瓦窑厂、工业企业、饮用水源地、沙石料场、混凝土搅拌站、餐饮油烟、入河排污口、黑臭水体等问题的整改情况进行现场核验。截至2018年12月31日，逐点位现场核验16013个、达标15253个，其中5020个中央环保督察反馈意见细化问题整改达标4918个。

全市纪检监察机关查处环保领域问题线索63起，问责182人，其中警告31人，诫勉45人，在立案调查5人。对中央环保督察反馈问题涉及相关企业，责令整改1024家、取缔关闭110家、立案处罚85家，罚款553万元。

依法核发13家辐射安全许可证。完成武集220千伏等2项输变电工程建设项目环境影响报告表的批复。完成辐射事故应急演练工作。对全市12家放射源和122家射线类装置使用单位进行检查，确保辐射环境安全。开展全市辐射安全专场培训，300余人参加培训。

（贯　靖）

大事记

图3　2018年4月29日，2018年亳州芍花养生文化旅游节开幕（王长江　摄）

1月

1月6日　省科技厅公布2017年安徽省院士工作站备案名单，亳州市3家院士工作站获备案批准。分别是，安徽协和成药业饮片有限公司安徽省院士工作站、安徽广印堂中药股份有限公司安徽省院士工作站、芍花堂国药股份有限公司安徽省院士工作站。至此，亳州市共建成院士工作站10家。

1月9日　市委书记汪一光主持召开市委常委会会议，审议通过《亳州市稳步推进农村集体产权制度改革的实施方案》《亳州市完善产权保护制度依法保护产权的实施意见》《亳州市深化国有企业和国有资本审计监督实施方案》。

同日　亳州市监察委员会举行揭牌活动。市委书记汪一光，市委常委、市纪委书记、市监察委员会主任吕剑为亳州市监察委员会揭牌。

1月11日　古井贡酒股份有限公司技术中心刘国英劳模创新工作室被授予省级劳模创新工作室称号。在由人民日报社人民网主办的第十二届“人民企业社会责任奖”颁奖典礼上，古井集团获“第十二届人民企业社会责任奖——年度企业奖”荣誉。古井集团通过ISO9001党建质量管理体系认证，成为全国白酒行业首家通过党建质量管理体系认证的企业。

1月13日　教育部公布第二批义务教育教师队伍“县（区）管校聘”管理体制改革示范区名单，全国共30家单位上榜，安徽省占两家，其中，亳州市是安徽省唯一一家上榜的市级单位。

1月14日　2018年中美国际篮球贺岁杯赛在恒大运动中心举行。本次比赛双方分别是安徽文一篮球队与美国斯台普斯国际代表队。本次中美国际篮球贺岁杯赛将在安徽省设多个分站赛，其中亳州为首站。中国篮协副主席、原中国男篮主教练宫鲁鸣，率领安徽文一篮球俱乐部队员到亳州参赛。

1月17日　全市财税收入调度电视电话会议召开。2017年，全市财政收入171亿元，增长16%，增幅居全省第三位；财政收入总量又赶超两个市，位居全省第十位；税收占比86.4%，位居全省第三位。

同日　第五批安徽省千年古镇、千年古村落候选名单公布，蒙城县坛城镇和利辛县阚疃镇入围千年古镇候选名单。此前，亳州市被评为千年古镇的乡镇共有4个，分别为谯城区城父镇、涡阳县曹市镇、涡阳县义门镇和蒙城县小涧镇。

同日　谯城区十河镇被评为安徽省优秀旅游乡镇。

1月18日　蒙城市民大食堂蒙城老一中店开业。市民大食堂项目是蒙城县政府推出的一项惠民工程。市民大食堂由安徽保堂置业集团公司投资建设，老一中店共有3层，约9100平方米。可容纳600余人同时就餐。这是市民大食堂在蒙城开的第二家门店。

1月19日　2017年，亳州市实施农村改厕10.1355万户，已全部竣工，完成信息录入10.04万户，超额完成省厅下达的任务。

1月22日　亳州市谯城区谭楼村村民谭现祥被评为全国农业劳动模范。谭现祥在家乡成立谯城区红顺生态瓜菜种植农民专业合作社，流转土地21.07公顷，主要种植无公害设施蔬菜。

1月23日　省统计局公布24项经济指标，亳州市增速居全省前八位的有19项，前四位的有17项，前三位的有15项，第一位的有3项。省政府通报考核的10项指标中，增速居前八位的有9项，前三位的有6项，第一位的有2项。2017年全市地区生产总值（GDP）实现1184亿元，同比增长9.2%，增幅居全省第一位，为地级亳州市成立以来最好位次。规模以上工业增加值增长10.4%，连续3个月居全省第一位，创24个月最高增速。

1月24日　省委宣传部、省司法厅、省法宣办近日命名首批省级法治文化（法治宣传教育）示范基地，全省有34个公园、展馆上榜。涡阳县法治文化广场入选，成为亳州市唯一一家县区级法治文化示范基地。

1月31日　安徽省首个百万千瓦级煤电一体化电厂——中煤新集利辛板集电厂（2×1000兆瓦）新建项目通过中煤集团验收。该项目从基建、试运转向正式生产运营。

同日　“古井贡酒·年份原浆”高铁冠名列车首发式在上海虹桥站举行。

2月

2月3日　由市委组织部、市工商联、市科技局共同主办的中国亳州离岸孵化成果对接会举行。与会人员观看“智汇亳州携手共赢”招才引智专题片和“亳科汇”APP宣传片，举行“亳科汇”APP上线仪式。20余家企业与市内外高校科研院所签订产学研合作和高层次创新创业人才引进协议。

2月5日　“中国华侨国际文化交流基地”亳州古城揭牌仪式举行。近日，亳州市亳州古城等5家单位被中国侨联授予“中国华侨国际文化交流基地”称号。

2月7日　市委组织部专题部署第一届突出贡献人才、首席专家、拔尖人才和优秀人才遴选工作。第一届突出贡献人才、首席专家、拔尖人才和优秀人才遴选工作由市委组织部、市人才办牵头负责，共分7个领域由市直9家单位具体负责申报、初评等工作，拟评出突出贡献人才、首席专家、拔尖人才和优秀人才共100名左右，对评选出的人才给予一定奖励，授予荣誉称号，并优先推荐参加业务培训、学术交流、科研考察、专家休假等活动。

同日　由中国曲艺家协会、安徽省文学艺术界联合会主办的中国曲艺牡丹奖艺术团“送欢笑”，在蒙城举行专场惠民慰问演出。李鸣宇、王文林等近20位艺术家登台表演。活动现场举行“中国曲艺之乡”授牌，蒙城县被中国曲艺家协会授予“中国曲艺之乡”称号。

2月11日　2018年度全市环境保护工作电视电话会议召开。2017年，中央环保督察组交办亳州的185件群众信访件全部办结，反馈的34个问题按规定时限进度要求完成整改20个并销号；全市化学需氧量、氨氮、二氧化硫、氮氧化物四项主要污染物减排完成省政府下达的目标任务；水质改善率居全省第一位，地表水质改善率居全国276个地级及以上城市第八位；秸秆禁烧工作成效明显；实施环境处罚184件，罚款912.31万元，取缔十小企业19家。

2月15日　中央广播电视总台新闻频道春节特别节目《一年又一年》上午11时和下午3时，分别播发《安徽亳州 除夕此时此刻·红火日子 火热的年——新风新貌迎新春 欢乐祥和过大年》，两次直播报道亳州花戏楼广场的年俗表演和特色美食。中央广播电视总台一套2月15日、2月19日、2月20日分别播发《大美中国·喜气洋洋——安徽涡阳》，报道涡阳县喜迎新春的场景。

2月27日　市人大常委会召开2018年立法工作会议，会议确定将《亳州市城市绿化管理条例》纳入立法计划。

3月

3月6日　亳州市表彰2017年度市三八红旗手和三八红旗集体。谭艳芳等61人被授予“2017年度亳州市三八红旗手”称号；亳州市博物馆等20个集体被授予“2017年度亳州市三八红旗集体”称号。

同日　省旅发委公布安徽省第三批省级旅游度假区、安徽省首批省级旅游乡镇等一系列名单。第三批“安徽省研学旅行基地”候选名单中有谯城区润耕家庭农场研学旅行基地和谯城区康美华佗国际中药城研学旅行基地；第三批省级中医药健康旅游基地候选名单中有谯城区亳药花海休闲观光大世界中医药健康旅游基地、谯城区华佗五禽戏中医药健康旅游基地；首批“安徽省乡村旅游创客示范基地”候选名单中有谯城区十河镇大周村乡村旅游创客示范基地、利辛县城北镇大学生（青年）创业园乡村旅游创客示范基地以及蒙城县“阿土部落”乡村旅游创客示范基地。

3月9日　省文联印发《关于表彰“我们的沃土我们的梦”安徽文艺界2017年“深入生活、扎根人民”暨“大淮河”采风创作活动组织工作先进单位和获奖作品的决定》。亳州市共24件作品获奖，其中，亳州市作家马仁杰文学作品《道班工人》获文学类一等奖，画家李培华、王俊芳合作的版画作品《皖北金秋》

获美术类金奖。市文联获“最佳组织奖”。

3月15日　全市美丽乡村建设暨农村环境“三大革命”业务培训班开班，市委副书记方晓利参加开班仪式并就美丽乡村建设和农村环境“三大革命”工作进行部署。

3月18日　2018年安徽省就业招聘日暨“大篷车”专场招聘会启动仪式在魏武广场举行。由省人力资源和社会保障厅主办，市人力资源和社会保障局承办。亳州市近百家重点企业，提供6000余个工作岗位。

3月20日　四届市委全面深化改革领导小组第十四次会议在市行政会务中心召开。会议传达中央及省委全面深化改革领导小组会议精神，听取2017年全市全面深化改革工作汇报，审议市委全面深化改革领导小组2018年工作要点、督察办法、工作规则、工作细则等方面的讨论稿和《亳州市文联(作协)深化改革方案(讨论稿)》。

21日　全市常态化推进“四送一服”暨创优“四最”营商环境工作会议召开。“四送一服”活动开展后，共收集、梳理企业反映问题389个，办结389个，办结率100%；对省“四送一服”双千工程领导小组转亳州的216个“回头看”问题办结216个，办结率100%；办理省枢纽调度系统转办问题43个，办结35个，办结率87.88%。

3月23—25日　在杭州举行的“2018中华医院信息网络大会（CHINC）”上，亳州市卫生计生委作题为《亳州市基于云计算的分级诊疗建设与应用》的经验介绍。会议由国家卫生计生委医院管理研究所主办。

3月28日　首批30台共享汽车投放亳州城区试运营。共享汽车是谯城区政府和芜湖恒天易开公司合作的项目，车辆均采用新能源汽车，试运营的车型为5座，续航里程为180千米，计费标准为时长加千米费，可选择日租、月租等不同形式。

3月30日　亳州市组织收看全省双拥模范城（县）命名暨双拥模范单位和个人表彰大会。亳州市（谯城区）被命名为“全省双拥模范城”，涡阳县、蒙城县、利辛县分别被命名为“全省双拥模范县”。利辛县民政局局长梁伟涛、亳州市人力资源社会保障局法规科科长甘成红获“全省爱国拥军模范称号”；市中级人民法院、市国税局、谯城区民政局入选“全省爱国拥军模范单位”。

同日　亳州市博物馆首次试行晚间开放，并开展以“博物馆欢乐奇妙夜”为主题的一系列活动，在全省是首例。

4月

4月3日　2017年，亳州市增绿增效行动植树造林完成8866.67公顷，超额完成省下达的6666.67公顷任务，居全省各市之首。

4月4日　2018年亳州市政银险企对接会召开。2017年年末，全市实现直接融资132.17亿元，其中涡阳县9.6亿元、蒙城县8亿元、利辛县24.6亿元、谯城区32.07亿元、亳州经开区1.8亿元、亳芜产业园区1000万元、市直56亿元。16家银行业金融机构与32个项目单位或企业进行现场签约。

4月12日　团市委、市青联表彰万学林等10人为第九届“亳州市十大杰出青年”，授予于欣等10人“亳州青年五四奖章”称号，授予马赛等24人“亳州市优秀青年”称号。

4月13日　由省工商联、亳州市人民政府联合主办的亳州市招商邀商暨招才引智推介会在北京举行。北京市同沃科技有限公司、中国中医药信息研究会药食同源分会、华氏医药集团等企业和商会与亳州市达成合作意向20余项，合作金额29亿元。

4月14—15日　安徽省亳文化研究会研究发展规划座谈会在亳州市召开。省政协原副主席王鹤龄参加座谈会，市委书记汪一光、市政协主席汤涌、市委副书记方晓利参加活动。会议听取省亳文化研究会工作报告，介绍《省亳文化研究会研究发展规划》。会议举行安徽省亳文化研究基地授牌仪式，古井集团、亳州学院、亳州职业技术学院等单位被授予亳文化研究基地。

4月26日　市委农村工作暨扶贫开发工作会议召开。会议传达中央、省有关农业农村和扶贫开发工作会议精神；对2017年全市农业农村工作先进单位进行表扬。

4月28日　亳州学院中药学院暨院士工作站揭牌仪式举行。市长杜延安出席仪式并与张久俊院士共同为亳州学院院士工作站揭牌。亳州学院中药学院是亳州学院二级教学机构，成立后设有2个本科专业，3个专科专业。张久俊是加拿大国家工程院、加拿大工程研究院院士、上海大学教授，可持续能源研究院院长，并兼任理学院院长。副市长曹振萍为亳州学院中药学院揭牌。

4月29日　2018年亳州芍花养生文化旅游节开幕。开幕式现场，《芍花》个性化邮票正式发行。《芍花》个性化邮票采用10枚版式，每枚主图邮资1.2元，全套邮票面值为12元，全国限量发行1000套。与《芍花》个性化邮票一起发行的，还有纪念封、纪念贺卡各1枚。

同日　吉尼斯世界纪录认证官罗琼在2018年亳州芍花养生文化旅游节开幕式现场宣布：亳州市文化旅游局挑战吉尼斯世界纪录最大的芍药花田成功。经专业测量公司测量，此块芍药花田的面积为578959.20平方米。

5月

5月2日　市中心城区网格化环境综合整治工作会议召开。会议第一阶段通报中央环保反馈问题整改情况，听取网格化环境综合整治工作安排。第二阶段听取市中心城区污染源排查工作报告，印发《亳州市中心城区网格化环境综合整治工作方案》《亳州市中心城区网格化环境综合整治责任制管理实施方案》。

5月4日　市委书记汪一光主持召开“世界中医药之都”发展规划编制及项目库建设会议，听取“世界中医药之都”发展规划编制、“世界中医药之都”项目库建设情况。市长杜延安出席会议并讲话。市药发局汇报“世界中医药之都”项目库建设情况。编制单位汇报“世界中医药之都”发展规划（第二稿）编制情况，与会人员进行讨论。

同日　亳州市“贯彻十九大·青年大学习”主题团日活动暨第九届“亳州市十大杰出青年”“亳州青年五四奖章”评选活动颁奖仪式在亳州学院举行。第九届“亳州市十大杰出青年”为：万学林、支涛、叶辰、许昌勇、孙坦坦、李大伟、杨宝富、陈乾宇、徐玲玲、梁凯；“亳州青年五四奖章”获得者为：于欣、王丽霞、刘盼盼、张奇、张红星、胡荣丽、徐建中、翁振斌、董思记、韩露。

5月8日　文化和旅游部公布第五批国家级非物质文化遗产代表性项目代表性传承人名单，亳州市的胡智和付红伟入选，他们传承的非遗项目分别为老子传说和二夹弦。

5月11日　全市2018年午季秸秆禁烧和综合利用工作电视电话会议召开。2017年全市卫星监测火点数2个，其中秋季实现“零火点”。午季、秋季期间，PM10、优良天数等环境空气质量指标较往年有很大改善；全年秸秆综合利用率89.6%，高出全省平均水平。

5月15日　在北京召开的第十一届“全国五好家庭”表彰大会上，亳州市陈乾宇家庭获“全国五好家庭”称号。曹洁家庭、张西军家庭获全国妇联2018年度“全国最美家庭”称号。

5月17日　在山东省济南市举行的国家医疗健康信息互联互通标准化成熟度测评授牌仪式上，亳州市获国家医疗健康信息互联互通标准化成熟度测评四级甲等等级。

5月23日　亳州市投资环境说明会暨项目签约仪式在合肥举行。会议共邀请全国20余个省、市、自治区150余家企业参会。市长杜延安致辞，介绍亳州投资环境和招商引资优惠政策，并对相关政策进行解读。会上，集中签约48个合作项目，总投资526.4亿元，其中工业项目39个，签约金额253.3亿元。

5月25—27日　在合肥举办的2018世界制造业大会和中国国际徽商大会上，投资50亿元的中国（中部）涡阳橡胶循环科技产业基地项目和投资12亿元的中药饮片、提取、中成药配方颗粒及西药制剂生产线项目进行签约。会议期间举行省“五百”项目集中签约活动，亳州签约项目25个，签约总金额268.7亿元。

5月29日　亳州市第二人民医院PPP项目签约仪式在市行政会务中心举行，标志着该项目正式启动。选址在亳州经开区莲花路以北、香蒲路以南、老君大道以西，占地12.53公顷，设置床位2000张，总投资10.07亿元，总建筑面积初步核定为18万平方米，2018年9月开工，计划2020年12月竣工。

5月30日　市委全面深化改革领导小组会议召开。会议讨论审议《关于推进乡村振兴战略的实施意见（讨论稿）》《亳州市关于创新政府配置资源方式的实施意见（讨论稿）》《加强和改进党内同级监督的实施意见（讨论稿）》《亳州市记协深化改革方案（讨论稿）》《市科协常委联系点制度（试行）（讨论稿）》《市科协机关干部直接联系科技工作者制度（讨论稿）》。

同日　2018年全省推进医改工作电视电话会议在合肥召开，会议对2017年医改工作进行总结，对今年医改工作进行部署。市长杜延安在亳州市分会场参加会议并对全市医改工作进行部署。

5月31日　建安路涡河隧道主线南北贯通，为皖北第一条下穿河流隧道。

6月

6月6日　“亳州十景”评选结果公布，戏楼映涡、老街古韵、南湖彩夜、中宫晚月、兵道潜龙、药市晨曦、凤鸣林拥、酒谷飘香、花海生霞、曹园雪霁10件作品获奖。

6月6—7日　安徽省完善分级诊疗建设重点课题组到亳州市调研分级诊疗工作开展情况。2015年亳州市出台《开展分级诊疗工作实施方案》，推进基层首诊、双向转诊、急慢分治、上下联动的分级诊疗机制，促进县、乡、村三级卫生网络协同发展。2017年，全市县域外就诊率较2016年同期下降0.8%。其中，蒙城县、谯城区、利辛县县域内就诊率均在85%以上。

6月11日　亳州市2018年建筑施工扬尘治理百日攻坚战动员大会召开。会议印发《亳州市2018年建筑施工扬尘治理百日攻坚战方案》。

6月13—14日　在安庆市潜山县召开的全省农村电商全覆盖巩固提升现场会上，涡阳县、蒙城县被评为省级电子商务进农村全覆盖工作先进县；谯城区华佗镇、涡阳县西阳镇、涡阳县高炉镇、涡阳县义门镇、蒙城县庄周街道、利辛县城关镇被评为省级电子商务进农村全覆盖工作示范镇；利辛县城关镇张寨村、蒙城县庄周街道红光村、蒙城县庄周街道后娄村、蒙城县庄周街道马店村被评为省级电子商务进农村全覆盖工作示范村。

6月14日　全市现代中药产业集聚发展基地政策兑现大会召开。共有61个项目获2017年亳州市现代中药产业集聚发展基地奖补资金1.6亿元。市长杜延安为获奖补资金的企业代表颁奖并讲话。

6月15—16日　在合肥滨湖国际会展中心举行的安徽秸秆综合利用产业博览会上，亳州市共33家市内企业、12家国内大型企业参展，40余个产品系列参加展示展销。博览会期间，省长李国英、农业农村部副部长张桃林、副省长王翠凤、副省长张曙光分别到亳州市展馆进行调研。

6月20日　安徽省股权托管交易中心现代中医药及健康产业亳州专板第三批企业集中挂牌仪式在亳州市委党校报告厅举行，88家优质药企登陆省区域性股权市场。

6月23日　在厦门举行的第二届全国基层卫生信息化应用创新大赛总决赛上，亳州市智慧医疗项目中的云HIS系统获最具潜力奖。云HIS系统是以患者为中心提供的临床医疗服务，与第三方临床信息系统如PACS、LIS、心电等系统的集成应用，为医疗机构提供完整的临床信息应用服务。

6月24日　《亳州市建立现代医院管理制度实施方案》正式发布，计划到2020年，基本形成维护公益性、调动积极性、保障可持续的公立医院运行新机制和决策、执行、监督相互协调、相互制衡、相互促进的治理机制，促进社会办医健康发展，推动各级各类医院管理规范化、精细化、科学化，基本建立权责清晰、管理科学、治理完善、运行高效、监督有力的现代医院管理制度。

6月25日　2018年全国围棋甲级联赛亳州分站赛首场比赛在亳州宾馆举行。衢州巴格斯队对决北京中信队。本次比赛由中国围棋协会、亳州市人民政府主办，亳州市体育局承办，亳州市围棋协会协办。该项赛事共有14支俱乐部队，26轮比赛，计划举办两轮亳州专场比赛。

6月29日 全市创建节水型城市动员会召开。会议宣读《亳州市创建节水型城市实施方案》。亳州市计划利用2年时间通过国家级节水型城市考核验收。

本月 省商务厅发布“安徽老字号”名单，安徽张士奎食品有限公司的高公坛闷蒜、亳州市酒厂有限公司的魏王和亳州市法普瑞食品有限公司的公元3个品牌在列。

本月 在第三届中国·徐州丝路汉风国际武术大赛中，亳州市华佗五禽戏协会组织4个代表队、26名运动员参加比赛，参赛项目39个，共获40个奖项。

本月 亳州幼儿师范学校、亳州市第八中学和亳州市大李集初级中学入选教育部国教办公布的2018年中小学国防教育示范学校名单。

7月

7月3日 英国驻上海总领事馆副总领事柯牧申到亳州市进行访问。

同日 亳州市首届“药都创赢”创业大赛决赛举行。“显扬草本鹌鹑”获一等奖，“已到出行”“亳文化系列服饰提升亳州知名度”获二等奖，“蚂易水服APP”“亳州市顶好莱递电子科技有限责任公司”“爱妈堂@产后康复”获三等奖。

7月5日 新组建的国家税务总局亳州市税务局举行挂牌仪式，标志着原亳州市国税局、地税局正式合并。

7月9日 2018年安徽省青少年空手道锦标赛暨省十四届运动会青少年部空手道预赛在亳州开赛，来自全省15个地市的近300名青少年空手道参赛人员在亳州市气模馆进行比赛。

7月10日 梆剧《筑梦家园》首场汇报演出在市区药都大剧院举行。该剧是安徽省文化厅重点扶贫题材创作剧目，讲述扶贫干部张春丽带领村民脱贫致富的故事。

7月13日 市文明委全会暨市中心城区环境卫生提升工作会议召开。市委书记汪一光、市委副书记方晓利出席会议并讲话。会议对上半年工作进行总结，对下一步亳州市精神文明建设工作作出部署。印发《亳州市中心城区单位环境卫生考核办法》，明确将逐月对市中心城区154家单位开展环境卫生考核。印发《关于建立市中心城区路段长制工作的通知》，市中心城区路段长制建立，20条主次干道明确92名负责人，推动各路段环境卫生、交通秩序等的全面提升。

7月13—15日 亳州市国家级非遗华佗五禽戏亮相安徽省第九届传统武术比赛。亳州市华佗五禽戏协会选派7个代表队，50余名运动员参加比赛。获个人项目21金、24银、40铜，对练项目4银、4铜，团体项目2个一等奖、3个二等奖、2个三等奖，专业团队总分第一名。亳州市华佗五禽戏协会副秘书长、会员管理部部长赵方丽获“十佳教练员”称号。

7月19日 全市人工影响天气业务技能培训会召开。市委书记汪一光出席开班仪式并讲话。培训会邀请专家对全市的人工影响天气作业人员和管理人员进行培训。自2018年始，亳州市气象部门常态化开展人工影响天气作业，已进行86点次作业，共发射火箭弹303枚，其中在谯城区作业28点次，发射火箭弹124枚。

同日 省统计局公布2018年上半年24项主要经济指标，亳州市增速居全省前八位23项，前四位15项，前三位12项，第一位5项。

7月22日 在安徽省第十四届运动会古典跤项目比赛中，亳州市运动员陈苏南、曹蒙在50公斤级决赛中分别获冠、亚军。

7月26日 《亳州市人民政府规章制定程序规定》正式颁布，将于2018年9月1日起施行。这是亳州市取得地方立法权后出台的首部政府规章。

7月29日 曹操地下运兵道新通道正式结束施工，正式对外开放。这条通道全长207米，新增四处出入口，连接北门大街。新通道净高2.4米，净宽1.8米。至此，曹操地下运兵道游览总长度达600余米。

同日　全民游泳健身周系列活动（亳州站）暨亳州文化旅游年消夏亳州全国公开水域游泳邀请赛在亳州市开幕，来自全国各地的23个代表队470余名运动员参加比赛。

本月　市政府印发《农村电商全覆盖巩固提升行动方案》。

本月　板集矿井及选煤厂项目初步设计通过专家评审。

8月

8月17日　古井集团2018年度“金秋助学与奖学”仪式举行。活动为116名大学新生颁发助学金或奖学金，共计74.6万元。

8月18日　“道源问道”——中华传统文化研学之旅启动仪式暨2018年全国车友自驾游活动在亳州市举行。来自安徽省赛车运动协会的车友将沿着“亳州市主城区、涡阳县、蒙城县，淮南市寿县、凤台县、八公山区”路线自驾游，并为两市进行旅游推介。

8月20日　亳州市入围人民网舆情数据中心发布的“2018上半年全国地级市文旅行政部门综合影响力排行榜TOP50”。居第24位。安徽省仅有亳州市和合肥市入围。

8月23日　市长杜延安主持召开“互联网+政务服务”工作调度视频会议，推进“一网、一门、一次”改革，持续优化政务服务。会议传达《省政府办公厅关于开展各级政府政务服务专项督察整治活动的通知》精神，解读省政府办公厅《进一步深化“互联网+政务服务”推进政务服务“一网、一门、一次”改革行动方案》，通报亳州市当前“互联网+政务服务”工作存在的问题，市国土资源局、市公安局等单位作交流发言。市网上办事大厅入驻7389项，有6885项实现“一次上网，事就办成”；累计受理申办件1237.3万件，审批通过1070.9万件，群众满意率99.99%；市数据中心已汇聚66家单位1088类32.8亿条数据，日均提供核查服务154.8万次。

8月27日　市委全面深化改革领导小组专题（扩大）会议召开，市委书记汪一光主持会议并讲话，市委副书记方晓利参加会议并讲话。各县区和市直相关部门汇报农村环境“三大革命”和农村道路保洁工作开展情况，会议对下一步工作提出要求。会前，与会人员先后对谯城区魏岗镇魏岗村单庄道路清扫保洁、单庄有害垃圾收储点、魏岗镇刘各村王小庄无害垃圾填埋点、王小庄窖井式改厕、王小庄美丽乡村民宿、魏岗镇建成区整治等地进行观摩。

8月28日　涡阳县融媒体中心正式成立，是亳州市首个成立的县级融媒体中心。新成立的涡阳融媒体中心包含平面媒体、涡阳发布、视听涡阳、涡阳之窗、融媒涡阳等媒体，中心将全力打造集报纸、电视、广播和新媒体于一身的全媒体发展平台。成立仪式上，安徽新媒体集团与涡阳县签订战略合作共建协议，将为涡阳县融媒体中心提供技术保障。

8月29日　亳州市组织收看全省“四好农村路”建设推进工作电视电话会议。市长杜延安在亳州市分会场参加会议并作大会交流发言。自2016年始，亳州市累计投入60亿元，建设农村道路9000千米，在2016年度和2017年度全省民生工程考核中均位居第一方阵；谯城区和蒙城县实现“庄庄通”，2018年年底前全市可实现40户以上较大自然村全覆盖，提前一年完成省下达任务。

同日　亳州市通过安徽省政务服务网亳州分厅发放全省第一张全程电子化的车辆检验合格标志。申请人不需要再邮寄纸质材料，当天申请当天就可领到检验合格标志。此项业务一年能办理6万余件，全程电子化后可节约成本120余万元。

本月　经省政府批准，亳州市谯城区和蒙城县退出贫困县行列。是开展脱贫攻坚工作之后，全省首批“摘帽”的县区（一共4个）。

本月　中华全国总工会和国家应急管理部联合发文，授予古井集团2016—2017年度全国“安康杯”竞赛“优胜单位”称号。

9月

9月1日　全省健康脱贫三年攻坚工作会议在亳州市召开。

省政府副秘书长、省扶贫办主任江洪，省卫计委主任于德志参加会议并讲话，市委书记汪一光参加会议并致辞。会上，宿州市、宣城市、蒙城县、金寨县、临泉县、寿县等6个市县围绕健康脱贫工作作交流发言。

9月8—11日 2018年国际（亳州）中医药博览会暨第34届全国（亳州）中药材交易会举行。来自国内外知名中医药领域专家、学者、企业家等共聚亳州，在中医药健康产业2018年峰会、世界中医药（亳州）论坛、中国保健产业发展论坛、中药材产业交流大会等论坛发言，为亳州建设“世界中医药之都”建言献策。2017年度中华民族医药百强品牌企业榜单发布会暨2018年中国（亳州）投资环境说明会、项目签约仪式举行。活动现场共签约59个合作项目，项目总投资518亿元。其中，亳州经开区签约项目10个，签约金额181.7亿元；亳芜现代产业园区签约项目11个，签约金额45亿元；涡阳县签约项目11个，签约金额77亿元；蒙城县签约项目10个，签约金额68.6亿元；利辛县签约项目10个，签约金额66.6亿元；谯城区签约项目7个，签约金额79.3亿元。在2018年国际（亳州）药材药品交易洽谈会签约仪式上，活动现场签订药材药品贸易协议28个，签约金额36.2亿元，再创新高。其中，内贸21.2亿元，外贸2.2亿美元。

9月14日 “古井贡酒·年份原浆”杯2017年度亳州十大经济人物暨优秀企业家评选活动结果揭晓。活动主办方对10位“2017年度亳州十大经济人物”、10位“2017年度优秀企业家”以及17位2017年度亳州市优秀企业家提名奖获得者共计37人进行表彰。

9月15—17日 由农业农村部、省人民政府主办的中国安徽名优农产品暨农业产业化交易会在合肥滨湖国际会展中心举行。亳州市52家企业以及11家合作社、家庭农场携带600余个产品系列参展。在中国安徽名优农产品暨农业产业化交易会举行签约仪式上，亳州市4个项目参加现场签约，总投资额23.3亿元。在亳州市农业招商项目推介暨签约仪式上，共有26个农业项目现场签约，总签约金额53.735亿元。

9月18日 市委全面推进依法治市领导小组全体会议召开，市长杜延安、市委副书记方晓利参加会议。会议传达学习习近平总书记在中央全面依法治国委员会第一次会议上的重要讲话精神和省委书记李锦斌在省委全面推进依法治省领导小组全体会议上的讲话精神。

同日 市长杜延安会见到亳州访问的马来西亚诗巫市市长张泰卿一行。

9月28日 全市污水处理设施建设调度视频会召开，三县一区设分会场。市长杜延安出席会议并讲话，市委常委、副市长李军主持会议。市住建委、市美丽办通报全市80个污水处理设施建设进展情况，各县区汇报污水处理设施建设中存在的问题和完成时限。

同日 “庆祝改革开放40周年书画作品展”在亳州博物馆二楼开展，共展出反映改革开放40周年的书画作品100幅。

本月 亳州市6个乡村入选20条最美的安徽乡村旅游路线图。分别为涡阳县城东街道黄庄村、利辛县王人镇曹店村、利辛县城关镇苏店村、蒙城县岳坊镇葛寒寨村、谯城区观堂镇晨光村、谯城区十河镇大周村。

10月

10月11日 全省保障农民工工资支付工作现场会在亳州市召开，来自全省各地的20余个市县有关部门负责人到亳州市学习观摩农民工工资支付监管平台。亳州市于2017年在全省率先实施农民工工资支付监管平台。全市累计有530个工程项目完成平台上线，实名登记9.97万人，402个农民工工资专户纳入平台监管，累计入账18.33亿元。通过平台发放农民工工资16.05亿元。

10月14日 由市委组织部、市委宣传部、市委统战部、市扶贫局等多家单位主办的2018亳州市脱贫攻坚文化惠民演出及扶贫日项目认领认捐仪式在市区魏武广场举行。演出期间，扶贫日项目认领认捐的企业代表现场分批认领认捐。截至2018年年底，全市有185家企事业单位认领221个扶贫项目，捐赠资金774.32万元。

10月16日　中国人保财险利辛支公司将利辛县“深贫保”首例理赔款送到中疃镇徐郢村贫困户黄廷荣家里，这是亳州市首笔“深贫保”理赔兑现款。

10月18日　下午2时30分，市区建安路隧道正式通车。

10月19日　《亳州市“世界中医药之都”建设发展规划（2018—2030）（讨论稿）》编制情况专题会议召开。市长杜延安主持会议并就进一步完善规划、推进“世界中医药之都”建设提出要求。会议听取规划编制单位中国国际工程咨询公司关于规划编制情况和主要结构内容的汇报，与会人员进行讨论。

同日　全市首家公益诉讼研究中心在市人民检察院挂牌成立。该中心由检察机关与高校作为发起人，市人大、市政协、市委政法委、市中级人民法院及有关行政执法机关和省内高校业务专家共同参与成立。

10月24日　2018年市安委会第四次全体成员（扩大）会议召开，市长杜延安出席会议并讲话。会议总结前三季度安全生产工作，安排部署第四季度安全生产重点任务。前三季度，亳州市发生安全生产事故同比下降35.2%，死亡人数同比下降21.9%，受伤人数同比下降48.3%；全市铁路路外、煤矿、危化品、烟花爆竹、水上交通、特种设备等行业领域均实现了“零事故”“零死亡”。

同日　安徽省第十四届运动会在蚌埠市闭幕，亳州市共获26.075金、10银、18铜、总分1060.575分的成绩。

10月25日　四届市委全面深化改革领导小组第十九次会议召开。会议传达中央深改委第四次会议、省委深改组第十七次会议精神；八个专项小组就工作推进情况进行专题汇报；讨论审议《关于进一步激励广大干部新时代新担当新作为的实施意见（讨论稿）》《关于建立健全资源环境承载能力监测预警长效机制的落实意见（讨论稿）》《关于进一步推进社区委员联络室建设工作的实施意见（讨论稿）》。

同日　前三季度全市经济运行及全年经济形势研判调度视频会议召开。市统计局通报前三季度全市经济运行情况、全年经济研判及第四次全国经济普查进展情况。前三季度，全市实现生产总值930.9亿元，同比增长10.3%，增速比上半年加快0.1个百分点，高于全省2.1个百分点，已连续三个季度稳定在10%以上的高速增长，连续四个季度增速位居全省第一位，增速创6年来同期最好水平。

10月29—31日　法国干邑市友好城市交流协会一行到亳访问。

本月　国庆小长假期间，亳州市旅游景区平均每天接待游客突破10万人次。市区各大景区国庆长假期间共接待游客89万余人次，同比增长约293%，实现旅游收入约535万元，同比增长近272%。

本月　省农田水利基本建设指挥部对去冬今春全省农田水利建设进行表彰，谯城区获全省农田水利“江淮杯”一等奖，蒙城县、涡阳县分别获二、三等奖。

本月　亳州市44万公顷的秋种工作全面展开。亳州市以乡镇为单位划分作业网格，鼓励农户实行农机托管，农机专业合作社与农户签订秋种协议，由农机专业合作社组织农机统一耕种。全市投入各类农机具11.6万台套，全市秋收秋种机械化率在99%以上。

本月　《安徽省老龄事业发展状况报告（2017）》发布，截至2017年年底，百岁老人4263人，年龄最大的徐营氏117岁，是谯城区颜集镇李集村人。全省“十大寿星”中，2人是亳州人，分别为徐营氏和刘郭氏，年龄分别为117岁和115岁，徐营氏为全省最长寿老人。全省有百岁夫妻4对，涡阳县的侯勤英和妻子魏立荣均是103岁，两位老人的年龄合计206岁。

11月

11月2日　省委书记李锦斌在《亳州市科学治霾空气质量改善明显》（省环境保护委办公室编发的《污染防治攻坚战简报》第3期）上，对亳州市科学治霾举措和成效作出批示：“防治有力，成效明显。要持续推进，综合施策，强化举措，稳固成果，力夺蓝天保卫战的胜利。”10月1—28日，亳州市PM2.5平均浓度为45微克/立方米，比2017年同期下降30.4%，全省降幅第一，在皖北六市中位列第二。

11月5日 市委书记汪一光主持召开市委常委会会议，审议通过《亳州市中小学优秀教育人才引进和奖励办法》《亳州市贯彻落实〈安徽省中长期青年发展规划（2018—2025）〉实施办法》。

11月10日在杭州举办的2018中国（国际）休闲发展论坛上，亳州市被评为“2018年度中国十大最具活力休闲城市”。

11月10—12日 2018亳州特色农产品展暨首届中国农民丰收节在市蔬菜批发市场举行，三县一区及市外的252家企业集中展销特优农产品2000余种。本届农展会以“养生亳州·特色产品·绿色生态”为主题，总规模约12000平方米。展馆分涡阳展厅、蒙城展厅等8个部分。

11月14日 市污水处理厂扩建工程通水试运行。市污水处理厂扩建工程总投资8409万元，日处理污水5万吨，采用A2/0氧化沟+深度处理工艺，污水排放执行一级A标准，为国家环保督察重点项目。

11月15日 省政府办公厅发布《关于调整全省最低工资标准的通知》，从今年11月1日起，全省调整最低工资标准，其中亳州市各县区最低工资标准上调。自2018年11月1日起，市直和谯城区最低工资标准由原来的1250元/月调整为1280元/月，非全日制小时最低工资标准由原来的13元/小时调整为15元/小时。涡阳县、蒙城县、利辛县最低工资标准由原来的1150元/月调整为1180元/月，非全日制小时最低工资标准由原来的12元/小时调整为14元/小时。

11月16日 全市企业上市挂牌工作座谈会召开。副市长李杰生参加会议并讲话。全市共有新三板挂牌企业11家。有在省股权托管交易中心挂牌企业286家。1—10月，全市共实现直接融资120.36亿元。

11月17日 《亳州市优秀教育人才引进和奖励办法》出台。

11月19日 国务院办公厅下发《关于对国务院第五次大督察发现的典型经验做法给予表扬的通报》，对“亳州市大力推进降成本，增强民间投资动力”等130项地方典型经验做法予以通报表扬。

11月30日 亳州市创建市级全国基层中医药工作先进单位座谈会召开。全国专家评审组对亳州市创建工作进行评审。近年来，全市4家县级公立中医院新院全部建成，总占地面积从3.67公顷增加到32.67公顷，建筑面积从12.5万平方米增加到30万平方米，床位从1940张增加到4200张。全市开展市级中医重点专科（专病）评选工作4次，华佗中医院脑病科等11个专科被省中医药管理局确定为“十三五”省级中医重点专科（专病），蒙城县中医院心病科等33个科室被评为市级中医重点专科（专病）。设立唐祖宣、徐经世和吕景山等国医大师工作室3个，杨骏全国名中医工作室1个，新建市级名中医工作室8个。全市共有全国老中医药专家1人、全国基层名中医工作室指导老师3人、省级名中医7人、省级基层名中医7人。

同日 全市稳金融及银企对接会召开。会议传达安徽省稳金融工作方案，有关金融监管单位介绍针对稳金融工作的政策举措，16家银行和企业现场签约。共对接项目186个，意向金额780979万元，承诺金额8920万元，合同金额48491万元。

本月 生态环境部通报重点区域2018年10月环境空气质量，10月份亳州市PM2.5平均浓度降幅位居长三角地区41个城市第一位。

本月 亳州市展览馆、建安文化广场、涡阳县曹市镇辉山红色景区、新四军四师司令部旧址纪念园、利辛县治未病养心园和蒙城县泽漆园健身休闲氧吧入选国家AAA级旅游景区。全市国家AAA级旅游景区共有20个。

本月 根据《安徽省创建优秀旅游乡镇评定标准细则》，亳州市谯城区十八里镇，涡阳县曹市镇、新兴镇，蒙城县立仓镇，利辛县马店孜镇5个乡镇被评为“优秀旅游乡镇”。

12月

12月1日 2018—2019年

度国家优质工程奖评选结果公示结束，板集电厂（2×1000 兆瓦）煤电一体化工程获国家优质工程金质奖，这是亳州获得第一个国家优质工程金质奖的项目。

同日　即日起《亳州市城市绿化条例》正式施行。《亳州市城市绿化条例》是亳州市自取得地方立法权，制定《亳州国家历史文化名城保护条例》之后出台的第二部实体地方性法规。

12 月 5 日“建设体育强市　助力体育强省　全民共健身　同练五禽戏”亳州市 50 万人同时习练五禽戏展示活动举行。

同日　即日是第 33 个国际志愿者日。亳州市在市区魏武广场举行“12·5”国际志愿者日主题活动，并为优秀志愿服务典型颁奖。在安徽省十佳学雷锋志愿服务优秀典型评选活动中，亳州市共有 2 人、2 个组织和 2 个项目入选。

12 月 12 日　亳州市第六届道德模范、第三届美德少年颁奖典礼在亳州体育馆举行。市文明委授予刘文贵、杨秀荣夫妇等 10 人“第六届亳州市道德模范”称号，授予王姣成等 5 人“第三届亳州市美德少年”称号。

12 月 12—14 日　部分驻亳省人大代表赴谯城区、涡阳县视察经济发展情况。视察组先后谯城区和涡阳县的济人医药产业园、华佗国药、盛海堂药业、源和堂药业、光机电集聚区等地调研。2018 年前 10 个月，谯城区实现地区生产总值 468 亿元，同比增长 9.5%；实现财政收入 40 亿元，同比增长 11.1%。2018 年 1 月至 10 月，涡阳县完成财政收入 21.7 亿元，同比增长 22.1%；实现进出口总额 1.2 万美元，同比增长 24.3%。

12 月 13 日　亳州市组织收看国务院安委办、省安委办道路交通安全专题视频会，对全市道路交通安全工作进行部署。截至 11 月，全市 13 类生产经营车辆共发生道路交通安全事故 68 起、死亡 49 人、伤 43 人，同比分别下降 37.6%、24.6% 和 54.7%。

12 月 15—16 日　“央媒大咖亳州行”融媒体采访报道活动举行。来自《人民日报》《光明日报》《经济日报》《农民日报》等中央媒体的主编、记者以及网络大 V、网红主播参与本次集中采访活动，介绍亳州市特色产业发展的好经验、好做法。

12 月 21 日　亳州市庆祝改革开放 40 周年暨“新思想新实践”理论研讨会召开，会议对“庆祝改革开放 40 周年”及“新思想新实践”理论征文评选结果进行通报。

12 月 24 日　全市推进五大发展第四次督察调度会议召开。与会人员先后到市污水处理厂扩建项目、亳州市第三十二中学、亳州中药材商品交易中心、梧桐树纺织产业园、龙凤新河治理工程、中国物流亳州综合物流园、建元数据分析项目、修正药业等地进行观摩考察，了解亳州经济开发区、亳芜现代产业园区五大发展推进情况。下午，亳州经济开发区、亳芜现代产业园区做工作汇报，三县一区进行交流发言。汪一光对亳州经济开发区、亳芜现代产业园区经济社会发展情况进行点评。杜延安提出具体要求。

12 月 25 日　中国共产党亳州市第四届委员会第七次全体会议召开，市委书记汪一光主持会议并讲话。市委副书记、市长杜延安，市人大常委会主任王玉玺，市政协主席汤涌，市委委员、市委候补委员出席会议。全会听取和讨论汪一光受市委常委会委托作的工作报告。市委委员表决通过《中国共产党亳州市第四届委员会第七次全体会议决议》。

12 月 28 日　亳州市在天津举办人才工作服务站揭牌仪式。驻天津市人才工作服务站是亳州市首个市级驻外人才工作服务站，依托天津市亳州商会设立，为亳州市搭建招才引智新平台。

12 月 30 日　“庆元旦”2019 年安徽省首届象棋公开赛在市区建安文化广场亳弈馆举行，来自全省各地市近 200 名象棋爱好者参加比赛。本次比赛由安徽省棋院、安徽省象棋协会联合市体育局共同举办。

（孙　静　葛靖雯）

市情概览

图 4　2018 年 10 月 10 日，亳州新貌（刘勤利　摄）

概　述

【概况】亳州市位于安徽省西北部，地处华北平原南端，西北与河南省接壤，西南与阜阳市毗连，东与淮北市、蚌埠市相倚，东南与淮南市为邻。辖涡阳县、蒙城县、利辛县和谯城区。辖区面积8521平方千米。户籍人口656.8万人。亳州市是“国家历史文化名城”“全国首批优秀旅游城市”“中国长寿之乡”“中国五禽戏之乡”，享有“中华药都”“华夏酒城”的美誉。

亳州市区位优势明显，交通便利，距省城合肥330千米。京九铁路、青阜铁路纵贯全境，311、105、237、329、344国道和102、238、239、306、411、416等18条省道在市内交叉穿过，济广高速、宁洛高速、泗许高速和济祁高速构成亳州市“井”字形高速公路网，涡河、茨淮新河航运畅通，南距阜阳机场120千米，邮电通信网遍及城镇乡村。商合杭高铁亳州段线下工程全面完工，亳州公路客运高铁枢纽站主站房完工。亳州机场立项通过中央军委联合参谋部审核。涡河高等级航道整治、涡河蒙城枢纽开工，淮蒙阜城际铁路、亳蚌城际铁路、亳蒙高速前期工作加快推进。

2018年，亳州市地区生产总值1277.2亿元，增长10.1%、连续2年居全省第一位，是全省唯一增速超过两位数的市；财政收入200.1亿元，增长17.1%，提前2年完成“十三五”规划目标任务；固定资产投资增长18%，居全省第二位；社会消费品零售总额590亿元，增长11.6%；农村、城镇常住居民人均可支配收入分别达12756元、29711元，分别增长10.1%、9%，分别居全省第二位、第四位。

【历史沿革】亳州历史悠久，大量新石器时期遗存表明，远在七八千年以前，就有人类在此生息繁衍，是中华民族古老文化的发祥地之一。炎黄时代，帝喾代颛顼为帝，都于亳。夏朝，境西北为有虞氏，东南为涂山氏。商成汤灭夏，建立商朝，都亳，在亳境内建嵇方国。周初，亳地置焦国，后属陈国，又属楚国，至楚改名曰谯。秦为谯县，隶泗水郡。西汉，隶沛郡；今蒙城县称山桑县。东汉，隶豫州沛国；建安年间置谯郡。魏黄初二年（221），改谯为都。南北朝时期，改谯县为小黄县，于谯郡置南兖州。北周大象元年（579），改南兖州为亳州。隋大业三年（607），复改小黄县为谯县。唐开元年间，亳州为“望”州府之一。唐天宝元年（742），山桑县改称蒙城县。五代时期，亳州先后置宣武军、防御州、团练州。北宋大中祥符年间，升为集庆军，置节度使。元代，改属河南江北行中书省归德府。明初，亳州改隶凤阳府。清雍正二年（1724），亳州升为直隶州。雍正十三年（1735），降为散州，隶颍州府。同治三年（1864），清政府在亳、阜、蒙、宿接壤处，以雉河集为县治，循北魏古郡名，设立涡阳县。民国元年（1912），亳州改为亳县，隶安徽省凤颍六泗道（后改名淮泗道）。民国37年（1948）8月成立亳州市，辖城关及郊区。民国38年（1949）2月，市、县合并，恢复亳县建制，隶阜阳专员公署。1964年10月，国务院决定从阜阳、涡阳、蒙城、凤台各划出部分行政区域，为利辛县行政区域；治所设于利辛集。1986年3月撤亳县建亳州市（县级），其辖区不变；同年，被批准为国家历史文化名城和对外开放城市。1998年2月，收归省直辖（副地级）。2000年5月，国务院批准亳州市为省辖市（地级），辖涡阳县、蒙城县、利辛县和谯城区。

【人文简况】亳州英才辈出，人文荟萃。千百年来，孕育出许多文治武功、彪炳史册的先哲名流。名扬四海的道家学派创始人老子，其经典著作《道德经》，文约辞要，博大精深，被誉为“万经之王”。一代圣哲庄子，曾为漆园吏，其彪炳千秋的《南华经》，教育和启发人们探索宇宙的真理、养生的道理。著名政治家、军事家、文学家曹操，曾任东汉丞相，讨伐称霸诸侯，统一中国北方；他与子曹丕、曹植诚诏天下文人墨客，倡导推动文学艺术兴盛繁荣，形成独具风骨的建安文学；神医华佗发明的“麻沸散”，在世界医学史上最早应用于全身麻醉手术，比西方国家早1600余年；他首创的“五禽戏”已成为人们的养生之术。代父从军的巾帼英雄花木兰，精于诗、文、书、画和易学的宋代名士陈抟，杂剧创作家孟汉卿、悯农诗人李绅、捻军首领张乐行等都是亳州人。欧阳修、曾巩、晏殊等文坛巨子相继在亳州为官。历代名人为辉煌的中华古代文明做出不可磨灭的贡献。

悠久的历史和灿烂的文化，给亳州大地留下众多名胜古迹和文化遗产。有全国重点文物保护单位7处，省级重点文物保护单位38处，市级重点文物保护单位66处。著名的人文景观有：被誉为“中国原始第一村”的新石器时代尉迟寺遗址，以砖木镂雕双绝闻名于世的国家级重点文物保护单位花戏楼，全国道教第一大殿太清宫（天静宫），俗称“老子庙”，被誉为“地下长城”的曹操运兵道，当代文史大家郭沫若亲题馆名的华祖庵，建筑考究、工程浩大的曹氏宗族墓群，浓缩亳州悠久文明史、馆藏丰富文物的亳州博物馆，讲述酒文化源起、传承和发扬的古井酒文化博览园，明清风格犹存、古色古貌依旧的明清老街等。在安徽三大旅游版块中，以亳州为重点的文化旅游区是其中之一。

【自然地理气候概况】亳州市位于北纬32° 51′ ～35° 05′，东经115° 53′ ～116° 49′，地貌呈东南、西北向斜长形，南北长约150千米，东西宽约90千米。辖境与黄河决口扇形地相连，属平原地带，地势平坦，仅东部有龙山、石弓山、齐山、狼山、双锁山等10余处石灰岩残丘分布。整个亳州地势西北高而东南低，以1/9000地面自然坡降向东南微倾。西北部谯城区詹楼地势最高，海拔42.5米；东南部利辛县展沟地势最低，海拔22米，相对落差20.5米。由于受河流蜿蜒切割变迁和黄河历次南泛的影响，形成平原中岗、坡、碟形洼地相间分布，具有“大平小不平”的地貌特征。

亳州市气候处在暖温带南缘，属暖温带半湿润气候区，有明显的过渡性特征，主要表现为季风明显，气候温和，光照充足，雨量适中，无霜期长，四季分明，春温多变，夏雨集中，秋高气爽，冬长且干。因气候的过渡性，造成冷暖气团交锋频繁，天气多变，年际降水变化大。亳州市常见的灾害性天气有旱、涝、大风、冰雹、干热风、低温、霜冻等，旱、涝是最主要的自然灾害。

2018年，亳州市年平均温度16.2℃，比常年偏高1.3℃，为1966年（有完整气象资料）以来最高（与2017年持平）。年日照总时数2002.9小时。年降水量950.4毫米，较常年偏多1.4成。春季降水显著偏多，秋季显著偏少，夏、冬季略偏多。根据气候年景等级评估，2018年为正常气候年景。

辖区内河流属淮河水系。主要干流河道有涡河、西淝河、茨淮新河、北淝河、芡河等。涡河自谯城区安溜镇入境，东南流经涡阳县至蒙城县移村集出境入怀远县，境内长173千米，流域面积4039平方千米；西淝河自谯城区淝河镇入境，东南流经涡阳县，至利辛县展沟镇出境入凤台、颍上县界，境内长123.4千米，流域面积1871平方千米；茨淮新河自利辛县大李集镇入境，向东流经利辛县境南部，至蒙城县邹楼出境入怀远县，境内长66千米，流域面积1401平方千米。

【资源概况】亳州地下蕴藏着丰富的煤炭、石油等矿产资源。全市已发现各类矿产8种，已探明储量的矿产4种，煤炭储量50.6亿吨。

亳州在明清时期就有“药都”之称，是中医药文化的摇篮，盛产中药材。自东汉末年神医华佗开辟第一块“药圃”开始，亳州人种植、经营中药材已有1800余年的历史。在中国《药典》上冠以“亳”字的就有“亳芍”“亳菊”“亳桑皮”“亳花粉”4种；其中亳白菊、亳白芍通过国家地理标志产品认证。1995年，江泽民亲笔题写“华佗故里，药材之乡”。2018年，亳州市中药材种植面积8万公顷，中医药产业规模突破1000亿元。1个药品新进入省医保目录品种，3家企业入选中华民族医药百强品牌，57家全国中医药百强企业落户亳州市。亳州市初步形成涵盖中药材种植、中药饮片加工、中成药制造、中药颗粒剂生产、中药流通、中药科研和中药文化传播等全产业链的现代中医药产业体系。

亳州酿酒历史悠久，春秋时期起，当地就用古井甘泉酿酒，此后酿酒业代代相传。建安元年（196），曹操将家乡酿制的“九酝春酒”贡奉汉献帝，被列为宫廷用酒，年年进贡朝廷。“九酝春酒”即为今“古井贡酒”之前身。古井贡酒被誉为“酒中牡丹”，跻身中国八大名酒之列。2018年，亳州市规模以上白酒产业产值124亿元，增长14.7%；古井集团位列中国轻工业食品行业50强、省制造业综合实力50强，营业收入突破100亿元，利税总额56.9亿元，“古井贡”品牌价值突破1000亿元。古井贡酒《九酝酒法》作为世界上现存最古老的蒸馏酒酿造方法获吉尼斯世界纪录。

亳州市是全国优质农副特产品生产基地，盛产小麦、大豆、玉米、棉花、烟叶等粮油经济作物。国家级蔬菜批发市场辐射周边省市，成为苏、鲁、豫、皖交界处多县市果菜区域集散中心、信息传播中心、价格形成中心、科技推广中心，被农业部命名为“全国定点鲜活农产品批发市场”。涡阳苔干被列为“全国名特优新农产品”。涡阳县被农业部命名为“中国苔干之乡”。2018年，亳州市粮食总产487.8万吨。小麦平均亩产509.5千克，小麦单产居全省第一位。市县区食品产业园入驻企业109家，规模以上农产品加工业产值增长10.1%。市级以上农业龙头企业549家，其中国家级4家、省级50家。适度规模经营面积29.39万公顷，建设优质专用粮食生产基地13.87万公顷。新认证“三品一标”企业38家、产品73个，新增“涡阳坛闷蒜”“涡阳槐花”“巩店香椿”3个国家地理标志保护产品。

亳州市是皖北地区老工业基地。2018年，亳州市规模以上工业企业905户。全市32个工业行业中，23个保持增长，增长面71.9%。煤炭开采和洗选业增长51.4%，农副食品加工业增长9.8%，酒、饮料和精制茶制造业增长12.6%，医药制造业增长7.8%，电气机械和器材制造业增长61.5%，五大主导行业对全市规模以上工业增长贡献率65.9%。农副食品加工业，食品制造业，酒、饮料和精茶制造业，医药制造业，金属制品业，非金属矿物制品业，木材加工和木、竹、藤、棕、草制品业，计算机、通信和其他电子设备制造，电力、热力生产和供应业，煤炭开采和洗选业等10个行业利润均超亿元。

亳州市拥有丰富的旅游资源。2018年，全市有3个国家级生态乡镇、26个省级生态镇、56个省级生态村、12个市级生态镇、94个市级生态村。全年实现旅游总收入205.8亿元，全市共有国家AAAA级旅游景点(区)7处，星级酒店16家，旅行社30家。建成北部游客集散服务中心、林拥城景区旅游服务综合体。推出“道源问道”中华传统文化之旅精品示范线路，获批国家级中医药健康旅游示范基地1个、省级2个。推出乡村旅游精品线路7条，成功创建省优秀旅游乡镇6个、旅游示范村12个，获批省乡村旅游创客示范基地3个。亳州市获评“2018年度中国十大最具活力休闲城市”称号，涡阳县获评中央广播电视总台“2018年最美揽夏地”称号。

（孙　静）

年度要事

【亳州多项改革实践作为样本在全国、全省推广】近年来，亳州市创新形成的“大力推进降成本，增强民间投资动力”经验受到国务院通报表扬，市政府“23413”工作法在省政府办公厅政务信息上刊发。“互联网+政务服务”、新时期的“枫桥经验”等5项工作获省政府肯定推广，其中在“互联网+政务服务”改革工作中，亳州市不断优化网上办事项，推动服务流程简化，缩短群众到场等待时间，提高审批单位服务效率，群众通过手机即可快速申请办理事项。7367项服务事项中的7075项实现“最多上一次网”“一次上网，事就办成”，其中2655项做到“一日办结”，网上办事大厅全年办件量超600万件、群众满意率99.99%。在最近三年的“安徽省辖市最具影响力十件大事”评选中，亳州市的“互联网+政务服务”连续入选。

【脱贫攻坚取得新突破】2018年，亳州市实施乡村振兴战略，推进脱贫攻坚十大工程，脱贫攻坚工作取得新突破。蒙城县、谯城区成为全省首批脱贫摘帽县区，涡阳县、利辛县列入2018年度拟脱贫摘帽县。出列贫困村25个，脱贫建档立卡贫困人口4.9万人。

实施乡村振兴战略。在全省首创失能“五保”老人集中供养工作，全市748名失能五保老人实现乡镇卫生院集中供养。推进农业供给侧结构性改革，发展优质高效农业，推进优质专用粮食生产，全年粮食总产48.784亿千克，居全省第二位，小麦平均亩产509.5千克，小麦单产水平居全省第一位。推进食品工业发展，“涡阳坛冈蒜”“涡阳槐花”和“巩店香椿”获国家地理保护标志产品称号；推进生态农业建设，开展农村环境“三大革命”和农村垃圾分类处理；建设“四好农村路”，实施旅游富民工程。

【内外交通网日趋完善】2018年10月18日下午2时30分，市区建安路隧道正式通车。建安路隧道为皖北地区第一条内河隧道，其开通将进一步完善亳州市区路网规划布局、实现涡河南北两岸快速通行、缓解城区交通压力、带动涡河南北互通发展。

建成道东1号地路网工程、高铁片区地下综合管廊、亳州北公交客运枢纽站，贯通绕城快速南西北三线，打通京九西路等5条断头路。推进汤王大道涡河隧道和杜仲路等6条下穿商合杭高铁立交桥建设，三清大道涡河大桥开工建设，中心城区40千米快速路网完成设计。对外交通改善，总投资59.5亿元、总长125千米的13个国省干线公路PPP项目实施。亳州公路客运高铁枢纽站汽车站房完工，商合杭高铁2019年年底将正式通车。亳州机场立项报中央军委、国务院审批，亳蚌城际铁路先期施工段、涡河高等级航道整治工程、涡河蒙城枢纽建设工程开工，淮蒙阜城际铁路、亳蒙高速项目前期工作推进。

【“世界中医药之都”建设】2018年，市委、市政府全力打造“世界中医药之都”，亳州市中医药产业规模突破1000亿元、达1096.8亿元，其中，中医药流通贸易额743.2亿元，医药工业值318亿元，种植业产值35.6亿元。编制《“世界中医药之都”建设发展规划》。推进仿制药一致性评价、药品技术转让、中药配方颗粒生产基地和医疗器械产业园建设等工作，破壁饮片生产实现新突破，1个药品新进入省医保目录品种，3家企业入选中华民族医药百强品牌，57家全国中医药百强企业落户亳州市。

亳州市被评为中药材安徽特色农产品优势区，中药材种植面积突破8万公顷。获批国家级中医药健康旅游示范基地1个、省级2个。中药材流通业贸易额516亿元、增长29%。建立中药产业发展、追溯、监管、诚信、协同五大工作机制，保障药品药材质量。亳州市开展为期6个月的药品药材生产经营综合整治工作，重点打击药品生产企业、药品经营企业、涉药市场、城乡接合部等单位和区域的涉药违法违规行为，“诚信药都”形象进一步彰显。

【“2018亳州文化旅游年”活动】2018年，亳州市开展103项旅游主题活动，面向全国征集亳州旅游宣传口号、亳州旅游金点子，亳药花海大世界内的一块花田、古井贡酒九酝酒法均创吉尼斯世界纪录；完善旅游设施，完成北关历史街区一期9条街巷改造，二期工程接近尾声；实施全域旅游工程，联合省文化和旅游厅推出“道源问道”中华传统文化之旅精品示范线路，并入选全国红色旅游精品景区，古井酿造遗址保护规划通过国家文物局评审，花戏楼、尉迟寺遗址保护规划均获省批复。实施精品示范工程，北关历史街区精品旅游线路、亳药花海休闲观光大世界二期等。新增国家AAA级旅游景区6家，推进亳州古城、林拥城等5家景区创建国家AAAAA级、AAAA级旅游景区工作。

实施服务提升工程，北部游客集散服务中心、林拥城景区旅游服务综合体完工，新建改扩建旅游厕所200座。国内旅游人数、旅游总收入、入境旅游人数、旅游外汇收入四项指标增幅居全省第一位，国内旅游收入增幅居全省第二位，旅客接待服务能力和旅游品牌影响力提升。

【亳州市财政收入首破200亿元】2018年，亳州市坚持稳中求进工作总基调，坚持新发展理念，落实高质量发展要求，实施五大发展行动计划，推动高质量发展，主要经济指标增速保持全省领先。全市财政收入总量突破200亿元、达200.11亿元，增长17.1%，增幅居全省第三位，总量提前两年完成“十三五”规划目标任务。全市财政收入从建市之初的10亿元到2011年突破50亿元，从2013年突破100亿元到2018年突破200亿元，总量实现五年翻番，年均增长18%。全市地区生产总值1277.2亿元，增长10.1%，是全省唯一增速突破两位数的市，连续两年增速位居全省第一位。

全市发展质量效益持续攀升，被省政府办公厅、省统计局总结为“亳州现象”，向全省推介。市重点企业古井集团连续十余年保持高速发展，2018年营业收入突破百亿，达104.75亿元。继续实施民营经济提升工程，开展“四送一服”双千工程活动，深化“放管服”改革，出台《亳州市进一步降低企业成本实施办法》等措施，进一步减轻企业负担，促进实体经济高质量发展。民营经济增加值增长27.9%，民间投资占固定资产投资比重提高到71%。亳州老乡返乡创业投资500万元以上项目139个，带动投资48.1亿元，带动就业7.1万人次，民营企业发展呈现良好态势。

【亳州市首部政府规章制定程序规定出台】2018年7月26日，亳州市人民政府发布第1号令：《亳州市人民政府规章制定程序规定》自2018年9月1日起施行。这是亳州市取得地方立法权后出台的首部政府规章，是亳州市推进法治政府建设的一个重要标志。

《规定》共七章40条，从立项、起草、审查、决定、公布、备案、评估以及清理等方面对政府规章制定程序作出了明确规定。

近年来，亳州市着力加快法治政府建设，落实《贯彻〈法治政府建设实施纲要（2015—2020年）〉实施方案》，推进“互联网＋政务服务”，加强规范性文件备案审查，增强公众参与实效，推行法律顾问制度和公职律师制度，推进行政执法体制改革，加强行政复议工作，依法行政能力提升，为全市经济社会持续健康发展营造良好的法治氛围。

【生态亳州建设】2018年，亳州市加大环境整治力度，推进“地净、路畅、水活、天蓝、林拥城”工程，抓好中央环保督察反馈问题及转办的群众信访件、省环保督察交办突出环境问题等整改工作。建立“找交销查考”工作机制和清单管理制度，实行网格化精准治理；推进河长制工作专项整治，水环境质量考核居全省第一位；开展土壤污染状况详查；全面建立四级林长负责制；发展新能源产业。

出台《亳州市城市主城区禁止燃放烟花爆竹管理规定》，开启主城区全年“禁放”模式；发布《亳州市人民政府关于重新划定高污染燃料禁燃区的通告》，重新划定高污染燃料禁燃区，市中心城区和谯城区行政区被列入禁燃区范围。开展“全民参与·环保风暴”行动，查处一批典型性环境违法案件，多家环境违法企业被取缔或被处理，保障生态亳州建设。

《亳州市城市绿化条例》正式施行，对亳州市规划区内种植和养护树木花草等城市绿化的规划、建设、保护和管理作出详细规定。条例的出台，对于加大亳州市城市绿化规划建设和生态保护，推进亳州市国家园林城市创建，促进城市绿化事业发展，保护和改善城市生态环境、人居环境，增进人民身心健康，建设整洁优美绿色宜居的城市发挥重要的引领和推动作用。

【“厚德亳州”建设】近年来，亳州市把精神文明建设贯穿改革发展全过程，着力培育和践行社会主义核心价值观，加大礼遇和帮扶“好人”力度，出台《亳州市礼遇、帮扶道德模范和身边好人实施意见》，印发《中共亳州市委办公室 亳州市人民政府办公室关于礼遇帮扶道德模范和身边好人的补充通知》，制定帮扶礼遇道德模范和身边好人的八项举措，主动帮助一批道德模范和身边好人解决住房、就业、就医、教育等方面的难题，让“有德者有得，好人有好报”，加强典型宣传推介，实现礼遇和帮扶工作的制度化，营造“崇德向善、见贤思齐”的浓厚氛围，引导广大群众争当模范、争做好人，促进了“厚德亳州”建设。

2018年，亳州市15人入选“中国好人榜”（亳州市总计入选146人），位居全省第一；20人获“安徽好人”及提名奖（亳州市总计入选120人），位居全省前列；67人被评为“亳州好人”（亳州市总计评选373人）；22人获评第六届亳州市道德模范及提名奖。

（许发夫）

中国共产党亳州市委员会

图5　2018年8月23日，中国共产党亳州市第四届委员会第六次全体会议召开（张延林　摄）

概　述

【概况】2018 年，中国共产党亳州市委员会坚持以习近平新时代中国特色社会主义思想为指导，全面贯彻落实党的十九大精神，坚持稳中求进工作总基调，围绕建设现代化五大发展美好亳州目标，突出抓好“三大攻坚战”和中央巡视反馈问题整改、药品药材市场、信访维稳、河长制“四项专项整治”，经济社会发展行稳致远，党的建设全面加强。全市实现 GDP1277 亿元，居全省第十一位，增长 10.1%，居全省第一位；财政收入 200.1 亿元，居全省第十位，提前两年完成市“十三五”规划目标任务，增长 17.1%，居全省第三位，税收占比 85.3%，质量稳步提升。

推进有效投资。固定资产投资增长 18%，居全省第二位，民间投资占固定资产投资比重提高到 72.9%；技改投资增长 81%，增速居全省第一位。引江济淮工程亳州段全面开工建设，商合杭高铁亳州段线下工程完成，进入铺轨阶段，亳州机场立项报国务院审批，亳蚌城际铁路、亳蒙高速前期工作稳步推进。实际利用外资 9 亿美元，增长 15.4%；实际到位省外资金 722.3 亿元，增长 36.1%，新建亿元以上省外投资项目 212 个。

加快产业发展。坚持以药立市，编制完成《“世界中医药之都”建设发展规划》，现代中药产业集聚发展基地在全省考核中获评 A 档，实现产值 310 亿元，增长 10%。古井集团坚持剥离辅业、壮大主业，全年实现营收 104.75 亿元，同比增长 19.95%。市县区食品产业园入驻企业 109 家，规模以上农产品加工业产值增长 10.1%。规模工业增加值增长 11.8%，工业投资增长 51.5%，均居全省第一位，新增规模工业企业 79 家，规模工业企业主营业务收入利润率提高到 7.9%。县域经济加快发展，谯城区、蒙城县分别位列省制造业发展综合 10 强区、增速 10 快县。开展文化旅游年活动，国内旅游人数、入境旅游人数、旅游总收入、旅游外汇收入增速均居全省第一位。服务业对经济增长的贡献率 50.3%。实现社会消费品零售总额 590 亿元，增长 11.6%，电子商务进农村“两中心一站点”建设通过省级核查，花草茶项目在全国快递服务现代农业金牌项目中名列第四位。实现进出口总额 8.3 亿美元，增长 25.4%，新增进出口实绩企业 63 家。

推进创新创业。新认定高新技术企业 49 家，是建市 17 年的总和，高新技术产业增加值增长 16.1%。全社会研发经费增长 26.1%，每万人口发明专利拥有量增速居全省第一位。战略性新兴产业产值增长 14.8%，占规上工业比重 36.2%。筑梦社区、青年创客空间分别入驻企业 712 家、92 家。亳州老乡返乡创业投资 500 万元以上项目 142 个，带动投资 52.6 亿元。城镇化率 41%。

【民主政治建设】2018 年，中国共产党亳州市委员会坚持党的领导、人民当家做主、依法治国有机统一，推动社会主义民主政治不断发展。

全面依法治市。推进“七五”普法中期验收工作，出台《亳州市法治宣传教育第七个五年规划考核评估指标体系（试行）》，完成省中期考核工作。深化律师参与民商事调解试点改革工作，推动公证改革工作，推动人民陪审员制度改革。“江淮风暴”执行攻坚战成效明显。服务和保障民营企业发展，在亳芜现代产业园区设立法官工作室。推进司法责任制改革，探索“捕诉一体化”改革，建立职务犯罪案件办理衔接机制，实现刑事诉讼法与监察法顺利衔接。做强公益诉讼工作，过家和英烈保护公益诉讼案被评为全省公益诉讼诉前程序典型案例，在“烈士纪念日”被新华社和高检院报道。完善政府立法体制机制，首部政府规章《亳州市人民政府规章制定程序规定》正式公布。

扩大人民民主。支持人大加强监督，科学编制立法规划和立法计划，制定颁布《亳州市城市绿化条例》，对市政府和县区人大常委会规范性文件全部进行合法性审查，并及时报备。发挥人民政协作为社会主义协商民主的重要渠道和专门协商机构作用，加强和改进提案办理工作，首次实行市委、市政府主要负责人领衔督办市政协重点提案。市政协全年围绕“打造世界中医药之都”“推进农村环境‘三大革命’”

等57个议题开展协商和监督活动。市人大、市政协组织专班，围绕突出环境问题开展常态化执法监督和民主监督。各民主党派组织针对脱贫攻坚、中央环保督察反馈问题整改开展常态化参政监督。统战、民族宗教、老干部等工作不断进步，工会、共青团、妇联、科协、残联等群团组织作用充分发挥。

推进党管武装。贯彻落实习近平强军思想，强化旗帜引领，突出练兵备战，聚焦军民融合发展，不断加强新时代国防动员体系建设。国防动员演练有序开展，民兵调整改革通过省军区检查考评。大型国防教育综合基地建设扎实推进。成立市委军民融合发展委员会，出台《关于推动军民深度融合发展的实施意见》《“十三五”军民融合深度发展规划》，批准立项军民融合医药科技产业园。市和三县一区均被评为全省“双拥模范城（县）”。

【“三大攻坚战”】2018年，中国共产党亳州市委员会把打好“三大攻坚战”作为工作的重中之重，确保中央及省委决策部署落地见效。

打好防范化解重大风险攻坚战。坚持金融服务实体经济导向，年底全市金融机构本外币贷款余额1663.6亿元，新增信贷投放325.6亿元，实现直接融资138.3亿元，现代中医药及健康产业亳州专板挂牌企业233家，药都银行IPO成功报会。开展信用风险、同业风险、互联互保风险等系列排查，开展互联网金融风险整治，严格执行商品房预售资金监管制度，加快非法集资积案处置。全市法人银行机构不良率1.56%，农商行不良率1.62%，低于管控目标。全市政府债务余额441.5亿元，债务率61.93%，新增债务率0.55%，逾期债务率为零，均在预警值以下。

打好脱贫攻坚年度战役。坚持以脱贫攻坚统揽经济社会发展全局，截至年底，全市286个贫困村全部出列，建档立卡贫困人口由48.9万人减至4.8万人，贫困发生率从2017年年底的1.67%降至0.86%。蒙城县、谯城区成为全省首批脱贫摘帽县区。强化资金保障，全年安排专项扶贫资金16亿元、支出15.6亿元。围绕“两不愁、三保障”标准，开展“两册一审”公平识贫，新识别2419户6238人，清退1117户4006人。建立完善数据清洗制度，建档立卡数据质量连续三个季度位居全省第一。新选派第七批帮扶干部260名，召回撤换履职不到位的选派帮扶干部5名，调整帮扶责任人2817名。“金银林”扶贫工程落实9.3万户、1.4万公顷。推进扶贫领域“懒政怠政、不作为慢作为”专项整治行动，共查处问题451起，处理618人。

打好污染防治攻坚战。健全市委常委会直接领导，“11+1”工作组，分级负责、领导干部分工负责、各职能部门各负其责的领导体制；建立清单制、网格化精准治理等12项工作机制。制定“1+N”系列大气污染防治专项整治方案，开展燃煤污染、道路扬尘、金刚石行业等系列专项整治。坚持只搞真的、不搞假的，将中央环保督察反馈问题等四类问题，实行清单制批次管理、挂牌督办、逐一验收，问题整改扎实推进，空气质量不断改善，PM2.5平均浓度56微克/立方米，同比下降11.1%，空气质量优良天气比例为61%，同比上升4.5个百分点。市中心城区和三

图6 2018年4月26日，全市第六批帮扶工作总结表彰暨第七批帮扶工作动员会议召开（张廷林 摄）

县县城规划区全面禁止燃放烟花爆竹，秸秆禁烧实现卫星监测“零火点”。市县乡村四级河长体系全面建立，全市9个水功能区、4个国控水质监测断面全部达标，获省生态补偿资金1900万元。

【民生和社会建设】2018年，中国共产党亳州市委员会把增进人民福祉、促进人的全面发展作为一切工作的出发点和落脚点，统筹做好各项保障和改善民生工作。

民生工程。民生支出占比85.2%，33项民生工程落实资金178.2亿元。新增城镇就业7.1万人，转移农村劳动力12.7万人，农民工进城就业4.2万人，外出务工人员返流14.66万人。创新建设农民工实名制登记及工资支付监管平台，通过平台发放工资20.4亿元。累计救助各类困难群众227.4万人次。固定、移动宽带用户普及率分别为21.3%、64.8%，年增长率分别为22.2%、10%。

社会事业。探索实施失能五保老人医护养结合改革，累计入住乡镇卫生院880人。推进全民参保计划，新增社会办养老床位650张。获全国基层中医药工作先进市。新建、改扩建中小学55所、公办幼儿园36所，实施义务教育全面改薄项目156个。建立中小学教职工编制周转池制度，补充公办中小学、幼儿园教师2391人。落实《全民科学素质纲要》，开展科普日、科技周等系列科普活动。市“五位一体”文化活动中心、市体育馆等投入使用。农村公益电影放映、送戏下乡超额完成全年任务，农家书屋建设超过全省平均水平14个百分点。完成“15分钟健身圈”年度建设任务，市气膜馆建成投用，五禽戏群众文化普及活动通过国家公共文化服务体系示范项目验收。稳妥实施全面两孩政策。

社会治理。创新发展新时代“枫桥经验”，选派228名优秀干部专司信访积案化解。开展“深重促”专项行动，“三涉”群体稳定可控，突出抓好涉军群体问题，完成退役军人信息采集，开发退役军人专项岗位。信访工作居全省第三名。打造平安亳州。深化安全生产“铸安”行动，事故起数、死亡人数和受伤人数连续两年实现“三下降”。高清视频监控探头实现城乡重要节点全覆盖，“雪亮工程”全省领先。开展扫黑除恶专项斗争，侦办涉黑案件5起，摧毁恶势力团伙63个。推进药品药材市场专项整治，收回GMP证书18张，铲除非法炮制加工饮片场所1013个。实施质量提升行动，不断提升应急救援和处置能力，气象、防汛、防灾减灾等工作取得新进步。

【党的建设】2018年，中国共产党亳州市委员会全面贯彻落实新时代党的建设总要求，坚持把抓好党建作为最大的政绩，落实管党治党政治责任，推动全面从严治党向纵深发展。

党的政治建设。坚持以党的政治建设为统领，严肃政治纪律和政治规矩，严格执行新形势下党内政治生活若干准则，增强党内政治生活的政治性、时代性、原则性、战斗性。制定《关于贯彻落实〈中共中央政治局关于加强和维护党中央集中统一领导的若干规定〉的实施意见》，把党章党规执行情况融入日常监督管理和执纪审查之中。开展“讲严立”专题警示教育，持续深化“三查三问”，教育督促各级党组织和广大党员干部树牢“四个意识”、坚定“四个自信”、做到“两个维护”，持续优化全市政治生态。

党的思想建设。推进“五大一新”，学懂弄通做实习近平新时代中国特色社会主义思想和党的十九大精神。贯彻落实意识形态工作责任制。开展2轮专项巡察、1次专项督察，对三县一区和59家市直单位落实意识形态工作责任制情况进行巡察督察。建立市委网络安全和信息化领导小组联席会议制度，召开全市网络安全和信息化工作会议，加强队伍建设，组织开展培训，严格阵地管理。抓网络意识形态工作责任制落实，连续8年获评人民网网友留言办理工作全国先进单位。县级融媒体中心全部挂牌。安装“村村通”广播30300只，实现自然村全覆盖。开展中国特色社会主义和中国梦的宣传教育。创建新时代文明实践中心1700余个，建设各级移风易俗示范点125个，蒙城县入围全国文明城市提名城市。培育践行社会主义核心价值观，新入选“中国好人”15人、“安徽好人”20人，入选人数保持全省前列。

党的组织建设。加强领导班

子和干部队伍建设。出台亳州市《关于进一步激励广大干部新时代新担当新作为的实施意见》，按照好干部“20字”标准和“赛场选马”要求，从基层一线提拔重用县处级干部21名、占43.75%，干部工作满意度测评在98%以上。组织开展优秀年轻干部调研。执行《党政领导干部选拔任用工作条例》，出台《防止“带病提拔”监督管理办法》《市管领导班子和领导干部“三案”精准管理办法》等，健全干部经常性提醒教育机制，对反映市管干部问题来电来信进行全部查核。建立党委联系服务专家工作机制。召开全市人才工作大会，开展各类优秀人才遴选活动。抓好2017年度抓基层党建述职评议会反馈问题整改。开展基层党建工作季度“对标巡诊”，标准化建设达标率96.3%；出台《全市基层党组织“登高计划”实施方案》，首批命名挂牌“五星基层党组织”70个。整顿软弱涣散村级党组织83个。实施“一抓双促”工程，村均集体经营性收入30万元左右。完成村（社区）“两委”换届，解决农村基层干部队伍“三偏”问题。择优选派917名乡镇班子成员到村担任党建指导员，配备国企专职党务工作者193名、学校专兼职党务工作者4082名。创新实施非公党建积分考核及分类管理，统筹推进各领域党建。严把发展党员质量关，实行发展党员全程纪实。建立“微信党支部”4055个。组织开展“全体党员讲微型党课”活动，推动“三会一课”常态化规范化。进一步加强和改进党校和群团工作，桥梁纽带作用进一步发挥。

党的作风建设。贯彻习近平总书记关于作风建设重要批示精神，落实中央八项规定精神及实施细则，集中整治形式主义、官僚主义。查处违反中央“八项规定”精神问题329起417人，给予党纪政务处分195人。建立基层走访调研机制，党委和政府班子成员到基层调查研究累计1158人次、782天。加大开门接访力度。2018年市委常委开门接访78次，接待来访群众127批732人次。严格控制“三公”经费，开展“小金库”专项治理，全年公务接待费同比下降13.2%。开展违规使用公务加油卡专项整治，共处理849人。

党的纪律建设。全市查处违反政治纪律和组织纪律的案件78件，处理78人。运用监督执纪“四种形态”处置4192人，其中第一、二种形态共3799人次，占90.6%。发挥廉政教育“阵地化”作用，组织市级领导干部、市委委员和候补委员到市廉政教育基地，现场接受党性党风党纪教育。市党风廉政教育中心被评为“全省廉政教育基地”。坚持用身边事教育身边人，每月拍摄1部警示教育片。创造性搭建“谈纪说法”大讲堂，市县两级纪检监察机关共举办大讲堂101期，117人授课，11240人次参加学习。

推进反腐败斗争。全市共处置问题线索4314件、增长34.2%；立案2212件，增长41.1%。坚决整治群众身边腐败和作风问题，共查处1855起，处理2205人。落实问责条例和“两个责任”追究实施办法，共实施问责270起，问责党组织23个，处理347人。坚持不增加机构、不增加人员编制、不增加职数，创新推开乡镇纪检监察工作协作区建设，得到中央领导人批示肯定。落实“四办法、两清单”要求，召开全市落实管党治党政治责任推进会、乡镇党委书记纪委书记“两个责任”培训会和全市纪检监察工作务虚会，推动各级党组织落实全面从严治党主体责任、党组织书记第一责任人责任。在全省率先出台落实全面从严治党主体责任规范开展谈话工作制度，开展主体责任谈话2.2万人次。认真抓好巡视巡察工作。实行市委常委会固定专题研究巡视巡察整改工作制度，明确“1+2+3+16+N”工作思路，开展以“查抓补”为主要内容的中央巡视整改情况“回头看”，一体推进巡视反馈问题和巡察发现问题整改。督促两县一区抓好省委第四巡视组巡视反馈问题整改，配合省委第七巡视组对亳州市进行巡视。开展市委第三、四、五、六轮常规巡察和脱贫攻坚领域、医疗卫生领域专项巡察，市级巡察共发现问题4391个，移交问题线索272件。

【全面深化改革】2018年，中国共产党亳州市委员抓各项改革任务落实落地，形成一批制度成果。提升网上办事大厅功能，累计受理1638万件，办结1625万件，群众满意率99.99%。常态化推进“四送一服”双千工程，政企直通车平台累计收集问题9714件，办结9635件。大力推进降成本，减轻企业各类负担29.4亿元，民营经济增加值增长7.9%，被国务院第五次大督察通报表扬。亳州经济开发区获批全省企业投资项目承诺制改革三个先行试点开发区之一，改革经验在全省推介，获批省级高新技术产业开发区。亳州海关获批筹建。国资国企改革纵深推进，古井集团深化改革取得积极成效，建安集团实现战略转型、长期主体信用等级上升为AA+，新组建城建、交控、文旅投资集团。

【城乡统筹发展】2018年，中国共产党亳州市委员会围绕“省际交汇区域中心城市”定位，全力推动协调发展，构建统筹联动新格局。

推进以人为核心的新型城镇化。加快提升中心城区能级，《城市总体规划（2010—2030年）》获批修编，市中心城区“一纵一横一联一环”快速交通通道完成设计和勘察。市中心城区实施重点城建项目133个，完成投资33.4亿元。引江济淮工程亳州段全面建设，商合杭高铁亳州段线下工程全部完成，进入铺轨阶段，亳州机场立项报国务院审批，亳蚌城际铁路、亳蒙高速前期工作扎实推进。绕城快速通道南西北三线贯通，建安路涡河隧道建成通车，汤王大道涡河隧道和6条下穿铁路立交桥道路推进，三清大道涡河大桥开工建设。全市17条道路雨污分流改造项目加速推进。坚持产城融合，蒙城、谯城经开区均跻身省开发区综合考评30强。亳芜现代产业园区在2017年度全省南北共建园区发展目标考核中，名列受援方考核第一名。加快新型智慧城市建设步伐，建立“互联网＋城管”模式，受理案件65万件，整改率97%。

实施乡村振兴战略。推进农业供给侧结构性改革，全市小麦单产509.5千克，单产水平居全省第一，成为全省首个基本实现主要农作物生产全程机械化示范县全覆盖的省辖市。美丽乡村建设任务全部完成。谯城区古井白酒小镇、涡阳县义门中药养生小镇被评为第二批省级特色小镇。推进农村环境“三大革命”，持续提升农村人居环境。坚持“农户分类、有害回收、无害填埋”垃圾分类处理做法，全市设置有毒有害垃圾回收点1315个，回收有毒有害垃圾4600多吨；建设77个乡镇污水处理设施，建成运营72个；改厕10.2万套。完成土地增减挂钩项目1200公顷的验收报备工作。推进大棚房问题整改，上报的41个“大棚房”问题全部整改到位。

（李广锋）

重大决策

【失能“五保”老人医护养结合改革】2018年，中国共产党亳州市委员会从打赢脱贫攻坚战的全局出发，针对失能“五保”老人供养工作中存在的生活照料难、医疗康复难等问题，通过多次调研和论证，坚持试点先行、稳步推进，在全市探索实施了失能“五保”老人医护养结合改革新模式，实行“医疗护理＋生活照护”一体化服务，做到“有病看病、无病护理”，提高医疗资源的利用率。累计入住乡镇卫生院880人。

【“村村通”广播】2018年，亳州市安装“村村通”广播30300只，实现自然村全覆盖。出台《关于推动农村广播宣传常态化长效化的实施意见》，建立督察考核制度，市县两级广播宣传时长共计2200余个小时。围绕脱贫攻坚、环境保护、农业科技、法治建设、扫黑除恶、卫生防疫等内容，把党和政府的声音及各项惠民政策送入千家万户。亳州市“发挥小广播作用，夯实农村宣传文化阵地”被评为2018年度全省宣传工作创新范例。《安徽亳州：农村“小喇叭”奏响扶贫大乐章》被中国扶贫微信公众号选为“脱贫攻坚100计”。

【基层党组织“登高计划”】2018年，亳州市推进基层党组织标准化建设和支部建设提升行动，出台《全市基层党组织标准化建设验收办法（试行）》，创新开展基层党建工作季度“对标巡诊”，全年查出、反馈、整改796个基层党组织3640个问题。全市标准化建设达标率96.3%。在此基础上，拉升标准，出台《全市基层党组织“登高计划”实施方案》，首批命名挂牌“五星基层党组织”70个，经验做法在《安徽组工信息》推介。

【纪检监察工作协作区】2018年，亳州市针对当前全市基层纪检监督力量分散、“熟人社会”监督难及基层信访量高居不下等实际问题，不断创新思路举措，坚持不增加机构、不增加人员编制、不增加职数，创新性全面推开乡镇纪检监察工作协作区建设。全市共建立21个协作区，实现对88个乡镇（街道）全覆盖，推动监督执纪向基层延伸，打通全面从严治党“最后一公里”。

【全体党员讲微型党课】2018年，中共亳州市委为进一步丰富党员教育形式，增强党员教育实效，推动“三会一课”常态化、规范化，组织开展“全体党员讲微型党课”活动，坚持全员参与，用身边人讲身边事、用身边事教育身边人，推动党内教育从“关键少数”向广大党员拓展、从集中性教育向经常性教育延伸，不断丰富党支部提升行动的内涵，5.4万余名党员登台讲党课。《中国组织人事报》《党建研究》《安徽组工信息》等刊发其做法。

（李广锋）

重要会议

【市委全委会议】2018年8月23日，中国共产党亳州市第四届委员会第六次全体会议召开，市委书记汪一光主持会议并讲话。全会听取和讨论汪一光受市委常委会委托作的工作报告；审议通过《关于全面加强生态环境保护坚决打好污染防治攻坚战的实施意见》；市委委员表决通过《关于批准李伟、王晓东、耿标同志辞去市委委员职务的决定》《关于递补孙绍光、张立弛、张学峰为市委委员的决定》《关于终止李锋、廖中亚、周展、张贺武4人中国共产党亳州市第四次代表大会代表资格的决定》。会议要求，全市上下要坚持以习近平新时代中国特色社会主义思想为指导，深入贯彻党的十九大和十九届二中、三中全会精神，全面落实省委十届七次全会各项部署，以实施五大发展行动计划为总抓手，着力推进高质量发展，确保完成全年目标任务，奋力开创现代化五大发展美好亳州建设新局面。要着力抓好党的政治建设，加快建设高素质干部队伍，全面提升基层党组织组织力，大力弘扬“三严三实”优良作风，坚决夺取反腐败斗争压倒性胜利，纵深推进全面从严治党。要提高政治站位抓落实，强化宗旨意识抓落实，砥砺担当作为抓落实，突出求真务实抓落实，注重激励约束抓落实，围绕当前重点工作抓落实，全力推进经济高质量发展，保持社会和谐稳定。

2018年12月25日，中国共产党亳州市第四届委员会第七次全体会议召开，市委书记汪一光主持会议并讲话。全会听取和讨论汪一光受市委常委会委托作的工作报告。审议通过《中国共产党亳州市第四届委员会第七次全体会议决议》和其他事项。会议要求，要坚持以习近平新时代中国特色社会主义思想为指导，深入贯彻党的十九大精神，认真贯彻中央经济工作会议精神和习近平总书记在庆祝改革开放40周年大会重要讲话精神，以全面推行清单制为抓手，推进五大发展行动计划，推动全市经济持续健康发展和社会大局稳定。要全力打好“三大攻坚战”，全力推进高质量发展，全力实施乡村振兴战略，全力深化改革开放，全力保障改善民生，全力加强民主法治建设。要全面从严治党，进一步抓好党的政治建设、思想建设、组织建设、作风建设、纪律建设和市委自身建设，坚定讲看齐，提振精气神，强化执行力，加快建设现代化五大发展美好亳州，以优异成绩庆祝中华人民共和国成立70周年。

【市委中心组理论学习（扩大）会议】2018年1月31日上午，市委理论学习中心组学习（扩大）会议召开。会议传达学习习近平总书记在中央政治局民主生活会、中央专题研讨班上的重要讲话精神，传达省“两会”精神。会议要求，要深刻领会、准确把握习近平总书记重要讲话精神和省“两会”精神，强化责任担当，增强政治意识，全面增强本领，大兴调查研究之风，结合自身工作实际，紧盯“四个点问题”，切实抓好当前各项工作的落实，加快建设现代化五大发展美好亳州。

3月23日，市委理论学习中心组学习（扩大）会议召开。会议要求，要深入学习领会习近平总书记在全国“两会”期间的重要讲话精神，坚决维护以习近平同志为核心的党中央权威和集中统一领导，切实把思想和行动统一到党中央重大决策部署上来。要紧密结合各自实际，狠抓落实，谋深谋实工作思路和举措，奋力开创现代化五大发展美好亳州建设新局面。

5月31日，市委理论学习中心组学习（扩大）会议召开。会议传达学习了习近平总书记在纪念马克思诞辰200周年大会上的重要讲话精神。会议要求，要认真学习贯彻习近平总书记重要讲话精神，深入领会马克思主义思想的伟大意义，深刻把握习近平强军思想的政治要求、时代要求、实践要求，坚定地用习近平强军思想武装头脑、指导实践、推动工作。

6月13日，市委理论学习中心组学习（扩大）会议召开。会议深入学习《关于加强和维护党中央集中统一领导的若干规定》，邀请上海市委党校中外政党比较研究中心主任周建勇作题为《加强和维护党中央集中统一领导》的辅导报告，对《关于加强和维护党中央集中统一领导的若干规定》进行了解读。会议要求，要牢固树立“四个意识”，坚定“四个自信”，坚决做到“两个维护”，严格遵守党章和党内政治生活准则，全面落实党的十九大关于加强和维护党中央集中统一领导的各项要求，进一步增强维护以习近平同志为核心的党中央权威和集中统一领导的自觉性和坚定性。要在政治上讲看齐，在行动上见实效，自觉履行全面从严治党责任，坚持以习近平新时代中国特色社会主义思想为指导，认真贯彻“五位一体”总体布局、“四个全面”战略布局、新发展理念和“三大攻坚战”决策部署，确保中央政令畅通、全党步调一致，奋力谱写现代化五大发展美好亳州新篇章。

7月2日，市委理论学习中心组学习（扩大）会议召开。会议深入学习贯彻习近平新时代中国特色社会主义思想、党的十九大精神和十九大新修订的《中国共产党章程》。会议邀请省委党校哲学教研部主任姜华有教授作了题为《认真学习党章，深入践行党章》的辅导报告。会议要求，要切实增强学习贯彻党章的自觉性和坚定性，树牢“四个意识”，坚定“四个自信”，坚决做到“两个维护”，始终在思想上政治上行动上同以习近平同志为核心的党中央保持高度一致。要更加自觉地贯彻党章，更加坚定地维护党章，严格落实党章关于民主集中制的各项规定，严格执行党章关于党内政治生活的各项规定，进一步激发担当精神，不忘初心、牢记使命，始终保持永不懈怠的精神状态和一往无前的奋斗姿态，努力创造出无愧于新时代的业绩，奋力谱写现代化五大发展美好亳州新篇章。

7月3日，市委理论学习中心组（扩大）会议召开。会议邀请国家大气污染防治攻关联合中心副主任柴发合作了大气污染防治专题报告。会议要求，要认真学习，深刻领会报告内容，从讲政治的高度，认真落实“党政同责、一岗双责”，发扬“三严三实”的好作风，认真抓好各项工作的落实，同呼吸、共奋斗、齐行动，努力建设美丽亳州新家园。

7月9日，市委理论学习中心组学习（扩大）会议、市委常委会“讲严立”专题警示教育、亳州市“微型党课”进基层启动会在市党风廉政教育中心召开。会议要求，要牢记入党誓词，在对党绝对忠诚上当示范、做表率。要坚决维护习近平总书记的核心地位，坚决维护党中央权威和集中统一领导。要增强纪律意识，强化理论武装，强化纪律教育，强化纪律执行，锤炼党性修养，大力推进“两学一做”学习教育常态化制度化，扎实开展“不忘初心、牢记使命”主题教育，切实增强政治敏锐性和政治鉴别力。

8月17日，市委理论学习中心组学习（扩大）会议召开。会议邀请省政协副秘书长、省社会主义学院副院长李霞作《深入学习党的统一战线理论最新成果努力做好新时代统战工作》专题讲座。会议要求，要深刻领会学习习近平总书记在中央统战工作会议上的重要讲话精神和省《实施意见》，切实把思想和行动统一到中央和省委精神上来，按照“四化、三可”的要求，结合各自实际，统筹做好民主党派、党外知识分子、新社会阶层人士、民族宗教人士和港澳台地区、海外友好人士统战工作，为推动经济社会高质量发展凝聚共识、凝聚人心、凝聚智慧、凝聚力量。

10月16日，市委理论学习中心组学习（扩大）会议召开。

会议学习习近平总书记关于意识形态工作的重要论述和省委书记李锦斌关于意识形态工作批示精神；学习《中国共产党纪律处分条例》《贯彻落实党中央重大决策部署不力责任追究办法（试行）》、省纪委有关文件精神、《习近平扶贫论述摘编》。会议要求，要提高思想认识，突出抓主抓重，持续加强理论武装，持续壮大主流舆论，切实加强舆情研判，不断巩固意识形态阵地。要强化政治担当，坚持党管意识形态工作原则，严格落实意识形态工作责任制，推动各级党委（党组）切实担负主体责任。 要深刻认识新修订《中国共产党纪律处分条例》的重大意义，深入推进《条例》的贯彻执行。要坚决打赢脱贫攻坚战，认真学习习近平总书记关于扶贫工作的重要论述，围绕“两摘帽两提升”目标，抓好重点任务落实。要加强作风建设，严肃监督执纪问责，坚决整治扶贫领域腐败问题和不正之风。

11月2日，市委理论学习中心组学习（扩大）会议召开。会议学习中央和省委关于巡视工作有关精神和部署要求，《中国共产党巡视工作条例》《中国共产党章程（修正案）》《安徽省党政领导干部安全生产责任制规定实施细则》，中共中央办公厅、国务院办公厅印发的《防范和惩治统计造假、弄虚作假督察工作的规定》等精神。会议要求，要认真学习领会，从树牢“四个意识”、践行“两个维护”，净化优化党内政治生态、全面从严治党，贯彻落实中央和省委决策部署、全面建设现代化五大发展美好亳州的高度认识巡视工作的重要意义，切实把思想和行动统一到党中央的精神上来，全面把握巡视工作要求，坚决配合完成巡视工作各项任务。要认真学习《安徽省党政领导干部安全生产责任制规定实施细则》，抓好责任落实，严格追责问责。要深刻认识学习贯彻《防范和惩治统计造假、弄虚作假督察工作的规定》的重大意义，以高度的政治自觉把规定要求落到实处。

12月6日，市委理论学习中心组学习（扩大）会议召开。会议邀请中国传媒大学教授、博士生导师董关鹏作题为《全媒体舆论引导4.0——领导干部必备的能力与素养》的专题辅导报告。会议要求，要深入学习领会，结合各自实际，切实扛起舆论引导工作的政治责任和工作责任，着力提升舆论引导工作的实际水平和工作成效，全面加强舆论引导工作的组织领导和工作保障，推动全市舆论引导工作取得新成绩。

【推进五大发展督察调度会议】 2018年2月22日，亳州市推进五大发展第一次督察调度会暨招商引资工作会议在涡阳县召开。会议要求，要坚定讲看齐、提振精气神、强化执行力，始终保持奋发有为的精神状态，大兴调查研究之风，提升能力本领，改进工作作风，完善工作推进机制，脚踏实地、真抓实干，加快项目建设，推进招商引资，打好脱贫攻坚战，全面开创现代化五大发展美好亳州建设新局面。

5月8日，全市推进五大发展第二次督察调度会议在利辛县召开。会议要求，要发扬“三严三实”的作风，狠抓工作落实，继续按照“四化、三可”和“找交销查考”的工作要求，打好防范化解重大风险攻坚战，打好精准脱贫攻坚战，打好污染防治攻坚战，做好中央巡视反馈问题整改、信访维稳、药品药材市场综合整治、河长制等工作，确保完成年度各项目标任务。

9月21日，全市推进五大发展第三次督察调度会议暨实施乡村振兴战略工作会议在谯城区召开。会议要求，要坚持问题导向，坚定信心，转变作风，突出重点、真抓实干，着力打好精准脱贫攻坚战，着力打好污染防治攻坚战，推进全面从严治党、信访维稳专项整治、药品药材市场专项整治，确保完成全年目标任务。

12月24日，全市推进五大发展第四次督察调度会议在市经开区、亳芜现代产业园区召开。会议要求，要贯彻中央经济工作会议精神，坚持稳中求进工作总基调，坚持新发展理念，坚持推动高质量发展，坚持以供给侧结构性改革为主线，坚持“四个导向”，聚焦“四个点问题”，高质量推进五大发展行动，以全面推行清单制为抓手，继续打好“三大攻坚战”，统筹推进稳增长、稳金融、稳外贸、稳外资、稳投资、稳预期，保持经济持续健康发展和社会大局和谐稳定。

（李广锋）

图7　2018年12月24日，全市推进五大发展第四次调度会召开（张延林　摄）

市委办公室工作

【概况】2018年，市委办公室坚持以习近平新时代中国特色社会主义思想为指导，深入学习贯彻党的十九大和十九届二中、三中全会精神，树牢“四个意识”，坚定“四个自信”，坚决做到“两个维护”。按照“绝对忠诚、极端负责、狠抓落实”的要求，践行“五个坚持”，勤勉尽责，忠实履职，完成各项工作任务。

市委办公室连续八年被评为人民网网友留言办理全国先进单位。

【决策服务】2018年，市委办公室参与扶贫、环保、河长制、项目建设等重点工作调研400余人次，牵头市级调研课题2个，形成《亳州中医药产业创新升级的调研报告》《脱贫攻坚调研报告——以永兴镇永兴村为例》等调研报告11篇，其中《亳州中医药产业创新升级的调研报告》获全市调研课题一等奖。起草各类文稿360多篇，一稿通过率在90%以上。修订《亳州市党委信息系统信息报送工作质量评价办法》，下发信息约稿通知12期，向相关单位约稿426条，编发《亳州信息·每日快报》211期，市领导批示30余次，上报省信息1200余条，被省采用129条，被省领导批示3次，信息采用得分769分，在全省位居第七名。

【综合协调】2018年，市委办公室及时运转中央办公厅、省委办公厅下发的文件249件，运转以市委、市政府及两办印发的文件共634件，办理县区和市直单位上报文件、简报28700余件，转办市委领导批示件553件。签收中央办公厅、省委办公厅下发的“三密”文件223件9437份，收县区和市直单位上报的“三密”文件150件，176余份，实现办文“零差错”。全年通过办公自动化平台共发电子文件562件，通过安全可靠平台发电子文件146件。向省委办公厅法规处报备市委及办公室规范性文件71件，报备率100%，做到应报尽报。完成2013—2017年度档案资料整理工作。做好37次市委常委会会议，20余次全市性会议、50余次市委领导市内考察调研慰问的组织服务工作。做好市委主要领导外出向省委报备，县区、市直部门主要负责人外出请假报备工作。共办理领导干部离亳请假报备上报1200余人次。做好省委巡视组在亳州期间动态情况报告及重要信息报告工作。落实密码安全责任，层层签订密码安全保密责任书，开展应急通信技术演练，确保密码通信绝对安全畅通。协调电信、移动等部门，做好市到县区、乡镇视频会议系统升级改造，保障市县乡视频会议8场次。举办2期全市保密干部培训班、培训480余人次。组织征集新时代保密工作论文16篇上报省局参评，开展保密法宣讲活动和“五法”有奖知识竞赛活动。

【督察落实】2018年，市委办公室建立完善抓督察落实工作机制，确保中央、省委和市委重大决策部署落地生根。制定出台《中共亳州市委关于加强新形势下党的督促检查工作的实施意见》，不断完善亳州市部门（县区）工作问题清单系统，按照“四化、三可”要求将市委部署的工作实行网上建账、网上督办、网上考核。强化市委常委会工作要点督察反馈通报。全年2次对市委常委会工作要点任务分解完成情况进行督促办理。做好市委领导批示件办理。严格落实月汇总、季通报制度，全年共办理市委领导批示466件，截至12月底办结394件，在办理和持续推进72项。制发反馈领导批示件办理情况的《亳州督察·落实与反馈》71期。抓好人民网网友留言办理。全年共办理人民网网友给省委书记、市委书记留言共1377件（省委书记留言780条，给市委书记留言597条），回复率100%。抓好市直28家党委部门岗位责任目标的督察落实。28家党委部门年度岗位责任目标共267项，每季度通报1次，全年督办3次，确保岗位责任目标按序时进度完成。牵头做好省委巡视整改有关工作。制订市委2018年巡视整改“1+2+3+16+N”工作计划，做好省委对巡视整改工作专项督察、省委第七巡视组巡视亳州发现问题边巡边改的督导服务工作。做好市委专题会议、专项工作和市委主要负责人专项安排事项的督察督办、收集反馈。全年市委主要负责人召开专题会议158次，安排具体任务1541项。推进全市重点工作问题清单编制工作。按照市委主要负责人安排，对全市巡视整改、“三大攻坚战”等重点工作实行清单管理。做好市委交办的重要部署工作任务的督促检查工作。完成2018年度政协提案交办工作、午秋两季秸秆禁烧督察工作、环保及大气污染防控督察工作、扶贫领域懒政怠政督察工作。加强对贯彻中央八项规定精神及实施细则执行情况的督察。7月份对全市贯彻落实情况进行书面督察，12月份向省委报告2017年12月至2018年11月份全市落实中央“八项规定”精神及实施细则的执行情况。

（李广锋）

组织工作

【概况】2018年，亳州市有党的基层组织8815个，包括城市街道基层党组织453个，乡镇基层党组织4895个。全市共有党组223个、中央和各级地方党委派出工委26个。城市街道9个，全部建立党工委；城市社区（居委会）108个，其中单独建立党委的43个、单独建立总支部的49个、单独建立支部的16个；乡镇79个，全部建立党委；乡镇社区（居委会）227个，其中单独建立党委的49个、单独建立总支部的119个、单独建立支部的59个；建制村1009个，其中单独建立党委的263个、单独建立总支部的641个、单独建立支部的105个。公有经济控制的企业法人单位共有354个，其中单独建立党委的21个，单独建立总支部的19个，单独建立支部的307个；在岗职工40005名，其中党员5981名。非公有经济控制的企业法人单位共有2779个，其中单独建立党委的9个，单独建立总支部的4个，单独建立党支部的595个；建立联合党支部的单位296个，建立联合党支部74个；在岗职工76696名，其中党员3487名。事业法人单位共有997个，其中单独建立党委的51个，单独建立总支部的104个，单独建立支部的787个；在岗职工72744名，其中党员19374名。机关法人单位共有403个，其中单独建立党委的70个，单独建立总支部的57个，单独建立支部的276个；在岗职工28061名，其中党员13218名。社会团体单位161个，其中单独建立总支部的1个，单独建立支部的10个；建立联合党支部的单位29个，建立联合党支部5个；从业人员1060名，其中党员170名。民办非企业单位525个，其中单独建立总支部的1个，单独建立支部的55个；建立联合党支部的单位20个，建立联合党支部3个；从业人员4024名，其中党员469名。律师事务所单位17个，其中单独建立支部的10个；从业人员193名，其中党员47名。税务师事务所单位2个，其中建立联合党支部的单位2个；从业人员15名，其中党员3名。

共研究调配市管干部22批164人次，其中提拔重用48人次，平级交流34人次。

【党员干部思想政治建设】2018年，亳州市坚持抓好党的政治建设和思想建设。

党内集中教育。开展“讲严立”专题警示教育，全市各级党组织以整风精神开好专题民主生活会和组织生活会，开展理论学习1200余场、集中研讨650余次，党委（党组）书记讲党课610余场次，广大党员干部的思想、作风和党性得到“洗礼”。

理论武装。党的十九大召开后，坚持把习近平新时代中国特色社会主义思想和党的十九大精神作为党员干部集中轮训的主要内容、主体班次的必训内容、党支部集中学习的必学内容，举办集中轮训班403期、培训7.7万余人。

巡视整改。成立8个督察组，到三县一区和75家市直单位，针对上一轮中央和省委巡视反馈问题和自身突出问题等，开展9项重点整改任务常态化督察。实行问题整改清单制，对发现的713个问题，全部整改。

【领导班子和干部队伍建设】2018年，亳州市落实新时期好干部“20字”标准和省委“六选六不选”具体要求，担当起选人用人的政治责任。

精准培训。坚持把市委中心工作需求和干部能力素质短板作为培训的主攻方向，着力提高干部的“八个本领”。举办各类主体班43期、专题班253期，培训干部54289人次。坚持在脱贫攻坚、生态环保、招商引资、信访维稳、项目建设等基层一线和吃苦吃劲岗位培养历练干部，选派60余名干部参与各项中心工作。

精准识别。坚持经常性考核，到市教育局、市农委等22个单位与322名干部进行面对面谈心谈话，近距离了解干部，累计形成30万余字的经常性考核专题报告。坚持实绩考核，从落实中央和省市委决策部署，市委、市政府交办的重点难点任务，部门岗位责任目标等完成情况去识别发现干部。坚持综合考核，对75个市管领导班子和518名县处级领导干部进行综合考核，建立干部考核台账，提出调整、提拔重用、重点约谈等建议，对被定为称职但存在一定问题的11名干部进行谈话、提醒。

精准调配。坚持正确选人用人导向，选用敢担当、善突破、能成事的干部，市委共研究调配市管干部22批164人次；在提拔重用的48人次中，从基层一线提拔重用县处级干部21名，占43.75%。加大干部调“下”的力度，因组织问责、不适宜担任现职调“下”县处级干部3人。省委组织部组织的干部选拔任用工作满意度测评率在98%以上。

从严管理。“五个从严”织密监督网络。从严执行“凡提四必”等制度，从源头上防止“带病提拔”现象发生。从严抽查干部个人有关事项，坚持教育培训“零遗漏”、抽查核实“零差错”、结果处理“零容忍”、不如实报告“零使用”“四零”原则，干部有关事项如实报告率在95%以上。从严核查干部信访举报，坚持凡举必查、凡查必结、凡结必复“三凡”原则，对所有举报件全部核查到底。落实《关于对领导干部进行提醒、函询和诫勉的实施细则》，谈话提醒、函询、诫勉13人。从严筛查干部负面信息，按照个人档案信息清、负面情形信息清、举报情形信息清“三清”原则，分级建立干部负面信息清单22个方面1548条。从严督察选人用人工作，专题培训干部选拔任用工作业务7期1500余人次，分3轮对46家单位开展选人用人工作专项巡察，发放整改通知单46份，并对整改情况进行“回头看”。

做好优秀年轻干部工作。开展优秀年轻干部调研，完善优秀年轻干部信息库，选派到工作一线培养历练年轻干部。

【基层党组织建设】2018年，亳州市牢固树立大抓基层的鲜明

图8　2018年8月22日，谯城区西关社区第六届居民委员会选举大会召开（张延林　摄）

导向，全面加强基层党组织建设。

党组织带头人队伍建设。压实“第一责任人”责任。分层级分领域开展党组织书记抓基层党建述职评议考核，全市3718名党组织书记进行述职，30936名“两代表一委员”和基层党员干部群众代表参与评议，树牢基层党组织书记党建主业意识。制定2018年度基层党建工作“三个清单”，明确具体问题和工作任务，推动年度党建工作任务落实。

党组织带头人队伍管理。完成村和社区“两委”换届工作，新一届班子共9515人，其中新进4084人，占42.9%；平均年龄42.3岁，较上届降低6.1岁；高中（中专）及以上学历8116人，占85.3%，较上届提高18.2%；农村书记、主任“一肩挑”675人，占54.6%，较上届提高38.6%；城市社区书记、主任“一肩挑”64人，占59.3%，较上届提高23.5%。换届结束后，对“两委”班子正职和新进班子成员进行全覆盖集中轮训。农村基层干部队伍“年龄偏大、学历偏低、能力偏弱”的“三偏”问题得到解决。实施千名党建指导员下千村行动，择优选派917名党政干部到村担任党建指导员；实施村级后备干部“春苗计划”，从返乡大中专生、复员退伍军人等群体中公开招聘村级后备干部5386人。加强非公党建指导员队伍建设。制定《亳州市非公企业和社会组织党建工作指导员管理办法（试行）》，通过“亳州智慧非公”APP平台，实时了解掌握党建工作指导员到岗履职情况。开展党组织带头人业务实训。举办非公企业和社会组织党组织书记暨党建工作指导员示范培训班、中小学校党组织书记和党务工作者视频培训会、新任社区党组织书记培训班等，培训4500余人次。

图9　2018年4月26日，亳州市表彰最美选派帮扶干部（张延林　摄）

聚焦“一抓双促”。突出抓党建促脱贫攻坚、促乡村振兴，推动“党建强村、产业富村、人才兴村”。在全省组织工作会议上，亳州市以《凝聚强大组织力量 倾力推进脱贫攻坚》为题作交流发言。继续实施“组织阵地建设提升工程”。投入7054万元新建、改扩建村级活动场所150个，村级组织阵地全部实现达标；完善市县乡村四级网上办事大厅，实现村级代办点全覆盖，村民在村可办理7367个事项，满意度99.99%。

提升“两个帮扶”质量。完成第七批260名选派帮扶干部到村任职工作，加强扶贫业务轮训和日常管理，召回撤换履职不到位的选派帮扶干部5名。开展寻找“最美选派帮扶干部”“最佳帮扶单位”“最优帮扶责任人”和“最励志脱贫故事”活动。动态调整不能正常开展帮扶工作的帮扶责任人2467人，全市共有1321家单位、57515人帮扶1277个村（社区）、175782户贫困户。对所有帮扶责任人进行手机APP离线下载培训，电话回访所有帮扶责任人个人帮扶情况和手机APP使用情况，并引导帮扶责任人再次征集办理贫困户“微心愿”14万余条。扶贫工作群众满意度99.95%。实施“1+5”人才扶贫行动计划。组织400余名农业技术人员开展技术服务，依托种养大户、农民专业合作社等建立第二批农村实用人才实训基地21个，培训5000余人次。发展村集体经济。在2017年全面消除集体经济“空壳村”的基础上，村均收入51.1万元。

强化城市社区核心作用。出台《关于加强城市基层党建工作的实施意见》，建立“市—县—街道—社区”四级党组织联动体系，街道社区党组织领导核心作用强化。

实施非公企业和社会组织党建考核“积分管理”。制定《亳州市非公企业和社会组织党组织党建工作考核积分管理办法（试行）》《亳州市非公企业和社会组织党组织分类管理实施办法（试行）》等文件，全市非公党组织中标杆型党组织111个、成长型党组织862个、培育型党组织398个，按季度进行动态调整。中组部《组工信息》、全国《非公有制企业党建》杂志、《安徽日报》《安徽信息》等推介了亳州做法。

提升国有企业党建水平。制定《2018年全市国有企业党的建设工作要点》，清单式推进国有企业党建工作，市属国有企业全部完成党建工作要求写入公司章程，“两个1%”要求全面落实。

补齐学校领域党建短板。出台《关于加强民办学校党的建设工作的实施意见》《关于进一步加强中小学校党务工作者队伍建设的实施意见（试行）》等文件，加强学校领域党务工作者队伍建设，优化学校领域党建工作责任体系。

创新党员教育管理载体。提高发展党员质量。科学制定党员发展计划，建立全市12177名入党积极分子工作台账，实行发展党员全程纪实，实现责任可追溯查实；坚持问题导向，建立《全市农村长期不发展党员整改台账》，精准制定整改方案。构建党员教育管理“微”平台。建立“微信党支部”4055个，覆盖7100多个党支部，以网络优势凝聚党员力量。开展“全体党员讲微型党课”活动和“微型党课”巡讲工作。全市7066个党支部的5.4万余名党员登台讲党课，50万余党员群众受教育；建立“微型党课”库，在亳州先锋网学习园地开设“全市优质‘微型党课’库”专题，更新“微型党课”109个；《中国组织人事报》《党建研究》《安徽组工信息》等刊发做法。提升电教质量。拓展远教“互联网”模式站点773个，中组部中央资源库采用专题片6部；开展“五星远教站点”创建活动，首批命名挂牌“五星远教站点”26个。用好亳州组工微信平台，影响力持续位居全省组织系统前三。同时，不断强化信息化建设。推进市管干部、公务员、党组织和党员信息库“三库”建设，开发建设亳州智慧党建云平台，提升组织工作效能。

【释放人才新政效应】2018年，亳州市坚持党管人才原则，深化人才体制机制改革，营造干事创业良好环境。

完善工作制度体系。制定《亳州市人才工作目标责任制考核办法》《亳州市人才工作领导小组成员单位工作职责》《亳州市人才工作领导小组例会制度》《关于进一步加强党委联系服务专家工作的实施意见》等文件，完善了大抓人才的工作制度体系。

加大招才引智力度。落实《亳州市招才引智实施办法》，开展2017年招才引智补贴申报工作，对14家单位、34名人才进行审核，发放补贴394.2万元；精准发布2018年高层次人才需求信息，在北京、天津、合肥等地召开招才引智推介会，全市共引进博士学位和副高职称以上的高层次人才41人，较上年增长70.8%；硕士学位和中级职称人才的急需紧缺人才195人，较上年增长10.2%。共引进建立院士工作站6家、博士后工作站5家，人才政策的吸引力明显提高、人才聚集效应明显。

激发本土人才活力。搭建本土人才创业创新平台。开展第四批市级产业创新团队评选工作，评选市级产业创新团队10个、遴选带头人10名、带头人助理30名，给予180万元经费扶持；开展第三批皖北产业创新团队遴选工作，遴选支持13个团队争取省扶持资金130万元。实施药都“双创”英才计划，评选高层次创新创业人才12名，发放奖励资金60万元。实施青年创客圆梦计划，评选优秀青年创客10名，发放扶持资金20万元。建立公平公正、不拘一格选用人才机制。开展第二批优秀返乡创业人才评选活动，评选优秀返乡创业人才10名，每人给予奖金1万元。开展第四批享受市政府特殊津贴人员遴选工作，遴选优秀人才31人，发放津贴15.5万元。开展第一届突出贡献人才、首席专家、拔尖人才和优秀人才遴选活动，评选102人，发放奖金570万元，并在全市人才工作会议上进行表彰。

（何　静）

宣传工作

【概况】2018年，亳州市把学习宣传贯彻习近平新时代中国特色社会主义思想和党的十九大精神作为首要政治任务，出台《深入学习贯彻习近平新时代中国特色社会主义思想若干规定》。市委理论学习中心组学习15次，各级共举办集中轮训班373期，培训7.2万余人。推进新时代文明实践中心建设，全市创建1700余个。开展学习型党组织创建活动。做好社科年度课题发布、结项和成果转化工作，推出一批理论研究成果。出台《智库建设实施办法》，建立市级社科专家库。

加强讲座、论坛、研讨会审核把关。完善网络舆情监测、预警、处理、反馈工作机制，出台《亳州市关于促进移动互联网健康有序发展的实施意见》《亳州市网络信息安全应急响应规范（试行）》《亳州市网上信息调控管控工作规范》等文件，每月召开一次联席会议，每季度向省委网信办报告一次全市网络意识形态情况。开展“扫黄打非”工作，推进农村文化演艺市场专项整治等活动。

组织基层党员干部学好用好《习近平谈治国理政(第二卷)》《习近平新时代中国特色社会主义思想三十讲》《习近平扶贫论述摘编》等理论读物。开展学习贯彻党的十九大精神“六团六进”基层宣讲活动，全市各级各类宣讲团共宣讲6800余场，受众40万余人次。围绕“新时代 新亳州 新作为”主题，举办全市电视知识竞赛、主题演讲比赛和微视频征集大赛。在市直主要媒体开设“学习宣传贯彻党的十九大”等专题专栏，先后刊发理论专版、专题节目40余个，发表解读阐释访谈文章80余篇。开展“小岗精神与乡村振兴”“纪念马克思200周年诞辰”“庆祝改革开放40周年”“新思想新实践”等主题理论征文活动。加强亳州历史文化研究，出版《亳州市中医药文化研究》等著作。打造《亳州晚报·理论月刊》等理论宣传品牌，编印《亳州社会科学》4期，刊发各类理论文章近80篇。

组织党的十九大精神、改革开放40周年、五大发展行动计划、脱贫攻坚、环保督察、文化旅游、“互联网+政务服务”、药品药材综合整治等30余项专题宣传，全方位反映经济社会各领域发展新变化、新活力、新成就。开展“讲严立”专题警示教育宣传。组织药市开市、芍花养身文化旅游节、2018亳州国际马拉松赛、2018年药博会等重大活动宣传。坚持移动优先，优化调整媒体结构布局，初步构建以报纸、广播、电视、网站、新媒体五大平台为基础的现代传播体系。亳州晚报社成立全媒体新闻中心，统一调度各类采编人员和新闻资源；市广播电视台搭建中央厨房，重构新闻采编生产流程；县级融媒体中心全部挂牌。推进融媒体宣传报道，运用直播、H5、VR等新手段新方式开展宣传，推出一批融媒体新闻产品。

在中央主要新闻媒体发稿220余篇；在省主要新闻媒体发稿2000余篇（条）。举办新闻发言人专题培训班。拓宽海外宣传渠道，借助新华社海外平台、安徽广播电视台国际频道、中国安徽之声等中央和省直主流媒体的外宣窗口阵地做好对外推介。创新改进网上宣传方式，组织实施党的十九大精神、全国和省市两会、改革开放40周年、扫黑除恶、脱贫攻坚、环境保护等重大主题的网上宣传和舆论引导工作。出台《亳州市关于推进网络内容建设工程的实施意见》，实施“网络内容建设”“争做亳州好网民”“网络公益”等工程。

开展社会主义核心价值观宣传教育。加强爱国主义基地建设，命名15家单位为市级爱国主义教育示范基地，其中6家单位被评为第五届省级爱国主义教育示范基地。开展道德模范和身边好人的推荐、评选工作，“安徽好人”“中国好人”入选总数均居全省前列。加强和改进典型宣传，重点挖掘经济社会各领域各行业做出贡献的典型，推出市级典型57个，省级典型3个。出台《亳州市关于推动农村广播宣传常态化长效化的实施意见》，建立督察考核制度，每两个月督察一次。围绕形势政策、脱贫攻坚、科技致富、卫生防疫等内容，市县两级广播宣传时长共计2200余个小时。出台《亳州市关于推动扶贫宣传工作常态化长效化的实施方案》，加强策划调度、新闻线索报送、发稿通报制度。“发挥小广播作用，夯实农村宣传文化阵地”一文被评为2018年度全省宣传工作创新范例。

推进文化市场综合执法改革和文化领域行业组织建设，指导市直宣传文化各部门和各地对所管理的文化领域行业组织进行清理整顿。推动公共文化服务标准化均等化，推进文化精准扶贫，完成11个贫困地区综合性文化服务中心建设。出台《亳州市实施中华优秀传统文化传承发展工程工作方案》。开展文化惠民活动，送戏下乡演出2582场，送戏进敬老院300场，送电影下乡放映20739场。

本年度，“药都时空”微信公众号关注量突破27万人，在国家广播电视总局发布的地级城市台微信传播力榜上，位居全国第一位。“亳州发布”政务微信获“2017年度安徽政务新媒体十佳”。亳州市广播影视产业园被认定为2018年唯一一家“安徽省广播影视产业园”。在全省网络媒体正能量优秀作品评比中，亳州市选送的《亳州：一家四口同签遗体捐献协议》等三篇网络作品榜上有名。专题《辛勤耕耘收获金色的大地——2017亳州午收一线报道》、新闻《赞！亳州首发全省“二十七合一”营业执照》均获安徽新闻奖网络类专题三等奖。在全省“五大发展'瞰'安徽”——第二届无人机航拍作品大赛中市网宣办获优秀组织奖。3家单位获省级“学习型党组织”称号。

【意识形态工作】2018年，亳州市常态化开展意识形态工作责任制落实情况专题督察和自检自查，对57家市直单位开展两轮专项巡察。做好省委巡视组对亳州市及涡阳县、蒙城县和谯城区意识形态工作专项巡视的配合工作，督促整改落实。邀请知名专家学者和主管部门领导作专题辅导报告，提升全市领导干部舆论引导能力和意识形态工作能力；举办全市意识形态工作培训班，全市市县乡三级专兼职干部360余人参加培训；编发《意识形态工作应知应做要点》《意识形态工作应知应会》。开展“清源”“固边”“净网”“秋风”“护苗”五大专项行动。落实网络意识形态工作责任，撰写《涉亳互联网舆情专报》54期、《涉亳互联网信息专报》35期，报送涉亳舆情信息257条。开展网上假新闻和新闻敲诈问题、网络短视频平台调查摸底等专项行动，共查删各类有害信息9600余条，约谈自媒体账号52人次，注销微博账号2个，关停微信公众号1个。联合开展网络安全执法检查，对全市重要信息系统和重要网站开展检查386余家次，全市网络运行总体安全平稳。

【对外宣传】2018年，亳州市在中央主要新闻媒体发稿共220余篇，增长76%。其中，《人民日报》发稿19篇，头版刊发《亳州：借力大数据 发力真脱贫》《“三下乡” 惠民生》等6篇稿件；7月4日13版头条刊发《垃圾清理、污水处理、厕所治理，安徽亳州——搞好这三样 村里变模样》，报道亳州市推进农村环境“三大革命”的先进举措；11月7日13版头条刊发《安徽亳州——药材种植规范 质量才能上乘》，报道亳州市中药材规范化种植加工的先进经验。中央广播电视总台聚焦亳州多项主题活动进行宣传，推出亳州花戏楼年俗文化活动直播、利辛高粱丰收直播、马拉松活动报道等，中央广播电视总台《经济半小时》播发《大数据治“懒政”》，以15分钟的时长报道亳州市“互联网+政务服务”的先进经验。创新新闻发布会直播报道，组织亳州晚报社“亳州头条”新闻客户端，对每场新闻发布会实行预告和在线直播，同时在报纸、电视、新闻发布专题网页同步推出全媒体融合报道，提高部门新闻发布的影响力和知晓率。召开新闻发布会36期，网上新闻发布160余次。加强城市形象宣传，与中央广播电视总台《新闻30分/天气预报》栏目合作，播出亳州天气预报，全年播放1080余次。

【网络宣传】2018年，亳州市组织实施习近平新时代中国特色社会主义思想和党的十九大精神网上宣传，全国和省市两会、改革开放40周年等重大主题的网上宣传，扫黑除恶、脱贫攻坚、环境保护等重点工作的网上宣传和舆论引导工作。推进网络直播常态化，开展47场次网上直播，直播总时长110小时，总点击量超过60万。组织实施“网络内容建设”“争做亳州好网民”“网络公益”等工程，开展“网友文化节”“网络中国节”、网络正能量事件评选等活动。组织线下网友活动，亳州发布、亳州晚报社新媒体部开展“网友看亳州”系列活动沙龙。亳州广播电视台“药都时空”微信公众号关注量突破27万人次，年增长5万人次，微信头条阅读量均在2万人以上。

【社会主义核心价值观建设】2018年，亳州市开展社会主义核心价值观宣传教育，组织刊播“图说我们的价值观”公益广告，征集播出核心价值观主题微电影，打造一批社会主义核心价值观主题公园。承办由中共中央宣传部宣教局、光明日报社主办的“核心价值观百场讲坛走进涡阳”活动。加强爱国主义基地建设，命名15家单位为市级爱国主义教育示范基地，其中6家单位被评为第五届省级爱国主义教育示范基地。举办“时刻听党话 永远跟党走”全市青少年爱国主义读书教育活动比赛，18万余名中小学生参加读书活动。推进诚信建设，指导各地推进文明交通、文明旅游活动。选树和宣传先进典型。在城乡基层普遍评选表彰善行义举、身边好人，持续开展道德模范和身边好人的推荐、评选工作，评出“亳州好人”58人，入选“安徽好人”17人、“中国好人”13人，入选总数均居全省前列。命名表彰第四批全市“学雷锋活动示范点”和“岗位学雷锋标兵”，国网亳州供电公司变电检修一班被命名为“安徽省学雷锋活动示范点”。加强和改进典型宣传，重点挖掘宣传在经济社会各领域各行业做出重要贡献的典型，推出市级典型57个，省级典型3个。开展文明城市、文明村镇、文明单位、文明家庭、文明校园创建活动，推进移风易俗、树立社会新风。出台《关于全市党员干部带头开展移风易俗弘扬时代新风的指导意见》，引导党员干部率先垂范，遏制高额彩礼、大操大办等不良习俗。推动县区级文明村镇评选活动，评出县级及县级以上文明村镇近400个。

【文化建设】2018年，亳州市实施“文化+”战略，推动文化与科技、金融、旅游等产业融合发展，25个项目入选省重点文化产业项目，投资总额30.32亿元，同比增长80%。推进市级“三馆一院”和县级“两馆一场”的建成、达标、升级。城市展览馆、北关历史街区等5个全民阅读基层示范点建成并对外开放。完成627个数字农家书屋建设。古井白酒小镇、义门中药养生小镇被评为省级特色小镇，争取省项目资金4000万元，拨付到位。市财政设立文化旅游产业发展资金、项目建设资金2亿元，文化产业发展专项资金3000万元，宣传文化专项资金208万元，用于推动文化产业和旅游产业的融合发展。开展第四批市级文化产业示范基地评选。亳州市规模以上文化企业95家，新增8家，同比增加9.6%。组织亳州市文化企业参加第十四届深圳国际文博会、上海长三角国际文博会，展示亳州市烙画、锡包壶和面塑等传统文化产品，支持文化企业走出去。

推出梆剧《筑梦家园》《春暖花开》《秋分》等一批反映脱贫攻坚和改革开放伟大成就的优秀剧作。《筑梦家园》在全国巡演，《春暖花开》在全市巡演，以涡阳社会福利院原院长梅建为原型创作的泗州戏《剑梅傲雪》扶贫题材舞台剧完成剧本编排。举办2018年亳州市文化科技卫生“三下乡”集中示范活动、基层群众性春（村）晚、“我们的中国梦——文化进万家”等各类活动150余场。开展“深入生活、扎根人民”主题实践活动，组织文艺工作者到一线采风，围绕脱贫攻坚、生态环保等中心工作，推出百余部曲艺作品，组织走村入户巡演500余场。

【“扫黄打非”】2018年，亳州市开展“扫黄打非”进校园·绿书签签名赠书活动，赠送正版图书3000余册，派发绿书签1500余个。组织“扫黄打非”知识讲座进校园10余场。开展“扫黄打非”少儿漫画大赛，近200名少年儿童参加比赛。全市文化市场执法部门出动执法人员1.8万人次，检查经营单位8720家次，远程勘验网站600余家次，共收缴非法出版物1200余册，非法音像制品600余盘。开展侵权盗版及非法出版物集中销毁活动，共销毁非法出版物、盗版光盘、赌博机3993余件。在农村演出市场专项整治行动中，全市共出动执法人员1826人次，检查乡镇、行政村演出712场次，立案查处3起。在打击非法宗教出版物、印刷品及有害信息集中整

图 10　2018 年 4 月 19 日，亳州市开展"扫黄打黑"进校园活动（张延林　摄）

治行动中，开展集中检查 6 次，出动执法车辆 30 余台次，执法人员 120 余人次，检查经营单位 326 家次，暂扣 SD 卡 15 个，没收非法图书 36 册。

（安淑萍）

统战工作

【概况】2018 年，亳州市在统战工作中强化政治引领。坚持多形式、分层次、全覆盖抓好学习培训。市、县区两级统战机关先后举办 9 期党外代表人士培训班，集训党外代表人士 880 人；依托市社会主义学院集中培训 42 名基层统战干部；对市工商联执委及主管的 20 个行业商会会长、秘书长 130 余人进行集中培训。支持各民主党派、无党派人士开展"中共中央发布"五一口号"70 周年纪念活动，举办各民主党派、无党派人士代表 220 余人参加的专题报告会；召开民主党派、无党派人士参加的纪念中共中央发布"五一口号"70 周年座谈会；组织人员赴河北平山县中央统战部旧址参观学习。

推进党外代表人士队伍建设。建立全市统一战线基础信息库，全市 12 类统战成员 1300 余人入库；与市 13 名"网络大 V"建立联系。制定《亳州市新的社会阶层人士统战工作联席会议制度》《亳州市新的社会阶层人士统战工作联席会议成员单位职责分工》，召开新的社会阶层人士统战工作联席会议。开展新的社会阶层人士统战工作调研，召开专题座谈会 3 次，发放调研问卷 115 份，撰写调研报告 1 篇。1 名民主党派干部到县级政府班子任副职，1 名党外干部到县级政府班子挂职，提拔重用 1 名党外处级领导干部，市政协四届二次会议上增补委员 13 名，其中常委 4 名。举办为期 10 天的党外代表人士培训班，53 名民主党派成员、无党派人士代表、市属高校国企党外知识分子、新的社会阶层人士和新生代企业家参加培训。

争取省级少数民族发展资金 383 万元，落实民族村基础项目 16 个；统筹落实市级少数民族发展资金 200 万元，支持省、市明确的民族贫困村基础设施建设，按照每村不低于 20 万元标准进行帮扶；开展民族团结进步宣传活动，发放民族宗教政策宣传页、《中国公民民族成分登记管理办法》手册、民族团结进步宣传片光盘总计 600 余份；开展 2018 年民族团结进步"六进"活动，发放民族宗教政策法规宣传资料 1000 余份。

加强新颁布的《宗教事务条例》学习教育，对市民族宗教工作领导小组成员、民委成员单位分管负责人、各县区民宗局干部和全市各乡镇（街道）统战干部等 160 余人进行集中培训。印发《加强和改进新形势下宗教工作的实施意见》。强化佛教道教商业化、基督教私设聚会点、未登记组织、网络宗教、民间信仰等专项治理工作。开展社会主义核心价值观宣传教育活动，396 处宗教场所实现规范化全覆盖，3 处被评为省级和谐寺观教堂。开展宗教工作督察，查找 12 个方面 19 条问题，按照定人、定责、定整改时限的思路，分 12 项 60 条制定整改措施，夯实宗教工作法治化基础。成立亳州籍在外宗教界人士联谊会，开展"出家回家看发展"活动，召开"亳州老乡，请你回家"座谈会。

接待到亳州考察访问侨商与高层次人才 3 批 19 人次。接受侨商、侨资助学款项 60 万余元。在

2018年世界制造业大会和2018年中国国际徽商大会上，亳州市侨企签约项目投资总额1.5亿元，合同引资1.5亿元。亳州市留学人员联谊会会员代表大会召开。蒙城县、利辛县成立侨联，全市三县一区侨联组织建设实现全覆盖。

【推进多党合作】制定印发《五大发展行动聚力工程实施方案》，明确统一战线成员通过政党协商、参政议政、民主监督、创新创业、社会服务等途径，为建设现代化五大发展美好亳州贡献智慧力量的任务和重点。协助市委制定年度政党协商计划，召开2次政党协商会议，通报省委书记李锦斌在省委精准扶贫、精准脱贫专题协商会上的讲话精神、市委四届五次全会精神和全市上半年经济社会发展情况、党风廉政建设和反腐败工作情况，就重大人事人选安排征求党外人士意见建议。听取民主党派和无党派人士关于脱贫攻坚、乡村振兴、中医药产业和白酒产业发展、教育、人才队伍建设等方面的意见建议。支持各民主党派开展脱贫攻坚民主监督、污染防治民主监督。各民主党派先后到401个村、1422户贫困家庭实地调研，开展脱贫攻坚民主监督190次（天），发现收集问题236条，提出意见建议217条，问题整改、反馈率100%。5个民主党派参与中央环保督察反馈问题整改核验，开展污染防治民主监督。共核验点位8320个，其中，A类问题核验4011个，提出意见建议112条，推动污染防治攻坚工作。制定出台《市委统战部与民主党派市委会定期会商制度》，就脱贫攻坚民主监督和污染防治民主监督进行会商。选调15名党派成员参加省委统战部举办的民主党派市委会机关建设培训班和全省民主党派中青年骨干培训班等。协助民盟安徽省委成立中国民主同盟亳州市支部。在《亳州信息》开设“统一战线建言献策”专栏，拓宽民主党派参政议政渠道。

【非公经济建设】2018年，亳州市在全市非公有制经济人士中开展以“不忘创业初心、接力改革伟业”为主题的理想信念教育系列活动；依托中国人民大学百年明德教育科技院举办全市非公有制经济人士年轻一代培训班，34人参加培训；推荐3名非公经济人士赴延安参加省委统战部举办的年轻一代非公有制经济人士培训班；推进“千企帮千村”精准扶贫行动，举办脱贫攻坚文化惠民演出及扶贫日项目认领认捐仪式，185家企事业单位认领221个扶贫项目，捐赠资金774.32万元。建立市委统战部、市工商业联合会与民营企业家季度座谈会制度。贯彻落实省《关于推动构建新型政商关系的若干意见》，参与实施“四送一服”双千工程。发挥“政企直通车”作用，市工商业联合会“政企直通车·规下工商业”微信平台入群数、问题反映数和问题办结率，居“政企直通车”五个平台之首；截至12月底，入群企业7669家。新入群企业4045家，企业通过“政企直通车·规下工商业”微信服务平台反映问题628个，已办结599个，办结率95%。完成市光彩事业促进会换届任务，表彰11名光彩事业突出贡献奖先进个人，依托《亳州晚报》进行专题宣传。建立100人的非公有制经济代表人士重点人物库，对116名拟作政治安排和表彰的非公有制经济人士进行综合评价。提名增补四届市工商联执委5名，常委3名。向省光彩事业促进会推荐增补理事2名，向省青年企业家商会推荐增补副会长1名。加强对商会、协会工作指导，新成立异地亳州商会10家。

【亳台经贸文化交流】2018年，亳州市引进新注册涉及中国台湾企业3个，在谈项目3个。2018世界制造业大会暨徽商大会期间，市5个涉及中国台湾项目纳入大会集中签约，签约项目投资总额12.10亿元，合同引资4.35亿元，受到省台办通报表扬。举办2018年药博会中国台湾产品展。接待各界来访台胞16批187人次，完成国台办重点交流项目（华佗五禽戏到中国台湾教学）和省台办重点交流项目（中国台湾青少年亳州“文化之旅”、涡阳天静宫老子文化交流）。中国台湾东森电视台“东森旅游玩乐志”节目组到亳开展文化旅游专题采录活动，实地采访拍摄专题片，通过东森电视台的窗口宣传推介亳州。

【“中国华侨国际文化交流基地”——亳州古城揭牌】2018年2月5日，中国侨联授予亳州古城“中国华侨国际文化交流基地”揭牌仪式举行。安徽省侨联党组书记、主席吴向明出席仪式并宣读《中国侨联关于授予亳州市“亳州古城”等第五批“中国华侨国际文化交流基地”的通知》。

“中国华侨国际文化交流基地”由中国侨联统一命名，是侨联组织弘扬中华优秀文化、促进中外文化交流的重要窗口，是侨联组织整合社会资源、积极作为的重要平台，是侨联组织凝聚侨心、为侨服务的重要载体。截至2018年年底，安徽省有15处“中国华侨国际文化交流基地”，亳州市有涡阳天静宫、亳州古城两处。

（孙　涛）

市委政策研究

【概况】2018年，市委政研室围绕“四个点问题”即“人民群众关心关注的热点问题、社会各界反映强烈的焦点问题、当前工作中亟待解决的重点问题以及制约亳州长远发展的难点问题”的解决，开展重点课题调研，分析现状，寻找问题，提出建议，为市委掌握全局、把握大势、正确决策提供参考依据。形成调研报告121篇，《决策与参考》6期。

起草并以市委办名义印发《市委党的建设工作领导小组2018年工作要点》，明确工作任务、责任单位和完成时限，实行季度督察通报制度。推进基层党组织标准化和规范化建设，积极主动对接省委党建办，及时领会省委精神，积极做好省委下达的各项工作任务，上报5篇党建调研课题。针对市直单位、县区组织开展党的建设重大问题研究工作，紧密结合各单位党建工作实际，确定市直单位研究课题34篇，县区研究课题8篇。

【信息服务】2018年，市委政研室秉承“服务中心决策，指导工作实践，促进相互交流，展示地域风采”的办刊宗旨，编印《新亳州》6期，交流到全国各地市。编印《2018年市情手册》，介绍亳州近年来经济社会发展及历史、文化、旅游等情况，发放至各县区、市直单位和全国各地市。

（朱德文）

市直机关党建

【概况】2018年，亳州市直属机关工作委员会（以下简称“市直工委”）草拟《加强和改进新时期机关党的建设意见》指导基层党建。批准成立5个基层党组织。11个党组织按期换届，补选委员17名（含书记5名）。确定党员发展对象109名。下拨党费22.341万元，“七一”、春节期间分别向425名困难党员发放慰问金50.8万元，慰问中华人民共和国成立前入党的老党员13名，慰问因公牺牲党员家属1名，向市直党组织发放新版《市直机关基层党组织工作台账》606份，赠阅《党的十九大报告辅导读本》近2000本。起草《加强和改进市直机关党的建设工作的实施意见》，选派党务干部40人次参加市委多轮巡察，市直机关党员的组织意识和党员意识增强。举办庆祝建党97周年市直机关表彰大会暨基层党组织标准化建设调度会议，表彰先进党组织5个、优秀共产党员20名、优秀党务工作者10名。

【市直机关教育培训】2018年，市直工委举办3期市直机关学习贯彻习近平新时代中国特色社会主义思想和党的十九大精神科级干部轮训班，培训1520余人。《亳州晚报》开出20个专版择优刊登学员心得体会。挑选百余名党务干部作为骨干分春秋两季进行培训。开设怎样讲党课、如何发展党员等操作性较强的课程，并对培训质量进行科学评估。采取选调党务干部在工委挂职的方法进行培训。

【市直机关支部建设】2018年，市直工委对市直机关开展“三会一课”为重点内容的“季督察、季通报”，在督察中，每次都延伸到支部，采取“找交销查考”方式，开展“对标巡诊”，针对在对标巡诊中发现的问题，坚决整改落实到位，并举一反三，发现潜在的问题。约谈存在问题的机关党组织书记8人次，促进压力传递。检查党员领导干部参加双重组织生活情况，开展党组织关系集中排查，支部党组织长期不换届、不按规定交纳党费等专项整治。在市直机关实行换届提醒制度，提前6个月下发换届通知单。专门召开修改《市直基层党组织工作台账》的座谈会，对

《市直基层党组织工作台账》中“三会一课”、组织生活的召开形式进行完善，从制度设计层面增强组织生活记录的严谨程度，不给“抄、补、造、编”留空间，有利于季度督察以及市委巡察中掌握真实情况。

【机关党建标准化建设】2018年，市直工委坚持“回头看”与“重点查”，分类别召开基层党组织标准化建设推进会6次，以党组织不同的类别推进标准化建设，启动市直机关基层党组织“登高计划”，采取选树典型，结对共建，提倡支部向支部学习，机关党委向机关党委学习，国企的党组织向国企的党组织学习，垂直单位的党组织向垂直单位的党组织学习，增强学习的针对性，提高学习效果。利用各种会议、培训、调研宣传机关党建方面的内容，就标准化建设的要求，传方法、教政策，派员深入到基层对党建标准化建设进行专题授课，提高市直机关党建水平。借助市委巡察力度，在每轮巡察中均安排党务骨干参与，并对市直机关基层党组织暴露出的问题进行分析，分门别类对问题进行督促，抓好整改落实。

【全体党员讲微型党课】2018年，市直工委在全市机关党组织中继续推广全体党员讲微型党课工作，把“全体党员讲微型党课”作为机关推进党课落实的重要抓手，并列为“季督察、季通报”内容，编制微型党课月月讲方案。举办市直机关“不忘初心 牢记使命”第五届微型党课初赛、决赛共4场，评出一、二、三等奖及优秀奖12名。出版《在鲜红的旗帜下》——精品微型党课选编在人民出版社出版，向全国发售，人民网、新华网均给以宣传，被安徽省委组织部作为优秀党课培训教材推荐给中组部。在“当当网”及“京东网”被评为“月度”畅销书。市直工委巡讲团深入企业、学校、扶贫点及机关巡讲56次，市直机关党组织开展微型党课的自觉性和党员参与的积极性提高，《中直党建》、中组部《党建研究》、紫光阁网均给予报道。

【全国党员管理信息系统使用】2018年，市直工委组织开展全国党员信息库所反映情况集中排查。党员入党日期为空2人，建立党组织为空33个，单位机构代码或社会信用代码不合规的党组织30个，手机号码不规范28个，身份证不合规11人，身份证性别与录入性别不同4人，身份证与出生日期不符21人，预备期不满1年或大于1年46人，18岁以前入党党员43人。经校改完善信息，现在数据库中党员入党日期为空、建立党组织为空、单位机构代码或社会信用代码不合规的党组织、身份证性别与录入性别不同、手机号码不规范等问题已全部校改完毕，身份证不合规、身份证与出生日期不符、18岁以前入党党员、预备期不满1年或大于1年等问题除都已和本人以及档案核实，剩余的根据档案写情况说明。

（杨　锐）

机构编制管理

【概况】2018年，亳州市机构编制委员会办公室（以下简称“市编办”）严控机构编制总量，规范出入编程序，办理出入编1133人次，办理部门编制使用审核68次；完成行政执法人员资格认证审核297人次。推进机构编制业务网上办理工作，89家单位在线办理出入编、人员信息变更等300余人次机构编制事项，实现机构编制业务网上办理全覆盖。完成机构编制执行情况年度考核工作，完成对市直单位和县区机构编制管理规定执行情况考核。完成市直144个事业单位的年度报告审核工作，在“安徽省事业单位在线”系统、《亳州晚报》进行公开；完成市直机关统一社会信用代码赋码和变更工作。

截至2018年年底，亳州市有市直行政机关70家、事业单位152家，行政编制数1267名、政法专项编制数1680名、事业编制7130名。自2017年起，省编办共批复亳州市市级周转池编制2919名。其中市人民医院公立医院周转池编制885名，中小学教职工周转池编制2034名。

【政府职能转变和重点领域改革】2018年，亳州市进一步优化国家监察体制改革试点工作，贯彻落实中央和省关于深化国家监察体制改革试点工作要求，完成市检察院相关机构、职能和人员的转隶，调整市纪委监委内设机构，调剂增加市纪委监委党风廉政教育中心事业编制，加强审查调查工作。做好城市规划区管理权限调整相关工作，召开城市规划区管理权限调整人员划转交接会议，对划转工作进行调研，解决划转后存在的相关问题。从谯城区上划部分教师编制和教职工到经济开发区，优化市区教育资源配置。加强对光伏扶贫工作管理，优化村级光伏扶贫电站运行维护管理职责，理顺管理体制。加强对中医药管理，市卫计委加挂市中医药管理局牌子。

【“放管服”政策落实】2018年，亳州市被列为安徽省整治“两难两多一长”改善营商环境专项行动试点市。完成“减证便民”整治申请材料多专项行动试点。按照“八个一律取消”的标准对申请材料进行清理，实现“两个全覆盖”。即：清理单位全覆盖，将安徽政务服务网上所列的市及县区各部门，全部纳入此次清理范围；清理事项全覆盖，将省编办要求的对行政许可和公共服务事项进行清理，拓展为将网上办事大厅所有政务服务事项全部纳入清理范围，参照省直做法，将狭义的证明拓展为广义的办事要件，包括身份证明、专业技术水平证明、住所证明、经济困难证明、完税证明等证明类材料和申请表、批准文件、公司章程、总结报告、安全生产责任制度等非证明类申请材料，扩大“减证便民”工作的内涵和外延。53家市直部门共上报政务服务事项2538项，申请材料9554项，精简申请材料5942项，精简比例62.19%，梳理形成取消政务服务事项申请材料清单，进一步优化营商环境，持续激发市场活力和社会创造力。完成市级政府权责清单、公共服务清单和行政权力中介服务清单的动态调整，印发清单目录（2017年本），市级共保留权力事项10392项、公共服务事项1244项、中介服务事项180项，保障了清单事项的依法合规、及时有效。

▲“两难两多一长”：企业开办难、企业不动产登记难、申请材料多、线下办理时间长办理程序多、线上办理程序多办理时间长。

▲“八个一律取消”：没有法律法规依据的一律取消，能通过现有证照证明的一律取消，能采取申请人书面承诺方式解决的一律取消，能通过信息共享或网络核验的一律取消，上级部门已经公布取消的申请材料各地对应的一律取消，权责清单、公共服务清单和行政权力中介服务清单中已明确取消的事项对应的申请材料一律取消，开具证明的单位无权查证、无法开具的一律取消，申请材料并非办事必要条件或重复设置的一律取消。

【编制“周转池”制度改革试点】2018年，亳州市推进公立医院编制周转池制度改革试点和中小学教职工编制周转池制度试点工作。省编办新批复涡阳县中医院等4家公立医院编制周转池方案，截至年底，全市9家公立医院编制周转池制度试点工作实施方案获批复。亳州市华佗中医院、蒙城县中医院、利辛县中医院周转池编制使用计划已报省编办备案同意，322人纳入华佗中医院周转池编制管理，各县区乡镇卫生院使用周转池编制招聘112名医技人员。重新测算全市中小学教职工编制，制定中小学教师编制周转池试点工作实施方案上报省编办。省编办批复市中小学教职工编制规模为42712名，其中周转池编制2034名，周转池编制实行市级统筹。从市编制周转池中调剂600名编制给市教育局经济开发区分局，用于选拔中小学教师。市教育局经开区分局所属学校选拔的200名中小学教师使用中小学教职工周转池编制入编。

▲编制“周转池”制度：省编办根据公立医院和中小学教师人才队伍和服务能力建设需要，在全省存量事业编制总量内调剂一定规模事业编制，供公立医院和中小学周转使用的一种创新编制管理制度。

（王浩峰）

老干部工作

【概况】2018年，亳州市全面落实离退休干部政策待遇；推进离退休干部政治建设、思想建设、党组织建设，开展离退休干部为党和人民事业增添正能量活动。向离退休干部赠送《十九大报告读本》《党章》等学习资料。举办全市离退休干部党支部书记培训班，宣讲党的十九大精神。举办《改革开放40年的光辉历程和宝贵经验》专题讲座。落实离退休干部党组织书记和委员工作补贴，离退休干部党员担任党组织书记和委员的，分别给予200元/月、100元/月工作补贴。新建市老年大学成立6个临时党支部，建设党员活动室，组织党员学员参加组织活动。对全市离退休干部党支部和党员情况摸底调查。

在春节前夕向市直离休干部和厅级退休干部发放慰问金15.2万元。5月，看望市级退休干部及部分离休干部。“七一”前夕慰问部分老党员及困难老党员。重阳节走访慰问市直单位95岁以上离休干部。11月，走访看望省外异地居住离休干部。组织市直离退休干部身体健康检查，检查标准由480元提高至800元。对市直特殊困难离退休干部进行帮扶，每人给予帮扶资金3000元。配合市财政局、市卫计委修改完善《亳州市市直行政事业单位离休干部医药费管理办法》，市直离休干部就医实行“记账制”，取消个人垫付。围绕“树立精准理念提升老干部工作的质量和水平”、离退休干部党组织建设课题开展调研，形成调研报告。

截至2018年年底，亳州市共有离休干部600人，其中，抗日战争时期参加革命工作的22人，解放战争时期参加革命工作的578人；退休干部约4.2万人，其中，市级退休干部19人。

本年度，亳州市委老干部局被评为“全省老干部信息工作先进单位”“全省老干部信访工作先进单位”，调研报告《关于做好新时代离退休干部党员教育管理工作的思考》被评为“全省老干部工作优秀调研报告”。

【“我看改革开放新成就”主题系列活动】2018年，亳州市委老干部局围绕“我看改革开放新成就”主题组织老干部开展四项活动。组织市直单位96名离退休干部参观考察城市规划展览馆、北关历史街区、古井集团企业党建文化馆；开展“我看改革开放新成就”主题调研活动，全市80余人参加座谈访谈，形成《与改革同行 与时代共进——“我看改革开放新成就”调研报告》；举办主题征文活动，择选37篇结集成册，编印《记忆 奋进 华章——全市离退休干部纪念改革开放40周年征文集》，全书6万余字；推荐5篇作品参加全省老干部主题征文活动，获二等奖1篇、三等奖1篇，优秀奖3篇；举办全市离退休干部“壮阔四十载·奋进新时代”纪念改革开放40周年书画展，展出书画作品60余幅。

图11　2018年7月25日，亳州市召开离退休干部座谈会（锁楠楠　摄）

【市老年大学（老干部活动中心）启用】2018年9月，市老年大学（老干部活动中心）正式使用。秋季招收学员1125人、2652人次。设置22个专业、51个教学班。11月，通过省级老年大学示范校评估验收。以“增长知识、丰富生活、陶冶情操、促进健康、服务社会”为办学宗旨，确立“厚德 尚学 担当 有为”校训和“爱国 至善 和谐 康乐”校风。建立市老年大学网站、微信公众服务号，创办校报。参加全省老干部系统“领航四十载 讴歌新时代”文艺会演，参演节目被评为“最佳创作奖”。推荐优秀书画作品和摄影作品参加全省老干部作品展览，6幅书画作品入围，摄影作品获得二等奖1幅，三等奖1幅。在魏武广场举办“庆祝改革开放40周年”豫剧专场文艺演出。时装表演班、舞蹈班的学员到乡镇敬老院为孤寡老人表演节目。

【关心下一代工作】2018年，亳州市老干部局推进“脱贫攻坚、关工助力”工作。全市关工“五老”总人数约2.4万人。累计开展科技扶贫活动56场次；捐资助学受资助人数累计3123人，资助总金额637.78万元；参与结对帮扶留守儿童活动“五老”人员约1.8万人，累计帮扶留守儿童约2.8万人。2人获“全省关工委青少年思想道德教育先进个人”称号。3家关工委被评为“全省关工委青少年思想道德教育先进集体”。10月，全省关工委（北片8市）青少年德育工作会议在蒙城县召开。评出42个基层“五好关工委”和23名“五老”先进个人。为全市约1.2万名留守儿童义诊。举办“时刻听党话 永远跟党走”青少年爱国主义主题教育读书活动。组织全市中小学近5万名青少年参与“中华魂”主题活动。在《亳州晚报》开设“五老风采”栏目，报道10余位先进“五老”事迹。

（锁楠楠）

精神文明创建

【概况】2018年，亳州市以培育和践行社会主义核心价值观为根本，开展群众性精神文明建设活动。

图12 2018年3月3日，亳州市公安局交警支队一大队学雷锋志愿者在八中校园里为一家代驾公司驾驶员讲解道路交通安全知识（刘勤利 摄）

推进文明城市创建。制定《亳州市争创全国文明城市和未成年人思想道德建设工作先进城市工作方案》，对三县一区和亳州经开区进行暗访测评12次。组织召开文明创建工作例会14次。开展文明创建日常督察120余次，印发督察通报75期。部署“新风新貌迎新春 欢乐祥和过大年”系列活动。以环保、身边好人、国学经典为主题，新发布墙体彩绘公益广告2500平方米，发布社会主义核心价值观、讲文明树新风、志愿服务、扫黑除恶等公益广告2万平方米。

推进未成年人思想道德建设。组织开展乡村学校少年宫专项督察2次；召开乡村学校少年宫建设和管理工作推进会2次；举办“少年宫是我家——乡村学校少年宫才艺展演”活动，发挥乡村学校少年宫作用。《节俗童谣》《涡水谣》《数星星》《小蜗牛》4首童谣获全省通报表彰。开展文明校园推报工作，推报亳州市第一中学等42所学校为创建全国文明校园先进学校，推荐亳州中药科技学校等28所学校为全省文明校园。

开展文明单位创建品牌评选，择优推报参加省文明单位创建品牌评选。召开亳州市文明单位创建工作推进会，加强文明单位横向交流。在市直单位开展“厕所革命”工作，开展“厕所革命”工作考评2次（后纳入单位环境卫生提升工作测评）。

推进文明村镇创建。印发《关于开展亳州市第四届文明社区、第五届文明村镇推荐评选工作的通知》，评选命名涡阳县团结社区、蒙城县万佛塔社区、利辛县和谐社区、谯城区谯陵社区、亳州经开区第二社区管理中心等28个社区为亳州市第四届文明社区，评选命名涡阳县临湖镇、蒙城县坛城镇、利辛县城北镇、谯城区古井镇等28个乡镇为亳州市第五届文明乡镇，评选命名涡阳县星园街道黄庄村、蒙城县漆园街道太山村、利辛县张村镇杜竹园村、谯城区魏岗镇大陈村等

120个村为亳州市第五届文明村。开展亳州市文明村镇、村规民约优秀案例征集活动，亳州文明网推出“文明村镇”网上巡礼活动。

本年度，亳州市中国好人、安徽好人上榜人数居全省第一位；蒙城县入围全国文明城市提名城市行列；蒙城县总计上榜“中国好人”49人，位列“中国好人”第一县。

【志愿服务】2018年，亳州市以“情暖亳州 志愿有我”为主题，组织开展学雷锋志愿服务主题月系列活动。组织开展“同呼吸、共奋斗、齐行动”——亳州市“12·5”国际志愿者日主题活动，发布亳州市志愿服务主题歌曲《我志我愿 不忘初心》。组织志愿者参与中央广播电视总台《一年又一年》亳州民俗直播志愿服务活动，召开2018年春运“暖冬行动”优秀志愿服务典型表彰会，召开全市志愿服务工作座谈会3次。评出“感动药都”志愿服务典型33个，9个个人、组织和项目获评安徽省十佳学雷锋志愿服务优秀典型，蒙城乐生爱心公益联合会和谯城区护卫“母亲河”天蓝绿水行志愿服务项目分别获评2018年度学雷锋志愿服务“十佳组织”和“十佳项目”。推动志愿者和志愿团体注册登记工作，截至2018年底，全市实名注册志愿者数量64.5万人，占全市居民人口比例12.5%，注册志愿服务团体1170个。将志愿者注册登记工作和社区志愿服务广场建设纳入文明城市（县城、城区）考核内容，志愿服务广场、站点实现街道、社区全覆盖，推动志愿服务活动由分散服务向集中服务转化。

【中心城区单位环境卫生管理】2018年，亳州市制定中心城区单位环境卫生考核办法。每月对市中心城区119家市直单位、14家规模以上工业企业、9家大型商业企业、10所重点学校、3家重点医院及谯城区、亳州经开区、亳芜产业园区环境卫生进行全面考核。开展测评6次，印发测评通报6期，发现各类问题8500条，对问题整改情况进行复查。组织人员开展单位环境卫生日常暗访、楼顶积尘清理排查等22次，对全市165家单位的楼顶积尘清理和院内地面保洁情况进行专项检查，现场督办40余家单位清理楼顶积尘。督促协调谯城区、亳州经开区、亳芜产业园区，市经信委、市商务和粮食局、市教育局、市卫计委等牵头部门结合本地、本系统工作实际拟订方案、成立组织，开展考核。

【道德模范和身边好人、美德少年评选】2018年，亳州市开展“我推荐、我评议身边好人”活动。评出“亳州好人”67人（59组），上榜“安徽好人”21人（12组），上榜人数位居全省第一、上榜组数位居全省第三；上榜“中国好人”15人（10组），上榜人数位居全省第一、上榜组数位居全省第二。截至年底，亳州市累计评出“亳州好人”373人，上榜“安徽好人”120人、“中国好人”146人。

组织开展第六届亳州市道德模范和第三届亳州市美德少年推荐命名活动，评出第六届道德模范10名（组）、提名奖10名，第三届美德少年5名、提名奖5名，举办第六届亳州市道德模范和第三届亳州市美德少年颁奖典礼。

【城市形象提升活动】2018年，亳州市召开市文明委全会暨市中心城区环境卫生提升工作会议。印发《关于建立市中心城区路段长制工作的通知》，建立中心城区路段长制，落实主次干道、背街小巷路段包保责任制，运行“亳州路段长”微信公众号数据平台。市级平台派发路段问题13897个，整改12013个，整改率86.44%。实施中心城区网格化环境综合整治，开展城市道路精细化保洁，推行背街小巷清扫保洁市场化服务，开展城区500余条背街小巷的垃圾杂物清理工作，调研摸底全市建成区430座公厕，组织召开公厕整治提升座谈会和公厕规划建设管理工作专题会议，投入财政资金1809万元用于公厕改造提升，实现谯城区公厕管理市场化。完成中心城区黑臭水体治理10处，实施城区水系贯通工程，城区水环境明显改善。建安路涡河隧道、亳州北公交客运枢纽站建成并投入使用，打通京九西路等断头路5条，开展非机动车交通违法行为专项整治活动，中心城区交通更加顺畅。中止本地“牛皮癣”小广告通信号码服务223个，追呼非本地号码2800多个，制定小区物业管理服务考核奖补办法，推进小区物业管理水平提升。推进老旧小区、农贸市场、弱电下地、背街小巷等改造工程。

【“移风易俗弘扬时代新风”行动】2018年，亳州市召开农村基层宣传思想暨移风易俗工作现场会。市纪委、市监察委、市委组织部、市委宣传部、市文明办联合印发《关于全市党员干部带头开展移风易俗弘扬时代新风的指导意见》，组织全市党员干部签订移风易俗弘扬时代新风承诺书13万余份。印发、宣传《亳州市开展移风易俗 弘扬时代新风倡议书》。市文明办、市民政局联合印发《关于加强红白理事会建设推进移风易俗工作的实施方案》，实现红白理事会和村规民约的村级全覆盖。按照“一镇一示范、乡镇全覆盖”的原则，打造各级移风易俗示范点125个，在市区及县（区）城市建成区全面推行禁止红白喜事等在公共区域建灶摆设宴席行为，推动市民群众革除大操大办陋习，倡导节俭文明办事。

【第六届亳州市道德模范和第三届亳州市美德少年颁奖典礼】2018年12月12日，亳州市第六届道德模范、第三届美德少年颁奖典礼在亳州市体育馆举行。授予刘文贵、杨秀荣夫妇等10人“亳州市第六届道德模范”荣誉称号，授予王姣成等5名同学“亳州市第三届美德少年”荣誉称号。颁奖典礼以“世界药都 亳爱无疆”的主题，分为助人为

图13　2018年11月22日，专家为道德模范和身边好人免费体检

（市文明委　供图）

乐、敬业奉献、见义勇为、诚实守信、孝老爱亲、美德少年等六个篇章，通过播放道德模范短片、宣读致敬词及采访互动等方式，将道德模范和身边好人的“鲜活的价值观”化作“有形的正能量”，展示道德模范的先进事迹和崇高精神。

【礼遇帮扶道德模范和身边好人】2018年，《中共亳州市委办公室 亳州市人民政府办公室关于礼遇帮扶道德模范和身边好人的补充通知》印发，内容涵盖在重大活动、参观游览、公共交通、医疗保障、社会尊崇、劳动就业、子女就学及住房保障等方面八项礼遇帮扶道德模范和身边好人的举措。推荐道德模范和身边好人担任各级党代表、人大代表、政协委员或进入村两委班子。帮扶慰问道德模范和身边好人代表174人次。截至年底，累计发放好人奖励金764.5万元。在新闻媒体开设“厚德亳州 好人点评”“好人故事”“好诗赞好人”“身边的好人”等专题专栏，印制好人故事读本、组织好人基层宣讲、建设亳州好人馆，宣传好人事迹，推进“厚德亳州”建设。

（葛云飞）

信访工作

【概况】2018年，亳州市委常委会4次听取信访工作汇报，市政府常务会5次研究解决信访问题，先后召开信访工作会议3次。

坚持改革创新，完善体制机制。建立《群体性上访事件‘ABC’角接访处置机制》《信访突出问题联合督导制度》《领导干部走访下访家访制度》等工作机制。

从县区直单位选派228人到乡镇（街道）挂职副书记或副乡镇（街道）长（副主任）、到村（社区）挂职第一书记或主任，专司

信访工作，主攻积案化解。包保的352件信访积案，已全部化解。

组织由市县（区）两级党委书记、党委政府分管负责人、市县两级信访工作联席会议成员单位主要负责人等参加的信访干部培训会，提升全市各级领导干部和信访工作者的能力水平。

召开专题调度会议123次，实地督导乡镇（街道）55个，调度信访案件237个，接待群众来访67批628人次，走访家访信访群众和“三涉”群体重点人员48户。省交办的83件信访积案全部化解。亳州市挂牌的信访积案589件，全部化解。

本年度，省委宣传部、省信访局组织14家中央驻皖新闻单位、省直新闻媒体对亳州市信访工作进行调研采访，并给予宣传。

【“三个到位”】2018年，亳州市立足事要解决，落实信访工作“三个到位”。即，坚持合理诉求解决到位。成立“三位一体”包保组织，包保案件589件，已化解信访难题589件，办理复查复核信访事项18件。坚持思想教育到位。开展分类处理信访事项336件，召开信访听证会21次，评议疑难复杂信访事项5件。坚持帮扶救助到位。使用信访救助资金427万元（含各县、区），帮扶救助困难信访群众95人，化解信访案件92个。全国、全省“两会”节点期间，实现信息共享、联络畅通、处置迅速。开展“三无”乡镇（街道）创建活动。亳州市达到“三无”乡镇（街道）（建制乡镇、街道88个）的有32个，占全市乡镇总量的36.36%。

（汪鹏飞）

党校工作

【概况】2018年，亳州市委党校坚持党校姓党原则，推进基层党组织标准化规范化建设，开展“两学一做”学习教育常态化制度化和“讲严立”专题警示教育。根据巡视巡察反馈问题，结合工作实际，制定完善制度16项，按照细化、实化、量化、具体化和可考核、可比较、可检验的要求，落实“量化工作目标，硬化处室指标，细化工作任务”的工作机制，明确责任，推进工作。进一步完善师资队伍建设和管理制度，完善教师教学管理和学员管理相关规定，规范教学内容和教学过程管理，完善教职工效能考核办法。严格学员学习管理、组织管理和生活管理，严格入学教育、学习考勤、请（销）假制度、生活管理等规定，引导学员自觉遵守培训纪律。坚持把效能建设引入学员管理制度，作为先进经验在全省党校系统宣传推广。

定期召开全市党校校长工作会议。落实《2018年度业务指导工作计划》《市辖县区委党校办学质量评估办法》，建立县区党校办学质量评估长效机制。完成2018年度县区委党校的办学质量考评工作并及时通报评估结果。

本年度，市委党校在全市机关效能考评中被评为优秀等次。

【干部教育培训】2018年，市委党校重点抓好习近平新时代中国特色社会主义思想培训，抓好“党的理论教育、党性教育、素质和能力教育、市情教育”四项教育，理论教育在教学安排中占比83.3%，其中党性教育课占比29.2%。创新教学方式，推行“课堂＋基地”的现场教学方式，发挥研讨式、案例式、体验式、模拟式等教学方式的不同优势，采用分类培训、模块菜单式教学等教学形式，提升培训质量和效果。完成主体班培训14期，培训人数641人。对外培训77期，培训14400人，在校在职研究生179人。

【科研资政】2018年，市委党校聚焦热点难点开展决策咨询，促进成果转化，加强对习近平新时代中国特色社会主义思想和党的十九大精神的理论研究。制定科研工作年度计划和科研经费管理制度，建立完善科研管理制度，深入基层蹲点调研，推进党校教师资源和学员资源的紧密对接，与主体班学员开展科研咨政合作。在公开出版的报刊上发表论文45篇，市级课题立项12项，全省党校系统重点课题立项5项，全省行政学院系统专项课题立项1项。市级课题结项8项，全省党校系统重点课题结项1项，10项科研成果转化为教学专题，7篇咨政研究报告获市委、市政府领导肯定性批示，科研推进理论创新服务能力不断提高。

【校园基础建设】2018年，市委党校二期工程全面竣工，投入使用。总建筑面积为10496平方米。强化基础保障能力，实施双回路强化电力保障。加强“智慧校园”建设，推进校园餐饮、住宿、图书等方面服务“一卡通”和云平台电子图书阅读系统应用，推进校园智能化。创新发展后勤管理模式，推进学员住宿和餐饮对外托管的探索，发挥第三方监督考核作用，提升综合保障能力。

（戴晓玥）

党史研究

【概况】2018年，中共亳州市委党史和地方志研究室（以下简称“市委党史和地方志研究室”）与市委宣传部、亳州晚报社、亳州社科联联合开展纪念改革开放40周年活动，讴歌改革开放40年亳州市在党的领导下取得的伟大成就，活动受到社会各界关注、参与。评选出一等奖2名，二等奖4名，三等奖6名，优秀奖15名。组织人员编写亳州改革开放40年来发生的大事、要事，经过资料搜集，内容筛选，编辑整理，形成近20万字的初稿。

赴三县一区开展革命遗址、历史文化遗存普查调研工作，摸清全市革命遗址、历史文化遗存地域分布情况、对革命遗址类别、历史文化遗存进行分析，调查研究革命遗址、历史文化遗存保护利用基本情况，指出全市革命遗址、历史文化遗存存在的主要问题，提出保护革命遗址、历史文化遗存的意见建议。革命遗址、历史文化遗存调研分别作为市委、市政府重点调研课题，并按期完成任务。

完成新四军历史研究会注册登记。为深入研究、宣传新四军在亳州的历史，继承和发扬新四军的革命精神和优良传统，经市委组织部同意，市委党史和地方志研究室与市民政局联系，按程序启动申报准备系列材料，年底前在民政部门正式完成亳州新四军历史研究会注册登记。

在全市效能考核评比中，市委党史和地方志研究室获2017年度优秀等次。

【党史资料征编】2018年，市委党史和地方志研究室编纂出版《中国共产党安徽省亳州历史》（1949—1978）。该书全面记述从1949年中华人民共和国成立至1978年，在中国共产党的领导下，亳州人民进行社会主义革命和建设的历程，反映亳州各行各业取得的长足发展，人民生活发生翻天覆地的变化。填补了全市1949年至1978年期间地方党史基本著作的空白。开展《中国共产党亳州历史》一卷的修订工作。对1921—1949年中国共产党亳州历史重新校勘、修订、整理、再出版。完成修订稿初稿编写工作.按省委党史研究室要求，完成2017年度全省党史部门党史优秀成果申报工作。2月底，全省表彰决定下发，全市共获得5项表彰，其中市委党史和地方志研究室2项，县区党史部门3项。

【党史宣传教育】2018年，市委党史和地方志研究室会同市委组织部联合发文（亳史志［2018］26号），定于7月1日在全市开展第九个“领导干部党史教育日”活动。活动以庆祝中国改革开放40周年，不忘初心，牢记使命，将改革开放进行到底为主题。各级党组织结合实际，开展多种形式的活动。结合部门实际，开展地方党史宣讲活动。主要负责人在道德中宫《道乡说道》论坛中向全体党员及近百名社区群众开展《六克亳州》的地方党史宣教活动，受到一致好评。举办“不忘初心，牢记使命”图片展。结合庆祝建党97周年，在市会务中心举行为期两个星期的“不忘初心，牢记使命”图片展。教育激励党员干部坚定理想信念，缅怀革命先烈、铭记党的历史，激发爱党爱国热情和干事创业动力。完成第四批全省党员干部党史教育基地的推荐申报工作，成功推荐涡阳县新四军第四师纪念馆、蒙城县板桥集战斗纪念馆获批为“安徽省第四批党员干部教育基地”。

（胡晓瑞）

亳州市人民代表大会

图14　2018年7月6日，亳州市望月谭公园（陈海红　摄）

概　述

【概况】2018 年，亳州市第四届人大常务委员会坚持以习近平新时代中国特色社会主义思想为指导，深入学习贯彻党的十九大和十九届二中、三中全会精神，坚持党的领导、人民当家做主、依法治国有机统一，推进立法、监督等各项工作，保证中央和省委市委重大决策部署有效落实。召开常委会会议 8 次，审议通过地方法规案 1 件，听取审议专项报告 18 项，作出决议决定 7 项，开展调研 30 次、执法检查 1 次、专题询问 1 次，审查规范性文件 54 件，任免国家机关工作人员 68 人次，完成市四届人大二次会议确定的目标任务。

【执法检查】2018 年，亳州市第四届人大常务委员会组织开展《中华人民共和国环境保护法》执法检查。9 月 6 日，市四届人大常委会第四十九次主任会议研究通过执法检查方案。9 月 19 日，召开执法检查动员会，对环境保护法执法检查工作进行动员部署。举办环境保护法法律知识讲座。9 月 27—28 日，市人大常委会组织 4 个执法检查组，由常委会负责人带队，对各县区环境保护法贯彻落实情况开展检查。10 月 17 日，第五十一次主任会议讨论通过执法检查报告。10 月 24—26 日，市四届人大常委会第十七次会议听取审议了执法检查组关于检查《中华人民共和国环境保护法》贯彻实施情况的报告。11 月 6 日，第五十四次主任会议决定将审议意见连同执法检查报告印发市政府及相关部门研究处理。

【专题询问】2018 年，亳州市第四届人大常务委员会组织开展中医药产业发展专题询问。8 月 30 日，市四届人大常委会第四十八次主任会议研究通过专题询问方案。9 月 14 日，召开专题询问动员会。10 月 17 日，第五十一次主任会议讨论通过专题询问问题。10 月 25 日，市四届人大常委会第十七次会议召开联组会议，结合听取专项工作报告，对市政府及市药发局等 11 个部门开展专题询问。11 月 6 日，第五十四次主任会议决定将审议意见印发市政府及相关部门研究处理。

【人事任免】2018 年，亳州市第四届人大常务委员会严格依照地方组织法和常委会人事任免办法规定，做好拟任命人员任职资格审查、任前法律知识考试、作供职报告等工作，保障常委会组成人员的知情权、审议权和表决权，保证市委人事安排意图通过法定程序顺利实现。任免国家机关工作人员 68 人次。依法组织宪法宣誓，彰显宪法尊严和权威，增强被任命人员的法治意识、责任意识和公仆意识。

【专题调研】2018 年，亳州市第四届人大常务委员会开展常委会专题调研。组织常委会组成人员对开发区建设、现代农业发展、社区建设、农村人居环境治理、旅游产业发展重大项目建设情况开展专题调研，提出意见建议，助推有关工作开展。

【议案建议办理】2018 年，亳州市四届人大二次会议交付办理关于制定《亳州市城市绿化条例》《亳州市城市园林绿化条例》《亳州市绿化管理条例》等 8 件（并案处理为 1 件）立法议案。《亳州市城市绿化条例》经常委会两次审议，市四届人大常委会第十六次会议表决通过，报经省人大常委会批准，于 2018 年 12 月 1 日起正式施行。对于交付办理的 1 件非立法议案，常委会组织开展专题调研，听取审议政府办理方案报告，并作出相应决议，督促政府抓好落实。及时处理代表建议，实现代表建议网上交办。健全完善代表建议督办制度，在督办过程中，注重与人大代表、政府相关部门、群众的沟通联系，抓好已办复建议的督察反馈、难点建议的跟踪督办。市四届人大二次会议期间，代表共提出议案 9 件（并案后 2 件），建议 257 件。12 月 20 日，常委会第十八次会议听取审议代表议案和建议办理情况专项报告，各承办单位办理议案、建议回复率均为 100%，代表对议案、建议办理工作均较为满意。

【代表工作】2018 年，亳州市第四届人大常务委员会搭建代表网络履职平台。顺应“互联网 +”发展趋势，在全省率先建成人大代表网络履职平台，公开近8000名市县乡三级人大代表的基本信息和联系方式，内容丰富、功能实用、安全便捷，推动代表联系原选举单位和原选区，切实发挥代表联系民众、了解民情、反映民意的作用。平台运行后，收集群众意见建议109件。人大代表网络履职平台的建成，代表反映民意有了直通车。

加强与市人大代表的联系。加强常委会同代表的联系，常委会组成人员到基层，走访联系代表，主动听取意见建议。扩大代表对常委会工作的参与，共邀请165名省市人大代表列席常委会会议、参加常委会组织的专题调研、执法检查、会前视察。配合“一府一委两院”采取多种方式密切与代表的联系，推荐代表参与有关部门开展的相关活动。

抓好代表履职能力提升。举办农业与农村工作专题培训班，培训涉农代表108人次。通过多种方式，向代表发送学习资料、通报常委会主要工作动态。协调“一府一委两院”有关部门向代表通报重要工作情况。指导各代表小组开展活动，组织各专业代表小组开展专题调研。提高代表活动经费下拨标准，为代表履职提供经费保障。

做好驻亳省人大代表履职服务保障工作。密切与驻亳省人大代表的联系和交流，及时了解代表履职动态，帮助解决有关问题；协助各代表小组制定年度活动计划、开展视察调研、撰写调研报告和议案建议；组织驻亳省人大代表参加任前培训、出席省人民代表大会会议。驻亳省人大代表履职成效显著，受到省人大常委会的高度评价。

（马安国）

【城市绿化条例立法】2018年，亳州市城市管理行政执法局承担《亳州市城市绿化条例》的起草工作。2018年3月16日，将征求意见稿印发市住建委等相关市直部门和各县区人民政府，3月25日，再次修改并提交市法制办进行合法性审查。4月4日，召开人大代表、政协委员座谈会，听取意见建议。4月20日，园林绿化方面专家对《亳州市城市绿化条例》进行论证。5月2日，市法制办出具合法性审查意见，5月7日经市政府第55次常务会议研究通过，并于5月14日以市政府名义向市人大常务委员会提请审议《亳州市城市绿化条例（草案）》议案。9月29日，安徽省第十三届人民代表大会常务委员会第五次会议予以批准，12月1日起，《亳州市城市绿化条例》正式实施。

（王纪福）

重要会议

【亳州市第四届人民代表大会第二次会议】亳州市第四届人民代表大会第二次会议于2018年1月6日至9日召开。会议审议通过市人大常委会工作报告、市人民政府工作报告、市中级人民法院工作报告、市人民检察院工作报告；听取、审查和批准亳州市2017年国民经济和社会发展计划执行情况与2018年国民经济和社会发展计划草案的报告，批准2018年国民经济和社会发展计划；听取、审查和批准亳州市2017年预算执行情况与2018年预算草案的报告，批准2018年市级财政预算。会议选举陆艳先为亳州市第四届人民代表大会常务委员会委员；吕剑为亳州市监

图15　2018年10月23日，《亳州市绿化条例》颁布实施（马安国　供图）

察委员会主任；李玉科为亳州市中级人民法院院长；黄世斌为亳州市人民检察院检察长。选举姚玉舟、詹夏来、蒋厚琳、戴敏、谢宗君、马昭华、王玉玺、王时银、车照启、卞立琴、卢浙安、吕剑、朱月信、朱晓丽、任斌、刘宏焱、刘国英、刘超、齐海燕、孙伟亮、孙惠芳、李守青、李明、李玲利、李素亮、李哲、李峰、杨小梅、杨华、汪一光、沈晓燕、张大艳、张飞、张伟、张国庆、张艳环、张勤、陈芳清、武雪松、罗世成、金春龙、胡明文、茹金国、徐克、高亚飞、曹凤华、梁万永、梁彩霞、董思记、蒋占阳、韩青、谢保冈、薛冰为亳州市出席安徽省第十三届人民代表大会代表。

【亳州市人民代表大会常务委员会会议】 亳州市第四届人民代表大会常务委员会第十次会议于2018年1月2日在亳州举行。会议审议通过亳州市第四届人民代表大会第二次会议主席团和秘书长名单草案、列席人员名单草案。审议通过亳州市人民代表大会常务委员会代表资格审查委员会关于部分市人大代表资格变动的审查报告。任命李玉科为亳州市中级人民法院副院长；通过《亳州市人民代表大会常务委员会关于亳州市中级人民法院副院长李玉科代理院长的决定》。任命黄世斌为亳州市人民检察院副检察长；通过《亳州市人民代表大会常务委员会关于亳州市人民检察院副检察长黄世斌代理检察长的决定》。任命陈红阳为亳州市人民检察院副检察长、检察委员会委员。免去孙传海的亳州市人民检察院检察员职务。批准任命孙传海为利辛县人民检察院检察长。

亳州市第四届人民代表大会常务委员会第十一次会议于2018年1月9日在亳州举行。任命廉保军、杨立民、时志远为亳州市监察委员会副主任；李涛、吴东风、朱西国、李森、段红斌为亳州市监察委员会委员。

亳州市第四届人民代表大会常务委员会第十二次会议于2018年3月22—23日在亳州举行。会议传达十三届全国人大一次会议精神；听取市政府关于环境状况和环境保护目标完成情况的报告、关于城市绿化工作情况的报告、关于产业扶贫工作情况的报告、关于市四届人大二次会议代表议案办理方案的报告。审议通过《亳州市人大常委会关于市人民政府议案办理方案的决议》。决定任命李成杰为亳州市住房和城乡建设委员会主任。决定免去李迎春的亳州市审计局局长职务；石汉东的亳州市住房和城乡建设委员会主任职务。任命马潇、刘攀、陈政理为亳州市人民检察院检察员。免去程艳华、杨秀的亳州市人民检察院检察员职务。

亳州市第四届人民代表大会常务委员会第十三次会议于2018年4月27日在亳州举行。会议传达学习栗战书委员长在深入学习宣传和贯彻实施宪法座谈会上的讲话；听取审议市政府关于水利基础设施建设情况的报告、关于义务教育均衡发展情况的报告。决定任命李胜辉为亳州市人民政府副市长（挂职）。决定免去李锋的亳州市科学技术局局长职务。任命庄灵春为亳州市中级人民法院执行庭庭长；沙启峰为亳州市中级人民法院审判员。免去鲁清的亳州市中级人民法院副院长、审判委员会委员、审判员职务；石宝华的亳州市中级人民法院执行庭庭长职务；齐广霞的亳州市中级人民法院审判员职务。免去段红斌、高毅的亳州市人民检察院检察委员会委员、检察员职务；张保东、高强、吕龙伟、鲁淼、张海虹、袁玉萍、徐致远、李彩侠、信晶晶、颜永亮、沈林亮、王琛、胥艳彬、刘建、李建亮的亳州市人民检察院检察员职务。

亳州市第四届人民代表大会常务委员会第十四次会议于2018年6月6日在亳州举行。会议听取市委常委、组织部部长秦凤玉作的人事任免有关情况的说明；审议通过《亳州市人民代表大会常务委员会关于接受丁辉辞去亳州市第四届人民代表大会常务委员会委员职务请求的决定》《亳州市人民代表大会常务委员会关于接受侯化辞去亳州市人民政府副市长职务请求的决定》《亳州市人民代表大会常务委员会关于接受邹桂武辞去亳州市人民政府副市长职务请求的决定》。决定任命李杰生为亳州市人民政府副市长（挂职）；郑超为亳州市人民政府副市长（挂职）；孟祥国为亳州市人民政府副市长、市公安局局长；丁辉为亳州市科学技术局局长。决定免去刘海石的亳州市公安局局长职务。

亳州市第四届人民代表大会常务委员会第十五次会议于2018年6月21日至22日在亳州举行。会议听取审议市人大财经委员会关于亳州市2017年市级决算（草案）审查结果的报告；听取审议市政府关于2017年市本级决算情况的报告、关于2017年市本级预算执行和其他财政收支审计情况的报告、关于政府投资项目立项和实施情况的报告；听取审议市中院关于全市法院执行工作情况的报告。对《亳州市城市绿化条例（草案）》进行审议。审议通过《亳州市人民代表大会常务委员会关于批准亳州市2017年市级决算的决议》《亳州市人民代表大会常务委员会关于许可对市第四届人民代表大会代表袁志林采取刑事拘留强制措施的决定》。任命安翠香为亳州市中级人民法院立案庭副庭长。免去魏国钧的亳州市中级人民法院审判委员会委员、审判员职务。

亳州市第四届人民代表大会常务委员会第十六次会议于2018年8月23日至24日在亳州举行。会议听取审议市人大财经委员会关于亳州市2018年市级预算调整方案（草案）审查结果的报告；听取审议市政府关于2018年上半年亳州市国民经济和社会发展计划执行情况及下半年工作意见的报告、关于"十三五"规划中期评估情况的报告、关于亳州市2018年上半年市本级预算执行情况及下半年工作意见的报告；对《亳州市2018年市级预算调整方案（草案）》进行了审议。审议通过《亳州市人民代表大会常务委员会关于批准亳州市2018年市级预算调整方案的决议》。听取审议《亳州市城市绿化条例（草案）》审议结果的报告，通过《亳州市城市绿化条例》，报省人大常委会审查批准。免去温茂林的亳州市中级人民法院审判委员会委员、审判员职务。

亳州市第四届人民代表大会常务委员会第十七次会议于2018年10月24日至26日在亳州举行。会议听取审议市人大常委会副主任哈薇所作的市人大常委会执法检查组关于检查《中华人民共和国环境保护法》实施情况的报告；听取审议市人大财经委员会关于亳州市2018年市级预算第二次调整方案（草案）审查结果的报告；听取审议市政府关于中医药产业发展情况的报告、关于企业（不含金融企业）国有资产管理情况的报告；听取审议市检察院关于民事行政检察工作情况的报告。对市政府及有关部门开展中医药产业发展专题询问。审议通过《亳州市人民代表大会常务委员会关于加强民事行政检察工作的决议》《亳州市人民代表大会常务委员会关于批准亳州市2018年市级预算第二次调整方案的决议》。任命王洪杰为亳州市第四届人民代表大会常务委员会内务司法工作委员会主任。决定免去王洪杰的亳州市环境保护局局长职务。任命张震为亳州市中级人民法院副院长、审判委员会委员、审判员（挂职）；彭亮为亳州市中级人民法院民一庭副庭长；许林为亳州市中级人民法院民三庭副庭长；万学林为亳州市中级人民法院民三庭副庭长；刘晓慧为亳州市中级人民法院行政庭副庭长；邢利为亳州市中级人民法院审监庭副庭长；王肖红为亳州市中级人民法院立案庭副庭长；周腊梅为亳州市中级人民法院立案二庭副庭长。

亳州市第四届人民代表大会常务委员会第十八次会议于2018年12月20日在亳州举行。会议传达全省人大深入学习贯彻习近平总书记关于坚持和完善人民代表大会制度的重要思想交流会议精神；听取审议市人大法制委员会关于市四届人大二次会议立法议案办理情况的报告；听取审议市政府关于亳州市本级2017年度预算执行和其他财政收支审计查出问题整改情况的报告、关于市四届人大二次会议代表议案决议落实和建议办理情况的报告；听取了市政府关于《亳州市城市总体规划（2010—2030年）》（2018年修改）的议案的说明。审议通过《亳州市人民代表大会常务委员会关于〈亳州市城市总体规划（2010—2030年）〉（2018年修改）的决议》。审议通过《亳州市人民代表大会常务委员会关于接受陆艳先辞去亳州市第四届人民代表大会常务委员会委员职务请求的决定》。决定免去吴火权的亳州市人民政府秘书长职务。

（马安国）

市人大常委会办公室工作

【概况】2018年，市人大常委会办公室全面贯彻落实习近平新时代中国特色社会主义思想和党的十九大精神，在市委和市人大常委会党组的坚强领导下，履行参谋服务和保障职能，确保市人大及其常委会依法履职和机关的有序运转，完成全年各项目标任务。

坚持高标准、严要求，超前谋划、精心筹备、周到服务，“三会”服务水平提升。加强办文统一管理和指导，规范办文程序，提升办文质量。

建成人大代表网络履职平台。做好帮扶村谯城区颜集镇黄营村的脱贫攻坚帮扶工作，定期开展走访慰问。做好常委会领导扶贫慰问的服务工作。全面参与市委重点工作，常委会领导带队深入三县一区实地核查环保问题整改、大棚房整治等情况。抽调人员参与药材市场专项整治。

本年度，市人大常委会办公室机关党委通过基层党组织标准化规范化建设验收；在2018年度全市招商引资目标管理考核中，被评为优秀单位。

【会议服务】2018年，市人大常委会办公室筹备召开市四届人大二次会议。成立大会筹备秘书处，下设秘书、会务、材料等11个组室，完成会议的筹备和服务工作。

筹备召开市人大常委会会议。全年召开8次常委会会议，听取“一府两院”专项工作报告18项。作出决议决定7个，组织开展1次执法检查、1次专题询问，任免国家工作人员68人次。

服务召开市人大常委会主任会议。全年召开29次主任会议，听取了市政府关于民族村（社区）经济社会发展等7个专项工作报告，提出意见建议，促进工作开展。

【改革服务】2018年，市委批准市人大常委会机关承担的全面深化改革4项任务完成。出台《关于建立市政府向市人大常委会报告国有资产管理情况制度的实施意见》，参照全国人大和省人大做法，10月24—25日，市四届人大常委会第十七次会议听取审议市政府关于国有企业国有资产管理情况的报告。11月6日，市人大常委会党组会议听取《关于建立市政府向市人大常委会报告国有资产管理情况制度的实施意见（代拟稿）》征求意见和修改情况汇报。12月26日，市委办公室印发《中共亳州市委关于建立市政府向市人大常委会报告国有资产管理情况制度的实施意见》。关于制定立法中涉及的重大利益调整论证咨询的工作规范和制定争议较大的重要立法事项引入第三方评估的工作规范两项任务，省全面深化改革领导小组会议审议通过的《关于立法中涉及的重大利益调整论证咨询的工作规范》《关于争议较大的重要立法事项引入第三方评估的工作规范》第十五条中均规定，设区的市人大及其常委会参照本规范有关规定执行。经请示省人大常委会法工委，按照程序向市深改组请示报告，同意不再出台亳州市的两个工作规范。《亳州市城市绿化条例》于12月1日施行。

【法治建设服务】2018年，市人大常委会办公室履行法治建设职责，协助做好常委会立法、学法、法律监督工作。举办常委会学法6次，组织常委会任命人员宪法宣誓19人次。开展机关“12·4”国家宪法日活动，组织机关党员干部参观法治文化公园和法治宣传教育基地，并进行宪法宣誓。建立立法协商、立法专家顾问、重大利益调整论证咨询和立法后评估制度，设立基层立法联系点，推动立法民主化进程。出台规范性文件备案审查制度，审查规范性文件54件。

（马安国）

亳州市人民政府

图 16 2018 年，华佗药博园项目建设（陈海红 摄）

概　述

【概况】2018 年，亳州市地区生产总值 1277.2 亿元，增长 10.1%，连续两年居全省第一位，是全省唯一增速超过两位数的市；财政收入突破 200 亿元，增长 17.1%，提前两年完成“十三五”规划目标任务；固定资产投资增长 18%，居全省第二位；社会消费品零售总额 590 亿元，增长 11.6%；农村、城镇常住居民人均可支配收入分别达 12756 元、29711 元，分别增长 10.1%、9.1%，分别居全省第二位、第四位。

【农业】粮食总产居全省第二位，小麦亩产居全省第一位。市县区食品产业园入驻企业 109 家，规模以上农产品加工业产值增长 10.1%。市级以上龙头企业发展到 549 家。适度规模经营面积达 29.39 万公顷。新增省农民合作社示范社 11 家、家庭农场 18 家。全市农产品电子商务销售额 31 亿元。完成 1323 个村集体资产清产核资和 291 个村“三变”改革任务。农机作业托管服务实现全覆盖。涡阳县农村土地承包经营权抵押贷款试点走在全省前列，累计发放贷款 6.4 亿元。完成国有林场改革和供销社综合改革。新认证“三品一标”企业 38 家、产品 73 个，新增巩店香椿等 3 个国家地理标志保护产品。完成病险涵闸除险加固和中小河流治理工程 7 项。谯城区连续三年获全省农田水利基本建设“江淮杯”竞赛一等奖。建设优质专用粮食生产基地 13.87 万公顷，亳州市成为全国唯一实现主要农作物生产全程机械化示范县区全覆盖的省辖市。

【工业】规模工业增加值增长 11.8%，工业投资增长 51.5%，技改投资增长 81%，均居全省第一位。规模突破 1000 亿元，达 1096.8 亿元。全国中医药百强企业已有 57 家落户亳州市，3 家本土企业入选中华民族医药百强，新获批 GMP 生产企业 14 家，总数达 175 家，转入药品技术品种 6 个、待转入 394 个，报批中药配方颗粒品种 1294 个，吸引仿制药一致性评价品种 303 个，引进兽药品种 2 个。破壁饮片生产实现新突破。进入国家、省医保目录品种增至 4 个。新增规模工业企业 79 家，新认定中国驰名商标 2 件，推广应用工业机器人 152 台，规模工业企业主营业务收入利润率提高到 7.9%，谯城区、蒙城县分别位列省制造业发展综合 10 强区、增速 10 快县。规上白酒产业产值 124 亿元，增长 14.7%；古井集团位列中国轻工业食品行业 50 强、省制造业综合实力 50 强，营业收入突破 100 亿元，达 104.8 亿元，增长 19.95%，利税总额 56.9 亿元，增长 26.2%，“古井贡”品牌价值突破 1000 亿元，达 1018.7 亿元。汽车及现代农机装备制造业加快发展，江淮安驰年产 1 万辆 M5 生产线建成投产。煤炭开采和洗选业产值增长 64.1%，纺织服装、计算机及电子设备制造业产值分别增长 15.2%、114.8%。

【服务业】设立 50 亿元现代服务业发展基金，新增省级服务业集聚区、集聚区示范园区各 1 家，谯城区获批省级服务业综合改革试点区。新增限上商贸流通企业 215 家，总数达 920 家。电子商务进农村全覆盖“两中心一站点”全部通过省级核查，获电子商务进农村全覆盖工作示范县 2 个、示范镇 6 个、示范村 4 个。亳州市获批首批国家级供应链创新与应用试点城市。邮政行业业务总量突破 15 亿元，花草茶项目获全国快递服务现代农业金牌项目。实施精品示范工程，完成北关历史街区精品旅游线路改造、亳药花海休闲观光大世界二期工程，新增国家 AAA 级旅游景区 6 家，林拥城、亳州城市展览馆通过国家 AAAA 级旅游景区景观质量评定，古井贡酒《九酝酒法》和亳药花海休闲观光大世界芍药花田创吉尼斯世界纪录。实施服务提升工程，建成北部游客集散服务中心、林拥城景区旅游服务综合体，新建旅游停车场 36 个、旅游标识标牌 160 块，新建改建旅游厕所 200 座。联合省文化和旅游厅推出“道源问道”中华传统文化之旅精品示范线路，获批国家级中医药健康旅游示范基地 1 个、省级 2 个，新增全国中小学生研学实践教育基地 1 个。亳州市获 2018 年度“中国十大最具活力休闲城市”称号，涡阳县获中央广播电视总台“2018 最美揽夏地”称号。

【园区建设】推进园区转型升级，6个省级开发区经营收入增长16.5%、固定资产投资增长22%、财政收入增长27%。推进亳芜现代产业园区各项建设。亳州经济开发区获批省级高新技术产业开发区。蒙城经济开发区、谯城经济开发区获批省级园区循环化改造试点园区并位居全省开发区综合考核前30强。军民融合医药科技产业园立项启动，推进浪潮（亳州）大数据产业园建设，美誉医药产业园等亿元以上项目建成投产或主体完工。

【招商引资】新签约亿元以上工业项目246个，总投资925.7亿元，新建亿元以上省外投资项目212个，在建404个，实际到位省外资金722.3亿元，增长36.1%。中嘉环保建材、万成辉机电机械装备、群康药业中药饮片等95个亿元以上项目建成投产或主体完工，鸿路钢构等40个10亿元以上重大项目加快建设。725个市重点项目完成投资1150亿元。举办2018年国际（亳州）中医药博览会暨第34届全国（亳州）中药材交易会，现场签订贸易协议28个，签约金额36.2亿元。

【对外开放】实际利用外资9亿美元、增长15.4%。鼓励企业“走出去”，培育外经主体3家；实现进出口总额8.3亿美元、增长25.4%，新增进出口实绩企业63家。亳州海关获批筹建。

【脱贫攻坚】亳州市扶贫工作连续两年在省考核中获得“好”的等次，谯城区、蒙城县成为全省首批脱贫摘帽县区，涡阳县、利辛县列入2018年度拟脱贫摘帽县。投入各类扶贫资金24.8亿元，推进脱贫攻坚“十大工程”，发展特色种养业扶贫到村项目551个、到户项目16.6万个，建设特色种养业扶贫基地301个、“一村一品”专业村64个，光伏扶贫电站累计发电5.6亿千瓦时，新增扶贫小额贷款9.4亿元，栽植“金银林”1.4万公顷，帮扶贫困人口就业16838人，改造贫困户危房13185户，硬化非建档立卡贫困村道路1038.1千米，发放建档立卡贫困户家庭学生资助资金1.2亿元，兑现“三保障一兜底一补充”政策223.51万人次。建成扶贫农家小院40家。25个贫困村出列，4.9万贫困人口脱贫，贫困发生率由上年的1.67%降至0.86%。

【发展保障】“大力推进降成本，增强民间投资动力”经验受到国务院及省政府通报表扬。新增市场主体7.8万户，居全省第三位。开展“四送一服”双千工程活动，收集“政企直通车”平台反映问题4415件，办结率98%。推进“放管服”改革，整治“两难两多一长”，市级申请材料精简62.2%，一般工业项目行政审批时限压减至27个工作日以内，企业开办时间压减至3个工作日以内，免费为新开办企业刻制公章。出台降低企业成本“20条”，减轻各类负担29.4亿元，民营经济增加值增长7.9%，民间投资占固定资产投资比重提高到72.9%。安徽正宇面粉有限公司入选全省民营企业100强。亳州老乡返乡创业投资500万元以上项目142个，带动投资52.6亿元，带动就业7.1万人次。33个项目列入全国PPP综合信息平台项目管理库，已落地22个，总投资305.6亿元。推进总投资59.5亿元、总长125千米的13个国省干线公路PPP项目建设。商合杭高铁亳州段线下工程全面完工，亳州公路客运高铁枢纽站主站房完工。亳州机场立项通过中央军委联合参谋部审核。涡河高等级航道整治、涡河蒙城枢纽开工，推进淮蒙阜城际铁路、亳蚌城际铁路、亳蒙高速前期工作。完成城乡建设用地增减挂钩项目2066.67公顷，整改违法用地232.26公顷，补充耕地2000公顷，建成高标准基本农田6.07万公顷。新增贷款325.6亿元，实现直接融资138亿元。新设银行业金融机构网点8家、保险业金融机构1家。聚力招才引智，新建高水平创新平台5个，新增院士、博士后科研工作站6家，引进高层次创新人才45人。

【改革创新】97项年度改革任务全面完成。蒙城县“一户一块田”创新实践推动农村改革入选全国改革开放40年地方改革创新40案例。亳州经济开发区获批全省企业投资项目承诺制改革三个先行试点开发区之一，改革经验在全省推介。国资国企改革纵深推进，古井集团深化改革取得积极成效，建安集团实现战略转型、长期主体信用等级上升为AA+，新组建城建、交控、文旅投资集团。国家税务总局亳州市税务局、亳州银保监分局、市中医药管理局顺利挂牌，行政体制改革红利加速释放。网上办事大厅全年办件量705.4万件，7367项服务事项中7075项实现“最多上一次”“一次上网，事就办成”，其中2654项实现“一日办结”。数字城管实现市县一体、互联互通，受理案件65万件，整改率97%。“12345”市长热线受理线上线下群众诉求34.2万件，群众满意率93.5%。全流程电子招投标比率95.1%，药都网上商城完成交易1.7亿元。建立中小学教职工编制周转池制度，深化中小学教师无校籍管理改革，出台优秀教育人才引进和奖励办法，补充公办中小学、幼儿园教师2391人。亳州市荣获“全国基层中医药工作先进市”和“全国无偿献血先进市”称号。深化医药卫生体制改革，公立医院编制周转池制度改革全面推开，出院患者实施临床路径比例达78.8%，药占比较改革前下降10.5%，县域内就诊率提高到85%。新认定高新技术企业49家，是建市17年的总和。每万人口发明专利拥有量增速居全省第一位，全社会研发经费增长26.1%，战略性新兴产业产值增长14.8%，高新技术产业增加值增长16.1%。获评国家知识产权示范企业、国家和省知识产权优势企业13家，获批建设省技术创新中心、省重点实验室各1个，获批省重大新兴产业专项和省重大科技专项11项，新增省技术创新示范企业、省级企业技术中心14家，青年创客空间获评省级科技企业孵化器，市中医药产业技术研究院正式成立。

【城乡建设】《亳州市城市总体规划（2010—2030年）》（2018年修改）报省待批，中心城区发展边界增加到218平方千米，城市蓝线、绿地布局、建设用地性质得到科学优化调整。中心城区133个城建重点项目完成投资近40亿元，西关排涝泵站建设、中心城区3个污水处理厂扩建、王合拉生活垃圾填埋场封场等46个项目顺利完工。引江济淮亳州段工程加快建设，大中型涵闸远程监控系统二期工程投入使用，凤尾沟三期、龙凤新河、团结沟治理等一批“水活”项目主体工程完工。建成建安路涡河隧道、道东1号地路网工程、高铁片区地下综合管廊、亳州北公交客运枢纽站，贯通绕城快速南、西、北三线，打通京九西路等5条断头路。汤王大道涡河隧道和杜仲路等6条下穿商合杭高铁立交桥加快推进，三清大道涡河大桥开工建设，中心城区40千米快速路网完成设计。三县一区新城区路网、电网、水网、绿化、亮化等基础设施加快推进，老城区老旧小区、雨污分流管网、小街巷改造和断头路打通等工程有序实施，新城建设、老城改造齐头并进、持续提速，群众居住环境进一步改善。建成省级美丽乡村中心村31个，整治乡镇政府驻地建成区43个。古井白酒小镇、义门中药养生小镇获批省级特色小镇，十河镇大周村跻身2018年中国美丽休闲乡村，义门镇获评省十大旅游古村镇。深入推进农村环境“三大革命”，建成乡镇污水处理设施80个，改造农村厕所10.2万户，回收有毒有害垃圾3583吨。拆除农村破旧房屋248.3万平方米。建设“四好农村路”2060千米，改造农村公路危桥152座，新增通客车建制村40个，利辛县荣获省“‘四好农村路’示范县”称号，涡阳县荣获省“城乡道路客运一体化示范县”称号。完成农村电网升级改造投资2.7亿元。铺设天然气镇镇通管道84.9千米。村级红白理事会实现全覆盖。

【生态建设】生态建设实行网格化精准治理，持续推进“地净、路畅、水活、天蓝、林拥城”工程，开展“全民参与·环保风暴”活动，做好中央环保督察反馈问题及转办的群众信访件、省环保督察交办突出环境问题等整改工作。推进燃煤污染、餐饮油烟等“1+N”系列专项整治，中心城区和三县县城规划区全面禁止燃放烟花爆竹，秸秆禁烧实现“零火点”，PM2.5平均浓度下降11.1%，优良天数提高4.5%。推进河长制工作专项整治，整改河道“八乱”问题1934个、入河排污口319个、城市黑臭水体30处，水环境质量考核居全省第三位。开展土壤污染状况详查，整治完成非法固体废物堆放点位44个、非正规垃圾堆放点13个，195家医院和乡镇卫生院医疗废物实现专业化处理处置。全面建立四级林长负责制，人工造林1.03万公顷，建设森林生态廊道360千米，60.6千米林拥城绿道获省级现代林业示范区称号。全并网太阳能光伏发电装机规模近100万千瓦，建成投运生物质发电项目3个。单位GDP能耗、用水总量控制、万元GDP用水量完成年度目标任务。

【社会管理】民生支出占比85.2%，33项民生工程落实资金178.2亿元。新增城镇就业7.1万人，转移农村劳动力12.7万人，农民工进城就业4.2万人。推进全民参保计划，社会保障进一步提标扩面。累计投入9.9亿元，救助各类困难群众227.4万人次。城市低保标准提高6%，农村低保平均标准提高28%。完成农村敬老院公建民营改革20所，新建养老服务指导站点100所，新增社会办养老床位650张。749名失能“五保”老人入住乡镇卫生院集中供养。创新建设农民工实名制登记及工资支付监管平台，通过平台发放工资20.4亿元。基本建成棚户区改造住房3.4万套，分配公租房2866套。整治老旧小区26.2万平方米。坚持“房住不炒”，打击逾期备案、违规销售、哄抬房价等违规行为，严格监管商品房预售资金，房地产市场平稳健康发展。华佗国医馆正式开馆，市级全民健康信息平台建成投入使用，华佗中医院创建三级甲等中医医院通过省级初评，省中医药大学第一附属医院涡阳分院揭牌，利辛县获“国家级妇幼健康优质示范县”称号。举办2018年世界药膳文化美食节暨中国（亳州）药膳大赛。初步建成“15分钟健身圈”，市体育馆正式投入使用，国际全程马拉松赛、全国航模公开赛等20余项知名赛事在亳州市举办。投资23.1亿元新建改扩建公办中小学55所、幼儿园36所，实施义务教育全面改薄项目156个。建立中小学教职工编制周转池制度，深化中小学教师无校籍管理改革，出台优秀教育人才引进和奖励办法，补充公办中小学、幼儿园教师2391人；亳州学院新增本科专业6个，亳州职业技术学院二期工程首批建设项目完工。市文化馆正式建成，市广电中心主体封顶，市数字档案馆基本建成，市博物馆成为全省首家夜间开放的博物馆。梆剧《春暖花开》入选全国优秀现实题材舞台艺术作品展演剧目。全民科学素养提升。古井酿造遗址保护规划通过国家文物局评审，花戏楼、尉迟寺遗址保护规划获省批复。深化安全生产“铸安”行动，推进消防安全形势持续好转，402处省市挂牌重大隐患全部按期整改，事故起数、死亡人数和受伤人数连续两年实现“三下降”。推进“深督导、重化解、促落实”专项行动，589件市挂牌信访积案、83件省交办信访积案全部化解。推进扫黑除恶专项斗争，侦办涉黑案件5起，摧毁恶势力团伙63个，实现刑事案件发案数“五连降”、群众安全感指数“四连升”。开展药品药材生产经营综合整治，建成食用农产品检验（快检）室130处，食品药品经营秩序好转。入选“中国好人”15人、“安徽好人”21人。城市信用监测排名居全国第34位。市人防基本指挥所完工。“七五”普法中期验收全面完成，公共法律服务水平提升。村和社区“两委”完成换届。

（郑飞）

重要会议

【市政府全体会议】2018年召开市政府全体会议1次。

1月9日，市政府召开第四次全体会议，分解落实2018年政府工作报告主要目标任务，安排部署当前有关工作。

【市政府常务会议】2018年共召开44次市政府常务会议。

1月2日，市政府召开第43次常务会议，学习习近平主席2018年新年贺词，听取关于《亳州市稳步推进农村集体产权制度改革的实施方案（讨论稿）》起草情况的汇报，通报2018年主要经济指标目标预测情况，确定相关事项。

1月15日，市政府召开第44次常务会议，听取关于全省（北方片区）交通扶贫暨“四好农村路”示范县创建工作现场会主要精神及亳州市贯彻落实意见的汇报，关于《亳州市职业病防治“十三五”规划（讨论稿）》起草情况的汇报，关于《亳州市促进医疗器械产品注册和生产扶持政策暂行办法（讨论稿）》起草情况等汇报，确定相关事项。

1月29日，市政府召开第45次常务会议，听取全省商务工作暨2018中国国际徽商大会筹备会议精神和亳州市贯彻落实意见，关于《亳州市贯彻落实〈安徽省国民营养计划（2017—2030年）〉实施方案（讨论稿）》起草情况的汇报，关于《亳州市促进保健食品注册、备案和生产扶持政策（讨论稿）》起草情况等汇报，确定相关事项。

2月6日，市政府召开第46次常务会议，听取关于中央环境保护督察反馈问题整改推进会精神及亳州市贯彻落实意见的汇报，关于全国、全省安全生产电视电话会议精神及亳州市贯彻落实意见的汇报，关于2017年中央特大防汛补助资金分配方案等汇报，确定相关事项。

2月12日，市政府召开第47次常务会议，听取关于省委农村工作会议精神及亳州市贯彻落实意见的汇报，关于2018年全省质监工作会议精神及亳州市贯彻落实意见的汇报，关于市政府系统2018年度岗位目标等汇报，确定相关事项。

2月26日，市政府召开第48次常务会议，听取关于安徽省科学技术奖励大会精神及亳州市贯彻落实意见的汇报，关于《亳州市推进工程建设管理改革促进全市建筑业持续健康发展的实施意见（讨论稿）》起草情况的汇报，关于《亳州市建立粮食生产功能区和重要农产品生产保护区的实施方案（讨论稿）》起草情况等汇报，确定相关事项。

3月7日，市政府召开第49次常务会议，传达省环保厅约谈亳州市大气污染防治工作会议精神，听取关于全省促进农民增收工作调度会议精神及亳州市贯彻落实意见的汇报，关于宋汤河路以东、亳菊路以北等2个地块控规（调整）等汇报，确定相关事项。

3月26日，市政府召开第50次常务会议，听取关于全省大气和水污染防治工作推进会精神及亳州市贯彻落实意见的汇报，关于全省第二次全国污染源普查工作动员电视电话会议精神及亳州市贯彻落实意见的汇报，关于《亳州市2018年度蓝天保卫战实施方案（讨论稿）》起草情况的汇报，关于全省审计工作会议精神及亳州市贯彻落实意见等汇报，确定相关事项。

4月2日，市政府召开第51次常务会议，听取关于中央环保督察交办等问题整改有关情况的汇报，关于全省双拥模范城（县）命名暨双拥模范单位和个人表彰大会精神及亳州市贯彻落实意见的汇报，关于全省金融工作座谈会议精神及亳州市贯彻落实意见的汇报，关于《亳州市城市主城区禁止燃放烟花爆竹管理规定（讨论稿）》起草情况等汇报，确定相关事项。

4月9日，市政府召开第52次常务会议，听取关于全国国土绿化、森林防火和防汛抗旱工作电视电话会议精神及亳州市贯彻落实意见的汇报，关于华佗广场项目土地出让情况等汇报，确定相关事项。

4月16日，市政府召开第53次常务会议，听取关于全省消防工作会议精神及亳州市贯彻落实意见的汇报，关于全省乡村旅游扶贫工作现场会议精神及亳州市贯彻落实意见的汇报，关于亳菊路以北、沿铁西路以西地块控规（调整）等汇报，确定相关事项。

4月23日，市政府召开第54次常务会议，传达学习市委常委会有关药业发展的精神，听取关于全省扶贫开发工作“重精准、补短板、促攻坚”专项整改行动推进会议精神及亳州市贯彻落实情况的汇报，关于《亳州市进一步扩大和升级信息消费持续释放内需潜力的实施细则（讨论稿）》起草情况等汇报，确定相关事项。

5月7日，市政府召开第55次常务会议，学习《地方党政领导干部安全生产责任制规定》，听取关于全省林长制改革推进电视电话会议精神及亳州市贯彻落实意见的汇报，关于全省防汛抗旱工作会议精神及亳州市贯彻落实意见的汇报，关于全省深入推进“四送一服”双千工程加快创优“四最”营商环境动员电视电话会议和2018年“四送一服”双千工程集中活动培训会精神及亳州市贯彻落实情况等汇报，确定相关事项。

5月14日，市政府召开第56次常务会议，学习传达省委书记李锦斌在萧县、利辛调研座谈会上的讲话精神，听取关于全省汛期地质灾害防治工作电视电话会议精神及亳州市贯彻落实意见的汇报，关于《亳州市建立现代医院管理制度的实施方案（讨论稿）》起草情况等汇报，确定相关事项。

5月21日，市政府召开第57次常务会议，学习传达省党政代表团赴广东、福建学习考察有关情况，听取关于2018安徽秸秆综合利用产业博览会动员会和主产区夏收工作座谈会精神及亳州市贯彻落实意见的汇报，关于《亳州市采煤沉陷区综合治理实施方案（2018—2021年）》（讨论稿）起草情况等汇报，确定相关事项。

5月28日，市政府召开第58次常务会议，听取关于全国生态环境保护大会和省委常委扩大会议精神及亳州市贯彻落实意见的汇报，关于国家药监局局长焦红听取亳州市药品药材生产经营综合整治工作汇报会后的讲话精神、全省食品药品安全和农产品质量安全创建工作现场会议精神及亳州市贯彻落实意见的汇报，关于《亳州市政府性投资建设项目审计暂行办法（修订稿）》修订情况等汇报，确定相关事项。

6月4日，市政府召开第59次常务会议，传达《中共安徽省委办公厅安徽省人民政府办公厅关于对蚌埠市违规减免土地出让金和政府采购问题责任追究的通报》，听取关于习近平总书记重要批示和中央、省委、省政府领导同志批示、省扫黑除恶专项斗争领导小组扩大会议主要精神及亳州市贯彻落实意见的汇报，关于全省扶贫办主任工作会议精神及亳州市贯彻落实意见的汇报，《关于推进乡村振兴战略的实施意见（讨论稿）》起草情况等汇报，确定相关事项。

6月11日，市政府召开第60次常务会议，传达省加快皖北地区发展领导小组会议精神，听取《安徽省人民政府关于2018年各市政府目标管理绩效考核工作的通知》文件解读和全省统计局局长（北片）座谈会议精神及亳州市贯彻落实意见的汇报，关于《亳州市2018年综合医改重点工作及任务清单（讨论稿）》起草情况等汇报，确定相关事项。

6月19日，市政府召开第61次常务会议，传达省委书记接中办值班室《习近平总书记对打赢脱贫攻坚战三年行动作出重要批示》后作出的批示，听取关于全省农村电商全覆盖巩固提升现场会议精神及亳州市贯彻落实意见的汇报，关于亳州市首届突出贡献人才、首席专家、拔尖人才和优秀人才遴选情况的汇报，确定相关事项。

6月26日，市政府召开第62次常务会议，解读学习《省财政厅关于对池州经济技术开发区违法违规举债问题及整改落实情况通报》及地方政府举债融资相关政策，听取关于《亳州市大力发展粮食产业经济的实施意见（讨论稿）》起草情况的汇报，关于《亳州市养殖水域滩涂规划（2018—2030年）（讨论稿）》起草情况的汇报，关于《亳州市2017年秋冬季退出现役士兵安置工作方案（讨论稿）》起草情况及亳州市接收安置情况等汇报，确定相关事项。

7月16日，市政府召开第63次常务会议，听取关于全省生态环境保护大会主要精神、李国英省长调研督导淮河流域突出环境问题整改工作要求及亳州市贯彻落实意见的汇报，关于《亳州市人民政府规章制定程序规定（草案）》的说明，关于全国、全省深化“放管服”改革转变政府职能电视电话会议精神及亳州市贯彻落实意见等汇报，确定相关事项。

7月23日，市政府召开第64次常务会议，听取关于国务院、省政府第四次全国经济普查电视电话会议精神及亳州市贯彻落实意见的汇报，解读《中共安徽省委办公厅 安徽省人民政府办公厅关于印发〈统计违纪违法责任处分处理建议实施细则〉的通知》，听取关于全省全面推行河（湖）长制会议精神及亳州市贯彻落实意见的汇报，关于《亳州市人民政府关于2018年政府目标管理绩效考核工作的通知（讨论稿）》起草情况等汇报，确定相关事项。

7月31日，市政府召开第65次常务会议，传达省委书记李锦斌接中办值班室《习近平总书记对长春长生生物科技公司违法违规生产疫苗事件作出重要批示》后作出的批示，听取关于中央环保督察反馈问题整改和亳州市大气污染防治工作开展情况的汇报，关于全省打赢脱贫攻坚三年行动部署会暨扶贫开发工作“重精准、补短板、促攻坚”专项行动推进会议精神及亳州市贯彻落实意见的汇报，关于2018年省加快皖北地区经济发展财政贴息资金安排计划等汇报，确定相关事项。

8月6日，市政府召开第66

次常务会议，听取各位副市长、秘书长关于环保督察调度情况，关于《亳州市中心城区环境空气质量考核办法（讨论稿）》起草情况的汇报，关于全省退役军人服务管理工作推进视频会议精神的汇报，关于全省就业创业工作会议精神及亳州市贯彻落实意见的汇报，关于高铁新城片区土地出让方案等汇报，确定相关事项。

8月13日，市政府召开第67次常务会议，听取关于《亳州市建立五大工作机制推进中药产业高质量发展的意见（讨论稿）》起草情况的汇报，关于《2018年国际（亳州）中医药博览会暨第34届全国（亳州）中药材交易会总体活动方案（讨论稿）》起草情况的汇报，关于《亳州市创建节水型城市实施方案（讨论稿）》起草情况等汇报，确定相关事项。

8月20日，市政府召开第68次常务会议，学习传达中共中央政治局常务委员会听取关于吉林长春长生公司问题疫苗案件调查及有关问责情况、省委常委会有关精神，省政府重大政策措施落实情况督察通报，听取关于全省加快推进政务服务“一网、一门、一次”改革工作任务交办会议精神和亳州市贯彻落实意见的汇报，关于《亳州市统计违纪违法责任人处分处理实施细则（讨论稿）》起草情况等汇报，确定相关事项。

8月31日，市政府召开第69次常务会议，听取关于省委书记李锦斌批示精神及亳州市贯彻落实意见的汇报，关于全省实施乡村振兴战略工作推进会议精神及亳州市贯彻落实意见的汇报，通报2018年《政府工作报告》和省政府重点工作量化指标任务1—7月亳州市工作进展情况，听取关于《亳州市2018年土壤污染防治工作要点（讨论稿）》起草情况等汇报，确定相关事项。

9月3日，市政府召开第70次常务会议，听取关于全国医改工作电视电话会议精神及亳州市贯彻落实意见的汇报，关于全省大力推进“四好农村路”建设电视电话会议精神和亳州市贯彻落实意见的汇报，关于第三届亳州市政府质量奖评审工作情况等汇报，确定相关事项。

9月11日，市政府召开第71次常务会议，传达省政府研究加快推进中央环保督察整改工作专题会议精神暨省第二环境保护督察组交办问题办理情况的汇报，听取关于全省公安局处长座谈会议主要精神及初步贯彻落实意见的汇报，关于全省非洲猪瘟防控工作电视电话会议、有关文件精神及亳州市贯彻落实意见的汇报，关于市本级2019—2020年棚户区改造计划编制情况等汇报，确定相关事项。

9月12日，市政府召开第72次常务会议，听取关于《亳州市道路交通事故应急救援预案（讨论稿）》起草情况的汇报，关于《亳州市高速公路重特大交通事故应急预案（讨论稿）》起草情况的汇报，关于《亳州市药都电子商城小额工程项目施工企业管理暂行办法（讨论稿）》《亳州市药都电子商城中介服务机构管理暂行办法（讨论稿）》起草情况的汇报，关于《亳州市国有资金投资建设项目招标投标实施办法（修订稿）》修订情况等汇报，确定相关事项。

9月17日，市政府召开第73次常务会议，传达省级林长第二次会议精神，听取关于全国开展“大棚房”问题专项清理整治行动电视电话会议精神及亳州市贯彻落实意见的汇报，关于第三次全国国土调查会议精神及亳州市贯彻落实意见的汇报，关于《亳州市建立固体废物污染防控长效机制实施方案（讨论稿）》起草情况等汇报，确定相关事项。

9月25日，市政府召开第74次常务会议，传达加快推进全省“大棚房”问题专项清理整治行动电视电话会议精神，听取关于全省社会保险费和非税收入征管职责划转工作动员部署视频会议精神及亳州市贯彻落实意见的汇报，关于《亳州市加强基层基本公共服务功能建设实施方案（讨论稿）》起草情况的汇报，关于《亳州市棚户区改造范围和界定标准（讨论稿）》起草情况等汇报，确定相关事项。

10月8日，市政府召开第75次常务会议，听取关于全省秋种工作电话电话会议精神及亳州市贯彻落实意见的汇报，关于全省统计工作座谈会精神及亳州市贯彻落实意见的汇报，关于《亳州市推进城市安全发展的实施意见（讨论稿）》起草情况等汇报，确定相关事项。

10月16日，市政府召开第76次常务会议，传达学习《习近平扶贫论述摘编》，听取关于省委常委会、全省涉黑涉恶重点县区约谈会议精神暨亳州市扫黑除恶专项斗争情况的汇报，财政有关情况的汇报，关于《亳州市进一步加强耕地保护和改进占补平衡的实施意见（讨论稿）》起草情况等汇报，确定相关事项。

10月24日，市政府召开第77次常务会议，听取关于全省促进“六稳”政策措施落实工作动员会议精神及亳州市贯彻落实意见的汇报，关于《亳州市开展质量提升行动推进质量强市建设的实施方案（讨论稿）》起草情况的汇报，关于《亳州市加强质量认证体系建设促进全面质量管理的实施方案（讨论稿）》起草情况的汇报，关于申请拨付谯东镇等8个城郊乡镇地产药材烘房煤改气市级补贴资金问题等汇报，确定相关事项。

10月30日，市政府召开第78次常务会议，解读学习《安徽省党政领导干部安全生产责任制实施细则》，听取关于全省实施开放发展行动暨全省口岸提效降费工作会议精神及亳州市贯彻落实意见的汇报，关于全省盐业体制改革领导小组（扩大）会议精神及亳州市贯彻落实意见的汇报，关于《亳州市进一步降低企业成本的实施办法（讨论稿）》起草情况等汇报，确定相关事项。

11月5日，市政府召开第79次常务会议，解读学习《中国共产党纪律处分条例》《关于中央第三生态环境保护督察组下沉地市开展督察“回头看”的通知》《中央脱贫攻坚专项巡视安徽省整改工作领导小组印发〈关于抓紧抓好脱贫攻坚各类监督检查发现问题整改不落实和形式主义官僚主义问题立行立改的工作安排意见〉的通知》《中共中央办公厅 国务院办公厅印发〈防范和惩治统计造假、弄虚作假督察工作规定〉》，听取关于亳州市2017年效能考评结果及《亳州市2018年效能考评办法（讨论稿）》起草情况等汇报，确定相关事项。

11月12日，市政府召开第80次常务会议，传达学习《中共中央办公厅关于陕西省委、西安市委在秦岭北麓西安境内违建别墅问题上严重违反政治纪律以及开展违建别墅专项整治情况的通报》《关于合肥市长丰县、庐阳区、蜀山区有关统计违法问题的通报》，听取关于《亳州市科技重大专项项目管理办法（讨论稿）》起草情况的汇报，关于2018年中央及省级动物防疫等补助经费分配方案的汇报，确定相关事项。

11月19日，市政府召开第81次常务会议，听取关于全国全省“大棚房”专项清理整治行动推进落实视频会议精神及亳州市贯彻落实意见的汇报，关于2019年春节前保障农民工工资支付工作视频会议精神及亳州市贯彻落实意见的汇报，关于《亳州市进一步加强物业管理工作的实施意见（讨论稿）》起草情况的汇报，关于《亳州市城市总体规划（2010—2030年）》（2018年修改）等汇报，确定相关事项。

11月27日，市政府召开第82次常务会议，学习《习近平扶贫论述摘编》，听取关于《亳州市重污染天气应急预案（修订稿）》起草情况的汇报，关于《亳州市畜禽养殖废弃物资源化利用三年行动计划（2018—2020年）（讨论稿）》等文件起草情况的汇报，关于《亳州市公共租赁住房管理办法（讨论稿）》起草情况的汇报，关于市公务用车调度平台2016—2017年度运营亏损补贴及有关情况等汇报，确定相关事项。

12月3日，市政府召开第83次常务会议，传达省委、省政府主要负责人对谯城区企业环境违法及其他问题重要批示精神，听取关于全省改善农村人居环境工作推进会议精神及亳州市贯彻落实意见的汇报，关于2018年度创业担保贷款贴息及奖补资金分配情况的汇报，关于2018年第二批发明专利资助奖励资金分配方案和新认定省知识产权贯标企业补助资金分配方案有关情况等汇报，确定相关事项。

12月10日，市政府召开第84次常务会议，听取关于全省“四送一服”进民企活动动员会议精神及亳州市贯彻落实意见的汇报，关于《党政领导干部安全生产责任制实施办法（讨论稿）》起草情况的汇报，关于《亳州市医疗器械产品注册和生产奖励补助奖金申报实施细则（讨论稿）》起草情况的汇报，关于2018年省级文化强省建设专项资金分配方案有关情况等汇报，确定相关事项。

12月17日，市政府召开第85次常务会议，听取关于全国加强非洲猪瘟防控工作电视电话会议精神及亳州市贯彻落实意见的汇报，关于全省港航发展暨省港航集团公司成立会议精神及亳州市贯彻落实意见的汇报，关于《亳州市经济责任审计结果运用实施细则（讨论稿）》起草情况的汇报，关于《亳州市推进领导干部履行经济责任审计监督全覆盖的工作方案（2018—2022年）（讨论稿）》起草情况等汇报，确定相关事项。

12月25日，市政府召开第86次常务会议，学习传达《关于认真学习贯彻〈地方政府隐性债务问责办法〉的通知》，听取关于全省扫黑除恶专项斗争推进会议精神及亳州市贯彻落实意见的汇报，关于全省体育工作会议精神及亳州市贯彻落实意见的汇报，关于《2018年省财政农业产业化发展资金（支持农业产业化）实施方案（讨论稿）》起草情况等汇报，确定相关事项。

（郑　飞）

市人民政府办公室工作

【概况】2018年，市政府办公室撰写领导讲话、工作报告、典型发言等综合材料280余篇，办理各类来文5500余件、阅件2万余份，转办各类领导批示件1.5万余份。组织市政府常务会议、市长工作例会场54次，研究议题650余个，整理各类会议纪要220篇。全面使用电子政务办公平台OA系统，办文成本进一步降低。

树立"大调研"理念，联合61家市直部门，聚焦"四个点问题"，完成高质量重点课题报告85篇，其中16篇调研成果转化为市委市政府决策。深度解读分析国家、省及先进市政策措施，编辑《决策参考》52期，收集整理决策信息187条。

多方收集信息，形成《每日信息快报》214期。向省政府办公厅报送信息1095篇，101篇被省厅采用，6篇获省政府领导批示，5篇获省厅转发全省推广，信息得分排名居全省第三位，报省信息采用数、获批数、得分位次均创历年最好水平。

审批因公出国（境）62人次，接待涉外涉侨团组来访15批次。与韩国荣州市、法国干邑市等友城交流合作，邀请俄罗斯驻上海总领事馆总领事、马来西亚诗巫市友好代表团等外国驻华使领馆、友好城市的外宾到亳访问考察，洽谈合作。

完善市公务用车信息化平台建设，将市直机关23辆执法执勤车辆纳入平台统一监管，更新购置8辆公务用车。市行政综合服务中心地下汽车库项目投入使用。完成易地调动干部周转住房保障工作。获评节约型公共机构示范单位国家级2家、省级11家。

以"12345"市长热线为基础，整合16部服务热线，在全省率先建成统一政府热线服务平台，受理群众诉求34.2万件，按期回复率97%以上，群众满意率93.5%。

本年度，市政府办公室在市直机关效能考核中获评"优秀"等次。综合科获2017年度"安徽省青年文明号"称号。

【督察督办】2018年，市政府办公室将中央交办事项、省交办事项、年度岗位责任目标任务事项、政府工作报告任务分解事项、市政府常务会议议定事项、专题会议议定事项、市委市政府负责人安排事项、年度督察工作要点8类事项，纳入亳州市部门（县区）工作问题清单系统，实行全程、实时在线监测督办，随时入账、及时销账，录入任务3447项，办结完成2684项。完善年度岗位责任目标任务清单、政府工作问题清单、市长工作提示单等清单管理工作，将118项市《政府工作报告》任务细化分解为834项年度岗位责任目标任务，将党中央、国务院及省委、省政府督察交办的问题和市委、市政府调度、督察中发现的问题梳理汇总为405项，将市政府负责人批示事项、专题调度会议定事项、现场调研确定事项梳理归纳为1398项，逐项明确责任单位、具体内容、完成时限，解决一个，销号一个，分别办结完成759项、368项、1222项。办结省人大建议和省政协提案各4件，承办市人大议案建议244件、市政协提案415件，办理回复率均为100%。

【应急值守】2018年，市政府办公室落实24小时在岗值班和领导带班制度，向省政府应急办报送综合信息70条、值班信息63期，落实省政府领导对突发事件批示12件。修订完善应急预案，全市应急预案（备案）总数231件，开展各类应急演练80场次。

组织市本级应急管理培训 14 场次、2000 人次，发布应急管理信息 120 条。

【政务公开】2018 年，市政府办公室主动公开信息 23.6 万条，重点领域及重大政策解读信息 3 万余条；蒙城县国家级基层政务公开标准化规范化试点高分通过省级验收。108 家政府及部门网站整合集约为 39 家，连续 9 个季度全国、全省政府网站季度抽查 100% 合格。

【金融服务】2018 年，亳州市坚持金融服务实体经济导向，新增信贷投放 325.6 亿元。推进企业上市挂牌工作，实现直接融资 138.3 亿元；新设银行业金融机构网点 8 家、保险业金融机构 1 家。药都银行 IPO 成功报会，上市后备企业 10 家，挂牌新三板企业 1 家，新增省股权托管交易中心现代中医药及健康产业亳州专板企业 88 家、专精特新板企业 14 家、科技板企业 6 家。开展防范和处置非法集资工作，防范金融系统风险。

【公积金管理】2018 年，亳州市在全国率先实现住房公积金“缴、提、贷、查”业务全部纳入网上办理，共归集住房公积金 23.5 亿元、增长 14.7%，提取住房公积金 18.1 亿元、增长 14.3%，发放个人住房公积金贷款 3050 户、9.2 亿元，业务办理离柜率在 95% 以上。

【红十字工作】2018 年，亳州市推进“博爱送万家”活动，协助 39 名白血病患儿和 10 名先天性心脏病患儿申报救助资金 153 万元，开展应急救护培训 20 余期、受益群众超 3 万余人次。亳州市红十字会连续两年获全省红十字会先进单位。

（郑　飞）

市政府发展研究

【概况】2018 年，市政府发展研究中心围绕“四个点”问题和全市经济社会发展状况开展调研。先后组织开展世界中医药之都建设、农村土地承包经营权抵押贷款、市本级政府投融资、义务教育资源均衡配置、农村改厕、省际交汇区域中心城市研究、企业印章刻制、城乡环卫一体化、民主党派脱贫攻坚民主监督等重大调研活动 9 项。外出调研近 20 次，调研企业和部门 100 余家，撰写完成 9 篇调研材料。其中，2 篇调研材料被省、市领导批示，3 篇调研材料分别获 2018 年度全省市级社科联“三项课题”研究成果一等奖、二等奖和三等奖。调研报告转化应用取得一定成效，《关于涡阳县农村土地承包经营权抵押贷款的调查》被省政府信息处印发信息全省推广，《亳州市“五抓五实”扎实推进民主党派脱贫攻坚民主监督工作》被安徽统战转发全省参考借鉴，《关于打造“世界中医药之都”的思考》相关建议被《“世界中医药之都”建设发展规划》采纳，《关于全市义务教育资源均衡配置情况的调研》为全市科学合理配置义务教育资源、开展公办教育投资提供决策依据，《亳州市企业印章刻制情况分析》为全市深化“放管服”改革，打击市场垄断，优化营商环境提供数据分析。

【市政府系统重点课题调研】2018 年，市政府发展研究中心征集、谋划 2018 年度市政府系统重点调研课题，印发《亳州市人民政府办公室关于印发 2018 年度市政府系统重点调研课题的通知》，协调、配合课题承办部门开展课题研究。完成市政府系统重点课题报告 85 篇，编辑《送阅材料》85 期，其中 11 篇调研报告被市领导批示，为市委市政府科学决策提供服务。按照市委书记汪一光在 1 月 31 日召开的市委理论学习中心组学习（扩大）会议上关于加强调研工作的要求，市政府各有关部门每年至少完成一篇调研报告。据统计，市政府系统有 61 家单位完成 1 篇以上调研报告。探索实施市政府负责人领衔调研制度，市政府 9 位负责人领衔完成 15 项调研课题，推进调研工作。

【信息服务】2018 年，市政府发展研究中心关注宏观经济走势，学习国家大政方针和先进省市各项政策措施，深度解读分析，并针对全市发展提出意见建议。编辑《决策参考》52 期，选编“中央农村工作会议要点”“我国经济转向高质量发展阶段”“国家‘互联网＋’相关政策梳理”“1—2月全国国民经济运行情况”“十九大和两会之后中国经济走势”“十九大报告解读摘编”“从稳中向好发展态势看我国经济良好前景”“关于‘四送一服’双千工程工作开展的建议”“二季度经济形势分析与三季度展望”“民营经济政策汇编”“乡村振兴100问”等160余条经济信息。在《新亳州》《亳州社科》等杂志发表文稿5篇。承担《安徽省改革开放40年巡礼（亳州篇）》的组稿等多篇综合文字的撰写工作。全程参与《“世界中医药之都”建设发展规划》编制工作。

（杨　甜）

信息化建设

【概况】2018年，亳州市推进新型智慧城市建设。推进“互联网+政务服务”，网上办事项优化，拓宽服务渠道，创新服务模式，加强对各单位的督察考评以及宣传培训，提升政府治理水平；建设“我家亳州”APP，增强“我家亳州”APP服务能力；建设视频数据平台，开展主城区补盲工作、整合社会视频资源以及通过推动县区视频数据平台建设，打造平安亳州；推进数据资源整合，强化数据挖掘和应用，推进共享平台建设力度，加强数据资源共建共享；推动电子政务外网升级改造，完善电子政务外网建设；统筹全市信息化项目建设；开展信息化项目奖补工作。

对全市财政投资的信息化项目进行审查，针对各项目建设方案中存在的问题提出修改意见，避免出现软硬件资源重复建设，同时要求软件项目需提供数据需求及数据共享清单，按照统一共享的原则进行数据集中、系统整合。共审核23家单位73个信息化项目，项目预算总金额1.3491亿元，核减后预算金额1.1125亿元，核减预算金额约2366.399万元，资金节约率约为17.54%。

开展信息化项目奖补工作。111家信息化相关企业申报项目资金。其中，筑梦社区53家、青年创客空间43家、青年电商产业园7家、申报龙头企业8家。经过评审，有80家企业（含园区平台）符合亳州市信息化项目资金奖励标准，总奖补金额448万元。

电子政务外网实现市、县、乡、村四级纵向贯通，市直部门横向连接，同时无缝接入省级电子政务网络，全面承载省到市各项业务和市级OA、网上办事、视频会议等近50项应用。市级政务外网实现117家政府部门和直属单位专线全覆盖，专线覆盖范围扩大至中央、省驻亳机构及市直单位所属二级机构。

浪潮（亳州）大数据产业园云计算1号楼正式建成并投入使用，9层数据加工楼在推进招标工作。

【视频数据平台建设】2018年，亳州市主城区新增道路补盲摄像机3100台；新增医院、学校、景区、龙头企业重点部位补盲摄像机1500台；全市砖瓦窑厂、200家规模化养殖场视频监控联网并推送到环保督察手机客户端；市主城区所有在建工地、中药饮片企业重点部位视频监控联网全覆盖。市视频数据平台摄像机接入6.3万台，基本实现“全域覆盖、全网共享、全时可用、全程可控”的公共安全视频监控建设联网应用。市信息局将视频资源推送给文旅、教育、食药监等相关部门，平台使用单位提升至57家，视频在线率在99%以上，在加强治安防控、反恐维稳、城市管理、社会治理等方面取得显著成效。

【城市公共基础数据库建设】2018年，亳州市坚持“集中建设、授权使用”的原则，持续开展数据对接工作，推动数据整合汇集。整合、分析、入库工商、税务、公积金、水电气等69家单位1204类35.88亿条数据，数据交换总量8453.38亿条，每日交换数据量约3.54亿条。整合后的数据通过GSB平台提供数据核查服务，市数据中心已向10余个部门提供305个数据接口，提供超过24.42亿次数据核查服务，形成人口数据库、企业数据库、电子证照库、信用信息数据库、医疗数据库、地理空间数据库和视频数据库等一系列智慧城市数据库。

【信用信息平台建设】2018年，亳州市不断优化市级公共信用信息共享服务平台功能，逐步推进市级平台和省级平台、国家信用平台联通共享，对信用亳州网站进行升级。截至年底，亳州市信用信息共享服务平台共汇集3109.5万条数据，其中市直单位信用目录数据填报2150.2万条，县区信用目录数据填报304.3万条；市直单位双公示数据填报444.6万条，县区双公示数据填报210.4万条。

【网上办事大厅】2018年，亳州市推进“互联网＋政务服务”工作，优化服务流程，缩短群众到场等待时间，提高审批单位服务效率。完成市教育局、市国土资源局、市发展和改革委员会等单位近310个事项的测试优化工作。创新服务模式，探索公共支付改革，扩大在线支付范围。网上办事大厅累计受理群众网上缴费279.3万笔，收费14.5亿元，同比增长82%。探索智慧审批，由电脑审批代替人工审批，实现审批自动受理、智能审查、自动出具结果。完善服务渠道。推进指导服务，加强基层代办点建设，建设政民互动平台，指导、帮助群众办事。开展“双向快递”服务，群众可凭网上受理通知，免费使用EMS将证件或材料快递至审批单位，单位办结之后再将证件、文件等资料通过EMS免费邮寄至群众。35.4万件证照顺利通过EMS邮寄送至群众手中，同比增长33%。

网上办事大厅受理群众各类办事申请685.7万件，正常办结671.5万件，办件量同比提高27.2%；群众自主申请数（即未通过代办点办理的数量）为390.6万件，自主申请率为56.96%；移动端申办数为165.5万件，占自主申请数的42.4%，同比提高24.4%。网上办事大厅受到市级以上媒体宣传报道近70余篇。《人民日报》、新华社、中央电视台、《安徽日报》、人民网等多家媒体进行报道。

【“我家亳州”APP】截至2018年年底，“我家亳州”APP上线10大类99个服务栏目，基本建成以实名制方式与市民一卡通、智能交通、智慧医疗、政务数据中心等智慧城市项目无缝连接，汇聚全市公共服务资源，实现民众办事直通互动，线上、线下支付和服务融合交互，覆盖城市全方位的社会公共信息服务平台。栏目功能涵盖查询缴费、交通出行、政务服务快车道、居家生活、医疗卫生、开心娱乐、教育培训、新闻综合、爱心公益等群众日常生活的方方面面。截至2018年年底，下载用户502万人次，注册用户140万人，最高日活跃用户8.1万人，单日最高新增注册用户1.82万人，通过“我家亳州”APP缴纳各项便民费用225万笔，合计金额近4.87亿元。

（曹单单）

招商引资

【概况】2018年，亳州市完善招商引资政策体系，制定《亳州市促进医疗器械产品注册和生产扶持政策暂行办法》《亳州市促进保健食品注册、备案和生产扶持政策》《亳州市支持仿制药一致性评价奖励办法》，进一步完善产业招商政策；出台《亳州市招商引资项目财政奖励资金兑现办法》《关于进一步规范标准化厂房建设使用工作的通知》，规范财政奖励资金的兑现方式、用途以及标准化厂房项目的建设使用问题。

创新招商引资推进机制，建立招商引资项目预审机制，由分

图17 2018年12月6日，漆园社区服务中心工作人员为办事群众提供信息化服务（曹单单 供图）

管副市长牵头，市财政局、国土局、规划局、招商局等部门共同对重大项目用地、规划、政策适用等关键环节进行预审把关，缩短项目谈判时间，加速项目落地进程。

引进93个投资超5亿元的重大项目，重大项目占引进项目总数的12.5%；新建10亿元以上重大省外投资项目32个，占全省的12.2%，位居全省第二位。

本年度，亳州市实际利用市外内资1880亿元，同比增长13.9%；全市亿元以上省外资金项目实际到位资金722.3亿元，位居全省第七位，实际到位资金总额增幅36.1%，位居全省第一位，新建亿元以上省外资金项目212个，完成全年任务的106%，是上年全年实际完成数的1.1倍；外商直接投资9.01亿美元，同比增长15.4%；全市新签约招商引资项目743个，签约金额2429.5亿元，同比分别增长58.8%和54.9%，包括241个亿元以上工业项目，总投资917.8亿元，其中投资5亿元至10亿元工业项目33个，总投资193.2亿元；10亿元及以上工业项目21个，总投资419.7亿元；5亿元以上工业项目合计54个，总投资612.9亿元。

【新建亿元以上省外资金项目】2018年，亳州市新建亿元以上省外投资项目212个，项目总数位居全省第七位，皖北第二位，完成政府工作报告任务（150个）的141.3%，完成全年分解任务（200个）的106%。其中，涡阳县新建48个，完成该县年度任务的120%；蒙城县新建43个，完成该县年度任务的108%；利辛县新建21个，完成该县年度任务的105%；谯城区新建40个，完成该区年度任务的100%；亳州经开区新建40个，完成该区年度任务的100%；亳芜现代产业园区新建20个，完成该区年度任务的100%。

【省外资金项目实际到位资金增幅在全省领先】2018年，亳州市在建亿元以上省外投资项目404个，在建项目个数位居全省第六位，皖北第二位，总投资1816.1亿元。实际到位资金722.3亿元，位居全省第七位，皖北第二位，完成全年分解任务（600亿元）的120.4%，同比增长36.1%，增速位居全省第一位。其中，涡阳县到位资金159.5亿元，完成该县年度任务的120.4%；蒙城县到位资金159.4亿元，完成该县年度任务的145%；利辛县到位资金97亿元，完成该县年度任务的108%；谯城区到位资金118.3亿元，完成该区年度任务的108%；亳州经开区到位资金127.6亿元，完成该区年度任务的106%；亳芜现代产业园区到位资金60.5亿元，完成该区年度任务的101%。

【徽商大会招商】2018年5月23日，亳州市举办2018世界制造业大会和中国国际徽商大会亳州市投资环境说明会暨项目签约仪式。会议邀请来自全国20多个省、直辖市、自治区以及中国台湾的150余家企业参会；集中签约48个合作项目，总投资526.4亿元，包括工业项目39个，签约金额253.3亿元。组织25个项目参加省“五百”项目集中签约仪式，其中央企项目4个、民企项目8个、外企项目7个、台企项目5个、侨企项目1个，签约总投资额268.7亿元。

按月调度项目进展情况，截至2018年年底，工商注册登记22个，项目注册率88%；到位资金22亿元，资金到位率8.87%；开工项目14个，项目开工率56%。

【药博会招商】2018年9月8日，2018年中国（亳州）投资环境说明会暨项目签约仪式举行。全国20多个省、直辖市、自治区，以及中国香港、台湾的300余家企业受邀参会。集中签约59个合作项目，项目总投资518.2亿元。其中工业项目52个，签约金额393.4亿元。16个项目开工建设。

（王　猛）

中国人民政治协商会议
亳州市委员会

图 18　2018 年 1 月 5 日，亳州南湖雪景（刘勤利　摄）

概　述

【概况】2018年，中国人民政治协商会议亳州市委员会（以下简称“市政协”）及其常委会在中共亳州市委的领导和市政府的支持下，深入学习贯彻习近平新时代中国特色社会主义思想，全面贯彻落实中共十九大和十九届二中、三中全会精神，坚持团结和民主两大主题，坚持“三心两进一流”工作理念，围绕统筹推进“五位一体”总体布局、协调推进“四个全面”战略布局，聚焦助推经济社会高质量发展，履行政治协商、民主监督、参政议政职能，完成全年各项重点工作任务，发挥协商民主重要渠道和专门机构作用。

举行党组中心组理论学习（扩大）会、主席读书班、常委专题学习会、专委会学习会和委员培训班23次（期）。举办纪念中共中央发布“五一口号”70周年座谈会、纪念改革开放40周年书画展。结合“两学一做”学习教育和“讲严立”专题警示教育等，推进领导班子和机关干部政治、思想、组织、作风、纪律建设，把制度建设贯穿其中。支持市纪委驻政协机关纪检组监督执纪问责，营造良好政治生态。依章程对严重违纪的4人撤销市政协委员资格。调整充实机关党委和支委会成员，将不驻会但在市政协工作的专委会负责人组织关系转入机关相应支部，在党员委员中开展“双员履双责”活动。

按照懂政协、会协商、善议政和守纪律、讲规矩、重品行的要求，推进政协委员队伍建设。举办为期一周的委员培训班，50余名委员参加学习，选派20余名委员参加全国政协和省政协举办的培训班，采取以会代训等形式，开展常态化委员学习教育，着力提升委员“四个能力”。压实委员履职任务，结合年度工作要点，实施每位委员年内至少参加1个重点议题协商、提交1件提案、反映1条社情民意信息、参加1次界别活动、为民办1件好事实事“五个一”工程，发挥委员在政协工作中的主体作用。强化委员履职考核，制定实施《委员履职量化考核办法》，采取一人一档案、一月一填报，一季一汇总、一年一总评的形式，对委员履职情况进行登记、统计、反馈和通报，及时对得分较少的委员进行约谈。强化考核结果运用，将委员年度履职情况通报组织、统战部门和委员所在单位、推荐单位，并作为委员进退奖惩的重要依据。首次建立实施市政协常委述职制度，常委会组成人员均按要求提交年度履职报告，促进履职示范表率作用进一步发挥。坚持质量导向，开展履职成果评比表彰，激励委员履职尽责、担当作为。

推进一流政协机关建设。出台《开展“提质提效，创新创优，推进一流机关建设”活动实施方案》，围绕“一流精神状态，一流工作标准，一流工作作风，一流工作业绩”活动目标，开展理论武装、工作作风、服务质量、干部素质、机关党建五大提升行动，打造一支遵章守纪、团结协作、善于履职、有所作为的机关干部队伍。完善机关工作制度，优化工作推进机制。推进专委会工作“六个一工程”，主席会议每月听取专委会工作情况汇报，发挥专委会的基础作用。落实机关服务保障职责，按照“四化三可”要求，逐条逐项分解细化工作任务，明确牵头领导、责任单位、具办科室、工作时限，制定

图19　2018年11月14日，市政协四届十二次常委会议暨“打造世界中医药之都”专题协商会（李先锋　供图）

任务分解清单，实行“挂图作战、对账销号”。坚持月总结、周调度工作制度，强化目标管理，提升机关效能，机关办文、办会、办事质量和效率不断提升，连续多年被评为市机关效能建设优秀单位。

【民主协商】2018年，市政协围绕“打造世界中医药之都”召开专题议政性常委会议。会议共征集协商发言材料62篇，形成的建议案提出29条意见建议，为编制“世界中医药之都”发展规划，推动中医药产品制造、全球中医药贸易、中医药健康服务、世界中医药文化传承四大中心建设，提供重要依据和决策参考。分别围绕推进亳州市中心城区旅游业发展、加强文化遗产保护与利用，开展专题协商，共提出16个方面的意见和建议，得到市政府及其相关部门的重视和采纳。着眼有效解决实体经济发展中面临的突出困难和问题，举办创优“四最”营商环境专题协商会，在推行审批制度“减量化”、商事登记“一证化”、不动产交易登记“一站化”、投资项目服务“线上化”等方面，提出意见建议。聚焦做大做强古井集团白酒产业开展调研，形成专题调研报告报送市委、市政府，所提意见建议大部分被吸纳办理。就打造老庄文化精品旅游线路、用好用活土地增减挂政策、解决招商项目落地难与后期服务不到位等课题，开展界别调研，推动相关工作。

瞄准打赢污染防治攻坚战协商建言。针对农村环境存在的“脏乱差”问题，组成两个调研组深入三县一区实地调研，并组织号召各县（区）政协和各民主党派、工商联及广大委员联动调研，全面了解垃圾、污水、厕所整治情况，召开推进农村环境“三大革命”专题议政性常委会议，汇集各方智慧。共征集调研报告、协商发言材料68篇，从强化细化垃圾分类举措、推进垃圾整治城乡一体化、提高改厕和污水治理成效等9个方面，汇总整理出意见建议28条，并以建议案的形式报送市委。围绕“加强城乡接合部环境整治”开展专题协商，提出16条意见建议。围绕进一步推进林拥城建设等课题，开展界别调研，为打造生态美丽亳州建言献策。

立足加快城乡建设协商建言。助推乡村振兴战略实施，分别围绕打造宜居宜业宜游特色小镇、加快农村电子商务发展、培育新型农业经营主体、推进高效节水灌溉工程建设等课题，开展对口协商和界别协商。着眼加强和创新社会治理，提升城镇治理精细化水平，分别围绕加强社区治理体系建设、推进铁塔资源共建共享、加强城乡公交一体化建设、加快城区停车场建设等课题，开展对口协商和界别协商。

【民主监督】2018年，市政协4位党外副主席带领各自界别委员和党派成员，累计开展120次脱贫攻坚监督活动，走访323个自然村、1130户贫困户，发现问题184个，形成专题汇报材料112份，提出意见建议164条。2018年7月份起，市各民主党派进一步拓展监督领域，开辟环保监督新战场，围绕中央环保督察反馈问题整改核查验收、市县中心城区网格化环境精准治理、河长制专项治理等工作，开展常态化民主监督，通过采取“四不两直”、明察与暗访相结合等方式，深入一线了解情况，发现存在问题并提出解决对策，推动突出环境问题的整改落实。

围绕重点工作组织监督性调研。聚焦落实河长制工作职责，组织4位党内副主席分别带队、对口1个县（区），开展监督性调研。针对全市2017年2县（区）已脱贫“摘帽”、2018年2县拟脱贫“摘帽”的实际情况，组织4位党外副主席带队就“构建防范返贫长效机制、保障脱贫攻坚成果”开展监督性调研。

选择热点难点问题进行视察监督。以界别为依托，组织委员对中药材市场建设与管理、农产品批发市场建设与管理、科技创新平台建设、金融业服务实体经济发展、民营企业建立现代企业制度、城市重点工程建设、亳药花海大世界建设、银行业风险防控工作、煤矿安全生产等专题开展视察。推荐委员担任特（邀）约监督员，参加有关评议、执法检查、绩效管理第三方评估等民主监督活动，取得较好成效。

【助力民生工程】2018年，市政协号召全市各级政协组织、参加单位和广大委员，投身精准扶贫主战场，发挥自身优势，协同党委政府合力攻坚。连续第九年组织开展结对帮扶活动，连续第四年举办“扶贫慰问月”“捐资助学月”活动，帮助贫困村、贫困户解决实际问题。如市工商联在“百企帮百村”精准扶贫行动中，组织176家企业对314个贫困村、2.11万贫困人口进行帮扶，截至2017年10月，累计投资产业扶贫项目1.96亿元。

建言民生事业发展。围绕推进幼有所育、改进校园餐食管理等课题，开展对口协商和界别调研。围绕推进“医养结合”养老模式、加强居家养老服务站建设组织界别调研。开展少数民族乡村经济发展与扶贫调研并召开对口协商会，就公共法律服务平台建设与城乡困难群众救助开展界别调研，促进相关问题解决。通过对口协商提出《关于加快构建我市中心城区“15分钟健身圈”的建议》，得到市政府分管负责人肯定和批示办理。

推进基层协商，组织开展为民服务活动。贯彻落实党的群众路线，推进委员进社区工作，主动贴近实际、服务群众。及时总结全市委员进社区试点成功经验，借鉴外地先进做法，制定出台《关于进一步推进社区委员联络室建设工作的实施意见》，全面推开社区委员联络室建设和委员进社区工作，全市共建立社区委员联络室73个，市、县（区）政协委员中有5158人次参与活动，蒙城县政协鼓励委员创新建立个人工作室，通过议大事、访民事、解难事、做好事，让群众感受到政协离自己很近、政协委员就在身边，较好发挥密切联系群众、反映民情民意、助推社区发展建设的作用，赢得所在社区、群众和政协委员多方满意，成为全市政协履行职能中一项有特色、有作为、有影响的工作，省政协将亳州这项工作列入全省政协特色工作联系点予以关注和支持。

【工作创新】2018年，市政协推进政协协商提质增效。进一步完善以全体会议为龙头，以专题议政性常委会议和专题协商会为重点，以对口协商会、界别协商会、提案办理协商会等为常态的协商议政格局。政协组织、参加单位、政协委员推荐年度协商议题和市委、市政府、市政协共同制定年度重点协商计划，已形成机制。协商前委员根据议题自愿报名、协商中多向沟通协商与多方互动交流、协商后报送重要成果，成为制度化安排。首次将重要民主监督议题列入年度重点协商计划，并运用监督性调研形式，对监督议题开展持续跟踪监督，探索提高民主监督成效的新形式、新路径。举办“委员接待日”活动，定期由市政协班子成员接待委员，听取相关意见建议，反映界别呼声要求。更多地邀请“政协智库”专家学者参与课题研究，推动形成高质量的协商成果。探索手机APP、微信公众号等协商平台建设，为委员参与协商创造便捷条件。

【团结协作与对外交流】2018年，市政协注重促进市各党派和无党派人士的团结合作，通过联合开展调研、共同举办活动、优先提供平台等方式，为全市民主党派和无党派人士在政协更好发挥作用创造条件。坚持举办少数民族界、宗教界委员座谈会，派员参加少数民族和宗教节庆活动，宣传党的民族、宗教政策，听取和反映促进民族和睦、宗教和顺、社会和谐的意见建议。主动邀请党外知识分子、非公有制经济人士、新的社会阶层人士等参加政协活动，为有序参与协商、合理表达诉求提供平台和渠道。以“亳州之友”联谊会为平台，在海口、郑州举办招商恳谈会，广泛联谊“亳州想着的人和想着亳州的人”，宣传推介亳州，吸引更多有识之士关注关心亳州，建功立业亳州。增进政协组织间互动合作，组织住亳省政协委员赴宿迁考察学习。全年参加省政协协商活动9次、接待上级政协调研26批次、与兄弟市政协考察互访34批次。以课题和相关活动为纽带，推进与县（区）政协的联系联动，把各阶层各方面的智慧和力量凝聚起来，形成推进全市改革发展的合力。

【提案工作】2018年，市政协四届二次会议期间提案471件，平时提案2件。经审查，立案445件，其中委员提案353件，市各民主党派、工商联提案89件，专门委员会提案3件。对不符合立案标准的28件提案，征得提案者同意，均作妥善处理。3月16日，市委、市政府、市政协联合召开政协提案交办会议，把市政协四届二次会议提案集中分交

52个市直有关党政部门和县区政府办理。截至10月底，所有提案均已办复，问题已解决或建议已采纳的378件，占85%；在解决或列入计划拟解决的45件，占10.1%；留作参考的22件，占4.9%。

创新工作。改进立案审查程序，把原来全体会议会中审查立案改为会议期间初步审查、闭会后终审立案，保证立案提案的整体质量。在全省省辖市中率先开展党政主要领导督办重点提案活动，市党政主要领导分别领衔督办《关于加快全市废品回收经营网点管理的建议》《重视基地建设短板，加快推进现代中药产业集聚基地建设》重点提案，取得显著成效，对各单位做好提案办理工作起到示范引领作用。

【社情民意信息和宣传工作】2018年，市政协征集社情民意信息113条，编报《社情民意》内刊11期，有6期得到批示。在市级以上新闻媒体发表宣传作品200余篇，刊发政协工作专版10个。撰写并提交论文8篇，其中《创新政协协商民主实践》获省政协理论研究会优秀论文二等奖。

【文史工作】2018年3月27日，市政协召开市文史工作会议，会议主要内容是聘请四届市政协文史顾问和文史研究员。共聘请20名文史顾问，46名文史研究员。聘期为2018年3月27日至2023年3月27日。11月7日，市政协四届30次主席会议通过关于《亳州历史文化丛书》费用支付的实施办法。编辑出版《晰扬掌》和《亳州俗语》。

（李先锋）

重要会议

【政协亳州市委员会四届二次会议】政协亳州市委员会四届二次会议于2018年1月5—7日召开。会议审议批准汤涌代表政协第四届亳州市委员会常务委员会所作的工作报告、宋峰代表政协第四届亳州市委员会常务委员会所作的关于四届一次会议以来提案工作情况的报告。通过了政治决议。增选刘玲、吴培清、张超伟、杨立民4人为政协第四届亳州市委员会常务委员。

图20 2018年3月27日，市政协文史顾问及研究员聘请会议召开

（李先锋 供图）

【政协亳州市委员会常委会议】四届八次常委会议于1月5日召开。听取分组讨论情况的汇报。协商通过政协第四届亳州市委员会补选常务委员建议人选名单。审议政协第四届亳州市委员会第二次会议选举办法。

四届九次常委会议于1月7日召开。听取分组讨论情况的汇报。审议通过政治决议。审议通过提案审查情况的报告。协调通过补选常委候选人名单、选举办法和总监票人、监票人名单。

四届十次常委会议暨推进农村环境“三大革命”情况通报会于3月27日召开。副市长曹振萍代表市政府通报全市农村环境“三大革命”工作开展情况。委员们就有关问题向相关部门进行咨询。传达学习全国政协十三届一次会议精神。协商通过有关人事事项。汤涌主持会议并讲话。

四届十一次常委会议暨推进农村环境“三大革命”议政性专题协商会于6月28日召开。会议分两个阶段。上午，主席汤涌主持会议，听取市政协调研组报告，大会发言，副书记方晓利讲话。下午分组讨论，审议并通过《市政协常委会关于推进农村环境“三大革命”的建议案》。集体会议由副主席陈显锋主持，协商通过有关人事事项，汤涌讲话。

四届十二次常委会议暨打造世界中医药之都专题协商会于11月14日召开。上午，汤涌主持，听取市政协调研报告，大会发言，市长杜延安讲话。下午，张俊民主持，讨论并通过《市政协常委会关于“打造世界中医药之都”建议案》，通过有关人事事项，汤涌讲话。

（李先锋）

市政协办公室工作

【概况】2018年，市政协办公室开展“一流机关”建设，出台《开展“提质提效，创新创优，推进一流机关建设”活动实施方案》，围绕“一流精神状态、一流工作标准、一流工作作风、一流工作业绩”活动目标，开展理论武装、工作作风、服务质量、干部素质、机关党建五大提升行动。

起草并报请市委批转市政协2018年工作要点。组织保障市政协全委会议、常委会议、主席会议、党组中心组理论学习扩大会议、市政协主席读书班等会议活动召开。和市委办、市政办共同召开提案交办会。做好市委、市政府主要领导和市政协主席、副主席领衔协商督办重点提案的协调服务工作。完成市政协组织开展的白酒产业、精准扶贫等重点课题，省政协到亳开展的“加快我省中医药产业发展”“困境儿童关爱与救助”等重点课题，以及住亳省政协委员赴宿迁、宜宾等市考察的组织服务工作。加强委员培训工作和管理工作，建立市政协常委年度履职报告制度。制定年度对口协商、界别协商、提案办理协商等活动计划，协调有关单位和部门，全年开展52次协商活动。推进《亳州历史文化丛书》编辑出版工作。推进市政协宣传工作。

外出招商320人次，拜访企业280余家，接待外地客商到亳考察96批次。完成市政协在海口、郑州举办“亳州之友招商恳谈会”的协调服务工作，与160余名企业家进行座谈交流，签约项目4个，其中工业项目3个，总投资3.1亿元。

【承办重点协商计划】2018年，市政协办公室围绕8个重点民主协商议题，及时协调有关部门筹备协商事项，组织有关单位和人员参加协商会议，整理意见建议上报协商成果。市政协各参加单位、广大委员、县区政协和有关专家学者，共撰写调研报告407篇，提出意见建议1634条，收集整理出2篇《建议案》、18篇建议上报市委市政府。

（李先锋）

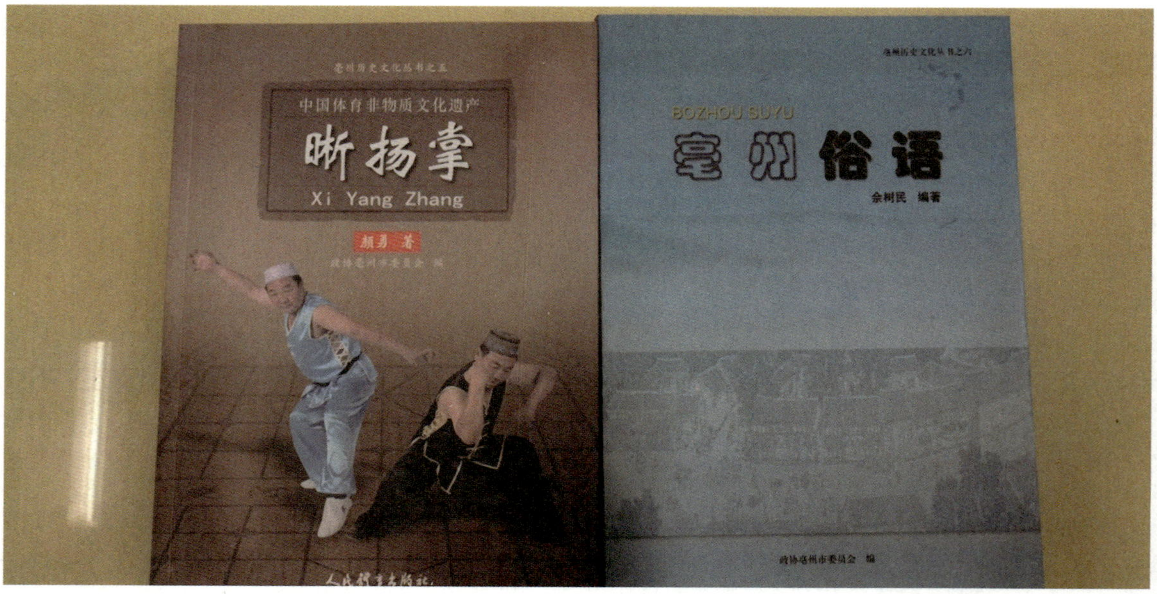

图21 2018年，政协亳州市委员会编辑出版的亳州历史文化丛书之五《晰扬掌》、之六《亳州俗语》

（李先锋 摄）

纪检监察

图22　2018年11月28日，亳州市部分党员干部参观廉政教育中心（胡威　摄）

概　述

【概况】2018年，全市纪检监察机关共立案2212件，信访总量同比下降11.6%，信息工作居全省第三位，信息化建设、审查调查陪护队伍建设、扶贫领域和扫黑除恶监督执纪问责等工作居全省前列，亳州市在全省深化专项治理扶贫领域腐败和作风问题工作推进会上作典型发言。创造性搭建“谈纪说法”大讲堂、建立乡镇纪检监察工作协作区，分别在《安徽信息》（情况专报）专篇刊载。

【践行“两个维护”】2018年，市纪委监委把“两个维护”要求体现到纪检监察工作全过程、各方面，以实际行动带头维护党中央权威和集中统一领导，带头贯彻执行党的路线方针政策，带头执行党中央重大决策部署。严格执行《关于新形势下党内政治生活的若干准则》，重点监督检查践行“四个意识”、贯彻党章和其他党内法规、执行党的路线方针政策和决议、打好三大攻坚战等情况，确保党中央和省委、市委重大决策部署落地见效。全市纪检监察机关共查处违反政治纪律案件14件，处分14人。

压紧压实管党治党政治责任。协助市委落实主体责任，召开全市落实管党治党政治责任推进会和乡镇党委书记、纪委书记“两个责任”培训会，省纪委分管负责人出席会议并讲话。市委主要负责人带头落实第一责任人责任，带领市委政法委、市编办等部门负责人到委机关调研，出席全市纪检监察工作务虚会并讲话。在全省率先出台规范主体责任谈话制度，共谈话2.2万人次，推进谈话工作常态化、长效化。

开展“讲严立”专题警示教育。坚持以鲁炜和陈树隆、杨振超、周春雨等案件为反面教材，联系亳州市发生的杨德龙、程效先、杨敬农等案件，围绕“六聚焦六整肃”，用身边事教育身边人。突出政治理论学习，全市12万名党员干部参加党章党规党纪知识测试，均在90分以上。创新开展“三结合三查摆”活动，督促各级党组织开展自查自纠，推动专题警示教育取得实效。

开展“三查三问”。将“三查三问”作为“两学一做”学习教育常态化制度化的重要内容，持续推进。组成12个督察组开展督促检查，共发现问题895个，完成整改889个，建章立制473个，问责9人。开展形式主义、官僚主义问题大排查大调研，查纠4类285个突出问题。

推进政治生态建设。加强对地区、部门政治生态分析研判，建立政治生态活页夹7036件。开展村（社区）“两委”换届督导工作，实现换届工作风清气正。严把干部选拔任用政治关、品行关、作风关、廉洁关，对1178名人选进行把关，提出暂缓或不宜使用意见15人次。

【纪检监察体制改革】2018年，市纪委监委推进监察体制改革。完成市县两级监委组建挂牌和人员转隶。改革后，全市监察对象4.35万人，较改革前增加2.45万人。制定出台《亳州市纪委监委机关问题线索分办管理制度（试行）》《亳州市纪委监委执纪监督、审查调查工作流程和调查措施使用规范（试行）》等制度文件，依规依纪依法使用12项调查措施。

探索建立乡镇纪检监察工作协作区。在全省率先建立21个

图23　2018年11月22日，市纪委监委召开派驻纪检监察组组长会议（胡威　摄）

乡镇纪检监察工作协作区，实现全市88个乡镇（街道）全覆盖，推进执纪执法向基层延伸，处置问题线索1209件，立案438人，给予党纪政务处分364人，移送司法机关处理4人，破解许多过去想解决而没有能力解决的难题。制定《关于加强乡镇纪检监察工作协作区建设的实施意见》，开展“三比三看”活动，致力把协作区打造成相互学习的平台、锻炼能力的平台、培养干部的平台、服务群众的平台。

创新派驻监督制度机制。贯彻落实派驻机构改革要求，出台《亳州市纪委监委派驻纪检监察组工作办法（暂行）》。制定《建立派驻机构审查调查协作组实施方案》，组建5个审查调查协作组，解决审查调查力量薄弱的问题。全市派驻纪检监察机构共处置问题线索324件，立案96件，给予党纪政务处分88人。

推进纪检监察机构改革。设立信息技术室，加大投入力度，建设监督办案、综合办公、智能辅助、巡视巡察4个平台，推进市党风廉政教育中心信息化升级改造，建成涉案信息查询平台，完成全市视频数据共享、内网迁移及视频会议系统建设。

图24 2018年12月14日，市纪委监委干部就金刚石企业环保问题整改情况进行实地检查（胡威 摄）

【市县巡察全覆盖】2018年，市委多次专题听取巡察工作汇报。制定《关于市县党委建立巡察制度的意见》《市委巡察工作规划（2017—2021年）（修订版）》等16项制度文件。组建巡察组长、副组长人才库和巡察干部人才库。

推进巡察全覆盖。采取常专结合、市县联动的方式，对市级78家党组织开展常规巡察，对87个乡镇286个建档立卡贫困村、54个市县两级扶贫开发工作领导小组成员单位开展脱贫攻坚专项巡察，对60个乡镇216个建档立卡贫困村开展巡察“回头看”，开展对医疗卫生领域专项巡察。市级巡察共发现问题4391个，移交问题线索272件。

抓好巡视巡察反馈问题整改。汇编《巡视巡察反馈问题案例参考清单》，梳理汇总案例856个，推动各地各单位对照清单梳理问题1001个，全部完成整改。落实“双反馈”机制，通过召开整改任务交办会、签订交办单、开展回访督察等方式，督促问题整改3219个，开展专项治理12次，建立完善制度859项。

【巩固拓展作风建设成果】2018年，市纪委监委围绕违规收送礼品礼金、大操大办婚丧喜庆、违规发放津补贴、违规使用公车和公款旅游等问题开展督察，及时发现和整治“四风”突出问题。全市查处违反中央八项规定精神问题329起417人，给予党纪政务处分195人。

汲取秦岭北麓西安境内违建别墅问题教训，深刻反思谯城区魏岗镇金刚石企业环境违法及相关问题，依规依纪依法对作风不实、弄虚作假等突出问题严肃执纪问责。全市共查处形式主义、官僚主义问题64起91人，其中给予党纪政务处分50人。

突出问题专项治理。在全省率先开展违规使用公务加油卡专项整治，督促职能部门出台《进一步规范市直单位公务加油卡管理制度》，建立健全公务用车监管机制。开展“酒桌办公”专项整治，查处违规饮酒45起80人，其中给予党纪政务处分62人。

【精准运用“四种形态”】2018年，市纪委监委坚持用身边事教育身边人，摄制警示教育专题片12部，做到查处一案、警示一批、教育一片。发挥廉政教育“阵地化”作用，市党风廉政教育中心被评为“全省廉政教育基地”，147家单位、6246人次到基地接受教育。推进警示教育向基层延伸，实现市、县、乡、村四级全覆盖。学习贯彻新修订的党纪处分条例，使铁的纪律转化为党员干部的自觉行动。

加强日常监督。坚持纪严于法、纪在法前，做深做细监督职责，推动日常监督与执纪问责、审查调查、巡察工作相衔接，提高监督实效。发挥信访举报问题线索“主渠道”作用，开展百名纪检监察干部“进基层、抓监督、解难题”专项行动，全市纪检监察机关共接受信访举报2724件次，同比下降11.6%。

精准运用监督执纪“四种形态”。坚持严管和厚爱结合、激励和约束并重，全市纪检监察机关按照“四种形态”处置4192人次，其中第一、二种形态占90.6%。出台《关于对受处分人员开展暖心回访工作的实施办法（试行）》，开展暖心回访358次371人，让受处分人员感受到组织的温暖。对受到不实举报的干部澄清正名，为敢于担当者担当、为敢于负责者负责。

加强党内同级监督。协助市委出台加强和改进党内同级监督若干规定，细化党委及其主要负责人、班子成员、同级纪委等三类监督主体的监督职责。依规依纪依法实施问责，共问责党组织23个、347人，其中给予党纪政务处分73人。成立村级纪检委员会95个，配备村级纪检委员1244名，延伸基层监督触角。

【反腐败工作】2018年，市纪委监委严惩贪污贿赂、利益输送以及浪费国家资财等职务违法和职务犯罪。全市纪检监察机关共处置问题线索4314件，增长34.2%；立案2212件，增长41.1%；给予党纪政务处分1890人，增长24.8%；移送司法机关处理25人。查处市政府原党组成员、秘书长吴火权等一批严重违纪违法案件。

强化审查调查安全。研究制定留置场所和“走读式”谈话安全管理、预防突发事件处置预案等制度。加强留置场所建设。实行市县统筹统建，在全省率先组建一支130人的审查调查陪护队伍。每年招录15名自收自支事业编制陪护人员，总计划招录100名，已招录30名。强化思想政治工作，做到纪法约束有硬度、批评教育有力度、组织关怀有温度。

协助市委加强对反腐败工作的领导。强化党委全过程、常态化领导，发挥市委反腐败协调小组作用，构建权威高效的反腐败工作机制。与公检法机关等各成员单位紧密协作配合，做好问题线索双向通报移送、涉案信息共享机制建设等工作。

整治群众身边腐败和作风问题。坚持发现一起、查处一起，持续释放严惩基层“微腐败”的强烈信号。全市共查处发生在群众身边的腐败和作风问题1855起，处理2205人，其中给予党纪政务处分1481人。

强化扶贫领域监督执纪问责。查处扶贫领域违纪违法问题451起，处理618人，其中给予党纪政务处分283人，组织处理335人，移交司法机关处理2人。持续开展扶贫领域“懒政怠政、不作为慢作为”专项整治，紧盯8类41项问题，加大明察暗访力度，处置问题线索199件，处理112人，其中给予党纪政务处分13人，组织处理99人。

惩治涉黑涉恶腐败和“保护伞”问题。在全省率先出台《扫黑除恶专项斗争监督执纪问责实施方案》，建立问题线索全程跟踪督办、双向快速移送反馈、“签字背书”等制度，查处党员干部涉黑涉恶案件21件，处理25人，其中给予党纪政务处分15人，移送司法机关处理10人，深挖“保护伞”3件7人。

【纪检监察队伍建设】2018年，市纪委监委全面加强市纪委常委会自身建设。召开42次市纪委常委会会议、12次市纪委中心组学习会议，学习贯彻习近平新时代中国特色社会主义思想和党的十九大精神。开展“查问题、出硬招、改彻底”和“坚定讲看齐、提振精气神、强化执行力”专项行动，开展“讲严立”专题警示教育。加强意识形态工作。制定出台市纪委监委领导班子改进工作作风实施办法。严肃党内政治生活，市纪委常委带头讲党课，常态化开展谈心谈话。贯彻党支部工作条例，开展党支部标准化建设，加强临时党支部建设。首次开展全市纪检监察系统“十佳二十优”评选，树立身边的先进典型。

加强机关政治文化建设。创造性搭建“谈纪说法”大讲堂，以党章党规党纪和宪法法律法规为主要内容，从领导班子成员讲起，逐步实现全员参与、全体覆盖。坚持“请进来”和“走出去”相结合，邀请中央纪委国家监委和省纪委监委相关专家、学者授课，实现向党政机关、企事业单位和镇村延伸，提升大讲堂工作质效。共举办大讲堂101期，117人授课，1.1万人次参加学习。

健全内控机制，落实《纪检监察干部打听案情过问案件说情干预情况报告登记备案规定》等制度，对反映纪检监察干部的问题线索进行核查，不遮丑、不偏袒、不护短，坚决防止“灯下黑”。全市共处置纪检监察干部问题线索88个，立案3件，给予党纪政务处分3人。

【亳州市监察委员会正式挂牌成立】2018年1月9日，亳州市监察委员会正式挂牌成立，标志着全市完成市、县(区)两级监察委员会组建挂牌工作。市委书记汪一光，市委常委、市纪委书记、市监察委主任吕剑共同为亳州市监察委员会揭牌。市人大常委会主任王玉玺主持揭牌活动。

图25　2018年11月22日，市纪委监委举办谈纪说法大讲堂（胡威　摄）

【“谈纪说法”大讲堂】2018年，亳州市在深化监察体制改革中，着眼于塑造新形象、展现新作为，创造性搭建“谈纪说法”大讲堂平台，构建全市纪检监察干部交流思想、学习业务、学干互促的重要载体，促进新时代纪检监察工作全面提升。市、县（区）两级纪检监察机关举办大讲堂95期，9987人次参加学习。

聚焦纪法贯通，搭建载体促融合。坚持以纪法贯通、法法衔接为目的，创建平台和条件，推动纪检干部与转隶干部在思想、理念、情感、力量等方面全面、深度融合。促进职能融合。内容安排上，“谈纪说法”大讲堂既注重总结监察体制改革前，纪律检查、行政监察以及反贪污贿赂、反渎职侵权、预防职务犯罪等职能作用发挥情况；又注重探讨纪委监委合署办公条件下，一体贯彻监督执纪问责和监督调查处置双重职责的规范路径，真正实现“1+1＞2”的效果。促进人员融合。大讲堂每月至少1期，主要由纪检监察干部授课，并适时邀请相关专家学者作专题报告。注重取长补短，发挥各自优势。大家在谈纪法业务、谈工作方法中，建立思想认同、感情认同、工作认同。促进工作融合。坚持以谈促学、以谈验学，大讲堂的授课内容源于工作实务，授课效果以工作实绩来检验，推动纪检监察干部坚持依据党章党规和宪法法律履行职责，坚持运用法治思维和法治方式开展工作。

聚焦整体提高，全员参与强本领。坚持以提升全体纪检监察干部能力素质为基础，以上率下、以点扩面，打造政治过硬、本领高强的新时代纪检监察“铁军”。开辟示范引领的“讲台”。坚持从班子成员讲起，逐步拓展到室部负责人和一般干部，最终实现全员参与、全体覆盖。领导干部亲自选定主题、制作课件、上台授课，发挥“头雁效应”。搭建展示才华的“舞台”。把大讲堂作为大学习、大培训、大比武的重要阵地，激励每名干部充分展示个人才华。设置“温故”和“知新”两个环节。授课前，围绕上次授课内容和《应知应会知识手册》，随机抽取5~10名干部，现场提问现场作答；授课后，由班子成员和干部代表组成评审组，采取无记名方式对授课人进行打分。测评结果半年一通报、年终一总结，作为干部评优评先的重要依据。打造提升能力的“平台”。注重学讲结合、过程和结果并重，要求干部不仅能台下认真学、深入学，还能台上讲准确、讲生动；不仅善听会讲，还要学深悟透、融会贯通，实现知行互促。

聚焦长效固本，健全机制转作风。坚持以完善工作机制为关键，创新思路、补齐短板，推进机关作风大转变。推进机关学习常态化。将“谈纪说法”大讲堂作为中心组学习会议和机关全体干部学习的重要载体，与学习贯彻习近平总书记关于深化国家监察体制改革重要思想结合起来、与“讲严立”专题警示教育结合起来，着力打造学习型机关。推进工作部署高效化。实行市、县（区）联动，利用大讲堂对已开展的工作进行分析总结，对下步工作进行谋划部署，减少会议数量，压缩会议规模，改进会风，提升效能。推进警示教育精准化。大讲堂注重进行案例分析，以身边事教育身边人，在“解剖麻雀”中，实现以案明纪、以案释法、以案警人，教育引导广大纪检监察干部锤炼“打铁必须自身硬”的政治品格，践行“严、廉、实、快、精”的工作作风。

（宋　燕）

重要会议

【作风建设主题教育动员会】2018年1月10日，全市纪检监察机关“坚定讲看齐、提振精气神、强化执行力”全面加强作风建设主题教育动员会召开。市委常委、市纪委书记、市监委主任吕剑强调，要树牢“四个意识”，着力打造“精、严、实、快、廉”五字工作作风，坚决做到“六个一流”，打造“四铁”干部队伍。

会议传达市“两会”精神和市委书记汪一光在市监察委员会揭牌活动上的讲话；宣读《关于加强作风建设开展“查问题，出硬招，改彻底”专项行动实施方案》。

市纪委副书记、市监委副主任廉保军、杨立民、时志远参加会议。

【市纪委四届三次全会】2018年2月8日，市纪委四届三次全会召开，市委书记汪一光出席会议并讲话。市人大常委会主任王玉玺、市政协主席汤涌参加会议。

会议要求，各级各部门要提高政治站位，切实增强全面从严治党的思想自觉行动自觉。深刻领会全面从严治党的战略部署，深刻把握全面从严治党的重要经验，充分认清全面从严治党的严峻形势，深刻领会全面从严治党的思路举措，不断把全面从严治党向纵深推进。要正确把握全市总体形势，坚决做到持之以恒、毫不动摇推进全面从严治党。

市委常委、市纪委书记、市监察委主任吕剑代表市纪委常委会作工作报告，会议分组学习讨论市委书记汪一光的讲话精神，审议全会工作报告和《决议》。会议表决通过全会工作报告和《决议》。

【全市扫黑除恶专项斗争监督执纪问责工作调度会议】2018年3月1日，全市扫黑除恶专项斗争监督执纪问责工作调度会议召开。会议强调，要形成扫黑除恶监督执纪问责与“村霸”和宗族恶势力问题整治等工作同步推进的“四位一体”工作格局。市纪委副书记、监委副主任杨立民参加会议并讲话。

会议指出，要立足职责定位、坚持高位推动；要强化责任落实，层层传导压力；要建立协作机制，做好纪法衔接。各级纪检监察机关要督促推动地方党委和政府担负起扫黑除恶专项斗主体责任，特别要压实县、乡两级党委和政府主要负责人第一责任人的责任，压实相关职能部门和单位的责任。对于重视不够、责任不清、分工不明、措施不力的，督促其限期整改。坚持失责必问、问责必严，对有黑不打、有恶不除，群众反映强烈的，问题长期得不到解决，以及对“保护伞”惩治不力的要进行严肃问责。上级纪检监察机关要通过约谈、督办、督察等方式，加强工作督导，压实下级纪检监察机关的责任，推动任务落实。

会议要求，要坚持问题导向，突出工作重点。全市各级纪检监察机关要根据中央纪委《关于在扫黑除恶专项斗争中强化监督执纪问责的意见》中提出的三个方面重点问题，聚焦涉黑涉恶问题突出、群众反映强烈的重点地区、行业和领域，找准扫黑除与反腐"拍蝇"工作的结合点，进一步拓展线索来源，着力发现问题，细化措施，分解责任，狠抓落实，形成扫黑除恶监督执纪问责与"村霸"和宗族恶势力问题整治、查处群众身边的不正之风和腐败问题、扶贫领域突出问题专项整治工作同步推进的"四位一体"的工作格局。要敢于亮剑，铁面执纪，对涉黑涉恶倾向问题线索坚持优先受理、快捷处置，发现一起、查处一起，坚决冲破"关系网"、打掉"保护伞"。

会议要求，要建立协作机制，做好纪法衔接。牢固树立全市"一盘棋"思想，构建各司其职、各负其责，密切配合、上下联动，齐抓共管、综合治理的工作机制。全市各级纪检监察机关要主动加强与本地政法机关各部门的沟通联系和工作会商，进一步建立和健全线索互动反馈、逐案排查、办案人员签字背书等各项工作机制，切实提高工作整体性、协同性。建立涉黑涉恶案件优先快处机制。纪检监察机关对涉黑涉恶案件中党员干部违纪违法行为与政法机关同步立案、同步调查，强化纪法衔接、协同推进。

【全市扫黑除恶专项斗争监督执纪问责暨扶贫领域"懒政怠政、不作为慢作为"专项整治行动推进会】2018年6月28日，全市扫黑除恶专项斗争监督执纪问责暨扶贫领域"懒政怠政、不作为慢作为"专项整治行动推进会召开。

会议传达有关文件精神；市纪委监委派驻市公安局纪检监察组汇报扫黑除恶专项斗争及监督执纪问责工作开展情况；县区纪委监委作扫黑除恶监督执纪问责工作交流发言；扶贫领域"懒政怠政、不作为慢作为"专项整治行动各督察组汇报上一阶段督察情况。

会议要求，要统一思想认识，提高政治站位。构建协调机制，加强与各政法机关的协调配合，加强纪检监察机关内部分工协作，加大明察暗访督察力度，形成强大合力。要聚焦问题导向，严格监督执纪问责，扫黑除恶专项斗争监督执纪问责要深挖彻查黑恶势力背后的"保护伞"；全市扶贫领域腐败和作风问题专项治理要对问题举一反三，狠抓精准督察；推进扫黑除恶和脱贫攻坚专项工作取得新的胜利，增强人民群众获得感、幸福感、安全感。

市委常委、市纪委书记、市监委主任吕剑出席会议并讲话。

【深化专项治理扶贫领域腐败和作风问题工作推进会】2018年9月7日，全市深化专项治理扶贫领域腐败和作风问题工作推进会召开。1—8月，全市纪检监察机关共查处扶贫领域问题206起，处理306人，其中党纪政务处分138人，组织处理168人。

会议指出，要提高政治站位，坚决扛起深化专项治理政治责任。进一步深化专项整治，加大监督执纪问责、监督调查处置力度，推动全面从严治党向基层、向一线、向群众身边延伸，把党的扶贫政策更好落实到群众心里。要坚持问题导向，切实提升深化专项治理工作质效。要持续开展扶贫领域"懒政怠政、不作为慢作为"专项整治行动，既查问题，又剖根源，真正下足"绣花"功夫，确保扶贫工作务实、脱贫过程扎实、脱贫结果真实。

会议强调，要优化方法措施，奋力推动专项治理工作深化发展。要坚持市县联动，实现一体推进；坚持创新举措，做到精准发力；坚持严管厚爱，激发干部活力；坚持统筹配合，形成工作合力，确保专项治理工作最终取得胜利。

市委常委、市纪委书记、市监委主任吕剑出席会议并讲话，副市长应国君主持会议，市纪委副书记、市监委副主任杨立民参加会议。

（宋　燕）

巡察工作

【概况】2018年，中国共产党亳州市委员会（以下简称"市委"）组织学习《中央巡视工作规划（2018—2022年）》；学习中共中央政治局常委、中央纪委书记赵乐际有关讲话精神。将规划内容及讲话精神纳入全市党员干部培训课程，制作宣传展板8幅，集中宣传展示。学习安徽省委常委、省纪委书记、省监察委员会主任刘惠在贯彻落实中央《规划》推进会暨巡视整改和巡察工作（北部片区）汇报会上的讲话精神。组织召开市委理论学习中心组学习会议暨巡视巡察工作培训会，对包含市委、市人大、市政府、市政协等主要负责人在内的463名党员干部进行专题辅导。举办全市市直单位党组（党委）书记专题培训班，对63名市直单位党组（党委）书记进行《中国共产党党组工作条例》《中国共产党巡视工作条例》等方面的培训。采取以案说法的方式，要求参加培训的人员对照检查，14人进行事后补课。巡察办主任3次到蒙城县、利辛县等地对几套班子领导成员、县直各单位、各乡镇党政主要负责人进行题为《坚持问题导向，自觉整改提升》的授课。组织11名有工程建设、财务、巡察经验的干部对参巡人员进行集中培训，组织7期业务培训班，参训共计2237人次。利用晚间开展巡察技巧、报告撰写等经验交流会12次。

完善巡察工作机制。落实省委《中共安徽省委巡视工作规划（2017—2021年）（修订版）》及巡视全覆盖方案要求，组织召开2次专题会议，开展调查研究，听取意见建议，经5次修改，研究确定贯彻落实的工作思路、重点任务及具体要求，结合实际研究出台《中共亳州市委贯彻〈关于市县党委建立巡察制度的意见〉实施办法》《中共亳州市委贯彻〈中国共产党巡视工作条例〉实施办法》《中共亳州市委巡察工作规划（2017—2021年）（修订版）》《四届亳州市委巡察全覆盖工作方案（修订版）》等文件。建立健全市、县党委"五人小组"定期听取巡察工作情况汇报报备制度，形成市委巡察机构具体组织实施，纪检监察机关、组织部门及相关部门支持配合的巡察工作机制。

图26　2018年11月27日，市委召开巡视巡察问题交办会议（胡威　摄）

扩大巡察监督范围。把群众反映较为强烈、社会各界关注度高及党组织主要负责人是市管干部的单位纳入巡察监督范围，巡察对象由原来的81家扩增至155家。将巡察对象分为市委工作部门、人大常委会机关、政府部门、政协机关、法院系统、公安系统、市工商业联合会、人民团体、市管开发区园区、县区属省级开发区、市属国有企业、事业单位、副县级乡镇、市委工作部门和政府部门二级机构党组织等14个板块。市、县两级巡察全覆盖对象1859个，全市所辖村（居）数1344个。截至2018年年底，开展巡察843个，含村（居）数583个，覆盖率45.35%。其中，市本级全覆盖对象155个，开展6轮对89家党组织的巡察，覆盖率57.42%。

【推进市县巡察】2018年，市委采取多种方式提升巡察质效。坚持常规巡察条块结合。开展对建安集团、市城建集团、市交控集团、市文旅集团等国有企业巡察，向市政府提出关于国有企业整体经营状况及负责人薪酬考核办法制定等方面的建议2条。对重点领域开展专项巡察。对全市87个乡镇286个建档立卡贫困村开展脱贫攻坚领域专项巡察，对全市8家县级以上公立医院、4家县级以上卫计委开展医疗卫生领域专项巡察，提前完成省委交办的专项巡察任务。对市交通系统下属市公路管理局、市县乡公路管理局等4家二级机构，精准发现人事、工程管理不规范以及治超工作开展不力等行业性问题。对被巡察单位进行“回头看”。开展对市住建委危房改造项目巡察“回头看”，针对巡察中发现的政策执行、责任落实、群众受益等方面的整改情况，逐条对照，提高整改实效。

上下联动。在市级巡察交通系统时，县区同步巡察交通系统农村畅通工程等问题。在县区巡察住建、房产等单位时，发现一些主管部门存在问题，市级及时巡察住建等单位。市委授权3个专项巡察组、4个“回头看”巡察组，对市及县区54家扶贫开发领导小组成员单位开展脱贫攻坚专项巡察，对前两轮脱贫攻坚领域专项巡察中的60个乡镇216个建档立卡贫困村开展巡察“回头看”。巡察共发现问题3938个，移交问题线索262件，推动纪检监察机关立案审查73人，给予党纪政务处分62人，移送司法机关处理13人，推动开展专项治理12次，建立完善制度177个。

多措并举。编印巡察工作手册。将习近平总书记关于巡视工作的重要论述，《中国共产党章程》《中国共产党纪律处分条例》等党内法规，以及《亳州市委巡察组工作流程》《政治巡察监督检查指标》等25项巡察工作指南，编印3000余份《巡察工作手册》，巡察干部人手一册。创新接访工作模式。采取统一接访地点、举报电话、举报信箱、电子邮箱的方式，统一接转群众来电、来信、来访。过去10个组的信访工作大概需要20余人，创新工作后最多只需3人。实现让来访群众“只进一个门、只找一个人”，方便群众反映问题。共接访187人次，向巡察组移交46个有效举报线索。聚焦巡察问题线索的准确性、合理性，围绕法律法规依据的适用、财经纪律的要求等，由市纪委监委第四纪检监察室进行全程业务指导，对问题线索进行分析研判，提出初步处置意见建议，帮助各巡察组准确发现、定性问题线索。第四轮巡察共分析研判24个，已全部移交。

【推动成果转化】2018年，市委成立巡视巡察整改工作领导小组，市委书记任组长，下设政府组、纪检组、组织组和巡视巡察整改办公室。巡视巡察整改工作一体谋划、共同推进，“一办三组”分工负责，各司其职。召开3次由全市各级党组织主要负责人参加的巡察整改任务交办会，市委巡察工作领导小组组长、副组长向被巡察党组织进行问题整改任务交办，签订交办单59份。

围绕中央、省委巡视各地和市委巡察发现的问题，汇编《巡视巡察反馈问题案例参考清单》，梳理汇总856个案例，下发各地各单位，要求对照清单，自查自纠、立行立改。成立8个督察组对县区、市直单位自查自纠情况进行督察。全市共梳理问题1001个，已全部完成整改，达到“未巡先改”的目的。

建立巡察意见“双反馈”机制，在向被巡察党组织及其主要负责人反馈意见的同时，向分管市委常委、副市长反馈，让其掌握被巡察党组织存在的问题及整改期限，着力传导整改压力，提升整改实效。向11位市领导反馈30家被巡察党组织问题1115个。

在被巡察党组织建立问题清单、任务清单、责任清单的同时，市委巡察办建立问题整改台账。采取日常督察、专项督察、集中督察相结合的方式，定期开展回访督察，实地对被巡察党组织问题整改情况进行督办，确保问题整改件件有着落。共实施8个组次对四届市委第二轮、第三轮、第四轮巡察及脱贫攻坚领域、医疗卫生领域专项巡察反馈的3219个问题进行回访督察。

【巡察队伍建设】2018年，市委从人大、政府、政协、纪委等单位抽选30名政治素养高、工作经验丰富的县处级领导干部，组建组长(副组长)骨干库;从纪检、组织、财政、审计等部门选取52名党性观念强、业务能力精的优秀年轻干部，组建业务骨干库，形成市委重视、部门支持的巡察队伍建设机制。骨干库成员每年至少参加一轮巡察工作。

在巡察一线培养、锻炼、发现干部，实行“以干代训”，对工作表现优秀的干部进行通报表彰，作为干部选拔任用的重要依据。在参加巡察的409名干部中，共表彰3批次“优秀巡察干部”38名；市纪委监委从巡察一线选拔干部8名，拟选拔使用后备干部7名；市委巡察办选拔2名。

市纪委监委成立同步监督工作领导小组，制定《关于对全市巡察干部在巡察期间开展同步监

图 27　2018 年 12 月 22 日，亳州市谯城区纪委监委第二纪检监察工作协作区干部集体研究案件线索（胡威　摄）

督的工作方案》，围绕着巡察工作效能、巡察纪律执行等情况，列出“十不”“负面清单”，以印制口袋卡片形式下发，确保巡察干部人手一卡。先后 10 次对巡察工作督导组、市委巡察组进行日常监督和抽查，实现对巡察队伍遵纪守规的同步监督。

（宋　燕）

市纪委监委办公室工作

【概况】2018 年，市纪委监委办公室围绕实现“六个一流”目标，履行“统筹协调、决策服务、督促检查、运行保障”职责，保障、推进全市纪检监察各项任务落实。

调整充实文字工作力量，参与重要文稿拟草，通过切块负责、统分结合、会议讨论、综合定稿等形式，集思广益、群策群力，提高文字材料的水平。加强公文管理，制定机关公文管理实施细则，规范发文程序，严格文件审批，确保文件质量。

做好各级各类公文的登记、传阅、保管、移交等工作。累计收文办理 1200 余件。严格执行车辆管理规定，保障各项工作正常开展。

指定专人负责系统内网的建设与维护，确保专网畅通。配合信息技术室，探索应用新手段、新技术，通过运用现代化信息技术，为纪律审查和监察调查提供技术支撑。完善提升全市纪检监察办公系统网络建设，建立工作微信群，对非涉密工作及时安排，推动无纸化办公，提高工作效率。

【参谋服务】2018 年，市纪委监委办公室开展调研，为常委会决策参考。做好信息工作，为领导决策提供重要依据。被省纪委采用信息排名居全省第二位。市“谈纪说法”大讲堂、建立乡镇纪检监察工作协作区经验做法被《安徽信息》（情况专报）分别专篇刊载，得到省纪委监委和市委、市政府主要负责人的批示肯定。

【督察落实】2018 年，市纪委监委办公室牵头完成《市委常委会 2018 年工作要点》《市委全面深化改革领导小组 2018 年工作要点》《2018 年市直单位岗位责任目标考核》等 9 项日常工作搜集整理，并按时上报，为领导提供决策参考。推动常委会部署要求贯彻落实，把领导批示件作为重点，确保所有督办件“件件有落实”。

【协调服务】2018 年，市纪委监委办公室协助委领导处理好政务、管理好事务，做好上情下达、下情上传工作，保证政令畅通。加大会议整合统筹力度，做好全市落实管党治党政治责任推进会等会议的筹备和会务保障工作，配合做好有关报告征求意见工作。保障市纪委常委会 42 次、书记碰头会 15 次、其他大型会议 20 余次。

（宋　燕）

民主党派

图28　2018年7月24日，医务工作者到谯城区涡河镇四李村开展扶贫义诊（刘勤利 摄）

中国国民党革命委员会亳州市委员会

【概况】2018年，中国国民党革命委员会亳州市委员会（以下简称“民革亳州市委会”）组织学习中国共产党第十九次全国代表大会精神、习近平总书记系列讲话精神、民革中央十三次代表大会精神、省市“两会”精神、参政党建设等内容。全面增强党员的政党意识，始终在思想上政治上、行动上同以习近平总书记为核心的党中央保持高度一致。

参加民革安徽省委会和市委统战部开展的朗诵会、征文比赛等活动，向民革中央推荐“纪念改革开放40周年”征文3篇，各基层支部组织召开纪念改革开放40周年座谈会；参加全市纪念中共中央发布“五一口号”70周年演讲比赛；组织人员到南京拜谒中山陵，加强党史教育，凝聚党员政治共识；开展学习交流活动，学习先进地区在阵地建设、组织活动、参政议政等方面的经验。

在民主党派中央机关报《团结报》发稿3篇，在《亳州晚报》发稿12篇，在《安徽统战》发稿3篇，在民革中央、民革安徽省委会、政协亳州市委员会等网站刊发稿件。网站、微信平台正常运行，“亳州民革”公众微信平台推送信息67条。

印发《亳州市民革发展党员工作程序（试行）的通知》，规范组织发展工作。发展民革党员6人，全部具有大学本科以上学历，其中研究生1人、法律界人士2人、自主创业民营企业家1人、教育界人士1名、出版发行界人士1名。截至2018年年底，全市共有民革党员119名。

筹建亳州民革法律服务中心，帮助贫困户运用法律手段解决日常矛盾纠纷，维护困难群体的合法权益。谯城支部到古井镇北曹村开展2次法律宣讲活动。5位执业律师，每人开展3件法律援助案件代理。

民革亳州市委会与谯城区薛阁街道办事处薛阁社区联合，启动亳州“民革党员之家”建设，“亳州民革党员之家”建成揭牌并投入使用。

开展示范支部创建活动。成立示范支部创建活动领导小组，印发示范支部创建活动方案，对照思想建设、组织建设、履职能力建设和制度建设四方面69条指标要求，按照时间节点，逐项开展支部达标活动。各支部研究指标体系，做到对标争创；明确专人负责，推进创建活动。

各支部围绕组织学习、参政议政、社会服务、民主监督等，组织开展活动。第一支部组织党员参与赴党员教育基地学习活动；第二支部围绕世界中医药之都建设、支部工作开展等组织讨论和座谈；第三支部组织党员开展优化营商环境座谈交流活动；农业支部组织党员参与污染防治攻坚战、助力生态文明建设等工作。谯城支部与中共谯城区古井镇北曹村党委签订共建协议书，开展赠书扶贫、看望慰问贫困户、义诊、法律知识讲座等活动。

本年度，民革亳州市委会获市“公益扶贫爱心单位”称号。

【参政议政】2018年，民革亳州市委会制定《关于深入做好参政议政工作的意见》，规范课题开题、调研、中期评估、结题等调研流程。召开参政议政工作会议，学习传达民革安徽省委会参政议政工作会议精神；组织召开社情民意信息工作培训会。建立常态化调研机制，明确重点调研课题，支持各支部、部室、党员自愿认领课题，市委会机关给予车辆、经费、联络等各方面保障，鼓励各支部和广大党员开展调研，向民革安徽省委会、政协亳州市委会专题协商会、对口协商会等提交调研报告。创新参政议政机制，探索形成骨干参与机制、日常调研机制、定期调度机制等。

组织调研活动23次，向民革安徽省委会、政协亳州市委会专题协商会、对口协商会等提交调研报告15篇。其中，马昭华在省十三届人大一次会议期间提出的“关于制定《安徽省学生意外伤害事故预防与处理条例》的议案”，被列为2018年立法计划调研论证类项目，已由省教育厅起草、调研及专家论证，形成条例草案；市委会向民革安徽省委会提交加强家庭教育立法的建议1件，第二支部承担民革安徽省委会“乡风文明，厚植乡村振兴根基”课题并提交调研报告，袁方提交的《医养融合 发展健康养老事业的建议》被民革安徽省委会作为协商会书面发言材料采用。政协亳州市委会6个年度协商议题中有3个协商会民革市委会作口头发言。组织2次民革界别政协委员视察活动，围绕城区停车场建设、林拥城建设，参观市体育公园停车场、市政公园停车场、林拥城项目，提出意见建议。报民革安徽省委会和市委统战部有关社情民意信息和意见建议30余篇，其中3篇被民革安徽省委会采用，4篇被《亳州信息》采用。

【民主监督】2018年，民革亳州市委会共开展脱贫攻坚民主监督工作18次，走访40个自然村，贫困户121户，党员参加81人次，下发督察情况通报18期，书面提出意见建议44条，均得到及时回应和办理。

开展污染防治民主监督。民革亳州市委会对中央环保督察反馈的38件A类环境问题展开第一阶段核验工作；8月，对亳州经开区入河排污口市级核验清单中的8个入河排污口逐个进行核验；9月，对涡河沿岸的部分入河排污口和码头展开调研；9月27日至10月22日，开展为期27天的餐饮油烟排放、垃圾堆放、渣土车管理等问题督察和核验工作。12月，两次就餐饮油烟和入河排污口进行查看。

【社会服务】2018年，民革亳州市委会组织召开博爱促进会爱心企业家座谈会、第三次会员大会。组织博爱会员企业到亳州一中，资助60名贫困生爱心款共计12万元。在2018年的高考中，亳州市博爱促进会资助的20名高三贫困学子全部本科达线。组织亳州一中高二年级的20名“博爱”受助学生到中药材大市场、亳州展览馆和3家博爱促进会爱心企业——安徽协和成药业饮片有限公司、安徽斯力泰健康产业有限公司、华寅药业等进行参观学习。组织医疗卫生、文化等专业人士，赴谯城区颜集镇开展“三下乡”志愿服务活动，看望慰问部分贫困家庭。组织帮扶慰问贫困户、关爱农村未成年人、送医送药送文艺、“八一”建军节走访慰问退伍军人等相关公益活动35次，钱物价值约20万元，受益群众1200余人。

在2018年“爱心传递 赠衣扶贫”活动中，民革党员捐款9700元。到北曹小学开展赠书扶贫活动，为北曹小学送去600册、价值约16000元的科普、童话故事、国学、经典名著等方面的书籍，帮助学校充实图书馆资源。组织亳州市人民医院和华佗中医院专家团队，到北曹村开展扶贫义诊活动，并针对心脑血管疾病以及常见病作专题讲座。

【民革亳州市委会二届二次党员代表大会】2018年1月12日，民革亳州市委会召开二届二次党员代表大会。市人大常委会副主任、民革亳州市委会主委马昭华参加会议，市委统战部副部长管卫东出席会议并讲话。会议学习传达民革中央十三次代表大会精神、中共亳州市委四届五次全会精神与市“两会”精神，听取并审议马昭华所作的工作报告。会议对2017年度优秀党员、参政议政和社会服务先进个人以及2017年度参政议政优秀成果进行表彰。

【亳州市博爱促进会第三次会员大会】2018年2月5日，亳州市博爱促进会第三次会员大会在行政会议中心第四会议室召开，市人大常委会副主任、民革亳州

图29 2018年10月12日，民革亳州市委会组织到谯城区北曹小学赠书（田露 摄）

市委会主委马昭华出席会议并讲话，市人民医院副院长、民革亳州市委会副主委李含君主持会议。会议听取和审议博爱促进会会长赵心贵以《凝聚博爱力量 圆梦贫困学子》为题作的协会工作报告。亳州民革农业支部副主委蒋祥廷作2017年博爱促进会财务收支情况说明。在座谈发言中，爱心企业家表示，未来将以更大的热情，以更大的干劲投身博爱事业，并带动身边的人，影响他们加入博爱团队中来，让博爱事业发展和传承下去。会后，各位爱心企业家捐款，用实际行动支持博爱事业的发展。

（田 露）

中国民主建国会亳州市委员会

【概况】2018年，中国民主建国会（简称“民建”）亳州市委员会发展6名会员，共有会员107人，经济界人士占71.7%。会员中，有省人大代表1名、市人大代表7名；省政协委员1名，市政协委员23名。

把思想教育、组织建设、参政议政、社会服务工作融于支部活动之中。谯城总支部开展学习全国两会精神和走进会员企业调研活动；市直一支部和市直三支部联合开展为教师过一个有意义的节日活动；市经开区支部开展会员企业取长补短、互帮互助活动；市直二支部组织为会员免费体检；民建企业家联谊会开展扶贫帮困和营商环境调研；妇委会开展“三八”节游“林拥城”踏青活动等。被各级媒体采用宣传稿件146篇。

本年度，民建市委会被民建安徽省委评为社会服务暨脱贫攻坚民主监督工作先进集体、2018年度新闻宣传工作先进单位二等奖、2018年度全省民建参政议政工作先进集体三等奖。专职副主委董艳慧、委员何颖川被民建安徽省委评为参政议政工作先进个人；杨宗轶被民建安徽省委评为2018年度反映社情民意信息工作先进个人；杨轶博被民建安徽省委评为新闻宣传工作先进个人称号。张明、杨轶博撰写的作品均被民建安徽省委评为新闻宣传优秀作品。民建市委会携手民建企联会开展慰问贫困户活动摄影作品被市政协评为第二届“政协好新闻”，入选民建安徽省委纪念“改革开放四十周年”艺术作品暨脱贫攻坚民主监督图片展。

【参政议政】2018年，在省、市、区“两会”上，会内各级人大代表、政协委员共提交人大议案5件，建议14件，政协提案68件（其中民建集体提案17件）。在市政协四届二次会议上提交的关于加快厕所革命的提案，列为市政协重点提案，得到有关部门的高度重视和办理，推动亳州“三大革命”。市委会撰写的《推进厕所革命，提升亳州形象》、郭德峰撰写的《关于鼓励支持我市保健食品生产的建议》、刘璐撰写的《关于规范管理我市共享单车的几点建议》等提案被市政协评为2018年度优秀提案；市委会撰写的《加强城乡接合部大气污染防治，打赢蓝天保卫战》的调研报告被市政协评为2018年度优秀调研成果。完成民建安徽省委“切实减轻中小学课业负担”和“污染防治”2个重点课题调研任务。向民建安徽省委报送的调研成果，被省政协采用的有全会大会发言1篇、集体提案2篇、

图30　2018年9月18日，民建亳州市委会组织部分政协委员到利辛县开展脱贫调研（杨轶博　摄）

协商会发言1篇；被政党协商会采用3篇；由市委统战部转报省委统战部被采用1篇。何颖川撰写的以污染防治为主题的调研成果被民建中央采用。上报民建安徽省委和市政协、市委统战部社情民意信息共13篇，被民建安徽省委采用5篇。

【民主监督】2018年，民建亳州市委会对利辛县脱贫攻坚开展民主监督。采取不打招呼、随机进村入户的方式，走访利辛县24个乡镇、58个自然村、389户贫困户，反映问题38个，提出建议16条，均得到及时解决和采纳。对利辛县的污染防治进行民主监督，主要针对中央和省环保督察反馈问题及信访件进行核验，采取明察与暗访相结合的方式，多次深入养殖场、入河排污口、砖瓦窑厂、黑臭水体等一线，了解问题整改情况并及时反馈。共参加全市污染防治民主监督核检7次57天，完成涉及利辛县的1400余家养殖场的核验任务。

【社会服务】2018年，民建亳州市委会做好脱贫攻坚结对帮扶工作。春节前，民建市委会组织会员企业家，为对口帮扶的利辛县马店孜镇双沟社区的150户贫困户送去价值1万余元的食用品、毛毯、春联等；会员企业家周学华、牛品等9人为社区贫困大学生送去1.5万元学费；民建市经开区支部开展“爱心传递、扶贫捐款”活动，会员企业谓博药业、世贸药业、君悦酒店、徽草堂药业、精诚本草药业、佳凯药业等企业每家捐款2万元；市委会为双沟社区赠送复印机一台。全市民建会员共帮扶贫困户186户283人，到贫困户家走访，为贫困户送去衣物、提供就业岗位等。

利用民建企联会平台，举办企业家座谈会、银企对接会等，组织企业家参加民建中央组织的中国非公有制经济发展论坛、中国风险投资论坛等，促进会员企业家提高素质，提高应对风险能力和市场竞争力。调研会员企业发展情况，了解企业经营状况和存在问题，鼓励他们依法经营，参与社会事业建设。

【纪念“五一口号”发布70周年】2018年是中共中央发布“五一口号”70周年，民建亳州市委会贯彻落实民建中央《关于开展中共中央发布“五一口号”70周年纪念活动的通知》要求，以“不忘合作初心、继续携手前进”为主题组织开展系列纪念活动。组织骨干会员和新会员赴上海中共一大会址、黄炎培故居、胡厥文故居等民建中央爱国主义教育基地参观学习；参加民建安徽省委组织的赴遵义专题教育活动；组织会员参加市委统战部组织的赴西北坡学习教育活动。参加市政协、市委统战部召开的纪念“五一口号”发布70周年座谈会；组织会员参加市委统战部举办的演讲比赛，会员张明和李阳获演讲比赛三等奖。参加民建安徽省委组织的报告会、征文等活动。组织会内书画家参加民建安徽省委举办的“纪念改革开放40周年民建书画作品展”，陈龙、孙利娟、贾玉林、董玉泉、张红军、林达6位会员分别提交作品并获参展。在“亳州民建”微信公众号刊登会员撰写的纪念“五一口号”发布70周年心得体会并向上级报送，教育和引导会员把老一辈民建人与中国共产党亲密合作形成的政治信念、优良传统和高尚风范传承下去，增强中国特色社会主义的道路认同和制度认同。

（杨轶博）

中国民主促进会亳州市委员会

【概况】2018年，中国民主促进会亳州市委员会发展新会员9名，共有会员86人。其中，市人大常委2名，市人大代表2名；全国政协委员1名，市政协常委2名，市政协委员11名。

组织学习中共十九大精神、习近平总书记系列重要讲话精神，学习民进中央十二大、民进省委八大、中共亳州市委四届六次全会精神。开展集中学习讨论3次，组织会员参加民进省委会、省委统战部、市委统战部、市区政协组织的培训100余人次；组织收看民进学习贯彻全国“两会”精神座谈会、民进主题教育活动理论宣讲报告会。

制定《民进亳州市委2018年思想政治教育主题年工作实施方案》，开展“不忘合作初心，继续携手前进”主题教育活动。开展纪念“五一口号”发布70周年活动，组织骨干会员赴革命圣地西柏坡参观学习；参加市政协、市委统战部召开的纪念“五一口号”发布70周年座谈会；组织会员参加市委统战部举办的演讲比赛，会员李侠和陈晓红分别获演讲比赛第二名、第三名；参加民进安徽省委组织的报告会、征文等活动。

推进组织建设，成立民进亳州学院支部。

开展宣传工作。在省委统战部网站、《安徽统战》《安徽民进》等省级报纸杂志上发表理论文章、宣传信息6篇，在民进省委网站发表稿件24篇，在市政协网站、《亳州晚报》、亳州电视台等市级媒体发表通讯报道稿件50余篇。在市政协2017—2018年度好新闻评选中，市委会报送的2篇宣传信息分别获评一等奖、三等奖。

【参政议政】2018年，中国民主促进会亳州市委员会围绕省委、省政府，市委、市政府的中心工作，精选重点课题，开展调查研究。在全国政协会议上，提交《创业创新的舞台不能让农民缺席》等2件提案，上报专题信息3件；在省“两会”期间，《推进精准扶贫公平性 提升群众满意度》被选为省委书记李锦斌督办省政协“全力推动我省深度贫穷地区精准脱贫”系列提案之一，2件成果被省委会采用列为正式提案提交，1件成果被选为省政协乡村振兴战略专题协商座谈会书面发言材料；在市“两会”期间共提交集体提案11件，社情民意信息6条，其中《关于提升亳州老街业态的建议》被选为大会口头发言，《落实公交优先 助推城市交通发展》《关于加强基层食品安全治理体系建设的建议》被评为2018年度市政协重点、重要提案；另外，在市政协6个年度协商议题中，有18篇材料列入成果汇编，《多措并举 加强城乡接合部环境整治》等3篇被选为协商会口头发言。在“两会”闭会期间，共报省委会和市委统战部有关社情民意信息和意见建议共30余篇，其中《关于全面推广药品上市许可持有人制度的建议》被民进中央采用，《建议在全省推广农药集中配送》被省政协采用，17篇被省委会采用，3篇被《亳州信息》采用。

【民主监督】2018年，中国民主促进会亳州市委员会对口谯城区开展脱贫攻坚民主监督工作。采取不打招呼、随机进村入户的方式，开展脱贫攻坚民主监督工作48次，入户走访335户，提出建议90条，反馈问题192条，回访满意度100%。围绕中央环保督察反馈问题开展整改核查验收工作。对谯城区中央环保督察反馈的14类799件A类环境问题展开第一阶段核验工作，对谯城区境内涡河沿岸21个排污口、1个污水处理厂逐一进行现场核验，对谯城区322家规模养殖场、135家规模养殖场和304件信访投诉件进行二次核验，推动突出环境问题的整改落实。

【社会服务】2018年，中国民主促进会亳州市委员会组织医卫专家走进民族乡村、偏远乡镇开展义诊活动2次，累计服务基层群众200余人次；“八一”建军节期间，组织慰问困难退役军人；组织各支部联合开展急救知识进校园、“春联万家”“环保乡村行”等公益行动；鼓励和支持会员结合自身实际情况投

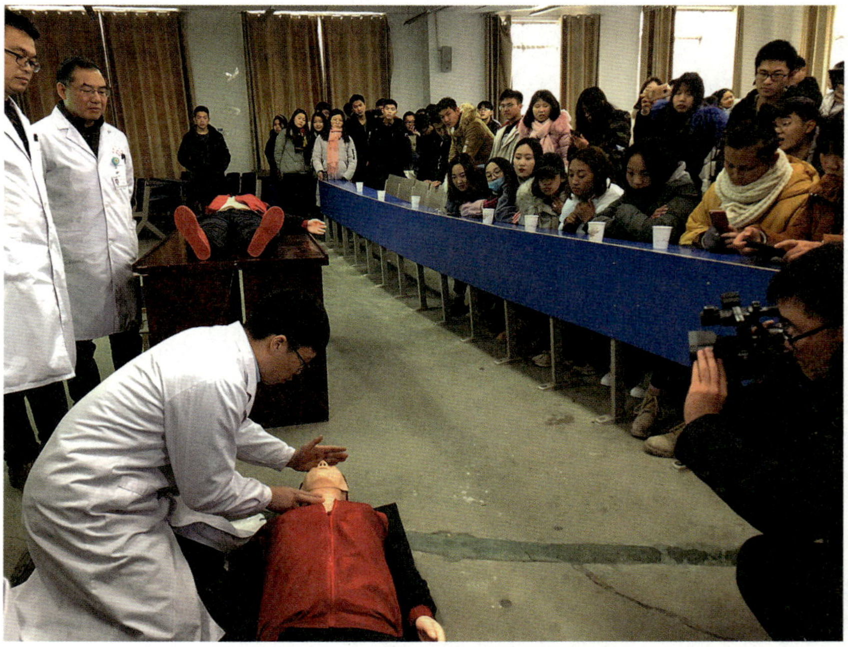

图31　2018年12月12日，民进亳州市委会组织医卫专家赴亳州学院举办心肺复苏知识公益讲座（李磊　摄）

身微公益，开展公益普法、送教送培、关爱留守儿童和慰问工勤人员等公益活动。

（李　磊）

中国农工民主党亳州市委员会

【概况】2018年，中国农工民主党亳州市委员会有3个支部，党员85人，其中新发展党员5人。

组织市委员会委员、支部委员及党员中的人大代表、政协委员学习中国共产党十九大和习近平总书记系列重要讲话精神，学习农工中央十六大、农工农工党省委和中共亳州市委有关会议和文件精神。组织党员参加市级、省级、中央培训学习5次，共计35人次。开展纪念“五一口号”发布70周年系列活动，继续开展“不忘合作初心 继续携手前进”主题教育活动，参与纪念改革开放40周年、农工党安徽省委成立60周年系列活动，参加市委统战部组织的“四个一”活动（一场报告会、一次演讲比赛、一次座谈会、一次寻根之旅）。

【参政议政】2018年，在省政协十二届一次会议上，农工党亳州市委会提出的《治理城市黑臭水体 大美安徽碧水微澜》被选为大会发言材料。在省政协“稳步推进农村集体产权制度改革”月度协商会上，农工党亳州市委会提出的《关于农村集体产权制度改革情况的汇报》被选为书面发言材料。在市政协四届二次会议上，以党派名义和党员中的市政协委员共提出34件提案，占政协全部提案的7.5%，其中《关于及时调整基层医疗卫生机构医疗服务物价收费标准的提案》被列为重点提案，马莉代表市委会作《关于加强我市非贫困村脱贫攻坚工作的几点建议》的大会发言。在市人大四届二次会议上，农工党的三位代表共提出6件建议案，其中田兵、从民等11位代表联名提出的《关于亳州市园林绿化条例立法的议案》被列为议案。截至年底，完成立法工作，并开始执行。

围绕市政协大会主题、协商会主题和农工安徽省委课题，农工党组织参政议政骨干党员员到市内外调研2次。在市政协6次专题协商会上，共报送27篇发言材料，占全部协商会316篇发言材料的8.5%，其中8人次作大会口头发言，10人次作书面发言。农工中央采用2篇，安徽统战采用市委会专题材料1篇，农工安徽省委采用15篇。

【民主监督】2018年，农工党亳州市委会组织党员，对涡阳县开展脱贫攻坚民主监督工作。工作组围绕提高扶贫工作质量，进村入户调研，精准反映并解决问题。截至12月15日，工作组先后到涡阳县24个乡镇开展脱贫攻坚民主监督工作，实地到122个自然庄走访329户贫困户，反馈的51个问题，均及时解决，提出50条建议，均得到采纳。8次深入涡阳县涡北街道办事处涡北社区开展精准帮扶工作，为贫困户送去收音机、衣服、鞋子等生活物品，帮助两个贫困户申请房屋维修项目。围绕中央环保督察反馈问题整改核查验收、市县中心城区网格化环境精准治理、河长制专项治理等内容对涡阳县开展污染防治民主监督工作。7月10日至7月23日，主委龚艳玲带领市环保核验组到涡阳县

图32　农工党亳州市委会组织医疗专家到涡阳县天静宫街道开展义诊活动（李道远　供图）

对中央环保督察反馈问题进行核验。采取明察与暗访相结合方式，围绕中央交办信访件、乡镇污水处理、黑臭水体、搅拌站、入河排污口、饮用水源地、砖瓦窑厂、港口码头、加油站、非正规垃圾站、规模化畜禽养殖场、禁养区养殖场等1190项核验任务，乡村、厂区及项目一线，了解问题整改情况，分析问题产生原因，并以问题清单的形式进行反馈。核验成效显著，得到市委的高度肯定。8月9日至14日，龚艳玲带领环保核验组到涡阳县对56个入河排污口整治情况进行市级核验，共反馈共性问题3个、个性问题4个。9月27日至10月16日，龚艳玲带领环保核验组一行20人到涡阳县对854家畜禽养殖场核验销号情况进行市级核查验收。

【社会服务】2018年，农工党亳州市委会联合市委组织部、市妇联，组织医疗专家到谯城区桥东镇开展义诊送药、健康讲座、法律讲座活动，发放价值5000余元的药品，400余名群众参加活动。组织党员到涡阳西阳镇开展扶贫和义诊工作共计40余人次，组织医疗专家参加省内外学术会议、质控培训及经验交流等进行授课和发言20余人次。以党员王继峰的心理工作室为主体，在中高考期间开始心理咨询台，为考生和考生家长提供心理咨询服务。

（李道远）

九三学社亳州市委员会

【概况】2018年，九三学社亳州市委员会先后10次召开市委会委员、全体社员会议，举办九三论坛3次，深入学习贯彻习近平新时代中国特色社会主义思想、中共十八大系列全会和中共十九大精神，学习贯彻九三学社第十一次全国代表大会精神，学习贯彻九三中央、社省委和中共亳州市委有关会议和文件精神，夯实新时代多党合作共同思想政治基础。

开展纪念“五一口号”发布70周年活动，推动“不忘合作初心 继续携手前进”主题教育活动深入开展。组织市委会委员、支社委员和部分骨干社员到陕西省延安革命圣地学习考察。参加市委统战部组织的“四个一”活动（一场报告会、一次演讲比赛、一次座谈会、一次寻根之旅），组织社员参加演讲比赛，赵锋、张莉两位社员均获三等奖，主委张国芳、副主委刘云飞参加市政协、市委统战部4月27日组织的纪念中共中央发布“五一口号”70周年座谈会，组织社员参加社省委4月27日举办的纪念“五一口号”发布70周年演讲活动、市委统战部组织的西柏坡、李家庄参观学习活动、社省委举办的“纪念改革开放40周年暨九三学社成立73周年书画作品展”“纪念九三学社成立73周年社章社史知识竞赛”活动、社中央举办的“社员之家杯”社章社史知识竞赛活动。

加强市委会和支社领导班子建设，增强组织向心力。参与政党协商和其他形式的协商，召开支社班子成员会议4次，明确细化工作任务、班子成员职责和有关制度。加强机关建设和推进社内监督制度化建设。按照九三学社中办发〔2018〕15号文件精神，完善各项制度，推进落实。对市委会和各支社工作实行目标管理，工作实现制度化、程序化、规范化。实施人才强社战略。组织1名社员参加社省委民主党派基层组织建设培训班，组织8名社员参加市委统战部举办的“亳州市第六期党外代表人士培训班”。开展社务活动。利用社庆纪念、座谈会、比赛竞赛等形式，加强九三学社组织与社员的沟通联系，组织社员到河南省焦作市就市政协“推进中心城区旅游发展专题协商会”主题开展调研活动。

本年度，社员刘国英被市政府评为第一届拔尖人才、享受第四批市政府特殊津贴，江许胜被市政府评为第一届优秀人才，怀凯被省科协评为“2013—2017年度安徽省科协系统先进个人”。吸收李丹崖等5名新社员。

【参政议政】2018年，在省十三届人大一次会议上，人大代表韩青、沈晓燕、刘国英提出5件建议。在省政协十二届一次会议上，委员张国芳提出4件提案。在市人大四届二次会议上，刘云飞等4名人大代表提出3件议案、4件建议。在市政协四届二次会议上，以党派名义和社员中的市政协委员共提出41件提案，市委会作《加强普惠性幼儿园建设，提升幼有所育水平》大会发言，该提案被市政协列为重点提案，2018年市政府出台《关于加强普惠性幼儿园建设的意见》。

开展调研活动。组织骨干社员到蒙城县开展“农村基础设施建设”“农村污水治理”“林业扶贫项目实施情况”“提升农村基层组织公共服务水平”“提升农村乡风文明水平”等12次专题调研。组织骨干社员开展“深入推进世界中医药之都建设”专题调研。配合社省委、市政协做好省政协九三学社界别组5月13日至15日赴亳调研工作。参加社省委召开的“我省乡村垃圾和固体废弃物治理”专题研讨会并提供有关调研材料。参加市政协“文化遗产传承、保护、利用”协商会调研组到山东省曲阜市、泰安市开展专题调研。

截至11月15日，向社省委、市政协、市委统战部报送社情民意信息稿件43篇、专题调研报告7篇，报送有关宣传报道材料162篇。主委张国芳报送的“关于加强中药材标准化种植的建议”信息被市领导批示，社员方林飞报送的“警惕沿河景观灯带潜藏的‘电老虎’伤人”信息被杜市长批示、“我市公交站台的雨棚建设亟待引起重视”信息被副市长李胜辉批示。在本年度市政协6次专题协商会上，市委会及社员累计提供发言材料39篇，占全部协商会316篇发言材料的12%。以市委会名义作5次大会口头发言，分别是推进亳州市中心城区旅游业发展专题协商会的“关于进一步提升中心城区旅游公共服务体系建设水平的建议”、推进农村环境三大革命常委专题协商会的“农村污水治理应综合施策”、加强城乡接合部环境整治专题协商会的“关于进一步提升城乡接合部黑臭水体整治水平的建议”、打造世界中医药之都常委专题协商会的“关于加强我市中药材标准化种植的对策建议”、文化遗产传承保护和利用专题协商会的“关于建设涡河生态文化旅游带的建议”。

图33 2018年7月，九三学社亳州市委会组织核验蒙城县环保工作
（方林飞 供图）

【民主监督】2018年，九三学社亳州市委员会开展脱贫攻坚民主监督活动。围绕提高扶贫工作质量主题，进村入户调研，精准反映并解决问题。截至12月10日，工作组到蒙城县篱笆、乐土、许疃等14个乡镇开展脱贫攻坚民主监督工作，用67天时间分别到131个自然庄走访437户贫困户，反映75个问题，均及时解决，提出77条建议，均得到采纳。

市委会与蒙城县有关领导交流2017年脱贫攻坚民主监督工作并就扶贫工作提出建议。组织业务骨干参加市“聚焦精准大调研．数据采集调研”活动。工作组安排召开村干部座谈会2次，调研“县摘帽”背景下村委会工作开展情况。参加市脱贫攻坚民主监督工作座谈会。4次协助九三学社安徽省委做好脱贫攻坚民主监督工作。参加九三学社安徽省脱贫攻坚民主监督培训班。助推蒙城县打赢脱贫攻坚战。

开展污染防治民主监督工作。7月10—23日，主委张国芳带领市环保核验组一行22人到蒙城县对中央环保督察反馈问题进行核验，采取明察与暗访相结合方式，围绕中央交办信访件、乡镇污水处理、黑臭水体、搅拌站、入河排污口、饮用水源地、砖瓦窑厂、港口码头、加油站、非正规垃圾站、规模化畜禽养殖场、禁养区养殖场等888项核验

图 34　2018 年 8 月 31 日，九三学社亳州市委会组织医疗专家到谯城区立德镇申楼村开展义诊活动（方林飞　供图）

任务，深入乡村、厂区及项目一线，了解问题整改情况，分析问题产生原因，直接向市民主监督微信群反映问题清单 8 次，反馈问题 660 个。8 月 10—13 日，张国芳带领入河排污口核验组一行 8 人到蒙城县对 53 个入河排污口整治情况进行市级核验，反馈问题 27 个。9 月 27 日至 10 月 13 日，张国芳带领市畜禽养殖场核验组一行 15 人到蒙城县对 1100 余家畜禽养殖场核验销号情况进行市级核查验收。11 月，中央环保督察“回头看”，随机抽查蒙城县 6 家养殖场，全部达标。蒙城县污染防治工作长效机制完善，全县生态环境质量提升。

【社会服务】2018 年，九三学社亳州市委员会开展帮扶济困活动。亳州美协主席任明、亳州刻字协会主席王显吉、谯城区美协主席李景国、美术家邱枫等艺术家累计义卖书法作品 27 幅、国画作品 15 幅，义卖所得善款全部捐助用于亳州慈善事业。邢三元、张海峰、赵长利、王铸、孙涛、宋辉等律师参加公益律师进社区普法宣传活动。姜慧影带领京师睿和女律师团到涡阳一中开展“遵法护苗，律师进校园”普法活动。全体社员用行动彰显社会责任，参与慈善活动。初步统计，全年捐款捐物累计价值 60 万元。开展 2018 年度“百名专家乡村学堂讲科普”活动，组织亳州学院赵锋、刘儒香、沈晓燕、代志星 4 位教授分别走进“三县一区”8 所中小学，为 2000 余名学生讲授科普知识。开展义诊活动，九三学社社员中的医疗专家到谯城区立德镇申楼村开展义诊活动，现场发放疾病预防资料 400 余份，为 120 余名村民进行初步诊疗并提供身体保健建议，对申楼村医疗室建设提出建议。

（方林飞）

群众团体

图 35　2018 年 5 月 31 日，共青团亳州市委组织召开“你好，新时代”主题队会（刘翔　供图）

亳州市总工会

【概况】2018年，市总工会下辖涡阳县总工会、蒙城县总工会、利辛县总工会、谯城区总工会4个县级总工会和市高新区、亳芜产业园区2个经济开发区总工会。直属职工服务中心、职工学校2个事业单位。全市基层工会6481家，工会会员532432人。

以基层党组织建设带动基层工会组织建设，把党建工作与工建工作同部署、同落实、同组建，符合党建条件的在建立党组织的同时建立工会组织，不符合党建条件的先建工会组织。党建带工建实现了思想共建、组织共建、队伍共建、阵地共建，确保基层工会从建起来到转起来的转变。全市通过党建带工建，组建基层工会组织514家，发展会员25592人。

组织社会力量为城市低保户解决“不愁穿”问题。全市共捐款123.66万元，以公开招标、统一采购等形式，购买以春秋装为主的服装发放到城市低保户手中，受益低保户8405人，基本实现每人一套服装。

加强宪法宣传和法制教育工作，开展第五个宪法宣传日活动，组织“尊法守法·携手筑梦”服务农民工公益法律服务行动，在工会网站、“职工之家”微信公众号开辟“窗口”进行法律知识宣传、法律知识在线咨询和解答。

开展新时代产业工人队伍建设改革，全市新时代产业工人队伍建设改革领导小组办公室设在市总工会。市总工会先后3次召开协调推进会，各县区和相关责任单位全部制定具体《实施方案》。与市委宣传部联合印发《全市新时代产业工人队伍建设改革宣传方案》，宣传市推进新时代产业工人队伍建设的好经验、好做法。

参与社会治理。加强厂务公开民主管理工作、组织厂务公开民主管理工作自查，指导厂务公开民主管理工作向民营企业延伸，创建10家厂务公开民主管理示范点。加强集体合同工资协商工作、部署集体要约“春季要约”行动，举办全市工会普法暨集体协商工作培训班，来自全市的80多名集体协商指导员参加培训。加强女职工组织建设，新建女职工组织481家，开展创建女职工“阳光家园”活动，新建“阳光家园”3家。

本年度，市总工会被市委、市政府评为全市机关效能建设优秀单位，被中华全国总工会评为“安康杯”竞赛文化宣传优秀组织单位。

【困难职工帮扶】2018年，亳州市总工会组织开展冬送温暖、春送岗位、夏送清凉、金秋助学“四季送”品牌活动。在冬送温暖中，慰问困难职工（困难农民工）及困难劳模7213户，发放送温暖资金409.94万元；在春送岗位中，举办就业招聘会97场，实现省内转移就业30342人，跨省转移就业25682人；在夏送清凉中，向高温一线和室外作业的职工发放防暑降温用品100多万元；在金秋助学中，资助290名困难职工子女，发放助学金112.2万元。

【会员数据库建设】2018年，亳州市总工会录入工会组织6431个，会员463370名。拓展职工网上办事渠道，开通三县一区总工会办事项，实现全市工会工作网上办理9项业务，办理业务5133件，办结率100%，走在全省前列。创新职工医疗普惠模式，按照患者自费3000元以上不同档次发放慰问金并短信慰问。开通工会会员普惠卡服务，与市邮政储蓄银行联合制发工会会员普惠卡，对关乎职工衣、食、住、行、娱乐、休闲行业的商家，择优签订普惠商家定点户，让职工在消费时享受实实在在的优惠。

【技能竞赛活动】2018年，亳州市总工会组织职工开展劳动和技能竞赛活动，共举办各类竞赛12项，11258名职工参与。市总工会牵头的中医药识别技能大赛纳入市委、市政府承办的国际（亳州）中药博览会十大项目之一，提升为全国性赛事，来自全国药企药校的37家单位、111名选手参赛。

【“每周一星”宣传】2018年，亳州市总工会组织在《亳州晚报》开设“每周一星”专栏，每周宣传一位劳动模范、先进人物。采取专版与专辑相结合、每月宣传与集中宣传相结合的办法，通过市总工会网站、“职工之家”微信公众号和其他媒体进行宣传。

共宣传劳动模范、先进人物100余位。

【首届庆“五一”职工文艺展演】 2018年，亳州市总工会组织开展首届庆“五一”职工文艺展演活动。展演主题是“中国梦·劳动美·亳州篇章”。全市基层工会推荐57个节目，通过审核筛选，16个节目参加展演。在展演过程中，由劳模代表向新先进颁奖的方式，让过去评选出的劳动模范代表为新当选的亳州市“十大最美劳动者”、亳州“十大工匠”和亳州市“五一劳动奖章”获得者颁奖。

【全省“安康杯”竞赛暨工会系统“安全生产月”活动启动仪式】 2018年6月6日，由省总工会和亳州市总工会主办、古井集团承办的2018年全省“安康杯”竞赛暨工会系统“安全生产月”活动在亳州市古井集团启动。省总工会党组成员、经审会主任胡东辉出席活动并讲话，亳州市委副书记、总工会主席方晓利致辞，亳州市总工会党组书记、副主席张学峰主持活动。

启动仪式上，胡东辉向古井集团颁发全国“安康杯”竞赛优胜单位奖牌，职工代表现场宣读倡议书，省总工会向职工赠送企业安全文化宣传图书，与会人员共同在活动板上签字并参观古井集团企业安全文化展、劳模创新工作室等。全市有487个单位、3765个班组、5万余名职工参加“安康杯”竞赛。

在安全生产活动月，共发放宣传画页6000余份，各类宣传手册400余册，在市总工会“职工之家”微信公众号开展安全生产知识网上竞答活动，5000余名职工参加。

（张光宇）

图36 2018年6月6日，全省“安康杯”竞赛启动仪式在古井集团举行（张光宇 供图）

中国共产主义青年团亳州市委员会

【概况】 2018年，中国共产主义青年团亳州市委员会（简称“团市委”）把深入学习贯彻党的十九大、习近平新时代特色社会主义思想、习近平总书记“7·2”重要讲话精神、团的十八大及中央、省委、市委党的群团工作会议有关精神作为首要政治任务。

围绕重要节日组织举办“争做十九大报告诵读者”“青年畅谈十九大”“高举旗帜、牢记使命”暨少先队“听变化、看变化、说变化”主题活动等系列活动。

整合各级团组织新媒体平台，与市本级传统媒体和其他行业新媒体交流合作，在《亳州晚报》开辟“青春”专版，亳州发布开辟“青年榜样”专题，亳州广播电视台开辟“五四十杰”事迹展播专栏等。拓展新媒体宣传平台和载体，生产具象化、青年化的文化产品，制作视频、音频、海报等文化产品50余件；编发手机报累计138期；亳州共青团正式入驻“抖音”，一个月粉丝量21.4万人次；制作发放数据线、钥匙扣等多种形式文创产品3000余件。以重要时间节点和大型活动为契机，加强线上线下互动，拓宽青年反应诉求渠道；严格落实意识形态工作责任制，把握宣传导向，建立30名青年组成的网宣队伍，及时与不当思潮作斗争。新闻稿件被中央级媒体刊发18篇，省级媒体刊发109篇，市级媒体刊发184篇。

本年度，亳州市第十八中学团委获全国五四红旗团支部、市委办邓晓雨获全国优秀共青团干部，全省五四红旗团委、团支部4个、全省优秀团干部、团员19人，全省“五四”青年奖章1人，

图 37　2018 年 5 月 4 日，亳州市“十大杰出青年”“青年五四奖章”颁奖典礼（刘翔　供图）

全省“向上向善好青年”10 人。获全国三等奖 2 个，全省特等奖 3 个、一等奖 6 个，二等奖、三等奖、优秀奖若干，团市委、亳州市少工委多次获优秀组织奖。获全省“微团课”二等奖 2 个。团市委被评为安徽共青团信息工作先进单位。

【青少年思想引领】2018 年，团市委发起“争做十九大报告诵读者”“青年大学习”网络主题团课等学习活动；举办习近平总书记“7·2”重要讲话精神、团十八大精神等专题培训，开展青年微宣讲、微团课比赛等活动。60 万余名青年参与线上线下学习。围绕庆祝改革开放 40 周年，举办青年榜样事迹分享会、微型宣讲、图片征集、视频展播等活动；开展团市委机关“不忘初心、牢记使命”微党课比赛；成立市青年宣讲团，开展青年宣讲进基层活动；动员基层团组织、高校团委开展“将改革开放进行到底”百姓宣讲活动，累计宣讲 80 余场，覆盖团员青年 2 万余人。

围绕重要时间节点，强化青少年主题教育。举办“贯彻十九大·青年大学习”暨庆祝建团 96 周年主题团日活动，“高举旗帜、牢记使命”暨少先队“听变化、看变化、说变化”主题活动，“六一”嘉年华大型亲子互动活动，少先队主题队会、红领巾跳蚤市场爱心义卖、青少年科技发明大赛、少先队建队日主题活动等，覆盖团员、青少年 5 万名。搭建平台，推动青少年全面发展。举办青少年音乐剧大赛、青少年科技创新大赛、小喇叭讲解员大赛等。开展“两红两优”“五四”青年奖章评选等创先争优活动。

【青春扶贫行动】2018 年，团市委实施市青年卫生志愿者扶贫接力计划。组织青年卫生志愿者，到贫困乡镇卫生单位开展驻点服务，为基层群众送去健康知识宣传教育、医疗卫生救助、疫情防治等方面的服务，帮助贫困乡镇卫生单位提升医疗服务水平。动员青年团体开展扶贫结对共建。选派银行等金融机构青年干部赴贫困村挂职工作，动员市青少年关爱协会等团属协会帮扶贫困户 34 人次，捐赠各类物资价值 7000 元。开展电商扶贫。培育电商特色镇、特色村，打造谯城区五马镇、利辛县马店孜镇两个试点，帮助销售五马甜桃 21 吨；设计并销售 6000 件“杨庄四宝”土特产大礼包，解决 150 余户贫困户销售难问题和 50 户贫困户的就业问题。搭建平台载体，带头走访慰问。开发完善公益扶贫 APP、微心愿系统等平台，为贫困户尤其是困难青少年提供便捷的救助渠道；团委党员干部带头走访帮扶贫困户，征集贫困户微心愿，帮助解决生产生活困难，团市委机关党员干部累计走访慰问贫困户 114 人次，送去棉衣、夏被等慰问品 100 余件。

【青春创业就业】2018 年，团市委加大青年创业扶持，青年创客空间 2018 年被认定为省级科技企业孵化器，成为亳州市唯一一家省级科技企业孵化器。截至年底，累计孵化企业 216 家，其中孵化返乡创业企业 69 家，青年学子创业企业 36 家，新增创业企业 71 家、返乡创业企业 40 家；空间孵化项目带动就业 1158 人，新增就业 562 人，其中返乡创业带动就业 432 人；孵化项目总产值 12.8 亿元。举办毕业季青年创客空间专场招聘会，搭建用人单位与青年人才桥梁。举办青年创

图 38　2018 年 3 月 2 日，学雷锋志愿活动暨雷锋精神全城传递（刘翔　摄）

业大赛、亳州市首届“药都创赢”创业大赛，营造勇于创业、善于创业的浓厚氛围。参与布局建设市区城乡两中心——电子商务公共服务中心、农村电子商务快递综合服务中心，促进电商返乡创业者工作。承办第十五届安徽省青年职业技能大赛（品酒师）决赛，为青年职工技能比拼提供舞台。在孵化项目带动就业的 1158 人中，研究生 7 名、本科生 259 名、专科生 494 名；并与亳州职业技术学院签署校企合作战略协议，共同开展创业人才培养和人才储备的交流与合作。

【志愿服务】2018 年，团市委联合市民政局、市文明办，成立“亳州市青年社会组织公益服务中心”，为入驻的青年社会组织提供办公条件配套支持、组织能力建设培训、发展资源对接、成长计划管理咨询、公益项目扶持推广等服务。做好登记注册，加强队伍建设。结合青年信用体系建设，在全市各级团组织中，推广使用“志愿中国”系统。截至年底，在“志愿中国”系统注册的人数有 20.7 万人，发布各类活动 246 个，记录志愿服务时长 11.7 万小时。围绕中心，拓展服务领域。服务春运返乡旅客，开展青年志愿者服务春运“暖冬行动”；弘扬雷锋精神，举办全市青年志愿服务启动仪式暨雷锋精神全城传递活动；助力生态环保，开展义务植树、保护母亲河、“美丽亳州，我是行动者”等志愿服务活动；服务中高考学子，开展爱心送考助考活动；服务全市重大赛会，开展药交会、亳州国际马拉松赛等志愿服务活动。市志愿服务项目在安徽省第四届青年志愿服务项目大赛中，获一等奖 1 个、二等奖 2 个、三等奖 1 个。

【从严治团】2018 年，团市委严格按照号段预留、季度分配、按需调剂、总体控制，做好团员发展和调控工作。制定 2018 年全市团员发展调控方案，确定各地、各系统团员发展名额和编号，3 月底前统一发放新版《入团志愿书》。制定“学习总书记讲话、做合格共青团员”行事历，编发《全市共青团系统推进从严治团和“学习总书记讲话 做合格共青团员”学习材料汇编》，确保教育实践有形化、日常化、制度化。完善双重领导体制，团市委主动向县区党委提出调整配备县区团委领导班子建议，县区人事调整前均征求团市委党组意见。结合村和社区两委换届开展村级团组织集中换届工作，建立县乡联审制度，明确标准条件，团组织换届与两委换届同部署、同督导、同推进。加强基层团建指导，制定团组织新建、换届实施手册和《共青团基础业务工作指导手册》。全市 1305 个村级团组织换届全面完成，配备团干部 3961 名，指导 13 家直属团组织进行换届和补选工作。加强团干部教育培训工作，举办亳州青年大讲堂，构建“3 + 1”基层团支部干部入职培训课程体系；新任职团干部培训纳入全市干部培训主体班次；举办全市市直机关、乡镇街道、中学中职团干部培训班，累计培训团干部 400 余人次。推行微型化、网络化“三会两制一课”，以团支部为基础，以“智慧团建”为依托，以微信群、QQ 群为联络，分市、县、乡、村四个层级建立网络团组织，建立网络团组织 4686 个，形成渠道畅通、覆盖广泛的网络组织生活体系。按照团中央要求，持续推动全市各级团组织建立完善组织树。全市完成2–7级组织树建立工作，共创建团组织4614个，亳州“智慧团建”工作总体进度在全团市级团委中位居前列。做好2018年度团费收缴、使用和管理工作。上缴2017年团费16.6万元。

【青少年成长成才服务】2018年，《亳州市贯彻落实〈安徽省中长期青年发展规划（2018—2025）实施办法〉》出台；亳州实施青年创客圆梦计划；争取皖北地区青年创业贷款财政贴息资金116万元；申报团省委支持青年创业就业工作项目1个；申请下拨全省村干部创业兴皖富民专项资金25万元。举办“相约七夕·缘来是你”400人青年交友会，搭建“缘来是你”青年交友网站，为单身青年提供更广阔和规范的交友平台。

依托学校和青年志愿组织，开展“萌芽的天使”等公益活动，宣传与青少年密切相关的法律法规；通过“12355”等公共服务平台，为青少年提供法律援助、心理疏导、公益救助等服务；开展“平安亳州·青春自护”等主题宣传教育活动，增强青少年自护意识和法治观念；开展“共青团与人大代表、政协委员面对面”活动，形成维护青少年权益调研报告1篇，动员人大代表、政协委员在两会期间反馈青年议案提案42个。联合市委组织部开展“情暖童心·微爱圆梦”活动，发放爱心大礼包1088件，帮助建档立卡贫困户家庭青少年实现微心愿1500余个；开展希望工程“圆梦大学行动”和“成长助力计划”，募集资金201.5万元，资助困难青少年1673人，资助人数较上年增长8%；开展“情暖童心·大手牵小手”关爱农村留守儿童系列活动，捐赠资金30余万元、物资价值10万元，帮扶困难青少年450名。

【共青团改革】2018年，团市委坚持示范带动，将国有企业，中学、中职和高校的团的建设以及全市少先队建设作为基础，因其人员相对固定、基础设施好、人员素质强、联系组织方便等特点，树立团组织建设模范。加强与教育部门协作配合，成立各级教育团工委，召开亳州市二次少代会，选举亳州市第二届少工委，聘任全市少先队总辅、副总辅；联合教育局出台学校团队工作相关制度，强化督导考核。

将街道社区、农村团建作为加强覆盖的重点，借助村和社区两委换届工作，选优配齐村级团干部。整合市青联、市青企协等资源，开展“情暖童心·大手牵小手”关爱农村留守儿童系列活动，捐赠资金30万余元、物资价值10万元，爱心帮扶困难青少年450名。

建立代表大会发言制度、团代表走访团员青年制度；印发《〈共青团亳州市委员会工作规则（试行）〉和〈共青团亳州市委常委会工作规则（试行）〉的通知》，完善全委会委员议事建言机制。改革团干部培养方式，联合市委组织部下发《关于加强全市共青团干部队伍建设的意见》和《关于进一步做好选拔优秀年轻干部赴团市委机关挂职锻炼的通知》，市委组织部统一选调干部到团市委挂职锻炼。开展全市违规发展团员核查整改工作，成立2个督导组对各县区和市直重点单位进行督导，并将意见反馈至单位党组织，确保团员发展工作规范。

推进团干部直接联系青年工作，印发《关于进一步完善团市委机关干部密切联系青年机制的实施方案》，改进团干部直接联系青年工作方式。开展“1+100”团干部集中服务青年月活动，推动全市各级团组织和团干部开展“最美青春故事”分享活动、真情助困送温暖活动、联谊交友和文化活动等，服务青年10万余人。

【“青年之家”综合平台建设】2018年，亳州市通过“青年之家”综合服务平台和云平台实现线下线上活动实地化、全景化、互动化，打造共青团门店。构建“团内”+“团外”的组织动员体系，“线上”+“线下”的工作项目体系，“硬件”+“软件”的资源保障体系。亳州市“青年之家”综合服务平台覆盖所有乡镇，其中54家已入驻云平台。全市有省级示范性平台5个、市级示范性平台83个、团中央经费支持建设的平台1个。发布活动741个，参与人数21719人。

【中国少年先锋队亳州市第二次代表大会】2018年10月13—14日，中国少年先锋队亳州市第二

图 39　2018 年 10 月 13 日，中国少年先锋队亳州市第二次代表大会开幕（刘翔　摄）

次代表大会召开。团省委副书记、省少工委主任单强，市委副书记方晓利出席会议并讲话。大会审议通过中国少年先锋队亳州市第一届工作委员会题为《高举队旗紧跟党走 争做新时代好队员 团结带领广大少年儿童为建设美好亳州做好全面准备》的工作报告，选举产生第二届亳州市少工委委员，主任、常务副主任和副主任，聘任亳州市少先队总辅导员、副总辅导员。

（刘　翔）

亳州市妇女联合会

【概况】2018 年，亳州市妇女联合会（以下简称“市妇联”）开展“万名巾帼大宣讲”及“巾帼传习走基层”活动。唱响“巾帼心向党·建功新时代”宣传主题，结合省妇联活动及市委宣传部“庆祝改革开放 40 周年群众性主题宣传教育活动”部署，推进基层宣讲活动。全国、省妇代会后，市、县区妇联组织学习传达，到基层一线、城乡社区、妇女之家等妇女群众集中地开展宣传；到县区开展市、县区、乡镇（街道）、村（社区）“四级”妇联主席座谈。据不完全统计，市、县区及乡镇、村四级妇联执委开展“巾帼传习走基层”宣讲 2632 场（次），受益人群近 10 万余人次。其中，市妇联到基层宣讲 53 场次；30 余家市直单位妇委会开展宣讲 149 场次。

市、县区两级妇联依托微信公众号及微博等，开展宣传工作。市妇联“亳州木兰之声”微信公众号开设九大宣传板块：工作动态板块，即时发布动态信息 113 篇；“巾帼传习所”板块，更新内容 26 篇；“喜庆妇女十二大 巾帼建功新时代”板块，转载会议盛况及相关报道 17 篇；“砥砺奋进新时代 巾帼聚力建新功 喜庆安徽省妇女十三大”板块，转载相关报道 15 篇；连载“药都巾帼·时代楷模”——亳州市“三八红旗手”先进事迹 55 篇；创新开设“聆听智者的声音·歌颂巾帼的情怀”——女神原创诗词连载板块，发表亳州市木兰文化研究会会员诗词作品 151 期 450 篇；连载 2017 年度“最美家庭”故事 40 篇、“最美军嫂”故事 10 篇；开设“木兰之乡·巾帼创业风采系列宣传”板块，宣传基层创业就业典型 25 期；连载《钱斌话国学》“孝行天下故事百则”之“魏木兰代父戍边”故事 6 期、连载“了解文化典故·读懂中华沧桑历史文明”故事 9 期。邀请知名网络达人，“三八”期间采访、推出亳州当代花木兰系列报道，在乐途、搜狐、今日头条等网站推送文章 8 篇，最高一篇点击量 144628 次。蒙城县妇联开设“十九大精神网络答题”专栏，2 万余名群众参与在线答题。

宣传表彰优秀妇女典型。各地结合实际开展三八红旗手（个人 280 名，集体 51 个）、双学双比女能手、环保小卫士、最美孝心少年、最美医生、最美护士评选表彰活动；在主流媒体开设“巾帼风采录”加大宣传报道力度，在新媒体“两微一网”开办专版进行系列宣传，在省妇代会期间，连发五期“喜迎安徽妇女十三大·亳州代表风采”，以典型示范引领广大女性甘于奉献、传承美德、弘扬文明。

图 40 2018年3月8日，亳州市举办庆祝"三八"妇女节活动（张兰兰 供图）

推动落实市、县（区）两级兼挂职妇联干部配备工作。制定妇联干部教育培训工作计划，开展执委培训33期，培训1900余人。

开展督察调研，撰写《如何发挥改革后基层妇联执委的作用》《农村留守儿童家庭教育现状调研》两篇报告。

开展"巾帼传习走基层"活动。到县区开展"巾帼传习走基层"宣讲53场次，全市合计2632场（次），受益人群近10万人。

开展"十星清洁户"、绿色低碳、健康、书香、五好等家庭推评活动。推进婚姻家庭矛盾纠纷多元化解工作，建立"木兰维权驿站"90个。结合书香家庭创建，探索创建"木兰书香驿站"70个。持续开展"木兰讲堂"心理咨询、家庭教育等系列讲座128场。推动建立"木兰牌"社会组织2个。扶持58个巾帼创业就业基地（"木兰扶贫驿站"），举办培训193期，带动1628名妇女就业。到基层举办法律讲座164场、庭审12场、徒步普法20次。实施"春蕾计划"，市县救助困难女大学生、高中生、贫困女童687人。开展"爱心传递·赠衣扶贫"活动，完成赠衣162908套。

本年度，市妇联被评为全市效能考核"优秀单位"；党组书记、主席戴爱霞2015—2017年连续三年个人考核被评为"优秀"，获市委三等功嘉奖。

【"巾帼脱贫行动"】2018年，亳州市妇联依托基地企业服务就业扶贫。发挥省、市妇女专项经费项目辐射效应，采取"三送三带"政策措施扶持巾帼创业就业基地（木兰扶贫驿站）建设。全市58个巾帼创业就业基地开展农业实用技术和就业技能培训193场，带动妇女长期就业1628名（其中贫困妇女31人），短期就业4520人（其中贫困妇女763人），就业妇女人均月增收1500元~2000元不等。各级妇联为基地"送项目、送荣誉、送宣传"，提供2万元~10.7万元不等的项目资金支持，授予各基地"亳州市巾帼创业就业基地（木兰扶贫驿站）"称号，在各类媒体宣传基地创业就业专版25期。下发《亳州市家政机构牵手贫困妇女活动方案的通知》，开展家政机构牵手贫困妇女摸底统计、外出考察政企合作家政扶贫示范点、推动建立亳州市谯城区木兰皖嫂职业培训学校。到乡镇、村开展"家政牵手贫困妇女示范讲座"7期。开展家政机构牵手贫困妇女培训13期，576人参加培训，就业上岗112人，培训、上岗中的贫困妇女55人。发掘市女企业家招商引资有利资源，在结对帮扶村——谯城区赵桥乡双楼村落户现代农业产业园项目1个，流转土地13.33公顷，搭建大棚30个，用于现代化特色种养殖，帮助带动20余名留守妇女就业。涡阳县主动联络义乌小商品加工企业，推动符合妇女用工需求的居家就业、巧手脱贫工作，全县建立来料加工点165个，解决就业6500人次。

动员社会力量开展穿衣扶贫。一季度为贫困户发放鞋子3576双、上衣20109件、裤子976条。8月，联合市委组织部、扶贫局等部门再次发出"爱心传递·赠衣扶贫"活动倡议，共完成赠衣162908套。

开展"春蕾计划10元捐"活动服务教育扶贫。6月份在全

图 41　2018 年 3 月 6 日，脱贫技能培训（张延林　摄）

市启动，市本级救助困难女大学生、高中生 82 人，各县区资助贫困女大学生、贫困女童 605 人。

实施公益关爱项目服务健康扶贫。组织农村妇女参加“两癌”免费筛查，为患病妇女争取救助资金，年初救助 2017 年申报的“两癌”妇女 63 人 63 万元。截至 10 月底，收到新申报“贫困母亲两癌救助”678 人，审核通过 204 人，其中乳腺癌 159 人，宫颈癌 45 人，其中 110 人为建档立卡贫困户，争取 110 万元救助资金，春节前将全部发放到位。开展“母亲健康快车”宣传义诊活动，提高妇女自我保健意识。开展“心希望”关爱心脏病儿童项目，为 5 乡镇 400 余名儿童进行心脏病免费筛查。开展“蓝丝带”安徽癫痫救助工程公益义诊活动，组织近 400 名癫痫患者参加检查。

实施困难妇女儿童救助项目，4 月底完成 20 万元经费划拨，各县区通过财政资金配套、实施“巾帼心向党·关爱暖心甜”“温暖包”征集配送等，共帮助 458 个困难家庭。在 8 乡镇实施“农村留守儿童关爱服务”项目。各乡镇年初均成立项目实施领导组织，组建农村留守儿童关爱服务志愿队，设立关爱服务档案，开展留守儿童安全知识、防溺水宣讲、庆“六一”系列活动。对特殊困境家庭（如单亲家庭、流动儿童家庭、贫困生家庭等）进行家庭教育个案咨询帮扶。

【推动社会组织弘扬正能量】 2018 年，市妇联指导心理咨询师协会组织“木兰讲堂·心理健康讲座”百余场。联合市司法局于 6 月 6—14 日，组织 9 名心理咨询师协会、心理协会、律师协会专业人员，开展木兰讲堂·婚姻家庭矛盾及情感纠纷预防化解教育巡回宣讲 30 场，为 3152 名社区服刑人员提供指导服务，实现社区服刑人员指导全覆盖。联合市律师协会开展“红芍花”法律公益服务专项行动，在谯城区 8 乡镇开展 8 场大型讲座，服务 1600 余人。

指导成立亳州市木兰巾帼志愿服务中心，由兼职副主席曹洁担任负责人。春运期间组织开展为期 40 天的“巾帼志愿行·温暖回家路”活动，提供各种便民服务。开展“弘扬雷锋精神爱心传递全城”——争做巾帼志愿标兵活动，组织募捐近 40 万元，帮扶困难群众 32 人。暑期多次组织慰问高温下的环卫工人，赠送电风扇、毛巾、香皂等物品价值近万元，并配合参与路段长巡察工作。组织志愿者与武警官兵联欢并慰问。联合江苏团省委驻南京工作站的志愿者为偏远地区龙德小学的孩子送去可调式桌椅 396 套，教具 1800 套、服装近 200 套。多次走进光荣院帮助老人按摩、剪指甲等，为农村孩子捐赠《弟子规》等书籍近 40 万册。

推动成立亳州市木兰文化研究会，举办迎“三八”木兰祠采风，“在水边，每一个日子都温暖如春”许辉先生读书与创作分享，“我心向上·出彩人生”——走进市知名女企业家，2018 中秋诗词品鉴，“爱在重阳”敬老爱老，砥砺奋进新时代·巾帼聚力建新功 – 学习习近平重要讲话和全国省妇代会精神报告会等活动，弘扬木兰精神，促进木兰文化的学习研究和传播交流。

指导亳州市家庭教育协会深入村居、学校，开展“木兰讲堂·好家风进万家”巡讲、亲子阅读、家长报告会等活动，全年进行 95 场次，参与家长儿童 8800 余

图 42　2018 年 5 月 5 日，旗袍爱好者在亳州老街走秀（刘勤利　摄）

人次。

响应市文化旅游年号召，指导市传世雅韵旗袍文化发展中心开展优雅旗袍文化系列活动。在谯城区齐庄生态农庄万亩芍药花海举办 2018 年中国（亳州）国际旗袍文化节活动，600 名国内外旗袍爱好者参与走秀展示，向世界宣传中国·亳州故事；在市区魏武广场举办雅韵旗袍文化展示活动，旗袍佳丽与茶艺、古筝爱好者们同台竞艺，提高亳州旅游文化的知名度和美誉度。

【巾帼创业创新】2018 年，市妇联继续开展“春风行动”宣传、专场招聘和培训活动。各级妇联共计发放资料 3.15 万份，组织专场招聘活动 33 场次，为 3.9 万人提供免费服务，介绍 5181 女性成功就业，组织跨地区妇女劳务输出 200 人，为 1780 名妇女提供职业技能和创业培训，为 328 名妇女提供劳动权益维护或法律援助服务。

推进妇女创业扶持小额担保贷款。前三季度为 163 名城乡妇女提供小额担保贷款 1.62 亿元。

举办职业技能大赛。联合相关部门，开展育婴员、快递员及母婴安全等技能大赛，进一步提高广大城乡妇女的就业技能、创业能力，激发妇女创业热情，增加家庭收入，促进社会和谐。

举办电子商务技能培训。利辛县妇联联合商务部门为有电子商务创业意愿的 60 余名女性举办电子商务技能培训。

【妇女儿童权益维护】2018 年，市妇联推动婚姻家庭纠纷预防化解工作。贯彻省、市六部门《关于做好婚姻家庭纠纷预防化解工作的实施意见》精神，研究制定下发《关于设立首批木兰维权驿站暨全面加强妇联反家暴工作力度的通知》，部署各县区充分发挥基层妇联组织在婚姻家庭纠纷预防化解工作中的积极作用，探索创设木兰维权驿站 90 个。深化“平安家庭”创建工作，命名市级“平安家庭”100 户、县级及以下“平安家庭”1179 户。

加大“七五”普法宣传力度。开展“送法到身边三个一”活动，各县区累计深入乡镇、村居，举办法律讲座 164 场，参与群众 1.6 万余人；庭审 12 场，参与群众近 3 千名；开展徒步普法 20 次，参与志愿者 500 余人次，发放《中华人民共和国反家庭暴力法》等法律法规知识手册，儿童防溺水安全知识等宣传资料 13 万余份，覆盖群众近 3 万人次。

助力信访妇女维权。市县区两级妇联全年妥处信访案件 133 起。就信访中发现的较为典型的家暴案件，发出公函，协调谯城区公安局介入处理，并提出预防家庭暴力转化为重大刑事案件的工作意见。各县区妇联协调法院、公安等相关单位，化解矛盾纠纷。市县区妇联妥善处理的 5 起涉法涉诉案件，被省妇联作为优秀维权案例进行采纳。加强与市法律援助中心的沟通配合，为涉法涉诉的信访妇女协调争取法律援助，各级妇联为 1145 名妇女、49 名未成年人争取法律援助专业服务。

夯实基层维权队伍基础。各级妇联协调法院，选聘市县区级以上，有一定法律法规知识和政策水平较强的离退休妇联干部、老教师、老法官、老检察官组成“五老”人员队伍，与巾帼志愿团律师、妇女干部、人大代表、政协委员共同承担起为基层群众调解维权案件的任务。

发挥职能作用，推动两纲目

图 43　2018 年 3 月 11 日，古井镇减店村开展好媳妇表彰活动（张延林　摄）

标任务落实。包含妇女儿童活动中心在内的亳州市“五位一体”活动中心建成投入使用，2 栋楼建筑面积 17618 平方米，妇女儿童活动中心投入使用 2500 平方米。召开年度妇儿工委全委会，完成年度统计监测任务，形成统计监测报告。指导利辛县与省统计厅、省公安厅做好两纲示范县结对共建工作。联合市委组织部、民政局下发文件，推动村委会主任中女性比例提高，1236 个行政村，成功换届 1204 个，其中村委会主任中女性 97 人，占比 8%。两纲示范县利辛县，346 个村全部换届成功，选出女主任 42 名，占比 12%。推动全市城乡社区儿童之家建设，全市 1344 个村、社区，截至 9 月底，建成儿童之家 762 个，占比 56.7%。

【推进文明建设】2018 年，市妇联推进家庭文明建设。以寻找“最美家庭”为统领，开展绿色低碳、健康、书香、五好等家庭推评活动，推选出市级各类“最美家庭”331 户、“最美家庭成员”95 名。县区表彰“最美家庭”1294 户，“好媳妇”156 名，“好婆婆”162 名。服务“美丽乡村”建设，开展“十星清洁户”推评工作，100 户农户获评市级“十星清洁户”，县区表彰 490 户。结合书香家庭创建，探索创建“木兰书香驿站”70 个，新增安徽省亲子阅读体验基地 3 个。蒙城县开展“拉着爸妈的手，暖心一起走”公益评选表彰及为父母洗脚活动，前期网上征集作品 150 余幅，投票网页访问量超过 40 万人次；现场参与为父母洗脚 200 余人，网络直播关注点赞 6.3 万人次。开展“我家美丽庭院”图文征集、“年味年趣”、畅想新时代·童心共筑梦等主题实践活动。

推进“木兰讲堂”公益讲座进社区、进家庭，服务城乡群众。截至 10 月底，除各协会承办的外，各级妇联开展“木兰讲堂”其他系列讲座 128 场。

宣传文明新风尚。组织发放《移风易俗反对高额彩礼》宣传彩页 2 万余份，倡导婚事新办、丧事简办、小事免办，鼓励集体婚礼、旅游婚礼等；印制垃圾分类宣传品、下发《致广大妇女群众的一封信》宣传单，响应人居环境整治行动，提升村容环境，营造人人爱环境、促发展的氛围。谯城区举办“美丽乡村舞起来”第四届农民广场舞展示活动，展示农村群众积极健康向上的精神风貌和对美好生活的向往。

【妇联改革】2018 年，全市、县（区）妇联配备兼挂职妇联干部。市妇联新增 1 名挂职副主席和 1 名挂职干部；各县区妇联分别配备兼、挂职副主席（蒙城、利辛各配备 2 名，谯城、涡阳各配备 1 名兼职副主席；利辛配备 2 名，谯城、蒙城、涡阳各配备 1 名挂职副主席）。镇村两级妇联组织配备专兼职副主席 2506 名，新增执委 5003 名。

推动乡镇（街道）妇联组织规范化换届。全面完成所有乡镇妇联规范换届工作。乡镇（街道）妇联主席中副科级干部 43 名。

做好改革后新进执委培训。市妇联四届执委、常委中各行各业女性比例为 62%、63%，分别达到及超过《亳州市妇联改革方案》中规定的目标。将新进执委纳入 2018 年度妇联干部教育培训工作计划。各级妇联分级分层次开展了执委培训并发放《妇联工作应知应会手册》3000 余册，共开展履职能力培训 33 期，培训妇干、执委 1900 余人。联合市委组织部、党校举办“全市第四期女干部培训班”，38名女干部参加培训。

推动在“两新”组织中建立妇女组织。下发《关于认真做好“两新”组织中已建妇女组织摸底统计的通知》《关于印发〈关于进一步加强非公企业和社会组织妇女组织建设的实施方案〉的通知》等，全市“两新”组织中新建妇女组织53个。

【“木兰讲堂”——《882幸福密码》】2018年，市妇联牵手市心理咨询师协会，联合市广播电视台，创新开办“木兰讲堂”线上讲堂——《882幸福密码》心理健康知识普及公益广播栏目，关注女性心理健康、婚恋情感、亲子教育和自我成长。栏目在每周六直播，在周日至周五进行重播，广播发射功率18千瓦，覆盖人口范围3000万。围绕心理健康、情绪管理、亲子教育、自我成长及婚恋关系处理等内容，制作节目43期播出301天。音频同步传输喜马拉雅APP后，共计1.2万人次进行收听。

【“爱心超市”推动“扶志扶智”】为弘扬先进，正面引导，提升广大群众在脱贫攻坚、环境卫生等方面的参与率，激发村民内生动力，推动扶贫与扶志扶智有机结合，2018年，涡阳县由县委宣传部牵头，县妇联、团县委主办，经过谨慎试点、现场推进、贫困村先行覆盖的逐步开展，在全县78个贫困村实现“爱心超市”建设全覆盖。所有“爱心超市”统一货架、柜台、制度、门牌标识、相关台账设计等，专人管理，有明确的建设标准和管理运行办法，78个“爱心超市”全部投入运营。明年将在全县383个全面推广。

（张兰兰）

亳州市工商业联合会(总商会)

【概况】2018年，亳州市工商业联合会（以下简称“市工商联”）（总商会）有主席（会长）1人，副主席13人，其中，驻会副主席（副会长）2名，企业家副主席11名；市总商会副会长19人，其中，企业家副会长17名；执委133名，其中常委49名。机关现有编制6个，科室2个，科室负责人2名。市工商联联系和指导的行业商会和协会有18个，团体会员商会16个，乡镇分会67个。

本年度，市工商联获亳州市招商引资工作先进单位。

【行业商会（协会）党组织建设】2018年，市工商联（总商会）按照《安徽省工商联“五好”县级工商联建设工作方案》要求，与池州市工商联对蒙城、利辛、谯城三个全国“五好”县级工商联和全省“五好”县级工商联（涡阳）开展互查。落实《中共中央办公厅、国务院办公厅关于促进工商联所属商会改革和发展的实施意见》，加强对所属商会的服务引导及党建经费支持，督促商会开展党支部标准化建设，指导福建商会成立党支部，汽车后市场商会被评为全省“四好”商会；开展所属商会不规范问题清理整顿工作，注销商会1个，新吸收行业协会2个；指导所属商会开展年检和换届工作，亳州市商会、糖酒商会、中药材协会3个商会完成换届。

【招商引资】2018年，市工商联（总商会）邀请浙江安徽商会、内蒙古呼伦贝尔市工商联、湖北省孝感市工商联（企业家）、广东亳州商会、昆山市亳州商会等9批140人到亳州招商考察；承担2018年中国国际徽商大会筹备有关工作，制定招商邀商方案。4月，在北京市、天津市举办亳州市邀商招商暨招才引智推介会。230余位知名企业、科研院所、大专院校负责人参加推介会，达成合作意向37余项，合作金额43亿元。邀请企业参加2018世界制造业大会和2018年国际徽商大会百家知名民企项目合作对接会，市长杜延安现场推介。市工商联主动跟踪联系，邀请客商，精心组织参加活动，高质量征集签约项目。5月，邀请参加徽商大会天津代表团部分企业家一行16人到亳州考察药业、酒业企业，并举行对接座谈会。

【异地亳州商会建设】2018年，市工商联进一步加强异地亳州商会建设工作，督促条件成熟的异地亳州商会抓紧筹备，尽快落实。新成立广东省亳州商会、广西玉林市、廊坊市、天津市、乌鲁木齐、芜湖市亳州商会及绍兴安徽商会亳州分会、东莞市利辛商会、深圳涡阳商会、阜阳利辛商会等10个异地商会。

【“政企直通车·规下工商业”微信服务平台】2018年，市工商联进一步加强“政企直通车·规下工商业”微信服务平台建设，提高入群数、问题反映数和问题办结率，帮助民营企业解决生产经营困难和问题。截至年底，“政企直通车·规下工商业”微信平台入群企业7669家、居5个平台之首，年新入群企业4045家，反映问题628个，已办结606个，办结率为97%，平台关注数、问题反映数、问题解决率和工作满意度等指标均居全市5个平台前列。

【民营企业“百企帮百村”精准扶贫】2018年，市工商联会同市经信委、市商务局共同开展“千企联千村，合力促攻坚”精准扶贫专项行动，组织1178家企业联系帮扶全市1248个村，实现行政村帮扶全覆盖。建立市、县区工商联“百企帮百村”精准扶贫联动工作机制和相关单位协同工作机制，和市委组织部、市委宣传部、市委统战部、市扶贫局等单位共同举办2018年亳州市脱贫攻坚文化惠民演出暨扶贫日项目认领认捐仪式，组织185家企事业单位认领221个扶贫项目、捐赠资金774.32万元；在市委组织部的指导下，和团市委、市妇联、市工会等单位共同开展“爱心传递·赠衣扶贫”倡议活动，向30万贫困人口每人捐赠1套运动服（鞋）；动员市、县区工商联97名执委和所属30余个商会结对帮扶贫困户279户，每月定期走访慰问，及时兑现“微心愿”。按照国家、省工商联安排部署，开展“百企帮百村”精准扶贫，组织176家会员企业帮扶314个村（建档立卡贫困村186个）、21124户贫困户，其中产业扶贫项目投资总额1.9亿元，帮扶贫困人数9878人，就业扶贫发放工资总额70万元，帮扶贫困人数492人，公益扶贫捐款捐物247万元，技能扶贫企业投资总额40万元，帮扶贫困人口607人；亳州市“百企帮百村”精准扶贫工作创新做法和突出成效得到省工商联认可，在全省“千企帮千村”精准扶贫行动推进会上作典型发言；《工商导报》以《多措并举抓精准 创新模式求实效》为题对亳州市“百企帮百村”精准扶贫工作进行专访，获市政协“好新闻”奖。

（冯　刚）

亳州市科学技术协会

【概况】2018年，亳州市科学技术协会（以下简称“市科协”）制定《亳州市科协系统深化改革实施方案任务分解方案》，明确市科协改革任务、完成时限、责任人、责任部室，明确路线图。制定《市科协常委联系点制度（试行）》《市科协机关干部直接联系科技工作者制度（试行）》，规范和加强对全市科技工作者的联系服务。出台《亳州市科协所属学会有序承接政府转移职能试点工作实施方案》。

遴选1名具有正高级职称的科技工作者，挂职市科协副主席，任期2年。指导市水利学会、市护理学会、市农技协学会、市预防医学会完成换届工作。

联合市教育局等5家单位命名王丽霞等61名教师为亳州市优秀科技辅导员，命名亳州一中等33家单位为大赛优秀组织单位。推荐安徽绿野农化有限责任公司与省化工学会合作开发生物农药制剂项目至省科协，经过评选，获10万元奖补资金。遴选《道地中药紫菀的品质提升关键技术研究与产业化》作为科技创新成果项目，潘刚作为科技英才人选，推荐至淮海科技奖评奖办公室。

举办常见中药材种植技术培训会、健康知识科普义诊、科普大篷车进校园等活动。组织市中药材协会、药膳养生协会、民间中医协会、营养学会、菊花产业协会等市级学会及市天达集团科协、谯城区绿源中药材种植推广协会参与扶贫。联合市菊花产业协会在南湖公园举办“千菊争艳、香约亳州”菊花展。10万余人次参观。市心理学会组织开展近50场活动。

本年度，在“2018年安徽省中小学生全民科学素质知识竞赛和气象科普作品观摩交流活动”中，亳州市获优秀组织奖。

【科普活动】2018年，市科协到谯城区五马镇参加全市“三下乡”启动仪式，设立科普咨询台，接受群众咨询，发放科普宣传资料、科技明白纸1万余份，向五马镇

图 44　2018 年 3 月 13 日，亳州市青少年科技创新大赛（周同超　供图）

政府捐赠 2000 册图书和 10 套挂图。联合市科技局围绕“科技活动周”在全市范围内开展一系列科普活动。活动期间参与科技咨询 1000 余人（次），发放科普资料 8000 余份（册），展示科普图板 30 余块（次）。市科协、九三学社亳州市委和市教育局三家联合，在县（区）乡镇中学开展 8 场“百名专家乡村学堂讲科普”活动，约 3000 名青少年学生参加。投入 4.8 万元，新购买 24 件大篷车展品，对损毁展品进行更换。开展科普大篷车进五马镇吴小阁小学、观堂镇崔庄小学、牛集镇大王村小学、观堂镇蒋瓦民族小学、华佗镇闫庄小学、赵桥乡双楼小学、涡阳县西阳镇文平小学等。在亳州职业技术学院举办 2018 年亳州市暨谯城区全国科普日活动启动仪式，开展系列科普活动。

【青少年科技创新大赛】2018 年，第八届亳州市青少年科技创新暨发明创造大赛在亳州一中举办。参赛作品共计 2167 项，其中少年儿童科学幻想绘画作品 1202 幅；青少年科技创新成果作品 421 项；科技创意作品 409 项；青少年科技实践活动作品 61 项；科技辅导员创新成果作品 74 项。市科协组织参加安徽省青少年科技创新大赛，获一等奖 2 个、二等奖 16 个、三等奖 27 个。组织参加安徽省中小学生机器人竞赛，市 9 个队参加“FLL 工程挑战赛—资源再生”竞赛，获二等奖 1 个、三等奖 7 个，2 个队参加“机器人创意赛”，获三等奖 1 个。市科协从亳州一中、亳州二中、蒙城一中共遴选 30 名高中学生和 3 名教师，分别参加华中科技大学、华东理工大学、南京理工大学科学营活动。联合市教育局在亳州三中举办“全市航模辅导员培训班”，三县一区 70 名航模辅导员参加培训班。

【2018 世界药膳文化交流活动暨中国·亳州药膳大赛】2018 年 9 月 15—17 日，市科协与市药膳养生协会联合承办 2018 世界药膳文化交流活动暨中国·亳州药膳大赛，418 名参赛选手参赛。参赛选手及嘉宾来自中国、韩国、日本、多米尼加共和国、贝宁共和国 5 个国家，共 36 个代表队，涉及国内 19 个省市和地区。世界中联创会主席佘靖女士、世界中联药膳专委会会长谭兴贵、市政府副市长李杰生出席大赛。中

图 45　2018 年 9 月 16 日，世界（中国亳州）药膳大赛——焦点（王长江　摄）

新社、新华社、《人民日报》、人民网、凤凰网、腾讯新闻等 38 家媒体报道。

【“延续护理在社区骨科患者康复指导中的应用”培训班和“亳州市第一届男护士发展论坛”】 2018 年 10 月 19—21 日，由亳州市科协、市护理学会主办，亳州市人民医院承办的国家级继教项目“延续护理在社区骨科患者康复指导中的应用”培训班和“亳州市第一届男护士发展论坛”在市人民医院举办，来自阜阳、亳州地区的 200 余位护理工作者参加培训。本次培训邀请国家和省内、市内专家 13 人讲课，旨在提高全市骨科护理及男护发展水平。

（周同超）

亳州市文学艺术界联合会

【概况】 2018 年，亳州市文学艺术界联合会（简称市文联）有涡阳文联、蒙城文联、利辛文联、谯城文联、作家协会、书法家协会、摄影家协会、美术家协会、音乐舞蹈家协会、戏曲家协会、收藏家协会、民间文艺家协会、硬笔书法家协会、刻字协会等 14 个团体会员，共有会员 6200 余人，其中国家级会员 86 人，省级会员 1400 余人。

召开全市文艺界学习习近平重要批示精神座谈会暨市文联四届七次主席团扩大会议，学习贯彻习近平总书记关于做“三有”文艺工作者的重要批示精神。组织全市美术界学习习近平总书记给中央美院教授回信精神。召开全市文艺界学习习近平文艺思想培训会。

出台《亳州市文联（作协）深化改革方案》，下发改革任务分解文件，落实改革任务，抓好主题采风创作活动、“互联网 + 文艺建设”、现实题材文艺创作、联系新文艺群体等改革任务。推荐新文艺组织、新文艺群体代表参加省文联有关活动。邀请 3 名新文艺群体代表参加市文联座谈会。

举办亳州市庆祝改革开放 40 周年书画展。在中国书法大厦北京展览中心参加“徽风皖韵”宿州 · 亳州书法晋京展，亳州市 55 幅作品入展。举办“亳州印风 · 全国篆刻精品展”，展出作品 100 余幅。承办“笔墨芳华”安徽省巾帼美术作品展，共展出安徽省女画家国画作品 229 幅。举办《故乡——陈士斌亳州写生作品展》，展出 60 幅油画作品，再现亳州老街、北关历史街区风貌和涡河风光。举办“回家——沉浮画展”，全国各地艺术家和美术界代表近 300 人出席开幕式。

与北京市丰台区文联、湖北省孝感市文联、河南省驻马店市文联签订友好文联协议书。与河南省安阳市文联开展工作交流。市文联、市书协、市民协与江苏省宿迁市文联开展工作交流。与马鞍山市联合，分别在亳州市和马鞍山市举办“诗道之约”亳州 · 马鞍山书法作品联展。在韩国首尔举行的 2018 首届中韩文化交流展上，亳州市代表王炳华和姚真真分别展示《亳州华佗五禽戏》剪纸和烙画《九鱼欢跃图》。

本年度，中国曲艺牡丹奖艺术团“送欢乐”走进安徽蒙城暨蒙城县‘中国曲艺之乡’授牌仪式在蒙城县举行，蒙城县被授予“中国曲艺之乡”称号。在“我们的沃土我们的梦”安徽文艺界 2017 年“深入生活、扎根人民”暨“大淮河”采风创作活动中，

图 46　2018 年 5 月 17 日，亳州北关历史文化街区，国家级非物质文化遗产“二夹弦”表演（刘勤利　摄）

市文学、美术、书法、摄影作品24件获奖；市文联获“最佳组织奖”，综合排名位居安徽省第二名。茆娅莉、邱西森（邱枫）、张羽、杨永超（杨老黑）、胡恩民5人晋级中国美术家协会会员；涡阳县书画院院长马震晋级中国书协会员；全市获批国家级会员19人，省级会员118人，市级会员242人；在全市首批“四类人才”评选中，2人入选首席专家，2人入选拔尖人才，3人入选优秀人才。

【文艺创作成果】2018年1月31日，在第六届安徽省美术大展中，亳州市任明、马骥、汪永婷3人作品获奖，另有林琳、车敏、杨永超等8人作品入围。在省文联组织的“我们的沃土我们的梦”安徽文艺界2017年“深入生活、扎根人民”暨“大淮河”采风创作活动中，亳州市文学、美术、书法、摄影作品24件获奖。其中，马仁杰文学作品《道班工人》获文学类一等奖，李培华、王俊芳合作的版画作品《皖北金秋》获美术类金奖，另有2件作品获二等奖、5件作品获银奖，1件作品获三等奖、2件作品获铜奖，12件作品获优秀奖。省委宣传部、省文联联合举办安徽原创文学研讨会，作家孙志保的长篇小说《黄花吟》获好评。青年作家李丹崖散文集《胃知的乡愁》，获第八届“冰心散文奖 散文集奖”。谯城区委宣传部、安徽弘纳影视有限公司联合制作的扶贫题材微电影《雪融春归》，获第十届海峡论坛海峡影视季两岸青年微电影展“最暖心作品奖”、2018中国红色微电影盛典“优秀作品奖”。在《改革开放40年安徽书法大展》中，邵冰江、贾同宇作品获奖，9人作品入展。利辛县文苑演艺公司原创梆剧《春暖花开》入选全国优秀现实题材舞台艺术作品展演剧目，向全国展演。安徽省作家协会、安徽作家网联合举办的“风起江淮”大型征文活动评选中，作家杨秋现实题材文学作品《总得有一株饱满的麦子》获评一等奖，作家刘勇作品《永久去哪了》获评优秀奖。中国田汉研究会主办的“2018田汉戏剧周”活动中，演员朱芦斌获“2018田汉戏剧周”“状元”称号，演员李春丽、张海洋获“探花”称号。作家杨老黑小说《金马驹》获评第四届《儿童文学》金近奖优秀作品奖。省司法厅、省文联、省法宣办联合举办的安徽省首届法治微小说创作大赛评选中，李丹崖小说《妻子的特殊礼物》获二等奖，马强的小说《马局长的心病》获三等奖。

【“互联网+”文艺】2018年，亳州市在“文艺亳州”微信公众号发布信息95条。在“亳州文联”官方微博发布信息96条，点击量过万的4条。其中，大年初一市演艺公司在魏武广场开展戏曲精品展演活动的1条信息阅读量6万人次，蒙城举行曲艺之乡授牌仪式暨中国曲艺牡丹奖艺术团下基层慰问演出的1条信息阅读量2.5万人次，市人大常委会领导到市博物馆参观陈士斌画展的1条信息阅读量1.3万人次，“笔墨芳华”美术作品展复评信息1.2万人次。开通亳州文艺网（亳州市文学艺术界联合会官网），占领网上文艺阵地、唱响网上文艺主旋律、指导协会工作、发布交流信息、欣赏展示文艺作品、满足会员知情权参与权、听取会员和社会各界意见建议、开展联络协调服务、接受社会各界监督。市摄影家协会、市作家协会开通微信公众号。市文联建立四届文联委员（扩大）微信群，发挥微信群在联系交流工作方面的作用，提高“委员意识”、提高委员履职能力。各协会均加强主席团微信群、理事会微信群、会员微信群，制定不同层级的群主负责日常维护管理工作制度，借助微信群提高团结引导、联络协调、服务管理和自律维权能力。

【亳州市第一届现实题材文学创作工程】2018年，《亳州市现实题材文学创作扶持计划》出台，引领全市作家围绕亳州中国好人、道德模范、精准扶贫、励志创业、改革创新、敬老爱老等现实主题，讲述亳州故事、时代故事，艺术化地“讴歌党、讴歌祖国、讴歌人民、讴歌英雄”。从35个选题中选取10个立意高、选材好、作者实力强的选题，开展重点创作。其中，讲述谯城区农民、全国农业劳动模范谭献祥先进事迹的报告文学《总得有一株饱满的麦子》在省作协、省作家网举办的“风起江淮”大型文学征文活动中获唯一一等奖，另3篇作品在《清明》杂志刊发。所有作品在《亳州文艺》《亳州晚报》刊发。《扎根涡河沃土——2018年亳州市现实题材文学创作作品集》出版。

【“笔墨芳华”安徽省巾帼美术作品展】2018年，“笔墨芳华”安徽省巾帼美术作品展在亳州举办，由安徽省美术家协会、亳州市文旅局、亳州市文联联合主办，安徽省美术家协会巾帼书画会、亳州市美术家协会、亳州市文化馆、亳州市博物馆联合承办。组委会由省文联分管领导、亳州市政府分管领导、省美术家协会主席担任名誉主任，省美术家协会秘书长、市文化旅游局局长、市文联主席、省美术家协会巾帼书画会会长任主任，省美术家协会副秘书长、省巾帼花卉副会长、市美术家协会主席任副主任。此活动是亳州市文化旅游年重要活动之一。

3月，发布活动公告，在亳州文艺微信公众号、亳州市文联网站和省美术家协会网站宣传；至7月，共收到安徽省女画家投稿电子照片550余幅。省美术家协会、省美术家协会巾帼书画会人员对作品进行评议。8月，在初评会上，评出229件入展作品，之后收取作品原件。9月，在复评会上，评出优秀作品68幅，复评结果在省美术家协会网站公示。11月29日，在亳州市博物馆举行开幕式，省美术家协会副主席丁力、省美术家协会巾帼书画会会长班苓等出席开幕式。11月29日至12月10日，229幅国画作品在市博物馆展出，绘画题材涉及人物、山水、花鸟、建筑等方面。所有入展作品经拍照、装框，印制作品集，省文联主席、省书协副主席吴雪题写书名。亳州市作者在本次活动中入展49幅。其中，获奖17幅，占获奖总数的1/4。

（张　弘　张凤海）

图47　2018年，“笔墨芳华”安徽省巾帼美术作品展在亳州市举办（余山枫 摄）

亳州市残疾人联合会

【概况】2018年，亳州市有县（区）残疾人联合会4个，乡镇（街道）残疾人联合会89个。共有残疾人36万余人，占总人口的比例约为5.53%，持证残疾人17.6113万人，占总人口的比例约为2.7%。

全市有扶持残疾人创业就业基地3家，扶持残疾人个人创业就业494人，补贴资金98.8万元；实施阳光大棚补贴79个，补贴资金5935万元；资助贫困残疾大学生53名，资助金额9万元；对597名残疾人实施社保补贴，补贴资金67.12万元；为残疾人验配助听器、装配假肢、赠送轮椅、盲人收音机等辅助器具总计2000余件。

市残疾人联合会举办基层残疾人工作者培训班暨脱贫攻坚专题培训。各县（区）残联在残疾人鉴定结果中出具告知书一式三份，当事人1份，乡镇1份，残联1份。全市通过亳州扶贫系统勾选“申请办理残疾证”已审核11450条，鉴定10477人，办理残疾证9002本。组织人员到各县区调研承担的扶贫工作任务落实情况，发现问题责令整改。走访调研残疾人补助发放情况和残疾人证办理情况，为符合条件的残疾人上门办证。发放救助金，落实扶贫项目，开展慰问、爱心传递赠衣扶贫等活动。

市残疾人联合会办理“12345”市长热线、“政风行风”热线中残疾人办证、救助、就业、教育等咨询件150余件，“政风行风”热线上线直播6次；对300户贫困残疾人家庭实施残疾人家庭无障碍改造；对29名残疾人实施机动轮椅车燃油补贴。利用“七五”普法和“全国助残日”开展法制宣传活动，宣传《中华人民共和国残疾人保障法》和《安徽省残疾人保障条例》等法律法规。

市残联联合市卫生、计划生育等相关部门在魏武广场开展开展第二次“全国残疾预防日”宣传教育活动、第27个“世界精神卫生日”宣传教育活动、“国际盲人节”宣传教育活动；举办“全面建成小康社会，残疾人一个也不能少”文艺会演，举办2018年亳州市“就有未来”残疾人专场招聘会以及“残疾人文化进家庭”活动。开展第28次“全国助残日”系列活动。开展第九次“全国肢残人活动日”座谈活动、2018年“国际残疾人日”活动。

本年度，亳州市代表队在安徽省第七届残疾人运动会中，象棋、围棋、飞镖比赛、聋人篮球、举重、游泳、乒乓球、羽毛球、铁饼、田径等比赛中共获5枚金牌12枚银牌8枚铜牌。亳州市选手吕少玲获全国第十届残疾人运动会暨第七届特殊奥林匹克运动会残疾人围棋预赛暨2018年全国残疾人围棋比赛女子肢体组个人赛第二名，获体育道德风尚奖。

【残疾人康复工程】2018年，市残联牵头实施残疾人康复工程。对贫困精神残疾人补贴药费，救助任务为7040人，实际救助1.1559万人，超额完成4519人，完成任务的164.2%；发放资金1155.9万元，其中省补助资金563.2万元，县（区）政府配套资金140.8万元，县（区）政府自筹资金592.7万元，基本做到持证精神残疾人药费补助全覆盖。贫困残疾儿童抢救性康复工作，全市四类残疾儿童康复省下达的指标任务数为440人，完成任务440人。儿童辅助器具类任务为132例，完成212例（矫形器安装70例、辅具产品适配发放142例），完成任务的160.61%。

【残疾人服务状况和需求信息数据更新】2018年，市残疾人联合会开展全市残疾人基本服务状况和需求信息数据动态更新工作，完成17.5276万名持证的残疾人的数据核实、注销、走访、需求调查、录入数据和上报，为中国残疾人联合会提供了科学翔实的数据依据。

【残疾人劳动就业服务】2018年，市残疾人联合会协调相关部门开展初级班、中级班、足疗班盲人保健按摩培训，共培训180人。完成种植养殖技术、手机维修技术、电动车维修技术、中药材栽培技术4期残疾人职业技能培训，共培训278人。开展农村残疾人实用技术培训，共培训1689人。省就业中心为亳州市反馈57名残疾毕业生信息，上岗就业80%，完成省残联下达的就业率70%的目标任务。

【亳州市残疾人联合会第四次代表大会】2018年4月27—28日，亳州市残疾人联合会第四次代表大会召开。正式代表170人，特邀代表19人，省、市相关领导及市直有关单位负责人共200余人参加大会。大会听取姚亮代表第三届主席团所作的工作报告。会议选举市政府副市长应国君任第四届主席团主席，姚亮任理事长，侯杰任副理事长，朱团结任副理事长（兼职），并选举产生出席省残联第七次代表大会的代表。

【第二次全国残疾预防日宣传教育活动】2018年8月，市残联联合卫生、计划生育等部门，分别在谯城区马园社区和魏武广场举办以“残疾预防从我做起”为主题的残疾预防宣传教育活动。活动期间市人民医院、市华佗中医院、市中西医结合医院，市建森精神病医院等专业医疗人员通过免费义诊、社区走访和市残联工作人员及广大志愿者发放《残疾预防核心知识》宣传单、《残疾预防和残疾人康复条例》宣传手册、展板展示、同时向参与群众发放印有“残疾预防从我做起”为主题的文化衫等形式为群众普及残疾预防的知识。此次活动总共发放残疾预防相关知识宣传单页和《残疾预防和残疾人康复条例》及宣传手册共1500余份、宣传文化衫500余件、接受群众咨询600人次。

（王国栋）

法　治

图48　2018年2月20日，群众过年看大戏，民警执勤守平安（胡威　摄）

政法委及综治

【概况】2018年，亳州市政法机关建立健全经常性学习教育机制。找准薄弱环节，落实整改措施，解决一些部门和岗位存在的执法司法不严格、不公正、不作为、乱作为等问题，严肃查处办事推诿、吃拿卡要、敷衍塞责、效率低下等行为，推进效能建设经常化。加强政法队伍反腐倡廉建设和纪律作风建设。进一步完善制度，加强监督制约，健全政法机关教育、制度、监督并重的惩治和预防腐败体系。

本年度，亳州市社会大局稳定，全市经济社会发展环境良好。

【政法委工作】2018年，亳州市开展“深重促”专项行动。成立由市委书记汪一光和市长杜延安为组长的全市信访突出问题“深重促”专项行动领导小组，设立领导小组办公室。设立八个督导组，市委书记、市长分别担任第一、二督导组组长，分县区、分领域对信访突出问题进行驻点督导。制定《深入开展信访突出问题“深督导、重化解、促落实”专项行动实施方案》。市委常委会专题研究“深重促”工作4次，召开专题会议7次，调度会议11次。市政府常务会议专题研究专项行动2次。市委市政府主要负责人21次主持召开专题调度会、会商研判会，听取专项行动工作汇报，分析研判形势，带头包保重点案件、带头走访“三涉”人员、带头接待信访群众、带头深入一线督导。各县区党委政府主要负责人率先垂范、身体力行，其他党政领导分工负责，一岗双责，齐抓共管。专项行动期间，省交办及市排查的信访积案全部按期化解。

推进退役军人服务管理工作。成立亳州市退役军人服务管理工作领导小组及其办公室，加强信息采集工作。推行“一对一”定人定点联系帮扶制度。加强退役军人专项岗位开发，完善常态化走访慰问工作机制，走访落实慰问金731.76万元。

建立健全信访工作长效机制。建立健全落实源头预防机制、信息研判机制、“三个一”化解机制、“三位一体”包保稳控机制、挂牌督办机制、挂职信访干部工作机制、责任追究机制等，信访维稳长效工作机制不断健全。健全责任追究机制，制定下发《关于加强维护稳定基础工作建设的意见》《亳州市县党政领导包案工作责任制》《亳州市集体访和异常访接待处置暂行办法》《亳州市信访工作责任制暂行规定》等，对政策不落实、不依法行政和不作为、乱作为、慢作为等问题引发集体访、越级访或大规模群体性事件的，严格责任倒查。

【社会治安综合治理】2018年，亳州市实施“雪亮工程”全面覆盖。财政总投入21.46亿元，建设上线54174路高清摄像机，整合社会视频监控85896路，实现全市城乡重点公共区域、农村重点部位和17423个自然村视频监控“全覆盖”；同时，将“雪亮工程”视频数据资源通过专网推送至全市各级公安、城管、综治、交警、环保、旅游、气象、文明办、应急办等部门，促进治安管控、案件侦查、公共设施管理、信访维稳、交通管理、环境监管、旅游管理、灾害天气管理、文明创建、应急调度等各项工作。自“雪亮工程”运行始，全市公安机关利用视频监控系统破案数占同期破案总数的70%以上，实现全

图49 2018年12月4日，亳州市开展宪法宣传活动（张延林 摄）

时预防、快速破案、精准打击。

推进扫黑除恶。针对涉黑涉恶14类重点对象，进行线索摸排、案件侦查和精准打击。

健全矛盾纠纷多元化解机制。建成各类调解组织1548个，人民调解员7414人，开展律师参与调解、公证参与诉前调解工作。

（蒋　灿）

法治政府建设

【概况】2018年，亳州市推进依法行政，加快法治政府建设。印发《亳州市人民政府2018年依法行政重点工作安排》，确定七大项28小项重点工作任务，明确每项工作任务的牵头和配合单位。印发《亳州市人民政府2018年度依法行政考核方案》，考核结果纳入市政府年度目标管理绩效考核和市直机关效能建设考核。

开展法治政府建设督察调研活动。印发《关于开展全市法治政府建设情况督察调研的通知》，市法制办会同市委督察室、市政府督察室、市委全面推进依法治市领导小组办公室对县（区）政府和市直有关单位进行现场督察。5月16—17日，省法制办人员到亳州督察调研法治政府建设工作，对亳州市推进法治政府建设工作给予肯定。

开展证明事项清理。按照“没有法律法规规定的证明事项一律取消”工作要求，取消市、县（区）政府规范性文件设定的证明事项8项、无任何设定依据的证明事项48项。

举办两期行政执法人员通用法律知识教育培训班，邀请安徽省委党校教授王军、淮北师范大学政法学院副教授徐天柱授课，39家市直单位200余名行政执法人员参加培训并接受知识测试。举办全市领导干部依法行政专题培训班，邀请安徽师范大学教授陆在春、安徽省委党校教授王军、安徽警官职业学院教授欧元军授课。各县（区）分管依法行政工作负责人、市直单位分管依法行政工作和法制机构负责人等100余人参加培训。

举办2018年度全市行政执法人员资格认证通用法律知识考试，全市环境保护、城市管理、食品药品监管、安全生产等执法领域的1377人参加考试，考试通过率86.37%。审验全市行政执法证件5828个，其中合格5604个，因证件到期未换发不合格180个，离职注销44个。

（蔡　威）

【依法治市】2018年，亳州市完善政府立法体制机制，出台首部政府规章《亳州市人民政府规章制定程序规定》。推进落实法律顾问制度和公职律师制度，组建信访维稳法律服务团4个，实现律师陪同市、县区领导接访“一对一”常态化。

加强普法宣传工作。制定《2018年法治宣传教育工作任务清单》，明确6大类150项普法任务；开展“人手一册、每户一本、一村一讲一阵地”宪法进万家学习宣传活动；全面深化网络旁听庭审活动，举办网络庭审4100场次，现场、网络参与旁听、收看人数60万余人次。

推进司法体制改革。完善员额动态管理机制，加快构建新型审判团队，健全司法职业保障机制；市中院完成首次员额法官按期晋升工作，出台《关于保护法院工作人员履行职责暂行规定》；全市员额法官、检察官、司法辅助人员、司法行政人员两种待遇全部兑现完毕。

（蒋　灿）

图50　2018年12月4日，亳州市开展青少年法治宣传教育活动（张延林　摄）

【合法性审查】2018年，市法制办审查市委、市政府各类重大事项198件，其中市委、市政府规范性文件162件、各类合同协议13件、信访复核9件、其他涉法事务14件，提出审查意见1455条。

【规范性文件监督管理】2018年，市法制办开展涉及著名商标制度、产权保护、生态环境保护、民营经济发展的规范性文件清理，废止规范性文件45件，修改42件。向省政府和市人大常委会备案市政府规范性文件53件。

【行政执法案卷评查】2018年，市法制办组织对2017年1月1日至2017年12月31日期间全市文化综合执法、城管执法和县级市场监管部门按照一般程序实施行政许可、行政处罚并已办结的行政执法案卷进行评查，评查案卷80件，评查结果通报全市。

【行政复议应诉】2018年，市法制办办理行政复议案件88件，已办结69件，其中维持19件、终止15件、不予受理11件、驳回8件、确认违法7件、撤销6件、责令履行2件、撤销并责令重做1件，其余19件在办理中。办理以市政府为被告的行政应诉案件47件，其中一审案件23件、二审案件22件、再审案件2件。

【首部市政府规章出台】2018年7月16日，亳州市人民政府第63次常务会议审议通过《亳州市人民政府规章制定程序规定(草案)》(以下简称《规定》)。7月26日，市长杜延安签署亳州市人民政府令第1号，正式公布该《规定》，自9月1日起施行。该《规定》系亳州市获得地方立法权后出台的首部政府规章，共7章40条，对政府规章的立项、起草、审查、决定、公布、备案、评估以及清理等方面进行明确规定。

（蔡 威）

图51 2018年9月18日，亳州市集中销毁非法枪爆物品（张延林 摄）

公 安

【概况】2018年亳州市共立各类刑事案件7656起，同比下降14.9%，其中八类案件发案数同比下降51.8%、“四类”侵财案件发案数同比下降16.2%；26起现行命案全部及时侦破；破获“118”跨国黑客入侵案件，受到公安部、省公安厅通报表彰；破获涉黑涉恶案件309起，抓获九类涉黑涉恶案件犯罪嫌疑人727人。全市公共安全领域形势持续平稳。

防范化解重大风险，深化信息摸排、强化舆论引导，推进“兴邦”涉案资产处置，严厉打击非法集资犯罪，破案4起，抓获犯罪嫌疑人11人。全力保障精准脱贫，开展扶贫对象户口清理整顿专项行动，解决贫困人口数据不准问题。全面参与“蓝天保卫战”，制定《亳州市中心城区涉车涉油污染专项整治工作方案》等系列专项治理措施，深化涉车涉油污染防治；全面淘汰黄标车，持续推动烟花爆竹禁放工作。严打环境污染违法犯罪行为，环境资源类刑事案件立案9起，破案9起，采取刑事强制措施19人，移送审查起诉11人；查处环保部门移送的适用行政拘留环境违法案件55起，行政拘留50人。

【社会治安防控】2018年，亳州市推动落实《亳州市立体化信息化社会治安防控体系建设（2017—2020年）工作方案》落地，视频监控建设补盲、“一村一警”“一村一辅警”等基础建设持续升级，全市建成视频数据平台前端监控摄像头5.4万个。建立健全三级视频巡查、实时研判、分级处置工作机制，利用视频监控系统破案数占同期破案总数的70%以上。公安云计算中心正式投入使用，完成各类网安大数据采集系统和后台综合应用系统建设，推动县级DNA实验室建设。滚动排查道路交通、民爆物品等领域安全隐患，持续深化隐患整改销号，突出强化安全基础设施建设，全力防范各类安全事故，道路交通事故起数、伤亡人数分别下降，民爆物品、大型活动始终保持“零事故”。推进扫黑除恶专项斗争，摸排涉黑涉恶重点线索81条，侦办涉黑犯罪案件5起、涉恶犯罪集团案件18起，摧毁63个恶势力团伙，抓获九类案件涉案人员727人。

【公安工作改革】2018年，亳州市围绕“网上办、一次办、就近办、马上办”目标，搭载亳州政务服务网、“我家亳州”手机APP、“皖警便民服务e网通”三大平台，持续深化“放管服”改革，390项公安行政审批、服务事项“一网揽尽、全程在线”，网上办理公安业务约179万件，群众满意率在99%以上。优化出入境管理工作，审批各类因私出入境证件申请22.8万人次，同比增长30%。深化户籍制度改革，推进户政管理“三项重点”工作，开展“一清三应”专项行动，新增城镇人口16万人，户籍人口城镇化率19.33%。创新优化警务机制，建立“1+5+2”实战化维稳工作体系和情报、指挥、处置闭环运行机制。推进两个序列改革，做好人民警察管理制度改革基础工作。深化执法规范化建设，开展严格规范公正文明执法严明纪律作风专项排查整改活动。推进“五有保障”建设，6个市县级公安局机关和239个基层一线实战单位值班备勤条件改善。建立重大主题统一策划机制，推进融媒体工作平台建设，构建多渠道立体传播格局，在省级以上媒体刊播稿件800余篇，策划组织主题宣传活动50余次，组织媒体记者一线采访130余场次。

（白先辉）

【消防】2018年，亳州市公安局消防支队改革转制顺利进行。实战练兵制度化、科学化、常态化。投入经费1.49亿元，市消防科普馆、战勤保障大队执勤楼建成并投入使用，杜仲路、百合路消防站设计施工一体化项目、支队培训基地室外综合模拟训练设施项目完成招标，皖北首个由市政府特批建设的消防教育基地开工建设。全市有政府专职消防员306人。79个乡镇政府专职消防队建成率100%，车辆由2017年的81辆增至130辆，出警约占全市总量的41%。创新火灾隐患整改新机制，依托市委常委会、政府常务会、“市长热线”“政风行风热线”四大政务平台，清单推进隐患整改，火灾指标低位运行，较大以上火灾事故“零发生”，重大隐患“全清零”。

本年度，亳州市公安局消防支队获全省“先进支队”“先进党委班子”“安全工作先进支队”，被总队表彰为“调研工作先进支队”。谯城大队被评为全省调研工作先进单位、利辛中队被总队表彰为全省标兵中队、特勤中队党支部被部局表彰为全国优秀基层党组织，57名指战员受到省市级表彰，6人立个人三等功。

（武文博）

图52　2018年12月21日，消防演练（张延林　摄）

检　察

【概况】2018年，亳州市检察机关坚持党对检察工作的绝对领导，坚持向党委报告工作，确保党的方针、政策落到实处。落实意识形态工作责任制，加强思想引导和阵地管理，开展意识形态工作“大摸底、大整改、大督察”活动，开展学习全国模范检察官周会明先进事迹系列活动和庆祝改革开放和检察机关恢复重建40周年系列活动。打造“一个支部一堡垒，一名党员一面旗”的党建品牌。全面整改省检察院巡视问题48个，对涡阳、利辛县检察院开展巡察“回头看”活动，发现并督促整改问题36个。培养专业化队伍，培养出“优秀公诉人”“未检业务标兵”“侦监业务标兵”等人才9名。

服务“三大攻坚战”。参与防范化解重大风险，共批捕非法吸收公众存款、集资诈骗、“校园贷”“套路贷”等破坏经济秩序、危害金融安全的犯罪12件14人，起诉8件12人。起诉扶贫领域“蝇贪”“蚁腐”职务犯罪案件8件8人；向贫困人员发放救助资金50万元。监督污染防治领域刑事立案23件26人，起诉20件27人，办理环保领域公益诉讼案件226件。

服务“药都”经济发展。出台依法保障和促进“世界中医药之都”建设的13条意见，为中医药发展营造良好的法治环境。坚持“三个慎重”，稳妥处理涉及民营企业的刑事案件。依托派驻检察室，为民营企业提供法律咨询和法治服务。

依法打击普通刑事犯罪。共批捕普通刑事犯罪嫌疑人1548人，起诉3424人。其中，起诉抢劫、故意杀人、故意伤害等严重暴力犯罪657人；起诉盗窃、抢劫、抢夺、诈骗等多发性侵财犯罪762人；起诉毒品犯罪68人。切实保障农民工权益，批捕拒不支付劳动报酬案10人，起诉23人。

依法惩治职务犯罪。贯彻落实国家监察法和修改后刑事诉讼法，探索建立职务犯罪决定逮捕、审查起诉与监察委员会调查取证的衔接机制，共审查起诉职务犯罪38件40人。

推进社会综合治理。贯彻宽严相济刑事司法政策，不批准逮捕643人，不起诉169人。开展“深督导、重化解、促落实”专项行动，办理重大、疑难、复杂信访案件28件，办理司法救助案件24件。开展各类普法活动70余场。7人被亳州一中、亳州市特殊教育学校等七所学校聘为兼职“法治副校长”。

配合市委开展“四项专项整治”。采取挂图作战、对账销号整改巡视反馈问题。服务中药材市场整治，依法监督立案药品领域刑事犯罪1件1人，起诉4件4人。做好信访维稳工作，接待来信来访1465件2870人，涉检信访下降52%。配合开展“河长制”专项整治，参与沿河地带“八乱”问题督察，督促整改问题680余个。

本年度，全市检察机关办结各类案件6040件，其中，审查逮捕案件1735件2198人，审查起诉案件2877件3632人，公益诉讼案件303件，诉讼监督案件1125件。获“全国检察宣传先进单位”“全国五好家庭”“全省青少年维权岗”“全市五星基层党组织”“全市十大杰出青年”等国家、省、市级奖项153项。

【刑事诉讼、刑事执行、民事行政活动监督】2018年，亳州市检察机关加强刑事诉讼、刑事执行、民事行政活动监督工作。刑事诉讼监督公安机关有案不立117件140人，监督公安机关不应立案而立案78件95人，纠正刑事办案程序违法118件，监督行政执法机关移送公安机关立案50件，对确有错误的刑事裁判提出抗诉46件。

刑事执行活动监督。纠正刑期计算错误11人次，监督被判处实刑而未收监执行案件49件49人，监督收监执行24人。办理羁押必要性审查案件165件，全面深化社区矫正检察监督，监督收监执行12人，纠正脱管漏管24人。

推进民事行政诉讼监督。综合运用抗诉、再审检察建议、检察建议等手段精准监督，提升监督质效。办理民事行政生效裁判监督案件210件，同比上升55.5%。办理民事行政审判程序监督和生效法律文书执行活动监督案件122件，同比上升221.1%；提出检察建议96件。

【“扫黑除恶”】2018年，亳州市检察机关对黑恶势力违法犯罪重拳出击，依法从严从快办理。开展“扫黑除恶宣传月”活动，到社区、企业、学校举办宣传活动30余场次。与公安、法院形成打击合力，提前介入侦查涉黑案件1件15人，发现并移交案件线索7件，批准逮捕涉黑涉恶案件63件180人，提起公诉33件216人，发现并批准逮捕公职人员充当“保护伞”案件1件2人。

【公益诉讼检察】2018年，亳州市检察机关共立案公益诉讼案件305件，发出诉前检察建议和发布公告288个。聘请安徽大学、亳州学院知名教授和其他专业人员30多人，开展公益诉讼研究工作。全省首例英烈保护公益诉讼案件——过家和烈士墓保护案，相继被新华社、最高检“两微一端”报道。

【检察改革】2018年，亳州市检察机关开展司法责任制改革。按照“能者上平者让庸者下”的思路严格管理员额检察官，培养检察官助理96名，为员额检察官调整“换血”储备力量。院领导带头办大案、难案、复杂案，共办理案件353件，同比上升24.73%。按照人员、职能、责任“三明确”要求，完成内设机构改革任务。检察长列席法院审判委员会工作实现全覆盖，得到省检察院肯定。

推进“捕诉一体化”改革。市县两级检察院采取“学、观、研、练”四步法推进“捕诉一体化”改革，提高刑事检察干警既善捕、又善诉的综合业务能力，此做法被省检察院推介。

推进刑事案件繁简分流改革。与公安、法院、司法行政部门达成“简”案件范围及办案衔接、社区评估等关键问题的共识，建立检察院集中提起公诉，法院集中受理、集中审判、集中判决的工作机制，用15%的干警办理40%的案件，案件质量、效率进一步提高。

（陈新永）

法 院

【概况】2018年，亳州市中级人民法院（以下简称“市中院”）受理案件63344件，结案59330件，同比分别上升9.40%和11.91%。诉前委派调解13958件，结案9364件，调解成功4903件，成功率52.36%，继续保持全省法院前列。市中院受理案件5247件，结案5151件，结案率98.17%，位居全省中院第二位。

组织党课报告会17场，受众920余人次。组织参与各类业务培训班63期，培训干警769人次，全市法院19篇典型案例、学术论文、统计分析报告在省高院组织的评选中获奖。对4个基层法院开展巡察。

本年度，全市法院有22个集体和70名个人受到最高法院和省、市表彰，被最高法院授予民事审判先进集体、司法宣传成绩突出单位等荣誉，张凯获评“全国优秀法官”，吕迎迎获评“江淮风暴”执行攻坚杰出干警，万学林获评“亳州市十大杰出青年”。

【案件审判】2018年，市中院依法审理各类案件，维护社会安全稳定。审结刑事案件3543件，判处罪犯5311人，一审生效判决中被判处5年以上有期徒刑221人。审结民商事案件35621件，结案标的额73.09亿元。审结行政案件628件。加大监督力度，生效一审行政案件中，判决撤销、变更行政行为或确认违法41件。受理执行案件17086件，结案16030件，结案标的额115.38亿元，同比分别增长42.05%、56.10%、129.30%，均创历史新高。

服务工作大局，保障经济社会发展。出台《关于充分发挥审判职能为亳州建设世界中医药之都提供司法服务和保障的意见》，提出16条司法保障举措。推进药品药材专项整治，严惩生产销售假药劣药、有毒有害食品犯罪，保障群众饮食用药安全。服务供给侧结构性改革，依法妥善处理破产案件，促进“僵尸企业”出清，盘活有效资产，推动负债近30亿元的亳州市大唐置业有限公司破产重整。加大协调力度，推动重大行政争议案件实质性化解，依法调处谯城区农机公司100余名职工诉谯城区政府强制拆除赔偿案、谯城区涡北还原小区行政协议案。服务污染防治攻坚战，出台《关于加强环境资源审判为生态环境保护提供有力司法服务和保障的意见》，妥善审理蒙城县政府拆除码头系列案，涡阳县法院审理的一起环境公益诉讼案入选安徽省行政诉讼十大典型案例。

【司法改革】2018年，市中院全面落实司法责任制，加强专业化团队建设，调整优化新型办案团队61个。在全省法院率先推行自动随机分案，建立员额法官动态调整机制。加快推进诉讼服务中心提档升级，完善“互联网+诉讼服务”模式，简化程序，提升服务，接待群众7.3万人次。传承发扬新时代“枫桥经验”，深化矛盾纠纷多元化解机制建设，实施“八个一”工程，让纠纷解决更加便捷多元。在最高法院委派调解机制改革座谈会上，市中院作为全国两家发言的中院之一作经验介绍。推进律师调解试点工作，市中院与司法局联合出台律师调解协议司法确认等程序规定，相关做法被省高院、省司法厅吸收采纳，在全省推广。

【扫黑除恶】2018年，市中院开展扫黑除恶专项斗争，建立专门办案团队，加强宣传指导，从严从快惩处涉黑涉恶犯罪案件，保障国家安全、社会安定、人民安宁，受理涉黑涉恶案件26件165人，审结24件146人，判处3年以上有期徒刑40人，认定犯罪集团16个116人，移送涉黑涉恶线索34条36人。

【“江淮风暴”执行攻坚】2018年，市中院开展“江淮风暴”执行攻坚行动。市委常委会专题听取执行工作汇报，两次组织召开执行联动工作会议。市人大常委会作出加强法院执行工作的审议意见。市中院与市纪委监委联合出台《关于对行政机关、党员和公职人员失信行为予以惩戒的办法》。配合组织部门对基层“两委”换届候选人失信情况进行前置审查，核查候选人16478人，其中114人因失信等被取消资格。常态化开展专项行动，组织开展涉民生、涉金融债权、侵害知识产权、猎赖等集中执行专项行动90余次，“全城猎赖”直播行动，吸引30万余名网友观看留言点赞。全媒体宣传执行、曝光“老赖”，发布执行典型案例112个，曝光失信被执行人13914人，限制高消费19118人，为2000余名失信被执行人订制“老赖”彩铃，703名被执行人主动履行义务。

图53　2018年5月4日，亳州中院开展涉知识产权案件集中执行（汪亮超　摄）

【智慧法院建设】2018年，市中院推进庭审语音转写、电子卷宗随案生成、类案推送、云桌面等智能辅助办案系统建设，为法官办案提供“全方位智能服务”。全面启动电子签章，推行网上办公办案，裁判文书、合议庭评议实现网上会签、全程留痕，有效提升裁判文书制作质量。加强资产管理信息化建设，提高资产管理使用效益，市中院自主开发的物联网资产追踪管理系统受到省高院的肯定，在全省法院司法行政装备管理工作会议上作经验交流发言，合肥、宿州等地法院到亳州考察学习。

【司法公开】2018年，全市法院举办新闻发布会13场，组织法院开放日、万名公民旁听庭审等活动510场次。做好审判流程、裁判文书、执行信息、庭审直播公开工作，全市法院上网裁判文书5.6万篇，直播庭审1.2万场。市中院庭审直播数量位居全省中院第一名、全国中院第四名，全市法院9名法官被评为优秀直播法官。拍摄以蒙城特大聋哑人盗窃案为原型的微电影《无声》，呼吁社会关心关注聋哑人等弱势群体。市中院普法宣传工作受到省“七五”普法中期验收组的肯定。

图54 2018年9月30日，亳州中院召开大唐国际债权人第二次庭审会议（牛文博 摄）

【重大案件审理】王某某等4人雇凶杀人案。2016年5月，王某某在负责涡阳县陈大镇张寨行政村王庄自然村土地复垦工作期间，与其舅母孙某某产生矛盾。同年5月16日下午，王某某欲报复孙某某，夏某某得知后告诉王某某其可以找人殴打孙某某，王某某表示认可并给夏某某5000元现金。夏某某准备4根钢筋棍，并找到王某、陶某商定打人事宜。当日23时许，夏某某驾车带着王某、陶某到孙某某家，3人持钢筋棍闯入孙某某家，夏某某、王某持钢筋棍对孙某某的四肢及躯干部连续多次击打，致孙某某死亡，随后3人驾车逃离。次日早上，王某某与夏某某见面，夏某某将伙同王某、陶某殴打孙某某的事实告知王某某，王某某再次给付夏某某4900元现金。市中院根据查明的事实，以故意伤害罪分别判处王某某死刑，夏某某死缓，王某10年有期徒刑，陶某8年有期徒刑。

程某某、宋某某非法集资案。自2003年起，程某某在无银监部门批文和许可的情况下，利用其在农行亳州支行十河分理处工作、盛昌分理处担任主任的身份，对外谎称有优质客户资源，以囤药、建房、进货等为由向群众借款，并承诺按1.5%至3%不等的月利率支付利息，将收取的资金按月利率3%转借给李某某，从中赚取息差。至2015年6月，程某某共向54名群众吸收资金5075万元。宋某某明知其丈夫程某某非法融资并转借给李某某从中谋利，仍利用其在亳州经济开发区第三管理区工作组负责征地拆迁工作的便利，在不同场合向他人宣传，为程某某向社会公众非法吸收资金提供帮助，共帮助程某某吸收26名群众资金1623.6万元。自2015年7月始，李某某不再向程某某支付利息，并表示自己资金链断裂，程某某在明知已经不具备偿还能力的情况下，仍虚构事实、隐瞒真相，骗取67名被害人集资款4123.24万元。案发后，市中院一审以集资诈骗罪、非法吸收公众存款罪数罪并罚，判处程某某有期徒刑20年，并处罚金100万元；以非法吸收公众存款罪判处宋某某有期徒刑6年，并处罚金30万元；责令程某某、宋某某向被害人退赔违法所得。

市科技局原局长李某受贿案。李某原系亳州市科技局党组书记、局长，自2005年至2015年任职市委办公室副主任，利辛县委常委、组织部部长，涡阳县委副书记期间，在人事安排、工程建设、资金拨付等方面，利用职务上的便利，为他人谋取不正当利益，非法收受他人现金、购物卡价值109.6万元；向他人索取现金、房屋价值248.63万元。谯城区人民法院于2018年9月2日以受贿罪判处被告人李某有期徒刑10年，并处罚金人民币81万元，违法所得予以追缴。宣判后，市谯城区人民检察院提出抗诉，被告人李某提出上诉。本院审理过程中，亳州市人民检察院认为抗诉不当，向本院撤回抗诉，李某申请撤回上诉，本院予以准许，该案已发生法律效力。

淮南市政协原副主席姚某

受贿案。检察机关指控，姚某在2003年至2017年期间，利用担任淮南市八公山区委副书记、区长、区委书记等职务便利，接受他人请托，在煤矿承包、经营、安全检查、工程项目承揽以及人事安排等方面为他人谋取利益，直接或通过其妻子（另案处理）非法收受单位或个人447.50万元现金、11.4万元购物卡和一块和田玉（经价格认定0.8万元），共计459.70万元。

亳州市大唐置业有限公司破产重整案。亳州市大唐置业有限公司（简称“大唐公司”）投资开发“大唐国际城”项目，总建筑面积64万平方米，原计划于2016年6月30日竣工交付，由于管理不善及资金链断裂等原因，2016年年底全面停工并一直处于烂尾状态。购房户多次上访要求政府解决问题。2017年7月24日大唐公司申请破产清算，26日亳州中院裁定受理其破产清算。大唐公司的破产案件涉及购房户1400余户，购房款约11.94亿元，非购房业主类债权人140余人，申报债权约26.34亿元（后经管理人审定债权金额约17.87亿元，核减金额约8.47亿元），而大唐公司清偿债务能力严重不足，且交付房屋无期。为盘活大唐公司资产，使其项目重整恢复正常经营，保护人民群众利益。亳州中院组织召开大唐公司债权人会议，并多次与管理人就引进重整投资人进行协商。2018年10月17日重整计划草案获得批准。2019年1月23日，大唐公司举行复工仪式，工程全面复工，亳州市最大的房地产烂尾项目走上继续经营之路。

（张广军）

图55 2018年9月5日—6日，亳州市举办领导干部依法行政专题培训班（市司法局 供图）

司法行政

【概况】市局机关及4个县区司法局政法编制291人，5个法律援助中心，34个律师事务所，4个公证处、7个司法鉴定所，88个司法所，67个基层法律服务所。2018年度，市司法局荣获司法部首次国家统一法律职业资格考试先进单位，2人获得司法部“全国人民调解工作先进个人”称号，2家调委会获得司法厅、省高院“全省人民调解先进单位”称号，6人获得“全省优秀人民调解调解员”荣誉称号，2家获得“指导人民调解先进单位”称号。市司法局被民盟安徽省委、司法厅评为全省“黄丝带帮教行动”先进单位。

【法治宣传教育】2018年，亳州市司法局开展“江淮普法行”，“12·4”宪法宣传周暨广场法律咨询活动。制定《2018年法治宣传教育工作任务清单》，明确6大类150项普法任务，全面落实“谁执法谁普法”普法责任制，完成“七五”普法中期检查督导验收任务。印发《关于加强扫黑除恶专项法治宣传工作的通知》。

开展“人手一册、每户一本、一村一讲一阵地”宪法进万家活动，发放宪法及宪法宣誓本8万多册，挂图5000余份。开展“宪法知识进万家有奖竞答”活动。组建“法之声”宣讲团，开展“以案释法”宣讲活动，进企业及乡村宣讲2000余场次。在全市系统开展以“弘扬宪法精神，走进司法行政”为主题的首届司法行政开放日活动，开展“法治示范学校”创建活动。开展2000余场次法治文化宣传“三巡”活动和第四届“法润江淮 共筑美丽安徽”法治漫画、故事、微视频作品创作活动。

建设完成市级法治文化公园、县级“法治文化一条街”“法治大院”，指导完成亳州幼师青少年法治教育实践基地建设。

拓展新媒体宣传空间，组织各类现场旁听庭审350余场，网络庭审4000余场次，现场、网络参与旁听、收看人数60余万人次。利用E普法测试平台，定期组织全市领导干部参加法律测试，有20余万人次登录浏览、参与法律知识测试，实名注册用户约3万余人。微普法的关注度8万余人。建立村级法治宣传、法律服务微信群，指尖上的法律服务全覆盖。

【法律援助】2018年，亳州市司法局出台《亳州市城乡困难群体法律援助民生工程实施办法》《法律援助案件旁听庭审制度》。印发市《2018年法律援助工作要点》。共办理各类法律援助案件7343件，完成全年任务的113.77%。受理农民工案件287件，追讨农民工工资163万元，共接听“12348”法律热线咨询电话3135个。在全省考核排名中位列优秀等次。

【人民调解和基层基础建设】2018年，亳州市司法局把人民调解工作纳入民生工作。开展“千村百镇人民调解大讲堂” 活动4557场，受教育群众25万多人次，接受咨询2.48万多人次。坚持和发展“枫桥经验”，配备专职人民调解员1550人，实现镇村（社区）专职人民调解员全覆盖，完成调解案件5.11万件。建立市县信访事项人民调解委员会6个，信访部门人民调解调委会19个，调解室37个，调解信访总数629件，调解成功446件。成立旅游纠纷调委会。创建优秀调解员孟广华个人调解室，其调解成功经验在全省被推广复制。在全省全面率先完成人民陪审员选任工作，首批任命人民陪审员882名。

图56　2018年7月2日，亳州市“江淮普法行”活动启动
（刘勤利　摄）

【公证事务】2018年，亳州市4个公证处，公证员13人，公证员助理15人，行政辅助人员20人，其中2个公证处办理具有涉外涉台公证资格。亳州市司法局组织公证机构参与江淮普法行、“12·4”宪法宣传周等大型普法宣传。在重阳节开展为期一周的公证宣传暨办理特定人群公益公证活动，免费为70岁以上老人办理遗嘱。全市4个公证机构办理公证案件2.6万余件。

公证员王启发在司法部、新华社、中央广播电视总台联合举办的“守望初心 新时代最美法律服务人”中获“特别提名奖”，并入选“中国好人榜”，被中央文明办评为“中国好人”。

【律师事务】2018年，亳州市有34家律师事务所，其中个人所10家，国资所2家，合伙所22家。全市执业律师418名，其中专职律师337名，公职律师69名，法律援助律师8名，兼职律师4名。亳州市强化法律服务“1+N”的工作模式。围绕服务经济社会发展，开展“十九大精神及宪法宣传”“企业法律体检”和“木兰讲堂”等系列活动。“一乡镇一团队一村（社区）一顾问”全覆盖，并落实年终绩效考核制度，加强律师参与扫黑除恶专项斗争工作，全面监管律师代理涉黑涉恶案件和落实双备案报告制度。全年律师办理各类案件1.3万余件。

2018年率先在全省开展律师参与民商事调解改革试点，出台《亳州市律师调解试点工作实施方案》等文件。确定市律协律师调解中心1个、市县区法院律师调解室5个，市直律师事务所律师调解室2个。全年律师调解案件367起，调解成功120起。

【国家统一法律职业资格考试】2018年，亳州市司法局建立法律职业资格考试联席会议制度，统筹协调，实现首次法律职业资格考试客观题计算机化考试无事故、无差错、无投诉的要求，达到“六个一百”工作目标。报名767人，客观题通过182人，主观题96人，实现首次法考开门红。

【社区矫正与安置帮教】2018年，亳州市司法局对在册服刑人员实施手机定位和电子腕带二位一体管理手段。社区服刑人员月报到刷证率99.9%，实行手机定位管理2688人，定位率83.6%，定位成功率92.3%，实行电子腕带管理470人，定位成功率100%，走在全省前列。

在全省率先开展社区服刑人员的婚姻家庭矛盾的情感纠纷大排查大调解专项活动，形成调解案卷36份，其中2卷被省厅评为优秀案卷。

确保重点安置帮教人员必接必送，协调安置重点人员。全市刑满释放人员衔接541人，重点帮教对象10人，安置529人，获社会救助12人，建设安置基地31个（其中企业基地30个、政府基地1个），安置人员16人。举办2场“黄丝带帮教行动”服刑人员就业推介会，开展进监四送活动（送政策、送法律、送亲情、送岗位），开展3场专家巡回演讲。

加强社区服刑人员、安置帮教人员的涉黑涉恶线索摸和对接力度，助力扫黑除恶专项斗争取得阶段性成果。

【信息化建设与应用】2018年，按照司法部《司法行政系统应急指挥中心建设规范》及省司法厅有关文件要求，亳州市和三县一区两级指挥中心实体环境建设全面完成。按照部、省标准规范，率先完成IP地址升级扩容。将各项业务系统迁移至市政府云计算中心进行整体规划、统一建设，融入全市政务数据中心。

建立网上法律服务中心，拓展“12348”平台服务功能，网（线）上接收法律咨询7000多人次，办理网（线）上申请法律援助1700余件，预约公证200余件，其他司法行政业务近300件次。

（高　坤）

仲　裁

【概况】2018年，亳州市把各部门、各行业的专家选聘到仲裁员队伍中来，充实仲裁员队伍，仲裁员150余名。仲裁员发挥专家仲裁的优越性，倡导新的仲裁理念，变对抗为协商，变矛盾为合作，仲裁和解率、调解率、自动履行率提高。仲裁的公信力和知名度提高。

严格仲裁程序管理。加强秘书处工作人员在立案结案等环节上的管理力度；加强仲裁时效性方面的管理，及时跟踪每个案件的审理，保证每个案子都能在法定时效内审结，并及时送达。

本年度，亳州仲裁委员会共受理民商事仲裁案件240件，涉案标的1.73亿元，上缴市财政仲裁费206.16万元。

【仲裁制度推行】2018年，亳州市突出重点领域，推行仲裁制度。根据亳州经济发展特点，明确将建筑施工、房地产交易、金融信贷作为业务拓展的重点，以重要部门、重要行业、重要企业、重要领域为突破口，推行仲裁制度。统一规范建设工程合同的争议仲裁条款。规范商品房销售合同中的仲裁条款。到部门和企业推行仲裁制度。

组织工作人员参加“江淮普法行”“12·4”国家宪法日等活动，开展“法律进企业”，宣传仲裁知识，解答法律咨询，仲裁的社会影响力和企业合同的仲裁条款约定率提高。

（蔡　威）

军　事

图 57　曹操地下运兵道（陈海红　摄）

驻 军

【概况】2018年，亳州军分区在省军区党委和亳州市委的坚强领导下，坚持以习近平新时代中国特色社会主义思想和习近平强军思想为指导，全面学习贯彻党的十九大精神，坚决维护核心，坚定看齐追随，坚持国防动员练兵备战与经常性工作整体谋划、同步推进，全面建设开创新局面。

始终把学习贯彻党的十九大精神作为首要政治任务，聚焦习近平新时代中国特色社会主义思想和强军思想这个灵魂，深入抓好军委党的建设会议精神学习，统筹抓好军委主席负责制学习教育，严密组织“传承红色基因、担当强军重任”主题教育，深入开展“和平积弊大起底大扫除”活动，官兵职工学讲话讲看齐真行动成为自觉，“四个意识”牢固树立，“三个维护”坚定自觉。

聚焦备战打仗职能使命，严格落实日常战备值班制度，常态组织两级作战值班人员指挥作业演练，2次异地拉动全区民兵应急分队，严密组织国防动员指挥演练，落实民兵调整改革部署要求，通过省军区民兵调整改革检查考评。突出实战化军事训练，参加省军区新任职专武部长集训，在省军区排名中榜上有名。完成兵员征集任务。

严格落实双重领导、双向兼职、党委议军、领导干部过“军事日”、现场办公、党管武装工作述职等党管武装制度，完善党管武装工作考评机制，对各级党管武装的组织领导、目标要求、工作任务进行规范，推动市、县（区）两级把党管武装工作纳入各级党委任期目标和领导班子考核指标，纳入经济社会发展整体规划和年度工作计划，不断提高武装工作地位作用。召开市委议军会和党政领导现场办公会，组织县区人武部第一书记、市国动委专业办公室主任述职和党政领导干部过“军事日”活动，现场研究解决军分区营区训练跑道整修、市国防动员训练基地饮水条件改善等实际问题，推动党管武装工作有效落实。

【双拥共建】2018年，亳州军分区协调地方党委政府，走访慰问驻军部队、军烈属，慰问立功受奖官兵。开设“亳州儿女建功军营荣誉榜”，对2017年在部队立功受奖的亳州籍官兵事迹在《亳州晚报》整版进行刊载，按标准落实奖励措施，进一步强化军人的荣誉感、自豪感，营造良好的社会舆论导向。参与精准扶贫、持续开展结对助学和双拥共建工作，配合地方政府做好退役军人服务管理工作，为扶贫点利辛县阚疃镇宋圩村争取电灌站、水渠项目资金50余万元。与贫困学生结成帮扶对子，捐助13万余元，为学校师生捐助200套课桌椅，10台电脑和文体器材，密切军政军民关系。参加军民共建“八一林”义务植树活动做法在中央广播电视总台进行报道。市和县、区均被评为全省“双拥模范城（县）”。

【防汛应急】2018年，亳州军分区组织防汛勘察，修订完善防汛应急预案，并组织集中会审，组织全区民兵水上抢险分队进行训练演练，调整防汛救灾应急指挥机构，对全区防汛装备物资器材进行清点统计和维护保养，领导带队对各单位防汛准备情况进行现地检查。同时，加强防汛值班，及时掌握辖区雨情、汛情、灾情。5月，军分区在利辛县阚疃枢纽集中组织水上抢险分队训练，共65人参训。

【全民国防教育】2018年，亳州军分区以“传承红色基因，汇聚强军力量”为主题，组织开展第18个全民国防教育日宣传教育，相关活动在中央台军事频道、《中国民兵》等媒体报道。市委中心组专题学习习近平强军思想，两级主官为地方中心组、党校中青班、新任乡科级班、市直机关等宣讲习近平强军思想、国防教育授课10余场次。组织官兵职工参加烈士纪念日纪念活动，缅怀先烈、铭记历史，激发爱国热情。结合征兵宣传，深入开展‘国防教育宣讲进校园’活动，采取形势报告、流动展板、政策讲解等方式，解读征兵政策，进一步营造崇军尚武的氛围。组织指导做好学生军训工作。

（刘　洋）

武警部队

【概况】2018年，中国人民武装警察部队亳州支队（简称亳州支队）落实军队编制体制改革，部队番号由武警亳州市支队调整为武警亳州支队。

深入学习习近平新时代中国特色社会主义思想，严格落实“三项制度”和“四有”要求，抓实党委中心组带机关干部理论学习和周二教育日制度，严密组织两项重大教育、“学训词、铸军魂、开新篇”专题教育和干部“四知”教育整顿，官兵理想信念更加坚定。坚持以史教人、以文化人、典型育人，用好讨论征文、“书香军营”“卫士风采”、典型宣讲、军营送法等载体，印发《感悟亳文化》，构建和谐军营、活力军营。发挥思想骨干、家长微信群作用，建立“三项机制”，落实“三项措施”，组织“三项排查”，经常性思想工作扎实有效。机动中队排长刘甲鹏被总队评为“十佳爱兵模范”。被中央级媒体采用稿23篇，被总队综合信息网采用稿725篇。

修订《抓基层领导小组工作规范》，建立“常委包队、室队挂钩”机制，全年蹲点帮建18批次，基层建设水平持续攀升。亳州中队被总队评为基层建设标兵中队，勤务保障中队、利辛中队进入先进行列。开展“条令年”活动，举办正规化管理试点，获总队新条令知识竞赛三等奖。发挥岗位练兵、毕业学员岗前培训、机关“夜校”等载体作用，提升官兵能力素质，利辛中队战士任海被总队评为“四会”士兵教员。开展已婚官兵家庭“大走访”“军嫂进军营、小家连大家”联谊会、“十佳标兵”评选，救济14名官兵，暖人心、聚人心工作扎实有效。亳州中队中队长黄鹏被总队评为“十佳基层主官”。组织“百日安全竞赛”“四个专项”排查和枪弹专项清查整治等活动，支队被武警部队评为安全工作先进单位。撰写《全面加强政治机关干部队伍建设，切实担当立起政治工作威信之责》一文，获总队一等奖。

本年度，亳州支队被武警部队评为安全工作先进单位。亳州中队被武警安徽省总队评为基层建设标兵中队，记集体三等功1次。勤务保障中队、利辛中队被武警安徽省总队表彰为基层建设先进中队。

【执勤处突】2018年，武警亳州支队常态化组织战备演习，部队应急处置能力提升。掀起新大纲学研训热潮，举办各类集训12批次，设立“龙虎榜”，开展“冬季百日大练兵”“学训词、当尖兵”和“创（破）纪录”等群众性练兵活动，14人被总队表彰为魔鬼周“极限训练勇士”，军事考核分别获团体第六名、第七名。推进“智慧磐石”工程，组织3次执勤教育整顿，在全总队率先开展执勤隐患两警联合排查治理。出动2000余人次，完成春运执勤、城市联勤武装巡逻、长途押解等各类临时勤务51起，稳妥处置2起执勤险情和1起突发事件。

【组织建设】2018年，武警亳州支队成立支队第一届委员会和纪律检查委员会。肃清“郭徐房张”流毒影响，对照“六个必须”，召开党委民主生活会，组织观看《铁纪强军》《蜕变》等警示录像，保持从严从紧政治自觉。落实民主集中制，修订《党委会议事规则》和《加强党委班子建设若干措施》。抓实总队巡察问题整改，注重建章立制，确保问题清仓归零。选准配齐基层支部班子，抓好“三会一课”等组织生活制度落实，深化总队纲要培训成果，组织难题会诊、课题研讨、业务辅导、面对面帮带，着力提升基层班子抓大事、理思路、解难题、善落实的能力素质，基层“一线战斗堡垒”作用发挥明显。

【后勤保障】2018年，武警亳州支队探索“后勤变前勤”方法路子，保障处被总队表彰为先进后勤机关。开展后勤岗位练兵活动，先后选送18人参加上级组织的驾驶员、军械员、炊事员、卫生员、汽车修理工等培训，举办16次集训；开展重难点领域“清仓归零”活动，经验做法被总队转发。支队军械库被总队连续三年评为“红旗军械仓库”，装备管理做法在全总队交流推广。争取地方政府投入500余万元对4个执勤中队“智慧磐石”工程升级，争取400余万元建设涡阳中队副楼改建和主楼翻新暨训练配套设施。开展“伙食管理规范年”活动，官兵满意率在98%以上；关注官兵身心健康，投入6.8万余元为官兵体检，先后20次到基层巡诊。

（房亚军　李阳光）

人民防空

【概况】2018年，亳州市人民防空办公室（市地震局）推进简政放权，推进创优“四最营商”环境。简政放权，完善清单制度，精简申报材料，压缩审批事项，全面实施“最多跑一次”改革，提高服务对象申报时效。项目审批全部实行网上办理，网上办事办结率均为100%，无一起超时投诉。

结合全省人防工程质量监督检查，组织开展两次全市人防工程质量监督检查及重点项目督察。组织开展全市人防工程安全隐患排查。配合省人防办开展“双随机一公开”行政执法检查工作。

开展人防科普宣传教育活动。利用传统媒体开展宣传，通过微博等新媒体开展宣传。利用公交车、多媒体警报报知系统、四送一服、政企直通车等平台开展人防法规政策宣传。组织宣传咨询活动20余场，解答群众咨询千余次，发放宣传材料近10万册。

全面推开县级“两规合一”规划编制工作，涡阳县、利辛县、蒙城县均完成规划编制工作。市本级共审批人防工程28个，审批竣工验收项目5个，审批易地修建项目32个，收取人防工程易地建设费1925万元，按省政府政策降低企业成本免收人防易地建设费1060万元。

共组织避险防灾、消防空袭后果演练20余次，参演学生、各类救援队伍共1.2万人。

本年度，亳州市人民防空办公室获全省人防重点工作目标任务考评先进单位；获市委领导班子年度考核和机关效能建设考核先进单位。谯城区人民防空办公室、蒙城县人民防空办公室获评全省县级人防重点工作目标任务考评先进单位。

【指挥通信建设】2018年，亳州市调整市人民防空指挥部。推进市人民防空基本指挥所工程建设。完善防空警报体系建设，中心城区警报控制系统升级改造，市区新增4台电声警报器，7台多媒体警报器。完成省人防办建设任务。完成“9·18”防空警报试鸣及演练工作。中心城区警报设备覆盖率、鸣响率分别为99%和98%。组织人员参加全省人防短波通信比武和全省人防机动指挥通信系统跨区综合训练，获全省人防短波通信比武优秀组织奖和全省人防机动指挥通信系统跨区综合训练考核第二名。

（陆　军）

发展·改革

图58　2018年3月29日，商合杭高铁亳州段建设中（张延林　摄）

发 展

【概况】2018年，亳州市地区生产总值（GDP）实现1277.2亿元，增长10.1%，增速连续4个季度居全省第一位；固定资产投资增长18%，增速连续9个月居全省前二位；第三产业增加值570亿元，增长12.1%，居全省第一位；战略性新兴产业产值增长15%，占规模工业增加值比重36.2%，居全省第三位。加强重点用能单位能耗监管，单位GDP能耗超额完成省下达目标任务。

全市民间投资增长22.5%，高于全省4个百分点，占全市固定资产投资的比重由上年的70.2%提高到72.9%。

全市纳入省战略性新兴产业统计范围企业243家、较上年净增42家，战略性新兴产业产值占规上工业总产值的36.2%，较上年提高5.3个百分点。服务业增加值完成560亿元，增长12%，增速居全省第一位，较上年提升3个位次；其他营利性服务业营业收入增长35.7%，超额完成目标任务0.7个百分点；三次产业比例由上年的17.7 ∶ 40.1 ∶ 42.2调整为16.5 ∶ 38.9 ∶ 44.6，服务业对GDP的贡献率为50.3%。

本年度，亳州中药城获批省级服务业集聚示范园区、北关历史街区获批省级服务业集聚区、谯城区获批省“十三五”服务业综合改革试点单位，药博商城项目获批省级服务业发展引导资金250万元。亳州市“大力推进降成本，增强民间投资动力”经验做法被国务院和省政府通报表扬。全省民间投资现场会在亳州市召开。

【规划编制】2018年，亳州市制订《亳州市2018年基层基本公共服务功能建设工作要点》，明确全市“双基”建设工作2018年目标任务。开展“四送一服”活动，印发《战略性新兴产业政策汇编》《“三重一创”支持事项申报指南》，送政策进企业。开展“十三五”规划《纲要》《亳州市“十三五”就业发展规划》《皖北地区经济与社会发展“十三五”规划》等6个规划中期评估。出台《关于促进经济高质量发展的意见》《亳州市支持现代医疗和医药产业发展实施意见》《关于完善产权保护制度依法保护产权的实施意见》《关于营造企业家健康成长环境弘扬优秀企业家精神更好发挥企业家作用的实施意见》等37个规范性文件。制定《亳州市燃煤污染专项整治实施方案》《亳州市煤炭消费减量替代工作方案（2018—2020年）》《亳州市重点流域水环境综合治理实施方案》等系列方案，为重点领域生态系统治理提供依据。修订《亳州市中央预算内投资计划执行情况效能考评细则》。制定《关于加快推进亳州市开发区集中供热的实施意见》。完成《亳州市分散式风电规划（2018—2020年）》编制，启动《亳州市主体功能区发展规划》《亳州市乡村振兴战略发展规划》等编制工作。

【项目谋划】2018年，亳州市共获批中央预算内投资项目38个，争取中央预算内投资7.12亿元。其中，公租房配套基础设施建设项目4.18亿元，社会事业领域0.82亿元，新增千亿斤粮食生产能力规划田间工程建设项目1.44亿元，农村安全饮水和长江防护林等项目0.68亿元。38个项目开工率100%，完成中央投资3.57亿元、投资完成率50.14%。涡阳县农村饮水安全巩固提升工程、蒙城县图书馆及档案馆、利辛县巩店镇白鸡社区敬老院等6个项目主体完工、完工率16%，蒙城县楚村中心小学综合楼、谯城区观堂中心中学教师周转宿舍、涡阳县国家新增千亿斤粮食生产能力规划田间工程等36个项目计划2019年年底前全部完工。

725个市重点项目累计完成投资1150亿元，占年度计划的119.6%。其中，383个省重点项目累计完成投资826亿元，投资完成率147.9%、开工率107.3%、竣工率140.9%，分别居全省第一位、第四位、第二位。蒙城县盛客电动车产业园、利辛县万成辉机电机械装备生产、谯城区美誉医药产业园、市经开区群康药业中药饮片生产等95个亿元以上产业项目建成投产或主体完工。涡阳县鸿路钢构绿色装配式建筑生产、亳芜产业园区浪潮（亳州）大数据产业园等40个超10亿元重大产业项目加快建设。

亳州机场通过中央军委联合

图 59　2018 年 9 月 13 日，亳州公路客运高铁枢纽站项目建设单位技术管理人员在施工现场（卢仁浩　摄）

参谋部审核，已报国务院审批。商合杭高铁亳州段线下工程全面完成，高铁南站、古城站、芦庙站站房及站前广场、客运枢纽站同步开工建设。亳蚌城际铁路列入《皖北城际铁路网规划》，上报国家发展改革委待批。亳蒙高速可研报告编制完成，在进行行业审查和土地预审。涡河航道蒙城船闸开工建设。推进引江济淮亳州段朱集泵站、龙德加压泵站、输水管网、平原水库及日供水 20 万吨的城南地表水厂建设，完成征地拆迁、补偿款发放、地表附着物清理及通信、电力等专业设施迁建工作。

59 个市本级政府投资重点项目累计完成投资 34.9 亿元，为年度计划的 94.7%。建安路涡河隧道、老君大道等 12 条路道排、凤尾沟治理三期、安置还原小区 A 区扩区、气象科普公园、南部新区污水处理厂二期、西关排涝泵站等一批重点项目建成投入使用，高铁片区综合管廊、三清大道涡河大桥、杜仲路等 6 条路下穿铁路立交桥、城区希夷大道等 17 条雨污分流改造工程等重点项目加快建设。

【固定资产投资】2018 年，亳州市固定资产投资同比增长 18%，连续 9 个月居全省第二位，其中民间投资同比增长 22.5%，居全省第五位，占固定资产比重由去年同期的 70.2% 提升到 72.9%。国务院、省政府下发通知，对“亳州市大力推进降成本，增强民间投资动力”典型经验做法予以通报表扬。全省民间投资现场会在亳州市召开。

【社会信用体系建设】2018 年，亳州市建立社会信用体系建设联席会议制度，明确由市发改委全面推进全市社会信用体系建设工作。完善信用数据“一月一统计、一月一通报”的工作机制，升级市级公共信用信息共享服务平台，拓宽信用产品的应用范围，信用体系建设取得新成效。前三个季度，亳州市在省信用数据月度考核排名中稳居全省前五位，通过市信用平台向省信用平台推送信用目录数据 3107.8 万条、“双公示”数据 681.9 万条，城市信用监测排名由上年的第 219 位跃升至第 34 位，提高 185 个位次，政务诚信、商务诚信、社会诚信和司法公信协同发展格局形成。

【服务业发展】2018 年，亳州市召开服务业发展联席会议 4 次，加大对服务业增加值各项指标调度力度，服务业增加值增速位于全省第一位。出台《亳州市服务业集聚区发展规划（2017—2021 年）》《亳州市加快发展现代服务业若干政策》，为服务业发展提供政策支撑。培育服务业集聚区，亳州北关历史街区获批省级服务业集聚区、康美（亳州）华佗国际中药城获批省级服务业集聚示范园区，谯城区获批省“十三五”服务业综合改革试点单位。强化基金示范引领作用，与省投集团合作设立总规模 50 亿元的现代服务业基金。建成并完善服务业重点项目库，全年入库服务业重点项目 184 个，总投资超过 1500 亿元。

【园区转型升级】2018 年，亳州市 6 个省级开发区实现生产总值 310 亿元，增长 13.3%；完成固定资产投资 610 亿元，增长 21%；实现财政收入 60.5 亿元，增长 27%。入园企业 242 家，新增战略性新兴产业企业 38 家，产业聚集效应凸显。

【战略性新兴产业】2018年，亳州市加强战新产业企业调度工作，坚持每月对全市战新产业进行监测调度，召开全市战略性新兴产业调度会议。开展“四送一服”活动，指导各县区赴企业开展调研走访，掌握企业运行情况，协助企业解决生产经营和项目建设难题。战略性新兴产业产值增长14.8%；战新企业产值占规模工业产值比重为36.2%。

【中药产业集聚发展基地发展】2018年，亳州市现代中药产业集聚发展基地发展质量提升，在省基地考核中被评为A档，获奖励金5000万元。新增高新技术企业10家，授权涉药发明专利104件，3个品种进入国家医保目录，141个药品技术转移批文上报国家食品药品监管总局待批。与12个高校、科研院所的高端人才或高层次团队签订战略合作协议，聘请10名院士或教授为“亳州市招才引智顾问”，引进具有博士学位或副高以上职称的高层次人才41人，较上年增长70.8%。安徽协和成药业饮片有限公司“白芍等皖产大宗中药无硫化生产关键技术研究与应用”获2018年省科技奖三等奖。新健康快速检测试剂研制专项获批省第三批重大新兴产业专项。

【五大发展行动计划】2018年，亳州市制定《亳州市五大发展行动计划（修订版）》《贯彻实施亳州市五大发展行动计划（修订版）任务分工方案》，印发《亳州市五大发展行动计划（修订版）2018年工作要点》，编制2018年五大发展施工图（调度台账），将列入2018年工作要点中的147项任务颗粒化为183项具体任务。

召开全市经济运行分析及全年经济形势研判视频会议，协调调度五大发展各项任务。各专项小组、各县区和市直单位按照确定的“路线图”，按月调度推进目标任务。调整充实五大发展行动计划重点项目库，市五大发展重点项目562个，总投资4536亿元，年度计划投资558.8亿元。完成投资826亿元，投资完成率、开工率、竣工率均居全省前列。编印《亳州市五大发展行动计划工作简报》18期。

图60　2018年9月21日，全市推进五大发展调度会召开（卢仁浩　摄）

【军民融合发展】2018年，亳州市成立市委军民融合发展委员会，推荐加入安徽省军民融合企业和产品技术目录24个，申请加入安徽省军民科技协同创新联盟成员26家。筛选亳州市博科达新材料科技有限公司电池极耳生产项目，申报2018年度省经济建设和国防建设融合发展专项490万元，获批80万元。亳州军民融合医药科技产业园项目成功立项。

【“三重一创”】2018年，亳州市现代中药产业集聚发展基地加快发展，纳入省统计监测的174家企业实现产值320亿元，增长16%；179个药业重大项目完成投资130亿元，增长36%。在全省25个战新基地考核中被评为A档，获奖补资金5000万元，较上年增加2000万元。修订基地项目建设专项资金管理办法，兑现省市区奖补资金1.63亿元，支持重大药业项目61个。东方帝维重大动物疫病新型疫苗创制工程完成投资3062万元，主导产品实现销售收入8063万元。亳州新健康快速检测试剂研制专项获批省第三批重大新兴产业专项。开展“亳州老乡，请您回家”和助力青年学子创业活动，5602人成功创业，带动就业7.12

万人次。中药材大数据云服务平台、葛酮通络胶囊等事项获2018年省支持现代医疗和医药产业若干政策支持，争取省“三重一创”资金5460万元。召开全市人才工作大会，表彰全市突出贡献人才、首席专家、拔尖人才和优秀人才102人。

（卢仁浩）

改 革

【概况】2018年，市委全面深化改革领导小组召开7次会议，传达学习、研究部署、贯彻落实中央和省委重大改革决策部署。23个国家级、31个省级改革试点按照序时进度推进。印发《“一把手”亲力亲为抓改革工作的通知》，形成县区“一把手”改革责任报告机制。开展问题清单制改革，以目标为导向，把改革重点放在解决实际问题上。印发《关于进一步完善改革工作机制的通知》，不断完善月报告、报审备案、调查研究等工作机制。建立跨专项小组联席会议制度，邀请人大代表、政协委员参与改革督察，立行立改各类问题36个。

梳理中共十八届三中全会以来重大改革部署、中共十九大部署的改革任务以及中央和省明确需要亳州市落实贯彻的781项改革任务，固化改革成果420项。出台《中共亳州市委亳州市人民政府关于打赢脱贫攻坚战三年行动的实施意见》《中共亳州市委办公室关于印发〈亳州市统计违纪违法责任人处分建议实施细则〉的通知》等45份改革实施方案。

本年度，亳州市共谋划实施改革任务89项。其中，7项任务因上级文件未出台等原因未完成，其他82项任务全部完成，形成45份改革制度性文件。

【改革“回头看”】2018年，亳州市对2014—2017年由市委全面深化改革领导小组制定的692项改革任务、21项国家级试点及24项省级改革试点进行全面“回头看”。开展重点改革督察11项，边查边改，发现和整改问题42个，纳入问题清单系统。完成4轮督察，实现对县区及市直单位督察全覆盖，首次以暗访的形式对市直单位开展督察。坚持“月进度”双督察和挂图作战，发挥8个专项小组协调作用，约谈3家进度相对缓慢牵头单位，重点调度了林长制、河长制、基层检察院内设机构改革、失能“五保”老人医护养结合等改革。对多证合一等4项重点改革进行社会评估，改革成效让老百姓评价，累计收到社会各层面问卷2000余份，评估满意率87%，较上年度提升5个百分点。

【探索创新】2018年，亳州市新增国家级改革试点2项、省级改革试点5项。对已完成的10项国家级改革试点、17项省级改革试点进行总结推广，对13项在推进的国家级改革试点、14项省级改革试点进行中期评估。其中，“互联网+政务服务”、微型党课全覆盖、纪检监察协作区改革、农事制度改革做法得到省委领导批示肯定，和谐劳动关系试点、现代学徒制试点、新时代“枫桥经验”试点等一批改革得到推广运用。推进“一门一网一次”改革，7367项服务事项中7075项实现“一次上网，事就办成”；“金银林”扶贫工程落实9.3万户、1.4万公顷，省委书记李锦斌在利辛调研扶贫时进行肯定；探索开展失能五保老人在乡镇卫生院集中供养享受医疗护理，累计入住卫生院880人；“一户一块田”改革被评为全国改革开放40周年40个案例。“四最”营商环境等3篇信息在《安徽改革情况》刊发，失能五保老人医护养结合做法在《改革内参》刊发，农村环境“三大革命”“互联网+政务服务”等12项改革举措在《人民日报》《光明日报》刊发，农机托管、改革困境儿童社会保障获中央广播电视总台报道。

（朱德文）

【体制改革】2018年，市经济体制和行政体制改革专项小组承担改革任务39项，占全市总量（97项）的40.2%，涉及任务牵头单位20家。截至年底，39项改革任务，除盐业管理机构改革等因省里实施意见未出台、未办结外，其他38项改革、66个目标任务全部完成。

动态调整《亳州市市直行政事业性收费清单》《亳州市市级涉企收费清单》，印发《亳州市市级涉企收费清单（2018年）》。出台《中共亳州市委亳州市人民政府关于营造企业家健康成长环境弘扬优秀企业家精神更好发挥企业家作用的实施意见》《中共亳州市委办公室亳州市人民政府办公室关于完善主体功能区战略和制度的实施意见》《中共亳州市委办公室亳州市人民政府办公室印发〈关于建立健全资源环境承载能力监测预警长效机制的落实意见〉的通知》等文件。印发《中共亳州市委办公室亳州市人民政府办公室印发〈关于创新政府配置资源方式的实施意见〉的通知》，更多引入市场机制和市场化手段，提高资源配置效率和效益。市社会信用体系建设联席会议办公室印发《关于印发亳州市市级公共信用信息目录（2018年版）的通知》。召开市委军民融合发展委员会第一次全体会议，推进军民融合体制机制改革。编印6期《经济体制和行政体制改革联络员专报》，促进省市改革精神贯彻和经验交流。

制定《中共亳州市委亳州市人民政府关于促进经济高质量发展的意见》《深化供给侧结构性改革2018年工作要点》等文件。供给侧结构性改革，仅降费一项就减轻企业负担1.25亿元。投融资体制改革，民间投资完成724.2亿元，增长28.5%，增速居全省第一位。新型城镇化综合改革试点，谯城区十河芍花养生小镇获批省第一批特色小镇。改革价格机制，在全省率先建成并运行“亳州智慧物价”，网站访问量累计10万次。

（卢仁浩）

图61　2018年12月24日，亳州洁能电力有限公司车间（张延林　摄）

经济管理

图62 亳州市民生热线群众满意度调查（刘家初 供图）

价格管理

【概况】2018年，亳州市对《亳州市市级涉企收费清单》和《亳州市市直行政事业性收费清单》予以动态调整，出台一系列措施，落实各项减费降费政策。据统计共减少收费项目27项，减少收费负担约1.215亿元。

印发《关于明确公平竞争审查办理工作的通知》等文件明确增量审查范围、审查标准、责任机构和审查流程等，每月收集掌握进展情况并印发通报4期。共审查政策措施增量196件，提出修改意见6件。其中市直单位审查154件，县区审查42件。

出台清理现行排除限制竞争政策措施实施方案，按照“谁制定、谁清理”原则再次对现行规范性文件和其他政策措施中含有的地方保护、指定交易、市场壁垒等内容进行清理，两次清理共梳理有效文件669件，废止65件。

国家、省、市在册的价格监测点共有52个。其中国家监测点6个，省监测点33个，市监测点13个。完成国家、省发布的监测任务640个，报送价格监测数据近9000笔，上报数据约1.2万条。

开展价格监督检查，查处各类价格违法案件109件，其中举报案件查处94件，价格监督检查15件，退还用户0.06万元，没收8.6万元，罚款38.76万元，上缴财政47.36万元，实施经济制裁47.42万元。

加强商品住宅销售价格备案管理，对市区34个开发项目72批次22627套商品住房进行价格备案，有效遏制商品房价格过快上涨势头。

印发《亳州市再生水价格管理指导意见》；制定亳州市老年大学等收费标准；AAAA级门票价格平均降费幅度19.6%；下调全市非居民用天然气价格，统一调整为3.22元/立方米，实行阶梯优惠量价挂钩政策，进一步降低企业用气成本。

图63　2018年3月15日，消费者权益日宣传（张延林　摄）

【“亳州智慧物价”系统】2018年，亳州市改进智慧物价平台，完善数据报送机制，提高更新频率，每天采集发布9个超市和农贸市场约4000个品种的商品价格，近百个药店9214个品种的医保药品价格，1566个品种及规格的中药材价格信息，市区新售商品房备案价格，65个品种的建材主材价格。按照以天保周、以周保月、以月保季、以季报年的工作要求，完成国家和省级价格监测工作任务；定期整理发布价格监测数据，关注影响亳州经济社会发展、民生关注的重要商品价格，分析研判价格走势，撰写调研报告。该网站访问量累计20万次。依托“智慧物价”“亳州物价”微信服务平台，为企业、市民提供价格信息服务。

（卢仁浩）

审　计

【概况】2018年，亳州市审计局完善审计专业人才培养机制，组织开展全市审计机关审计业务骨干人才评选活动。拓宽干部培养渠道，实行审计实务导师制，开展全市审计机关青年审计干部岗位大比武活动。严格落实“三查三单”制度要求，加大督察督办力度。推进审计信息化建设。完善数据采集和管理，明确数据采集具体科室责任，强化数据保密安全管理。推广数字化审计模式，在扶贫审计、保障性安居工程审计、财政审计中开展大数据审计。强化数据分析团队建设，加强对基层审计人员大数据分析能力的培训。市审计局3个党支部均通过市级基层党组织标准化验收。

制定《全市审计机关开展“审计管理创新年”活动实施方案》，明确目标、任务和责任；制定“审计管理创新年”考核办法，加大跟踪检查力度，确保取得成效。推进审计计划管理创新。由市审计局起草，经市委常委会讨论通过，下发亳州市审计机关2018年度审计项目计划，加强党对审计工作的领导，在全省率先创新尝试。全面开展审计整改督察，对2013年之后审计发现问的题进行梳理，建立审计整改台账，督促整改，并对整改情况进行多轮督察。强化质量管理。严格按照法定程序、法定职责权限及“三个区分开来”的原则开展审计工作，坚持历史、全面、客观地看待发展中出现的新问题，客观公允地作出审计评价和结论，激发创新创业活力。强化审计人员质量意识和风险意识，切实发挥审计机关分级管理、分级负责的作用。加强对审计质量责任的追究，将履责情况纳入部门和个人年度考核。

本年度，市审计局本级完成审计项目231个（含16个政府投资跟踪审计项目），其中政府投资审计项目202个（含16个政府投资跟踪审计项目），审计查出违规金额13.98亿元、损失浪费金额0.0294亿元、管理不规范金额66.11亿元。核减政府投资工程结算价款2.56亿元。提交审计报告245篇，提出审计建议700余条，向纪检监察机关和有关部门移送案件线索16起。

【政策落实审计】2018年，亳州市审计局本级开展国家重大政策措施落实情况跟踪审计4次，共抽查项目30个，67个单位，涉及深化行政审批制度改革、政策性融资担保机构政策执行及经营管理、地方政府隐性债务等方面，审计发现问题23个，已全部整改到位，提出审计建议13条，促进重大政策落实8项。开展扶贫资金跟踪审计8次，印发《扶贫资金跟踪审计专报》8期，共发现扶贫资金管理与使用、扶贫政策落实、扶贫对象信息不精准等方面问题109个，提出审计建议25条。以推动惠民政策贯彻落实，促进保障和改善民生为目标，完成保障性安居工程跟踪审计，移送有关线索10起。政策落实审计旨在揭示资金使用中违规、风险隐患等问题，促进政令畅通、推动政策落实。

【财政审计】2018年，亳州市审计局本级完成2017年度市本级财政预算执行和其他财政财务收支审计、市直部门公务支出和公款消费审计、市公交公司2017年度盈亏情况审计。其中，市本级2017年度预算执行和其他财政财务收支审计揭示了预算编制管理、预算收入管理等方面的问题。审计查出违规金额8169.33万元。市直部门公务支出和公款消费审计涉及7个部门，重点揭示财政支出存在的不合规和损失浪费等问题，审计查出管理不规范资金42.57万元。财政审计旨在促进财政资金的规范管理，提高财政资金的使用效益。

【经济责任审计】2018年，亳州市审计局完成市本级经济责任审计项目17个，其中审计县处级领导干部15名、厅局级干部2名、国有企业领导2名，审计查出违规金额12.9亿元，移送案件1起。推动制度建设，出台《中共亳州市委办公室 亳州市人民政府办公室关于印发〈亳州市经济责任审计结果运用实施细则〉的通知》《亳州市经济责任审计工作领导小组〈关于印发亳州市推进领导干部履行经济责任审计监督全覆盖的工作方案(2018—2022年)〉》等相关制度。对领导干部开展经济责任审计，旨在提高领导干部履职尽责能力，强化领导干部守法守纪守规尽责、廉洁用权意识。

【投资审计】2018年，亳州市审计局本级审计投资项目186个，涉及项目资金34.11亿元，审减金额2.56亿元，审减率7.51%。实施16个重大跟踪审计项目，涉及合同金额74.48亿元。共计提出审计建议600余条。推进引江济亳工程建设，实施引江济淮工程亳州段建设项目跟踪审计。推动提升水利防洪减灾能力建设，维护资金安全，规范项目管理，实施安徽省灾后水利薄弱环节治理建设项目审计。投资审计旨在规范政府投资行为，节约建设资金，提高政府投资效益，预防建设领域的腐败。

【专项审计】2018年，亳州市审计局实施亳州经济开发区道东2号、3号地征迁安置资金和2017年度征迁经费专项资金收支情况审计。重点关注拆迁制度建设是否完善，操作是否规范以及弄虚作假等问题。审计查出违规资金1736.97万元，移送案件线索5起。专项审计旨在规范征迁安置资金使用，惩治征迁安置领域的腐败。

（代鹏山　郭建国）

工商行政管理

【概况】2018年，亳州市以工商登记注册便利化为主线，推进商事制度改革。新增市场主体76744户，增量居全省第三位，增幅23.7%，居全省第五位。其中，新增私营企业23384户，居全省第三位，增幅39.01%，居全省第二位。新增个体工商户50166户、居全省第三位，增幅20.26%、居全省第六位。截至2018年年底，全市实有各类市场主体39.87万户，总量居全省第三位。商事制度改革实施之后，全市新增个体工商户18.69万户，新增私营企业6.78万家。

新增2件驰名商标。新申报驰名商标6件。新增1件地理标志商标。培育申报地理标志商标5件。商标申请15157件，注册总量30142件，均为全省第五位。

打假保优扶持白酒产业发展。查处公用企业经营中突出问题。强化广告监管，广告违法率为零。开展“两节”打假和无传销城市创建工作。

受理咨询、投诉、举报共8158件，其中咨询4032件，投诉3400件，举报726件。办理消费维权案件61件，罚没款51.2万元，为消费者挽回经济损失64.9万元。

【“审核合一”改革】2018年，亳州市工商行政管理局根据“简化程序，提高效率”的原则，实行“审核合一”登记制度。同一登记人员负责受理、审查、核准等注册登记各环节业务，申请人通过安徽省政务服务网平台提交的相关材料齐全，符合法定形式的，可立即办理。一人受理、一人审核，一网通办，缩短审核时间，降低企业开办成本。

图64　2018年9月6日，中药材专业市场日常检查（张健　摄）

【压缩企业开办时间】2018年，亳州市压缩企业开办时间，优化营商环境，降低企业市场准入成本。实现2个工作日完成企业设立登记、印章刻制、发票申领。相比国务院确定的“2019年上半年将企业开办时间压缩到8.5天”和省政府“将企业开办时间压缩至3个工作日以内”的目标，分别压缩了6.5天、1天。严格规范执行《安徽省“多证合一”改革证照事项目录（2018年版）》，“多证合一”涵盖57个涉企登记事项。实现全程电子化登记，通过“网上申请、网上受理、网上审核”的电子化登记模式，实现企业从名称申报到设立、变更、备案、注销等全区域、全业务、全流程网上办理，实现注册登记“零见面”，申请人“一次不跑”即可办理工商注册登记。推进企业开办服务事项标准化建设。按照统一登记流程、统一材料规范、统一审批时限、统一解释口径、统一标准配置的要求，对169项企业开办政务服务事项进行梳理优化，编制服务事项办事指南、提交材料规范和工作流程图，通过线上服务大厅、线下服务窗口对外公示，为申请人提供查询、下载服务。在全市1971个社区

（行政村）免费代办网点基础上，与建行、中行、药都银行合作，3家银行的86个网点均可代办工商登记业务。

【整治申请材料多专项行动】2018年，亳州市推进“减证便民”整治申请材料多专项行动。按照“八个一律取消”清理标准，全面清理网上政务服务事项申请材料，同步推进国务院、省政府取消调整行政审批事项的衔接落实工作。169个企业开办政务服务事项，共548个申请材料，经梳理取消297个。

【“双随机、一公开”监管】2018年，亳州市市直28个部门梳理“双随机、一公开”的实施范围，建立并优化“一单两库一细则”，建立各类检查事项清单394个，执法人员库805人，制定随机抽查事项清单，市工商、市质监、市食药监局等五部门联合印发市场监管领域统一随机抽查事项清单，共计33大类108小项，创建监管对象库，做到清单之外“零”检查、人员配置专业化、定向抽查靶向化。

市政府召开“双随机、一公开”专题推进会和商事制度改革电视电话会议，通报进度，督促推进。

全市各执法部门开展109次“双随机”抽查任务，完成抽查企业5874家，公示5874家，抽查率7%，所有抽查结果均100%通过国家企业信用信息公示系统对外公示，接受社会监督。

市工商行政管理局组织部门联合抽查，与市发改委（物价局）联合开展殡葬服务专项抽查，与市文旅局联合开展文化娱乐行业专项抽查。与市气象局联合组织开展全市白酒企业监管“双随机、一公开”定向抽查活动，督促白酒生产企业落实防雷安全生产主体责任，依法依规开展生产经营。市工商局、市质监局、市食药监局、市发改委（物价局）、市科技局按照省直部门的部署开展全市市场监管领域“双随机、一公开”联合抽查活动，采取不定向和定向抽查相结合的方式，在对全省企业按3%的比例进行不定向抽查的同时，针对特种设备检验监测机构、食品生产、危化品货物运输、对外劳务合作、非煤矿山、钢铁、煤炭、水泥、平板玻璃、固体废物等10个重点行业开展定向抽查，建立以企业登记事项和公示信息为必查事项，其他事项视情选查的“2+X”抽查机制，共抽取企业2670户，抽查结果通过国家企业信用信息公示系统（安徽）向社会公示。

【企业年报工作】2018年年初，亳州市工商行政管理局对企业年报工作进行部署。利用电视、报刊等各种媒体宣传，通过短信平台发送提醒信息。印发宣传资料2万份，悬挂横幅356条，群发短信25万余条。深入基层督察，帮助解决存在的问题，实行每月通报制度，实时向当地政府通报年报进度。全市2017年度应年报企业62159户，完成年报56095户，年报申报率90.24%。外资企业应报131户，完成年报127户，年报申报率96.95%。应年报个体工商户250563户，完成年报243258户，年报申报率97.08%。应年报农民专业合作社17075户，完成年报15943户，年报申报率93.37%。

【信用监管】2018年，亳州市工商行政管理局做好企业信用信息公示系统和市信用平台数据共享工作。全市共有156家单位547项目录643.1万条涉企数据推送省工商局前置机，每月更新一次。累计将5831户次企业列入经营异常名录，将及时整改后符合信用修复条件的3538户次企业移出名录。首次对符合列异满3年情形的企业，在公告期满后，根据实际核查情况，全市共有1755户企业被列入严重违法失信企业名单。移出严重违法失信企业73户。按照安徽省市场局等28个部门联合印发《安徽省企业信用分类监管暂行办法》要求，明确信用分类的标准，和省局对接，取得企业信用信息查询接口，完成全市企业信用分类工作。根据国家工商总局等38个部委《失信企业协同监管和联合等式惩戒合作备记录》要求，促进企业信息互联共享，实现各部门的联合惩戒，全市共列入异常名录企业17909家，列入严重失信违法企业1826家，建立信用修复机制，将8580家完成整改企业移出经营异常名录。严格落实联合惩戒备忘录，限制失信自然人担任企业管理人员258人次。

【助企融资】2018年，亳州市工商行政管理局利用股权出质、动产抵押、商标专用权质押三大职能助企融资。共办理股权出质305件，助企融资107.8亿元；动产抵押204件，助企融资15.2亿元；商标专用权质押23件，助企融资4.27亿元，合计127.27亿元。商标专用权质押额在全省保持先进位次。

【商标品牌战略实施】2018年，亳州市新增“恒盛”“力源”2件驰名商标。全市共拥有驰名商标10件，即“古井”“古井贡”“高炉家”“药信”“金坛子”“芍花堂”“富亚”“广印堂”“恒盛”“力源”。新申报驰名商标6件，即“年份原浆”“店小二”“金皖”“康勃”“曹操贡”“浩翔”。新增“利辛香椿”1件地理标志商标。培育申报地理标志商标5件，即“蒙城黄花梨”“亳菊”“亳丹皮”“涡阳槐花”“涡阳坛闷蒜”。商标申请15157件，注册总量30142件，均为全省第五位。新增安徽省大豆种植加工（涡阳县）专业商标品牌基地，全市拥有省级专业商标品牌基地5个，即安徽省白酒酿造（亳州谯城区古井镇）专业商标品牌基地、安徽省中药药业（亳州经开区）专业商标品牌基地、安徽省丝网纱门（利辛县）专业商标品牌基地、安徽省肉食加工（蒙城县）专业商标品牌基地、安徽省大豆种植加工（涡阳县）专业商标品牌基地。全市有马德里国际商标13个。

【打击侵犯知识产权和制售假冒伪劣商品】2018年，亳州市立案查处侵权和制售假冒伪劣商品案件722件，结案683件，案值439.54万元，罚没金额306.95万元。其中涉及商标侵权案件立案291件，结案266件，比上年同期增长18.95%。移送公安部门3件，案值15.14万元，排查垄断案件线索1件，对3起侵犯他人商业秘密案件实施行政处罚，立案处罚3起公用企业不正当竞争案件。

【扶持亳州白酒产业发展】2018年，亳州市工商行政管理局打击制售侵犯古井商标专用权和仿冒“年份原浆”产品包装装潢的“傍名牌”行为。制定白酒市场专项整治实施方案，召开白酒侵权仿冒专项整治会议，鼓励广大白酒企业争创商标品牌，依法合规经营。根据安徽古井贡酒股份有限公司维权诉求，组织执法人员到河北、山东、湖北、江苏协调当地市场监管部门打假维权。依据企业投诉举报，对多家白酒企业进行执法检查，查扣一批侵犯他人注册商标专用权和仿冒白酒。联合公安部门查处一例销售侵犯古井集团商标专用权的窝案，刑事拘留3人。全面启动亳州白酒市场打假工作，重点检查白酒生产企业有无生产经销侵犯古井贡酒股份有限公司商标专用权，仿冒古井贡酒“年份原浆”“古井贡”“古井”“淡雅”系列白酒的名称、包装装潢的行为，保护安徽古井贡酒股份有限公司及其他龙头白酒企业的合法权益。

【“两节”打假】2018年，亳州市工商行政管理局开展元旦、春节期间打假专项行动，全市共立案查处各类经济违法案件1406件，结案284件，罚款116.47万元。抽检商品58类、536批次。查扣侵权剑南春、古井、高炉家、口子窖、种子、劲酒、宣酒、牛栏山、红酒、啤酒等3780瓶；查扣果蔬、粮油、水产、禽蛋食品商品4902袋（件）；查扣阿胶糕、鹿龟酒、红牛等保健食品2157件（瓶）；查扣假冒阿迪达斯、耐克、红蜻蜓等服装皮鞋499件；查扣洗发洗涤用品2397瓶（桶）；查扣电脑、手机、电子秤等商品80个；查扣家具、装饰材料等527件，以及其他制品。合计案值约185.16万元。配合市农委开展农村食品市场整治专项行动，立案查处制售假冒伪劣食品案件153件，涉案金额11.16万元，罚款32.9万元，其中查处商标侵权案件41件，案值10.1万元，为消费者挽回经济损失14.17万元。

【打击传销和规范直销专项行动】2018年，亳州市工商行政管理局继续完善基层社区、村打传销和防范传销联防联控机制，巩固全市无传销城市创建成果。

将打击传销工作纳入日常经济检查执法的重要工作，对通过多种渠道举报申诉和摸排出的传销线索，组织执法人员进行实地检查。开展查处以直销名义和股权激励、资金盘、投资分红等形式实施传销违法行为的专项执法行动。发挥工商、公安部门的职能作用，联合开展集中整治行动。

落实上级工作部署，统一开展打击传销执法行动。先后捣毁驱散“东望集团”涉嫌传销窝点和人员，排查“云联惠”涉嫌网络传销案件的有关企业。做好各县区执法队伍的执法培训，提升县区执法人员打击传销知识技能。加强对经营直销企业产品的监督检查，重点检查直销企业是否存在虚假宣传、误导消费者、欺诈销售的行为，监督直销网点和门点认真落实直销企业退换货管理规定。全市共排查涉嫌传销“云联惠”“魔线”“东望集团”等线索7件，刑事拘留3人，开展宣传活动101次，散发宣传材料8.2万份，发布消费警示561次。

【反不正当竞争和反垄断执法检查】2018年，亳州市工商行政管理局组织人员进行巡查执法，打击各种生产销售混淆商品和商标侵权商品的违法行为。重点是食品、医疗、装潢装饰、学生教育、白酒生产销售等多个行业存在的虚假宣传、虚假标注、有奖销售等不正当竞争行为。加大与省内外知名企业的协作配合，摸排筛选违法经营案件线索，精准打击损害消费者合法利益的违法经营行为。到燃气、供水、供电、教育、医疗等行业开展自查自纠“回头看”，督促整改，检查发现新的案件线索。对交通运输、银行、保险、中介评估、电信等行业领域进行摸排，听取社会公众的意见和建议。根据消费者申诉举报，集中处理房地产行业发布虚假信息违法行为，支持购房户开展诉讼赔偿工作，合理化解购房纠纷。联合公安、社保等有关部门查处利用会议、义诊、赠送礼品、体验活动、健康讲座等形式推销老年保健品过程中的虚假宣传等行为。2018年，立案查处各类竞争执法案件191件，涉案金额931.63万元。同时，排查垄断案件线索1件，涉案资金9000多万元，对2起侵犯他人商业秘密案件实施行政处罚，立案处罚2起公用企业不正当竞争案件，移交司法部门处理2件。

【网络商品交易监管】2018年，亳州市工商行政管理局建立全市网络市场主体的交易数据库，依托“安徽省网络商品交易监管系统”，做好网络经营主体经济户口数据导入、搜索、建档、巡查、办案以及消费者申诉处理、网络交易秩序监管等工作，走访康美中药城、药博商城、“筑梦社区”“亳州青年电商园”“亳州创客空间”等电商产业园，收集网络经营企业相关资料。收集整理网络商品交易主体5938户。采用网上巡查与实地巡查相结合、日常巡查与专项检查结合、定期巡查与非定期巡查相结合的方式，通过网页浏览、关键词搜索、现场检查、经济户口信息比对等途径，对辖区网络经营主体开展全面巡查，实施动态监管。查处网络市场违法案件67件。开展2018网络市场监管专项行动（网剑行动），共巡查网站、网店2113个次，实地检查网站、网店经营者639个次，检查电子商务产品生产加工单位25家次，督促网络交易平台删除违法商品信息20条，责令整改网店20个，移送公安机关网络销售假药案件1件，查处违法广告3件。

【农村电商大走访】2018年，亳州市工商行政管理局制定《亳州市工商局开展农村电商大走访活动实施方案》。采取实地考察、座谈交流、问卷调查、定点帮扶等形式，了解农村电商的基本情况，通过建议、辅导、提醒等方式，为农村电商提供经营活动指导。印制分发《中华人民共和国广告法》《中华人民共和国反不正当竞争法》《网络交易管理办法》《中华人民共和国消费者权益保护法》《网络购买商品七日无理由退货暂行办法》等法律法规宣传材料，提高网络经营主体的守法意识。制作农村电商大走访“行政指导意见书”，规范行政指导的格式和内容。指导农村电商进一步落实网店实名制，实现网上亮照亮标经营，严格执行《网络购买商品七日无理由退货暂行办法》。指导农村电商建立健全合同管理、商标注册及使用、广告审查、进销货查验、消费维权等相关制度。督促电商落实网店实名制，网上亮照亮标，提高网络交易的可信度，总结和宣传活动中发现的诚实守信电商。走访活动共组织培训农村电商421户，培训人员1246人次，印制发放宣传材料5505份，走访农村电商587户次，召开座谈会10次，受理问题65件，解决62件。

【广告市场监管】2018年，亳州市工商行政管理局严格落实广告监测制度，强化对电视媒体广告重点监管。指导广播电视台广告部提高电视媒体的守法经营意识。行政约谈广播电视台广告部负责人3次，就新《中华人民共和国广告法》和加强广告发布前审查及建立健全内部管理制度等事项进行面对面宣传和交流。共监测网上广告420条、监测网站290家。监测市属媒体各类广告55000条次，无违法广告。

【商品质量监测】2018年，亳州市工商行政管理局组织开展电器商品、电线电缆、汽车销售和汽车维修行业、电动自行车专项整治和红盾质量维权行动。结合专项整治组织抽检，组织流通领域商品质量抽样监测36次，抽检商品1078组，合格率64%。对检测中发现的案源均及时进行查处。抽查检验农资1337组，抽查检验成品油402组。

【消费者投诉处理】2018年，亳州市工商行政管理局受理咨询、投诉、举报共8158件，其中咨询4032件、投诉3400件、举报726件，办结率100%，办理消费侵权案件61件。推进12315"五进"规范化建设工作。建立"五进"消费维权服务站253个，其中商场20个、超市129个、市场15个、企业73个、景区5个。建立消费者协会分会51个，"12315"联络站和消费者投诉站1208个，基本实现"一会两站"组织网络全覆盖。

（王晓宏）

亳州市中国驰名商标一览表

表1

序号	商标名称	核定商品	注册人
1	古井贡	白酒	安徽古井贡酒股份有限公司
2	高炉家	白酒	安徽高炉酒厂
3	古井及图	白酒	安徽古井贡酒股份有限公司
4	药信	中药成药	安徽济人药业有限公司
5	芍花及图	中药成药	亳州市芍花堂药业有限公司
6	金坛子及图	白酒	安徽金口酒业有限公司
7	富亚及图	纱门纱窗	利辛县富亚纱网有限公司
8	广印堂	中药饮片	安徽广印堂中药股份有限公司
9	恒盛及图	牛肉、牛肚	安徽恒盛实业有限责任公司
10	力源	烧酒	华佗国药（安徽）保健酒业有限公司
11	浩翔及图	动物育种、动物饲养服务	安徽浩翔农牧有限公司
12	曹操贡及图	白酒	亳州市板桥酒业有限公司

亳州市省级专业商标品牌基地一览表

表2

序号	基地名称	基地区域
1	安徽省白酒酿造专业商标品牌基地	亳州谯城区古井镇
2	安徽省中药药业专业商标品牌基地	亳州经开区
3	安徽省丝网纱门专业商标品牌基地	利辛县
4	安徽省肉食加工专业商标品牌基地	蒙城县
5	安徽省大豆种植加工专业商标品牌基地	涡阳县

统　计

【概况】2018年，亳州市统计局编发《亳州市2017年国民经济和社会发展统计公报》《2017年〈亳州市儿童发展纲要〉统计监测报告》《2017年〈亳州市妇女发展纲要（2011—2020年）〉统计监测报告》，编印《亳州统计年鉴（2018）》《亳州市统计局2017年及2018年上半年优秀统计分析汇编》，发布反映全市国民经济和社会发展情况的统计数据，起草《亳州市人民政府关于2018年政府目标管理绩效考核工作的通知》。编发统计分析报告等80余篇，市领导对统计工作批示28次，其中市委书记批示1次，市委副书记、市长批示11次。

制定《2018年亳州市统计法治宣传工作计划》，部署全年统计法治宣传工作。在亳州市第二届乡村旅游文化节暨谯城区第六届五马桃花艺术节开幕式当天开展普法宣传活动。在"江淮普法行"普及行系列活动中组织普法志愿者参加启动仪式并开展法律咨询服务工作。组织开展第九届“中国统计开放日”宣传活动。联合区统计局开展“12·4”宪法日宣传活动，宣传统计法相关法律法规和第四次经济普查相关内容。利用全国第四次经济普查试点工作启动仪式、宣传月启动仪式等活动柜开展各类普法活动。印发《中共亳州市委办公室 亳州市人民政府办公室关于印发〈亳州市统计违纪违法责任人处分处理建议实施细则〉的通知》，对统计造假、弄虚作假实行零容忍。对县（区）企业开展统计执法检查，检查企业326家，发现有问题企业5家，立案3家，结案3家。

本年度，在安徽省“经普杯”统计分析大赛中，亳州市统计局3篇文章获二等奖、1篇文章获三等奖，在全省市级统计局中入围获奖作品最多。向市委办、市政办上报信息293条采用134条，得分均居市直单位第一名。向省局内网上报信息278篇，一、二级栏目采用159篇，居全省市级统计单位前列。

（段辰旭）

【统计信息服务】2018年，亳州市统计局组织开展全市深化改革成果评估群众满意度等10余项调查，形成多篇调查报告。民意调查成为市委、市政府了解民意的重要渠道。利用市统计局5366短信平台，及时发送主要经济指标数据及统计动态，服务领导决策。推出“两会”服务资料《数字亳州》，服务人大决策监督、政协参政议政。与人民网安徽等中央主流媒体和《亳州晚报》、亳州广播电视台等及所属新媒体合作，解读经济数据，举办全市“经普杯”摄影大赛等，服务社会公众。编印《统计月报》《统计年鉴》《优秀统计分析汇编》等统计资料。接待社会公众查询。上门来访98人次，电话来访170余次，对外提供材料35篇。

国家统计局亳州调查队撰写经济信息279条、调查分析报告68篇，印发19期《亳州调查》，向市“两办”报送信息共计163条。

（段辰旭　刘家初　邢良海）

【2017年亳州市经济运行情况新闻发布】2018年1月25日，亳州市统计局发布《2017年亳州市经济运行情况新闻发布稿》，向社会公众、新闻媒体通报2017年全市经济运行情况。2017年，亳州市生产总值1184亿元，可比价增长9.2%，其中，第一产业增加值209.8亿元，增长4.5%；第二产业增加值474.3亿元，增长9.7%；第三产业增加值499.9亿元，增长11%。一、二、三次产业比例为17.7∶40.1∶42.2。在24项主要经济指标中，亳州市多数指标增速进入全省第一方阵，其中20项指标增速居全省前八位，16项指标增速居全省前三位。被“人民网安徽频道”“亳州新闻联播”“药都时空”“我家亳州”“掌上亳州”“亳州统计”微博、“亳州发布”等媒体、媒介转载。

【承办全国统计专业技术资格考试】2018年10月21日，全国统计专业技术资格考试在亳州举行，亳州市连续两年作为承办城市设立考点。市统计局党组专门部署考试工作，要求始终坚持以考试安全为主线，落实主体责任，完善考务规则，强化考务管理，确保考务工作平稳有序进行。亳州考点共计200余人参加考试，没有发生违规违纪行为。

【第四次全国经济普查】2018年3月28日，亳州市人民政府印发《亳州市人民政府关于认真做好第四次全国经济普查的通知》，成立市第四次全国经济普查领导小组，市长杜延安任领导小组组长。落实普查经费、完成省级普查综合试点、“两员”选任、业务培训、单位清查等各项工作。共动员4800余名普查员和普查指导员，清查单位8.3万个，居全省第三位，比第三次全国经济普查增长2.4倍，居全省第一位；个体户40.4万户，比第三次全国经济普查增长51.2%，总量、增速均居全省第三位。在12月召开的全省第四次全国经济普查工作电视电话会议上，副市长李杰生代表亳州市政府在亳州分会场向大会作交流发言。市委常委、常务副市长刘辉在《亳州晚报》上发表题为《盘点经济真家底“普”写亳州新篇章》的署名文章。

（段辰旭）

【居民收支调查】2018年，亳州市开展城乡住户调查工作，通过“每月一个质量周，每季一次大检查”的方式，开展数据质量检查，共检查调查户340户。实施三级考核制度，开展县区、辅调员和调查户考核工作，层层管控，逐级夯实双基工作质量。开展业务培训工作，通过召开现场交流及培训等会议5次，各县区召开住户业务培训会议在6次。推进全市电子记账，全市65个调查点，电子记账户65户，占总计账户的78.9%。

本年度，亳州市常住居民人均可支配收入18778元，同比增长10.2%，分别位居全省第14位和第一位。城镇常住居民人均可支配收入29711元，同比增长9.1%，分别位居全省第15位和第四位。农村常住居民人均可支配收入12756元，同比增长10.1%，分别位居全省第12位和第二位。

【居民消费价格调查】2018年，亳州市建立采价工作责任制，由两名工作人员加上分管副队长分包不同的采价员，跟踪采价，进行工作指导，摸清物价实情。注重痕迹化管理，要求采价员每到一个采价点，发送位置信息，对价格变动的规格品拍照留存。每月召开消费价格例会，传达总队月报查询的结果，学习总队新的工作要求，把遇到的新情况、新问题反馈给采价员。

本年度，亳州市居民消费价格总指数较上年增长2.0%，其中食品类增长2.1%；衣着类增长2.3%；医疗保健和个人用品方面增长2.8%；娱乐教育文化用品及服务增长2.9%；商品零售价格总指数增长2.4%。

【工业生产价格调查】2018年，国家统计局亳州调查队结合亳州市统计局的规上企业名录库对关停并转和基础工作薄弱、配合度不高的调查企业予以调换，协助总队增补其他地区缺失规格品的企业。在每月报表完成后，对支柱性行业的价格监控，特别是医药制造业、农副食品加工业和酒、饮料和精制茶制造业的价格走势。结合数据质量大检查，对企业走访和检查，督促企业按质按量完成相关报表，并建立相关台账。全年共走访企业48家次。对联网直报数据采取“即报即审”和“直审直验”，每月完成对全部企业数据验收，上报率、直验率、验收率均为100%。

本年度，亳州市工业生产者出厂价格环比下降0.1%，同比上涨3%，1—12月平均上涨1.9%。工业生产者购进价格环比上涨0.6%，同比上涨6.9%，1—12月平均上涨6.8%。

（刘家初　邢良海）

安全生产监督管理

【概况】2018年，亳州市宣传贯彻落实中央、省市《安全生产领域改革发展意见》《地方党政领导干部安全生产责任制规定》《地方党政领导干部安全生产责任制实施细则》，出台《亳州市地方党政领导干部安全生产责任制实施办法》。

市委常委会3次、市政府常务会7次专题研究和部署安全生产工作，建立市长一月一调度和分管副市长半月调度的工作机制，其他副市长按照“及时督办和解决安全生产重大问题，一岗双责”的要求，每季度至少检查和研究一次安全生产工作。市、县区全部落实由党委常委、政府副职分管安全生产工作。市安委会办公室发挥指导、协调、监督和考核职能，推动各部门履行安全生产监管职责。制订县区、市安委会成员单位以及中央、省驻亳和市属企业安全生产目标考核评分标准，由一次性考核向动态抽查、日常调度方式转变。强化结果运用，兑现奖惩。设立100万元奖励资金，对考核等次优秀的县区和部门进行奖励并公开结果，纳入效能考评和干部任免的重要内容。严格事故调查处理。对全市发生的5起一般安全生产事故和2起较大事故进行挂牌督办和事故调查。

开展企业安全生产标准化创建工作。全市6家烟花爆竹批发经营企业、2家危化品生产使用企业和29家工贸企业通过评审组织单位评审，取得安全生产标准化三级认证。开展职业病危害检测企业137家，占申报企业数的18.34%，检测率居全省第三位。开展职业病防护设施“三同时”项目26个。开展职业病危害现状评价的职业病危害严重企业10家。完成职业健康示范单位创建企业5家。制定《亳州市职业病防治民生工程实施方案》并组织实施，分县区开展四期微型企业劳动者职业病防治知识培训班，培训321人。

制发《关于进一步做好2018年春节期间烟花爆竹禁放工作的紧急通知》并通过微信平台群发；制发“致广大烟花爆竹零售门点的一封信”300余份，发放到禁放区内每一个烟花爆竹零售经营门点；是各县区制发“告广大居民禁止燃放烟花爆竹的一封信”5万余份，依法撤回95家烟花爆竹经营许可。发布安全生产预警信息15条。其中应对恶劣天气的14条，高坠事故预警1条。

在市广播电视台法治一线栏开设《安全视界》电视宣传栏目，通过掌上亳州客户端、亳州晚报社宣传；利用安全生产监督管理局门户网站和亳州市政府信息公开网、亳州发布、亳州安监微信公众和政务微博进行宣传，发布微信公众号239期，政务微博78期。开展安全生产宣传教育进机关、进企业、进社区、进学校、进家庭、进农村、进公共场所等“七进”活动。参加应急管理和安全生产知识竞赛答题活动，7308人参加，获全省第五名；参加全省应急管理知识竞赛答题活动，获全省第九名。

本年度，亳州市工矿商贸及其他、生产经营性道路运输安全事故共发生90起，死亡70人，伤56人，按可比口径统计，分别同比下降35.7%、25.5%和48.6%。其中累计发生生产经营性交通运输事故78起，死亡57人，伤46人，按可比口径统计，分别同比下降32.8%、19.7%和54.0%。发生工贸和其他事故12起，死亡13人，伤10人，与上年同期比较，事故减少11起，死亡人数减少10人，受伤人数增加1人。未发生煤矿、铁路路外、水上交通、危险化学品、特种设备、烟花爆竹、农机等安全生产事故。全市安全生产总体形势平稳。

【“铸安”行动】2018年，亳州市开展危化品、烟花爆竹等重点行业领域的打非治违。组织危化品生产经营企业安全检查101家次，发现隐患269条，整改264条，罚款2万元，停业整顿7家；开展烟花爆竹打非治违工作，共查处违法非法186起，查缴烟花爆竹20792件，关闭、吊销证件18家，立案及移交公安机关40起，行政拘留31人，罚款15.7万元。

构建安全风险分级管控和隐患排查治理双重预防机制建设，开展“六项机制”风险查找和“隐患排查治理年”活动。推进企业标准化创建、信息化服务、网格化监管和落实企业主体责任“三化一体”建设，按照“分级负责与属地管理相结合，以属地为主”的原则，划分市、县区、乡镇（街道）、村（居、社区）、生产经营单位五级网格，形成政府纵向分级负责、部门横向依责监管、网格员定岗巡查的安全生产监管网络，实现对安全风险点的实时动态、全覆盖、全要素掌握和管控。

建立安全生产“五个一”工作机制。坚持一周一暗访，一月一调度，一季一提醒，一事故一通报，一案一追责，推进重点行业领域安全监管工作。

开展打击假冒特种作业操作证专项治理行动。对331家生产经营单位开展专项执法检查，发现问题108条，责令整改96家，责令整改对用人单位不查验或默许无证上岗企业12家。

【“六个年”活动】2018年，亳州市开展安全生产“六个年”活动。

“企业主体责任落实年”活动。印发《亳州市企业安全生产主体责任落实年活动实施方案》，建立企业全过程安全责任追溯制度，推进企业安全生产诚信体系建设，完善企业安全生产不良记录“黑名单”制度，建立失信惩戒和守信激励机制，推动企业主体责任“八落实”。在全市高危行业推行安责险工作。

“安全隐患排查治理年”活动。突出重点行业领域，针对“低、小、散、微”企业，全面开展安全隐患排查治理，排查隐患12813项，整改12791处，整改率99.8%。3640多家企业纳入市安全生产综合监管服务平台，570多家企业通过安全生产综合监管服务平台开展隐患自查自报。严格挂牌督办抓整改，加大重大隐患政府分级挂牌督办工作力度，对402处重大安全隐患进行挂牌督办，投入整改资金1705.2万元。严格事先问责抓治理。通过公开曝光、约谈、联合惩戒等方式，督促隐患整改不力的企业落实整改责任，约谈企业28家次，曝光重大安全隐患170余家次，停产停业整改80余家。

“安全生产宣传教育培训年”活动。举办全市领导干部安全生产专题培训班。开展“安全生产月”系列活动、《中华人民共和国安全生产法》宣传周活动。通过“亳州安监”微信公众号和全市各类安全生产工作微信群进行宣传。举办乡镇安监干部安全教育培训13期，培训人员1469人次。开展针对企业的安全生产培训20期，培训人员4082人次；全市6家安全生产培训机构共培训企业负责人、安全管理人员和其他从业人员2835人次，培训电工、焊工和登高架设等特种作业人员3869人次，对经考核合格的1980人颁发特种作业操作证。

“安全生产基础建设年”活动。推进县乡两级安全监管执法力量和安全监管执法装备建设，开展乡镇安监办（站所）标准化建设，推进机构、编制、经费、装备“四落实”，完成全市现场监督检查、调查取证分析等执法装备的配备，推进企业安全监管服务平台建设和使用，初步实现企业网上自查自报自改自核安全隐患。

“安全执法规范年”活动。全面推行检查诊断、行政处罚、整改复查“三部曲”工作规范，做到见问题清单、见处罚指令、见责任人签字、见整改结果、见复查验收“五见面”；推行全过程管理，做到“全程留痕、责任可溯”；规范监督检查方式、执法程序和执法文书，提升监管执法效能。

“干部素质作风建设年”活动。对全市安全监管执法人员在适用法律法规实体和程序方面进行专题培训，开展“在岗不作为，履职不担当”问题治理，制定市安监干部监察检查纪律“十不准”。

【危化品安全监管】2018年，亳州市开展危化品企业安全风险摸排，建立危化品风险点数据库；开展重大危险源摸排，报送重大危险源13处；推进城镇人口密集区危险化学品生产企业搬迁改造，督促指导安徽三星化工和安徽瑞福祥公司2家危化品生产企业实施搬迁。

开展危化品安全大排查大清理行动。全市共有181家企业开展隐患自查自改工作，共查出隐患81处，整改完毕。

严格实施行政许可。通过网上受理、现场审查等，对全市范围内28家危化品经营企业（加油站）换发（颁发）“危化品经营许可证”，对26家危化品经营企业（加油站）变更“危化品经营许可证”，对26家新、改、扩建加油站的安全条件和24家加油站的安全设施设计进行备案。

（朱怀锋）

质量技术监督

【概况】2018年，亳州市质量技术监督局创新服务。为群众提供办事指南查看、网上申报、网上预约、办件查询、咨询投诉等网上办事功能，安徽政务服务网网上申报事项42项（附表），颗粒化后网上办事大厅行政权力事项26项，公共服务事项14项，其他事项2项。行政审批事项、行政确认事项、其他权力事项等42项政务服务事项实现“最多上一次”，群众零跑腿。平台运行稳定，累计受理办件6366件，正常办结3120件。

推进“放管服”改革。梳理政务服务事项申请材料，38个政务服务事项共有申请材料总计166项，取消事项89项。调整后的权责清单561项，公共服务清单20项，行政权力中介服务清单17项。完善“双随机”抽查“一单两库”随机抽查事项清单为12项。

开展“四送一服”双千工程活动。走访企业81家，解决问题97个，对“四送一服”双千工程枢纽平台转办的2个企业问题进行回复，并与企业及时沟通帮互解决实际问题。参与城乡接合部浴池锅炉安全隐患专项整治等环保各项工作。共收到市长热线转办103件，政企直通车11件，满意率100%；行政复议案件3件，全部办结。

本年度，亳州市新增安徽名牌产品12个。安徽正宇面粉有限公司、安徽翰联色纺股份有限公司、亳州市酒厂有限公司3家企业获第三届亳州市政府质量奖；安徽东方帝维生物制品股份有限公司、安徽骄阳软门有限责任公司、安徽天赢电气成套设备制造有限公司3家企业获第三届亳州市政府质量奖提名奖。

【“质量提升行动年”】2018年，亳州市开展“质量提升行动年”活动。

出台《亳州市开展质量提升

行动推进质量强市实施方案》，成立质量工作领导机构，建立“党委领导、政府主导，部门联合、企业主责、社会参与”的质量工作新格局。召开全市质量提升动员大会，传达贯彻省局工作会议精神。

开展“质量月”活动。会同市新闻办组织召开质量月专题新闻发布会并就质量月活动答记者问。在《亳州晚报》开辟质量宣传专题，展示亳州质量发展成果。组织企业参加安徽省及全国品牌故事大赛。将质量发展专题列入市委党校主体班教学计划；联合各部门开展特种设备、秋季农资及双节执法专项检查，净化市场环境。

开展质量强县（区）示范创建活动。涡阳县创建安徽省质量强县示范县通过省局验收，对于申报质量强县示范县的县区，在安徽名牌申报工作中和亳州市政府质量奖申报工作中予以政策倾斜。在2018年安徽名牌申报工作中，为涡阳县增加2个推荐名额。在第三届亳州市政府质量奖申报工作中对涡阳县的申报企业进行重点培育、同种情况下允许突破申报名额。市级财政为企业兑现标准化奖金370万元，兑现市政府质量奖及安徽名牌等质量奖金225万元。

开展质量业务培训。举办亳州市质量提升行动年动员会暨2018年安徽名牌申报业务培训班。与市委组织部联合举办亳州市质量提升行动年推进会暨质量品牌提升业务培训班。举办全面质量管理培训班。将质量发展纳入市委党校秋季班教学计划。

图65　2018年8月15日，汽车尾气检测（叶青　摄）

推进社会公用计量标准建设，新增社会公用计量标准10项。推进检验检测平台建设，国家中药材检测中心投入使用；省级中心——蒙城县黄牛及肉制品检测中心建设，提交申报材料等待验收。出台《亳州市加强质量认证体系建设促进全面质量管理的实施方案》，将质量认证体系建设纳入经济社会发展规划。

推进“五大示范”（组织示范、人物示范、标杆示范、教育示范、文化示范）系列活动。在质量主题业务培训活动中，均安排示范带动环节。在亳州市质量提升行动年动员会暨2018年安徽名牌申报业务培训班上，拥有4个安徽名牌产品的华佗国药股份有限公司总经理王守旭作为示范企业分享了质量提升和品牌创建成果。组织亳州市质量提升行动年推进会暨质量品牌提升业务培训班学员到第二届省政府质量奖、首届亳州市政府质量奖、全国质量管理标杆企业安徽古井贡酒股份有限公司进行现场观摩学习；在全面质量管理培训班教学计划中，设置第三届亳州市政府质量奖获奖企业经验交流环节。

5个察查组，到各县区开展督察调研。召开“四重企业”（重点产业园区、重点产品和服务、重点行业、重点企业）座谈会，实地走访，开展质量零缺陷、服务零距离的“双零”服务，形成调研报告。

【计量工作】2018年，亳州市社会公用计量标准建设实现年均增长10%的目标（2017年96件社会公用计量标准，2018年106件社会公用计量标准）；创建50家诚信计量示范单位；强制检定计量器具情况，检定各类计量器具〔加油（气）机、压力表、出租汽车计价器等〕54887台（件）。

【标准化建设】2018年，亳州市推进农业标准化示范区建设，安徽精益诚食品有限公司获批“安徽省出口型蔬菜种植农业标准化示范区”，安徽井泉中药股份有限公司创建成为“国家亳白芍种植标准化示范区”，亳州市阳光新科药材种苗生产有限公司创建成“亳州市中药材种苗栽培标准化示范区”。推进标准化良好行为创建，安徽井泉中药股份有限公司等10家企业申报创建工作获得立项（立项数居全省前三位）。

【定量包装商品监督】2018年，亳州市质量技术监督局开展定量包装商品的监督抽查工作，共抽查71家企业的定量包装商品319批次，抽查合格率93.1 %。开展监督抽查及后处理工作，市级监督抽查共抽检209家企业共计374组，合格339组，合格率90.64%，其中食品相关产品、纤维制品质量稳定，合格率100%；不合格产品主要集中在预拌商品混凝土、墙体材料和印刷品，对不合格的25家企业下达责令限期整改通知书，其中25家企业完成整改，产品复查合格。

【特种设备安全监管】2018年，亳州市共检验特种设备10388台，其中安装监督检验1921台、定期检验8442台、产品监督检验256台；检验压力管道30.2千米，其中安装监督检验21.6千米、定期检验8.6千米。办理网上申报事项1763件。对629家特种设备使用单位和42家获证单位进行检查。共督察特种设备生产、使用单位47家，其中39家单位存在安全隐患112处，印发《互查通报》并限期整改。举办特种设备作业人员培训班9期，培训特种设备作业人员727人次。

（张　靖）

食品药品监督管理

【概况】2018年，亳州市公开招录30名事业编制人员，充实到市食品药品监管部门；市财政拨付专项经费500万元，用于执法办案、第三方抽检买样、飞行检查组飞检等。购买2架无人机航拍飞行器，督促药品生产企业安装视频监控设备。开发药品药材生产经营综合整治手机APP，将药品药材违法违规生产经营举报奖励资金由100万元提升到200万元。邀请专家到亳州开展培训。新增GMP认证检查员5名，总数12名。

出台《亳州市食品小作坊禁止生产加工食品目录及明细》，明确食品小作坊监管依据。优化食品生产许可，共受理食品生产许可申请432件，准予许可314件，不予许可118件。完成食品安全民生工程建设收关任务，建设食品检验（快检）室37处，近三年累计完成建设130处。食品各环节完成市本级监督抽检1120批次。出台《中共亳州市委亳州市人民政府关于建立五大工作机制推进中药产业高质量发展的意见》。共收到饮片不合格报告书1106件，同比下降24.2%。

立案查处各类案件1413件，结案1386件。拓宽案件线索来源，做到合规投诉必受理，有受理必查处，共受理食品药品投诉举报信息1975件，其中咨询问题1160件全部给予答复，各类举报投诉815件，办结646件，169件在办理，食品药品安全违法行为法定时间内查处率100%。严厉打击食品药品违法违规行为，共罚款金额751万余元，移交案件13件。

本年度，利辛县“明厨亮灶”工程建设工作获安徽省食品药品监督管理局通报表彰。

【食品监督管理】2018年，亳州市对94家食品生产企业开展飞行检查。开展白酒、桶装饮用水、代用茶等专项整治，组织各县区对全市46家大桶水生产企业进行全覆盖监督检查。

以食品批发市场、集贸市场等场所为重点，开展“食药安全春风行动”。组织开展校园及周边“五毛食品”专项整治。共检查食品经营户18050户次，检查集贸市场210个次，立案查处违法违规案件251件，查扣、没收涉及食品安全的食品1100千克，罚没款290.5万元。

开展年夜饭、中高考等各类餐饮专项整治。开展亳州市校园及周边食品安全专项整治工作。共检查学校食堂1350家次，责令整改320家，立案查处20家，关停经营学校食堂6家，检查周边餐饮单位2400家，责令整改550家。

▲飞行检查：即事先不通知被检查企业而对其实施快速的现场检查。

图 66 2018 年 1 月 24 日，中药材专业市场突击检查（张健 摄）

【药品药材生产经营综合整治】2018 年，亳州市开展为期 6 个月的药品药材生产经营综合整治工作，重点打击药品生产企业、药品经营企业、涉药市场、城乡接合部等单位和区域的涉药违法违规行为。

制定《亳州中药材专业市场整治工作实施方案》，检查市场经营摊位 11713 家次、固定门店 1821 家次，责令整改 67 家。飞行检查药品生产企业 217 家次，发现缺陷 1397 项，收回 GMP 证书 18 张。全覆盖检查药品批发企业 73 家，限期整改 51 家。对城乡接合部及重点区域进行暗访及无人机巡查，铲除非法炮制加工饮片场所 1013 个。

综合整治立案行政处罚案件 362 起，结案 264 起，罚没金额 294.13 万元；移交公安机关案件 14 起，起诉 5 人，逮捕 5 人，刑拘 1 人，取保候审 7 人；移交森林公安 1 起。

（于 畅）

公共资源交易监督管理

【概况】2018 年，亳州市出台《亳州市人民政府办公室关于推进公共资源配置领域政府信息公开的实施意见》《亳州市人民政府办公室关于印发亳州市政府采购货物和服务实施办法等四项制度的通知》《亳州市公共资源交易中心开标评标区域领导带班巡查制度》《亳州市国有资金投资工程建设项目设计招标投标实施办法（试行）》《亳州市国有资金投资建设项目工程总承包招标投标活动管理办法（试行）》，建立开标评标区域领导带班巡查机制，加强国有资金投资项目设计招标投标活动管理，推进建立工程总承包制度，进一步规范公共资源交易项目评标评审活动，维护评标评审专家的合法权益，维护公共资源交易市场秩序。修订《公共资源交易项目标前公示办法（试行）》《公共资源交易项目会审及论证实施办法》，加强招标文件的审查力度，确保技术复杂或性质特殊且技术需求合理性难以确定的交易项目招标参数制定合理。修订评标评审专家劳务费支付标准，进一步规范公共资源交易项目评标评审活动，维护评标评审专家的合法权益。印发《关于开展规范性文件实施后评估工作的通知》，对《亳州市公共资源交易监督管理办法》《亳州市产权交易管理办法（试行）》《亳州市政府投资建设项目招标投标实施办法（试行）》《亳州市政府采购货物和服务实施办法（试行）》等文件的实施效果进行评估，并形成评估成果文件。

建立公共资源交易中心服务标准体系，进一步优化服务流程。建立“一站式”服务，并实行一次性告知制、首问负责制，推行网上办事，限时办结，坚持持证上岗、亮牌办公、提质增效、规范服务。

出台《关于印发亳州市公共资源交易监督管理局廉政风险及防控措施的通知》，排查公共资源交易管理系统廉政风险点，优化工作分工，建立措施清单，建立全流程、全方位的内部控制体系。

本年度，亳州市完成公共资源交易项目（不包括网上商城）3366 个，成交金额 545.53 亿元，节资（增值）金额 49.25 亿元。其中，完成建设工程项目 1191 个，预算金额 110.7 亿元，成交金额 99.3 亿元，节资率 10.3%；政府采购项目（不包括 PPP 项目）1637个，预算金额57.33亿元，成交金额51.01亿元，节资率11.02%；产权交易项目292个，起始金额2088.76万元，成交金额3503.85万元，增值率67.75%；国土出让项目237个，起始金额209.92亿元，成交金额241.31亿元，增值率14.95%，PPP项目9个，成交金额153.55亿元。另外，网上商城共完成交易项目28860笔，成交金额2.32亿元。

【监管机制建设】2018年，亳州市建立公共资源交易事中事后监管机制。受理各类投诉58件，转办投诉事项7件，按时办结率100%。对违规参与招投标活动的19家公司进行取消中标候选人资格或不予退还投标保证金处理，累计不予退还投标保证金417.5万元，维护了公共资源交易市场秩序。利用电子监控系统，对开评标活动进行全程监督，加强项目约谈工作，提升监督效果和水平。

开展标后监管。修订完善《亳州市建设工程项目标后监督管理办法》。开展标后联合检查6次，印发标后监管工作通报12期，通报存在问题项目28个。根据行业主管部门报送的奖惩情况，将涉及市政府投资项目的1家设计单位、16家施工单位、17家监理单位、7家建设单位的通报批评或记不良行为记录、1家企业的通报表扬及时上报和通报，并将结果运用到公共资源交易市场。

【评标规则创新】2018年，亳州市完善公共资源交易评标规则，创设新的评标办法，改革建设工程项目评标规则，评标办法由2种调整为4种，除保留综合评估法（合格制）没有修改外，对合理低价法进行完善，新增双控值法和综合评估法（百分制）。新评标办法完善了评标基准价的计算规则，可以避免评标基准价被投标人操控。若有效投标人超过20家，按报价排序，以中位数为中心，取16家投标人的报价计算评标基准价。改革商务标报价评审办法，对预防恶意抬高或压低报价等非市场竞争行为起到一定的节制作用，同时，有效降低公共资源交易投标社会总成本。

【专家库管理】2018年，根据《安徽省综合评标评审专家库管理办法》等有关规定，亳州市加强对专家申报材料的审核，对于不符合评标评审专家资格的一律不予初审通过，严把专家入库质量关，做好评标评审专家入库初审工作。新增评标评审专家125名。开展2018年标评审业务培训，对2018年新入库专家进行培训。按照《安徽省综合评标评审专家库管理办法》《安徽省评标评审专家考评办法》等文件要求，加强对专家的日常监督，严格评标评审专家日常考评，依据评标评审专家在评标评审中的工作表现进行考核打分，确保考评工作公平公正、实事求是。通过日常监督、严格考评，规范专家的评标评审行为，促进评标评审工作质量提高。对8名专家进行考评加分，对21名专家进行扣分处理。专家日常考评客观公正，无投诉事项或者投诉查证不属实情况。出台《亳州市公共资源交易评标评审专家劳务费用支付标准》，进一步规范公共资源交易项目评标评审活动，维护评标评审专家的合法权益，推进市公共资源交易工作规范化、制度化。

【公共资源交易电子化】2018年，亳州市提升公共资源交易电子化水平，实施小额工程和中介服务“网购”。进一步规范全流程电子招标文件文本使用，扩大全流程电子招投标实施范围，实现依法必须招标项目且适合电子招投标的全流程电子招投标比率95.1%。市公共资源交易服务平台完成与公共信用共享服务平台的互联互通工作。根据容灾备份工作要求，与中国电信亳州分公司签订数据容灾备份合同，对重要数据实时备份。落实《安徽省公共资源交易平台服务评价管理办法》要求，投资20万元重点对交易中心硬件环境进行升级改造。网上商城完成交易项目28860笔，成交金额2.32亿元。印发《亳州市药都电子商城小额工程项目施工企业管理暂行办法》《亳州市药都电子商城中介服务机构管理暂行办法》，400万元以下的工程建设项目、100万元以下的中介服务项目无须公开招标，通过网上竞价方式选取中标人。

（徐文忠）

中药业

图 67　2018 年 12 月 24 日，亳州中药材商品交易中心项目（张延林　摄）

亳州市现代中药产业发展

【概况】2018年，亳州市坚持“以药立市、以药强市”的发展战略，围绕打造“世界中医药之都”，举全市之力推动中医药产业集聚发展、创新发展、融合发展、转型发展、规范发展，初步形成涵盖中药材种植、中药饮片加工、中成药制造、中药颗粒剂生产、中药流通、中药科研和中药文化传播等全产业链的现代中医药产业体系。

【中药农业】2018年，亳州市推进中药材规范化种植，促进中医药产业融合发展。推进中药材种植标准化。发挥种植大户、家庭农场、专业合作社主体作用，采取“公司＋基地”“公司＋合作社＋农户”等多种形式，加快推进规范化种植基地、种子种苗组培繁育基地、“十大皖药”道地药材种植基地和中药材初加工基地等“四大基地”建设，指导粮农向药农转变，带动药农致富增收。全市中药材种植面积8万公顷，其中，中药材标准化种植面积2.27万公顷，安徽亳州现代农业综合开发中药材示范区入驻药业产业化龙头企业58家，流转土地近3133公顷，已成为全国最大的中药材规范化种植示范基地和中药材进出口检测示范基地。

实施“中医药＋文化旅游”战略。跻身首批“国家中医药健康旅游示范区”创建单位，推进亳药花海休闲观光大世界三期项目、中华中医药博览园等重点文化旅游项目建设，融合发展中医疗养、康复、养生、文化传播、商务会展、中药材科考与旅游为一体的健康养生旅游，形成一批以“食养”“药养”“水养”“体养”“文养”为特色的中医药健康旅游品牌，实现中医药产业与文化旅游产业深度融合。

【中药商贸】2018年，亳州市汇聚市场资源，构建现代流通体系。立足资源和产业优势，优化市场功能，规范市场管理，推动中医药产业市场线上线下深度融合。持续壮大有形市场。坚持特色突出、布局合理、错位发展，2018年中医药流通贸易额743.2亿元，其中亳州中药材专业市场内交易额约350亿元，昌升种子种苗及鲜活中药城、太安堂道地药材交易广场、珍宝岛中药材商品交易中心、九州通中药材电子商务中心、时代医药城市场交易额约150亿元，电商平台线上线下交易额约186.4亿元，批发零售56.8亿元。

培育无形市场。以世界药都网、药通网、药博商城、珍药材网等电子商务平台为依托，加快培育面向企业（B2B）、面向消费者（B2C、C2C）、线上线下同步经营的电子商务市场主体。药通网、药博商城会员总数81万人，2018年电商平台线上线下交易额约186.4亿元。

探索发展期货市场。以亳州中药材商品交易中心为平台，与安徽中医药大学合作完成500个品种的中药材商品等级分类标准研究，与中国科学院信息工程研究所合作制定“中药材大数据云智慧管理与应用系统建设方案”，期货交易中心建设迈出新步伐。

打造水平高、规模大的药博会。2018年国际（亳州）中医药博览会暨第34届全国（亳州）中药材交易会以“打造世界中医药之都，让人类更健康”为主题，共举办三大板块10项活动，7个国家部委、11个国家级行业协会、

图68　2018年4月29日，中华药都最大芍药花田挑战吉尼斯世界纪录成功（李胜雨　供图）

来自16个国家和地区的中医药相关专家和领导等3000余人参加开幕式；亳州市3家企业成功入围2017年度中华民族医药百强品牌企业榜单；中医药展邀请全国800余家药企参展，参展企业同比增长60%；签订贸易协议28个，签约金额36.2亿元，其中内贸21.2亿元、外贸2.2亿美元；签约投资项目59个，项目总投资518.2亿元。举办多项文化和学术活动。

【中药工业】2018年，亳州市推进亳州现代中药产业集聚发展基地建设。全市医药工业总值318亿元，其中现代中药产业集聚发展基地产值313亿元，同比增长10.8%；医药制造业累计实现工业增加值61.5亿元，占全市工业经济的24.3%，同比增长10.2%。179个重大药业项目完成投资142.5亿元，增长36.7%。

在2017年省考核奖励资金3000万元的基础上，另外配套资金1.329亿元，共计安排奖补资金1.629亿元，支持基地61家药业项目建设。

全市共签约药业招商引资项目121家，总投资262.9亿元，其中投资亿元以上项目76家，全国100强医药企业已有57家落户亳州。2018年新开工药业重大项目81个，谯城区美誉制药中药饮片中药提取生产、九洲方圆制药生产等43个重大药业项目竣工投产，谯城区中青健康中国健康中药大数据产业园、亳芜谯康堂配方颗粒中成药生产和广印堂配方颗粒剂中成药生产等一批超10亿元的重大药业项目开工建设。

全市共有药品生产企业171家，其中通过GMP认证167家。启动建设中药配方颗粒生产基地，华佗国药、济人药业等5家企业被省食品药品监管局批准为中药配方颗粒生产企业，已申报备案514个品种。出台促进药业转型升级的系列扶持政策，培育涉药农业产业化龙头企业70家。推动企业技术改造，助推中药饮片向深加工方向发展，67家药业生产企业增加口服饮片生产线。

【中药科研】2018年，亳州市强化科技政策支撑，激发创新创业活力。壮大公共服务和科研平台。以科技部“火炬计划”中药特色产业基地和国家中药现代化科技产业（安徽）建设基地为重点，实施现代中药科技重大专项，开展科技创新工作。全市共有国地联合中药类工程研究中心2个、省级企业技术中心20个、省级工程技术研究中心20个、高新技术企业54家、离岸孵化中心5家，国家级中药材检测中心通过验收，全国首个中药材技术性贸易措施研究评议基地落户亳州，与中国检验检疫科学院合作建立亳州分院。

出台专项扶持政策，增强企业持续发展能力。出台促进药品技术转让、研发和培育的扶持政策，设立首批10亿元的药品技术转让和研发专项基金，鼓励、支持企业药品技术转让，全市现有中成药品种212个，394个药品技术转移批文上报原国家食品药品监管总局待批。培育中药大品种、大品牌，新增九方制药公司葛酮通络胶囊、华佗国药公司救心丸2个品种进入国家医保目录，济人药业公司疏风解毒胶囊由国家医保目录乙类品种升级为甲类品种。推进新品研发，九方制药公司牡荆素填补全省中药一类新药的空白，被列为科技部“十三五”重大专项，北京皇岛植物胶囊（亳州）有限公司海藻多糖植物空心胶囊填补安徽省此类产品生产空白，现代中药产业集聚发展基地在研新药品种13个。新出台仿制药再评价、保健食品生产等扶持政策，进一步完善中医药发展扶持政策体系。

（李胜雨）

2018年国际（亳州）中医药博览会暨第34届全国（亳州）中药材交易会

【概况】2018年国际（亳州）中医药博览会暨第34届全国(亳州)中药材交易会（以下简称“2018年药博会”）由安徽省人民政府、中国国际贸易促进委员会、中国中药协会主办，亳州市人民政府、中国国际贸易促进委员会安徽省委员会、中国北京同仁堂（集团）有限责任公司、康美药业股份有限公司、珍宝岛药业股份有限公司和太安堂集团有限公司共同承办，按照“高端、特色、务实、节俭”的办会理念，以“弘扬中医药文化，促进中医药造福人类”为根本，以“打造世界中医药之都，让人类更健康”为主题，共安排安排经贸、文化、学术三大板块 10 项活动。会议期间共有中国中药协会、中国医药保健品进出口商会、世界中医药学会联合会、中华中医药学会等 11 个国家级行业协会参与药博会筹备或派人参加药博会活动。

2018 年药博会重点邀请全国知名药业企业到亳参展参会。举办 2017 年度中华民族医药百强品牌企业榜单发布会暨 2018 年中国（亳州）投资环境说明会、项目签约仪式，中医药技术交易论坛，中国保健产业发展论坛，“世界中医药之都”招商恳谈会，2018 年国际（亳州）药材药品交易洽谈会签约仪式，中药材产业交流大会，2018 年全国中药传统技能大赛等活动。共邀请 480 余家药业企业到亳州参加药博会系列活动。会展布设中医药暨酒类产品展与制药机械设备展两个展区，随着药博会影响力的提高，会展布展规模及参展企业规模均创新高，共设国际标准展位 1276 个，参展企业 800 余家，全国知名药企和医药客商近 10 万人次观展。

图 69　2018 年 9 月 9 日，2018 年药博会开幕（刘勤利　摄）

【中华民族医药百强品牌企业榜单发布会】 2018 年 9 月 8 日，2017 年度中华民族医药百强品牌企业榜单发布会暨 2018 年中国（亳州）投资环境说明会、项目签约仪式在万达嘉华酒店举行。市委书记汪一光致辞，市长杜延安介绍亳州市投资环境及招商引资政策，市人大常委会主任王玉玺、市政协主席汤涌、市委副书记方晓利参加活动。全国工商联医药业商会副会长、秘书长王之光主持活动。本次活动由中华全国工商业联合会医药业商会主办，由亳州市招商局、亳州市工商业联合会、亳州市药业发展局承办。在 2017 年度中华民族医药百强品牌企业榜单发布会暨 2018 年中国（亳州）投资环境说明会、项目签约仪式上，来自全国各地 20 余个省市近 300 家企业参加活动，其中民族百强医药企业 110 家。亳州市共签约招商引资项目 59 个，总投资 518.2 亿元，其中工业项目 52 个，签约金额 393.4 亿元，其中总投资 5 亿元以上的重大项目有 31 个。

【2018 年国际（亳州）药材药品交易洽谈会签约仪式】 2018 年 9 月 9 日，2018 年国际（亳州）药材药品交易洽谈会签约仪式在市行政会务中心举行。本次活动由市商务和粮食局承办，中国医药保健品进出口商会领导，市人大、市政府、市政协领导，市直有关单位负责人，签约代表、客商代表，市内药业企业代表，新闻记者等近 200 人参加签约仪式。现场共签订贸易协议 28 个，签约金额 36.2 亿元，其中内贸 21.2 亿元、外贸 2.2 亿美元，推动“亳药”走出去。

【“世界中医药之都”招商恳谈会】 2018 年 9 月 10 日，“世界中医药之都”招商（医疗器械和保健产品企业）恳谈会在市行政会议中心召开，本次活动由亳州市招商局承办，市长杜延安参加会议并讲话。结合亳州市打造“世界中医药之都”产业发展规划，药博会期间邀请 60 余家到亳参会的实力较强的医疗器械和保健产品企业，组织“世界中医药之都”招商恳谈会专项活动，根据需求，定向邀请企业，精准推介招商，并对意向投资企业进行跟踪与服务。

【第二届世界中医药亳州论坛】 2018 年，亳州市与世界中医药学会联合会合作举办第二届世界中医药亳州论坛，本届论坛以“打造‘世界中医药之都’，加快中医药现代化和国际化进程”为主题，来自中国、西班牙、泰国、澳大利亚、秘鲁、刚果（金）、俄罗斯、英国、意大利、印度、中国澳门等12个国家及地区的外籍专家、中医药代表参会。会上，亳州市政府就亳州如何打造世界中医药之都进行介绍，会议人员围绕中医药产业发展进行发言，把亳州“打造世界中医药之都”的宏伟目标和蓝图，向五大洲进行展示。参会专家针对亳州打造“世界中医药之都”建言献策。

（李胜雨）

【中药材产业交流大会】2018年9月10日，中药材产业交流大会在亳州市举行。大会由中华全国供销合作总社支持，中国农产品流通经纪人协会主办，市供销社承办，市农委和市药发局协办。

中国农产品流通经纪人协会会长于培顺，“一带一路”5个国家的驻华大使和商务参赞，中华全国供销合作总社监事会副主任汤益诚到会并致辞。中国农科院、山西广誉远医药、山西晋药堂中药、山西中医药大学、甘肃九方药业、甘肃芸林生物科技、广大禾茂集团、河北华润、上海邑易、中庸投资集团、辽宁天龙药业等来自全国10余个省市的知名药企、投资集团、医药公司、现代农业园等100余人参加会议。市委常委、副市长李胜辉参加会议并致辞，市政协副主席张国芳主持会议。

本次会议是2018年国际(亳州)中医药博览会暨第三十四届全国(亳州)中药材交易会专门设立的分会场，在亳州举办尚属首次。会议主要围绕着中药材产业的发展，产品的加工、运输、销售等问题展开讨论。会上，中国科学院原副院长章力建教授、作主题为《中国农业助力健康产业创新发展》的报告，“一带一路”中医国际人才培训办公室主任纪高峰教授在会上作题为《一带一路国际中医药文化传播与中医药产业发展》的报告。于培顺为中药材产业发展委员会授牌。亳州市供销合作社联合社展示近年来亳州市在围绕服务三农中药产业发展的成果，以及中药产业深加工的农产品。中国农产品流通经纪人协会与康美中药城签订战略合作协议，北京中庸投资集团与安徽新供销中药材贸易有限公司签订投资协议，亳州市供销合作联合社与贵州遵义市供销合作社联合社签订5.33万公顷中药材种植购销合作协议。

图70　2018年9月10日，北京中庸投资集团与安徽新供销中药材贸易有限公司签订投资协议（马守华　供图）

（马守华）

【中医药健康产业2018年峰会】2018年9月9日，2018年国际(亳州)中医药博览会暨中医药健康产业2018年峰会在亳州开幕。国家中医药管理局副局长马建中，省卫生计生委副主任、省中医药管理局副局长董明培，市委书记汪一光，市人大常委会主任王玉玺，市政协主席汤涌，市委副书记方晓利等出席开幕式。开幕式由市长杜延安主持。在中医药健康产业2018年峰会上，亳州市邀请国家中医药管理局、中国中医科学院及15个省、直辖市卫生计生委（中医药管理局）领导，5名国医大师，12名全国知名中医，全国知名中医药大学、中医院及药业企业400余人参加会议。会上行业专家、高校和药企负责人围绕“中医药健康产业”这一主题进行探讨，在中医药立法、中医药健康产业发展模式与路径、中医健康服务、中医药健康产业旅游等方面提出新理念和思路。

【中医药技术交易论坛】2018年9月10日，“中国技术交易所(亳州)科技创新服务中心(以下简称亳州科创中心）启动仪式暨中医药技术交易论坛”在亳州举行。论坛由中国技术交易所主办，亳州市科技局承办，亳州市药业发展局、亳州市食品药品监督管理局等单位协办。论坛以“科技创新助力现代中医药发展”为主题，旨在为医药项目的技术转移与合作提供点面结合的平台，持续推进“融技、融才、融商、融资”，助力亳州“世界中医药之都”建设。市政协主席汤涌、中国技术交易所总裁郭书贵分别代表亳州市政府和中国技术交易所进行致辞。市政府副市长李杰生主持论坛。

论坛上，中国技术交易所（亳州）科技创新服务中心正式启动，服务中心将成为中国技术交易所创新资源、服务在亳州汇聚和转化的平台，帮助亳州的医药企业突破技术瓶颈，助力亳州中医药产业向创新型产业发展。会上还促成中国技术交易所与珍宝岛药业、康美（亳州）世纪国药、济人药业、协和成药业等 8 家亳州企业签订战略合作协议，为科研机构在亳开展成果转化，亳州药业企业寻求科技支撑搭建广阔平台。

2018 年亳州市中药材分品种种植情况统计表

表 3

序号	品　种	面　积（亩）				
		谯城区	涡阳县	蒙城县	利辛县	全　市
1	白　芍	300000	18000	8900	7900	334800
2	牡　丹	190000	11000	7200	4500	212700
3	白　术	75000	12000	7900	5890	100790
4	菊　花	40000	20000	6600	9430	76030
5	决明子（草决明）	42000	6500	5960	1620	56080
6	丹参（紫丹参）	22000	18000	5500	3600	49100
7	知　母	30000	2500	5300	3450	41250
8	白　芷	14000	7000	7700	6960	35660
9	桔　梗	20000	4900	3300	3750	31950
10	防　风	25000	4000	760	1000	30760
11	板蓝根	5000	9400	4200	5800	24400
12	薄　荷	2000	2080	7200	7890	19170
13	金银花	6000	2250	7670	2830	18750
14	玄　参	12000	2600	1050	2100	17750
15	杜　仲		860	16800		17660
16	栝楼（天花粉）	7000	3500	2830	3690	17020
17	蒲公英	4000	3000	3290	4500	14790
18	蛇床子			6600	6800	13400
19	芦巴子（葫芦巴）	2000	5660	100	4410	12170
20	辣根（西洋葵）		1980	4800	1750	8530
21	黄蜀葵	3000	1000	200	2800	7000
22	藏红花（西红花）	6000	550			6550
23	紫　苑	3000	1020	1790	280	6090
24	夏枯球	5000			490	5490
25	薏苡（薏苡仁）	1000		200	3800	5000
26	荆　芥	2000	800	1800	300	4900
27	射　干	3000	800		550	4350
28	党　参	1000	1500	1210	590	4300
29	黄　葵	1000		220	2980	4200
30	山　药	2000	1000	300	200	3500
31	葛　根		1250	830	1260	3340
32	皂　角			2700		2700
33	红　花	2000	300			2300
34	何首乌			200	1200	1400
35	急性子			1100		1100
36	艾　草				1100	1100
37	黄　芪		900	80		980
38	半枝莲				900	900
39	黄　芩		850			850
40	女　贞				600	600
41	益母草			400		400
42	生　地			150	200	350
43	山　楂			306		306
44	甘　草		200	51		251
45	仙人掌			180		180
46	其　他			214		214
合　计		825000	145400	125591	105120	1201111

（李胜雨）

农　业

图71　2018年6月2日，亳州市谯城区赵桥乡双楼村，农民利用收割机在田间收获小麦（刘勤利　摄）

概 述

【概况】2018年，亳州市在国民经济发展24项主要经济指标中，涉农的四项指标增速均进入全省第一方阵。其中第一产业增加值210.4亿元，增长3.8%，增幅居全省第二位；粮食总产量48.8亿千克，居全省第二位，小麦平均亩产509.48千克，小麦单产水平居全省第一位，市及县区小麦亩产连续7年过千斤；农村常住居民人均可支配收入12756元，增长10.1%，增幅居全省第二位；规模以上农产品加工产值占全省总产值的9%，居全省第五位，增速10.1%，增幅居全省第四位。

【农业供给侧结构调整】2018年，亳州市持续推进优质专用粮食生产。全市建立65个粮食（小麦—玉米）绿色增产模式攻关示范片（示范村、示范家庭农场）和13.87万公顷优质专用粮食生产基地，辐射推动粮食生产稳步可持续发展。粮食播种面积87.548万公顷，比上年增加0.879万公顷，增长1.01%。

发展优质蔬果产业。全市蔬菜种植面积13.35万公顷，蔬菜总产量48.58亿千克，蔬菜总产值67.08亿元，其中，设施蔬果面积新增0.35万公顷，总面积达5.2万公顷，产量20.5亿千克，产值25亿元，蔬菜质量安全监测合格率保持在98%以上。

全面提升中药材标准化种植水平。继续实施《亳州市亳药花海休闲观光大世界土地流转规模种植补助方案》，制定出台《2018年中药材规模种植补贴项目实施及验收办法》。

推进世界中医药之都建设。全市中药材种植面积8.01万公顷，比上年增加0.25万公顷；全市标准化种植面积2.27万公顷，新增0.24万公顷。亳州市被省认定为中药材安徽特色农产品优势区。“十大皖药（丹皮）产业示范基地”“十大皖药（亳白芍）产业示范基地”被省推进“十大皖药”产业示范基地建设工作领导小组办公室授牌。

稳定畜牧业生产形势。克服非洲猪瘟防控、畜禽养殖场治污整治等不利因素影响，生猪、牛羊、肉禽、蛋禽等市场行情企稳向好，饲料成本价格持续降低，养殖场（户）养殖利润增加。全市创建4个省级标准化示范场、60个市级标准化示范场，各类畜禽规模养殖比重84%。2018年，全市生猪存栏162.79万头，同比增长0.4%，出栏316.42万头，同比增长2.2%；肉牛存栏12.44万头，同比增长0.7%，出栏13.1万头，同比增长3.1%；肉羊存栏138.31万头，同比增长0.5%，出栏225.82万头，同比增长2.6%；家禽存栏1573万只，同比增长7.3%，出栏2856万只，同比增长6.8%。

推进农业“三品一标”认证工作。组织农业企业参加中国绿色食品博览会和第二十一届中国农产品加工投资贸易洽谈会中部六省绿色食品专展，帮助、引导、推进农业企业认证，全市新增农业“三品一标”认证企业38家，73个产品。

【新型农业经营主体培育】2018年，亳州市扶持新型农业经营主体培育，引导资金、技术、人才等生产要素向农业集聚、向家庭农场、农民合作社、农业龙头企业等新型农业经营主体集中。全市农民合作社发展到19891家，新增2986家，其中市级以上示范社511家，新增省级示范社11家、市级示范社80家。家庭农场发展到7881家，新增2215家，其中市级以上示范农场331家，新增省级示范农场19家、市级示范农场80家。

【秸秆综合利用提升工程】2018年，亳州市新建秸秆机械化还田示范片4处，每县区1处，还田面积773.3公顷（谯城、涡阳、利辛各还田133.3公顷，蒙城县还田面积373.3公顷）；新建秸秆商品化饲料试点建设2处（蒙城县和谯城区各1处）；建成大中型秸秆沼气供气工程1处（谯城区1处）；新建秸秆标准化收储点2处（蒙城县和涡阳县各1处）；开工建设发电规模3万千瓦的秸秆发电厂1处（利辛县1处）；农作物秸秆禁烧实现“零火点”目标。

【农资市场整治】2018年，亳州市以打击制售假冒伪劣种子、农药、肥料等农资为重点，对全市农资市场、经营门店开展专项整治。出动执法人员1.32万人次，执法车辆5300余台次，检查农资经营企业和门店9019个次，整顿市场1911个次，抽检农资样品429个（其中种子199个、农药100个、肥料30个），印发宣传资料13.43万份，立案查处33起，查处假劣农资3.57万千克（其中肥料3.14万千克、种子0.37万千克、农药468千克），挽回经济损失53.8万元。进一步净化农资市场，“打假、护农、保粮、增收”，为全市农产品质量安全提供保障。

图73　2018年3月12日，亳州市谯城区赵桥乡溜集村，植保无人机向小麦喷洒化学除草剂（刘勤利　摄）

【特色种养业扶贫】2018年，亳州市推行园区带动、龙头企业带动、农民合作社带动、经营大户带动和贫困户自身调整优化种养产业结构的特色种养业扶贫“四带一自”模式，推动特色种养产业扶贫发展。投入支持特色种养业扶贫的资金共9.37亿元，其中，到村资金1.81万元，到户资金7.56亿元。实施特色种养业扶贫项目16.74万个，其中到村项目551个，贫困村覆盖率100%；到户项目16.67万个，覆盖贫困户14.09万个，贫困户覆盖率86.7%。有2525个带动主体带动286个贫困村、12.68万户贫困户发展特色种养业，贫困村和贫困户的主体带动覆盖率分别为100%和77.9%。建设贫困村特色种养业扶贫基地301个，覆盖286个贫困村，覆盖率100%。截至2018年年底，286个贫困村明确发展一项特色种养业，占全市286个贫困村的100%；64个贫困村形成“一村一品”专业村，占286个贫困村的22.4%；从事1项特色种养业贫困户5.62万户，占有条件发展特色种养业5.62万户贫困户的100%。

图72　2018年1月16日，谯城区古城镇张桥民族村扶贫项目——山羊养殖场（张廷林　摄）

【农村综合改革】2018年，亳州市完善土地确权登记数据库建设。三县一区土地确权数据平台全部通过农业部质检，完善县级数据库各项功能，做好常态化管理各项准备工作。涡阳县持续推进土地经营权抵押贷款，为8861户农户办理土地承包经营权证抵押贷款4.5亿元。

推进农村集体产权制度改革。在全市89个乡镇、1324个村推进农村集体产权制度改革，1323个村全部完成清查登记、资产核实、公示确认、审核备案、汇总上报、纳入平台等程序。全市量化农村集体资产总额2.76亿元，确认农村集体经济组织成员身份 257.19 万人。

探索推进农村“三变”改革。291 个村完成“三变”改革，实施产业项目 359 个，村集体收益 187 万元，农户收益 2908 万元。

全面推行农机托管服务。午季签订农机作业托管合同 96.9 万余份，参与农机专业合作社 1282 家，建立农机作业托管网格 1.46 万个，全市小麦机收作业托管实现全覆盖，机收率 99.98%。秋季建立农机作业托管网格 1.38 万个，参与农机专业合作社 1276 家，签订农机作业托管合同 94.06 万份，协议托管面积 49.23 万公顷。

【农业科技推广】2018 年，亳州市强化农业科技推广，实施新型职业农民培训工程，培训新型职业农民 5650 人。组织 680 名农技人员，开展以包村联户服务为主要形式的农技推广服务，通过下田、进户、入社、到场进行技术指导、培训、咨询、示范引导等方式服务科技示范户 4010 个、贫困户 1320 个，举办培训班 448 期，培训农民 95 万人次，印发技术和惠农政策“明白纸”270 万份，加快农业科技推广应用和政策落实。

【生态农业建设】2018 年，亳州市抓好秸秆禁烧和综合利用。推进四级包保网格化监管，加强督察调度、推行农机作业托管，实现全年“零火点”。推进秸秆“五化”利用，秸秆综合利用率 91.5%，其中产业化利用率 32.09%，能源化和工业原料化利用率 20.71%。组织 33 家市内秸秆企业和 12 家国内大型企业参加“安徽秸秆综合利用产业博览会”，以会招商，签约 8 个项目，签约额 30.48 亿元。

出台《亳州市畜禽养殖废弃物资源化利用实施方案》，发展绿色生态养殖，粪污资源化利用率 80.2%。

推广“猪—沼—菜（果、粮）”“牛—菌—肥”等 8 种生态循环农业典型模式。按照“一控、两减、三基本”的要求，推广“三节”（节肥、节药、节水）和“三推”绿色生产技术，推广测土配方施肥技术，全市测土配方施肥面积 95.91 万公顷，主要粮食作物病虫害专业化统防统治覆盖率面积 97.4 万公顷次，推广农艺节水面积 25.07 万公顷，节约农业灌溉用水约 5640 万立方米。

开展规模畜禽养殖污染整治专项行动。组成 25 个核验小组，对全市规模畜禽养殖场污染治理设施开展全面核验。全市畜禽规模养殖场 3065 家，粪污处理设施装备配套率 94.03%，粪污处理设施运行率 91.26%，基本解决养殖粪污直排环境问题。完成武家河、包河、赵王河、小洪可、油河沿岸 500 米范围内的 124 家养殖场关闭搬迁。

（怀珍法）

种植业

【概况】2018 年，亳州市贯彻落实中央“一号文件”精神，开展农业技术推广工作，推进农业现代化发展，提升农业综合生产能力、促进农业持续增效和农民持续增收。

【秸秆综合利用】2018 年，亳州市推动秸秆综合利用龙头企业提升工程、秸秆综合利用产业园区示范工程、秸秆机械化还（离）田质量优化工程、秸秆能源化利用推广工程、秸秆饲料化（基料化）商品化利用工程、秸

图 74　2018 年 6 月 1 日，秸秆打捆现场（陈战志　供图）

秆原料化利用培育工程、秸秆收储体系标准化项目建设工程、秸秆综合利用科技支撑工程8项重点工程。全市以小麦、玉米、大豆为主的主要农作物种植面积88.31万公顷，农作物秸秆产生量约81.28亿千克，可收集量约62.62亿千克，秸秆综合利用量57.28亿千克，秸秆综合利用率91.5%。其中，机械化还田利用量38.43亿千克，占秸秆利用总量的67.09%；秸秆产业化利用量利用量约18.85亿千克，占秸秆利用总量的32.09%，其中能源化和工业原料化利用量约11.86亿千克，占秸秆利用总量的20.71%。

【优质专用品牌粮食生产】2018年，亳州市贯彻落实国家和省关于“调、转、促”和供给侧结构性改革战略部署，发展绿色生产、专用品牌粮食生产。打造一批实行标准化生产、规模化经营、专业化服务的专用粮小麦种植基地和知名粮食产品品牌。建立优质强筋小麦、黑小麦、鲜食玉米等优质专用粮食生产基地13.87万公顷。

【中药材标准化提升工程】2018年，亳州市实施中药材绿色增效模式攻关行动，打造涡河中药材种植优势产业带，推进中药产业持续健康发展。中药材种植面积8.01万公顷，标准化种植面积2.27万公顷，中药材标准化种植水平逐年提升。

【粮食绿色增产攻关示范创建】2018年，亳州市实施省粮食绿色增产模式攻关示范活动，建设65个粮食绿色增产模式攻关示范片（村、家庭农场），其中，省级粮食绿色增产模式攻关示范片（村、家庭农场）21个。各绿色增产示范片（示范村、示范家庭农场）全部落实“五有”（有明显的示范标志、有完整的技术方案、有行政和技术负责人、有配套扶持措施、有示范观摩活动计划）和“五统一”（统一技术规程、统一供种、统一机播、统一配方施肥、统一防治病虫草害）措施，大力推广了“三推”（推广高产高效多抗新品种、推广规模化标准化机械化的栽培技术、推进耕地质量建设）和“三节”（节肥、节药、节水）技术，全面普及平衡施肥技术，使用低毒、高效、低残留农药以及各类新型植保机械，采取黏虫板、杀虫灯、性诱剂等绿色防控技术。据测产统计，各绿色增产示范片（村、家庭农场）内小麦、玉米平均单产分别为524千克和505千克。利用财政或项目资金购置黏虫板、杀虫灯和性诱剂等绿色防控农资，实现小麦、玉米绿色增产创建示范片（村、家庭农场）统防统治和绿色防控全覆盖，辐射带动全市主要农作物专业化统防统治97.4万公顷次、农作物病虫绿色防控154.4万公顷次，有效减轻病虫危害，促进粮食绿色增产增效。

【耕地保护与质量提升】2018年，亳州市实施中央财政资金“耕地保护与质量提升项目”，夯实土肥基础，促进农业增效、农民增收和现代生态农业产业化发展。落实耕地质量保护与提升技术面积累计203.82万公顷，其中，测土配方施肥技术应用面积95.91万公顷，技术覆盖率88.3%；秸秆还田技术应用面积65.93万公顷；新建高标准农田6.55万公顷（含国土、农发办和发改与农业部门实施）；耕地深松深耕面积11.67万公顷；有机肥使用面积19.7万公顷；水肥一体化技术应用面积4.06万公顷。推进化肥使用量零增长行动。

全市共采集土壤样品850个，化验4772项；开展各类试验40项；发布小麦、玉米主要农作物配方40个；建立化肥减量增效示范片40个，示范区面积3.64万公顷；推广机械化施肥67.02万公顷；推广缓释肥、水溶肥料、生物肥等高效新型肥料1.15亿千克（实物量），应用面积15.33万公顷。统计部门数据显示，全市化肥使用量2.93亿千克（折纯，下同），比2017年减少0.1245万吨，减幅为0.42%。肥料利用率试验结果显示小麦、玉米氮素化肥利用率38.2%。建设耕地质量定位监测点31个，完成监测点土壤样品化验，形成亳州市2018年度耕地质量监测报告和2017、2018年耕地质量等级变化评价报告，全市1.46万公顷耕地质量提高0.5个等级，全市耕地环境质量总体良好，没有发现因耕地质量引起的农产品质量安全问题。全市建设墒情固定监测点28个，年例行监测70次，并发布墒情监测报告。

【农业生态环保】2018年，亳州市坚持保护优先、绿色发展之路，以“源头减量、无害处理、资源利用”三个环节为重点，推广清洁生产技术，控制农业面源污染源头；集成推广畜禽粪污、秸秆、地膜资源化利用先进实用技术，防治农业废弃物污染，完成“一控两减三基本”的年度目标任务。

发展节水农业。累计落实保护性栽培、垄作、地膜覆盖、深耕深松、水肥一体化、管灌、滴灌等节水技术142.3万公顷次。推进农业投入品减量。农业生产化肥、农药使用总量稳定保持零增长水平。

农业生产化肥、农药使用量分别为2.93亿千克（折纯）和744.7万千克（商品量），分别比上年减少0.42%和0.13%。启动废弃农膜综合利用试点工作，废弃农膜回收利用率75.5%。推进畜禽养殖污染综合治理，畜禽规模养殖场粪污处理设施装备配套率94.03%，畜禽粪污资源化利用率80.2%。

推进农业面源污染监测工作。完成118个农产品产地土壤环境国控点监测点采样、制样、送样工作。各县、区整合涉农项目资金，完成40个农产品产地土壤环境和农产品汞、镉、铬、铅、砷5种重金属协同监测工作，检测结果全部合格。市农产品质量安全检测检验中心共开展蔬菜、畜产品质量安全全指标检验督察抽检4批次，检测样品500个，未发现不合格样品。依托农产品安全民生工程，全市速测蔬菜、畜禽、水产品样品6.69万个，合格率99.99%，农产品质量安全状况总体良好。开展全国第二次污染源（农业源）普查工作，完成1558个规模畜禽养殖场入户调查和1200个种植业典型地块、105个畜禽散养户抽样调查。

（王敬才）

畜牧业

【概况】2018年，亳州市实施“畜牧业升级工程”，加强非洲猪瘟等重大动物疫病防控，开展畜产品质量安全专项整治和规模养殖场污染专项整治行动，全面推进畜禽养殖废弃物资源化利用，加快构建种养结合、农牧循环的可持续发展新格局，促进畜牧业持续规范健康发展。

【畜牧生产】2018年，亳州市生猪存栏162.79万头，同比增长0.4%，出栏316.42万头，同比增长2.2%；肉牛存栏12.44万头，同比增长0.7%，出栏13.1万头，同比增长3.1%；肉羊存栏138.31万头，同比增长0.5%，出栏225.82万头，同比增长2.6%；家禽存栏1573万只，同比增长7.3%，出栏2856万只，同比增长6.8%。肉类产量3.38亿千克，同比增长2.4%、禽蛋产量0.72亿千克，同比增长3.1%，牛奶产量0.2亿千克，同比增长1.2%。

【规模养殖】2018年，亳州市创建省级畜禽标准化示范场4家，新创市级畜牧绿色循环标准化养殖示范场60家，规模养殖比重为84.2%。

【动物防疫】2018年，亳州市以高致病禽流感、猪蓝耳病、口蹄疫、猪瘟、小反刍兽疫、猪圆环病毒病、猪伪狂犬病和鸡新城疫等集中强制免疫为重点，落实动物疫病防控措施。免疫猪947.5万头次，牛26.25万头次、羊420.9万只次，禽2963万羽次，应免畜禽免疫密度、家畜二维码耳标直挂率、免疫证明发放率、免疫建档率100%。对口蹄疫、高致病性禽流感、高致病性猪蓝耳病、猪瘟、鸡新城疫、布病、H7N9流感、小反刍兽疫、猪圆环病毒病、猪伪狂犬病10种主要动物疫病进行监测，检测1.44万份血清，免疫合格率均在70%以上，布病未发现阳性。

【畜禽养殖污染治理】2018年，亳州市对3065家规模畜禽养殖场开展集中整治并进行全面核查验收，健全完善雨污分流管网、“三防”堆粪场、集污池等治污设施。

（宿同宇）

水产业

【概况】2018年，亳州市兑现渔业燃油补助等国家惠民政策，鼓励发展池塘低碳循环流水养殖和稻渔综合种养模式，提升名特优养殖比重，发展健康生态养殖，全市水产养殖面积1.26万公顷，水产品总产量5082.1万千克。

【渔业生产】2018年，亳州市组织实施池塘低碳循环流水养殖和稻渔综合种养模式，以增加渔民收入，建设生态渔业为中心，推广渔业新品种、新技术，转变渔业生产方式，重点发展河蟹、青虾、鳜鱼、黄颡鱼、乌鳢等名特优水产养殖。鼓励外地客商来亳发展水产业，提高规模养殖水平。

【渔政监督】2018年，亳州市全面实施禁渔制度，加大对渔业违规违法案件的处理力度，市、县渔业主管部门于2018年3月1日至8月31日对涡河、武家河、茨河、北淝河、小洪河、西淝河、茨淮新河等河道约6100公顷水面实施禁渔，禁渔期间取缔有害渔具6处，查处违法捕捞渔船2艘，查获电、炸、毒鱼案件2起，没收电捕器2台，处罚2人，罚款0.4万元，震慑了渔事违法行为，保护渔业资源和渔业生态环境。

（秦文学）

农业产业化

【概况】2018年，亳州市组织实施农业产业化转型发展行动计划，培育龙头企业，加快食品产业园建设，农业产业化较快发展。全市规模以上农产品加工产值增速10.1%，位居全省第四位。市级以上农业产业化龙头企业组织549家，其中国家级龙头企业4家，省级50家，市级495家。省级龙头企业甲级队12家，省级农业产业化示范联合体43家。

【食品工业发展行动计划】2018年，亳州市极实施2018年食品制造产业创新发展行动计划，推进食品制造及农产品加工产业发展。加快市食品产业园建设，组织开展食品及农产品加工业重大项目谋划和招商引资工作，签约入驻项目46个，总投资金额为25亿元。

【“一村一品”】2018年，亳州市围绕优质粮食、中药材、蔬果、畜牧养殖等主导产业优势，促进“一村一品”向专业化、规模化、标准化和产业化发展，为美丽乡村建设提供经济基础和产业支撑。新增国家级“一村一品”专业示范村1个、省级1个。截至年底，有国家级“一村一品”专业示范村6个，省级35个。

【休闲农业】2018年，亳州市依托田园风光、乡土文化等资源，利用美丽乡村、现代农业示范区等载体，推进农业与林业、康养等产业深度融合。利辛县、蒙城县、谯城区获省级休闲农业示范县，谯城区伊丽果园获省级休闲农业示范点称号。谯城区大周村获评“中国美丽乡村”。截至年底，全市有“休闲农业与乡村旅游示范点”国家级1个，省级8个，省级“休闲农业与乡村旅游示范县”3个。谯城区芍花景观被评为“中国美丽田园”。

【农产品市场开拓】2018年，亳州市组织龙头企业参加“2018中国安徽名优农产品暨农业产业化交易会（合肥）”“第十六届中国（长沙）国际农产品交易会”“中国安徽名优农产品暨农业产业化交易会（上海）”“中国农产品加工贸易洽谈会”等交易会，举办亳州特色农产品展暨首届农民丰收节，开拓农产品市场，200多家龙头企业、合作社900多个产品品种参展。

（田　军）

农业机械化

【概况】2018年，亳州市农业机械总动力780.51万千瓦（2017年年末，按照农业部统一安排，农用运输车不再统计，市农机总动力相应调减235.27万千瓦），继续位居全省第一。其中，拥有大中型拖拉机34736台(220.09万千瓦)；小型拖拉机138763台(157.87万千瓦)；稻麦联合收割机28816台(195.49万千瓦)；玉米联合收割机9073台(59.89万千瓦)；秸秆粉碎还田机15791台；秸秆捡拾打捆机2514台。农作物耕种收综合机械化水平91.57%。小麦生产实现全程机械化，玉米耕种收综合机收水平98.95%。全市各类农机作业服务组织2045个，农机户总数47.61万个，农机从业人员56.96万人，农业机械化经营服务总收入68.39亿元。

本年度，全市无较大以上农机事故，发生一般农机安全事故12起，受伤人数10人，直接经济损失11.78万元。

图 75　2018 年 6 月 2 日，谯城区赵桥乡双楼村，农民利用收割机在田间收获小麦（刘勤利　摄）

【农机管理】2018 年，亳州市新注册登记农业机械 2423 台，其中拖拉机 1323 台，联合收割机 1100 台。年度检验农业机械 56348 台，其中拖拉机 33507 台，联合收割机 22841 台。新办农机驾驶证 1549 人，其中拖拉机驾驶证 1275 人，联合收割机驾驶证 274 人。拖拉机的上牌率、检验率、持证率平均分别为 90.1%、90.3%、92.2%，联合收割机的上牌率、检验率、持证率平均分别为 90.2%、90.4%、92.5%。全市有 3495 台农业机械参加保险，其中拖拉机 1797 台，联合收 1698 割机台；保费共计 113.49 万元，其中财政补贴保费 15.04 万元；发生理赔 38 起，赔付金额 24.19 万元。

【农机服务】2017 年，亳州市组织在“三夏”（夏种、夏收和夏管）期间，机收小麦 43.04 万公顷，6 月 7 日全部完成收割任务，较 2017 年提前两天。秸秆粉碎还田 27.65 万公顷，秸秆打捆 4.87 万公顷，机播玉米 25.93 万公顷，机播大豆 17.83 万公顷。投入各类农机具 12.2 万余台，其中投入联合收割机 3 万台（其中引进 0.25 万台）、秸秆综合利用机具 1.77 万台、玉米精量播种机 3.23 万台；组织 0.5 万台联合收割机外出参加跨区作业。

在“三秋”（秋收、秋耕、秋种）期间，机收玉米 25.08 万公顷，机收大豆 17.97 万公顷，机播小麦 38.67 万公顷，深松作业面积 8.51 万公顷。投入各类农机具 6.57 万多台，其中联合收割机 2.39 万台，大中拖拉机 2.5 万台，播种机 2.38 万台，旋耕机 2.63 万台，灭茬机 1.73 万台。

【农机购置补贴】2018 年，亳州市落实中央财政购置补贴资金 1.51 亿元。补贴各类机具 11191 台，其中，拖拉机 1239 台，小麦机 911 台，玉米机 222 台，其他机械 8819 台。

【农机作业托管】2018 年，亳州市创建成全国唯一一个基本实现主要农作物生产全程机械化示范县全覆盖的地级市，省农业农村厅向亳州市人民政府发祝贺信。

市委、市政府贯彻落实国家、省关于加快农业机械化又好又快发展部署，加快农业机械化，助推农业现代化和乡村振兴。出台《2018 年全市农机作业托管服务工作实施方案》，对省级以上农机专业合作社开展农机作业托管服务工作专项培训。午季签订农机作业托管合同 96.9 万余份，参与农机专业合作社 1282 家，落实托管机械 11.9 万台，建立农机作业托管网格 1.46 万个，协议托管面积 50.16 万公顷，机收率 99.98%。秋季签订农机作业托管合同 94.06 万份，参与农机专业合作社 1276 家，落实托管机械 11.8 万台，建立农机作业托管网格 1.38 万个，协议托管面积 49.23 万公顷，机收率 99.86%。

谯城区、利辛县 2018 年创建成为全国基本实现主要农作物生产全程机械化示范县。蒙城县、涡阳县分别在 2016 年、2017 年获全国基本实现主要农作物生产全程机械化示范县称号。

【“平安农机”示范创建】2018 年，亳州市被农业部确定为“平安农机”示范市。亳州市贯彻落实农业部国家安全监管总局《“十三五”时期创建“平安农机”活动工作方案》，成立以市政府副市长为组长，市农委、安监局、财政局、公安局、交通运输局、农机局为成员的“平安农机”创建工作领导小组。落实“党政同责、一岗双责、齐抓共管、失职追责”和“三个必须”农机安全生产工作要求，签订《农机安全生产责任书》11356份，开展现场安全宣传活动286场次，印发宣传资料37786份，悬挂标语、横幅、展板631个，发送安全短信23350次，培训农机安全驾驶员13286人次。检查农机生产经营单位458家，排查各类农业机械2432台，查出一般安全隐患405个，整改405个，纠正违章383起。

本年度，谯城区被评为全国“平安农机”示范区。蒙城县、涡阳县、利辛县分别在2008年、2010年、2015年成功创建全国“平安农机”示范县。至此，亳州市及三县一区全部创建为全国“平安农机”示范称号。

（陈战志）

农副产品管理

【概况】2018年，亳州市瓜菜播种总面积13.35万公顷，比上年增加0.013万公顷。其中设施蔬菜5.23万公顷（与上年同期相比新增0.36万公顷）。蔬菜总产量48.58亿千克，蔬菜总产值67.08亿元。全市水果栽植面积0.90万公顷，比上年增加0.17万公顷；水果总产量3.78亿千克；产值11.8亿元。蔬果种植面积和总产量位居全省前列。开展市级及以上蔬菜、水果标准园创建，新建省级蔬菜水果标准园4个，市级水果标准园12个，新增绿色果蔬产地28个，认证无公害和绿色食品果蔬65个，全市抽检蔬菜样品5.32万个，合格率99.99%。蔬果产业支柱地位提高，蔬菜产品市场竞争力增强。

图76　2018年6月16日，亳州市首届优质瓜果展评会（张延林　摄）

开展农业质量年行动，推进质量兴农、绿色兴农、品牌强农，农产品质量安全水平提高，人民群众“舌尖上的安全”得到保障。蔬菜、畜产品、水产品省级例行监测合格率分别为100%、100%、96.7%；新创建市级及以上蔬果标准园12个，新认定无公害农产品产地、绿色食品原料基地36个，新增“三品一标”农产品73个；新建水产品快速检测系统42套、特色农产品检测系统35套，市级农产品质量安全检验检测中心正常运行并开展检测工作4次；智慧监管成效明显，“互联网+”现代农业水平提升，“智慧农业”综合服务平台构建的“六大体系”健全，“六化监管”逐渐完善，农产品质量安全进一步得到保障。

本年度，亳州市推进农产品质量安全县创建，涡阳县创建国家级农产品质量安全县试点单位、蒙城县创建省级第三批农产品质量安全县试点县，通过省第三方考评验收。

【蔬果产业】2018年，亳州市蔬果播种面积占全市经济作物播种面积的一半以上，设施蔬菜种植面积播种由2017年的36.5%提高到38.9%。

建成国家级蔬菜标准园16个，省级蔬菜标准园27个，市级蔬菜标准园34个；省级以上水果标准园5个，市级水果标准园20个。新增2项地方蔬菜生产标准获市政府质量奖；孙家蔬菜获安徽名牌产品荣誉称号；无公害、绿色食品、有机蔬菜认证总数357个，无公害蔬果产地114个，认定面积12.53万公顷。

省级例行监测蔬菜样品合格率100%；速测蔬菜样品5.32万个，合格率99.99%；定量检测蔬菜样品500个，合格率99.99%。

推进“菜篮子”生产能力、

图 77　2018 年 1 月 21 日，农技人员在蔬菜大棚对农户进行技术指导
（张延林　摄）

市场流通能力、质量安全监管能力、调控保障能力四大能力建设，市民“菜篮子”满意程度在 95% 以上。

依托新型职业农民培训项目，开展蔬菜种植技术培训，培训蔬菜种植大户、种植能手 1500 人次。举办全市无公害农产品内检员、绿色食品内检员培训班，培训人员 300 人次。

【“农业质量年”】 2018 年，亳州市推进农业质量提升。新增 2 项地方蔬菜生产标准。开展谯城区、涡阳县国家级绿色食品原料生产基地续展申报工作。全市创建市级及以上蔬菜水果标准园 16 个，中药材标准化种植面积 2.27 万公顷，发展稻渔综合种养面积 0.13 万公顷、新增 0.07 万公顷。

协助省级开展 3 次省级蔬菜产品例行风险监测，未发现不合格样品；市级开展农产品质量安全监督抽检 4 次，监测合格率 100%；乡镇快速检测体系速测蔬菜、畜禽、水产产品 6.69 万个，检测合格率 99.99%，农产品质量安全水平提升。

开展农产品质量安全专项整治。出动执法人员 2.84 万人次，检查生产经营企业 1.57 万家次，查处问题 68 起，责令整改 68 起，涉及金额 9.75 万元，查办案件 20 起，办结 20 起，涉案金额 7.66 万元。媒体宣传 107 次，印发宣传资料 20.3 万份，指导培训 54 场次，指导培训 6146 人次。

创建农产品质量安全县。开展国家级农产品质量安全县督察活动 1 次，开展省级农产品质量安全县交叉互查活动 1 次，通过省第三方验收组验收。

推进农药减量提效、有机肥增量提效、畜禽养殖废弃物资源化利用和秸秆综合利用行动，开展耕地土壤环境质量监测，完善耕地土壤环境质量监测网络，开展污染耕地安全利用试点等，全市农业产地环境好转。

开展特色区域公用品牌申报推荐工作；组织参加第十九届中国绿色食品博览会（厦门）、中国国际农产品交易会等。新增农业“三品一标”认证产品 73 个。

开展小麦、大豆等主要农作物和瓜果蔬菜等优势特色作物育种联合攻关，选育一批高产、优质、多抗、适宜轻简化栽培的绿色品种。开展全程机械化示范基地创建，建成主要农作物全程机械化示范县 1 个。

创建市级及以上合作社 80 家、家庭农场 80 家，全市土地适度规模经营面积 29.33 万公顷。培训新型职业农民 0.5 万人。

新建乡镇农产品快检系统 77 套，实现全市乡镇蔬菜农残、畜产品和水产品药物残留快速检测全覆盖；奖补“三品一标”企业 74 家，建立健全农产品质量安全认证体系；农产品安全民生工程项目验收合格率 100%。

【农产品质量安全体系建设】 2018 年，亳州市建设农产品质量安全六大体系。

监管体系。建立市、县、乡、村四级监管网络，市农委及各县区农委均明确农产品质量安全监管机构，市级监管机构 1 个，县区监管机构 4 个，乡镇监管站 78 个。建立健全乡镇农产品质量安全“四员”队伍，配齐乡镇监管员、检测员、村级协管员和企业内检员。

执法体系。加强农业执法队伍建设，县（区）均建立执法队伍，配备执法车辆及装备，强化执法监管，开展农产品质量安全专项整治。

监测体系。亳州市农产品质量安全检验检测中心正常运行，开展检测工作4次，定量检测蔬菜样品500个，合格率99.9%；各县（区）均建立农产品质量安全检测站，开展蔬菜、畜禽、水产品质量安全检测；依托民生工程，全市建设87个农产品质量安全速测实验室，新购置水产品、特色农产品快速检测仪器77台套，实现蔬菜、畜禽、水产品检测全覆盖。

标准体系。加强培育农业生产经营主体，加大农业“三品一标”认证力度，申报认证50家、109个产品，获证38家、73个产品。利用部门网站、报纸等新闻媒体宣传“三品一标”和农产品质量安全法律法规。举办农业无公害农产品、绿色食品认证培训班2期，共培训学员200人次。

追溯体系。印发产地准出管理，明确追溯体系建设目标和任务。将追溯系统纳入市“智慧农业”综合服务平台，推行合格证制度。新建10家农业物联网暨农产品质量安全追溯示范点，纳入“智慧农业”综合服务平台，实现2018年省农产品质量安全追溯试点项目单位和市级10家追溯示范点单位同省级平台的无缝对接。

诚信体系。73家通过“三品一标”认证的企业纳入农产品质量安全“红榜”，实施动态管理，暂无企业纳入农产品质量安全“黑名单”。建立健全农资和农产品生产经营主体信用档案，实施风险分级管理。

（王　森）

林　业

【概况】2018年，亳州市共完成人工造林7266.67公顷，占市下达任务的108.9%。其中，长防林460公顷，中央补贴造林5453.33公顷，其他项目造林1353.33公顷。建设森林长廊示范段70.75千米，新建完善农田林网5.3万公顷。创建省级森林城镇4个、森林村庄29个。义务植树761万株。截至年末，全市林地面积17.54万公顷，活立木蓄积量1366.2万立方米，森林覆盖率19.68%，林木绿化率23.85%。

各类经济林产品总量5480.3万千克。其中水果产量4774.4万千克，干果产量86.4万千克，核桃种植面积2096公顷，核桃产量55万千克。林产饮料产品产量11万千克，食用菌等森林食品产量91万千克，森林药材产量18.3万千克，木本油料产量517.5万千克。花卉种植面积1332公顷。其中切花切叶产量5.5万支，盆栽植物42.17万盆，观赏苗木90.04万株。有花卉市场52个，花卉企业423个，花卉从业人员3616人，花农1233万户，日光温室面积2.39万平方米。

按照现行价格统计，2018年，亳州市林业总产值为66.16亿元，增幅11.14%。其中第一产业产值30.02亿元，占全部林业产值的45.37%；第二产业产值28.96亿元，占全部林业产值的43.78%；第三产业产值7.18亿元，占全部林业产值的10.85%。有全市省级林业产业化龙头企业9家，省级农民林业专业合作社示范社5个，省级现代林业示范区3处，省级森林旅游人家3个，省级示范家庭林场2个，全市新型经营主体113个，经营面积6060公顷，产值4.42亿元，带动就业3.48万人。人造板产量84.47万立方米，比上年增加0.19万立方米，增幅0.1%。

累计完成林业投资8702万元。按资金来源分，其中中央财政资金6277万元，占总资金的72.13%；地方财政资金2425万元，占总资金的27.87%。按资金投入项目分，其中用于生态建设与保护方面的投资为7832万元，占全部林业投资完成额的90%。用于林业产业发展方面的资金为500万元，占全部林业投资完成额的5.74%。林业支撑与保障370万元，占全部林业投资完成额的4.25%。

本年度，安徽省加快推进国土绿化现场会在亳州市召开。亳州市因林长制工作成绩突出，分别在蚌埠召开的省级林长制改革调研座谈会和在合肥召开的省级林长会议上作典型发言。省委书记李锦斌到利辛县实地调研“三大攻坚战”推进情况，对亳州市实施林业产业扶贫工作给予肯定。

2018 年亳州市创建省级森林城镇、森林村庄名单

表 4

县区	省级森林城镇	省级森林村庄
谯城区	芦庙镇	沙土镇田大村、颜集镇段老家村、颜集镇赵庄村、颜集镇曹园村、古城镇铁佛村、谯东镇大寺村、淝河镇李腰村
涡阳县	高公镇	青疃镇冯圩村、楚店镇宋徐村、高炉镇杨瓦房村、石弓镇于张村、新兴镇新兴居委会、马店镇大高村、义门镇周营村
蒙城县	王集乡	双涧镇郭湾村、小涧镇灵山村、王集乡王窑村、王集乡庞沟村、王集乡邱朱村、王集乡全集村、王集乡王集社区、王集乡白果村
利辛县	城北镇	城北镇刘染村、城北镇翟腰楼村、城北镇镇南社区、中疃镇张板桥社区、王市镇刘寨村、汝集镇汝集一村、马店孜镇东门村

【林长制工作全面推进】2018 年，亳州市制定并出台市、县、乡三级林长制工作方案，构建以党政领导负责制为核心的林长制组织工作体系，全面建立市、县、乡、村四级林长责任体系。共设立各级林长 3622 名，建立林长会议、督察、考核、信息公开等制度，印发森林生态廊道建设任务书，列出林长任务清单。“一林一策”目标规划体系完成市级森林生态廊道规划编制，“一林一警”执法保障体系印发实施方案，“一林一档”信息管理体系进入信息登记工作程序，完成“一林一技”科技服务体系、“一林一员”安全巡护体系实施方案起草工作。

【林业产业扶贫】2018 年，亳州市共落实林业产业扶贫 1.46 万公顷，验收合格面积 1.39 万公顷，涉及贫困户 9.29 万户。发展林药、林菜、林油、林禽、林菌等林下套种套养“金银林”扶贫工程 1.2 万公顷，聘用贫困户生态护林员 2800 人，让贫困户拥有一份产业、获得一份收入，掌握一门林业生产技能。组织召开两次现场推进会，宣传发动、示范引领、精准调度。组织开展为期 50 天的林业产业扶贫勾选、审核、验收工作。

2018 年亳州市林业企业名录

表 5

类　别	名　称	公布时间
国家林下经济示范基地	谯城区	2015 年
省级林业产业化龙头企业	安徽钜源农林科技开发有限公司	2017 年
	安徽禾景农业开发有限公司	
	利辛县虞海绿化园林工程有限公司	
	安徽安盛农业科技发展有限公司	
	利辛县盛景种植专业合作社	
	安徽硕丰薄壳山核桃科技开发有限公司	
	安徽中域农业生态循环经济专业合作社	
	涡阳县乐亿林业有限责任公司	
	安徽泓森高科林业股份有限公司	
省级农民林业专业合作社示范社	涡阳县永发农作物种植专业合作社	2016 年
	利辛县国威种植专业合作社	
	安徽中域农业生态循环经济专业合作社	2018 年
	蒙城县枝枝红大樱桃种植专业合作社	2014 年
	涡阳县楚王林业种植专业合作社	

续表 5

类 别	名 称	公布时间
省级现代林业示范区	利辛县虞海省级现代林业示范区	
	林拥城省级现代林业示范区	2017 年
	九九慢城省级现代林业示范区	
省级森林旅游人家	三官核桃林场生态园	2016 年
	世外桃源	
	彩曲梨园	
省级示范家庭林场	蒙城县卓众家庭农场	2018 年
	亳州市谯城区青青村家庭农场	

【湿地认定】2018 年，亳州市组织开展一般湿地认定工作，发布《亳州市一般湿地名录（第一批）》。第一批 65 处，总面积约 9313.29 公顷湿地纳入一般名录保护。其中，利辛县 16 处，总面积 2466.26 公顷、涡阳县 14 处，总面积 2223.14 公顷、蒙城县 18 处，总面积 2258.93 公顷、谯城区 17 处，总面积 2364.96 公顷。

【野生动物管理】2018 年，亳州市组织开展以打击破坏森林、野生动物资源的专项行动——“绿剑行动”“2018 保护野生动物”等专项行动，查处林业行政案件 157 起，刑事案件 15 起。组织开展新修订《中华人民共和国野生动物保护法》的宣传活动，印制发放宣传单 2000 余份，组织举办“世界野生动植物日”等专题宣传活动。在第五个“世界野生动植物日”，组织开展主题为“保护虎豹，你我同行”宣传活动。

（陈 静）

水 利

【概况】2018 年，亳州市开展汛前检查，重点对防汛物资储备、在建水利工程、重要涵闸泵站、险工险段及中小河流安全度汛准备情况进行督察。下发整改通知，督促在建工程加快施工进度，拓宽导流明渠，恢复原河道堤防。市级安排防汛抗旱经费 250 万元，全市防汛物资储备草袋 7 万条、编织袋 44 万条、编织布 3.8 万平方米、铅丝 6.6 吨、桩木 260 立方米、橡皮舟 6 艘、冲锋舟 8 艘、防汛指挥快艇 2 艘等。8 月 16—18 日受台风“温比亚”影响，全市普降暴雨，局部大暴雨，造成大面积城市内涝、低洼地区积涝和农田积水。通过强化预报预警，科学调度腾出库容，做实做细各项准备，深入一线指挥应对，开机抢排，清沟沥水等有效措施，将涝灾损失降到最低程度。

提前完成省厅下达的解决 2.69 万人农村人口饮水问题的任务。经测算，完成此任务需投入建设资金 722.44 万元。按照省厅对各地可“先干后补”的安排和市政府要求提前解决建档立卡的贫困人口的考核任务要求，各县区自筹资金先行开展建设，此任务列入省级农村饮水安全巩固提升工程“十三五”总体规划内容。

农田水利“最后一公里”建设。全市治理任务面积为 8.06 万公顷，其中统筹资金项目治理面积 7.34 万公顷、专项资金治理面积任务为 7186.67 公顷，市重点实施农田田间最末一级灌溉、排水系统及相应的工程设施，包括灌溉渠、排水沟及与之相配套的闸、桥、涵、塘坝、泵站、机井、节水灌溉设施等工程项目。共完成治理面积 8.03 万公顷，其中统筹资金项目 7.34 万公顷全面完工，专项资金项目完成治理面积 6846.67 公顷。

高效节水灌溉项目。全市高效节水灌溉建设任务为 3153.33 公顷，占全省任务的 15%。各县区工程于 3 月全面开工，9 月底前全面完工，共完成高效节水灌

图 78　2018 年 12 月 7 日，城南调蓄水库工程水库航拍图（李伟奇　摄）

溉项目建设任务 3153.33 公顷，完成计划投资 5803.1 万元。

本年度，谯城区获评为全省 2017—2018 年度农田水利基本建设“江淮杯”竞赛评比一等奖。

【重点水利工程】2018 年，亳州市做好引江济淮亳州段工程建设施工环境保障工作。工程征地拆迁工作基本完成，共征迁永久用地 208.31 公顷，临时用地 284.4 公顷，并按要求已将补偿款打到农户卡上；地表附着物清理完毕；协调调度解决各类具体问题 53 项，通讯、电力等专业设施迁建基本完成。十河闸、高阁闸、贾集闸除险加固工程完工并验收；水利薄弱环节治理项目，完成利辛茨河下段、蒙城阜蒙河、谯城包河 3 项中小河流治理工程；开工建设涡阳县北淝河、蒙城县茨河、谯城区油河、武家河治理工程。

【河长制全面推行】2018 年，《亳州市全面推行河长制 2018 年考核办法》《亳州市全面推行河长制河长巡查制度》《亳州市 2018 年河长制工作要点》出台；召开市、县、乡三级总河长会议、河长专题会议等 115 次，市、县、乡、村四级河长巡河 4.02 万次，解决河湖管护问题。市、县河长办定期开展河长制监督检查 12 次，发现问题在全市范围内通报，要求限期整改，整改情况报市、县河长办。建立并运用“找交销查考”工作机制，开发“河长制督察”APP 和“河长制专项整治督察督办系统平台”，提高问题交办销号质量和效率，实现动态管理，强化社会监督。开展河长制专项整治，整治“乱搭乱建、乱倒乱排、乱设乱耕、乱采乱取”等河道“八乱”问题 1920 个，清理整治主要河道乱占、乱采、乱堆、乱建“四乱”问题 163 件，固体废弃物 15 处，违法建设 132 件。取缔非法码头 272 处、涡河老 105 国道上游围垦河道经营的保家饭店、涡河吕家湾段 17 户约 5000 平方米的违法建设等历史遗留“老大难”违法建设被依法拆除。整治包河、武家河、小洪河、赵王河、油河等五条河道 2013 年之后水质长期劣Ⅴ类问题，清淤疏浚河道 180 千米，关闭拆除沿河禁养区养殖场 124 家，建设五条河沿线乡镇污水处理厂 16 处，武家河由劣Ⅴ类提升为Ⅳ类，赵王河、油河水质由Ⅴ类提升为Ⅳ类，包河、小洪河由劣Ⅴ类提升为Ⅴ类，水质均有明显改善。治理监管市中心城区宋汤河、凤尾沟、龙凤新河 52 个排水口排污问题，“两河一沟”水质大有改观。黑臭水体治理按序时进度推进，累计完成整治 28 条，完成年度治理目标。关闭或搬迁沿河禁养区范围内畜禽养殖场 366 家。拆除禁养区网箱 35368 个、围网 790.93 公顷。开展市中心城区雨污管网规划，推进污水管网改造、截污纳管、17 条主干道雨污混流管网改造工程，扩建城市污水处理厂 3 处。城市和县城污水集中处理率在 92% 以上。全市 9 个水功能区全部达标，4 个国控水质监测断面达标，1—10 月获生态补偿资金 1700 万元。

（王胜杰）

工 业

图 79　2018 年 4 月 13 日，涡阳鸿路钢构公司车间生产场景（董鹏　供图）

概　述

【概况】2018年，亳州市规模工业增加值同比增长11.8%，居全省第一位，增速分别较全国、全省平均水平高5.6个和2.5个百分点；全市工业用电量同比增长13.4%，居全省第四位；全市工业用电量同比增长13.4%，居全省第四位。谯城区被评为全省制造业发展综合10强区，蒙城县被评为增速10快县。

全市规模工业33个行业中，有24个行业产值保持增长。其中，医药制造业实现产值342.1亿元，同比增长29.6%；农副食品加工业和食品制造业实现产值148.9亿元，同比增长3.3%；酒、饮料和精制茶制造业实现产值118.1亿元，同比增长12.6%；煤炭开采业实现产值92.0亿元，同比增长56.8%。

全市905家规模以上工业企业中，产值超亿元企业234家，合计实现产值占全部规模工业的71.3%，实现产值同比增长20.7%，比全市平均高7.1个百分点，上拉规模工业产值增长13.9个百分点。其中，安徽古井贡酒股份有限公司、国投新集电力利辛有限公司、五得利集团亳州面粉有限公司、安徽江淮安驰汽车有限公司、涡阳县盛鸿科技有限公司、涡阳县源和堂中药饮片有限责任公司、淮北矿业股份有限公司许疃煤矿、安徽省亳州煤业有限公司8家产值超10亿元实现产值增长21.1%，上拉工业产值增长4.1个百分点。

克服经济下行压力加大、上游原材料价格上涨、安全环保约束增强等因素影响，2018年，全市百元主营收入利润率7.91%，居全省第三位，比全省平均水平高1.7个百分点。

继续实施新一轮大规模技术改造，增强企业发展厚劲。全市工业投资同比增长51.1%，技改投资同比增长81%，均居全省第一位。

图80　2018年5月26日，利辛中煤新集板集电厂技术人员巡检设备

（刘勤利　摄）

【民营经济提升工程】2018年，亳州市出台《大力促进民营经济发展的实施意见》，全年全市民间投资进一步释放，投资额同比增长22.5%，高于全市固定资产投资增速4.5个百分点，高于全省平均增速4.1个百分点，居全省第五位；总额占全部固定资产投资比重72.9%，高于上年2.7个百分点；全市规模以上民营工业企业增加值拉动规模工业增长6.6个百分点，贡献率56.1%。

【绿色发展】2018年，亳州市开展制砖企业专项整治，关闭拆除高污染制砖企业35家，对中央省环保督察反馈137个点位、375个问题，全部核验整改完成。燃煤锅炉清洁能源替代和超低排放改造项目完成，年减少烟尘排放29.13吨，减少SO_2排放87.4吨，减少NOx排放77.7吨。构建绿色制造体系，3家企业获批省级绿色工厂、6个项目入选省节能环保重点项目、6家企业获省制造强省绿色制造专项资金支持。3家企业获评省节水型企业、7家企业获评节水型企业。

【企业转型升级】2018年，亳州市新培育全国单项冠军示范企业1家、国家级绿色工厂1家、国家级中小企业公共服务示范平台1家、两化融合管理体系贯标企业8家、成长型小微企业4家、专精特新企业22家、省级企业技术中心12家、省级智能工厂和数字化车间6家、省级新产品12个。古井集团家获中国轻工业食品行业50强、安徽制造业综合实力50强企业称号。

【企业服务管理】2018年，亳州市开展四送一服，开展各类政策宣讲20余次，走访调研企业438家，召开企业座谈会184次；通过“四送一服政企直通车·规上工业”平台推送各类惠企政策123次，浏览量20300人次，收集企业反映问题985件，回复985件，办结974件，办结率99%，回复率100%，满意率95%以上，新增规模企业关注率100%。加大财政资金的支持。323个工业项目获省、市专项资金支持，支持金额8382万元；新兴工业强市支持项目243个、支持资金3692万元。

【降成本工作受到国务院通报表扬】2018年，国务院办公厅下发《关于对国务院第五次大督察发现的典型经验做法给予表扬的通报》，对“亳州市大力推进降成本，增强民间投资动力”等130项地方典型经验做法予以通报表扬。

近年来，亳州市民营企业发展呈现良好态势，在稳定增长、增加就业、改善民生等方面发挥重要作用。为深入贯彻落实党中央国务院、省委省政府降成本政策，先后出台《亳州市进一步降低企业成本实施办法》，包含降低制度性交易成本、企业人工成本、企业税费负担、企业财务成本、企业用能成本、企业用地成本和企业物流成本等方面20条政策措施，进一步降低企业负担，促进实体经济高质量发展。

2018年，亳州市精简网上政务服务事项申请材料5942项；工业建设项目施工许可审批时限已由原来的200天压减至最低27天，一般工业项目从签订入园协议到开工全过程压缩至10天。7367项政务服务在网上运行，占全部政务服务的90%。通过降低企业人工成本、降低企业税费负担、降低企业财务成本、降低企业用能用地成本、降低企业物流成本等多种方式，累计直接为企业减负29.4亿元，实现直接融资137.16亿元。累计发放税融通贷款13.59亿元，受益企业532家。

（陈玉强　申晶晶）

古井集团

【概况】2018年，古井集团优化升级信息化系统、展开市场体验式服务，落实“战略5.0”。一体化建设“全球呼叫中心+CRM（客户关系管理）”，构建统一的引流平台，打通线上与线下，引领去中间化、“一站式”、体验式消费。优化系统，围绕会员和业务需求，CRM平台架构优化升级，会员运营模式调整，一瓶一码系统完成架构调整、系统迁移与扩容，会员参与度、互动性均提高，应用服务能力提升，135.9万人参与。

推进中端体验平台建设。天津品牌体验中心和定远酒道馆投入使用，安徽省驻沪办招待所、杭州品牌体验中心、商丘酒道馆竣工验收并交付使用。兰州、随州品牌体验中心完成合作方招标和方案设计。体验中心、酒道馆累计接待核心消费者2.8万人次。

各关联产业抓自身经营，促进主业白酒发展。瑞景商旅集团门店总存量201家，古井酒店完成混合所有制改革。古井房地产公司营业收入超10亿元。大中原酒谷接待游客量超15万余人次，乐酒家园开园。大健康产业公司发布37度亳菊酒。瑞能热电公司提前完成超低排放改造项目。

本年度，古井集团实现营业收入首次突破百亿，古井贡品牌

图81　2018年4月27日，古井集团制曲车间，员工在码放曲块（李琼　供图）

价值首次突破千亿，居安徽省酒企第一名，中国白酒企业第五名。古井集团获“改革开放四十周年中国企业文化建设标杆单位”。古井贡酒获“世界烈酒名牌”称号。古井贡酒酿酒方法《九酝酒法》被吉尼斯世界纪录认证为“世界上现存最古老的蒸馏酒酿造方法”。《安徽省志·古井贡酒志》入藏国家方志馆。古井集团三级子公司黄鹤楼酒业有限公司黄鹤楼森林美酒小镇正式获批国家AAAA级旅游景区。

【古井集团营收首破百亿】2018年，古井集团实现营业收入104.75亿元，同比增长20%；利润总额23.04亿元，同比增长41%；税收33.81亿元，同比增长18%；集团总资产206.5亿元。

自2008年推出战略核心产品“年份原浆”始，古井集团坚持以做强做大白酒主业为战略目标，当年营业收入21.69亿元，2012年营业收入超50亿元，10年间年平均增长率17.59%。

古井集团四次与世博会合作，四次特约播出中央广播电视总台春节联欢晚会。2016年，古井贡酒收购湖北武汉黄鹤楼酒业，成为白酒行业首家拥有两个中国名酒的白酒企业，2018年黄鹤楼酒业营业收入比2016年翻一番。

【古井贡酒品牌价值首次突破千亿】2018年，中国酒类流通协会和中华品牌战略研究院联合发布第10届华樽杯中国酒类品牌价值排行榜，古井贡酒在评测中品牌价值为1018.65亿元，首次突破千亿元，比上年增长59.52%。

近年来，古井集团多种措施打造贡酒品牌，贡酒品牌知名度、美誉度及影响力逐年增加。

2016—2019年，古井贡酒连续四年特约播出中央电视台春节联欢晚会和元宵晚会，首个带拼音安徽亳（bó）州字样注释的落版广告亮相于中央广播电视总台；占位核心传播资源，战略合作安徽卫视、河南卫视、湖北卫视，构建鄂豫皖三地品牌共振圈；2017年、2018年连续两年与上合组织战略合作“一带一路”建设，并成为上合组织秘书处指定用酒。

古井集团与上海、韩国丽水、意大利米兰、哈萨克斯坦阿斯坦纳四届世博会合作；开展国际交流活动，走进美国、法国、保加利亚和波兰等国开展“中国酒文化全球巡礼”活动，赢得国际市场口碑。

依托“古井贡酒年份原浆”“古井贡酒陈酿”“乐酒家园”“亳州企联”等微信公众号，策划发起“读‘亳’有奖”“全民开酿”等系列主题活动，引导古井贡酒消费者常态化参与古井品牌互动。

【全国酿酒产业首届党建文化工作会议在古井集团召开】2018年12月6日，由中国酒业协会主办、安徽古井集团有限责任公司承办的“全国酿酒产业首届党建文化工作交流会”在古井集团召开。中国酒业协会理事长王延才，中国酒业协会常务副理事长王琦，亳州市委常委、组织部部长、统战部部长秦凤玉，古井集团党委书记、董事长梁金辉及酒类企业党委书记等参加会议。王琦主持会议。

会上，秦凤玉致欢迎辞；王延才对酒类企业党建提出具体要求；王琦作《紧抓党建工作，引领行业发展》主题发言；古井集团党委书记、董事长梁金辉作《党建立心，文化铸魂，推动古井高质量发展》主题发言。

图82 2018年11月5日，古井企业文化传播手册获“最美企业之声”。（李琼 供图）

劲牌有限公司、中粮酒业、中国绍兴黄酒集团、烟台张裕集团有限公司、中国贵州茅台酒厂（集团）有限责任公司、四川宜宾五粮液集团有限公司、山西杏花村汾酒集团有限责任公司代表分别分享企业在强化党建引领力、促进企业文化发展方面的一些好做法和好经验。

会议动员全产业各级党组织和广大党员干部进一步增强党建活力、增强凝聚力和战斗力，不断提高新时代的党建与企业文化工作科学化水平，为中国酒业的长远发展寻求和谐之路、繁荣之路、光明之路。

会后，与会领导和各酒企业代表一起走进古井集团，参观古井党建企业文化馆和古井酒文化博览园。新华社、人民网、《光明日报》《环球时报》《经济日报》《半月谈》《瞭望》《新安晚报》、合肥电视台等10余家媒体记者参会，对会议进行报道。

【“九酝酒法”获吉尼斯世界纪录认证】2018年9月19日，在古井贡酒2018年秋季开酿大典上，吉尼斯世界纪录官方认证，古井贡酒“九酝酒法”获“世界上现存最古老的蒸馏酒酿造配方”世界纪录，这也是中国酒业首例申请成功的吉尼斯世界纪录。

“九酝酒法”收录在贾思勰的《齐民要术》中，诞生距今已经有1800多年的历史，是中国白酒有文字记载最古老的酿酒方法。东汉建安元年，曹操将家乡亳州所产的九酝春酒进献给汉献帝刘协，并在《上九酝酒法奏》一文中介绍了其酿造方法“九酝酒法”，古井贡酒一直传承至今。

图83　2018年11月5日，古井集团获改革开放40周年企业文化建设标杆单位（李琼　供图）

“九酝酒法”入选吉尼斯世界纪录，为中国酒文化国际化进程架设了桥梁，标志着古井贡酒走向世界。

【古井集团获“改革开放40周年中国企业文化建设标杆单位”】2018年10月29—30日，在2018年中国文化管理协会企业文化管理年会上，古井集团有限责任公司获“改革开放40周年企业文化建设标杆单位”，《古井企业文化传播手册》获“最美形象之声”代言作品奖。

多年来，古井集团秉承“做真人，酿美酒，善其身，济天下”的企业核心价值观，践行“贡献文化”，内聚人心，滋生向心力；外树形象，打造吸引力；脱虚向实，强化执行力；支撑战略，提升竞争力；化成天下，孕育生命力。推进发展战略、组织流程、人力资源、品牌形象、诚信建设、安全生产、产品质量建设等，推动企业快速发展。

本次获奖是继获“全国企业文化示范基地”“中国酒业社会责任突出贡献奖”“第十一届人民企业社会责任奖”“全国企业文化优秀成果奖”等之后，古井企业文化建设获得的又一“国字号”荣誉。

【古井酒店完成混和所有制改制】安徽古井酒店发展股份有限公司（简称“古井酒店”）是安徽省国有控股企业混合所有制改革工作试点候选企业之一，在古井集团的主导和组织下，古井酒店完成国有控股混合所有制企业员工持股试点工作，2018年11月29日，取得新的营业执照，战略投资者、古井核心员工、商旅集团和古井集团的共同持股获工商认定。

2017年，《安徽省国资委关于召开国有控股混合所有制企业员工持股改革试点工作会议的通知》下发，古井集团按照通知要求，起草《安徽古井酒店发展股份有限公司员工持股方案》草案，并报市国资委及省国资委；之后，省国资委、市国资委下发文件，同意古井酒店引入战略投资者、开展员工持股改革试点、实施混合所有制改革。

古井集团成立古井酒店员工持股工作小组，研究制定实施混合所有制改革总体计划方案和措施，组织开展财务审计、资产评估、战略投资者公开遴选、员工持股、原股东认购、全国股转系统备案、工商变更等，推进古井酒店混合所有制改革工作。至2018年，完成混合所有制改制任务。

古井酒店本次混合所有制改革共计融资3930万元，其中战略投资者出资917万元，核心员工出资209.08万元，商旅集团出资2803.92万元。本次引入的战略投资者是古井白酒产业链上的重要白酒运营商，旨在进一步加强古井集团与产业链深度融合，促进公司持续稳定发展。

（李　琼）

2018年亳州市主营业务收入排名前50位工业企业一览表

表6

名　单	位　次
安徽古井贡酒股份有限公司	1
国投新集电力利辛有限公司	2
五得利集团亳州面粉有限公司	3
安徽江淮安驰汽车有限公司	4
涡阳县盛鸿科技有限公司	5
淮北矿业股份有限公司许疃煤矿	6
涡阳县源和堂中药饮片有限责任公司	7
安徽省亳州煤业有限公司	8
杉杉时尚产业园亳州有限公司	9
亳州市华云中药饮片有限公司	10
利辛强英食品有限公司	11
安徽盛海堂中药饮片有限公司	12
安徽正宇面粉有限公司	13
亳州联滔电子有限公司	14
亳州市永刚饮片厂	15
安徽省中联新型材料有限公司	16
安徽协和成药业饮片有限公司	17
安徽广印堂中药股份有限公司	18
蒙城强英食品有限公司	19
太安堂（亳州）中药饮片有限公司	20
华佗国药股份有限公司	21
安徽省泽华国药饮片有限公司	22
安徽恒盛实业有限责任公司	23
安徽天祥药业有限公司	24
安徽邦基饲料有限公司	25

续表 6

名　单	位　次
亳州司尔特生态肥业有限公司	26
安徽同辉香料有限公司	27
涡阳县雪莲面粉有限责任公司	28
北京同仁堂亳州饮片有限公司	29
蒙城县金冠面粉有限责任公司	30
安徽省永香中药饮片有限公司	31
安徽济善堂中药科技有限公司	32
安徽到家营养食品有限公司	33
亳州海螺水泥有限责任公司	34
安徽省东升食品有限公司	35
亳州市沪谯药业有限公司	36
安徽济人药业有限公司	37
安徽普仁中药饮片有限公司	38
亳州市鹤延龄中药饮片有限公司	39
亳州市佰世信中药饮片有限公司	40
安徽鑫泰药业有限公司	41
芍花堂国药股份有限公司	42
安徽德昌药业股份有限公司	43
蒙城万佛商砼有限公司	44
安徽省蒙城县恒瑞面粉有限公司	45
安徽亳州喜宝鞋服有限公司	46
亳州市正和铝业有限公司	47
天马（安徽）中药饮片科技有限公司	48
亳州市亿方建材有限公司	49
安徽嘉佑中药饮片有限公司	50

2018 年亳州市规模以上工业企业户数一览表

表 7　　单位：户

属地	企业数
全市	905
市直	3
市经开区	80
亳芜产业园区	18
谯城区	232
涡阳县	213
蒙城县	195
利辛县	164

2018年亳州市利税总额排名前50位工业企业一览表

表8

名单	位次
安徽古井贡酒股份有限公司	1
国投新集电力利辛有限公司	2
淮北矿业股份有限公司许疃煤矿	3
安徽省亳州煤业有限公司	4
安徽江淮安驰汽车有限公司	5
涡阳县源和堂中药饮片有限责任公司	6
亳州联滔电子有限公司	7
五得利集团亳州面粉有限公司	8
信义新能源（亳州）有限公司	9
安徽省中联新型材料有限公司	10
涡阳县盛鸿科技有限公司	11
安徽协和成药业饮片有限公司	12
太安堂（亳州）中药饮片有限公司	13
安徽济人药业有限公司	14
亳州市永刚饮片厂	15
安徽普仁中药饮片有限公司	16
保和堂（亳州）制药有限公司	17
华佗国药股份有限公司	18
涡阳县雪莲面粉有限责任公司	19
安徽正宇面粉有限公司	20
安徽龙瑞玻璃有限公司	21
安徽到家营养食品有限公司	22
蒙城县鲲鹏新能源有限公司	23
安徽天祥药业有限公司	24
安徽德昌药业股份有限公司	25
亳州市沪谯药业有限公司	26
安徽省泽华国药饮片有限公司	27
亳州海螺水泥有限责任公司	28
亳州市正和铝业有限公司	29
安徽九方制药有限公司	30
安徽和济堂中药饮片有限公司	31
利辛县亚升墙体材料有限公司	32
安徽方敏医药科技有限公司	33
安徽省金芙蓉中药饮片有限公司	34
芍花堂国药股份有限公司	35
国能蒙城生物发电有限公司	36
安徽汇中州中药饮片有限公司	37
亳州市华云中药饮片有限公司	38

续表 8

名 单	位 次
安徽亳州喜宝鞋服有限公司	39
蒙城万佛商砼有限公司	40
涡阳县建阳商品混凝土有限公司	41
安徽鑫泰药业有限公司	42
安徽亳药千草国药股份有限公司	43
安徽双轮酒业有限责任公司	44
蒙城县新城混凝土有限公司	45
天马（安徽）中药饮片科技有限公司	46
涡阳县福顺绿色食品厂	47
安徽恒盛实业有限责任公司	48
安徽强正中药饮片有限公司	49
蒙城县海特燃气有限公司	50

2018 年亳州市从业人员数排名前 50 位工业企业一览表

表 9

名 单	位 次
安徽古井贡酒股份有限公司	1
淮北矿业股份有限公司许疃煤矿	2
亳州联滔电子有限公司	3
安徽省亳州煤业有限公司	4
涡阳县盛鸿科技有限公司	5
安徽亳州喜宝鞋服有限公司	6
利辛强英食品有限公司	7
亳州市永刚饮片厂	8
杉杉时尚产业园亳州有限公司	9
安徽江淮安驰汽车有限公司	10
蒙城强英食品有限公司	11
北京同仁堂亳州饮片有限公司	12
安徽双轮酒业有限责任公司	13
安徽广印堂中药股份有限公司	14
安徽金不换白酒集团	15
安徽济人药业有限公司	16
安徽协和成药业饮片有限公司	17
亳州市沪谯药业有限公司	18
华佗国药股份有限公司	19
安徽恒盛实业有限责任公司	20
安徽华扬服饰有限公司	21
亳州讯安电子科技有限公司	22
安徽普仁中药饮片有限公司	23

续表 9

名　单	位　次
涡阳县源和堂中药饮片有限责任公司	24
亳州市裕同印刷包装有限公司	25
安徽龙瑞玻璃有限公司	26
安徽井中集团	27
亳州市派瑞特包装制品公司	28
安徽省亳州鼎基鞋材有限公司	29
安徽盛海堂中药饮片有限公司	30
安徽瑞福祥食品有限公司	31
新诚达时装（安徽）有限公司	32
蒙城县康润服装有限公司	33
亳州司尔特生态肥业有限公司	34
蒙城县通孚礼品有限公司	35
安徽福士特服饰有限公司	36
富威电子科技（亳州）有限公司	37
安徽大西北中药饮片有限公司	38
安徽正宇面粉有限公司	39
亳州市亚珠金刚石厂	40
安徽东方帝维生物制品股份有限公司	41
五得利集团亳州面粉有限公司	42
亳州市京皖中药饮片厂	43
亳州市静全服饰有限公司	44
安徽创酷无线技术有限公司	45
蒙城佳仕龙机械制造有限公司	46
安徽省东升食品有限公司	47
豫皖纺织有限责任公司	48
安徽宏伟印务有限公司	49
安徽翰联纺织有限公司	50

2018 年亳州市产值亿元以上工业企业一览表

表 10

序号	单位名称
1	安徽古井贡酒股份有限公司
2	国投新集电力利辛有限公司
3	五得利集团亳州面粉有限公司
4	安徽江淮安驰汽车有限公司
5	涡阳县盛鸿科技有限公司
6	涡阳县源和堂中药饮片有限责任公司

续表 10

序号	单位名称
7	淮北矿业股份有限公司许疃煤矿
8	安徽省亳州煤业有限公司
9	安徽正宇面粉有限公司
10	安徽盛海堂中药饮片有限公司
11	亳州联滔电子有限公司
12	安徽协和成药业饮片有限公司
13	亳州市华云中药饮片有限公司
14	利辛强英食品有限公司
15	亳州市永刚饮片厂
16	安徽省中联新型材料有限公司
17	华佗国药股份有限公司
18	安徽广印堂中药股份有限公司
19	太安堂（亳州）中药饮片有限公司
20	蒙城强英食品有限公司
21	亳州市报废车辆回收有限责任公司
22	亳州市沪谯药业有限公司
23	北京同仁堂亳州饮片有限公司
24	安徽省泽华国药饮片有限公司
25	杉杉时尚产业园亳州有限公司
26	安徽恒盛实业有限责任公司
27	亳州司尔特生态肥业有限公司
28	安徽邦基饲料有限公司
29	安徽普仁中药饮片有限公司
30	安徽同辉香料有限公司
31	安徽天祥药业有限公司
32	安徽济人药业有限公司
33	安徽亳州喜宝鞋服有限公司
34	涡阳县雪莲面粉有限责任公司
35	利辛强英饲料有限公司
36	安徽创酷无线技术有限公司
37	蒙城强英农牧有限公司
38	蒙城县金冠面粉有限责任公司
39	安徽到家营养食品有限公司
40	亳州海螺水泥有限责任公司
41	安徽省永香中药饮片有限公司
42	安徽顶乐食品有限公司
43	亳州新奥燃气有限公司
44	安徽嘉佑中药饮片有限公司

续表 10

序号	单位名称
45	安徽济善堂中药科技有限公司
46	安徽鑫泰药业有限公司
47	安徽省东升食品有限公司
48	亳州市鹤延龄中药饮片有限公司
49	安徽新盛中药饮片有限公司
50	安徽省金芙蓉中药饮片有限公司
51	安徽德昌药业股份有限公司
52	亳州市佰世信中药饮片有限公司
53	芍花堂国药股份有限公司
54	亳州市宏大中药饮片科技有限公司
55	天马（安徽）中药饮片科技有限公司
56	安徽汇中州中药饮片有限公司
57	蒙城万佛商砼有限公司
58	安徽贺林中药饮片科技有限公司
59	亳州市京皖中药饮片厂
60	亳州市正和铝业有限公司
61	亳州市亿方建材有限公司
62	安徽民和杭萧钢构股份有限公司
63	亳州华宇中药饮片有限公司
64	安徽和济堂中药饮片有限公司
65	安徽人民中药饮片有限公司
66	安徽申杰智能电子科技有限公司
67	保和堂（亳州）制药有限公司
68	安徽药知源中药饮片有限公司
69	亳州市中信中药饮片厂
70	涡阳县福天下门业有限公司
71	安徽方敏医药科技有限公司
72	亳州市中正中药材饮片有限公司
73	安徽亳药千草国药股份有限公司
74	安徽双轮酒业有限责任公司
75	涡阳县福顺绿色食品厂
76	安徽美誉中药饮片有限公司
77	安徽华鼎堂中药饮片科技有限公司
78	安徽省蒙城县恒瑞面粉有限公司
79	亳州市派瑞特包装制品公司
80	安徽中宝电梯科技有限公司
81	富威电子科技（亳州）有限公司
82	安徽亿人安股份有限公司

续表 10

序号	单位名称
83	涡阳县鹏发金属加工有限责任公司
84	安徽翰联纺织有限公司
85	涡阳县皖麦飘香食品有限公司
86	安徽省亳州市芍花堂药业有限公司
87	安徽华馨香料有限公司
88	安徽伯希和户外装备用品有限公司
89	安徽强正中药饮片有限公司
90	安徽省本草国药饮片有限公司
91	安徽省东昕食品有限公司
92	亳州市贡药饮片厂
93	亳州市善安堂中药饮片有限公司
94	亳州市众成混凝土有限责任公司
95	安徽龙瑞玻璃有限公司
96	亳州市欣鹤混凝土有限公司
97	亳州市宏宇中药饮片有限公司
98	安徽广美药业股份有限公司
99	涡阳县春秋塑料制品有限公司
100	安徽广印堂制药有限公司
101	蒙城县新城混凝土有限公司
102	安徽省迪盛织造整理有限公司
103	安徽戊庚中药饮片有限责任公司
104	亳州市中药饮片厂
105	安徽中嘉环保建材科技有限公司
106	亳州正鑫水泥有限责任公司
107	安徽申鑫光电科技有限公司
108	蒙城县民乐新型墙材有限公司
109	安徽黑娃食品科技有限公司
110	深药（亳州）现代中药饮片科技有限公司
111	亳州市天济药业有限公司
112	安徽国隆玻璃科技有限公司
113	安徽申源彩印包装有限公司
114	蒙城县振华混凝土有限公司
115	涡阳县益群牧业有限公司
116	蒙城县华良木业有限公司
117	安徽百世金安中药饮片有限公司
118	亳州蜀中药业有限公司
119	安徽利辛丽人木业有限公司
120	安徽省冠盛纺织科技有限公司

续表 10

序号	单位名称
121	安徽全森木业有限公司
122	安徽亿源药业股份有限公司
123	安徽百禾堂中药饮片有限公司
124	信义新能源（亳州）有限公司
125	安徽致良中药饮片有限公司
126	安徽健诚中药饮片有限公司
127	安徽精诚本草中药饮片有限公司
128	安徽魏武中药饮片科技有限公司
129	亳州市豪门中药饮片有限公司
130	涡阳县建阳商品混凝土有限公司
131	安徽济顺中药饮片有限公司
132	安徽九方制药有限公司
133	安徽尚德中药饮片有限公司
134	蒙城县万佛塔水泥有限公司
135	涡阳县晟丰新型建材有限公司
136	安徽三宝钢结构有限公司
137	安徽友信药业有限公司
138	安徽汇仁堂中药饮片有限公司
139	安徽舒香食品有限公司
140	安徽七方中药饮片有限公司
141	亳州市张仲景中药饮片有限责任公司
142	安徽顺和堂中药饮片有限公司
143	涡阳县丰华面粉有限公司
144	亳州市裕同印刷包装有限公司
145	涡阳县恒明新材料科技有限公司
146	安徽石田中药饮片有限公司
147	安徽井泉中药股份有限公司
148	国能蒙城生物发电有限公司
149	涡阳县道芝源粮油食品有限公司
150	涡阳县源通砼业有限公司
151	安徽新兴中药饮片有限公司
152	亳州市华鑫中药饮片科技有限公司
153	安徽松山堂国药股份有限公司
154	安徽广和中药股份有限公司
155	涡阳县标王电池有限公司
156	安徽军达生物科技有限公司
157	亳州市万珍中药饮片厂
158	安徽国一堂药业有限公司

续表 10

序号	单位名称
159	安徽上元新型家居材料有限公司
160	陕富蒙城面业有限责任公司
161	安徽阳光药业有限公司
162	亳州市盛林药业有限责任公司
163	亳州东方希望动物营养有限公司
164	安徽三鑫光电科技有限公司
165	蒙城县恒岩混凝土有限公司
166	亳州成源中药饮片有限公司
167	亳州市同科药业有限公司
168	亳州新兴华包装有限公司
169	安徽颐生堂中药饮片有限公司
170	安徽如一淀粉工业有限公司
171	安徽亳州浙皖中药饮片股份有限公司
172	亳州市好运酒业有限公司
173	杭州民泰（亳州）中药饮片有限公司
174	安徽鑫聚源管业有限公司
175	安徽阳继科技有限公司
176	蒙城县宏铭汽车零部件制造有限公司
177	安徽易元堂中药饮片科技有限公司
178	蒙城佳仕龙机械制造有限公司
179	安徽东昇新能源有限公司
180	安徽国特农业食品有限公司
181	安徽世茂中药股份有限公司
182	安徽润和油脂有限公司
183	蒙城宝业建筑工业化有限公司
184	亳州亳药堂药业有限公司
185	安徽省涡阳县义门恒发食品有限公司
186	安徽省亳州鼎基鞋材有限公司
187	安徽绿原新型环保材料有限公司
188	安徽润宝食品有限公司
189	安徽运通汽配有限责任公司
190	安徽方氏中药饮片有限公司
191	安徽惠隆中药饮片有限公司
192	利辛县亚升墙体材料有限公司
193	安徽省振华工贸股份有限公司
194	安徽省天利能源有限公司
195	安徽达顺不锈钢有限公司
196	涡阳县恒瑞面粉有限公司

续表 10

序号	单位名称
197	安徽讴神机械制造有限公司
198	涡阳县庆发面粉有限公司
199	亳州市华谊新型材料有限公司
200	安徽东方帝维生物制品股份有限公司
201	蒙城县宏健食品有限公司
202	涡阳正龙健康饮品产业园有限公司
203	涡阳县宏发商品混凝土有限公司
204	安徽爱家食品有限公司
205	安徽省华鑫木业有限公司
206	安徽朱氏康豪中药饮片有限公司
207	亳州市博通信息科技有限公司
208	涡阳县恒丰塑胶制品有限公司
209	安徽成骏家居制造有限公司
210	安徽金不换白酒集团
211	安徽益生源中药饮片科技有限公司
212	涡阳县坤超塑料再生有限公司
213	安徽天草堂中药饮片有限公司
214	新诚达时装（安徽）有限公司
215	安徽省涡阳县酿酒厂
216	亳州国祯生物质热电有限公司
217	涡阳县之德皇园粉制品有限责任公司
218	涡阳县鲁皖木业有限公司
219	襄大农牧（蒙城）有限公司
220	蒙城县华信纸品厂
221	安徽皖家酒业有限公司
222	涡阳县木林森木业有限公司
223	亳州金芍堂中药饮片有限公司
224	安徽三志制动器有限公司
225	安徽佳源油脂有限公司
226	利辛县南方博能燃气有限公司
227	安徽丰源车业有限公司
228	亳州市同升粮油食品有限责任公司
229	利辛县东华面粉有限责任公司
230	安徽云峰农业发展有限公司
231	安徽华扬服饰有限公司
232	涡阳县海特燃气有限公司
233	安徽谓博中药股份有限公司
234	安徽格林之星新材料有限公司

（市委政策研究室）

商　业

图84　2018年6月，世界制造业大会和中国国际徽商大会亳州市投资环境说明会暨项目签约仪式（田元　摄）

图 85 2018 年，谯城区农村电子商务物流配送中心（刘虎诚 供图）

概 述

【概况】2018 年，亳州市社会消费品零售总额实现 590.05 亿元，同比增长 11.6%，增幅居全省第八位。进出口总额完成 8.34 亿美元，同比增长 25.4%，增幅居全省第五位，其中，出口额实现 7.18 亿美元，同比增长 19.1%，增幅居全省第九位；进口额实现 1.16 亿美元，同比增长 87.4%，增幅居全省第一位。外商直接投资实现 9.01 亿美元，同比增长 15.4%，增幅居全省第八位。完成全社会粮食收购 130 万吨。

【内贸流通】2018 年，亳州市限上企业新增 215 家，总计 920 家。开展商贸流通示范创建，被商务部确定为首批 55 个国家级供应链创新与应用试点城市之一；“魏王”“公元”“高公坛闷蒜”被认定为“安徽老字号”，全市总计有 10 家“安徽老字号”企业。8 家企业通过国家级绿色餐饮和国家级酒家酒店评审，其中亳州宾馆是全市第一家国家五叶级绿色饭店和五钻级酒家。推进城区菜市场、小区菜场（菜店）建设，新建改造魏都农业亳州配送中心等 5 个农贸市场，新建建安文化广场社区菜店等 5 个社区菜店。

【对外贸易】2018 年，亳州市实施外贸主体培育壮大工程，孵化进出口实绩企业 63 家。44 家企业参加广交会、华交会、越南亚太网版印刷展、中国医疗健康印尼品牌展等境内外展会等，出口成交额近 1 亿美元；112 家企业负责人及政府部门代表 400 余人参加首届中国国际进口博览会；举办 2018 年国际（亳州）药材药品交易洽谈会签约仪式，现场签订贸易协议 28 个，签约金额 36.2 亿元。建设外贸公共服务平台。推进亳州中药材技术贸易措施研究评议基地建设；现代中药产业国家外贸转型升级基地通过商务部考核。推进开放平台建设，亳州海关正式获批，谯城经济开发区纳入准国家级经济开发区管理。参加 2018 年世界制造业大会和中国国际徽商大会，集中签约和招商活动签约项目 73 个，总签约金额 795 亿元，同比增长 10.7 %。推动企业“走出去”开展对外合作，培育 3 家外经主体。

【电子商务】2018 年，亳州市电子商务进农村“两中心一站点”4 个县级电子商务公共服务中心、4 个县级电子商务物流配送中心、1240 个乡村服务网点全部通过验收。涡阳县、蒙城县被省厅评为全省电子商务先进示范县；涡阳义门镇等 6 个乡镇被评为省级电商示范镇；蒙城县红光村等 4 个村被评为省级电商示范村。新培育电商经营主体 531 家，年网销额超千万元的电商龙头企业 13 家、年网销额超百万元的名优品牌 12 个。“金不换秘醸·礼遇”“草本麻辣鹌鹑”“桑葚干”获“安徽好网货”称号，全市农产品网销额 31 亿元。

【粮食调控与生产】2018 年，亳州市引导社会化收购化解农民“卖粮难”，粮食收购 140.6 万吨。按时完成储备粮轮换 1.4 万吨。新建仓容 8 万吨，粮食仓储能力提升。实施“智慧皖粮”信息化建设，全市政策性粮食收储库点全部实现一站式信息化收购，19 家粮食产后服务中心初步建成。完善军粮供应体系，确保军粮供应安全。

实现粮油加工业总产值179亿元。推进“放心粮油”“主食厨房”工程建设，建设形成布局合理、覆盖城乡、设施完善、管理规范的“放心粮油”经营网络，挂牌认定“放心粮油”示范店28家、“主食厨房”直营店27家。加快“中国好粮油”示范建设。指导蒙城县“中国好粮油”示范县建设，谋划成为“中国好粮油”示范市。参与粮油展销活动。组织加工龙头企业参加上海农产品展示展销会等粮油精品展销推介会，与贵州省遵义市签订粮食产销战略合作协议，提升市粮油产品的知名度和市场竞争力。

（杨甜子）

2018年亳州市销售额排名前20位批发零售企业一览表

表11

名　单	位　次
亳州古井销售有限公司	1
安徽省烟草公司亳州市公司	2
中国石化销售有限公司安徽亳州石油分公司	3
亳州市盖盛祥超市有限公司	4
蒙城县东方汽车销售服务有限公司	5
安徽海鑫药业有限公司	6
安徽省亳州市医药药材有限公司	7
解放商用汽车蒙城销售服务中心	8
亳州新华书店有限公司	9
安徽省利辛县粮油食品商厦	10
亳州春雨慧众汽车销售服务有限公司	11
安徽高炉酒类销售有限公司	12
亳州之星汽车有限公司	13

续表11

名　单	位　次
安徽孟氏医药有限公司	14
亳州金色华联超市有限责任公司	15
安徽省亳州市药品采购供应站	16
涡阳县农业生产资料公司	17
安徽省亳州市药材总公司药品公司	18
亳州市恒诚医药有限公司	19
亳州中源汽车销售服务有限公司	20

2018年亳州市营业额排名前20位住宿餐饮企业一览表

表12

名　单	位　次
蒙城玖隆国际大酒店有限公司	1
蒙城庄子国际大酒店有限公司	2
亳州宾馆有限责任公司	3
亳州徽州百家宴餐饮有限公司	4
安徽金桂山庄度假村有限公司	5
亳州市富丽华假日酒店有限公司	6
亳州市新贵都城市酒店有限责任公司	7
蒙城县漆园国际大酒店有限公司	8
利辛县天昱酒店管理有限公司	9
蒙城县锦泰餐饮服务有限公司	10
亳州古井慧升楼餐饮有限责任公司	11
安徽好吃點餐饮有限责任公司	12
蒙城县鸿业国际酒店管理有限公司	13
涡阳景源饭店	14

续表12

名　单	位　次
利辛县鸿博酒店管理有限公司	15
涡阳县侠玲饮食服务有限责任公司	16
亳州市都市之光休闲娱乐广场有限公司	17
利辛县盛世餐饮服务管理有限公司	18
亳州市妈祖海鲜岛餐饮有限公司	19
亳州市金不换大酒店有限责任公司	20

贸易投资促进

【概况】2018年，亳州市组织企业参加境内外会展、开展经贸活动，帮助企业开拓境内外市场。召开亳州市药博会，促进中药产业经贸合作。2018世界制造业大会和中国国际徽商大会期间，组织古井贡酒、协和成药业饮片等8家企业参加进出口商品精品展。组织宏健食品、邵氏粉丝等6家企业的28种产品参加电子商务展。

组织企业参加各类展洽会。组织175家企业参加华交会、广交会、安徽国际养老产业博览会、“中华老字号”（山东）博览会等境内展会。组织130家企业参加中国首届进口博览会。

参加各类经贸交流活动。参加省贸促会和埃塞俄比亚驻上海总领事馆在合肥举办的投资经贸合作研讨会、“善用香港平台、皖港合作共赢”投资推广研讨会、京津冀国际投资贸易洽谈会、第12届中国拉美企业家高峰会等一

图 86　2018 年 3 月 20 日，全市商务和粮食工作会议（田元　摄）

系列贸易和投资促进活动，促进经贸交流合作。

组团参加长江经济带国家级经开区协同发展联盟区域发展交流会暨 2018 年中国园区与企业产业对接会，推介亳州投资环境和招商引资优惠政策。

【商事法律服务】2018 年，亳州市组织企业参加省支持企业发展政策暨参与“一带一路”建设实务培训、企业国际化经营合规管理及经贸摩擦应对培训、商事法律服务等培训。举办全市外贸企业商事法律服务知识培训班。加强政策宣传，利用亳州商务贸促工作 QQ 群、移动、电信短信发布等服务平台，面向全市 170 多家进出口企业负责人和业务具办人，累计发布各类经贸外贸信息 1200 余条次。开展省、市营商环境调查、企业受中美经贸摩擦影响及应对措施情况调查。加大商事法律服务力度，新增注册企业 6 家，法律服务覆盖面扩大。市贸促会会同亳州海关加强对原产地证签发工作的交流和沟通，在原产地签证工作协同、便利化改革、信息共享、业务培训、国际经贸活动、涉外商事法律服务、共建沟通协调机制等方面合作，办理原产地证书 865 件。

（郑太华）

供销合作

【概况】2018 年，亳州市供销系统完成销售总额 92.92 亿元，完成任务的 100%；同比增长 13%；实现利润 9022 万元，完成任务的 100%，同比增长 13%。重点工作方面：促进涉农电商平台发展，发展涉农“互联网 + 农村超市”任务 600 家，完成 600 家；完善“新网工程”网络建设，新建和改造农家店任务 150 家，完成 152 家；开放办社，新建改造新型基层社任务 17 家，完成 17 家；扩大农村经营服务网点，新建改造农村综合服务社（中心）任务 25 家，完成 25 家；建设“为农服务中心”任务 8 家，完成 8 家；新增庄稼医院科技服务站点任务 26 家，完成 26 家；招商引资任务数 1 个，完成 2 个，分别为落户在涡阳县经济开发区的安徽科莱泵业有限公司项目和落户在亳州芜湖现代产业园区的亳州市富利隆信息科技有限公司项目。

本年度，亳州市供销合作社联合社获“全国供销社系统先进集体”称号。

图 87　2018 年 9 月 10 日，中国农产品流通经纪人协会与亳州中药城签订合作协议（马守华　供图）

【“三会”制度全覆盖】按照中央、省、市关于深化供销合作社综合改革工作要求，亳州市供销合作社联合社推进综合改革工作，于 2017 年 10 月 26 日率先在全省完成综合改革任务，建立“三会”制度。2018 年 1 月 31 日利辛县供销社完成综合改革任务，建立“三会”制度；9 月 4 日蒙城县供销社完成综合改革任务，建立“三会”制度；7 日涡阳县供销社完成综合改革任务，建立“三会”制度；29 日谯城区供销社完成综合改革任务，建立“三会”制度。市供销社系统市本级及三县一区供销社全面建立“三会”制度，实现全市“三会”制度全覆盖。

【中国农产品流通经纪人协会中药材专业委员会成立】2018 年 9 月 10 日，在中药材产业交流大会签约仪式上，举行授牌仪式，中国农产品流通经纪人协会会长于培顺将中国农产品流通经纪人协会中药材专业委员会的牌匾授予亳州市供销合作社联合社，标志着中国农产品流通经纪人协会中药材专业委员会在亳州市挂牌成立。中药材专业委员会的成立，将为亳州中医药产业走向国际化提供支持。

【安徽新供销中药材贸易有限公司成立】2018 年，市供销社与药博商城公司等合作，整合药博商城公司部分业务，成立安徽新供销中药材贸易有限公司。该公司依托亳州中药产业优势，发展中药材线上线下大货交易、中药材种植等业务。药材种植户既可以通过新供销的电商平台自主交易，也可以参与“公司 + 药材种植户 + 电商”模式，实现销售，方便群众。至 2018 年年底，销售额 114 亿元。

（马守华）

烟草专卖

【概况】2018 年，亳州市烟草专卖局（公司）〔以下简称：市局（公司）〕制定高质量发展五年规划，搭建“红色亳烟”党建平台，牵头组建“皖北卷烟市场监管联盟”，推进客户自律互助小组建设，实现经济运行持续向好、基础管理稳步升级。承办全省系统专卖“创优”现场会和“条包同价”工作座谈会。市局（公司）上缴税费 6.84 亿元，同比增

图 88　2018 年 3 月 6 日，执法人员侦办案件（张瑞鹤　摄）

图 89 烟草执法检查（孙文纪 摄）

加 0.76 亿元，增幅 12.5%。

本年度，在“第四届全省商业系统第内管技能竞赛”中，亳州市局（公司）获团体第一名。其中 3 人进入十佳；在第三届全国烟草专卖管理岗位技能竞赛中，宗加鹏名列第 17 名。

【卷烟营销】2018 年，市局（公司）坚持控稳市场，提升营销管理硬实力。调整货源采供、投放节奏，实现卷烟销量、销售收入、卷烟结构、上缴税利、经营利润“五个连续增长”。在全省营销岗位技能竞赛中取得团体第二名，个人第一名、第四名的成绩。自律小组“条包同价”成果获全省“成长·十佳成果”，全省“十佳”精益改善项目。完善品牌中长期规划和引退制度，全年引进新品规格 60 个，淘汰规格 41 个，建成主题终端 22 户，优质现代终端 212 户。利用“药博会”“芍花节”“桃花节”等民俗节日，进行品牌共育。联合中烟公司开展“药商酒企”等安徽卷烟、云南卷烟品牌推介宣讲会，扩大市场影响力。

【专卖管理】2018 年，市局（公司）开展关键时期和重要领域专项整治行动，聚焦互联网和寄递领域打假，多部门联合，多渠道监管，净化辖区卷烟市场。推进“数字专卖”系统运行、“双随机、一公开”市场监管方式和许可证网上申办审批，促进专卖信息化建设。发挥“大内管”工作机制，专销协作，加大卷烟非法流通治理力度，加强信息监控和日常监管，开展违法违规经营大户专项治理。

全市查处各类涉烟违规案件 3738 起，累计查获各类违规卷烟 1260.1 万支。破获国标案件 7 起，省标案件 4 起。移送司法机关刑拘 44 人、逮捕 24 人、判刑 20 人。组建皖北卷烟市场监管联盟，形成皖北地区市场监管、寄递打假、大要案件、情报共享等方面一体化格局。亳州涡阳“5·21”案件与宿州萧县“A. 罗兰免税总仓”案件发生交集，两单位依托联盟机制，共享情报，协同推进。

（宋佳音）

盐务管理

【概况】2018 年，根据《国务院关于印发〈盐业体制改革方案〉的通知》和《安徽省盐业体制改革实施方案》等文件精神，亳州市盐务管理局坚持以维护食盐安全为中心，强化盐政管理，加大盐政执法力度，规范盐政执法行为，履行盐政执法职能，保障亳州盐业市场安全稳定。

【盐业市场监管】2018 年，亳州市盐务管理局组织开展盐业专项治理活动，强化市场监管，规范跨区经营行为。查处数起影响较大的疑难案件，查处没收涉案盐产品 40 余吨，打击涉盐违法行为，震慑涉盐不法商贩，净化亳州盐业市场。

与公安、工商、食药监局及司法部门联系和沟通，建立信息共享平台和工作协作机制，形成执法合力，抓大案要案查处，严惩涉盐违法行为。查处涉盐违法案件 77 件，查获涉盐违法盐产品 16 吨，罚没款 45000 元。

（金 参）

旅游业

图 90　2018 年 7 月 25 日，小学生参观地下运兵道（张廷林　摄）

概 述

【概况】2018年，亳州市打造全域旅游目的地。创建国家中医药健康旅游示范区，开展“亳州文化旅游年”活动，推动文化旅游强市建设。全市旅游业发展五项指标有4项增幅位居全省第一位、1项居第二位。

本年度，亳州市获“2018年度中国十大最具活力休闲城市”“新时代·中国最佳绿色休闲旅游名城”“年度最受游客满意的中国旅游目的地”等称号，“最大芍药花田”成功挑战吉尼斯世界纪录。市文化旅游局获国家、省级荣誉称号和奖项31项。

【旅游创建】2018年，亳州市实施“百景提升”工程。邀请国家旅游局、中国旅游研究所的领导和专家到亳指导旅游创建工作。推进古城旅游区、古井旅游区创建国家AAAAA级旅游景区，北关历史街区业态不断完善，推进外立面改造；古井乐酒家园建成并对外开放。林拥城、亳州城市展览馆通过国家AAAA级旅游景区景观质量评定；辉山红色景区、治未病养心园等6个景区获评国家AAA级旅游景区。推动中医药健康旅游发展。开展国家中医药健康旅游示范区创建工作，华佗故里中医药健康旅游基地获评国家中医药健康旅游基地，亳药花海休闲观光大世界、华佗五禽戏中医药健康旅游基地获评安徽省中医药健康旅游基地。发展乡村旅游。谯城区晨光村、涡阳县黄庄村、蒙城县柴河村、利辛县曹店村等5个旅游扶贫重点村获评国家AAA级旅游村庄；谯城区十河芍花养生小镇获评安徽省特色小镇、古井药王村获批安徽省田园综合体示范项目、涡阳县义门镇入选安徽旅游十大古村镇，全市建成扶贫农家小院40家、新增3星级以上农家乐19家、省级优秀旅游乡镇6个、旅游示范村12家。组织开展评比创优。举办中国（亳州）药膳大赛、“听美食故事、品舌尖上的亳州”评选活动，推出亳州10大金牌药膳菜肴、30道名吃；组织市文创产品参加中国旅游商品大赛、中国特色旅游商品大赛和安徽百佳文创旅游商品创意大赛，获1个金奖、3个银奖、6个铜奖。开展旅行社诚信创建，亳州阳光假日国际旅行社、宝中旅行社获评全省5星级诚信旅行社。“道源问道”中华传统文化研学之旅被中汽联（中国汽车摩托车运动联合）评定为全国30条“十一”黄金周精品自驾运动游线路之一，是安徽省唯一入选线路。

【项目建设】2018年，亳州市实施重点项目带动工程，着力推进北关历史街区二期工程和业态完善，9条街外立面改造即将完工、5家特色民宿、4家特色餐饮建成营业，兴美食汇、美食广场和花戏楼小吃一条街全面提升；休闲书吧、戏剧茶馆、旅游购物店、老字号店铺、“非遗”直播间等不同业态有序布点；熟皮坑停车场一期工程开工建设。亳药花海休闲观光大世界二期项目完工，三期工程已启动建设，花海书舍酒店、柴洼民俗村、七彩花都、游客中心等项目建成运营；建成城市海洋馆、乐酒家园、建安文化广场、林拥城蜗牛庄园、人民路地下旅游通道、阿土部落等工程项目，完成江宁会馆、姜桂题公馆维修工程。汤王温泉二期工程即将完工并对外开放，十大旅游服务综合体项目开工建设南部旅游服务综合体、林拥城旅游服务综合体和北部游客集散中心3个项目，亳州酒吧风情街、林拥城游客中心、十河芍花养生特色小镇、药王村田园综合体、义门古镇改造等项目推进；全面完成旅游扶贫重点村规划编制和“八个一”工程建设，新建旅游停车场36个、旅游标识标牌160块，新改建A级旅游厕所200座，旅游接待能力和服务水平增强。

【宣传营销】2018年，亳州市重点培育以亳州为半径200千米范围内周边旅游市场和京九沿线及长三角地区重点城市客源市场。突出主流媒体。参加全省旅游宣传“1+N”品牌活动，“中华药都·养生亳州”亮相中央广播电视总台黄金时段，在中国国际广播电台专题推介亳州“道源问道”精品旅游线路；春节期间，中央广播电视总台春晚特别节目《一年又一年》两次直播报道市北关历史文化街区改造及春节民俗活动；中央广播电视总台两会特别节目《谈谈家乡新变化》对南湖灯光水舞秀进行报道；芍花节期间新华社、人民网制作专题页面全程直播芍花节开幕式盛况，安徽电视台《第一时间》栏目报道亳州市万亩芍花美景；《人民日报》《中国旅游报》头版报道中心城区旅游业发展情况；香港卫视《香江唱皖》栏目报道“道源问道”精品旅游线路。

定点投放。亳州旅游拜年宣传片免费在上海铁路局所辖654趟高铁、48241个高铁电视屏幕循环刊播；药博会期间亳州印象系列海报在徐州东站进站刷屏机免费投放，一周累计刷屏10850次；国庆节前亳州旅游形象广告画面在北京地铁1号线国贸站LED大屏免费刊登一周；开通亳州至合肥旅游专列，开展40期亳州旅游扶贫新貌游活动，乡村旅游扶贫做法被《中国旅游报》刊发；亳州旅游走出国门，成功亮相纽约时代广场。

精准营销。出台《亳州市对组织、接待游客来亳旅游企业奖励暂行办法》，提高旅游企业组团到亳积极性，组织国内重点旅行商、中国台湾旅行社、各省市媒体记者到亳采风，召开新闻发布会，宣传推介亳州旅游产品和奖补政策；联合省旅发委、淮南市人民政府在亳州举办“道源问道”中华传统文化之旅启动仪式暨2018年全国车友皖北自驾游活动，定向开发自驾游市场；分管市长带队到重点客源城市召开专题旅游推介会，在周边20个地市设立驻地营销机构，在合肥实施五禽戏进高校和旅游宣传进社区活动，着力巩固传统旅游市场，积极开发研学旅游市场。

宣传创新。全面加强智慧旅游建设，充分发挥“两微一端”平台作用，实现旅游景区监控、无线全覆盖和一机在手玩遍亳州。2018年亳州市旅游微信公众号全省排名第四位、微博排名第二位、智慧旅游排名第三位，被授予全省智慧旅游先进单位。通过开展103项文化旅游年活动和面向全国征集亳州旅游宣传口号、亳州旅游金点子等系列活动，不断提高亳州旅游品牌影响力，上半年全国地级市文旅部门综合影响力排行榜TOP50（人民网舆情数据中心公布）亳州全国排名第24位，活跃度居全国第一。策划拍摄系列旅游微视频、抖音和旅游宣传片，《中华药都 养生亳州》《缘定歌台》两部旅游宣传片分别获2018第三届全球旅游视频（旅游届奥斯卡）大赛最佳旅游视频奖和最美旅游视频奖。

（张星辰）

2018亳州文化旅游年

【概况】2018亳州文化旅游年共举办各类活动103项，其中活动项目类76项、宣传推介类23项、基础建设类4项，27家机关事业单位、社会组织、企业或个人参与全年的活动。在2018年全省旅游业五项指标中，亳州市国内游人数增幅、入境游人数增幅、旅游总收入增幅、旅游外汇收入增幅4项均居第一位，国内旅游收入增幅1项居第二位。

【举办活动】2018年，亳州市举办中国（亳州）芍花养生文化旅游节、亳州国际马拉松赛、中国（亳州）药膳大赛、《一年又一年》春节民俗展演、华佗诞辰祭祀大典、古井桃花春曲酒文化、“道源问道”中华传统文化研学之旅等10余项品牌活动。探索建立政府扶持为辅、市场运作为主的文化旅游年发展模式和工作机制。

举办以“健康·欢乐”为主题的芍花节系列活动，42万名（不含市区内游客）境外游客观光、游览、消费，在大周村梅百路两侧孵化一批游、玩、吃旅游服务产业链。梅百路上有7家家庭庄园。芍花节期间，仅润耕天下1家庄园一天接待游客7万人次，收入一百多万元。芍花节带动新业态发展。亳州邮政公司利用自身品牌优势，参与地方节庆活动，以“芍花”个性化邮票发行为切入点，设立开幕式现场芍花节临时邮局，融合各专业产品和服务，推销文化创意产品（如系列邮册、“大美亳州”明信片、芍花文化衫、手提袋、字帖描绘），科大讯飞智能产品、纪念币等，现场推销大额存单、中邮保险等邮政金融产品；宣传车驾代管业务、代开增值税发票、简易险等平台业务；通过关注有礼服务推介亳州邮政企业公众号。芍花节活动，进一步整合了当地旅游资源、促进了产业融合，加快十河镇大周村和十八里镇齐庄、蒋李新村旅游业供给侧结构调整，增加收入和就业，加快亳药花海和旅游小镇的建设，为把“芍花节”这一品牌活动推向市场化运作打下基础。

探索“体育+旅游”“体育+文化”的运营模式，拉长体育产业化发展的链条。举办亳州国际马拉松赛——“中国养生马拉松”，来自6个国家、13个省份的选手，2万余名长跑爱好者参加赛事。众多亳州商家药界人士参与提供产品服务或代言服务；万人表演“五禽戏”，市民热情高、反响大。“亳马”成为亳州市一张新名片。

助力打造亳州“世界中医药之都”，举办中国（亳州）药膳大赛，展示亳州“全国药膳之都、华夏酒城、国家中医药健康旅游示范区”城市的魅力，传承交流药膳技艺，弘扬中医药膳文化。

举办“2018亳州特色农产品展暨首届中国农民丰收节”。展厅面积加上各种附属服务场地，合计占地20000平方米。三县一区及外省市，有326家商户参展，5180个品种和商品参加展销。参观、购物、参与的社会各界人士（包括外地游客）10万人次，现场交易额近亿元。

吸收一批社会组织和民间个人的17项活动参与。亳州旗袍协会举办“我爱亳州”快闪亲子诵读大会、中国（亳州）国际旗袍文化节、亳州木兰雅韵文化交流会3次活动。励骏马术俱乐部举办“亳药花海”励骏马术全国邀请赛。亳州文化产业协会举办“五月的鲜花”“旅游请到亳州来”音乐会。雨声艺术团举办“赞美新时代、歌声满药都”“改革丰碑、开创伟业”纪念建党97周年和纪念改革开放40周年文艺会演，“印象谯城、问道‘非遗’”大型公益性演出。另有“全国斗鸡邀请赛暨中原斗鸡选美赛活动”“文艺轻骑兵公益演出活动”“冬病夏治体验月活动”“笔墨芳华”安徽省巾帼美术作品展、“回家——沉浮画展”“全国民间五禽戏养生论坛”等活动。

【宣传推介】2018年，亳州市开展对外推介宣传营销活动，引爆亳州旅游市场。邀请苏、鲁、豫、皖31家周边地市报社及网站到亳州采风。日报8家，晚报3家，新闻网站8家，记者20名参加芍花节新闻发布会。《安庆日报》《日照日报》、中国徐州网站等30家媒体和记者前往谯城区十河镇、十八里镇观摩芍花种植基地，领略万亩芍花绽放盛况，报道“亳药花海”。“亳州芍花养生文化旅游节新闻发布”相关新闻被人民网、新华网、凤凰网、搜狐网、新浪网、东方网、中安在线等各级媒体转发。

在河南省宣传亳州文化旅游资源，吸引河南游客到亳州旅游，市文化旅游局组织人员在《河南日报》做整版宣传活动，并在《河南日报》旅游版、新媒体平台实时刊发亳州文化旅游宣传资料。开展“豫驾亳州·畅享自由”自驾游活动，发行“豫驾亳州”自驾游套票，吸引河南省游客到亳旅游。在苏、鲁、豫、皖四省中，河南省游客到亳州最多。

举办“道源问道”——中华传统文化研学之旅启动仪式，中国国际广播电台等主流媒体进行宣传推介，“道源问道”精品旅游线路成为皖北旅游网红线路。举办亳州国际药膳大赛，中新社、新华社、《人民日报》、人民网、凤凰网、腾讯新闻、今日头条、中国新闻网、新浪网、香港卫视等著名报社、电台、网站、大咖38家，对活动现场、大赛状况进行宣传报道。中央广播电视总台直播亳州市北关历史街区红红火火过大年活动，纽约时代广场展示亳州旅游城市形象，“中华药都·养生亳州”亮相CCTV黄金时段，“1+N”全省旅游宣传活动等都引爆亳州旅游市场。

在南京、合肥、济南、徐州、鄢陵等城市举办专场推介会活动，邀请各地媒体、旅行社、各协会负责人、各高校代表参加，现场播放亳州文化旅游年宣传片、表演地方戏曲、品尝亳州小吃、赠送旅游伴手礼，宣传亳州旅游。在河南省鄢陵市举办2018亳州文化旅游年研学旅行专场推介会，是亳州市首次在省市外举办旅游研学专场推介会。市文旅公司与河南多个研学机构负责人、校长代表和旅游界人士开展座谈交流，在安全保障、线路产品、配套服务等方面沟通。鄢陵市教育局、鄢陵市数十所中小学校长，许昌电视台、《今日鄢陵报》等多家单位参加洽谈。

开展“合肥人游亳州”进社区专项活动。在线上，利用万家热线APP和PC端口进行线上宣传及互动；在线下，直面市民教授华佗五禽戏演练、举行中医药健康知识讲座、汉服舞蹈节目表演、主持人现场推介亳州旅游精品线路和资源、发放旅游宣传单页等活动。“合肥人游亳州”活动直接走进合肥市各大生活区，让合肥民众了解亳州旅游。本次活动推介后共有 4 万人的合肥游客到亳州旅游。

【景区服务能力建设】2018 年，亳州市开展探秘运兵道——三国寻宝夜游活动、“魅力林拥城，活力金秋”亲子游系列活动、“盛世霓裳，魅力华夏”——汉风嘉年华活动、亳州老街夜游“抖是味儿”闯关等活动助力景区建设。

启动北关历史街区精品旅游线路项目，实现地下运兵道、道德中宫、南京巷钱庄、花戏楼、汤王温泉等景区有机连接，景区接待游客的能力提升。开展夜游项目，汤王温泉二期工程建设，南湖灯光水舞秀，花戏楼明清老街和古城旅游区亮化工程等。

举办春节黄金周目标完成奖励项目、芍花节任务奖励项目、豫驾亳州资源推介项目等活动帮助其提升服务品质，加强涉旅行业从业人员培训，规范服务礼仪与服务流程，增强服务意识与服务能力。

完成华祖庵景区洗药池的改造，提升花戏楼景区绿化景观，加大观音山遗址公园曹操八角台遗址公园管护，完善集散咨询服务体系，规范旅游标识引导体系。

（张星辰）

亳州文化旅游控股集团有限公司

【概况】2018 年，亳州文化旅游控股集团有限公司（以下简称“文旅集团”）有员工 326 人，下属全资、参股、控股公司 28 家，集团总资产规模约 229.93 亿元，净资产约 104.18 亿元。实现经营性收入约 6800 万元，在亳税费 200 万元。文旅集团旗下各景区共计接待游客 609.09 万人次（不含南湖水舞灯光秀），同比增长 92.66%，其中散客 341.41 万人次，同比增长 84.26%，团队游客 267.68 万人次，同比增长 104.56%。

本年度，曹操地下运兵道景区被教育部和省教育厅分别授予“中小学生研学实践教育基地”称号。花戏楼景区被安徽省创建青年文明号组委会评为“2017 年度省青年文明号标兵集体”称号。

【项目建设】2018 年，文旅集团建设实施重点项目 11 个，总投资 141.71 亿元；建成项目 6 个，完成投资 5.24 亿元。

人民北街立面改造项目于 4 月 27 日全线完工。该项目北起和平路城门楼、南至大隅首，街道改造长度约 770 米，投资金额约 3500 万元。该街道铺面共计 428 开间（含过道），铺面经营业态 80% 以上为服装经营。项目主要实施内容包括：地下管网新建、弱电下地改造（电信、移动、联通、安广网络、天网等）、强电下地改造、路面修复、建筑立面改造、屋顶改造等。

花海书舍酒店于 6 月 19 日开业运营。该项目由亳州文化旅游控股集团与安徽古井集团合资兴建。有客房 101 间，并配备特产展示区、户外烧烤区、休闲书吧等设施。接待旅游团队 2600 余人次，承办亳州文旅集团战略研讨会、豫驾亳州自驾游、第九届国际中医药博览会等重大会议接待工作。酒店发展会员 110 余名、协议单位 10 家。

蜗牛庄园项目于 9 月 8 日对外运营。该项目位于林拥城景区核心区，总占地面积约 17.33 公顷，项目总投资约 1.5 亿元，拥有 30 余个游乐项目和完善的服务功能，填补了全市没有现代化大型游乐场的空白。游乐项目中有大型过山车、激流勇进、大摆锤、65 米摩天轮、皖北占地面积最大的碰碰车、深海巡航、旋转木马等，集科普文化、休闲娱乐为一体。

林拥城儿童影视基地于 10 月 1 日对外开放。该项目位于亳州市亳芜大道西段南侧林拥城景区内，东临月亮湾水面，南侧是蜗牛庄园儿童游乐场，占地面积约 8 公顷，场地内有数万棵大树，生态环境优美。项目总投资约 1600 万元，建设卡通场景还原、儿童剧场、森林穿越探险、滨水游乐区、林间栈道等休闲游乐设施，有《熊出没》《奇幻森林》等影视剧实景还原场景，是一个以儿童影视为主题的综合性生态亲子乐园。于 3 月施工，9 月完成建设，10 月 1 日正式对外开放。

汤王温泉于 12 月 26 日开业运营。该项目位于亳州市区北部，南临涡河，西临 105 国道。温泉项目用地 64231.88 平方米，其中，温泉总建筑面积 1.74 万平方米，项目总投资 1.2 亿元。该项目目标定位为“中药养生”精品温泉，项目同时容纳量为 1500 人，日最大接待量3500人次，年接待量44.6万人次。温泉内部包含接待、室内温泉水乐园、休闲保健、康体娱乐等功能。室外温泉区拥有儿童水上游乐、室内造浪池、特色温泉等功能。项目拥有停车位479个，可满足游客集散、停车的需要。

【融资合作】2018年，文旅集团累计完成融资授信额度33.8亿元，落实资金12.7亿元。对接各金融机构，开展直接融资、商业银行流动资金贷款、项目贷款、产业基金等多种形式融资合作，保证亳药花海、汤王温泉、林拥城等重点项目的建设资金，确保项目的正常建设进度。重点融资项目包括抢抓农发行扶贫过桥资金贷款完成6亿元亳药花海休闲观光大世界项目审批授信；完成5000万元流动资金贷款审批与资金发放；完成北京信托项目23亿元授信审批和12.2亿元资金发放工作；完成3.3亿元融资租赁项目授信。

【参与文化旅游年活动】2018年，文旅集团在原有产品线路的基础上，整合市酒文化、道文化、药文化及古城文化等，设计推出中医药健康旅游线路、曹魏文化研学之旅，培育古城精品旅游线路等特色线路。同时，策划开展春节、元宵节、母亲节等7项节庆活动以及陈抟庙会、中国旅游日惠游亳州城、“亳州十景”征集、青春毅行活动、五禽戏进高校、豫驾亳州畅享自由、五禽戏进社区等主题活动，各景点也根据景区文化特色开展养生体验、民俗表演、相声茶社、汉文化主题活动、钱币主题活动等不同主题的景区活动项目，进一步丰富旅游产品，提高游客参与度与满意度。集团通过举办推介座谈会、联合旅游机构开展进社区等多种举措，以苏鲁皖豫为重点，拓展“冀山鄂沪”等400千米以外市场，共举办旅游推介座谈会20场，拓展地市70个，签约并发团城市63个，签约成功率90%。中央广播电视总台多档栏目先后报道林拥城、亳药花海、花戏楼春节民俗展演和灯光水舞等。

（孙 丽）

景区选介

【花戏楼】国家AAAA级旅游景区，全国重点文物保护单位。位于亳州北关历史文化街区花戏楼街北段。是以大关帝庙为主体建筑，由张飞庙、岳飞庙、朱公书院、火神庙和粮坊会馆等组成的古建筑群。是明清时期山西、陕西商人聚会的地方。清康熙十五年（1676）始建花戏楼，乾隆年间增添许多彩绘和雕刻。整个建筑面积3163平方米，分戏楼、钟楼、鼓楼、座楼和关帝庙大殿等几个部分。

花戏楼有“三绝”：大关帝庙山门前耸立铁旗杆一对，每根重6吨，高16余米，直插云霄，是为花戏楼一绝。旗杆分5节，每节分铸八卦蟠龙，顶端铸丹凤1只，造型生动，旗杆上有三层方斗风铃24只，迎风叮当作响，清脆悦耳。花戏楼的木雕是第二绝，共雕有三国戏文18出，人物数百个，神态各异，龙争虎斗，呼之欲出。花戏楼的第三绝在山门。花戏楼的山门是一座仿木结构的三层牌坊式建筑，上面镶嵌着闻名天下的立体水磨砖雕，玲珑剔透，琳琅满目。花戏楼的砖雕，属徽派微雕艺术，在不足5厘米厚的水磨青砖面上，共雕人物115人，禽鸟33只，走兽67只，楼台殿阁多处，花草树木无数，内容涉及中国的宗教、历史、政治、军事、风俗民情等诸多方面。1988年1月，被国务院公布为全国重点文物保护单位。

图91 花戏楼（刘勤利 摄）

图 92　2018 年 9 月 12 日，游客参观曹操地下运兵道（刘勤利　摄）

【曹操运兵道】国家 AAAA 级旅游景区，全国重点文物保护单位。位于亳州市老城区地下，以大禹首为中心，向四面延伸，分别通达城外。整个地道经纬交织，纵横交错、布局奥妙，规模宏大，已发现长度近 8000 米，被誉为“地下长城”。2001 年 6 月 25 日被国务院公布为全国重点文物保护单位。

古地道距地表深度一般在 2 ~ 3 米，最深处超过 7 米。结构有土木结构、砖土结构、砖木结构、砖结构 4 种形式。有单形道、平行双道、上下两层道、立体交叉道等几种形式。道内高一般在 1.6 ~ 2.1 米，宽 0.6 ~ 0.9 米，道内转弯处均为“T”形道口连接，平行双道相距约 2 ~ 3.5 米，中间砌有方形传话孔。设有猫耳洞、掩体、障碍券、障碍墙、绊腿板、陷阱等军事设施，还有通气孔、灯龛等附属设施。

近年来在古地道的发掘维修过程中出土有汉、唐、宋各代文物，有铁刀、铁剑、弹丸、衔枚、铜镜、铁钉、瓷器、围棋子、钱币等，对研究中国古代军事建筑、军事战术以及曹操军事思想有重要价值。

【南京巷钱庄】国家 AAAA 级旅游景区，全国重点文物保护单位。位于亳州北关老街南京巷 19 号。是以货币为经营对象的民间金融机构旧址，是国内保存最完好的古钱庄建筑。1998 年 5 月，被安徽省人民政府公布为省级文物保护单位。2013 年 3 月，被国务院公布为全国重点文物保护单位。

清末民初，亳州城大小钱庄有 33 家，南京巷钱庄建于清道光年间（1821—1850 年），清末平遥“日升昌”票号的分号，经营范围主要包括：存款、放款、货币兑换、发行与兑换钱票、银票。

南京巷钱庄为面阔 3 间的三进四合院，存有门厅、正厅、后厅、柜房、账房、掌柜房、灶房等建筑 30 余间，建筑风格中西合璧，布局严谨，保存完整。景区内采取实物、蜡像等手法，再现当时钱庄经营的场景；同时陈列有中国历代钱币展览，从原始的贝币直至中华人民共和国法定货币人民币等，共展出文物 3588 件。

【曹氏宗族墓群】全国重点文物保护单位。位于亳州魏武大道两侧，主要包括董园汉墓群、曹四孤堆、刘园孤堆、薛家孤堆、观

图 93　2018 年 12 月 27 日，南京巷钱庄（张星辰　供图）

音山孤堆、张园汉墓、马园汉墓、袁牌坊汉墓群、元宝坑汉墓群等。占地约10平方千米。2001年6月5日，被国务院公布为全国重点文物保护单位。

曹氏宗祖墓群的形制基本相同，规模都很大，为砖石结构的多室墓，一般均具有前室、中室、后室以及数量不等的耳室或偏室组成，其中最具代表性的是石结构的曹腾墓和砖结构的曹嵩墓。

曹氏宗族墓群，墓门多为石结构，饰有画像刻石，墓室墙壁，券顶绘有彩色壁画。出土有玉刚卯、玉猪、银缕玉衣、玉枕、象牙石等珍贵文物。墓中出土的800多块带文字墓砖，最引人注目。有隶、篆、草、真、行等书体。文字内容有记曹氏宗组成员或地方官吏姓名，也有一些反映人们对当时社会不满的词句，对研究中国古代书体演变和对外关系具有重要价值。

【尉迟寺遗址】全国重点文物保护单位。位于亳州市蒙城县许町镇毕集村。遗址现存面积10万平方米左右，东西长约370米，南北宽约250米，现存崮堆面积约5万平方米为遗址中心部位，其中埋藏着壕沟环绕的主要居住区。1988年，安徽省文物考古所对该遗址进行调查，确认为新石器时代遗址。从地层情况和碳14测定的年代看，尉迟寺遗址的年代大约距今4600～4800年。尉迟寺遗址是皖北地区规模最大的一处原始聚落遗址，其发现对大汶口文化的全面研究是一项大的突破。

【万佛塔】全国重点文物保护单位。又名插花塔。位于蒙城县宝塔中路49户北约50米的万佛塔公园内，因塔身内外嵌砌琉璃小佛近万尊而得名。占地面积约2500平方米，周长250米，呈长方形，是一处保存完整的宋代古塔。万佛塔为八角十三层楼阁式砖塔，高42.6米。塔的四正面辟门，其余四面砌作假窗，外檐第二、第三层用砖砌作塔檐平座。自四层以下只出小平台，无平座。此塔自四层以上有变化，下面几层穿心式楼梯，上面则改成盘旋式楼梯，七层以上门窗位置不规则。万佛塔体型不很大，但造型秀丽，结构富于变化，保存亦较完整。

图94　蒙城万佛塔（胡晓瑞　摄）

【古井酒文化博览园】国家AAAA级旅游景区。位于亳州古井镇，为仿明清宫廷建筑，园区景点40余处，包括“华夏白酒第一馆”——古井酒文化博物馆、地下万吨酒库、醉酒屋、古井园、酒神广场等，其中两口千年古井及明清窖池群、明清酿酒作坊遗址为国家重点文物保护单位。安徽十大行业馆之一，连同古井酒厂、魏井、宋井，被国家旅游局命名为“工业旅游示范点”。

【天静宫】国家AAAA级旅游景区、省级文物保护单位。又名太清宫，位于涡阳县城北郑店村。太清宫始建于东汉延熹八年（165），始称老子庙。因桓帝梦见老子降于殿廷，乃颁旨在老子故里建庙立祠，祀奉老子，并命陈相边韶撰《老子铭》碑。李唐王朝以老子为始祖，尊此庙为祖庙。唐武德三年（620）、贞观六年（632）、乾封元年（666）、光宅元年（684），曾相继于此营建宫阙殿宇。天宝二年（743）钦封此宫为太清宫。唐末毁于兵火，几成废墟。北宋大中祥符七年（1014）至天禧二年（1018）

间奉敕重建，规模比唐时大。元世祖之后，道教再度兴盛，此宫得以新建，并根据道教教义易名为天静宫。明崇祯年间（1628—1644）和清康熙八年（1669）均进行过装修。历史上的太清宫占地200公顷，食业数千人，被道教界誉为中华道观之最。今太清宫是20世纪90年代由海外华人捐资在原址上重建的，其主要建筑按宋代规制建设。有老君殿、三清殿、灵官殿、天师殿、重阳殿、吕祖殿、老祖殿、元辰殿、财神殿、慈航殿、道士舍、迎仙桥、钟楼、鼓楼、两庑、长廊、山门及门前广场等。

【庄子祠】国家AAAA级景区。位于蒙城县县城北漆园办事处，道教庙宇。始建于北宋，宋元丰元年（1078），知县王竞创建于涡河北岸漆园城，后被黄河水淹没，明万历九年（1581），蒙城知县吴一鸾于今址重建。有逍遥堂、梦蝶楼、卷篷各3间，道舍3间，鱼池桥1座。左为梦蝶楼，右为观鱼台。逍遥堂居中，堂中塑庄周像，每年春秋祭祀。明崇祯五年（1632），知县李时芳重修逍遥堂，增建五笑亭，辟池为庄子濠上观鱼园，并新撰《新修庄子祠记》，刻碑立于祠内。门前立丈余高的石碑，镌刻“庄周故里”4个大字。

现存庄子祠是在宋代庄子祠旧址上新建的，总占地面积3.47公顷，总建筑面积1086平方米，全祠由祠堂建筑群与万树园两部分组成。主要建筑有大三门、影壁、山门、逍遥堂、古衡门，濮池、五笑亭、观台、观鱼桥、梦蝶楼、南华经阁、东西碑廊、道舍、客舍等。

【亳州市博物馆】国家AAAA级旅游景区，爱国主义教育基地。位于亳州市谯城区芍花路209号，馆名由1963年时任中国科学院院长的郭沫若先生题写。为仿汉城堡式建筑，在原三国揽胜宫基础上改建而成，占地2.5万平方米，建筑面积5200平方米，室内陈列面积2800平方米，馆藏文物2687余件。陈列主题为“穿越五千年——亳州文化寻源”，按照历史发展的脉络，展示亳州的厚重历史。展厅由序厅、涡河文明、商汤都亳、道源圣地、汉魏风骨、天下望州、亳商市井、近代和当代亳州8个部分组成，共展出文物810余件套。

亳州博物馆集声、光、电等现代传媒技术为一体，采用文字、图片、实物、动画、沙盘等多种表现手法，再现亳州千年文明的历史画卷，成为展示亳州历史文化名城的标志性建筑。

【华佗纪念馆】国家AAA级旅游景区，省级文物保护单位。又名华祖庵、华佗庙，位于亳州市永安街中段路北，东邻三神庙和神农衣冠冢，南邻曹操的斗武营，是祭祀神医华佗的庙堂。因庙的历代主持皆为女僧，故名华佗庵。1961年郭沫若到亳州，亲题“华佗纪念馆”馆名。

华佗辞世后，家人流散，故居被水冲坏。唐初尚文，谯人便在他的故居前建华佗庙，而后又多次修建。现存华佗纪念馆与华佗故居连为一体，占地1.3万平方米，有山门、耳房、大殿、东西殿、禅房、元化草堂、存珍斋、益寿轩、课徒馆、自怡亭、五禽戏台、药圃、洗芝池、碑廊等建筑。大殿上方悬有清嘉庆二年（1797）安徽巡抚朱珪题写的“燮理通微”的匾额。殿内金柱上有朱珪题写的楹联：“五戏转灵枢道本皇轩仙位业，四轮消劫运功参地释佛菩提”。店内供奉着雕塑大师钱绍武为华佗雕塑的铜像。碑廊上襄着古今名人为华佗题写的诗文。整个纪念馆，古朴典雅，环境优美，凝聚了中医药文化的精髓。

【魏武祠】国家AAA级旅游景区。三进式仿汉建筑群，总占地面积2200平方米，由曹操纪念馆、魏武祠和三曹诗碑长廊三部分组成。以曹操一生为主线，从政治家曹操、军事家曹操、文学家曹操等不同层面，展示三国历史文化。

【蒙城板桥战斗纪念馆】国家AAA级旅游景区。位于蒙城县板桥镇，是为纪念八路军第四纵队在蒙城板桥集抗击日伪军的战斗而建。纪念馆占地1.32万平方米，建筑面积980平方米，馆内设2个展厅和1个多媒体放映厅，展示100余幅珍贵图片和部分实物，并收藏有120名将军的题字。

【陈抟庙】国家AAA级旅游景区。又名希夷故里，位于谯城区城南宋塘河西岸陈家营村。是道家著名人物陈抟的出生地，陈抟庙始建于宋，后历代维修，保留至今。2007年市政府斥资重建，在各殿内围绕着陈抟及道家文化进行布展，2009年1月对游客开放。陈抟庙占地5000平方米，有山门、碑亭、三教殿、老祖殿、图南堂、扶摇堂和希夷睡洞等建筑组成，殿内陈列内容是以陈抟生平、学术成就及其对中国文化、哲学思想和道教贡献为主题，展示涡水道家文化，弘扬中华文化精神。

【白鹭洲国家级水利风景区】国家AAA级旅游景区，国家级水利风景区。位于利辛县阚疃镇。由茨淮新河、利阚新河、白洋沟、月牙河和利阚新河公路桥、永幸河公路桥等水利工程设施以及几条水系围合而成的3个岛屿共同组成。岛屿上水杉参天挺立，四季松柏常青，环岛有护坡、沙滩，四周水面宽阔，水质优良，清澈见底。景区总占地面积120公顷，其中陆地面积80公顷，水面40公顷。2009年8月，被水利部正式批准为国家级水利风景区。

【印象江南生态园】国家AAA级旅游景区。位于全国文明村、奥运冠军邓琳琳的家乡——利辛县王人镇曹店村境内，总占地面积200公顷，核心面积66.67公顷。利用高速公路废弃的取土坑，结合本地自然生态环境和高效农业基础设施建设，是集观赏性、体验性、娱乐性、参与性为一体的乡村生态旅游示范区。

【汤王陵】省级文物保护单位。位于亳州市谯陵北路东侧，涡河北岸，是商汤王的衣冠冢，又称“汤王墓”。汤王墓的记载，最早见于三国时期曹丕著的《皇览》“涡北凤头村，有成汤故垒”。郦道元在《水经注》中记载“商成汤葬于涡河之阳”。据《亳州志》记载“汤陵西有桑林，是成汤王祈雨处”，东北有桐宫，是伊尹囚禁太甲之处，今具无存。民国25年（1936）辟为“汤陵公园”，园内广植花木，松柏常青，亭榭翼然，曲径通幽。

现存汤陵为一高大圆形土丘，高6米余，周长近60米。墓冢前竖“商成汤王陵”石碑，墓南一棵500余年树龄的黄楝树生长顽强，历代重修汤陵碑刻，由于战争破坏，仅存清康熙十二年（1673）和乾隆三十六年（1771）“重修汤陵碑记”立于左右，记录历次维修汤陵的情况。园内古树、陵寝、墓碑，构成帝王园林特色。

【道德中宫】省级文物保护单位。又名老祖殿，位于亳州市老祖殿街东首，坐北朝南，山门正对问礼巷，是祭祀春秋时期伟大的思想家、哲学家、道家学派的创始人老子的庙祠。道德中宫始建于汉代，据《亳州志》记载：汉桓帝、唐高宗、唐玄宗、宋真宗等，都曾前来拜谒过老子庙祠。后因战乱，洪水等颓废。

现存道德中宫是明代万历年间（1573—1620年）重修的，整个建筑坐北朝南，存有山门、拜殿、大殿、东殿、西殿等古建筑20余间，占地面积约2000平方米。布局对称，金碧辉煌。山门镶嵌“道德中宫”4个砖雕大字，步入山门，悬挂在拜殿门上的是“道法自然”巨型匾额。明间屏风，绘道教“太极图”。穿过拜殿为道德中宫的大殿，大殿3间，高大宏伟，正门上悬“上德若谷”巨型匾额，是祭祀老子的地方。殿内塑有3米多高的老子塑像。东殿3间题“紫气东来”匾额，敬奉鲁班，西殿门悬“返朴归真”匾额，敬奉财神。1991年重新镌刻的《道德经》石碑镶嵌在院内西墙上。

【新四军第四师纪念馆】省级文物保护单位。位于涡阳县新兴镇，占地3000平方米，是安徽省爱国主义教育基地。中央军委原副主席张震为纪念馆题写馆名。1939年9月初，彭雪枫带领新四军游击支队到新兴集，开创以新兴集为中心的豫皖苏边抗日根据地。1940年2月，游击支队改番号为新四军六支队；6月又与黄克诚领导的八路军二纵队合编为八路军第四纵队；1941年新四军组建后改番号为新四军第四师，同年彭雪枫率新四军四师转移到津浦路东。第四师在新兴集期间，司令部直属机关有政治部、锄奸部、民运部、参谋部、军法处、副官处、供给处、拂晓剧团、拂晓报社等10余个部门。四师司令部旧址为砖木结构的四合院，分东西两个院子，有房34间，包括刘少奇、彭雪枫旧居。展厅陈列有各种图片和革命文物等。

【蒙城文庙】省级文物保护单位。又名孔庙，始建于元至元二十一年（1284）。是封建时代祭孔、演礼和办学的地方。文庙院长54.54米，宽37.45米，分布面积2042平方米。文庙自前而后依次为大成门和大成殿。大成门又名戟门，面阔五间，是通向大成殿的过道门。大成门东连名宦祠，西接乡贤祠。大成殿，原名先师殿，是文庙的主体建筑。殿阔5间，进深3间，为歇山顶抬梁式建筑。东西庑各7间，为灰色筒瓦覆顶。2008年，文物部门对文庙再次进行维修，增添文庙文化内涵，塑孔子及四配圣像，立碑悬匾，添置香炉，增设至圣堂、崇教堂、才俊堂、国学堂，成为“探询古文化，接受传统教育”的教育基地。

【亳州北关历史街区】又名北关老街。位于亳州市北关，面积约90.67公顷。在明清时期是集商贸、居住、金融为一体的商业街区。北关老街依涡河而建，街道多顺河而行。历史上有72条街，36条巷之称。

清光绪年间(1875—1908)，亳州有大小街道146条，其中北关商业区街道57条，大多以行业命名，一街一市，如：花子街、白布大街、牛市、驴市等。汇聚全国10多个省份的33家商业会馆，其中湖广会馆、河南会馆、山陕会馆（花戏楼）、江宁会馆等规模最大，功能也较齐全。到清末民初，有大小钱庄33家，各类商店、栈、号、行、庄近千家，被称为“小南京”。现在的亳州老街主要指北门口以北，涡河以南的老街区，保存古街近20条，街貌依旧，建筑典雅，是研究明清中原商贸文化不可多得的实物资料。

【亳州中药城】亳州中药城是占地66.67公顷，建筑面积120万平方米，市场日上市中药材2600余种，日人流量4万～5万人，年交易额超300亿元，是全国规模最大、配套最全、管理最规范的中药材交易中心、物流配送中心、供求信息中心、价格形成中心。

【汤王温泉】汤王温泉位于亳州市西北角涡河与洪河两河相汇处，是以中医药文化为精髓融合道家文化思想理念，全面打造集温泉养生、健康理疗、中医保健、餐饮娱乐和水上乐园于一体的综合性养生度假体验中心。项目规划占地面积约6.4公顷，总投资约1.6亿元。汤王温泉泉水取自于地下2300米，出水温度达60℃，日出水量1600立方米。因泉水中富含锶元素，对改善骨质结构、促进骨细胞生理活性、活血化瘀、美容养颜均有良好的功效，被称为“天然养生黄金汤”。温泉内设66个特色温泉池在内的85个项目。为增加体验度，温泉另配有中医养生馆、木屋汤院，水上乐园等养生休闲娱乐项目。配套有1200个更衣柜、可容纳300多人的休息大厅、自助餐、SPA、鱼疗、健身等项目，日最大接待量2000人。

【亳药花海休闲观光大世界】位于亳州市区西侧，总占地面积约8800公顷，集药花种植、展览、观光休闲为一体，主要包括十八里镇花海大田景观片区、百花园片区、大周乡村体验片区和候桥湿地片区。亳药花海大世界以养生花海和农家体验为特色，着力打造以产带旅，以旅促产的全国休闲农业与乡村旅游示范点和国家中医药健康旅游示范区。

【亳州城市展览馆】亳州城市展览馆位于亳州经济开发区，共分为城市规划、文化旅游、药业、酒业、农业等多个展区，设置有序厅、总规划模型展示厅、城市规划互动体验厅等多个体验区域。亳州城市展览馆将时尚建筑理念、先进科技手段和丰富展示内容相融合，叙说城市历史，讲述城市成就，描绘城市蓝图，展现了亳州城市形象，是一座集文化展示、知识传播、公众参与、规划成果交流等多项功能于一体的城市展示平台。

【林拥城景区】林拥城景区位于亳州市南外环、西外环、北外环道路外侧，为“林在城中、城在林中、林城辉映”之意，景区呈环状，拥抱整个亳州市，全长约50千米。景区内已建成游客服务中心、音乐书吧、欧风园、杨树林生态休闲区等多个旅游景观项目，并完成马术培训基地、森林迷堡、房车营地等配套游乐项目。

【古井产业园（无极酒窖）】古井贡酒地下“无极酒窖”总建筑面积5.19万平方米，共分三层，内设酒窖99座，特制陶坛储存

图 95　南湖灯光水舞秀（刘天　摄）

总量 19999 只。

“无极酒窖”将悠久的古井酒文化与亳州独一无二的历史人文相结合，将“曹操运兵道”“花戏楼”等文化元素完美融入其中，并吸收西方酒庄风格，融汇古今、横贯中西、错落有致、高低呼应、左右通透、阴阳和中、独具一格，堪称“天下第一窖”。窖内有唐代、明代、清代、近代等窖池所酿造的原酒窖藏区，并设有专门的原酒定制区。

【南湖灯光水舞秀】南湖灯光水舞秀位于亳州市南湖公园的中心区域，表演区有 12 种水形组成，喷泉有圆环、弧形、椭圆、矩阵及多种组合型水形组成，水势高低错落，光色变幻万千。采取国际领先技术手段和艺术表现形式，利用灯光水舞、升降平台等造型，通过“序篇”“古韵亳州”“养生亳州”“美丽亳州”“醉美亳州”“幸福亳州”6 个篇章，阐释亳州悠久的历史文化和现代化五大发展美好亳州建设。

【润耕天下家庭农场】润耕天下家庭农场位于谯城区十河镇大周村，园区占地面积约 66.67 公顷，是集生态旅游、休闲度假、科普教育、生态农业示范、生态产品生产为一体的综合性园区。已建成观光花海、生态餐厅、采摘乐园、游乐场、农耕体验、开心农场、摸鱼池、民俗木屋、跑马场、公共安全研学基地、少儿拓展中心等娱乐体验项目。其中生态餐厅可容纳 400 人同时体验民俗“挖丸子”，民俗木屋可接待 50 ~ 60 人住宿，少儿拓展中心可同时接待 500 人的亲子体验团队。

【建安文化广场】位于安徽省亳州市核心区域，希夷大道与药都路交会处。项目于 2018 年 4 月 30 日开业，由城建集团开发，100% 自持，总建筑面积 11 万平方米。

建安文化广场项目是市委、市政府重点打造的公共文化项目，汲取亳州传统文化精髓，融合现代商业元素，致力于传承老亳州千年古韵，引领新都市时尚生活，打造亳州“一站式”综合性商业街区。项目规划有 24 小时书店、美术馆、美食广场、时尚零售、体育合店、娱乐休闲等业态，联合文化旅游局，通过资源整合共享，将旅游与商业完美结合。建安文化广场作为亳州地标性建筑，市民休闲娱乐购物聚集地，是亳州文化新名片、城市新窗口。

（孙甜甜）

图 96　2018 年 7 月 22 日，建安文化广场（陈海红 摄）

财政·税务·金融

图 97　2018 年 7 月 5 日，国家税务总局亳州市税务局挂牌（杨宇航　供图）

财 政

【概况】2018年，亳州市财政总收入完成200.1亿元，为预算的106.2%，同比增收29.2亿元，增长17.1%。其中：地方财政收入完成112亿元，为预算的108.4%，同比增收17.4亿元，增长18.5%；中央收入完成87.2亿元，为预算的105.6%，同比增收11.8亿元，增长15.6%；国有资本经营预算收入完成0.9亿元，为预算的100.7%，同比减收339万元，下降3.7%。全市税收收入完成170.8亿元，同比增长15.6%，其中：地方税收收入84.3亿元，同比增长15.1%；中央税收收入86.5亿元，同比增长16.1%。分部门看：税务部门完成175.9亿元，为预算的102.5%，同比增长15.3%。财政部门完成24.2亿元，为预算的143.4%，同比增长31.5%。分级次看：涡阳县完成24.4亿元，为预算的108.6%，增长16.8%；蒙城县完成33.2亿元，为预算的105.4%，增长17.6%；利辛县完成22.4亿元，为预算的100.1%，增长12.1%；谯城区完成42.3亿元，为预算的109.1%，增长17.6%；亳芜产业园完成2.6亿元，为预算的112.3%，增长19.7%；开发区完成17.4亿元，为预算的105.8%，增长23.5%；市本级完成57.8亿元，为预算的106%，增长16.7%。

全市财政支出完成343.6亿元，为预算的140.3%，较上年同期增支18.6亿元，增长5.7%。分级次看，涡阳县完成70亿元，为预算的172.8%，增长9.1%；蒙城县完成65亿元，为预算的144.4%，增长5.9%；利辛县完成67.5亿元，为预算的139.1%，增长5.6%；谯城区完成76亿元，为预算的143.7%，增长5.5%；亳芜产业园完成2.7亿元，为预算的144.4%，增长14%；开发区完成5.3亿元，为预算的205.4%，增长65.1%；市本级完成57.1亿元，为预算的106.6%，下降1.6%。

本年度，市财政局财政科研宣传工作获中国财政科学研究院特别奖。亳州市在全省率先实现市级非税收入征收管理老系统项目余额向新系统迁移；率先完成全省统一公共支付平台暨非税系统集中化改造试点工作。亳州联滔电子有限公司顺利通过互联网自助办税终端系统申报缴纳全市首笔环境保护税4200元，标志着亳州市环境保护费改税制度改革平稳落地，环境保护税在亳州市开征。

【财政收入管理】2018年，亳州市围绕年初收入预算目标，分解落实收入任务、责任；完善收入考核和奖惩机制；坚持依法征收、应征尽征，不收“过头税”；坚持财税库收入月调度，强化收入预期管理和重点税源管控，确保收入均衡入库；规范非税收入征缴，强化质量监督，确保财政收入质量。全市财政收入完成200.1亿元，收入总量排名全省第10位；收入增幅排名全省前三位，提前两年完成“十三五”规划目标。其中：地方级收入完成112亿元，为预算的108.4%，增长18.5%。市本级完成57.8亿元，增长16.7%。

【财政支出管理】2018年，亳州市围绕优化支出结构，加强预算支出管理，严控一般性支出和“三公”经费，优先保障“三大攻坚战”、基本民生支出、重点项目建设等支出。印发《关于进一步加强预算执行管理加快支出进度的通知》，加强预算支出考核，每月通报部门支出进度并报市政府主要领导，强化部门支出进度日常调度。全市财政支出完成343.4亿元，较上年同期增支18.4亿元，增长5.7%。其中，民生支出完成292.5亿元，较上年同期增支10.2亿元，增长3.6%。

【财政支持脱贫攻坚】2018年，亳州市按上年地方财政收入增量的20%以上增列脱贫攻坚专项资金92139万元，较2017年增列17521万元；增列资金占地方财政收入增量69442万元的25%。清理收回存量资金用于脱贫攻坚，全市共清理收回的可统筹财政存量资金9164万元，其中7416万元用于脱贫攻坚，占可统筹财政存量资金的81%。统筹整合涉农资金支持脱贫攻坚，全市共整合涉农资金18.8亿元。2018年，各级共安排亳州市专项扶贫资金16亿元，其中省级以上6.8亿元、市县9.2亿元。市对县区扶贫资金使用情况实行

“一月一检查、一月一通报”，通过监督检查，促进提高财政资金使用效益。

【财政支持污染防治】2018年，亳州市财政部门加大对大气污染源治理、水环境综合整治、土壤污染防治等重点项目投入，拨付县区秸秆禁烧和综合利用省、市奖补资金16690万元。拨付谯城区燃煤锅炉改造补助资金500万元、谯东镇等8个城郊乡镇地产药材烘房煤改气补贴资金600万元。安排资金4090万元用于市区空气质量监测能力建设。筹集资金2.6亿元，用于市区希夷大道、芍花路等8条道路雨污分流改造工程。拨付县区市级农村厕所改造奖补资金3000万元，支持农村环境“三大革命”，促进乡村人居环境改善。

【债务风险防范】2018年，亳州市强化债务风险管理，建立政府性债务风险预警机制，每月对全市政府性债务情况进行统计汇总，时刻关注债务风险预警指标变化，对可能发生的风险情况进行及时预警、动态监控。加强政府债务考核，将各县区政府债务风险管理纳入市对县区政府目标管理绩效考核体系，并在全市通报考核结果。强化债务限额管理，在省下达限额内举借政府债务，报同级人大常委会批准，报省级政府备案并由省级政府代为发行地方政府债券，将地方政府债务纳入预算管理。做好存量债务置换工作，省代发亳州市政府债券179.8亿元，其中，置换债券71.1亿元、新增债券108.7亿元，亳州市置换债券资金按规定全部用于置换存量清理甄别认定的政府负有偿还责任的债务本金。做好新增债券绩效评价，根据省财政厅《关于开展2017年度新增地方政府债券资金绩效评价工作的通知》，组织市本级及各县区对2017年度新增地方政府债券资金开展绩效评价，全市新增地方政府债券资金综合评价结果为优秀。全市政府债务余额441.25亿元，市本级政府债务余额135.94亿元，均未突破省财政厅下达的限额。全市各级政府债务风险指标均在预警值以下，全市政府债务风险总体可控。组织市本级及各县区对2017年度新增地方政府债券资金开展绩效评价，全市新增地方政府债券资金综合评价结果为优秀。全市2018年政府性债务管理工作在省财政厅考核评比位居优秀单位第一名。

【民生工程】2018年，亳州市委、市政府将民生工程工作纳入市委常委会重点工作和市政府岗位目标、市长工作例会调度内容，精心部署推进民生工程工作。加强资金保障，及时落实资金，全力保障民生工程投入。明确任务责任，市与县区签订目标责任书，印发《分项目任务分解及行事历》，细化、量化民生工程工作任务、要求，开展民生工程与群众需求精准对接。强化精准调度，实行各分管市长每半月调度、市长每月一调度、县区政府和市直各牵头部门日常调度、专项调度。坚持“四个一制度”，民生工程工作实行每月一排名、每月一通报、每月“一封信”。开展政策宣传，通过各类媒体，宣传民生工程。开展民生工程政策宣传月活动。2018年，全市33项民生工程累计落实资金178.2亿元，资金落实率108%，拨付资金169.7亿元，资金拨付率102.8%。棚户区改造、农村饮水安全巩固提升工程、农村危房改造等33项完成年度目标任务，其中15项提前一个季度完成。

【财政重点改革】2018年，亳州市推进预算管理制度改革，细化预算编制，坚持“开门办预算”，邀请人大代表、政协委员和相关专家，对2019年预算进行事前公开评审论证。深入推进预算信息公开，全面完成财政预算和“三公”经费预算公开，做到预算公开全覆盖，广泛接受群众监督。推进政府购买服务改革，印发《亳州市本级政府购买服务指导目录（2018年修订版）》《亳州市本级2018年政府购买服务实施清单》，扩大政府购买服务实施领域、范围，2018年实施政府购买服务项目310个，较上年增长60.6%，支出规模位居全省第三位。开展财政绩效评价，加强评价结果运用，切实发挥绩效考核导向作用，不断提高财政资金使用效益。在财政部2017年度县级财政管理绩效综合评价中，亳州市县级财政管理绩效综合评价排名全省第六位，涡阳县、蒙城县分别获得财政部和省政府通报表扬。

【支持经济社会发展】2018年，亳州市财政支持工业经济发展，拨付专项资金3613万元，用于企业技术改造设备投资补助、小巨人企业做大做强、规模以上企业培育等；拨付5500万元用于扶持内外贸发展；拨付350万元用于支持中医药产业发展。

支持基本建设，拨付资金21.37亿元，用于涡河隧道工程、棚户区改造、污水处理厂运营、城区道路道排工程等重点项目建设。拨付3349万元用于商合杭铁路亳州南站站房建设。参与生态环境保护和修复治理领域重大储备项目筛选、申报，亳州市优选的22个项目已有8个项目通过财政部初审。

支持“三重一创”，争取省级“三重一创”专项资金5923万元，用于亳州现代中药产业基地奖励和12家项目企业补助。

支持农村公路建设，市级安排“四好农村路”养护市级配套资金128万元。争取中央车购税补助资金2.68亿元，用于全市农村道路畅通工程补助1.35亿元、农村公路危桥改造和安防工程补助1.33亿元，推进改善亳州市农村地区交通条件。

支持城乡住房保障，拨付资金4.7亿元，用于道东片区张庄、汤庄、杨桥棚户区改造项目和经开区崔寨棚改项目建设。落实中央基建投资11020万元，用于市区郑店子等3个还原小区建设项目。争取中央专项资金1.2亿元用于支持全市县区16299套棚户改造新开工项目建设。拨付省、市奖补资金1124万元用于市县区8个老旧小区整治。安排1900万元（扶贫专项）用于县区农村危房改造补助。

支持落实惠农政策。全市通过惠农补贴“一卡通”累计打卡发放23亿元，其中农业支持保护补贴6.658亿元。

【国资国企监管】2018年，亳州市继续深化国资国企监管。推进企业国有资产监管，制定《推进古井集团聚焦主业、做大做强白酒改革方案》，推进古井集团开展安徽古井酒店发展股份有限公司员工持股试点，提高国有资本配置和运行效率。落实国有资产管理情况报告制度，按要求向市人大常委会报告市本级2017年企业国有资产（不含金融企业）管理情况和全市2018年国有资产管理情况。行政事业国有资产监管不断深化，出台《亳州市市级行政事业单位国有资产处置管理暂行办法》《关于进一步规范和加强市级行政事业单位房产出租管理的通知》，规范市级行政事业单位国有资产处置管理，不断提升国有资产管理水平。

（宋德良）

税　务

【概况】2018年7月5日，国家税务总局亳州市税务局挂牌，标志着原亳州市国税局、地税局正式合并。7月20日，亳州市、县、乡国税地税机构正式合并并统一挂牌。市、县两级部门均成立机关党委、机关纪委、工青妇等组织。

2018年，全市共组织各项税费收入229.70亿元，同比增收45.22亿元，增长24.5%。其中，税收收入177.07亿元，同比增收24.30亿元，增长15.9%；非税收入5.89亿元，同比增收0.45亿元，增长8.4%；社会保险费收入46.49亿元，同比增收20.21亿元，增长76.9%。2018年，全市共办理出口退（免）税3.24亿元，同比增长46.9%。其中，办理出口退税2.24亿元，同比增加0.04亿元，增长1.6%；办理免抵调库1.00亿元。

优化税收营商环境。推进结构性减税，深化增值税改革，推动扩大享受减半征收所得税优惠政策的小微企业范围等减税降费政策落地，调低各地土地使用税额标准，为市场主体减免退税26.17亿元。推行“税融通”贷款业务，全市金融部门为企业发放“税融通”贷款13亿元。推进“四送一服”，录制6期电视专题宣传片，宣传税务部门送政策、送服务举措。开展便民办税春风行动，组织纳税人大走访活动，累计走访企业2200余家，解决涉税问题100余条。组织优化税收营商环境业务培训39期，培训企业办税人员2187人次。

本年度，亳州市35个（不含专业办税厅）办税服务厅均达到“一厅通办”第三层级，纳税人在综合窗口可以办理所有涉税业务。全省首台“国地税一体化自助办税终端”上线，纳税人只需一张身份证，就能享受“一站式”“一条龙”的自助服务。“二手房交易和不动产登记网上申报系统”上线，形成上一次网、到现场一次，不动产权证书即可邮寄到家的“一窗受理、集成服务”的新模式，群众只需上网提交申请，一般5个工作日内即可拿到不动产权证。

【国地税征管体制改革】2018年，国家税务总局亳州市税务局完成集中办公、机构挂牌、人员整合、三定方案落实等各阶段任务。推进社会保险费和非税收入划转工作，成立领导小组，开展动员部署，制定划转方案，组织业务培训。推进“事合 人合 心合 力合”，进行谈心谈话全覆盖，开展谈心谈话3100余人次，把改革会议、文件精神纳入“三会一课”，全系统1577名党员签订党员承诺书。建立局领导信访接待日制度，建立突发事件应急处理机制、涉税舆情防控机制，关注涉税舆情，关注干部诉求，化解不稳定因素，改革期间没有出现任何负面舆情信息。

统一国税地税征管方式。制定《统一税收征管方式工作方案》，根据“依法实施、科学高效、权责清晰、统筹推进”的原则，实现事前审核向事中事后监管、固定管户向分类分级管户、无差别管理向风险管理、经验管理向大数据管理的“四个转变”，形成统一的税收征管方式。

【“放管服”改革】2018年，国家税务总局亳州市税务局继续削减税务行政审批事项，优化审批流程，精简涉税资料。加强事中事后监管，推进实时税收风险防控，开展增值税抵扣凭证异地核查等工作，推进打击骗税虚开两年专项行动。健全涉税信用管理体系，推行纳税失信联合惩戒，推广纳税信用红黑名单制度。实施“两个清单”，施行纳税人办税事项“最多跑一次”，落实省内通办、同城统办、一厅通办，实行网上预约办税。对“12366”热线、“大走访”活动、政务微信微博、网站信箱留言等途径收集的涉税诉求，严格限时办结。帮助企业降成本的相关工作措施成效被国务院通办表扬。

【个人所得税改革】2018年，国家税务总局亳州市税务局成立个人所得税改革领导小组，召开全市税务系统个人所得税改革动员部署会，下发《亳州市税务系统贯彻落实个人所得税改革过渡时期政策工作方案》。开展面向纳税人和扣缴义务人的政策宣传。举办4期针对12366座席人员、办税服务厅等一线业务办理人员和税收管理人员的个税专题培训。举办20期扣缴客户端培训班和征管操作预培训班，累计4000余人次扣缴义务人和报税人员参加现场培训。成立全市数据清理专项工作小组，明确阶段性数据清理工作安排，区分内部、外部数据，共清理自然人信息数据3279人次，修改率45.5%。

（杨宇航）

金　融

·中国人民银行亳州市中心支行·

【概况】2018年，亳州市金融稳健运行。全市社会融资规模增量为403.93亿元，比上年多44.82亿元；与GDP之比为31.56%，较上年同期提高1.23个百分点。2018年年末，全市金融机构人民币各项存款余额2112.72亿元，较年初增加269.36亿元，同比多增15.89亿元，同比增长14.61%，增速居全省第三位，高出全省平均水平3.5个百分点；全市金融机构人民币各项贷款余额1662.84亿元，较年初增加325.62亿元，同比多增24.90亿元，同比增长24.35%，增速居全省第三位，高于全省平均水平11.78个百分点。

【金融风险防控】2018年，中国人民银行亳州市中心支行做好存款保险制度实施工作，完成保费收缴；开展“存款保险档案完善月”活动，为存款保险工作持续有效开展提供有力保障；对3家法人投保机构开展存款保险费率核查，通报风险类别、共性问题，督促投保机构实现风险的早发现、早纠正和少发生。开展央行金融机构试评级和2018年季度评级，结合评级结果，实施约谈、风险警示、早期纠正等措施，引导金融机构审慎稳健经营。加强流动性监测管理，针对1家村镇银行流动性比例降至低于25%

的监管标准及时发出流动性风险警示，要求该行加强流动性管理，避免流动性风险进一步扩大。采用敏感性压力测试方法，对2家法人银行机构开展银行业压力测试，掌握法人银行机构应对冲击能力。制定《亳州市法人银行业金融机构流动性风险突发事件处置应急预案》，合理设定流动性救助机制，保证快速、科学处置金融机构流动性风险，组织开展应急演练。

【金融支持小微企业】2018年，中国人民银行亳州市中心支行在全省率先运用“先贷后借”以及普惠口径小微企业贷款免评级质押，实现支小再贷款业务历史性突破。发放支小再贷款13.6亿元，成为法人银行机构扩大优惠小微信贷投放的重要资金来源。开展“千名行长进万企”活动，全辖累计走访对接企业475家，实现帮扶联系企业全覆盖，协调解决281家企业、10.63亿元的资金需求。搭建线上线下银企对接机制，联合政府部门举办银企集中对接活动两场，累计对接项目497个，金额174.9亿元。2018年年末，全市小微企业贷款（含个体工商户和小微企业主经营性贷款）余额767.92亿元，同比增长30.39%。2018年，全市银行机构新发放小微企业贷款加权平均利率5.96%，较上年下降0.11个百分点。

【金融精准扶贫】2018年，中国人民银行亳州市中心支行牵头制定《关于全面做好亳州市金融服务助推脱贫攻坚实施方案（2018—2020）》，搭建金融扶贫长效机制。加大扶贫再贷款使用力度，推广“核定额度、一次授信、循环用信、随借随还”的扶贫再贷款资金使用模式，提高扶贫再贷款审批和发放效率，及时开展现场核查，确保资金精准、规范投放到位，累计发放扶贫再贷款10.77亿元，实际投放8.61亿元，支持建档立卡贫困户2万余户。加大政策宣传，编制“小额扶贫信贷明白卡”，对800多名乡镇领导干部开展金融扶贫措施培训。开展金融扶贫领域作风问题专项治理工作，围绕4大方面、17项问题，建立金融扶贫领域作风问题台账，限期整改、对账销号。2018年年末，全市金融机构金融精准扶贫贷款余额196.27亿元，同比增长16.8%。

【农村承包土地经营权抵押贷款试点】2018年，中国人民银行亳州市中心支行制定《关于深化农地抵押贷款试点服务乡村振兴战略的实施方案》《涡阳县农村承包土地的经营权抵押贷款风险补偿基金管理使用办法》等系列制度。瞄准流转土地经营权确权颁证难题，完善流转土地经营权登记颁证细则。推动银行机构开办业务，试点银行机构数量较年初增加3家。2018年年末，涡阳县农村承包土地的经营权抵押贷款余额5.65亿元，同比增长65.7%，增速高于试点县各项贷款30.7个百分点；较年初增加2.24亿元，同比增加0.39亿元；存量户数7689户，同比增加1482户。2018年累计发放试点贷款6.44亿元，惠及各类农业主体6795户，试点后累计发放试点贷款11.8亿元，1.63万户农业主体享受到试点政策红利。

【金融监督管理】2018年，中国人民银行亳州市中心支行完善“两管理、两综合”工作，促进金融机构审慎稳健经营。为7家新设银行机构办理了加入金融综合管理与服务体系业务。加强金融机构营业管理，及时开展约见谈话10次，引导金融机构关注风险、合规经营。开展行政执法检查17次，对3家金融机构实施行政处罚69万元；开展外汇业务现场核查8次，对2家机构现场检查，对1家实施处罚3万元。推进特定非领域反洗钱监管，与行业主管部门探索推进融资担保公司反洗钱工作。完善案件协查与可疑交易线索移送合作机制，配合开展扫黑除恶专项斗争、打击骗取出口退税和虚开增值税专用发票专项工作，向市公安部门移送涉税可疑线索2份，向市税务部门移送涉税线索8份，向市扫黑除恶专项斗争领导小组办公室移送非法集资线索1份。

【普惠金融发展】2018年，中国人民银行亳州市中心支行优化企业开户服务，企业账户许可时间缩减3个工作日。推进移动支付便民示范工程建设，实现银联移动支付在公共交通、菜市场、农合缴费等多个场景的上线应用，便利居民生活。合理调拨发行基金，加大残损币回收和小面额现金兑换力度，保障辖区现金的合理供应。发挥反假货币联席会议的协调作用，形成银警打击假币犯罪合力，公安机关收缴假币量增长近5倍。推进“国债服务之星”“送国债服务下乡”等活动，县域国债销售占比稳步提高。打造服务标准化征信窗口，新设2个个人信用报告代理查询服务点，征信服务水平进一步提升。深入落实贸易便利化措施，推动亳州市康美中药材大市场申报“市场采购贸易”试点。

【“金融扶贫·增信·增收”活动】2018年4月开始，中国人民银行亳州市中心支行组织开展“金融扶贫·增信·增收”活动，将信贷资金、财政奖补资金与产业发展紧密结合、互相增益，采取新型农业经营主体带贫发展、产业扶贫政策激励、银行信贷资金跟进、授信与带贫效果挂钩的办法，创新“135”模式的“金融扶贫增信贷”产品，即新型农业经营主体每带动1户贫困户年增收3000元以上，银行对新型农业经营主体增加5万元的授信。推动银行机构为71家新型农业经营主体授信1.4亿元，带动392户贫困户户均年增收3000元以上，破解信贷支持新型农业经营主体抵押物不足的瓶颈，发挥各类扶贫新型农业经营主体的带贫作用。

【“普及金融知识，守住‘钱袋子’”活动】2018年6月，中国人民银行亳州市中心支行组织全市金融机构开展“普及金融知识，守住‘钱袋子’”活动。开展金融知识进农村、进校园、进社区、进车站、进商场等宣传活动，借助新媒体，重点向农民、低收入人群、务工人员、老年人、学生等提供反假、反电信诈骗、防范非法集资、防范银行卡盗刷、防范不良网贷等知识，开展现场宣传35次，发放宣传资料7万余份。

（孙　肃）

·中国银行保险监督管理委员会亳州监管分局·

【概况】截至2018年年末，亳州市银行业金融机构包括1家政策性银行、5家大型商业银行、1家邮政储蓄银行、1家城市商业银行、4家农村商业银行、4家村镇银行及1家异地农商行分支机构，共有营业网点448个，从业人员5655人。全市银行业呈现稳中向好运行态势，资产负债规模保持较快增长，主要监管指标较为稳健，整体风险可控。

【监管改革】2018年12月27日，根据中国银行保险监督管理委员会统一部署，中国银行保险监督管理委员会亳州监管分局正式挂牌，标志着新组建的银行保险监督管理机构在亳落地。

【银行业风险防范化解】2018年，中国银行保险监督管理委员会亳州监管分局整治银行业市场乱象，推进逾期90天以上的贷款全部分步计入不良，推动风险真实暴露，加大不良贷款处置力度，全市银行业不良贷款1.27%，信贷资产质量位居全省第二位。针对地方政府融资平台贷款、大型集团高杠杆融资、问题药企GMP证书被收回、交叉金融业务领域乱象、个人消费贷款流入房市等风险隐患点，强监测、早提示、重协调，指导银行提早落实风险缓释措施。开展P2P网络借贷整治，推进银行业“扫黑除恶”专项斗争，落实金融消费者权益保护各项要求，维护地方金融安全。

【服务实体经济】2018年，《亳州银行业支持地方经济高质量发展的工作意见》出台，引导银行业“脱虚向实”，着力解决金融供给不平衡不充分的问题。全市银行业新增贷款325.28亿元，增幅24.31%，增速居全省第三位。推动政府、企业、居民去杠杆，助力供给侧结构性改革。实现债委会组建零突破，推动处置化解贷款10047万元，处置率68.38%。深化普惠金融发展，全市法人机构实现“两增两控”目标，涉农贷款比重82.48%，投放扶贫小额贷9.15亿元，惠及5万余户贫困户。

【银行业改革发展】2018年，首家异地农商行分支机构落户涡阳。截至2018年12月末，辖内4家村镇—银行（谯城、涡阳、蒙城、利辛湖商村镇银行）网点总数扩展至23个。引导法人机构深化公司治理改革，强化股权管理及股东行为监管，创新设立三项管理台账，促成建立跨部门法人机构股东股权管理联席会议制度，推动新政落地实施，药都农商行进入主板挂牌上市排队行列。推进金融产品和服务创新，“金·农易贷”实现三县一区业务全面上线，打造“互联网+金融服务”的亳州样板。

（鞠铮芳）

·中国农业发展银行亳州市分行·

【概况】2018年，中国农业发展银行亳州市分行累计投放贷款80.61亿元。年末各项贷款余额285.05亿元，占全市贷款余额总量的17.15%，较年初增长46.78亿元，新增贷款额位于全市金融机构第一位，同比增幅19.63%；精准扶贫贷款余额158.13亿元，占贷款余额的55.47%；存款余额113.87亿元，比年初增加5.06亿元，增幅4.65%。继续保持“零不良”。

本年度，市农业发展银行在全省农发行系统综合绩效考评中位列第一位；蒙城县支行、利辛县支行被评为全省农发行系统“标杆行”称号；涡阳县支行被评为全省农发行系统“标杆行”称号；在亳州市金融机构支持地方经济发展目标考核中获第一名；获亳州市机关效能建设考核优秀单位；安徽省劳动竞赛先进集体；创新“五联贷”融资模式获总行“优秀创新成果奖”一等奖，获2017年亳州市金融创新第一名。

【内控管理】2018年，中国农业发展银行亳州市分行提升内控合规整体水平，推动风险管理体系建设。全面推行清单式管理工作，建立完善各条线清单式管理内容，印发《亳州市分行各条线基础管理操作清单》。推行粮油清单式管理，加强库存监管与核查，落实贷款批复条件，严把资金支付审核关，完善中长期贷款监测，规范产业化龙头企业财务管理，加强贷后管理和评价。规范柜面操作流程，强化柜面监督，严格制度执行，杜绝熟人文化，规范财务开支，强化“三铁”意识。按照内控综合治理三年行动方案的要求，成立内控综合治理行动领导小组，结合市场乱象整治自查和抽查工作，开展重点领域、关键环节突出问题的检查。开展“质量提升年活动”，制定《进一步深化整治银行业市场乱象工作方案》，以监管部门整治要点为基础，结合内外部检查发现的问题和重点业务环节，细化自查明细清单，开展自查自纠，对检查发现的问题，坚决整改到位、问责到位。做好反洗钱工作。通过培训，规范系统操作，完成阶段性客户身份识别。开展系列反洗钱宣传，提高全体员工及社会公众反洗钱意识。

【业务创新】2018年，中国农业发展银行亳州市分行创新推动业务转型。推进蒙城联合体贷款续贷工作，扶持面粉加工、蔬菜种植、化肥种子生产流通等产业化龙头企业、合作社、家庭农场等扩大生产经营。支持产业园区建设。联系地方创业就业指导意见及需求，围绕返乡下乡人员及农民培训基地建设、返乡下乡人员开拓新产业与新业态、新型农业主体、涉农企业创业创新四大领域，创新支持“双创”园区等创新体系建设，支持农村大众创业万众创新。涡阳县农民工返乡创业园项目获批金额3亿元。推动旅游扶贫贷款落地。围绕特色旅游、全域旅游等特色优势，以精准扶贫为导向，全面谋划旅游扶贫项目。获批旅游项目9亿元，发放全域旅游项目贷款2.76亿元。

加大加快棚改贷款营销力度和速度。累计申报获批棚改项目8个、贷款金额63.5亿元，累计向13个棚改项目投放贷款53.1亿元。服务乡村振兴。及时调整发展思路，谋划信贷支农重点向乡村振兴有序转移，宣传农发行在支持乡村振兴战略方面具有的独特政策优势和支农专业优势，扩大支农领域。实施基础设施助力乡村振兴工程，以支持农村道路（含农村畅通工程）、土地复垦等项目为基础，信贷资金支付进一步向美丽集镇、美丽乡村建设倾斜。申报获批涉农资金整合项目6个，金额19.5亿元。

【支持粮食收购】2018年，亳州市因遭受连阴雨天气影响，小麦倒伏严重，部分出现赤霉病，小麦产量和品质均有下降，亳州市分行增强夏粮收购工作的责任感和紧迫感，保障夏粮收购工作总体平稳有序。通过提前调研粮食生产、市场形势、库点仓容、资金需求等实际情况，分析研究信贷支持措施。优先办理收购客户评级授信、贷款审批工作，配合中储粮亳州直属库和粮食主管部门做好小麦最低收购价收储库点的审核上报和空仓核验工作，确保不因农发行原因出现“卖粮难”。完善收购扶贫举措。通过设立精准扶贫示范收购库点，引导政策性收储库点与建档立卡贫困户签订售粮协议等方式，向贫困户提供预约售粮、上门收购等便农措施，帮助贫困人口增收脱贫。审批收购贷款 21.4 亿元，投放信贷资金 6.6 亿元，其中政策性收购资金 5 亿元，支持收储粮食 6.5 亿千克。应对国家收购政策调整影响，推动粮棉油信贷业务由政策性业务为主向政策性和市场化业务并重转变，鼓励多元主体入市开展市场化收购。分别向正宇、丰华和占元三家产业化龙头企业发放 6300 万元产业化龙头企业流动资金贷款。通过农业产业化联合体贷款方式，分别向金冠和恒瑞两家面粉加工企业供应信贷资金 6000 万元和 3000 万元。加快粮油优质客户群建设，组织对涉粮龙头、购销企业进行逐个排查对接，优中选优开展营销，通过保证保险方式向新准入客户投放粮食收购贷款 600 万元。

【助力脱贫攻坚】2018 年，中国农业发展银行亳州市分行利用省级政策性金融扶贫实验示范区先试先行优惠政策，加大项目营销力度，灵活运用易地扶贫搬迁、光伏扶贫、旅游扶贫、教育扶贫、网络扶贫等产品，运用“利辛扶贫过桥贷款模式”“蒙城产业联合体模式”，发挥政策、项目、资金等联动聚合效应。突出政策优势、产品优势、服务优势，加强与各级党政、扶贫、旅游等部门协调沟通和项目对接，跟进脱贫攻坚规划及任务需求，进行扶贫政策宣传和引导，提升跟踪服务质量，打通扶贫贷款绿色通道，做到扶贫贷款优先受理、优先评估、优先上报。投放扶贫贷款 28.6 亿元。年末扶贫贷款余额 158.1 亿元。其中，产业精准扶贫贷款 39.4 亿元，带动建档立卡贫困人口 17 万人；项目精准扶贫贷款余额 118.7 亿元，服务建档立卡贫困人口 24.1 万人。

（张　弛）

· 中国工商银行股份有限公司亳州分行 ·

【概况】2018 年，中国工商银行股份有限公司亳州分行下辖涡阳、蒙城、利辛 3 个县支行和城区 10 个二级支行，营业网点 19 个，自助银行 27 个，智能银行网点 19 个，在全辖区布置 114 台自助 ATM 设备，在职人员 395 人。

本外币各项贷款累计投放 44.43 亿元，其中公司贷款累计投放 16.15 亿元，个人贷款累计投放 26.98 亿元，小微企业贷款累计投放 1.30 亿元。运用“我要贷款”平台，解决客户融资难问题，累计投放个人和小企业贷款共计 5.01 亿元；通过“税融通”业务发放贷款 1.51 亿元。本外币全部存款增加 29.34 亿元，其中储蓄存款增加 14.7 亿元，公司存款增加 13.89 亿元，机构存款增加 0.75 亿元。全行实现净利润、拨备前利润分别为 2.25 亿元和 3.24 亿元，分别同比增加 1497 万元和 2981 万元，实现中间业务收入 6148 万元。贯彻资产质量管控各项工作要求，加强信贷基础工程建设，开展信贷合规经营大讨论和“四严”活动，促进资产质量提升。处置不良贷款 6018 万元，其中现金清收不良贷款 2018 万元、转化 2597 万元、呆账核销 1112 万元、不良资产证券化 291 万元，不良贷款余额 2827 万元，较年初减少 1244 万元。全行贷款不良率 0.30%，较

图 98　2018 年 12 月 18 日，工行亳州分行联合市药发局向药企提供金融服务（张玉华　供图）

年初下降0.17个百分点，实现不良贷款与不良率的双降，超额完成全年资产质量控制目标。

本年度，中国工商银行股份有限公司亳州分行获2018年零售业务旺季营销竞赛优胜分行，在全省系统内考核中居于先进行列；获人民银行评价A类行、反洗钱分类评级AA级（第一名）；获亳州市劳动保障诚信A级单位、安徽省劳动保障诚信示范单位；新区支行获安徽省青年文明号，新华路支行、分行营业部分别被评为总行级和省行级青年文明号。

【风险管理】2018年，中国工商银行股份有限公司亳州分行深化“从人到事、以事找人”风险排查机制，开展“学规矩、明底线、排风险、强管理”学习教育活动，强化员工异常行为动态排查。结合监管部门的质量提升年、内控固本强化年和“十大领域”治理活动，围绕“讲”“训”“做”“评”“罚”，开展好“讲榜样故事”“学制度规章”“练合规内功”“建长效机制”“抓整改评价”“严问责追究”等活动内容，建好载体、用好平台、做好宣导，推动合规文化建设。完善和推进运营改革，强化管理意识，加强机制建设，施展专业能力，实现网点运营风险分级管理全省领先，落实全辖各级机构安全生产主体责任，强化检查整改，实现安全运营。

【经营转型】2018年，中国工商银行股份有限公司亳州分行全面深化大零售战略，依托科技引领，推动智慧银行战略升级，加快场景化项目建设，通过科技手段促进营销手段和维护方式的转变，布置精准营销，提升产品营销成功率，开展精细维护，提高维护满意度。加快融e行、融e联等互联网金融产品的营销拓展，融e行净增客户数为4.18万户，网点月均动户3148，全省排名第三位，融e联净增客户数2.85万户，第三方支付绑卡网点日均净增90.53户，全省排名第二位。通过逐步推进网点对外营业时间调整，网点五改四制度，优化调整劳动组合，深挖人力资源潜力。完善个人信贷中心建设，落实小企业授信审批权限下沉，加强信贷队伍建设，加快信贷经营体制改革；推进城区一级支行建设，提升营销层级，提高联动效率；加大对县域金融服务投入，增设利辛人民路支行。优化业务操作流程，完成柜面无纸化业务办理，超时等候客户占比、窗口开工率等多项指标，全省领先。

（张玉华）

·中国农业银行股份有限公司亳州分行·

【概况】2018年，中国农业银行股份有限公司亳州分行（以下简称“农行亳州分行”）本外币各项存款余额221.44亿元，时点增量23.53亿元。各项贷款余额122亿元，较年初净增35.34亿元。不良贷款2477.74万元，不良率0.20%。全行营业收入6.61亿元，实现拨备前利润4.76亿元。

【服务实体经济】2018年，农行亳州分行加大对小微企业支持力度。在信贷投放上，以药业小微企业和个体工商户为重点支持对象。依托芍花支行，成立普惠金融专营机构，组建“二级分行—一级支行—二级支行”贯穿式服务团队，打造普惠金融贷款绿色通道，提高信贷审批效率，专门服务康美市场小微企业和个体工商户。针对专营机构，单独匹配信贷计划和信贷规模，用于满足药材经营户信贷需求。专营机构推动产品创新，优化担保方式，通过微捷贷、惠农E贷、农村个人生产经营贷款、金担通、市场通等信贷类产品和结算类产品组合，为药材经营户提高全方位、优质高效的金融服务，提高客户的经营效率。同时专营机构落实国家关于普惠金融的优惠政策，减费让利，解决“融资难、融资贵”问题。新发放普惠贷款中，平均执行年利率为5%，最低达到基准利率。

【支持重大项目】2018年，农行亳州分行在水利交通、文化旅游、教育医疗、棚户区改造、城市基础设施建设等重点领域，支持全市重大项目建设。支持棚改项目，审批利辛县、蒙城县、谯城区棚户区改造项目贷款合计8.5亿元。支持电力项目，审批利辛板集电厂、国能蒙城生物发电项目。支持城市基础设施项目，审批并发放中铁置业亳州投资发展有限公司土地收储项目贷款，蒙城县自来水厂建设项目贷款、涡阳县南部新区西片区新型城镇化二期项目贷款、谯城县乡道路改造工程项目贷款、利辛中小河流水系治理项目贷款、谯城区华佗广场二期棚户区改造项目等。加强项目储备，已审批待发放和在营销的主要有亳州学院项目贷款、福寿陵园项目贷款、涡阳光大生物质发电项目、亳州金地PPN、亳州中铁项目贷款、蒙城华能风力发电项目、利辛皖能垃圾发电、亳州交投债权融资计划、亳州文旅集团债权融资计划、绿地集团房地产等一大批重点项目。

【服务乡村振兴】2018年，农行亳州分行围绕城乡融合、产业融合，制定《亳州分行金融服务乡村振兴2018年行动计划》，推进服务乡村振兴战略“七大行动”，聚焦农村产业融合、集体产权改革、粮食安全、普惠群体、美丽宜居乡村、幸福产业、绿色产业、工业实体等八大领域，对财政部PPP信息管理平台入库项目、省级以上重点优质工业项目、县域绿色发展领域项目、县域幸福产业项目，实行目录管理、清单营销。

落实农总行提出的实施金融服务三农“一号工程”工作要求，支持农户贷款，推出“惠农e贷”贷款品种，变传统贷款为线上化贷款，提供更加便捷高效的服务。创新推出“惠农e贷”项下特色贷款，如义门苔干贷、烟商贷、华佗国药大药房“药房贷”等。计划结合康美市场推出“药商贷”、结合药材种植推出“药农贷”等专项产品。

【金融扶贫】2018年，农行亳州分行推广“政府增信＋银政共管”、特色产业带动、龙头企业带动等模式。

截至12月底，精准扶贫贷款余额10650万元，其中个人精准扶贫贷款余额2965.42万元，带动建档立卡贫困人口262户；产业精准扶贫贷款余额5250万元，带动建档立卡贫困人口99人；项目精准扶贫贷款余额2700万元，带动建档立卡贫困人口3304人。为涡南镇大于村、胡砬村、董楼村3个扶贫车间项目合计组织捐赠15万元。

【金融产品创新】2018年，农行亳州分行支持亳州市药材交易市场发展，加大对“特色三农”支持力度。农行省、市、县区三级支行联动，深入市场、药材交易中心调研，通过与亳州中药材商品交易有限公司合作，开展“药保贷”产品的创新试点工作。由亳州中药材商品交易有限公司提供保证担保，贷款人追加药材质押的方式提供授信。为加快贷款审批流程，省分行对亳州分行进行专项转授权，“药保贷”项下法人贷款审批额度1000万元，农户贷款审批额度300万元。

【风险管理】2018年，农行亳州分行推进运营风险“强管理”、智慧运营体系建设。实施网点分类分级考核评价，提高全行风险防控能力和综合竞争实力。探索实施网点分类分级考核评价，提高全行网点竞争力。做好内部控制和双基管理，开展“双基管理深化年”“问责强化年”和内控一类行创建活动，推进运营风险“强管理”、智慧运营体系建设。加强员工行为管理，推进作风建设。

（钱　行）

·中国银行亳州分行·

【概况】2018年，中国银行亳州分行18家营业机构全部实现智能柜台投产，人民币各项贷款余额127.7亿元，较年初新增27.8亿元，新增占比在安徽省中行系统内排名第四位、四行排名第三位。其中公司贷款余额35亿元，较年初新增10.2亿元，新增占有率在四行排名首位；票据贴现业务余额5377万元，新增1783万元，在四行排名第一位。人民币各项存款余额170.93亿元，较年初新增10.91亿元，增长率6.8%。其中公司存款余额82.08亿元，较年初新增0.73亿元；个人存款余额88.64亿元，新增10.53亿元。实现营业收入5.7亿元，增幅在全省排名第五位；实现净利润3.5亿元，增幅33.94%，在全省排名第八位。

本年度，中国银行亳州分行获外汇监管A类行、中国人民银行H5页面设计大赛一等奖、中国人民银行支付清算歌一等奖、中国人民银行征信大赛集体二等奖。拓展新产品，叙做两单LPR利率掉期业务，销售安徽省中行系统内首单即唯一一单对公柜台债100万元，销售安徽省中行系统内首笔净值型理财产品50万元。获建安投资控股集团30亿元2018年公司债券募集资金监管资格，中标建安投资控股集团

20亿元短融主承销商、亳州城建发展集团20亿元超短融联席主承销商，填补亳州分行债券业务发展空白点。

【支持地方经济发展】2018年，中国银行亳州分行加快贷款投放，支持地方经济发展，促进政银企合作。支持棚户区改造项目、民生工程、环保工程，实现市、区两级5.5亿元棚改资金投放，亳州绿建置业有限公司、亳州碧桂园德源房地产开发有限公司两个优质地产5亿元项目落地，中煤新集利辛发电有限公司3亿元流动资金贷款投放；响应国家政策，叙做亳州国祯生物质热电有限公司2亿元、上海电气（蒙城）生物质发电有限公司2亿元、光大绿色环保生物能源（涡阳）有限公司2.16亿元，引领亳州市绿色信贷发展。

支持普惠金融发展。成立普惠金融工作领导小组，全面负责普惠金融业务的整体发展与推动。组织业务宣讲会、政策解读会，每周情况通报会、月度会议，督办普惠金融业务。制定普惠金融业务推动方案，从费用资源方面保证普惠金融业务发展。银保监口径下该行普惠金融贷款余额13.2亿元，较年初新增1.5亿元，任务完成率113%。

开辟中小企业融资新路径。以民办学校和学前教育为突破口，破解发展瓶颈。截至12月末，推动"中银教育通宝"产品落地并营销授信客户5户，金额3680万元。"教育通宝"产品推动得到安徽省分行的认可并在亳州分行举行全省范围内的"教育通宝"评审专场。在此次评审现场，共上会项目6个，金额3880万元，最终批复4户，金额3600万元。

提供优质跨境金融服务。2018年年末，该行进出口业务量合计1.49亿美元，国际贸易结算市场份额为25.64%，在四行排名第一位。跨境人民币业务量合计3.92亿元，市场份额为45.22%，在全市排名第一位。分析中药材出口企业的贸易特性，为企业推出出口商业发票贴现业务，提供融资、应收账款催收、销售分户账管理等服务，扩大企业规模，企业出口收汇增加，在全国中药饮片类出口名列前茅。

【风险管理】2018年，中国银行亳州分行对2017年开展的"三违反""三套利""四不当""十乱象"和信用风险专项排查等专项治理工作进行全面评估。开展深化整治市场乱象工作，对照2018年银行业市场乱象整治22个工作小点，梳理机构、条线存在的突出问题和风险隐患，实时跟进仍存在的突出问题与风险隐患。重点排查相对管理薄弱领域，监管关注的重点风险、重点业务领域。开展"质量提升年"活动，按月在全行风险内控会议上审议工作进程。发送三期"美篇"对质量提升年活动进行总结、宣传，制作整理11期银监系列活动简报；发表"助力绿色金融，践行质量发展"主题的署名文章。统一印发活动标语、宣传小折页，并设计编印、发放亳州分行质量提升年活动工作手册。

举办"内控合规大讲堂"活动，先后组织8期合规大讲堂，引导全体员工加强规章制度学习并开展自查自纠。开展基层机构"一日体验"活动，组织人员到基层开展体验活动4次，调研解决实际问题并提交"一日体验"报告，发送全体人员学习掌握，加强条线部门与基层机构的沟通和制度的宣导反馈。建立"内控红牌"机制。协调条线部门加大对"内控红牌"机构帮扶力度，过程管理接受月度风控会评审。建立"个人中高端客户金融资产对账"机制，防范柜员通过欺骗客户方式挪用客户账户资金的风险。通过梳理下发部门岗位人员职责分工表和"业务需求申报单"、搭建"亳州分行内控交流"微信平台，提高工作效率。

（康　婷）

·中国建设银行股份有限公司亳州市分行·

【概况】2018年，中国建设银行股份有限公司亳州市分行各项贷款余额153.93亿元，领先第二位26.46亿元，在四行中占比30.74%，继续保持四行第一领先优势；各项贷款较年初新增30.64亿元，新增占比30.48%。一般性存款时点余额161.68亿元，较年初新增26.86亿元，新增居四行第一位。

截至12月末，单位结算账户总量1.12万户，在四行中占比29.82%，首次超越中行，居四行第一位；较年初新增1951户，新增四行占比42.63%，居四行第一位，连续五年保持新增同业

图 99　2018 年 6 月 7 日，建行亳州市分行召开普惠金融战略推进会
（薛敏　供图）

第一位。

在中药材专业市场设立综合性营业网点。智慧柜员机点日均业务量居全省第一位。迁移率及存折业务分流均居全省第四位。运用移动金融工具，移动金融交易量占比 90.82%，较年初提升值 7.46%，推动“劳动者港湾”建设，全辖 15 个网点全部完成挂牌。

本年度，中国建设银行股份有限公司亳州市分行获第五届中国建设银行安徽省分行文明单位。

【内控管理】2018 年，中国建设银行股份有限公司亳州市分行坚持风险创造价值理念，树立资产质量生命线，实现发展质量持续向好。截至 12 月末，亳州市分行不良贷款 4287 万元，不良率 0.28%，逾期贷款 7042 万元，逾期率为 0.46%，不良贷款额、不良率、逾期贷款额均位居全省第一位，逾期率位居全省第二位，累计现金回收不良贷款 1831 万元。

第三季度内控合规考核评价居全省第一位。亳州市分行连续多年未发生重大责任事故与经济案件。在“两个责任”考核中居全省第五位。

【普惠金融】2018 年，中国建设银行股份有限公司亳州市分行实现全辖 15 个营业网点资产业务落地全覆盖，形成人人“知普惠、懂普惠、做普惠”的全员营销氛围；利用政府部门平台，合作搭建“我要贷款”平台，专人专岗打造“永不落幕”的银企对接平台，累计服务 1901 户企业，发放贷款 18.08 亿元。参加银企对接、“四送一服”等专项活动，“跟着政府做普惠，带着客户做普惠”。结合亳州当地特色，因地制宜创新普惠金融特色产品。以全国最大中药材市场为依托，为药业企业创新推出“药商贷”信贷产品。覆盖康美中药材商品交易市场，打造“善店贷”，首笔投放 50 万元；结合白酒特色产业，为古井集团量身定制上线安徽省首单、全国第二单“E 销通”业务平台，投放 4 户合计 858 万元。为双轮集团率先上线“E 信通”业务，投放 26 户合计 1020 万元。加大风险系统监测工具的运用，强化智能风险管控。坚持定期对预警客户开展核查工作，按照预警信息按图索骥，防范信贷风险。

截至年底，普惠金融贷款较年初新增 8.13 亿元。其中小企业条线新增 3.83 亿元；个贷条线新增 4.1 亿元。

（薛　敏）

·交通银行股份有限公司亳州分行·

【概况】截至 2018 年年末，交通银行股份有限公司亳州分行共有营业部、康美支行、天润支行（普惠型网点）3 家营业网点，光明西路、希夷大道和古井剧院、三曹路 4 家离行自助区。

各项存款较年初增长 42.03%，人民币各项贷款较年初增长 52.44%。经营利润、经济利润和非息收入均超额完成年度任务，经营利润增幅 34.07%，经济利润增幅 19.16%，非息收入增幅 43.05%。对公有效户、对公优质新开户、代发源头客户、沃德客户、交银客户、手机银行客户、信用卡客户等超额完成任务，客群规模更加壮大。

资产质量始终保持零逾期、零不良，全年安全运营。

支持地方基础设施建设。贯彻落实去库存政策，发展个人按揭住房贷款，梳理优化贷款审批及放款流程，确保快速投放落地。住房贷款余额较年初增幅94.88%，增幅居全市第二位。

推进普惠金融业务。到康美药材市场调研，了解客户需求，创新服务模式，优化信贷模式和流程。发展商圈业务，完成省分行下达的普惠贷款、普惠客户“两增”目标。商圈贷款较年初增幅47.77%。

提升客户服务体验。开展各类信用卡特惠活动，打造万达特惠商圈、建安文化广场特惠商圈，涉及母婴、餐饮、影视娱乐、烘焙等行业，打造“最红星期五”品牌形象。

组织开展营运技能测试、交叉销售能力培训、客户经理专题培训，全面提升员工素养，增强服务客户本领。为客户提供细致、周到、贴心服务。亳州康美支行在总行“走进交行、感受温馨”活动中获评优秀网点。

开展“金融知识进万家”“金融知识万里行”活动，送金融知识进校园、进企业、进乡村。举办客户答谢类活动2次，获客及创新销售类活动7次，增进客户互动交流，提升服务体验。堵截9起客户风险事件，1起营救客户存款突发病事件。

本年度，交通银行股份有限公司亳州分行经营绩效考核得分排名位居全辖第五位，综合竞争力排名位居第三位，内控评价排名位居第二位，消保服务排名位居第四位。由四类A晋级为三类B等省辖分行，获2018年度省行级先进集体。

【内控管理】2018年，交通银行股份有限公司亳州分行坚持“合规创造价值”理念，筑牢“红线”和“底线”思维，强化重点风险领域排查监测，加强对各类监管新规的前瞻性研究，强化内部控制、风险管理、制度建设，确保各层级风险管控责任落实到位。分行资产质量持续保持良好，实现开业6年零不良的好成绩。

完善内部管理机制。加强贷前核查、贷后管理以及授信业务全流程管理，增强制度执行力，获2018年度授信管理先进单位。开展“讲合规、守底线、促发展”质量提升年之“行长讲合规”专题活动，增强全员合规意识。引导各条线对内部控制的主动有效管理，结合审计、业务条线检查问题整改，举一反三，补其短板，建立问题台账，在强监管形势下，降低风险成本。

严控案件风险隐患。持续推动“质量提升年活动”、银行业市场乱象整治、“新五大领域”持续治理和长剑2018案防特别行动等，实现谈心谈话全覆盖，及时关注员工8小时以外的生活和思想动态。

（李　伟）

·徽商银行亳州分行·

【概况】2018年，徽商银行亳州分行在涡阳县新设立一家离行式自助银行。截至2018年年末，徽商银行亳州分行有11家机构网点，员工201人。徽商银行亳州分行表内资产总额156.81亿元，较年初增长45.13亿元，增幅40.41%；存款总额150.75亿元，较上年增长43.33亿元，增幅40.34%；贷款总额107.59亿元，较上年增长42.44亿元，增幅65.14%；贷款不良率1.23%。

【内控管理】2018年，徽商银行亳州分行以“内控提升年”活动为抓手，常态化推进基础管理质量提升工作，加大“三基四到位”“质量提升年活动”“银行业乱象治理”等专项治理活动力度，将风险管控与业务发展同安排、同布置，防范各类风险案件，夯实合规经营基础，未发生案件和重大责任事故。

【金融创新】2018年7月24日，徽商银行亳州分行在亳州地区上线中小企业线上贷款产品——信e贷。该产品借助互联网和大数据技术，以小企业信用信息和纳税信息为依据，通过在线受理与审批，可为纳税信用B级（含）以上且信用良好的企业提供最高500万元的授信额度。

（孙冬冬）

·中国邮政储蓄银行亳州市分行·

【概况】2018年，中国邮政储蓄银行亳州市分行个人储蓄存款新增7.65亿元，增幅14.03%，公司存款日均净增10.29亿元，均居全省系统内第一位。信用卡新增客户2.24万户，开办手机银行5.78万户，新增聚合支付4441户，代理保险销量2.03亿元，理财产品销量29.3亿元，代理基金销量4997万元，国债销量1468万元。累计发放零售类贷款67.72亿元，

图 100 2018 年 5 月 8 日，邮储银行亳州市分行联合亳州市融资担保有限责任公司召开银担企合作暨创新产品发布会（蒋冲 摄）

较上年新增 14.56 亿元。不良率 0.44%，持续保持资产质量全省领先地位。

加大信贷对实体经济支持力度。投放各项贷款超过 90 亿元，贷款余额 126.21 亿元，较上年新增 25.45 亿元，增幅 25.26%。向地方城市建设和重点项目投放资金 14 亿元，净增 13.72 亿元，增幅 47.08%。

开展“乡村振兴，服务‘三农’”包点到乡走访服务活动，主动送“资”下乡，加大涉农投入，助力现代农业发展。至年底，涉农贷款余额 65.89 亿元，比年初增加 11.37 亿元，增幅 20.85%；累计投放家庭农场（专业大户）贷款 3930 笔，金额 5.27 亿元；累计发放再就业小额贷款 1.36 亿元，打通“三农”金融服务“最后一公里”。

坚持“回归本源”，落实服务“两小”政策导向，加大对民营经济的扶持力度。累计放小微企业贷款金额 19.57 亿元，发放户数 5805 户，余额 18.95 亿元，为包括民营企业在内的小微企业解决融资难题。

制定打好防范化解重大风险攻坚战三年规划方案、绿色信贷发展方案、绿色银行建设三年规划。申请捐助大杨镇孟王村卫生室建设扶贫项目 8 万元，全年发放扶贫类贷款 3445 万元。

开展扶贫捐款、邮爱公益、无偿献血、路段督察执勤、关爱留守老人儿童、送医下乡、送金融知识下乡进校园、征信宣传等社会公益活动。

本年度，中国邮政储蓄银行亳州市分行获安徽省劳动竞赛先进集体；在系统内包揽省分行跨年度营销活动全部奖项；获全省绩效考核一等奖、总行 2014—2017 年度先进集体；涡阳、蒙城、利辛 3 县支行获省分行“十强县支行”。获评金融机构支持地方经济发展先进单位、小微企业金融服务先进集体、市直单位效能考核优秀单位。

【内控管理】2018 年，邮储银行亳州市分行探索“四位一体”风险管理模式，推进案件防控和风险合规工作进党委常态化、制度化，开展“质量提升年”“内控提升年”活动，树立“合规先行”“展业不违规、违规不展业”理念，深化银行业乱象治理，推动银行高质量发展。获省分行 2018 年度内控评价一级 A 档、资产保全考评一级最高荣誉和案件防控工作先进单位。

【金融创新产品】2018 年，邮储银行亳州市分行依托大数据应用，结合亳州实际，开展创新实践，优化产品流程，拓宽“三农”和小微金融服务半径。创新开办小微企业“数据贷”、小微易贷、康美中药城市场流水贷、烟草流水贷、极速贷、电信酬金贷、邮家贷等多种金融产品，满足社会多样化金融需求。

（蒋 冲）

·亳州药都农村商业银行股份有限公司·

【概况】2018 年，亳州药都农村商业银行股份有限公司（以下简称“药都农商行”）营业网点 52 个，离行式自助网点 107 个，金融服务室 273 个。

截至 2018 年年末，该行总资产 440.46 亿元，其中，各项贷款余额 279.11 亿元，同比增长 42.95 亿元，增幅 18.19%，存量居安徽省 83 家农商行第二位。总负债 402.61 亿元，其中，各项存款余额 317.43 亿元，同比增长 16.24 亿元，增幅 5.39%，存量居安徽省83家农商行第三位。实现各项业务收入26.75亿元，同比增长0.95亿元，增幅3.68%；实现利润总额10.23亿元，同比增长1.80亿元，增幅21.35%；净利润7.75亿元，同比增长1.36亿元，增幅21.30%；每股净利润0.76元，加权平均净资产收益率23.24%。五级不良贷款占比1.16%，资本充足率14.72%，贷款损失准备充足率585.46%，拨备覆盖率258.22%，各类监管指标均保持在合理区间。

【金融创新】药都农商行优化、推广“金农易贷”项目，自2016年7月13日上线至2018年，该项目申请用户突破32万户，累计授信17.40万户、149.78亿元，户均8.61万元，申贷通过率57%。在第八届“农信银杯”评选中，“金农易贷”被评为“全国农村金融十佳科技创新产品”。在“金农易贷”的基础上，推出另一快贷产品“信贷工厂”，该项目在以往信贷产品的基础上，结合大数据应用，实现信贷产品准入、授信评级、利率定价、贷后风控等5个自动化，与“金农易贷”相辅相成。自2017年7月6日上线至2018年年末，该项目授信10263笔、72.51亿元，其中，“商家乐”授信8835笔、62.28亿元；“税融通”授信151笔、2.51亿元；“小微乐”授信471笔、6.92亿元；“创业乐”授信806笔、8010万元。

【普惠金融】2018年，药都农商行发挥金融杠杆作用，助力贫困户脱贫致富注入资金血液；与市、区两级政府对接，做好“四送一服”双千工程企业问题清单梳理、解答工作；发挥金融扶贫贷款在脱贫攻坚中的作用。截至年末，发放扶贫小额信贷11711户、5.77亿元。服务“三农”，推进普惠金融，实现自助银行“村村通”和手机银行“户户通”目标；深化亳州市政府智慧支付项目合作，实现“网上办事大厅”公积金在线提取“我家亳州”APP公共事业缴费、网上学费缴纳等线上支付。截至12月末，布放存取款一体机342台，手机银行签约69.4万份；社区e银行注册用户11.68万户；个人网银签约9.42万份，企业网银签约7503份；电子银行交易替代率83.82%。

（张　利）

·国元农业保险股份有限公司亳州中心支公司·

【概况】2018年，国元农业保险股份有限公司亳州中心支公司实现总保费收入4.01亿元，保费规模在公司系统内全省排名第三。政策性种植业保险稳中有升。全年共承保午、秋二季作物面积86万公顷，保险覆盖面在91%以上(统计局种植面积数据)。

助力脱贫攻坚。养殖托管，助力脱贫。在谯城区吕楼村开展能繁母羊养殖托管。贷款融资，助力脱贫，扶贫成果被中国保险行业协会选为精品案例。防灾减损，助力脱贫。开展贫困户“微心愿”活动。

利用《走进农家》《行风热线》等地方媒体，对农业保险进行宣传，全年共坐客《行风热线》3期。开展“3·15”消费者权益保护日、“2018年全民国家安全教育日”“7·8”全国保险公众宣传日、“防范打击非法集资宣传月”、2018年全国“质量月”宣传活动等。

【全省首创农业保险2.0版】2018年，国元农业保险股份有限公司亳州中心支公司开发手机APP——“农险保”2.0版，其核心就是更加规范、合规。农业保险保费收取是农险升级版的重要工作和核心所在。公司围绕农业保险“升级版”提出“一个中心”，通过“一抓”“六促”等措施，进一步提高农业保险经营和操作规范性、真实性，管控好风险源头，实现农业保险健康、持续的发展。开展农业保险合规全员培训、合规经营誓师大会、农险合规“百日会战”，使全体员工牢固树立合规意识，认识合规是发展和生存的生命线。推进农业大灾保险试点工作。大灾保险试点县涡阳县联合各乡镇政府召开农业大灾保险试点工作会议，安排部署好农业大灾保险的动员推广工作。

【医疗保险业务】2018年，国元农业保险股份有限公司亳州中心支公司开展异地就医核查12批次，查实虚假票据66.48余万元，通过电话、国家平台、传真等方式与相关医院进行住院信息核查票据金额1.76亿元，控制医疗费用不合理增长，保障参合农民的正当利益，管好老百姓的救命钱，确保医保基金安全运行。

【创新车险服务】2018年，国元农业保险股份有限公司亳州中心支公司为了让广大车险消费者获得更好的服务，创新升级各项车险服务，开展晚到有礼、慢赔必补、免费救援、代办年审、修理有车、法律援助6项基本服务项目和汽车代驾、同城速递、理赔夜市、安全检测、一键包办、优惠加油6项特色服务承诺，全方位服务客户。

（宋　词）

·中国人民财产保险股份有限公司亳州市分公司·

【概况】2018年，中国人民财产保险股份有限公司亳州市分公司实现保费收入102856万元，同比增长24.46%，成为全省系统第六家保费规模跨越10亿元的公司，也是亳州地区首家保费规模突破10亿元的产险公司；全年上缴税收总额8960万元，其中，代扣代缴5581万元；全年累计支付赔款58036万元，全险种赔付率59.28%，高于行业1.5个百分点。业务规模、纳税额和赔付总额均居亳州产险行业首位。

助力亳州脱贫攻坚战略，在利辛县实施"深贫保"3+4民生工程，为全县建档立卡贫困户提供综合性保障，防止贫困人口因灾因病致贫返贫。该项目实施受到省、市、县三级政府充分肯定，2018年11月13日，省政府办公厅《政务信息》（《政务要情》）第216期刊载利辛县实施"深贫保"项目信息；在承办利辛县新农合大病保险项目的基础上，竞回蒙城县新农合大病保险项目，通过一站式结报平台和信息自助平台，提高服务效率和质量，赢得群众好评。

响应"大众创业，万众创新"号召，开办个人贷款保证保险业务，全年发放378笔贷款，累计提供贷款3136万元，为个人创业搭建新的融资平台；为重点项目建设提供风险保障，先后为引江济淮、亳州隧道工程提供工程险服务，为林拥城、亳州展览馆、康美中药城、珍宝岛药业等提供财产险和公众责任险服务。

在全市率先引入直升机救援服务，在魏武广场举办直升机空中医疗救援实景演练，填补亳州市空中救援的空白。在各县区网点设立"中国人民保险机动车服务站"，免费提供代办年检、核发临牌等服务，与公安交警建立"警保联动"机制，推出快处快赔线上理赔等一系列便民举措。

推动线上投保、线上理赔，以抓好客户投诉处理为切入点，不断改进客户服务品质，提升客户体验。严格依法合规经营，维护行业经营生态。

（李　浩）

·中国人寿财产保险股份有限公司亳州市中心支公司·

【概况】2018年，中国人寿财产保险股份有限公司亳州市中心支公司实现保费收入3.03亿元，承保客户70000人，承担风险保额672亿元，给付各类赔款近1.6亿元，上缴利税2774余万元。

以服务客户为宗旨，实施创新驱动发展战略，发挥保险参与社会管理的基本职能。推进政保合作，参与亳州市安全生产责任险项目，服务三农，扩大农业保险承保面；理赔服务升级，解决客户"理赔难""理赔慢"问题，提供多元增值化服务，为客户传递人文关怀；投身公益事业，开展"情系高考·爱心送水"活动，扶贫爱心捐款及爱老敬老活动。

本年度，中国人寿财产保险股份有限公司亳州市中心支公司获亳州市保险行业协会颁发的2018年度创新服务优先单位。

【政保合作】2018年，中国人寿财产保险股份有限公司亳州市中心支公司中标亳州市安全生产责任保险政府采购项目，为亳州市多家企业提供风险保障额度；持续推进扩大农业保险承保面，推出育肥猪农险，为亳州市近50家养殖户提供1000余万元的保险保障。

【创新服务】2018年，中国人寿财产保险股份有限公司亳州市中心支公司围绕客户"理赔慢""理赔难"的问题，推出"小额人伤快处"，"万元以下事故，现场查勘免证明""自主理赔""法律援助""大额医疗费用垫付"等服务。针对客户多元化需求，在原有道路救援服务的基础上，丰富增值服务形式，推出代办年审，汽车代驾，车辆检测等增值项目。

（高闪闪）

·建安投资控股集团有限公司·

【概况】建安投资控股集团有限公司（简称“建安集团”），成立于2002年9月，为市政府直属国有独资公司。截至2018年9月底，集团资产规模为1263.29亿元，净资产453.62亿元。

2018年，集团公司注册资本30亿元，业务范围涉及股权投资、风险投资、资产管理、基金管理、融资担保、典当、融资租赁、小额贷款、互联网金融、金融服务外包等多个金融领域，控股、参股公司44家。集团立足资本和金融市场，以资本运作和类金融为主业，秉承“以金融支持实体经济，以资本助力产业升级”经营宗旨，立足亳州合肥两地，优化产业布局，辐射安徽、走向全国，围绕核心主业，做大做强，力争打造专注于中医药大健康领域的一流产业投资集团。

【融资工作】截至2018年年底，建安集团新增直接融资到位资金60亿元（完成2018年市政府设定目标的200%），新增直接融资审批金额55亿元。在债券发行上，3月6日完成2018年第一期6亿元PPN发行，利率6.81%；4月24日完成2018年第一期15亿元短期融资券的发行，利率5.69%；7月31日完成2018年第二期4亿元PPN发行，发行利率6.30%；9月5日完成2018年第二期短期融资券的发行，利率4.78%；10月29日完成2018年第一期超短期融资券发行，利率4.29%；10月30日完成2018年第二期超短期融资券发行，利率4.35%。以上融资项目发行利率均达到同级别同期限债券发行的较低水平。在债券审批上，2月1日取得15亿元永续票据注册通知书，是亳州市获批的首支永续类债券；11月13日取得40亿元非公开定向融资工具注册通知书。

【集团主体评级获AA+】2018年，建安集团成功突破亳州市地方政府主体评级限制，先后有中证鹏元、中诚信、联合资信等多家评级公司将集团长期主体信用等级由AA调整至AA+，是全国为数不多的一般预算收入低于100亿元获得AA+的平台公司。主体评级的提升，利于不断优化债务结构、降低资金成本，提升集团在资本市场的信誉，加大集团在融资市场的认可度。

【全方位股权服务投资体系】2018年，建安集团旗下的安徽安诚资本有限公司，结合围绕企业发展的不同阶段，通过合作共设等方式，建立7支专业的股权投资基金，初步建立起覆盖企业初创期、成长期、成熟期和Pre-IPO等全生命周期的股权服务投资体系，在亳州存量项目投资6.91亿元。依托亳州中医药产业的优势和产业发展阶段的实际，成立专门服务于药品技术研发和转让、产业升级的专项基金。

【安诚金融与安徽省股权托管交易中心战略合作】2018年3月15日，安徽安诚金融控股集团有限公司与安徽省股权托管交易中心有限责任公司共同签署战略合作协议。双方本着客户资源共享、人力资源共享、项目资源共享的原则，经协商，一致同意建立双边战略合作关系，拓展合作领域，发挥各自资源优势，推动建立深度战略合作，促进业务共同发展，实现互惠共赢。

【进军中医药和大健康产业领域】2018年，按照市委市政府对建安集团“聚焦中医药大健康领域，力争打造成为全省乃至全国一流产业投资集团”的职能定位，建安集团发挥金融服务和股权投资方面优势，结合本地优势产业，谋划进军中医药和大健康产业领域。7月6日，成立安徽省安晨医药有限公司，定位打造为亳州市健康服务业中医药细分领域的精品综合服务商，注册资金1000万元。公司将针对亳州市中医药产业发展层次低、龙头企业少、研发能力弱等关键问题，帮助已投资或合作的中医药企业，在财务规范、管理提升、产品研发、市场渠道拓展等多方面提档升级，为培育主导产业奠定基础。

（周新宇）

交通·邮政·通信

图 101　2018 年 8 月 24 日，商合杭高铁跨涡河特大桥建设中（刘勤利　摄）

交　通

·概　述·

【概况】2018年，亳州市交通运输工作完成固定投资27.2亿元，综合运输量增速5.21%，高于全省平均增速0.06个百分点；完成公路客运量3496万人次、旅客运输周转量30亿人千米，货运量3亿吨、货物运输周转量825.6亿吨千米；完成水路运输量和货运周转量分别为5027万吨和1577714万吨千米，同比增长6.41%、6.84%；完成港口吞吐量255万吨，其中进口220万吨，出口35万吨。

建安路隧道通车，完成投资3.14亿元；国道105亳州北一级公路（古井产业园至泗许高速出入口段）建成通车，完成投资1.1亿元。建成农村公路2060千米。

精检货运车辆156.19万辆，查处超限运输车辆3447辆，卸载货物6.04万吨，交通、公安部门罚款1265.2万元，吊销车辆营运证47本，查处非法改装车辆125辆。规范港口码头建设，完成272家无证经营码头专项整治，推动合法环保港口码头建设。

完成整改省市挂牌督办重大安全隐患和公路交通安全隐患56处,自行排查整改安全隐患1244处。

开展交通行业领域扫黑除恶专项整治。成立市交通运输局扫黑除恶专项斗争领导小组，制定印发《亳州市交通运输局扫黑除恶专项斗争实施方案》和《亳州市交通运输系统扫黑除恶专项斗争宣传工作方案》，推进扫黑除恶的宣传和黑恶势力线索的搜集工作，悬挂宣传条幅60余幅，制作固定宣传展板36块，发放宣传单1000余份，完成扫黑除恶访平安调查问卷300余份，移交疑似黑恶势力线索1条。

发生统计范围内的道路交通运输安全生产事故3起，死亡3人，未发生水上交通安全事故，与上年同期相比，事故起数和死亡人数分别下降50%和57%；56处市政府和省、市道路交通安全工作联席会挂牌督办重大安全隐患全部整改完毕；开展安全隐患排查，1244处安全隐患全部整改，落实整改资金136.09万元；开展“安全生产攻坚行动”，做好汛期安全生产和应急演练工作，突出对公路建筑施工企业、危险品运输车辆、客运场站的重点检查，共组织监管执法645次、曝光重大安全隐患1个，惩治典型违法行为116起，关闭不符合安全生产条件的企业12个，罚款21.3万元。

图102　2018年10月28日，公路治超（王玉侠　摄）

本年度，亳州市交通运输局在交通运输部举办的全国第二期联合治超规范化常态化培训班上作治超工作经验介绍。市公路运输管理处获交通运输部、公安部、应急管理部联合下文通报表扬。利辛县获评全省“四好农村路”示范县，在省政府召开的推进全省“四好农村路”建设工作电视电话会议上作先进典型发言。涡阳县获评“全省城乡道路客运一体化示范县”，获1500万元补助资金。

【项目建设】国省干线建设方面。国道105线一级公路（古井至泗许段）于6月27日通过道路交工验收，8月31日通过中分带绿化提升工程交工验收，共计完成投资约1.1亿元。S338线蒙张路（利辛段）、S250线（利辛段）已开工建设，G329利辛县城至太和交界段路面改善工程已建成通车，G237蒙城绕城段一级公路、S306（原S305）蒙城绕城段一级公路改建工程和G311亳州段一级路改建工程完成征迁工作，其余项目在开展前期工作。

站场建设。亳州北公交客运枢纽站已完成竣工验收；亳州南高铁客运站4月18日开工奠基，截至2018年年底，主站房工程已完成3层；5个科技治超卡点改造项目建设在推进，国道105张集和国道105谯城两站预检改卡点项目工程在施工。

重点项目建设。建安隧道10月18日正式通车，累计完成投资3.14亿元；汤王隧道累计完成工程产值约1.8亿元，占合同金额的44.1%；亳蒙高速公路项目前期工作在推进，确定亳蒙高速项目PPP咨询机构，编制PPP初步实施方案等相关资料。

"四好农村路"建设。全面推进"四好农村路"建设，市委市政府出台《关于全力推进"四好农村路"建设的实施意见》，完成农村道路建设2060千米，改造农村公路危桥152座，完成40个未通客车建制村通客车任务，涡阳县获全省"城乡道路客运一体化示范县"创建单位。

图103 2018年10月29日，全市农村公路质量巡检现场（市交通局 供图）

【行业监管】2018年，亳州市落实治超新政，开展路警联合执法行动，组织7次双郸路、外环路等重点路段联合执法行动；落实"一超四罚"制度，依法依规吊销车辆道路运输证和驾驶员从业资格证，对涉嫌车辆、企业、人员处罚到位；探索治超非现场执法工作，建成20套、56个车道的非现场执法系统建设。2018年，全市共精检货运车辆156.19万辆，查处超限运输车辆3447辆，其中75吨以上及超限率100%以上车辆401辆，卸载货物6.04万吨，交通、公安部门罚款1265.2万元，公安交警驾驶证记分111631分，拘留6人，运管部门吊销从业资格证19本，吊销车辆营运证47本，查处非法改装车辆125辆。

路政管理。制止违章建筑物15间计630平方米，拆除违章建筑物21间780平方米，拆除非交通标志963块，清理摊点289处、堆积物572处计15733平方米，治理非法经营砂石料厂33处，骑路逢集151处，办理行政许可6件。

客货运市场管理。加强对网约车、出租车的管理。制定出台《亳州市网络预约出租汽车经营服务管理实施细则（暂行）》；举办18期出租车驾驶员综合培训班，培训驾驶员2881人次；编发规范营运、安全行车等方面提醒信息262519条；组织人员开展路面巡查工作361次，检查出租车2318辆次，开展暗访活动143次，暗访出租车925辆次，对178辆出租车采取停运、学习、罚款、记分等处理措施。开展各类专项整治行动。开展"百日会战"整治行动、"五车整治活动"等。处罚结案违章车辆案件319件，其中班线客运车辆37辆，货车28辆，三轮车94辆。对驾驶员培训、维修行业服务进行监管。全市21所驾校共计招生培训驾驶学员10.9万人，培训道路客货运输从业人员11542人，网上办理市直驾培相关业务11435件，完成维修行业办件量16408件。在安徽省第二届职工技术比武运动会机动车驾驶培训教练员技能大赛中获团体三等奖。

养护工作。大中修养护方面，全面完成路面大中修工程及安全生命防护工程交竣工验收工作，完成投资8023万元。小修养护方面，完成修补沥青路面病害21200平方米；路肩整修216200

平方米，沥青路面水稳挖补坑槽5864米；沥青路面罩面26369平方米，更换示警桩、道口桩2568根，更换波形护栏2366米，维修排水沟756米等，完成小修养护总投资约420万元。桥梁工程方面，完成省道202涡阳涡河大桥维修工程竣工通车，完成健康监测设备安装；省道307公铁立交桥加固维修工程完成并竣工通车，完成投资1400万元。

【交通环境保护】2018年，亳州市全面整治非法码头。整治272家无证经营码头并通过环保核验；推进亳州辖区港口码头建设，《亳州港总体规划（调整）》对社会公布，推进合法环保港口码头建设。

开展汽修行业整治。开展“机动车维修行业环境问题专项治理”活动，出台《亳州市城区汽车维修行业环保专项整治工作方案》，发放《责令停止违法行为通知书》《责令整改通知书》《致市城区汽车维修企业的一封信》《三类汽车维修业申请许可材料告知单》等各类文书、宣传资料500余份。环保督察120家维修企业，排查汽车维修企业899家，处理环保投诉件数55件。

开展道路清扫保洁。建立网格化管理制度，把管养的国省干线公路分成29个路段，明确路段长；投入人工2.5万人次，各种机械设备5000余台班，共计投入资金2000余万元。

（杨华卿）

·公　路·

【概况】截至2018年年底，亳州市公路总里程为15574千米，其中高速公路320千米，国道356.9千米，省道1008.4千米，农村公路13889千米，公路网密度182.75千米/百平方千米。全市以高速公路为骨架、国省干线为支撑、县乡公路为脉络、农村公路为基础，外通内联、通村畅乡的四级公路网络已经形成。

对国道、省道实施水冲洗保洁，全市546千米国省干线公路被分成29个路段，19个路段长分段包干，“湿法”保洁，冲洗路面，养护公路。制止违章建筑物15间计630平方米，拆除违章建筑物21间780平方米，拆除非交通标963块，清理摊点289处、堆积物572处计15733平方米，治理非法经营砂石料厂33处，骑路逢集151处，办理行政许可6件。建安路隧道通车；汤王大道隧道岸上敞开段箱体建设完成，河中段一期暗埋段箱体建设基本完成。国省干线公路大中修工程多领域覆盖，其中路面工程3个，桥梁工程5个，生命防护工程8个，完成投资8023万元，其中生命防护工程争取部、省补助资金在全省第二名，全市“扶贫大通道”通行环境改观。建立督察通报机制，警示宣传，整治隐患，安全攻坚，开展应急演练，发现并完成各类安全隐患整改300余处，投入资金420余万元。

开展公路治超。国道105张集治超站货运车辆超限率在1%以下。谯城境内4个治超站，称重检测车辆114万辆；省道308利辛治超站严查严重超限车辆，查处车货总重75吨以上或超过规定标准100%以上车辆96辆；省道305蒙城治超站，查处严重超限车辆60辆。精检车辆156万辆，查处违法超限车辆315万辆（严重超限车辆279辆），卸载货物5万吨，罚款807万元。

本年度，亳州市公路安全生产“零事故”。路域环境治理工

图104　2018年10月18日，建安隧道开通（市交通局　供图）

作在全省公路路域环境交流会上作先进典型发言。市公路局获评市直单位效能建设良好单位。

【建安路隧道通车】2018 年，亳州市建安路隧道通车，完成投资 3.14 亿元，开创亳州交通新纪元，是皖北第一条下穿河流隧道。该隧道起于建安路与白果树街交口南侧，下穿人民路、涡河南路、涡河、涡河北路，终于汤陵路南侧，路线全长 1280 米。其中，暗埋段长 660 米，敞开段长 360 米、顺接段长 260 米。隧道标准断面宽度 27.9 米，双向四车道加非机动车道，机动车道设计时速 50 千米 / 小时。

在隧道建设之前，从河北岸到达河南岸，需要从古泉路、魏武大道、药材街绕行，大概需 20 余分钟，隧道开通后，只需要几分钟时间，大大缩短市民的出行时间，缓解市区魏武大道的交通压力，同时，加快涡河北部新区开发建设步伐。

【国道 105 亳州北一级公路建成通车】2018 年，国道 105 亳州北一级公路建成通车。

国道 105 线一级公路（古井产业园至泗许高速入口段）起点位于亳州市谯城区古井产业园古井大道处，终点位于泗许高速入口处与西一环交口相连接，全长 5.8 千米，原有的 105 国道为 15 米宽的二级公路，改建加宽后为 36.5 米宽双向六车道一级公路，在原有道路的西侧新增道路，老路加铺沥青混凝土路面，主要施工内容包括路基、路面、排水管网、信号灯监控等，4 月底完成全部施工任务，6 月 27 日通过道路交工验收，8 月 31 日通过中分带绿化提升工程交工验收，完成投资约 1.1 亿元。

（王玉侠）

·铁　路·

【概况】2018 年，中国铁路上局集团有限公司阜阳北站亳州站（以下简称“亳州火车站”）开展安全大检查和安全专项整治活动，抓好接发列车、施工、调车、旅客乘降、防火防暴、劳动安全、防暑、防寒、防洪、防汛等季节性的安全控制，落实干部逐级负责制，确保运输安全持续稳定。截至 12 月 31 日，车站实现安全生产 3408 天。完成运输收入 2.17 亿元，发送旅客 295 万人。

完善规章制度。及时对《技规》《行规》《站细》和行车有效文件进行修订完善，重新修订行车、客运等各岗位作业指导书，及时修订完善车站管理制度，组织职工学习、抓好落实。

增强安全风险控制能力。抓好日常业务知识学习，推进模块化教学，开展经常性应急演练，提高职工的业务素质和应急处置能力。开展标准化班组、车站的创建，完善班组安全制度和岗位自控、作业互控、人机联控等制度，确保关键作业受控。

组织开展安全活动，提高职工安全意识，夯实车站安全基础。按照阜北直属站的活动要求，组织开展安全大检查活动、劳动安全专项整治活动、调车专项整治活动等安全整治活动。针对影响当前运输安全的薄弱环节，结合实际，细化制定检查方案，明确检查重点，责任落实到人。管理人员带着问题下现场，在发现问题、分析原因、制定措施、指导整改上下功夫，通过检查发现问题，整治消除隐患，强化安全源头控制。

【旅客安全风险控制】2018 年，亳州火车站加强旅客安全风险控制，确保春运、暑运及清明、端午、

图 105　2018 年 3 月 3 日，亳州站春运（张延林　摄）

中秋、“五一”“十一”小长假期间的客运工作安全。在旅客运输中，亳州站的安全风险控制重点是售票、候车、进站、上车、出站环节。加强客流组织，促使旅客流动有序，控制拥挤、踩踏风险；加强计划管理，执行旅客列车超员率规定，严控列车超员。加强旅客乘降组织，照顾好重点旅客，防止幼童坠下站台造成伤害；加强危险品检查，防止火灾爆炸造成群死群伤；与阜阳利捷公司配合，抓好售货点检查管理，杜绝销售“三无”食品，预防旅客食物中毒。加强设备设施检查，重点做好广播、导向、电梯、消防器材等重点设备的检查，落实管、用、修制度，保证状态良好，确保设备使用安全可靠。

【客车安全风险控制】2018年，亳州火车站加强客车安全风险控制，确保客车安全。牢固树立在任何时候必须确保旅客列车绝对安全的理念，全面加强客车安全风险控制。将行车设备质量、穿越正线调车、车辆防溜、非正常行车、试风作业、限速命令管理、施工安全、客车防火防爆、作业通道管理等，纳入客车安全重点风险进行管理和控制。穿越正线调车作业时，在作业计划中注明客车接发时刻，加强把关干部作业盯控，按《站细》规定时机停止调车作业。严格执行接发列车作业纪律，执行临客“一日一表”制度，核对阶段计划、日班计划和客调命令，按图行车。

【接发列车安全风险控制】2018年，亳州火车站加强接发列车安全风险控制，确保接发列车作业安全。以防错办和防“两停”为重点，对大客流和旅客上车困难的列车，及时汇报调度员，控制好后续列车的运行。对于可能出现的机外停车等情况，果断报请调度员，安排邻站“扣点”；临站已报点列车，提前呼叫司机“慢行”，避免列车责任晚点和机外停车等问题的发生；以防止电力机车进入无电区（停电区）为重点，核对机车属性，填划停电占线板，核对停电命令、车机联控电力机车戴帽等安全措施。严控非正常行车安全，把关人员不到岗不得办理非正常接发列车作业，加强对进路、命令、行车凭证、运统-46登销记等关键环节控制。遇设备故障时，能严格执行“一扣停、二汇报、三通知、四登记、五销记、六组织行车”的作业程序。抓好重点列车安全风险控制，牢固树立专运无小事、军运无小事的大安全意识，加强行车联合检查，确保行车设备良好使用。加强重点列车的把关，督促作业人员按标准作业，加强助理立岗接车，确保军运专运安全正点。加强“4·10”“7·1”新图实施安全的控制。加强新图知识的学习，掌握每一次的新图变化重点内容；新旧图交替期间，严格执行客车一日一表制度，加强联系，核对车次，按图行车，值班干部把关到位，确保了4次调图实施安全。

【调车作业安全风险控制】2018年，亳州火车站加强调车作业安全风险控制，确保调车作业安全。落实调车作业“三项制度一个标准”，加强调车作业计划编制、审核、传达、执行和干部把关等全过程控制；加强调车作业的计划组织，严格落实穿越正线、“问路式”调车制度。加强关键点、关键人、关键时段控制，发挥调车长在作业中的指挥、布置、提醒作用。强化调车作业关键环节控制，对调车进路不确认、领车不到位、压岔调车不执标、防溜不彻底、以车代步等突出问题彻底进行整治，确保调车安全。组织开展调车安全整治活动，查找整改调车安全隐患，提高调车人员的安全责任意识。

【施工安全风险控制】2018年，亳州火车站加强施工安全风险控制确保施工安全。施工项目有货场改造施工、商合杭垮京九线施工、上半年和下半年的集中修施工、工务电务供电的设备维修施工，车站重点抓好施工方案、调度命令、作业防护、放行列车条件，以及路用列车和机具管理等。制定施工安全把关预案，落实施工会议制度，严把施工前准备，施工中控制，施工后总结“三关”，加强施工过程把关写实和监控。非正常行车时，执行作业人员、把关人员双确认双汇报“两条线”制度。落实天窗检修制度，“施工不行车、行车不施工”。针对电化天窗计划，严控检修作业车安全动态。

【劳动安全、职工上下班交通安全风险控制】2018年，亳州火车站传达学习劳动安全事故通报，吸取教训，引以为戒。整治作业环境。对调车平台、作业通道、货物线等环境进行排查整治。抓好关键人员控制。强化调车、助理试风等作业控制，集中整治违章上道作业、调车作业进档不防护、电气化区段作业中不严格执行规定等行为。明示劳动安全关键处所。上线作业，必须固定走行线路并在岗位揭示。加强职工上下班途中道路交通安全防范教育，对职工上下班时间范围、交通方式、行走路线进行重新登记建档，防范和消除职工上下班途中安全风险。

【路外安全风险控制】2018年，亳州火车站加强对防护栅栏的日常检查，发现破损、残缺及时上报，实现站区全封闭管理。与驻站公安密切配合，加强路外安全宣传教育。加强电气化铁路安全对外宣传、告知和教育工作，为铁路运输提供良好的运营环境。

【防火防爆安全风险控制】2018年，亳州火车站落实安检查危管理制度，严格落实作业标准，加强“进京”“进沪”等方向列车二次安检，确保旅客和携带物品一人不漏、一件不漏地“全覆盖”安检。做好消防工作。突出季节性消防安全和票厅、候车室公众集聚场所以及信号楼等消防安全重点，加强以“三懂三会”为重点的消防安全知识教育和宣传，强化电化区段防火应急教育。开展火灾隐患普查整治，梳理问题，落实责任，抓好整改。加强候车室、信号楼、仓库以及站区结合部的日常消防安全管理和对存在隐患的整治。

【季节性安全风险控制】2018年，亳州火车站利用现代化通信手段，及时了解掌握暴风雨雪等特殊天气信息，做到提前准备。加强干部值班，把关督促作业人员按标作业。明示防洪危险地段，制定防洪工作细化措施，完善防洪预案，明确责任，严格落实“四位一体”防洪检查制度，完成汛期运输任务。落实上级扫雪防冻工作有关要求，制定扫雪防冻预案，组织扫雪队伍，以雪为令，及时清扫道岔、站台积雪，确保运输畅通和安全。

（路贵贤）

·航　运·

【概况】2018年，亳州市内河航道通航里程206.28千米。有航运企业18家，港口企业7家，船舶1700余艘，160万载重吨，船员5300余人。

《亳州港总体规划（调整）》发布，一批规范化港口和码头在规划建设中。

召开水上交通工作视频会议。印发《关于进一步加强全市水上交通工作的通知》，重新明确县区政府、行业主管部门、海事机构、乡镇政府各方职责。要求县区政府履行渡口设置和撤销的审批职责，按照“能撤则撤，撤建并举”的原则，撤销客流量小、安全隐患大的渡口，优化渡口布局，撤销渡口4道。

对重点时段和领域水上交通安全进行监管。开展隐患排查，加强节日期间渡运巡（检）查频次，防止超载等违章行为发生。提前对庙会涉及渡口渡船进行安全检查，并发送庙会预警，告知庙会地乡镇政府庙会时间，督促涉渡乡镇政府派员到渡口现场维持渡运秩序。及时进行内、外部预警，提高雾、霾、大风、暴雨等灾害性天气的安全管理和应对

图106　谯城区标准化渡口建设（市交通局　供图）

能力，防范恶劣天气。举办水上应急演练。

办理网上行政审批2000余件。检验船舶1700余艘。开展船员违法记分工作，对200余名船员实施违法扣分342分。行政处罚550余起，罚款65万余元。评查全局系统执法案卷2次，举办2期海事执法人员培训班。

本年度，市海事局创新工作方式方法，解决执法过程中出现的难题，交通运输部、省交通运输厅、市政府网站均对此进行报道。

【海事环保】2018年，市海事局环保工作委员会成立。制定《海事局环保工作任务分工落实方案》，明确工作任务、行事历和责任人，推进海事环保年度工作任务。坚持条块结合，成立海事环保网格化协调小组，局领导分块协调指导各县区海事环保工作。出台《亳州市非法码头核验专项行动方案》，成立4个核验组，推进核验工作，完成294个点位的港口码头环保核验任务。开展港口和船舶污染物接收、转移和处置。督促涡阳港区皖北物流码头、鸿运码头和蒙城港区常兴货运码头、常兴第一码头等4个码头，建设船舶生活污水接收池和船舶油污水接收池8个。落实船舶污染物接收、转运及处置监管制度。召开船舶污染物接收、转运及处置监管联席会议，印制处置联单，开展联合专项整治活动。加强船舶及其有关作业活动污染水域环境应急能力建设。在蒙城常兴水上加油站、涡阳杨小庄渡口分别开展消防和防油污应急演练，蒙城常兴水上加油站购置吸油毡、围油栏等防油污应急设施。在涡阳皖北物流码头、涡阳鸿运码头、蒙城常兴第一码头、蒙城常兴货运码头4家码头9个泊位建成10套岸电设施。

【无证经营码头专项整治】2018年，亳州市召开“持续推进打击无证经营码头专项整治工作”视频会议，部署工作。全市272家无证经营码头全部完成整治任务。完成《亳州港总体规划（调整）》报批工作。《亳州港总体规划（调整）》报经省政府审批，并正式对外公布。引导各县区对规划岸线范围内的港区建设进行规划，做好港口码头建设政策指导和审批服务工作。做好涡河旅游码头审批工作。

打击无证经营码头专项整治活动中，大量船舶在谯城区大寺港区、蒙城检查站下游等地滞留，引发船民生活物资紧缺、情绪急躁、集体信访等社会问题。市海事局到谯城大寺港区、蒙城水上交通检查站等地现场办公，抽调全市海事执法人员，采取联合执法、集中行动，依法依规处理，做好应急保障和服务；联系辖区合法环保码头，稳定装卸价格，帮助滞留船民尽快到合法环保码头卸货；在蒙城检查站进行源头宣传和管控，引导待港船舶有序进入。

（孙立生）

·亳州交通投资控股集团有限公司·

【概况】截至2018年年底，亳州交通投资控股集团有限公司（以下简称“交控集团”），下属全资、控股、参股子公司32家，员工人数共计1331人。集团公司资产总额98亿元，负债总额51亿元，净资产总额47亿元，资产负债率52.03%。实现经营性收入26511万元，较上年增长275%；实现经营性利润1474万元，缴纳税费2165万元，其中经营性税费446万元，较上年增长22%。

春运期间，亳州公交共投入运营车辆400辆，累计发班13.7万趟次，完成营运里程190余万千米，安全运送旅客292.56万人次，未发生安全生产责任事故。

亳州公交推出“华佗线”主题公交，宣传环保理念，“华佗线”主题公交是继“木兰线”之后，亳州公交联合市文化旅游局推出的第二条人物主题文化线路。

亳州公交与药都银行联合打造的公交智慧支付正式上线。亳州公交所有运营车辆实现亳州公交IC卡、药都银行卡、银联银行卡刷卡支付、NFC接触式支付及银联云闪付、微信、支付宝扫码支付。

开设“新时代讲习所”，按照有场所、有队伍、有课程、有方法、有制度、有资料的“六有”标准，构建“新时代讲习所”教学点，完成授课19期。开展“我要当先锋”演讲活动。创立“三五三”党建品牌。开展首届“交控工匠”“杰出青年”评选活动，评选出“交控工匠”6名，“杰出青年”6名。

本年度，交控集团被团市委、市希望工程领导小组办公室联合授予“爱心单位”称号；被市总工会、团市委、市妇联联合授予“公益扶贫爱心单位”称号。在团市委举办的“新时代 新青年 新作为”青年微宣讲比赛活动中获“优秀组织奖”。集团下属公司亳州公交公司被市文明办授予第八届亳州市“文明单位”称号，被市人社局授予“亳州市劳动保障守法诚信A级单位”称号。亳州公交公司党总支被市委组织部评为第一批“五星基层党组织”。安行天下驾校被省驾培协会评选为全省首批“最美驾校”。

▲“三五三”指三标、五美、三力。“三标”指基层党组织标准化、党支部活动标准化、党小组活动标准化；“五美”指信念之美、学习之美、岗位之美、关怀之美、廉洁之美；“三力”指党建做实了就是生产力，做强了就是竞争力，做细了就是凝聚力。

【项目建设】2018年，交控集团承接多项亳州市重点项目，按照“严、细、序”工作要求，先后组织“形势发展分析会”“百日会战誓师会”“大干六十天鼓劲会”等专题会议，集团班子成员轮番督战，推进项目建设。亳州北公交客运枢纽站项目完成验收，老君大道等3处公交首末站建成并投入使用，亳州公路客运高铁枢纽站项目序时推进，省道307亳涡一级公路收费站项目开工建设，再生资源交易市场项目一期已完成前期工作，钢结构厂房安装完成。

【融资工作】2018年，交控集团谋划并推进落实债权融资计划、驾考中心贷款项目，累计落实融资额约5.7亿元；对接农业银行、药都银行等商业性银行开展流动资金贷款业务，并分别从农业银行、药都银行获得1000万元、6000万元流贷授信；对接开展国银租赁、农银租赁开展融资租赁业务，并取得较大进展，年初完成授信1亿元；直接融资方面，开展推进PPN、短融、ABS、国省干线服务区债券、股权并购融资等项目的发行工作。

【亳州公路客运高铁枢纽站奠基】2018年4月18日，亳州公路客运高铁枢纽站奠基仪式举行。亳州公路客运高铁枢纽站的奠基，标志着商合杭高铁项目亳州配套工程正式启动。

亳州公路客运高铁枢纽站项目是亳州高铁南站配套项目，汇集高铁、城际、汽车客运、公交

图107 2018年6月，亳州公交推出“华佗线”主题公交（高层层 供图）

图 108　2018 年 12 月 29 日，在全省最美驾校颁奖典礼上，安行天下驾校获奖（高层层　供图）

场站、出租场站、社会车辆等综合性交通枢纽项目。项目位于亳州市经开区酒城大道北、京九铁路东、神农大道西、银杏路南；总用地面积 13.16 万平方米，总建筑面积约 6 万平方米。项目总投资约 6 亿元，预计 2019 年年底建成通车。

【亳州北公交客运枢纽站项目建设完成】2018 年 9 月底，亳州北公交客运枢纽站项目建设完成，10 月 1 日，公交车进站运营。该项目于 2017 年 3 月开始建设，位于北一环路以北，药王大道以东，新安路以南，占地面积 53333.6 平方米，总建筑面积 17291 平方米。亳州北公交客运枢纽站是集长途客运、城市公交、城乡客运、城市出租车等为一体的零换乘综合客运枢纽站，可以有效缓解亳州现有客运站站场基础设施落后，停车场地小，车辆在站外乱停乱放及周边车辆拥堵的现象。

【安行天下驾校获评安徽省首届“最美驾校”】2018 年，安行天下驾校打造汽车文化驾校，全方位升级改造训练场，重新规划训练场地，科学合理布置训练车位，引领安行天下由价格消费向价值消费转型，进一步提升学员满意度和通过率，打造驾培行业标杆企业。本年度，安行天下驾校共培训学员 11334 人，取得驾驶证 8150 人，通过率 72%。12 月 29 日，安行天下驾校被省驾培协会评选为全省首批“最美驾校”。

【安源检测公司在全省率先开通大车“入户”绿色通道】2018 年，安源检测公司深入贯彻落实“放管服”改革要求，在全省率先建立大型车辆通道式服务工作站，共检测大型车辆 7989 辆。绿色通道开通后，大型车辆从受理审验、车辆检查到选号上牌均沿一个通道进行，精简办事流程，方便群众办理注册、变更登记业务。

（高层层）

邮　政

【概况】2018 年，亳州市邮政、快递企业（含总部直营分支机构）60 家；邮政营业场所 139 处，其中普遍服务场所 130 处，村邮乐购站点 1988 个；快递企业分支机构 273 家，快递末端服务网点 73 个；全行业从业人员近 6000 人。完成邮政业业务总量 17.78 亿元，同比增长 41.14%；邮政业务收入 11.11 亿元，同比增长 31.28%；业务量、收增速均高于全省，首次实现双破 10 亿元。其中，快递和包裹业务量 7114.6 万件（排名居全省第五位），同比增长 51.6%；快递和包裹业务收入 5.88 亿元（排名居全省第三位），增长 48.1%。“快递 + 花草茶”项目被国家邮政局评为“全国快递服务现代农业金牌项目”。

本年度，亳州市邮政管理局被评为“市直机关基层党组织标准化建设达标单位”“第八届亳州市文明单位”“市安全生产先进单位”“市直机关效能建设优秀单位”等称号。谯城区十九里镇电商快递综合服务中心、利辛县阚疃镇电商快递综合服务中心获评“市青年文明号”。亳州申通快递员徐文浩获评“全省最美快递员”。2 人获评“市五一劳动奖章”，5 人获评“市三八红旗手”，6 人获评“市技术能手”，4 人获评“市青年岗位能手”。

【行业监管】2018年，亳州市邮政管理局对邮政普遍服务及特殊服务进行业务监管。落实政企会商制度，推进邮政普遍服务基础建设年活动，30个普遍服务网点完成翻新改造。实现《人民日报》在县级党政机关当日见报和1272个建制村直接通邮。邮政机要通信平稳安全运行。开展寄递渠道“扫黄打非”工作。开展邮票发行监管和社会监督。

监管快递市场。推进行业“放管服”改革，简化行政审批事项流程和所需材料，推进许可工作实现“网上申请、在线办理，一网办通”。规范市场经营秩序，推进行业诚信体系建设工作开展。提升快递末端服务水平，推动快递末端网点备案管理工作，联合房产、规划、民政等部门出台实施意见保障快递进社区工作落地。依法行政，全年实施行政处罚2.6万元。

监管寄递渠道安全。通过专项检查、联合检查等形式确保亳州寄递渠道平稳运行。开展全市邮政业安全生产标准化建设，实现安全生产监管工作的规范化、制度化、常态化。

【邮政服务】2018年，亳州市推进邮政服务基础设施建设。由圆通总部投资3.5亿元建设的圆通速递皖北项目中心于5月正式投入使用；利辛圆通、利辛中通等企业集资建设利辛县电商快递园，入驻快递企业5家；亳州中通、蒙城申通、蒙城韵达、市邮政公司、亳州申通、亳州百世、蒙城县邮政公司、利辛天天等企业分拣处理场地实现更换升级。拓展延伸大包裹、云仓等服务，推广应用自动化分拣处理设备。推进邮政业与电商协同发展，支撑网上零售额比重增加。快递服务现代农业成效突出，“亳州花草茶”被国家邮政局授予“快递服务现代农业金牌项目”。快递服务现代制造业取得成效，利辛县“快递+丝网纱门+挡风被”形成集聚效应。

【精准扶贫服务】2018年，亳州市建成邮乐购站点1988个，实现贫困村全覆盖，推出精准扶贫产品近百种，打造出城父马岚奎变蛋、西淝河咸鸭蛋、高公糖醋蒜等特色扶贫项目，带动贫困户增收。邮政、顺丰等企业与谯城区五马镇桃农合作，帮助桃农通过网上销售桃子3.5万千克，实现销售额近30万元。亳州圆通、申通、中通等快递公司到谯城区赵桥乡六集村帮助困难家庭销售葡萄的事迹被《中国邮政快递报》《亳州新报》等媒体报道。全年各邮政、快递企业发挥“工业品下乡、农产品进城”渠道优势，为农民增收近800万元。

【圆通速递皖北项目中心投入使用】圆通速递皖北区域中心项目于2015年8月在亳芜现代产业园区正式开工建设，该项目由圆通速递所属公司上海圆通蛟龙投资发展（集团）有限公司投资3.5亿元兴建，规划总占地面积10.53公顷。建设内容包括圆通速递皖北区域管理总部、电子商务创业园、速递转运中心等。2018年5月正式投入使用，预计可带动全市新增营业收入11.5亿元，带动就业2000余人。

【“亳州花草茶”获“2018年全国快递服务现代农业金牌”称号】2018年12月，国家邮政局揭晓2018年全国快递服务现代农业金牌项目名单，“亳州花草茶”获“2018年全国快递服务现代农业金牌”称号。

按照省政府办公厅《关于推

图109　邮寄花茶（刘虎诚　供图）

进电子商务与快递物流协同发展的实施意见》要求，亳州市推动快递服务现代农业，引导快递企业参与电商进农村全覆盖工作，以乡镇服务网点加快“快递+”特色农产品项目建设，搭建农村电商物流快递体系。拓展农产品销售渠道，助力农民增收。“亳州花草茶”全年业务量近3000万件，实现快递业务收入1.4亿元，带动就业2400人。

（刘虎诚）

通　信

【电信】2018年，中国电信亳州分公司率先在全省开展以店包区营维合一，系统推进向上划小，提升主动支撑意识和专业支撑水平，助力承包人创业致富，实现企业经营快速健康发展。响应政府信息化建设，整合各类资源深耕互联网+领域，推动信息技术在亳州广泛应用，助力政府提升管理效能。以大数据分析为基础，运用智慧营销不断提升服务群众的能力和水平。

推进全光网建设， 新增光端口约16万个，光端口占比和光端口占用率均居全省前列。4G网络采用多频段混合组网方式，高流量区域通过2.1G加深覆盖，农村区域通过800M进行广覆盖，实现光纤和4G网络全面深度覆盖。根据省公司建设要求，筹备5G建设。

本年度，中国电信亳州分公司完成多次重大事项通信保障任务，被评为全市2018年机关效能建设考核优秀单位、市2018年劳动保障诚信A级单位、谯城区放心消费示范单位。基础服务达标，全年无服务风险事件发生，第四季度获平稳运营激励，并获省公司“客户问题快速处理技能大赛优秀组织奖”。

（段伟甲）

【移动】2018年，中国移动通信集团安徽有限公司亳州分公司（以下简称“亳州移动公司”）通信服务收入15亿元，收入规模在全省各地市中排名第四位。客户整体满意度85.97%，领先度2.64%；宽带满意度79.47%，网络满意度84.98%，均居全省排名前列。

加大网络提速降费力度，实现高速宽带城乡全覆盖，明显降低家庭宽带、企业宽带和专线使用费，取消流量“漫游”费，降低市民通信成本。在政企市场加快专线、物联网、ICT、IDC/云等重点产品发展，以信息化手段助力“智慧亳州”建设。

开展“弱覆盖攻坚”专项整治，完成107处弱覆盖区域整治，实现城区、乡镇街道基本全覆盖，美好乡村、新农村等人口密集农村区域覆盖。解决信号弱覆盖区域594处，提升农村的广度覆盖和连续覆盖。加快网络基础设施建设进度，落实“宽带强国”战略，自建宽带覆盖172.2万户，农村有线宽带覆盖率76.6%。提升装维服务质量，装维响应及时率、装维及时率、装维回访满意度在99.5%以上。落实网络与信息安全管理，完成“两会”等重大活动网络安全保障任务，累计完成亳州药交会、扶贫会、古井药膳大赛等16项通信保障工作。

本年度，亳州移动公司获全省通信行业网络安全大赛一等奖。

（李晓波）

【联通】2018年，中国联合网络通信公司亳州市分公司主营收入同比增长9.86%，利润同比增长72%，完成率102.56%。

聚焦重点产品，实施重点攻坚，用户规模提升。把握市场趋势和节奏，抢抓王卡等2I产品机遇期和宽带融合刚需，截至12月份，移网净增用户规模位居全省第二位。拓展异网客户触点，强化本地线上合作，提高引流能力，腾讯王卡在“网上办事大厅”和“我家亳州”APP上线。推进C计划建设。设置端口利用率提升达标激励、社区体验店增量收益分享激励。截至12月，端口利用率提升值居全省第一位。

优化销售组织，发展效益与能力提升。依托沃行销系统，“轻触点”“重装甲”“王卡专员行销队伍”等新型渠道协同建设均居全省前列。自7月起，亳州成为全省“蜂行动”（沃行销）试点地市，建成具有一定规模的王卡专员行销队伍，依托沃行销平台，通过“场景、人、能力”三匹配，实现单人月平均产能提升。优化实体渠道考核模式和激励体系，牵引渠道转型。针对“名单制”社会渠道设立“一店一表”，引导渠道走出去、组建地推直销团队，社会渠道产能和获利实现双提升。截至12月，“名单制”渠道出账净收入较全市平均水平同比改善2%以上。通过达量爆量体系、中高端对赌策略、冲刺PK赛等形式提高自有人员业务发展积极性。同时构建新型营销力量，持续迭代提升营业厅整体运营水平。优化划小承包模式，变“增量收入”分享模式为“增量收益”分享模式，激发各级活力。

推进政企与创新业务发展。聚焦重点产品重点行业，做好商企托底；聚焦重点客户重点项目，实现基础业务、创新业务相互推动。全年政企业务同比增长26.3%。实施市教育局钉钉办公平台综合业务项目、司法矫正平台项目、安监平台项目，通过钉钉平台、云计算等创新业务，新增收入同比增长40%。

推进存量价值运营。推进低消和畅越计划规模上量，提升用户价值，截至12月，迁转畅越冰激凌套餐完成率166%，位于全省第一位。开展存量一体化和冰激凌负收益迁转，每月减少漫游流量费用结算近百万元。通过“关新增、控回落、快换机”等举措持续推进2升4工作，流量得到有效释放。聚焦热点难点，提升客户感知。建立市县联动的服务质量监督体系，细化客户投诉问题分析，超标准完成2018年集团公司短板攻坚目标。以赛代训，开展专项竞赛活动，截至12月，投诉平均处理时长大幅缩短，客户满意度位居全省第一位。聚焦装维服务，强化技能培训，实现家庭互联网服务需求“一站式”解决。将申诉指标纳入各单位KPI考核，明确升级投申诉倾向问题逐级上报机制，将可管控问题的处理权限前移，提高源头解决申诉的能力，全年无一起不明扣费类申诉。

成立“建维优”一体化工作小组，依托大数据支撑平台，支撑网络及用户发展。加强宽带中台建设，宽带装、修、移机时长等重点网络服务指标改善，完成全年宽带NPS考核任务。简化集团大客户接入网工程总承包项目评审流程，将评审迁移至钉钉平台，缩短审批时限，提高支撑响应效率。完成线上订单监控、终端管理、高价值客户维系等系统的开发和优化。针对普铁开展专项优化，亳州至阜阳段实现全程高清视频不卡顿、通话不掉话。

建立资金计划趋准机制，提高资金使用效益。开展“线上线下营收一体化”项目现金归集工作，释放前端生产力。推进电子商城2.0的应用，制定物资保障滚动计划，提升物资采购规范性。加强自建楼顶站点，降低铁塔租赁成本。通过2G退网、SDH退网、机房设备瘦身、自建简易基站、自主研发简易空调室外机喷淋系统等举措，实施网运成本精准预算。开展实名制核查，加强对异常数据的监控，防范不规范经营。强化欠费管控，制定清理计划并实行月度考核，对重点区域和渠道及时督促整改。加强安全生产日常管理、审计与风险防范，开展规章制度梳理优化，公司治理能力提升。

实施全面激励，376名员工获晋级晋档。加强战略人才队伍建设，12名专业序列员工通过双通道战略人才晋升为骨干人才和新锐人才，岗位带宽分别浮动晋升至11~13级、8~10级。在绩效、司龄津贴、岗位工资等方面提升员工薪酬福利待遇。增设全员季度专项绩效薪酬奖励，优化管理人员绩效激励模式，提高低职级岗位等级，打破外包制员工与合同制员工的差异化薪酬。开展劳动、技能竞赛，组织业务培训，队伍能力与素质提升。

（赵　丽）

【无线电】2018年，亳州市无线电管理处依据《关于安徽省150MHz、400MHz频段专用对讲机频率分（指）配规划和使用管理有关事宜的通知》要求，梳理全市无线电频率使用情况，为市气象局、亳州瑞尔普斯企业管理有限公司、康美（亳州）华佗国际中药城有限公司等单位科学指配无线电频率，指导开展电磁环境测试，办理核发无线电台执照。

网上办理行政许可6件，其中频率使用指配2件，设台申请1件，业余无线电呼号指配1件，频率使用审核转报2件，核换发无线电台执照745个，完成网上办理率100%的岗位责任目标，实现“不见面审批”。

召开2018年通信基站管理工作会议，安排部署2018年度基站抽检工作，派出技术人员分别对3家运营商的基站按照不同的技术体制随机抽取被检基站，完成通信运营商基站抽检任务。组织技术人员走访广电、气象和

图 110　2018 年 1 月 4 日，技术人员进行无线电干扰排查（张耀　摄）

人防系统，听取各单位无线电频率、台站使用管理情况，对各部门在用各类无线电台站进行现场核查，摸清各部门的设台、用频情况，规范台站管理，建立长效工作机制。

开展日常无线电监测及重点频段监测，全年频谱监测总时长 9200 余小时，编发无线电频谱监测统计报告 12 期。受理上海铁路局阜阳通信车间、亳州移动公司等无线电频率干扰排查申请 5 起，组织人员排查干扰源，消除通信干扰，保障通信安全。

对市境内非法无线电信号监测和非法无线电台（站）进行定位追踪。开展 6 次信号专项巡查活动，查处利辛县大李集镇等 2 个非法电视台，蒙城县皇家花园小区、利辛县时代广场小区等 4 个“黑广播”，蒙城县乐土镇 1 个手机屏蔽器，独立开展行政执法案件 1 起，完成查处 6 个非法设台的年度岗位责任目标。

规范市无线电发射设备生产经营活动，加强无线电发射设备源头管理。下发《关于联合开展无线电发射设备生产经营活动长效监管的通知》，启动无线电发射设备生产经营活动的长效监管工作，开展联合执法检查，检查对讲机使用频率、发射功率、型号核准等情况，基本掌握了全市生产和销售无线电发射设备的情况，为建立全市无线电发射设备生产经营活动长效监管机制奠定基础。

利用固定、移动监测设备为利辛、涡阳两县做广播电视信号覆盖率的测试，开展广播电视信号监测采集，历时 2 天，行程 420 余千米，采集多个监测点对 48.4MHz~806MHz 频段除公众移动通信外的 309 个信道进行空域分析，完成广播电视信号覆盖率测试，助力两县脱贫攻坚。

完成全国“两会”、世界徽商大会、中非合作论坛北京峰会等重要时期的无线电安全保障任务 5 次。完成教育、人事、卫生、法律等各类重要考试期间的无线电安全保障任务 41 次，出动无线电技术人员 230 人次，出动无线电监测和管制车辆 123 台次，防范并打击利用无线电设备作弊行为，维护考试公平。

开展无线电管理宣传工作。组织通信运营商发布短信近 13 万条，市级广播电视媒体播出宣传字幕 3 天。联合市业余无线电运动协会走进亳州市第八中学，通过悬挂条幅、展示设备、举办科普讲座和无线电测向竞赛等活动，培养青少年学生对无线电知识的兴趣和爱好，激发青少年学生学科学、懂科学、用科学的热情。

本年度，市无线电管理处多次受到安徽省无线电监测站通报表扬。

（张　耀）

城乡建设与管理

图 111　2018 年 8 月 15 日，林拥城美景（刘勤利　摄）

城乡规划

【概况】2018年，亳州市城乡规划局全面实施方案及施工图电子报批工作。严格执行已批建设项目容积率政策。截至第三季度，核实已批建设项目130个，均满足规划设计条件等相关容积率设定要求。对中华药博园、百花园、三国城、陈抟文化园提请规委会研究项目的审批进行把关。百花园项目规划设计方案上规委会，推进中华药博园、三国城、陈抟文化园规划。完成涡阳、蒙城两县城乡规划督察员派驻工作，完成利辛县规划督察员遴选工作。完成希夷大道、板桥口、市政公园周边亮化工作的规划设计方案及施工图。完成希夷大道、板桥口、市政公园周边亮化工作。完成规划设计方案及施工图。配合花海项目内马拉松赛道申报及恋花路周边村庄征迁、土地流转。摸排中心城区拟建临时、永久停车场45处（含在建），完成两处临时停车场建设（魏武大道桥东南地块、西关吊桥东北地块）。起草《社会力量建设公共停车场优惠政策（草案）》，并制定《亳州市停车场建设管理办法（草案）》，拟上报市政府批准。谯城区住建委、市经开区规划建设局和亳芜规划建设局协调会全部启动对所有新批项目进行规划验线，实行验线全覆盖。市直项目进入跟踪管理项目51个，竣工规划核实51个，办理信访案件10起，违法建设移送24起。

协助市政府组织召开46次市政府规划审批暨市规委会全体成员会，审议309个议题。其中工业项目104个，商住项目32个，中小学项目13个，地块控规、专项规划等其他议题160个。

【市政工程规划设计】2018年，亳州市城乡规划局完成中心城区快速路网一期工程方案及施工图设计，工程涉及魏武大道、光明路、人民路、汤王大道、药都大道等约40千米快速化改造和部分节点立交。

开展《亳州市城市总体规划（2010—2030年）》修编工作。补齐城市功能短板，提升城市品质，助力城市转型发展。会同市住建委、市经开区、亳芜园区、区住建委等部门研究梳理中心城区2018年—2019年道路建设计划，计划建设道路共72条，总长度171千米。配合市经开区、市城管执法局，对亳州市经开区公厕进行摸查布点工作。配合市园林局布点街头游园项目，配合市园林局对城区内空地进行摸排布点，选择合适的地块进行街头游园建设。参与花海大世界的规划建设工作，提交熟皮坑项目、问礼广场项目上市规委会审议等。配合市教育局完成亳州经开区、谯城区各10所幼儿园、十所学校的选址工作；配合市体育局完成30个亳州市社区文体中心选址工作。完成对建安路与交通路、光明路、芍花路、药都大道4个交叉口的提升改造设计工作，优化交通提升改造方案设计，采取压缩优化人行道增加机动车道的方式提升路口的提升能力。

【《亳州市城市总体规划（2010—2030年）》修改】2018年，亳州市启动《亳州市城市总体规划（2010—2030年）》修改工作。旨在落实绿色发展新理念和规划改革新要求，用好国家、省支持皖北发展新政策，回应城市发展新诉求，促进城市总体规划更好地引领和指导亳州城市发展建设，提高规划实施的科学性，纠正实施过程中存在的偏差。

该项工作于上半年启动，由市城乡规划局承办，历经实施评估、请示省政府批准修改、现场调研、向省住建厅对接汇报、专家评审、部门意见征求、公示、合法性审查等环节。10月初，形成规划成果，23日，通过省住建厅组织的专家评审；11月12日，通过市政府规划审批暨市规委会第40次全体成员会议，19日，通过市政府第81次常务会议；12月20日，经亳州市第四届人民代表大会常务委员会第十八次会议审议通过并报省政府批准。

规划主要修改以下内容：因落实省委、省政府政策，助力城市转型发展的修改，在符合总体规划的前提下，主要为调出亳芜现代产业园9.7平方千米建设用地，调入到国家中医药健康旅游示范区3.5平方千米建设用地、北部新城3.1平方千米建设用地、林拥城1.5平方千米建设用地和因用地分类标准调整需计入指标的1.6平方千米建设用地；因响应绿色发展，推进生态文明建设的修改，主要为优化城市蓝线，优化中心城区绿地布局；因实施城市高质量发展，打造皖北区域中心城市的修改，主要为增加亳蒙高速、徐阜高速亳州段、亳蚌城际等交通设施，增加“利辛—亳州支线”输气管道、“太和—亳州干线”输气管道及引江济淮等基础设施；因推进多规合一，提升管理水平的修改，主要为优化城市用地布局，调整建设用地性质。

修改规划，重点解决与上位规划的衔接问题，落实安徽省城镇体系规划、皖北城镇体系规划对亳州发展的相关要求，将亳芜现代产业园区纳入特别政策区；响应绿色发展，以空间规划为基础，落实生态网络的相关要求，解决林拥城项目用地的发展诉求，并考虑到项目位置的不确定性，采用弹性控制；落实城市重大项目、区域性重大交通设施等，增加中华中医药博览园用地，对高铁站片区用地性质进行调整；完善公共服务设施布局，补齐城市功能短板，提升城市品质，助力城市转型发展。

【技术复核第三方机构管理】2018 年，《亳州市城乡规划局技术复核第三方机构管理暂行办法》《亳州市城乡规划局第三方复核确认实施细则》等管理办法出台，对第三方复核单位确认原则、使用范围、具体行为要求、不良行为管理，误差范围、其他技术界定等第三方复核机构进行约束性管理和技术指导，为第三方复核单位日常管理提供基本遵行。全面启动经营性项目第三方复核，参照《亳州市城乡规划局技术复核第三方机构管理条款》，加强对第三方复核单位进行管理，确保第三方复核工作的客观公正。第三方竣工规划核实 51 件，第三方复核共 46 件，第三方规划验线 33 件。

【全面实施方案及施工图电子报批】2018 年 1 月 1 日，亳州市建设工程规划电子报批系统试运行。在市城乡规划局网站公布关于亳州市建设工程规划电子报批系统试运行的通知，组织第三方复核单位和市区相关单位电子报批业务培训。4 月 1 日，全面实施方案及施工图电子报批。

（高林林）

城乡建设

【概况】2018 年，市住建委承担政府投资项目 133 个，主要包括房建项目、市政道桥项目、园林绿化项目及公用事业项目，总投资约 204 亿元。完成 47 项重点项目建设，完成投资近 40 亿元。

承建房建项目 17 个。安置还原小区 A 区西扩工程、党风廉政中心二期、中药科技学校二期工程、市第三十一中、F 区小学 5 个项目建成。推进亳芜还原二期、小刘庄棚户区改造、安置还原小区 G 区、市妇幼保健计划生育服务中心、市第三十二中、市特教学校、市嵇康路社区服务中心等 8 个项目建设；推进市百合路社区服务中心、杜仲路消防站、百合路消防站、经开区人民法庭 4 个项目前期工作。

承建市政路桥项目 93 个，总长 183 千米。1 号地 20 条道路、高铁片区 4 条综合管廊、亳芜园区 5 条断头路、经开区 5 条人行道、武警路等 6 条路供水、老君大道 12 条路供水、银杏路下穿立交桥、亳菊路跨宋汤河与亳阜路交口顺接工程等 38 个项目完成；推进杜仲路等 6 条路下穿铁路立交桥、三清大道涡河大桥等 11 个项目建设；道东 2 号地、3 号地路网 31 个项目完成 PPP 项目招标采购，前期工作推进中。

承建园林绿化项目 20 个。板桥口小区夜景亮化工程、法制公园 2 个项目完成；推进市经开区 14 个垃圾中转站及市体育场改造提升工程等 15 个项目建设；推进南湖周边、希夷大道、酒城大道及省道 307 高速入口夜景亮化提升等 3 个项目前期工作。

承建公共事业项目 6 个。市污水处理厂扩建工程、南部新区污水处理厂二期、涡北污水处理厂扩建工程、西关排涝泵站工程 4 个项目通水运行，完成中央环保督察目标任务，药都路下穿京九铁路及商合杭铁路管线综合防护工程完成，推进药都大道南侧供水管道工程建设。改造农村危房 13185 户（谯城区 2071 户、涡阳县 5788 户、蒙城县 2830 户、利辛县 2496 户）；新开工棚户区 16927 套，基本建成棚户区 37766 套；完成整治老旧小区 8 个（谯城区 4 个、蒙城县 2 个、涡阳县 1 个、利辛县 1 个），26.17 万平方米。

【工程建设管理】2018年，亳州市开展工程质量、安全监督执法检查；工程质量标准化、施工标准化创建；质量安全三年行动等。举办3期建筑施工安全专题培训、4期特殊工种人员培训班、4期建筑施工安全生产"三类人员"培训班，累计培训农民工3856人；组织开展4次安全大检查、7次专项治理活动，下发37份执法意见书、97份停工整改通知单、整改通知单279份（含县区），给予11家施工企业，52家施工企业、36家监理企业通报批评。

召开14次全市建筑施工扬尘治理会议，高要求、严标准、重处理建筑施工现场。全市有465个工地，建筑面积3149万平方米，累计督察检查建筑工地项目4219个/次(含重复检查工程)，对85个施工项目的施工监理、单位和项目经理、项目总监因施工扬尘污染防治措施落实不到位等问题进行通报批评，对因扬尘治理不到位的225个项目移交城管执法局立案处罚，已累计处罚121个项目、罚款371万元，其余104个项目在立案处理，9个在建工程（业主或施工项目负责人）被行政拘留。

推进绿色建筑与装配式建筑工作进程，进一步提升绿色建筑星级标准和加强过程监督。[]对于未按照绿色建筑标准设计的工程项目，不予建筑节能审查备案，全市通过施工图审查建筑面积1283.43万平方米。加强工程施工过程建筑节能和绿色建筑执法检查；对于列入绿色建筑重点实施范围的建筑工程项目，不符合绿色设计和验收要求的，不予通过竣工验收。

全市创建省级安全标准化工地（小区）小区4个、市级56个；创建省级质量标准化工地2个、市级23个；市级芍花杯13项、单体44个，省级黄山杯3个。

【黑臭水体治理】亳州市中心城区共有11处黑臭水体，按照省住建厅"竣工80%"的目标任务要求，需要完成9处，截至2018年年底完成10处，完成城市黑臭水体治理任务，未发现水质反弹。

【农村环境整治】2018年，亳州市13个非正规垃圾堆放点整治任务全部完成（提前两年完成全市28个非正规垃圾堆放点整治）；改造完成10.255万户农村改厕；建成40个乡镇污水处理设施。

（李翠飞）

·美丽乡村建设·

【概况】2018年，亳州市推进31个省级中心村、43个乡镇政府驻地建成区、52个市县自主建设中心村项目，设置镇级有害垃圾回收点81个、村级有害垃圾回收点1057个、回收有害垃圾3583吨，集中清理陈年垃圾约50万吨，建成污水处理设施项目80个，完成10.25万户农村改厕。

2017年度31个省级中心村、52个市县自主建设中心村通过省级验收。2018年度48个省级中心村、47个市县自主建设中心村现全面开工建设，完成建设任务的90%以上。全市农村破旧废弃房屋分为无条件拆除类、建设维修类、保护修复类三大类，按照宣传发动、摸底试点、全面实施、检查验收4个阶段分步实施，全市拆除整治破旧废弃房屋248.3万平方米。

【农村清洁工程】2018年，亳州市配备保洁员1.81万人，建设近6万个垃圾收集点，购置2.1万辆收集车。试点推广"不见垃圾桶·垃圾不落地"。全年清理垃圾约50万吨。在全市全面推

图112 专业机械清扫路面（王玉侠 摄）

行农村垃圾分类处理工作，实施垃圾源头分类。建设有害垃圾回收点1057个，回收有毒有害垃圾3583吨。农村范围内的国道、省道、县道、乡道、村道进行全面清扫保洁。市级安排专项资金5000万元，用于以奖代补，县级财政每年安排专项资金不少于4000万元。采取抽样暗访、日常督察、委托第三方测评等方式进行督察，建立农村清洁工程“一月一测评、一月一通报”的督察制度，全年督察12次。

【农村环境“三大革命”】2018年，亳州市推进农村环境“三大革命”，抓住乡镇政府驻地和示范中心村这两个关键点，以点带面推进农村污水处理设施建设。结合区位、人口等因素，坚持因“地”施策，科学选择处理模式。乡镇政府驻地建成区通过建设污水处理厂（站）和城区近郊乡镇直接接入城区污水管网集中处理两种模式推进污水处理。美丽乡村省级中心村及建制村通过管网+微动力污水处理站、管网+大三格式化粪池模式、户用改厕三种模式进行建设。自然村中污水处理设施建设主要采用户用改厕模式。乡镇政府驻地、省级中心村和建制村污水处理设施建设与省美丽乡村建设同步部署、同步施工、同步督察、同步考核，统筹使用资金，对集镇污水处理设施建设实行一周一调度，对省级中心村和建制村污水处理设施建设实行一月一调度。全市80个乡镇政府驻地污水处理设施全部完成建设投入运营；省级中心村、建制村污水处理设施分别建成31个、40个；完成改厕10.25万户。

（朱德文）

·亳州城建发展控股集团有限公司·

【概况】亳州城建发展控股集团有限公司（简称“城建集团”）于2017年9月2日挂牌正式成立，主要承担市政府委托的城市基础设施和公共事业的建设、融资，运营和管理等职能。2018年，城建集团完成经营性收入33.77亿元，完成全年任务的113%；上交经营性税费2.19亿元，完成全年任务的109.5%；完成间接融资任务105.416亿元，完成全年任务的264%；截至年底，20亿元中票、10亿元定向可转债券、2亿扶贫可转换债券完成审批、发行，推进20亿元PPN、14亿元企业债券审批工作。体育馆、城建集团食品中药产业园、原汽车北站、原中心汽车站和希夷大道停车场项目完成所有建设任务，均具备投入使用条件。

【融资工作】2018年，城建集团完成棚改项目贷款、流动资金贷款、融资租赁等融资审批44.8亿元。落实融资资金105.416亿元，其中落实棚改、土储等融资资金94.845亿元，为亳州城区拆迁征地建设、特别是南部新区的拆迁征地，提供有力的资金保障；落实北京信托、国元信托流贷、光大银行流贷等资金10.571亿元，有效充实公司现金流，为公司的发展和项目建设提供有力保障。在直接融资方面，推进银行间市场交易商协会中期票据和PPN、国家发改委企业债券、北金所债权融资计划、省股交中心2018年扶贫可转换公司债券及定向可转债券等。20亿元中票完成注册、发行，发行利率屡创全省同级别新低；2亿元扶贫可转换公司债券已到位；10亿元定向可转债券完成审批；20亿元PPN项目、14亿元企业债券已上报，待审批。

【项目建设】2018年9月，由城建集团投资建设的市体育馆项目完成建设任务，并于9月9日，保障2018年国际中医药博览会顺利开幕。向全国乃至世界药商有力展示亳州市城市建设成果，树立良好现代化城市形象，也为今后亳州市举办各类高级别赛事提供设施条件，为市民提供各类专业健身运动场地。市体育馆位于亳州经开区南湖公园西侧，总投资约4.2亿元，占地8.2公顷，总建筑面积近50000平方米，是一个地下一层、地上三层的建筑。其中，地下一层有一个标准游泳池、一个儿童戏水池，可满足一般比赛和全民健身需要。地上三层包括主场馆、网球馆、全民健身馆等，不仅能够承办大型赛事，还能够满足手球、篮球、排球、羽毛球、武术、柔道、摔跤、跆拳道等体育项目比赛、开展全民健身活动需要。主场馆有固定座席4371座，临时座席1652座，能容纳约6000人。

建安文化广场商业部分顺利开放，食品中药产业园、希夷大道停车场、汽车北站、中心汽车站等项目按计划完成项目建设全部内容并投入使用。魏武广场停车楼、华佗商业广场、零工市场等项目进场开始施工。

【首支20亿元中期票据成功注册】2018年10月，城建集团首支20亿元中期票据成功注册，此次中期票据的成功注册，是继城建集团企业债券、公司债券之后，在直接融资方面又一项突破性进展，成功填补了公司在银行间市场债务融资的空白。同时，银行间市场的成功进入将进一步为城建集团在拓宽融资渠道，优化资本结构，降低融资成本方面发挥推动作用，进而能够进一步提升公司在资本市场上的信誉，更好地为亳州城市建设服务。

【合作开发】2018年4月18日，城建集团与绿地集团安徽事业部签署战略合作协议，根据协议，双方在房地产业务、基建及其他业务方面开展合作，可优先选择亳州市高铁板块一、二级联动开发。10月26日，城建集团参与的绿地安徽亳州城际空间站项目正式启动建设，项目总建设用地近113.33公顷，将加速亳州产城融合发展，提升亳州的城市影响力和经济辐射能力。

【资质升级】2018年，城建集团旗下亳州建投房地产开发有限公司完成房地产开发资质升一级，晋升为房地产开发企业一级资质。建投地产与安徽宝业建工集团、中联湘谯建材有限公司合资成立亳州城建宝业建筑工业化有限公司，填补了亳州城区装配式建筑的空白。

（李　全）

城市管理

【概况】2018年，亳州市开展市容管理和城市基础设施管养维护。推进“放管服”工作，实现行政审批事项全程网办，公共服务事项1日办结制。编制安徽政务服务网实施清单，新增18项网上办事项。开展政务服务事项申请材料清理工作，取消69%以上的申请材料。做好住建领域行政管理权和城管执法部门行政处罚权的衔接工作。组织城管、住建、规划、房产等部门开展业务培训。接收住建领域移送案件212件，立案212件，作出行政处罚决定158件，履行法律程序54件。

纠正各类违法违章行为1.9万起。推进城市街巷立面改造工程，拆除高空楼体广告设施、招牌240余处，共计5300余平方米。投资1600万元完成药都路、芍花路、希夷大道、魏武大道门头店招规范改造22150平方米，出新沿街楼体立面38550平方米。全市“小广告”专项整治活动共收集广告信息2100条，新增追呼电话及手机号码1008个，通过三家运营商对本地小广告号码进行强制停机339个。开展“两治三改”违法建设治理工作，共摸排存量违法建设7115处，面积约75.06万平方米，全部拆除完毕。市城区新增绿化约270万平方米。实施亳芜大道绿化等8个绿化精品示范工程建设，建成绿道约6.5千米，县区新增及改造提升绿化约210万平方米。完成裸露地绿化覆盖约12万平方米，城市绿化管养面积约510平方米，比上年增加约134万平方米，同比增长29.2%。

▲“两治三改”：治理违法建设、违法用地，改造城镇棚户区、城中村危房及老旧小区。

【城市基础设施建设】2018年，亳州市实施希夷大道等8条雨污分流改造项目，完成工程量的65%。完成交通路雨污分流改造工程。采用“小修机制”快速维护市政基础设施，修复破损沥青路面22328平方米，修复破损砼路面19323.9平方米，修复破损人行道路面46231平方米，利用砼路面灌缝57704米，维修侧石58618米。完成井盖维修，雨水篦子更换3216个，排水设施边缘路面修复471个。完成管网连接和修复工程16个。完成管网清淤疏通111千米，检查井3302座，雨水篦子2888个，污泥处置828立方米。完成管网巡查42895千米。完成防汛工作12次，共计出动人员约450人次。完成管网检测103.7千米，其中亳芜工业园区52.7千米，工业园区51千米，共计检测道路23条。完成海棠路、蔷薇路等68条路段路灯新建工程。对小街巷改造中遗漏的街巷进行路灯补装，共补装路灯1300盏。整体完成新华路、三曹路、古泉东路路灯节能改造。2018年制水总量4039.30万吨。完成涡北水厂、第三水厂所属16组井区的迁移置换。投资218万元，完成203组供水主管网阀门改造。实施中心城区控制区未建成区供水管网延伸工程，铺设供水管网22000米。为城区未用上自来水的92户贫困户免费安装自来水。

【生活垃圾焚烧发电项目建设】2018年，亳州市生活垃圾焚烧发电项目建设，市本级垃圾焚烧发电厂二期项目设计日处理能力600吨，通过水资源论证，可研报告初稿完成第一次评审，计划2019年开工建设、2020年建成并投入使用。蒙城县垃圾焚烧发电项目由上海环境集团中标，设计日处理能力700吨，已开工建设，计划2020年底建成并投入使用。涡阳县垃圾焚烧发电项目由中国电力投资集团中标，设计日处理500吨的焚烧炉。完成可研已编制、组织评审、初步设计，2018年12月开工建设、2020年建成并投入使用。利辛县垃圾焚烧发电项目设计日处理能力500吨，工程施工监理已于2018年9月14日顺利开标，工程总承包EPC已于2018年9月19日顺利开标，2018年12月开工建设，2020年建成并投入使用。4个垃圾焚烧发电项目建成投入使用后，亳州市垃圾焚烧发电总日处理能力可达2900吨，可以满足市生活垃圾无害化处理需要。

【环保综合治理】2018年，亳州市城市管理行政执法局共接到督办环保整改案件227件，其中谯城区116件、市经开区41件、园林局58件、公用事业管理处12件。整改销号219件，其中，谯城区整改销号109件、市经开区整改销号40件、园林局整改销号58件、公用事业管理处整改销号12件。不符合销号条件的环保问题剩余8件，其中谯城区7件、市经开区1件。亳州市城市管理行政执法局成立6个核验小组，对各县、区环保问题整改情况进行核验，共核验环保整改问题3162件，其中符合通过条件的2876件、未能通过核验的286件。环境保护非现场检查工作以视频监控为手段，推动中央、省环保督察反馈和交办问题的整改，非现场检查共交办各类环保问题5498件，整改5372件。其中，交办中央和省环保问题监测点问题207件、建筑工地问题4209件、商砼搅拌站问题529件、“五车”监管问题488件、露天烧烤65件。作出行政处罚97起，其中建筑工地类35起，“五车”监管类62起，处罚金额148.82万。在防治大气污染攻坚战中，在各级新闻媒体发稿206篇，在市区制作203幅公益广告，印制20000份宣传册和宣传单。

▲“五车”：清扫车、洒水车、生活垃圾运输车、商砼车、渣土车。

【数字城管建设】2018年，亳州市数字城管系统覆盖城区面积144平方千米，接入市区内视频监控10535处，受理城市管理案件约66万件，派遣率100%，结案率97%。全面推进全市数字城管市县一体、互联互通工作。截至年底，通过数字城管系统向三县派单4845件，处置反馈4788件，办结率99.01%。将县级数字城管纳入城市管理综合考核，突出问题跟踪督办，增强平台运行效果。在三县设立城管“随手拍”平台，拓宽市民参与城市管理的渠道。数字城管与市大数据平台融合，将三县两区59067路视频监控接入数字城管系统，并建设“五车”监控平台。

非现场环保检查组共发现环保问题7387件，已整改7295件，其中第一类环保问题（环保监测点252处）570件，第二类环保问题（建筑工地165个）5512件，第三类环保问题（商砼搅拌站8处）600件，第四类环保问题（“五车”监管1045辆）640件，第五类环保问题（城区露天烧烤34处）65件。

（王纪福）

·房地产管理·

【概况】2018年，亳州市创新“互联网+房产”模式。推进房产系统行政审批事项“应上尽上”，房屋预售许可、预售监管资金拨付、住宅维修专项资金使用等业务全程网办，商品房合同备案、变更、撤销，存量房买卖合同网签等全部交易类业务升级成线上服务，线上办理率、限时办结率、群众满意率均为100%，让群众“不跑腿、事办成”。房产服务流程进一步优化。全省率先取消房屋交易确认工作环节，购房人可直接持相关登记材料办理不动产转移；房产交易网签材料由原来的5件材料压缩到2件，租赁合同备案、白蚁防治等8项公共服务事项由过去的3~8天办结全部缩减为1天内办结。业务联审联办升级，市房产、信息、税务、不动产登记中心4部门联合建立亳州市存量房交易和不动产网上申办系统，二手房交易过户从过去需往返4个部门、提供20余份材料，缩减至只需上一次网、现场提供一份材料，办理时限从16日缩短为5日，交易登记便利。

优化房产服务流程。精简审批、缩短时限。申办材料再压缩，产交易网签材料由原来的5件材料压缩到2件，只保留身份证和购房合同的要件即可直接办理网签，网签办理简易快速。流程环节精简，全省率先取消房屋交易确认工作环节，购房人可持相关登记材料直接到不动产登记中心办理不动产转移。办理时限缩短，交易网签、白蚁防治等8项公共服务事项由过去的3~8天办结全部缩减为1天内办结。

搭建房屋租赁管理服务平台。深化住房租赁改革，完成房屋租赁平台搭建。平台将各类租房信息统一管理，对线上发布房源全部实名认证、系统核验，实现对全市中介和个人租赁交易较为集中监管，解决住房租赁市场规模小、平台分散、信息虚假等问题。市民可直接通过平台和“我家亳州”APP“我要租房”，实现从找房到备案全流程线上操作，办事效率提高。全市规模较大的近20家中介机构全部纳入平台，租赁市场秩序规范，保障租赁双方合法权益。

完成“商品房预定信息管理系统”建设，防止开发商炒房倒房、哄抬房价；全面开通查询系统，保障商品房合同及时备案，防止开发企业“一房多卖”；与不动产登记中心实现楼盘信息共享，交易与登记信息实时对接，保障交易安全、高效。

本年度，亳州市房地产开发累计投资364.88亿元，同比增长13.45%，其中住宅开发投资248.37亿元，同比增长15.17%。房地产信息管理优化，房地产市场监测研判、调控水平提高，房地产市场整体保持稳定。

【房地产市场监管】2018年，亳州市实行房地产项目分类监管。从规划、预售、建设、资金等8方面综合评估，将全市72个项目分“安全型、暂安型、隐患型、问题型”四类动态监管，针对问题型和隐患型的项目，重点执法、跟踪跟进。该做法得到省住建厅认可和推广。加大市场巡查执法力度。对市区开发企业和房产中介巡查12轮，联合市公积金、市工商局等部门开展专项整治4次，下达整改通知书68份，向城管、物价等部门移交违法案件10起，严查严打逾期备案、违规销售、哄抬房价等扰乱市场秩序的违法违规行为，房地产市场秩序进一步规范，房价总体平稳。推进房产领域诚信体系建设。将房地产开发企业和中介均纳入信用信息管理，对碧桂园等5家房地产企业失信行为录入移交、通报曝光，形成“一处违法、处处受限”的联动监管，营造公平诚信的市场环境。加强市场宣传引导。多渠道开办《房产之声》专栏18期，运用报纸、广播、网站等媒体发布交易事项、市场信息200余条，稳定市场预期。定期公开曝光房地产开发销售和中介违法违规典型案件，发挥震慑作用。

【商品房预售资金监管】2018年，亳州市完成商品房预售资金监管办法及细则修订，新《监管办法》按照“定额标准”确定项目重点监管资金，开发企业使用资金的节点由原来4个调整为5个，资金拨付的时间与施工进度进一步匹配，既考虑开发企业资金压力又防范工程烂尾。

严格资金拨付审批管理。建立主城区在建房地产项目形象进度巡查台账，严格按工程实际进度审批监管资金，实时跟踪拨付资金的使用和工程建设。

联合人行、银监局建立联合督察和沟通机制。定期对各项目楼盘销售、贷款发放、资金进账进行比对分析，对主城区8家商业银行全面约谈1次、排查2次、专项督察2次，做到问题早发现、早预防、早处置，确保购房贷款打入监管账户。

【物业管理】2018年，亳州市理顺物业管理体制。将物业管理纳入属地政府工作目标考核，完成2017年度和2018年度县区物业管理的考核评比。出台《亳州市关于进一步加强物业管理工作的实施意见》，完善考核奖惩机制，推进物业管理属地化落实。各县区建立物业联席会议制度，形成由县区政府牵头召集，房产、公安、环保、规划、城管、工商、物价、质监、人防等部门共同参与的物业管理联动机制，物业领域重大问题和矛盾纠纷得到及时解决。

开展物业服务提升行动。对主城区住宅小区动态督察考评 6 次，分新建、老旧、还原小区三类 5 个等级排名通报，责令限期整改；对投诉排名前 10 的小区逐月通报，通过约谈、调研、督导，提升了物业企业服务理念和水平。开展住宅小区消防安全、主城区外墙保温层排查、小区夏季卫生治理、小区建筑垃圾规范堆放管理等专项整治活动 4 次，各小区安全、优美的宜居环境得到改善。

提升物业管理覆盖面。出台《关于规范商业开发住宅小区前期物业管理招投标工作的通知》，将新建小区物业管理全部纳入招投标，并将此作为预售审批的要件，新建小区物业覆盖率 100%。配合市住建委加强对主城区老旧小区基础设施改造维修，提升小区宜居环境。加强老旧小区的物业管理，主城区约 80% 以上的老旧小区和单位自建小区通过社区代管、业主自治、单位聘请物业公司等多种方式实现物业覆盖。

提高业主自治能力和水平。把小区业委会成立情况纳入县区物业考核，发挥街道的主导作用，明确组长由街道办事处代表担任。谯郡华府、高速时代华府等 9 个小区成立业委会，完成 3 个批次、200 多名业委会成员的专题培训，在亳州电视台、广播电台开辟“物业在线”栏目，累计开办宣传 16 期，多角度、多层面加强物业知识宣传和培训，增强业主参与、支持物业管理的主动性，取得良好效果。

【扬尘防控】2018 年，亳州市建立完善综合防治标准。加大拆迁工地扬尘管控，出台《2018 年亳州市拆除施工扬尘防治和安全防范工作方案》《亳州市城市房屋拆除扬尘防治标准》，对相关细则召开现场会进行培训讲解。督促两区与拆迁项目签订《房屋拆除扬尘防治协议》《房屋拆除安全防范协议》《房屋拆除渣土清运协议》，扬尘防治做到标准明确、要求明确、措施明确、责任明确。

扬尘治理巡查督察。推进房屋征收拆迁项目 46 个，面积 277.88 万平方米。加强房屋征迁扬尘防控，对主城区历史遗留征迁项目 16 个点位逐个排查，对新拆迁的 46 个项目全面建立“三单制”台账，建立定期巡查机制、双向交办机制。对全市范围开展征收房屋拆除工地扬尘防控和安全防范巡查督察督导 4 次，主城区范围开展巡查 20 次，印发整改告知函 20 份，所有项目拆除现场渣土和裸露地面全面覆盖，落实扬尘治理措施。

问题整改查验。成立专门工作组，现场跟踪拆迁项目扬尘防控工作和问题整改情况，确保全面完成整改验收。针对网格化交办的 20 项任务，工作组分区巡查监督，全部及时完成整改销号。针对省住建厅防尘办反馈的 4 项任务，2 次发函属地政府，现场指导落实，完成整改，通过省住建厅查验。针对生态环境问题点位核验，完成拆除工地环保核验 39 个，物业类环保核验 62 个，核验率 100%。针对中央环保督察反馈的“亳州市建成区拆建面积超过 1000 万平方米，大拆大建带来的扬尘污染”问题，获验收通过。物业类环保问题 14 个，全部完成查验销号。

（陈　伟）

国土资源管理

【概况】2018 年，亳州市推进国土资源“一张图”和综合监管平台建设，进行 3 轮系统完善优化，通过省级验收；开展政务服务“一网一门一次”改革，全部完成省厅要求的 23 项改革任务；开展“两降低一提升”行动，依法办理各类行政复议、应诉案件 41 件，开展信访问题“深、重、促”专项行动，全市国土资源系统受理各类信访事项 672 件（批次），其中市局受理各类信访事项 256 件（批次）；启动亳州城区基准地价更新工作。

建成高标准农田 6 万公顷，报批各类建设用地 2624 公顷，通过开展土地复垦整治，新增耕地 2113 公顷，全市共出让建设用地 1369 公顷，收取土地出让金 213.86 亿元。

本年度，亳州市国土资源局

对3个党支部和38名共产党员表彰奖励；配合纪委监委共查处系统内违纪违法案件32起，其中给予党纪处分10人、政纪处分13人、组织处理9人。

【建设用地“增减挂钩”】2018年，亳州市国土资源局举办建设用地“增减挂钩”工作培训，对各县区政府主要负责人、分管负责人和82乡镇政府主要负责人、分管负责人进行业务培训。市国土局协助市土地整治办制定《亳州市城乡建设用地增减挂钩资金使用管理指导意见》，提高每亩投入标准，规范推进增减挂钩工作。完成2017年实施的“增减挂钩”项目1200公顷验收和报备工作；完成2018年“增减挂钩”储备库建库2733公顷，完成组卷上报1440公顷，完成实施1406公顷；完成工矿废弃地复垦利用选定项目区400公顷，完成组卷9个批次、280公顷。

【建设用地报批】2018年，亳州市国土资源局共组卷上报各类建设用地148个批次，面积2624公顷，已批88个批次，面积1598公顷；其中市本级上报40个批次，面积595公顷，已批23个批次，面积332公顷。保障全市重点工程、招商引资项目和扶贫攻坚等项目用地需求。

【土地市场建设】2018年，亳州市国土资源局科学编制土地收储和出让计划，合理确定经营性用地上市规模和节奏，逐月排出供地计划，坚持“净地”上市，建立良性的土地收储、上市、资金回笼机制。全市全年共出让建设用地259宗，面积1369公顷，成交土地出让金213.86亿元。其中市本级99宗，面积558公顷，成交土地出让金101.91亿元。

【不动产统一登记】2018年，亳州市各级不动产登记机构运用“互联网+不动产登记”新模式，推行“一窗受理、集成服务”，全面实现不动产登记5个工作日办结目标，群众满意度提高。在全省率先建立不动产登记责任保险制度。共办理不动产登记证书8.3万本、证明11.7万份。其中，市本级共办理不动产登记证书4.3万本、证明5.9万份。

【节约集约用地】2018年，亳州市国土资源局落实增存挂钩机制，开展清理处置批而未供和闲置土地专项行动，通过严控新增建设用地，倒逼盘活存量。处置2009年以来批而未供土地391公顷，完成省厅下达任务数的157%；盘活闲置土地150公顷，完成省厅下达任务数的159%。推进低效建设用地再开发利用，编制《亳州市低效建设用地再开发利用专项规划（2018—2020）》，通过省级评审验收，并经市政府研究公告实施。

【矿产资源管理】2018年，亳州市国土资源局结合中央环保督察，完成涡阳县龙山和东山以及蒙城县双锁山矿山生态环境治理并通过验收，督促涡阳县石弓山玉体采石场开展矿权内矿山地质环境治理工作；开展采煤塌陷区村庄搬迁和综合治理，完成搬迁避让村庄4个，避险搬迁村民874户、3424人；开展地质灾害防治工作，全年未发生一起地质灾害事故。

【土地监管】2018年，亳州市国土资源局开展“大棚房”问题清理整治专项行动，对排查发现的41个问题全部整改完毕。强化土地卫片执法监管，提请市政府召开6次调度会议或警示约谈会议，完成547个，面积232公顷违法违规用地整改工作。配合南京督察局开展各项督察，2018年度反馈的129个问题已全部整改到位127个，基本整改到位2个。

（张启业）

水资源管理

【概况】2018年，亳州市用水总量约10.6亿立方米左右，万元GDP用水量同比下降6.5%以上。经测定，农田灌溉水有效利用系数在0.627；经监测，亳州市纳入省考核的重要水功能区水质达标率100%。开展节约用水宣传教育活动。开展送《中华人民共和国水法》进企业、进学校、进机关等活动，在市广播电视台播放公益节水广告6个月，制作节水系列节目10期。严格计划用水及日常用水管理工作。对列入名录的32家重点用水大户，要求各县区加强用水管理，征收水资源管理费1993.567万元。全市319个入河排污口整改任务，全部完成整治并通过市级核验。

本年度，安徽双轮酒业有限责任公司等3家企业被命名为第四批“安徽省节水型企业”；国能蒙城生物发电有限公司等5家企业被命名为第三批“亳州市节水型企业”。

（王胜杰）

【供水】2018年，亳州市自来水公司有主干供水管网1160千米，中心城区基本全覆盖。自来水用户19万户，用水人口60余万人，市政公共消火栓3388个。

自来水公司完成综合水费收入7682万元，比上年同期增加1328万元；完成安装产值9856万元，同比增加2081万元；安装发展自来水新用户2.8万户，同比增加1.59万户。管道维修服务共计5889次/处，抢修管道漏水462处；维修更换阀门和水表井盖758处；更换水表3670块；排水排沙冲洗管道597处/次；消防栓维修维护419次/处。接听热线电话17.5万人/次；受理市长热线2040件、数字城管1200件、网上办事大厅1641件。政风行风热线上线6轮，线上、线下受理79件。

增设热线电话端口、增加夜间值班人员，保证热线电话24小时畅通。

开展城区远传水表整治，安排抄表人员人工抄表，确保水费回收，联系水表生产厂家，沟通协调。委托第三方维修解决。开发新的自来水营业收费系统，对原营收系统进行更换，实现顺利对接，提高公司的收费管理效率。新增支付宝缴费、翼支付缴费等多种手机缴费方式，让群众足不出户即可缴纳自来水水费，受到广大用户的好评。开展国家节水型城市创建工作，组织节水器具普查、节水单元创建、计划用水、节水宣传等各项工作。

位于汤王大道与杜仲路交叉口以南、汤王大道路西的南区综合客户服务中心建成投入使用，方便城市南部区域居民缴费和各项用水业务办理。

完成市政消防栓维修工程，制作安装防撞护栏200套、更换损坏消防栓146套，合同价45.85万元，通过验收。完成城市供水阀门改造工程，更换D N 100~ D N 600供水主管网控制阀门203组，合同价218万元，11月15日全部完成，12月中旬竣工验收。完成中心城区控制区未建成区供水管网延伸工程，该项目共涉及26个村庄，工程管道总长约6.1万米，合同价为1944万元。16个村庄进行管道铺设约2.2万米，对已完成工程进行竣工验收。进行桐花路等11条路段供水管道改造与连接，管道改造总长度6200余米，合同价为670万元，完成3条路段，在施工3条路段。

完成谯城区5#、6#、7#、8#、9#还原小区供水工程、宋汤河四期、五期接水工程等。

（王　伟）

【制水】2018年，亳州市制水公司完成制水总量4039.3万吨，完成全年任务的99.74%。其中一水厂完成97.81万吨，三水厂完成1700.76万吨，涡北水厂完成1207.78万吨，加压泵站完成1032.95万吨。与计划完成量4050万吨相比减少10.7万吨，与上年同期3929.12万吨增加110.18万吨，增长率2.8%。

亳州城区共有103处水源地，有一水厂、涡北水厂、三水厂和加压泵站4个水厂，103处水源地满负荷供水，4个水厂的日总供水量约12.5万吨。市自来水公司发展新用水户约2万户，城区每日实际需求量在15万~16万吨，每天的缺口近4万吨。

全力推进城南地表水厂3个标段工程项目建设和前期准备工作。对涡北水厂、第三水厂所属16组井区进行迁移置换，完成并供水。

开展节假日期间、重要活动前的安全生产大检查。针对夏季高峰供水的特点，每周、每月对供水设施的重要区域和场所进行检查。加强值班值守，健全防汛机制，确保汛期安全供水。加强电梯、桁车特种设备安检管理，并进行高压电气设备预防性试验，确保供水设备安全运行。抓好消防、反恐应急预案演练和安全知识培训工作，和中建一局联合举行消防应急预案演练及反恐应急桌面推演活动，落实和完善应急防范和处置能力，加强安全生产管理，确保供水安全生产。

【城南地表水厂建设】亳州市城南地表水厂工程是“引江济淮、引淮济亳”工程的一部分，是省、市重点工程。

亳州城南地表水厂位于亳州

市魏武大道与亳芜大道交汇处，厂区实际占地面积为10.1公顷，占地10926平方米，建筑面积34691平方米，22个构（建）筑物单体，工程采用“预处理+常规处理+深度处理”工艺。2018年2月10日开工建设，项目包括厂区建设、取水泵站建设、配水管网建设、配电建设等，其中厂区建设主要包括清水池2座和相应配套设施，计划2020年1月30日竣工。2018年，完成土建工程量70%、机电工艺管道28%的目标任务。

（李明田）

【城区水系治理工程】2018年，亳州市城区水系治理任务为完成凤尾沟三期3.1千米（铁路—亳城河）、龙凤新河4千米（亳芍路—亳芜大道）、团结沟治理主体工程4.3千米。截至12月底，凤尾沟三期、龙凤新河(亳芍路—亳芜大道）、团结沟工程均完成清淤疏浚，实现水系贯通，在进行园建扫尾工作。城区涡河以南初步实现“水活”目标，水生态环境和水质改善。

（王胜杰）

【偷盗水专项整治】2018年，市城管执法局、市公安局、市污水处理费征收办公室、市电视台、报社组成专项整治小组，开展为期3个月的联合执法，对城区范围内宾馆、酒店、浴室进行普查整顿。共普查用水户154家（其中使用自备井87家），补交费用188.512万元（包括水费153.512万元，污水处理费29万元，执法局处罚款6万元），移交公安机关2家（公安局处理1家，执法局处理1家）。促进城市供水管理，规范供水市场秩序。

（王　伟）

图113　2018年，亳州市凤尾沟水系治理（李伟奇　摄）

电力资源管理

【概况】2018年，国网安徽省电力公司亳州供电公司作业现场“在线”管控实现100%全覆盖。建立安全生产专项奖励基金和重大隐患举报机制，调动各方力量共抓共保安全。举办电网大面积停电、防汛等专项演练，完成高中考、药博会、迎峰度夏等重要保供电任务，成功应对“温比亚”、冻雨雪灾等恶劣天气影响。

【电网规划建设】2018年，国网安徽省电力公司亳州供电公司加快电网重点工程建设，220千伏华佗变等11项输变电工程按期投运，220千伏乐土变等21项续建及新建工程稳步推进。主动承担技术创新试点项目，全国首条全线耐候钢杆塔线路工程在亳州建成。高质量推进城农网工程，2016—2017年新一轮农网改造升级“两年攻坚战”工程总体通过验收，1个台区改造工程被评为国网公司2018年度“配电网百佳工程”。优先实施贫困村电网改造升级，提前完成全年112个贫困村台区改造任务。

【供电服务】2018年，国网安徽省电力公司亳州供电公司开展“表后线”专项整治行动，完成1095个台区、12.5万户改造任务。开展供电所星级创建工作，利辛马店供电所被授予“国家电网公司五星级供电所”称号。建成“多表合一”省级示范区，接入用户4.99万户，采集成功率99.95%。服务新能源发展，并网光伏电站4个、生物质发电厂2个。规范完成光伏扶贫电站电费结算，助力打赢脱贫攻坚战。服务打赢大气污染防治攻坚战，完成辛集服务区、蒙城服务区充电站建设，推动中药材电烘干技术、地源热泵技术及电锅炉技术，一大批煤改电项目落地见效。

（孙龙涛）

教　育

图 114　2018 年 11 月 14 日，亳州市开展全民终身学习周活动（张延林 摄）

概 述

【概况】2018年，亳州市共有各级各类学校2280所。其中，普通高等教育学校2所，成人高等教育学校1所，中等职业学校24所，普通高中学校27所，普通初中学校267所，小学1115所，特殊教育学校4所，幼儿园840所。共有各级各类在校生1145615人，其中，普通高等教育学生13035人，成人高等教育学生15686人，中职学生61861人，普通高中学生85194人，普通初中学生230108人，小学生531121人，特教学校学生1619人，在园幼儿206991人。共有教职工68386人，其中专任教师60487人。

亳州市各县、区均成立教育工委，全市中小学校党建工作规范隶属关系，党建管理体制全部理顺，由各县区教育工委统一领导和指导。落实《关于加强民办学校党建工作的实施意见》，强化对民办学校党建工作的管理指导，通过派驻党建指导员，实现党的组织和党的工作全覆盖。落实《关于推进基层党组织标准化建设的实施意见》，开展全市中小学校党组织标准化建设达标活动。率先在全省出台《关于进一步加强中小学校党务工作者队伍建设的实施意见（试行）》，全市中小学校配备4082名专兼职党务工作者，举办6次党务工作者培训，培训党务工作者近万人次。组织基层学校党组织书记参加教育部举办的党组织书记网络培训。落实《全市基层党组织"登高计划"实施方案》，坚持每季度召开一次中小学党建工作现场推进会，建设党建示范学校30所，创建"五星党组织"7个。亳州市中小学党建经验做法被《中国教育报》和"安徽先锋网""安徽教育网""中安教育网"等多家媒体宣传报道。

开展2017年度县区党政领导干部履行教育职责督导考核、对县区教育局2017年度重点工作目标任务管理督导考核。配合市效能办对市直学校进行2017年绩效考核。组织民办学校办学水平、学校精细化管理、校长履职情况专项督导。督促指导各县区做好义务教育发展基本均衡县（区）评估验收反馈问题整改工作，完成整改任务。指导各县区开展中小学责任督学挂牌督导创新县创建工作，蒙城、利辛、谯城被安徽省人民政府教育督导委员会授予"中小学责任督学挂牌督导创新县（区）"称号。

通过网上办事大厅办理事项累计42288件，市教育局在市直部门排名第三位；累计办结23437件，在市直部门排名第四位；在网上办事大厅互动中回复办事咨询4799件，在市直部门排名第一位。

落实"减证便民"要求，梳理本局52个网上办事项的279项申请材料，优化办理流程，按照"八个一律取消"清理标准，取消申请材料183项，取消比例65.6%，群众办事更加简便快捷。动态调整完善相应的权责清单、公共服务清单、中介服务清单，经局党组会研究后，现有权责清单35项、公共服务清单48项、中介服务清单1项，使权责清单、公共服务清单与政务服务事项实施清单相一致。市教育局在市政府信息公开栏目公开各类信息1050条，位列市直单位第二名。

在《中国教育报》发布信息4篇；在省教育厅网站发布信息1453条，位居全省第一；在中安教育网发稿1358条；在市教育局门户网站编辑、更新各类稿件6047篇；局官方微博更新发布消息1350条，在局微信公众号累计发送消息1082条，市教育局"双微"工作在全市政务新媒体评比中均获得二等奖。6次参与政风行风热线上线，办理咨询投诉92件；办理《现场受理一说办就办》咨询投诉43件，解读教育政策，宣传教育工作举措，坚持线上线下相结合，回复办理工作满意率均为100%。

在全市学校开展第二十届推普周活动。组织开展市级语言文字示范校创建验收达标工作，召开工作推进会，对三县一区申报的市级语言文字示范校进行现场验收，完成127所市级语言文字示范校的达标创建工作。

组织参加全省第二届校园读书创作活动，全市近80万名师生参与活动，市级推荐优秀作品1360篇，有638篇师生作品获省级奖项。其中，全省"读书创作之星"（特等奖）1人、一等奖49人、二等奖162人、三等奖205人、优秀奖221人，获奖作品数量居全省前列。此外，15

名教师获优秀指导教师奖，亳州十八中等10所学校获优秀读书品牌活动奖，获奖数位居全省各市之首。亳州市教育局、谯城区教育局、亳州市教育局经开区分局获本届校园读书创作活动优秀组织奖。

本年度，亳州市“教育扶贫联络员架起农村娃扶智连心桥”的工作经验被国家扶贫领导小组推荐为2018年全国扶贫优秀案例。高考实现历史性突破，全市考入北京大学、清华大学的学生总数突破8人。蒙城、利辛、谯城被安徽省人民政府教育督导委员会授予“中小学责任督学挂牌督导创新县（区）”称号。市教育局工作人员张秀礼根据市教育局扶贫干部乔红侠扶贫事迹采写的报告文学《曹庄村的新当家人》，入选亳州市2018年度现实题材文学创作作品集《扎根涡河沃土》，获市级宣传文化专项扶持。亳州一中高三学生郭昱代表安徽省第三十一届中国化学奥林匹克竞赛决赛，获铜牌（国家级三等奖），被中国科学技术大学化学院现场签约录取，这是地级亳州市建市以来，首次在全国五大联赛上实现奖牌零的突破。郭昱的化学竞赛辅导老师鲍光炎被中国化学会授予“全国优秀化学奥赛教练员”称号，被中国学科网授予“全国最佳化学竞赛教练员”称号。

图116　2018年5月31日，亳州市庆祝“六一”儿童节（张秀礼　供图）

【教育民生工程】 2018年，亳州市实施城乡义保经费保障机制教育民生工程，共拨付义保资金5.8亿元，占应拨付资金的109.7%，惠及全市百万学子；投入资金1.5亿元，维修改造611个农村中小学校舍，投资完成率102.33%。实施薄弱学校改造教育民生工程，投入资金2.56亿元，建设校舍114533平方米、运动场76466平方米，购置生活设施1213台（件、套），添置图书56200册。实施学生资助教育民生工程，打卡发放各类建档立卡贫困户家庭学生资助资金1.2亿元，资助学生18.7万人次；落实建档立卡贫困学生高中招生降分录取政策；启动智慧资助工作试点工作，选取亳州幼儿师范学校、亳州十八中等6所学校作为试点，研发智慧资助系统，打造有温度、有深度、全覆盖、多层次的服务型资助模式。亳州市分别在全省建档立卡学生资助工作推进会和全省生源地信用助学贷款贷后管理工作推进会上作经验交流。实施学前教育促进工程，加大幼儿教师培训力度，共投入资金200.05万元，培训幼儿教师2760人次。实施农村学生营养改善计划教育民生工程，有433所（含教学点107个）义务教育学校、13.38万名农村义务教育学生享受该政策，共拨付营养餐膳食补助资金1.04亿元。

图115　2018年5月3日，课外活动（张秀礼　供图）

加大财政投入，建立学前教

育到高等教育全覆盖的地方资助政策体系，在全省首次实现各学段国家和地方资助政策的双重覆盖；将建档立卡家庭学生资助政策向非建档立卡的城乡低保家庭学生移植，实现家庭经济困难学生资助全覆盖。采取“2+2”模式，构建两个信息平台推送和两类专业人员排查相结合的四保险工作机制，精准确定资助对象，确保建档立卡家庭学生享受资助全覆盖。首次实施建档立卡贫困家庭学生高中招生降分录取政策。建立教育扶贫联络员制度及其考核制度，选派2188名教育扶贫联络员覆盖到每个行政村，对69581名建档立卡学生资助信息进行筛查，有效解决基础信息不准确、受助学生名单漏报、资助政策落实不到位等问题。市教育扶贫工作综合报道《亳州教育扶贫联络员，架起农家娃扶智连心桥》被人民网、中国扶贫网、安徽教育网等多家国家和省级媒体转载，教育扶贫联络员制度案例入围第二届中国优秀扶贫案例。

【师资队伍建设】2018年，亳州市召开市直教育系统和全市教育系统教师队伍建设改革工作视频会议，传达贯彻落实《中央国务院关于全面深化新时代教师队伍建设改革的意见》和《中共安徽省委安徽省人民政府关于全面深化新时代教师队伍建设改革的实施意见》精神。推进教师无校籍管理改革，完成交流轮岗校长244人、教师3057人，符合交流条件的学校实现全覆盖。加强师德师风建设，出台《亳州市中小学优秀教育人才引进和奖励办法》《亳州市中小学校师德师风建设提高年活动方案》《关于在全市教育系统开展“铸师魂、守师道、立师表”师德师风建设活动实施方案》《亳州市中小学教师师德考核办法》《亳州市中小学教师师德考核负面清单》《亳州市中小学教师违反师德行为处理办法》等，建立健全师德师风建设长效机制。开展4次师德师风建设专项督导，处理师德失范教师33人。组织“药都最美教师”评选和“好老师讲好故事”比赛等系列活动，到各县区开展巡回演讲62场、受众3.6万人次。实施乡村教师支持计划，补充乡村教师2693人，定向培养乡村教师352人，从城区学校遴选骨干教师150人到乡村学校支教，培训乡村教师1.3万人次。开展名师评选活动，与市人社局联合下发《关于开展2018年163名师工程评选工作的通知》，评选市级教坛新星340人、市级学科带头人200人、药都名师100人。

【素质教育】2018年，亳州市将学生品德修养作为对学生进行综合素质评价的重要内容，树立鲜明的育人导向。强化社会主义核心价值观、红色革命和环境保护教育，开展青少年爱国主义读书教育。依托校园科技文化艺术节、乡村学校少年宫、“体育、艺术2+1”项目、青少年研学旅行活动等，搭建青少年张扬个性、健康成长的平台。举办小学生讲故事、中学生演讲比赛、全市中小学生环保知识电视大奖赛，开展优秀中小学校德育案例、“书香校园”“千名美德少年”评选和全市第六届中小学生艺术展演活动，组织全市青少年校园足球联赛、全市校园五禽戏比赛、全市中学生田径联赛等多项活动，丰富校园文化生活，在全市教育系统努力形成“人人关注健康，个个参与健身”的氛围。

【教育信息化建设】2018年，亳州市推进智慧学校建设，投入资金1.63亿元，建设2所省级智慧学校示范校、15所省级智慧学校实验校和14所市级智慧学校，建成智慧教室200多间。其中，亳州一中投资3900多万元，构建了涵盖校园智慧化环境建设、智慧化管理、智慧化教与学的一体化校园；蒙城城关三小仁和路校区累计投资2100多万元，加强智慧学校示范校建设，形成独具特色的智慧学校生态环境，该校案例已作为安徽省6个基础教育信息化的典型应用案例之一，并被推荐到教育部参加全国2018年度评选活动。加强信息化基础能力建设，投入资金1.2亿元，配备师生用机16306台（含平板）、“班班通”设备1765台（套）以及录播教室等信息化设施设备。采取光纤进班、学校增加入口带宽等多种形式，推进城镇和农村学校互联网提速扩容增宽带工作，全市中小学班均出口带宽农村学校达到10.69M，城镇学校达到11.45M；生机比7.380:1、师机比0.908:1。搭建信息化活动平台。组织全市中小学教师教育教学信息化大赛、中小学电脑制作评比等活动，激发教师运用信息技术的兴趣，促进信息技术与教育教学深度融合。对各县区在线课堂常态化教学巡查，依据在线课堂监管平台数据显示，截至11月底，全市在线课堂主讲教室、接收教室开课率均超过100%，平均达到115.95%和113.58%，主讲教室周均开课数3.64节、接收教室周均开课数3.31节，均超过省考核要求。加强信息技术培训，举办全市教育信息技术国家级省级课题集中开题培训班、全市中小学电脑制作暨创客教育师资培训班，培训近600名电教教师。举办2018年全市教师教育教学信息化大赛系列活动、中小学电脑制作活动、全市第八届中小学教师多媒体教学大赛活动、全市优秀教育技术论文、课题研究方案等6项电教学术作品评选活动，共收到各类参评作品1700件。

【教育科研】2018年，亳州市出台《亳州市县区教科研工作考评实施方案》，完善市、县区、学区、学校四级教研网络；加强校本教研，以年级学科备课组为抓手，促进学校教研活动常态化、片区教研规范化制度化，解决教研"最后一公里"问题。依托44个中小学、幼儿园教研基地，开展优质课观摩研讨等多项常规教研活动，发挥教研基地名师的引领和辐射作用。组织义务教育质量监测4次，实行市、县区、学区统考制度，三级联动，统筹安排，实现教学质量检测全覆盖；开展高一、高二、高三教学质量检测各1次，高三模拟考试1次。对全市14所省、市示范高中学进行教学视导，将视导工作转化为九学科市、县区和学校三级联动大教研活动。推进信息技术与课程深度融合的实践探索，开展"基于微课的翻转课堂"实验研究工作。开展"一师一优课、一课一名师"和"微课"评选活动，获"省优"作品452节，全省排名第三；在2018年微课评选中，亳州市获"省优"作品414节，在全省排名第四位。开展2018年省、市级课题立项申报工作，省级课题立项4项，市级课题立项412项；开展市级课题结题验收活动，142项市级课题高质量结题。开展市级教研成果评选活动，经过县区初评，共有3500余件作品参加市级评选。开展第二届优秀教科研成果评选活动，评出市级优秀教科研成果40项。开展8个学科的市级优质课评选活动，组织高中数学、物理、化学、生物、信息等学科奥林匹克竞赛市级初赛，全市共有9105名学生参加各类竞赛活动。组织全市一年级和七年级《道德与法治》《语文》及七年级《历史》三科统编教材培训，相关年级学科的教师全员参训。组织全市14个学科新课程标准的培训活动，所有高中学科教师参加训。推进学生素质评价工作，各县区、学校按照时间节点完成初一、初二、高一、高二学生实证材料上传、审核等工作。

【平安校园建设】2018年，亳州市在春秋季学期开展"开学安全教育第一课"活动、全国中小学生安全教育日宣传教育活动，组织参加汶川地震10周年系列纪念活动暨亳州市防震减灾知识大赛、2018年全国青少年禁毒知识竞赛等活动；组织开展"5·12"防灾减灾、"11·9"消防安全月、"12·2"全国交通安全日主题等宣传活动。组织开展安全生产月系列活动。举办全市学校安全管理人员培训班，对全市500余

图117　2018年4月24日，亳州市民警在古城中心小学为孩子们上禁毒课（胡威　摄）

名中小学、幼儿园安全管理人员进行培训。组织中小学校在“全国中小学生安全教育日”“5·12”防灾减灾宣传教育周、“11·9”消防安全宣传月等时间节点开展各类应急演练活动。加强校园隐患排查整治和校园传染病防控与食品安全专项督察、校车安全专项督察、防溺水宣传教育专项督察，建立安全隐患排查清单、整改清单和责任清单，下发通报，确定整改措施和时限。开展防溺水“十个一”系列宣教活动，召开全市预防青少年儿童溺水工作联席会议，联防联动，防范青少年儿童溺水事故。设立“护塘员”公益岗位4400个，实现所有沟塘、河流监管全覆盖。贯彻落实《校车安全管理条例》，召开校车安全管理联席会议，开展校车安全集中整治专项行动，规范校车管理工作，完善校车标牌办理资料。对广大师生进行传染病防控宣传教育，开展校园食堂安全互查行动，部署学校食堂加装油烟净化器，改善校园食堂卫生条件。推进“消防宣传进校园”活动，做好各级各类学校消防安全工作。深入开展安全文明校园创建活动，评出市级“安全文明校园”50所。加强扫黑除恶宣传工作，打击涉校涉教涉生违法行为；将扫黑除恶专项斗争宣教与法治教育有机结合，聘请法治副校长，开展普法进校园、警校共育工作，强化校园及周边安全隐患的治理工作，保障师生安全。全年整改校内安全隐患328处、校外安全隐患811处，学校配备专兼职保安5521人、安保器材5143套，开展安全教育专题教育活动6940场次、应急演练活动约4800场次，组织市级安全管理人员培训4场。

（张秀礼）

学前教育

【概况】2018年，亳州市坚持以民为本，促进学前教育普惠发展。继续实施《亳州市学前教育三期行动计划》，投入资金5053.9万元，新建20所、改扩建16所公办幼儿园。制定《亳州市普惠性幼儿园扶持和规范实施办法(试行)》，开展普惠性民办幼儿园评估高中，认定普惠性民办幼儿园280所。开展市级一类幼儿园创建工作，新认定23所，全市一类幼儿园达104所。实施学前教育资助工作，打卡发放学前教育幼儿资助资金1088.16万元，资助在园幼儿19265人。实施学前教育促进工程，加大幼儿教师培训力度，共投入资金200.05万元，培训幼儿教师2760人次。组织开展全市2018年学前教育宣传月活动，举办全市第四届“娃娃乐”故事会评选活动，获全省优秀组织奖。

2018年，全市共有独立幼儿园840所，附属园233所，附属幼儿教学点436个。独立幼儿园较上年的718所增加122所。840所独立幼儿园中，公办园246所，民办园594所，其中普惠性民办园280所。有在园幼儿206991人，较上年的206192人增加799人；共有学前教育教职工13674人，其中专任教师9479人。全市幼儿园占地面积2440621平方米，校舍建筑面积1066670平方米，各类图书1177664册。

【清理整顿幼儿看护点】截至2018年年底，全市共有幼儿看护点237所（其中A类120所、B类117所）。为A、B类幼儿看护点设定整改时限，限期整改，本年度幼儿看护点转办幼儿园61所。其中，谯城区有幼儿看护点62所（其中A类41所、B类21所），本年度转办幼儿园15所；涡阳县有看护点64个（其中A类7所、B类57所），本年度转办幼儿园28所；利辛县有看护点31所（其中A类4所、B类27所），本年度转办幼儿园2所；蒙城县有民办看护点80个（其中A类68所，B类12所），本年度转办幼儿园16所。

【扶持和规范普惠园发展】2018年2月，市教育、市财政局、市发改委（物价局）联合下发《亳州市普惠性幼儿园扶持和规范实施办法(试行)》（教基〔2018〕47号），通过购买服务、综合奖补、减免租金、派驻公办教师、培训教师、教研指导等方式，支持普惠性民办幼儿园发展。出台《亳州市人民政府关于进一步加快推进学前教育发展的实施意见》，明确提出支持县区政府收购民办园、扶持普惠园。该意见要求各县区政府要采取“政府减免租金、以奖代补、委派公办教师”等方式，引导和支持民办幼儿园提供普惠性服务。要求设立普惠性民办幼儿园发展专项资金，逐步提高普惠性幼儿园补助标准，按照城乡区域差异，对认定的普惠性民办幼儿园进行分类扶持。按照《亳州市教育局关于做好2018年度普惠性民办幼儿园认定工作的通知》，全市共认定普惠性民办幼儿园281所，在园幼儿84135人，普惠性幼儿园覆盖率74.6%（含公办附属园及附属幼教点幼儿数），普惠园覆盖面不断扩大。

【市级一类幼儿园认定】2018年5月，亳州市组织开展市级一类幼儿园创建工作，共评估认定23所幼儿园为市级一类园（经开区4所、谯城区10所、涡阳县3所、蒙城县3所、利辛县3所），全市市级一类幼儿园104所。开展幼儿园等级认定工作，旨在进一步提升幼儿园办园质量和科学保教水平，促进市学前教育健康和谐发展。

【全市学前教育大会】2018年12月，市教育局召开全市学前教育工作会议。各县区教育局分管副局长、基教科（股）长、民办教育科室负责人、学前教育工作具办人、幼教教研员和各公、民办幼儿园园长800余人参加会议，是建市以来召开的规模最大的一次学前教育工作会议。会议交流各地学前教育工作情况，总结经验做法，反思存在的问题，分享了推进学前教育工作的打算。会上举办园长论坛，各县区5位园长代表围绕科学保教、规范办园，分别从公民办、城乡、示范园、一般园等不同角度作典型发言。亳州幼儿师范学校的2位幼教专家就新形势下地方学前教育发展的思考、立足园本特色、打造精品幼儿园等作辅导报告。

（张秀礼）

义务教育

【概况】2018年，亳州市实施义务教育经费保障机制，全市拨付义保资金5.8亿元，占应拨付资金的109.7%，惠及全市百万学子；投入资金1.5亿元，实施611个农村中小学校舍维修改造项目，投资完成率102.33%。实施薄弱学校改造工程，投入资金2.56亿元，建设校舍114533平方米、运动场76466平方米，购置生活设施1213台（件、套），添置图书56200册，改善薄弱学校办学条件。实施中心城区中小学布点规划，对原规划进行修编，确定规划目标（到2030年，中心城区规划中小学119所，其中保留78所、新建41所）。2018年，市中心城区新建义务教育学校8所，缓解城区公办义务教育资源紧张的压力。改革义务教育招生制度，严格执行划片、就近、免试入学政策，完善网上报名录取办法，实行阳光操作，方便家长群众。加强教育质量监控，对全市义务教育阶段学校进行质量监测，注重监测结果的分析和运用，帮助学校查找问题，树立质量观，提升教育教学质量。推进学区联盟建设，按照管理、师资、经费、考核、教研“五统一”模式组建35个教育联盟（共同体），推进城乡义务教育一体化发展。推进学校精细化管理，开展精细化管理示范校创建活动，评选认定98所精细化管理示范校。出台《亳州市人民政府关于进一步加强控辍保学提高义务教育巩固水平的通知》，加强控辍保学工作，集中县区、乡镇、村、学校和家长力量，开展控辍保学攻坚行动。全市九年义务教育巩固率

图118　2018年3月29日，涡阳实验小学（董鹏　供图）

94.38%，高于全省、全国平均水平（93.8%），义务教育无因贫辍学学生，“三残”儿童入学率100%。

全市共有小学1115所，较上年的1100所增加15所。共有在校生531121人，较上年的513833人增加10014人。共有教职工28202人，其中专任教师27271人。专任教师中本科及以上学历的14094人，专科学历的13094人；拥有中级职称的9466人，中高及以上职称的536人。全市小学校园占地面积12406139平方米，校舍建筑面积3560189平方米，拥有各类图书9212015册，各类计算机56868台，固定资产总值402942万元。

全市共有初中267所，较上年的264所增加3所。共有在校生230108人，较上年的218471人增加11637人。共有教职工16422人，其中专任教师14630人；专任教师中本科及以上学历的12564人，专科学历的2084人；拥有中级职称的5094人，中高及以上职称的2074人。全市初中校园占地面积8241119平方米，校舍建筑面积2904419平方米，拥有各类图书6563859册，各类计算机31716台，固定资产总值308532万元。

【义务教育联盟】2018年，亳州市依据“优势引领、以强带弱、捆绑考评、共同发展”的原则，探索推进义务教育学区联盟建设。按照管理、师资、经费、考核、教研“五统一”模式，对城区义务教育阶段学校重新整合，组建了35个教育联盟（共同体），推进城乡义务教育一体化发展。

【“控辍保学”】2018年，亳州市出台《关于进一步加强“控辍保学”提高义务教育巩固水平的通知》，建立健全“控辍保学”工作机制和目标责任制，强化措施保障，完善“控辍保学”工作的制度体系和组织网络加强“控辍保学”工作，集中县区、乡镇、村、学校和家长力量，开展“控辍保学”攻坚行动。各县区政府均出台进一步加强“控辍保学”提高义务教育巩固水平的通知及配套文件。开展“控辍保学”专项督察，及时通报，跟踪问效。截至本年底，全市九年义务教育巩固率95.16%，高于全省、全国平均水平，义务教育无因贫辍学学生，“三残”儿童入学率100%。

【义务教育城乡一体化发展】2018年，持续推进《关于统筹推进县域内城乡义务教育一体化改革发展的实施意见》（教办〔2017〕209号）落实，下发《亳州市2018年农村义务教育巩固提升行动方案的通知》，制定《亳州市义务教育阶段学校标准化建设实施办法》（教基〔2018〕242号）以及《亳州市教育局在全市中小学实施精细化管理的意见（试行）》（教基〔2018〕273号），进一步促进义务教育均衡发展，推进城乡义务教育一体化发展。县区出台相关配套文件，落实全市2018年基础教育重点项目实施计划，改善薄弱学校办学条件。2018年，全市义务教育阶段学校全部达到基本办学标准。

（张秀礼）

特殊教育

【概况】2018年，亳州市继续实施第二期《特殊教育提升计划（2017—2020年）》，进一步探索建立以特殊教育学校为骨干、普通学校随班就读和“送教上门”为补充的融合教育推进体系，加强特殊教育学校优质教育服务管理工作。改善特殊教育办学条件，继续推进亳州特殊教育学校新校区项目建设，主体工程和配套教育教学设施基本建成。2019年，亳州特教学校可实现整体搬迁。组织学生参加第四届全国特邀特殊教育学校学生统计图表设计创意活动，亳州特教学校学生在本届比赛中获得1个一等奖、3个三等奖、2个优秀奖。亳州特教学生参加全省第七届残疾人运动会，获男子飞镖第三、四名和女子飞镖第五名的成绩；该校学生男子篮球队取得全省第三名的成绩，获得铜牌。加强特殊教育教师培养工作，组织教师到湖南省株洲市特殊教育学校、长沙市特殊教育学校，通过课堂观摩、座谈研讨、经验交流、参观学习等方式，向省外特教同行学习新的教学理念，提升专业素养。亳州市特殊教育学校青年教师叶青在安徽省“微团课”决赛中获得二等奖，赵庆春老师被评为亳州市首届突出贡献人才。

2018 年，全市共有特殊教育学校 4 所。共有特殊教育学生 4254 人，其中特殊教育学校在校生 1619 人，普通中小学随班就读 2142 人，普通中小学送教上门 493 人。共有特殊教育教职工 171 人，其中专任教师 163 人；专任教师中本科及以上学历的 114 人，专科学历的 45 人；拥有中级职称的 48 人，中高及以上职称的 34 人。全市特教学校校园占地面积 46836 平方米，校舍建筑面积 20436 平方米，拥有各类图书 54120 册。

（张秀礼）

图 119　2018 年 5 月 16 日，亳州市开展全国助残日活动（孙雨瑞　供图）

·亳州市特殊教育学校·

【概况】2018 年，亳州市特殊教育学校实行分部管理，把教师分到盲聋、培智、语言康复 3 个学部，强化教师的专业技能。组织开展省优质课评选、中小学电脑制作、一师一优课及微课评选、论文评选、教育教学信息化大赛等活动。校刊《绽放》第五期出版。组织全体教职员工到湖南株洲、长沙两所特殊教育学校培训。

开展个别化康复训练课。参与个别化康复训练的教师有 42 人，参与的学生有 76 人，6 名学生通过个别化训练转入普通学校学习。

对重度残疾儿童实行送教上门。对 240 名重度残疾儿童分成 4 个班级，全体老师全部参与集中送教活动。

组织全体师生及学生家长到五马桃花园、亳州博物馆、亳州城市展览馆、林拥城、“润耕天下”研学基地等开展研学旅行活动。在政府公开网上发布信息 132 条，其中大量信息被省教育厅、市教育局采用，位居安徽省特教学校之首。

联合中视传媒举行第 28 次全国助残日活动，聋生部 2 名学生在全国特邀统计图表大赛中获三等奖。

为亳州市残疾人联合会、法律援助中心、公检法等单位提供手语翻译，并为亳州电视台《一周要闻回顾》节目长期进行同步手语翻译。

新校区建设完成。新校区占地 5 公顷，可容纳近 600 名视障、听障、智障的适龄残疾儿童就读。其中盲生 10 个班 120 人、聋生 12 个班 144 人、培智生 40 个班 320 人。校区内规划建筑单体包括教学楼、宿舍楼、技能培训楼、语言康复中心、食堂、多功能报告厅及风雨操场，配套建设体育活动场、绿化、停车场、给排水系统、暖通空调、供电系统、弱电系统、消防系统等。

本年度，市特殊教育学校获市校园五禽戏交流比赛集体三等奖、市第九届素质教育开放周活动方案设计一等奖、市第九届素质教育开放周优秀组织奖等。在安徽省第七届残疾人运动会中，校代表队获男子飞镖第三名、第四名，女子飞镖第五名，在聋人篮球项目比赛中，校代表队获男子聋人篮球第三名，获市中小学生合唱艺术节三等奖。赵庆春获“亳州市突出贡献人才奖”“药都最美教师”称号，武孙静获“亳州市教坛新星”称号，张建忠获“亳州市学科带头人”称号，孙雨瑞获省级优质课一等奖、市级“好老师讲好故事”第一名，吴静静获省级优质课三等奖，武孙静、石露露获省级电教比赛一等奖。

【亳州市特殊教育资源指导中心成立】为建立健全适龄残疾儿童少年送教上门工作制度，建立有效的助学机制，2018 年，市教育局召开特殊教育工作年会，成立 1 个特殊教育资源指导中心及

5个分中心，并出台相关文件，明确残疾儿童通过特殊教育学校入学、普通学校随班就读、送教上门服务三种就学渠道。截至年底，全市6~14周岁适龄残疾儿童少年5436人，在校生1261人，随班就读学生2767名，送教上门1201人，适龄残疾儿童入学96.2%。

（孙雨瑞）

普通高中教育

【概况】2018年，亳州市新建3所普通高中学校，涡阳育萃中学高中部、利辛十中、利辛五中于秋季学期建成招生，扩充班级150个，增加学位8500个。完善普通高中教育教学成果奖评办法，召开普通高中教育教学成果表彰大会，激励普通高中学校和一线教师比学赶超、奋发有为。改革中招制度，实行网上阅卷、网上填报志愿、网上招生录取，严肃招生纪律，确保公平公正；落实定向生指标分配政策，试行建档立卡贫困家庭子女高中招生降分录取政策，促进义务教育学校均衡发展和教育公平。组织2次市、县区、学校三级联动普通高中教学视导活动，实现省级示范高中、市级示范普通高中全覆盖，搭建交流研讨平台，发挥名师的示范引领作用。组织皖北片高三联考，对教学质量进行分析评价，开展调研，征求提高教育教学质量的意见建议。举办2018年普通高中教育教学质量提升暨校长班主任论坛活动，深入学习贯彻全国教育大会精神，促进普通高中教育教学质量提升。

2018年，全市共有普通高中27所。共有普通高中在校生85194人，较上年的82629人增加2565人。共有普通高中教职工6046人，其中专任教师5338人；专任教师中本科及以上学历的5338人；拥有中级职称的1621人，中高及以上的1609人。全市普通高中校园占地面积2359789平方米，校舍建筑面积1581148平方米，拥有各类图书1674473册，各类计算机10668台，固定资产总值198003万元。

（张秀礼）

·亳州市第一中学·

【概况】2018年，亳州市第一中学完善各项规章制度，制定《亳州一中三重一大事项决策制度》《亳州一中党委会议议事规则》《亳州一中校长办公例会议事规则》《亳州一中绩效工资方案》《亳州一中领导干部考核办法》，完善《教职工考勤方案》和《职称评定方案》。

结合新课程课改和课堂高效化理念，提出打造“高效课堂”的目标和要求，要求教师上课要高效，学生学习要高效，结合智慧校园建设，开展亳州一中第一届智慧高效课堂大赛，推出智慧课堂公开课135节。加强教学常规督察，下发教学抽查通报19期，通报教师出勤情况70节次；班级实施“教室日志”管理，下发教室日志上交情况通报17期，教室日志反馈意见17期，通报教师出勤情况105节次，教学建议44条；强化对课堂运行环节的监督，基本上杜绝缺课、迟到、早退现象，早读、晚自习规范，教风、学风、考风良好；完善教学考评机制，加强业务学习交流，强化并提高教师专业素养和教学水平，执行《亳州一中教学工作量绩效考核方案》《亳州一中教师教学工作量化考核办法》，开展“推门听课”制度，改进上报方式及统计时间，全体教师累计上报听课6454节次；开展亳州一中“十佳教师”评选活动，推出公开课86节，举办20余场校本名师讲座。

实行“‘走出去’与培养校本名师”战略，分批组织各年级教师、相关学科骨干教师、班主任到各地名校等校学习，组织教师参加省级学术研讨会。聘请省内外高考命题专家、学科研究专家到校讲学，开展校本培训。为学生举办培训。教师张海作题为《例谈学生如何细读文本》的报告；严永康作题为《化学课堂教学漫谈》的专题报告；马和平作题为《Experience English》的专题报告。

本年度，亳州市第一中学获亳州市青年志愿者优秀组织、亳州市五四红旗团委、亳州市“学雷锋志愿服务先进集体”、亳州市第三批书香校园特色学校、亳州市教育工作先进单位、2018年普通高中“教育教学特殊贡献奖”、省级示范高中（A类）“教育教学成果奖”第一名、教育教学成果优秀学科组奖、宣传贯彻十九大精神系列活动优秀组织奖、安徽省首批中小学智慧学校示范学校、安徽省高中校园足球联赛体育道德风尚奖、安徽省第二届校园读书创作活动优秀读书品牌活动奖、安徽省“法律六进”示范点、中国学科竞赛500强高中最佳校长奖、最佳学校奖、空军招飞工作先进单位。2018年高考，学生王晓萌以661分获亳州市文科状元；赵天昊、薛曼雨均以696分获全市理科状元。文科600分以上16人，理科600分以上174人。一本达线人数突破千人。李子昌被英国伯明翰大学录取、杜乐乐被英国爱丁堡大学录取。杨子豪、贾博文、牛创伟被空军航空大学录取。体育生全部本科达线，陈一凡被上海戏剧学院录取。

【素质教育】2018年，亳州市第一中学组织师生开展文体活动，丰富校园文化生活，提升师生综合素养。开展“冬至送温暖，捐衣献爱心”活动，为新疆皮山的学生们献冬衣1024件；开展“风清景明 多彩一中”“书香润泽德馨满园”校园读书活动，打造读书品牌。举办高三学生成人礼，让学生“十八而志”，敢于担当。加强国际交流，5月2日，法国干邑市中学生代表团一行41人，到亳州一中开展文化交流活动。法国中学生与亳州一中青少年学生一起交流学习，学汉语，了解书法、华佗五禽戏、亳州剪纸等传统文化。举办校园文化艺术节。在亳州市第六届中学生艺术展演中，校师生艺术作品类获一等奖2名，二等奖2名，三等奖3名；优秀案例类获一等奖；朗诵节目类获二等奖。

推进社团活动。学生社团从原有的12个社团扩展到19个。推进和拓展学生“第二课堂”教育，扩大社团活动规模和影响力。发挥学生的兴趣爱好、发掘潜力特长，促进素质教育发展。学生社团获市语言艺术大赛学生组银奖，获亳州市首届语言艺术大赛市级优秀奖及优秀组织奖。在“唱响新时代，共筑教育梦”亳州市第二届中小学合唱艺术节中，校合唱团演唱的《城南送别》《梨花又开放》两支歌曲获全市一等奖。

开展志愿服务。亳州一中青年志愿者协会开展10余次活动，如“开学典礼”服务、卫生清扫、校运会服务、环保宣传、宪法宣传、音乐会服务等。2018年，亳州一中青年志愿者协会被亳州市教育局评为“学雷锋先进集体”，被团市委评为“优秀志愿服务集体”，助力重大赛事志愿服务活动项目被团市委评为2018年亳州市“优秀青年志愿者项目”。

开展体育锻炼。学校严格按照《国家学生体质健康标准》，开展阳光体育锻炼活动，保障学生基本锻炼时间，增强学生体质。举办第59届田径运动会，首次在比赛现场颁发获奖证书。承办亳州市2018年中学生田径联赛。举办“全民共健身、同练五禽戏”全市50万人同练五禽戏活动。组织“国家学生体质健康标准”专项测试工作，完成4600余人的数据上传工作。组织学生参加安徽省田径传统项目学校冠军赛。学生李静获全国体育传统项目学校联赛田径赛总决赛女子三级跳远第四名、安徽省田径传统项目学校冠军赛女子高中组三级跳远第一名。

推进校园文化建设，打造校园文化硬件环境，以雅致优美、催人奋进的氛围感染人、教育人。开展楼层文化建设，在主教学楼和求真楼楼道、卫生间、办公室等场所设立励志文明宣传标语，培养学生勤学向上、重德尚美的精神品质。《耕耘》报开设专栏，解读国学经典，引导学生学习经典继承优良传统。培养学生的卫生意识。完善并严格执行检查与考核制度。每周定时进行仪容仪表检查、班级卫生检查、寝室环境检查。

【教科研究】2018年，亳州市第一中学成立课程发展研究中心，制定教科研制度，倡导教师加强理论学习，合作研究共享教育智慧。组织骨干教师自主命题审核，建立自己的试题库，编写校本资料。树立“三年一盘棋、全校一盘棋”意识，瞄准“四点”即知识点、考点、核心考点和学生的弱点，抓“规范”，向“错误”要分数，转变观念和方法。发动全年级课任教师，及时捕捉高考信息，追踪课改命题动态，并充分发挥集体智慧，自主编拟适合本校实际学情的原创性训练测验试题，使复习备考取得实效。完善学科组的各项规章制度，提高学科组活动质量，开展学科教研工作，推进省、市两级课题研究，2项省级课题、8项市级课题获立项，举行多场课题立项专题报告会。

承办第八届市青少年科技创新暨发明创造大赛，并在比赛中获特等奖5项、一等奖8项、二等奖9项、三等奖6项。在安徽省青少年科技创新大赛中，获4项大奖，其中二等奖2项、三等奖2项。

【学科大赛】2018年，亳州市第一中学在四大学科竞赛中，获省一等奖1人，省二等奖28人，省三等奖17人；在第十七届全国创新英语大赛中，获全国一等奖2人，全国二等奖5人，全国三等奖8人；在第十三届课堂内外杯作文大赛中，获全国一等奖5人，全国二等奖5人，全国三等奖1人；在第十二届语文报杯全国中学生作文大赛中，获国家级特等奖1人，国家级一等奖4人，国家级二等奖1人，省级一等奖3人，省级二等奖1人；在第十届全国数理化能力竞赛中，学生62人获奖，其中一等奖8人，二等奖18人，三等奖36人；在全国第十届中学生数理化学科能力展示活动中，获一等奖2人，二等奖5人，三等奖9人；在2018年全国体育传统项目学校联赛中，学生李静获安徽省第一名、东部赛区第二名、全国第四名。

【智慧校园】2018年，亳州市第一中学初步建立以推进智慧教学、智慧学习、智慧管理、智慧生活、智慧文化为突破口，以人才队伍和基础环境建设为支撑的“5+2”的智慧学校结构，形成智慧学校生态体系。9月，承办安徽省2018年高效课堂研讨峰会。10月，教师陈平、方涛完成校级智慧课堂示范课。12月，开展智慧课堂应用月活动，推出135节智慧课堂公开课，激发了广大教师运用现代教育技术优化教学环节、改善教学行为、提高教学效率、提升教学质量的热情，提高了教师在教育教学中应用信息技术的能力。助力高效课堂，提高教学质量。

【平安校园建设】2018年，亳州市第一中学进一步完善各项管理制度。学校分别与中层干部、班主任、老师层层签订安全责任状。印发《亳州一中安全知识手册》，师生人手一册。领导班子、班主任24小时值班，督促、检查学生学习、就寝。加强安全检查，督察、排查、消除安全隐患，确保师生生命、财产安全。开展德育活动，加强学生的思想道德教育和文明养成教育，营造安全文明和谐校园。开展“文明礼仪伴我行”活动，举行“法制、安全和文明”为内容的黑板报、征文、演讲比赛和班会活动，开展爱国卫生运动，坚持全体学生“一课两操”活动。加强学生心理健康教育，利用心理课、心理课外辅导、心理兴趣小组等活动，培养和形成学生健康心理、健全人格。

（高　剑）

职业教育

【概况】优化职业教育，服务亳州经济社会发展。实施质量提升工程，开展全市2018年中职学校质量提升工程项目技术中期评估，强化过程管理、跟踪问效，实现动态调整，亳州市中职学校质量提升工程项目建设省级评估通过率居全省前列。深化人才培养模式改革，印发《亳州市人民政府办公室关于深化产教融合的实施意见》，为中职学校深化校企合作、推进产教融合提供政策保障。组织11所中职学校与60家企业开展校企合作；在亳州中药科技学校、亳州汽车工业学校开展现代学徒制试点，在亳州中药科技学校、亳州工业学校、涡阳县职教中心、蒙城建筑工业学校、亳州汽车工业学校、亳州新能源学校、亳州机电信息工程学校开展学分制试点。研究制定深入推进职教集团化办学的指导意见，鼓励以县区级政府为主导发展区域性职业教育集团或联盟，支持行业龙头企业、骨干示范职业院校牵头组建专业化或覆盖全产业链的职业教育集团，促进教育链与产业链有机融合。亳州中药科技学校通过教育部专家组考核，成为首批现代学徒制试点验收学校。强化职业教育市级统筹，召开全市2018年度职业教育工作会议。撤销1所中职学校，合并1所中职学校，转变3所中职学校的办学方向。印发《亳州市2018年中等职业与成人教育（民办教育）工作要点》。完成1万人服务外包企业人力资源库入库任务。举办全市中等职业学校技能大赛，全市14所中职学校1741名学生参加比赛；组织全市中等职业学校信息化教学大赛，并遴选优秀选手参加全省比赛，亳州幼儿师范学校教师周蓓蓓获全省信息化教学大赛一等奖，并代表安徽省参加全国比赛。创新招生办法，拓宽生源渠道，完成省教育厅下达给亳州市30467人的招生任务，各县区均实现职普比大体相当的目标。举办全市职业教育活动周宣传展示活动，市直及谯城区各中职学校的1500多名师生参加活动周启动仪式及职业教育成果展。

2018年，全市共有中等职业学校24所。其中，普通中专10所，成人中专8所，职业高中6所。共有在校中职生6186人，其中，普通中专32561人，成人中专7602人，职业高中21698人。共有中职学校教职工2838人，其中专任教师2705人；专任教师中本科及以上学历的2838人；拥有中级职称的1282人，副高及以上职称的464人。全市中职学校校园占地面积2127450平方米，校舍建筑面积1312548平方米，拥有各类图书2159165册，各类计算机12756台，固定资产总值124713万元。

（张秀礼）

【亳州幼儿师范学校】2018年，亳州幼儿师范学校占地面积22.87公顷，建筑面积10.5万平方米。有电脑1100台，数码钢琴600架，钢琴450架，古筝100架及扬琴、二胡等各种民族乐器。纸质图书22万册、电子图书20万册。教职工236人，其中在职在编163人，高级讲师55人，“双师型”教师44人，研究生及在读研究生57人，市级名师20人，受国家、省、市级表彰的优秀教师52人。拥有学前教育专业实训室25个，附属幼儿园2所，校外实习基地64个。

开设有五年制学前教育大专和三年制学前教育中专两个办学层次，招生1182人，其中五年制大专384人，三年制中专798人。共有教学班87个，在校生4361人。与淮北师范大学联合举办继续教育专科、本科函授教学班，在籍函授生1166余人。

开展师生技能、教师说课、教师书画、学生学科竞赛等。举办亳州幼师第二届艺术文化节，受到人民网、新华网、光明网等全国多家媒体的高度关注和争相报道。举办经典诗文诵读比赛、庆国庆迎新晚会、供需见面会文艺演出、每两周一次的周末大舞台等活动。成立礼仪社、推普社、茶艺社、汉服社、跆拳道、合唱等60余个学生社团，开展各项社团活动，丰富学生艺术生活。组织师生参加职教周活动、全民终身学习活动周、第六届中小学艺术展演、亳州市第三届乡村旅游文化节、安徽省职业院校技能大赛等活动。

举办2019届大中专毕业生供需洽谈会，来自北京、上海、江苏、浙江等和省会合肥、皖北地区、亳州三县一区的307家用人单位为894名毕业生提供近3000个就业岗位。

本年度，亳州幼儿师范学校被教育部命名为“国防教育示范学校”。2015级幼师中专班国家教师资格证考试通过率92.17%，是安徽省同类学校教师资格证国考成绩最好的学校，也是全国同类学校教师资格证国考成绩最好的学校。教师何劲珍获2018年全国中等职业学校信息化教学设计和说课大赛一等奖。在2018年全国中等职业学校教师信息化教学说课比赛安徽选拔赛中，教师夏萌、吕婷婷、李恒在此次选拔赛中分别获公共艺术类二等奖、计算机组二等奖、学前教育组三等奖，其中夏萌被推荐代表安徽省参加国赛。古筝兴趣小组学生王亚如在全省技能大赛中获弹拨乐赛项的一等奖第一名。

（张 丹）

【亳州工业学校】2018年，亳州工业学校占地8公顷，有学生食堂1栋、学生公寓3栋、教学楼2栋、实训楼1座、学生实训中心2座；有标准化运动场1个、篮球场3个、羽毛球场3个、网球场1个。

开设有计算机应用、数控技术应用、机电技术应用、汽车制造与检修、汽车整车装配与营销、电子商务、服装设计与工艺、航空服务、城市轨道运营与管理、工业机器人、光机电技术应用、会计电算化、旅游管理、高星级饭店运营与管理、导游业务等5大类21个专业，在校学生4234人。有机械加工、汽车、电子商务、会计、服装、计算机6个实训基地30个实训室，以及音乐室、形体房、琴房等功能室，设备总值3000余万元。

新招聘在编教师7名，校聘

用教师34名，教师总计143人，其中研究生11人，本科132人，另，长期聘请校外各专业的专家作为专业课教学和实习指导教师。

实行党员进班讲课的惯例模式，使学生及时了解政治时事。每周展开主题班会，注重学生的精神文明建设和行为规范的引领。开展升旗仪式、广播站、业余社团活动。推行“国旗下的讲话”活动，每周一上午大课间举行优秀学生国旗下讲话活动，发挥模范带头作用。

实行系部办学模式，明确系部与教务、学管等部门的职责，实行教务处与系部二级教学管理模式，提高管理的效率和专业建设的针对性。实行教室日志管理，发挥学生对教学与教师的监督作用，提升教师的自觉性。组织教学月督察与通报机制。实行“推门听课”制度，校领导不定期随时进班级听课。落实“公开课”制度。推门听课与常规公开课相结合，促进教学教研工作开展。组织好各阶段考试和试卷分析、学生成绩分析。实行学分制度，将期中期末成绩和学生平时表现、参加活动、获奖情况与学分挂钩。

开展法制安全教育和安全演练。组织开展意外紧急避险，自救自护演练活动。完善突发公共事件应急预案和处理机制，提高各类突发事件预警、防范和处置能力。做好2道校门、3处寝室以及食堂等建筑物安全隐患的排查，坚持一日一巡查，一周一排查，并将排查结果以书面形式汇报。及时排查安全隐患，确保师生在校安全。保卫科加强门岗值班管理，实行24小时全天候巡查，保障学校正常教学秩序。

注重一日常规养成教育。定亳州工业学校学生一日常规制度，明确各时段的教育任务。早上（内务整理与个人卫生）—上午大课间（集体跑操）—中午（食堂执勤与个人餐盘清理）—下午（内务整理）—课外活动（集体活动与分科部进行）。实行卫生责任区制度，培养学生劳动意识和尊重劳动成果。将校园划片，分成责任区分到各个班级，实行每周2次卫生清洁。学生会进行全面评估与排名。

图120　2018年8月29日，亳州工业学校的新生军训（刘勤利　摄）

开展周末大舞台、迎新晚会、服装设计大赛、元旦文艺会演等活动，组织参加全市中小学校文艺会演、诗朗诵、大课间评比、足球联赛、五禽戏比赛、健美操比赛。开展生命健康教育年活动。开展学校师生心理健康教育状况调查；邀请心理学专家进校园讲座，加强对心理健康教育教师的培训，提高教师开展心理健康教育的能力和水平。

（李富强）

【亳州中药科技学校】2018年，亳州中药科技学校有教职工319人。全校本科及以上学历教师247人，硕士研究生25人，副高级职称教师68人。

有三年制普通中专、“3+2”五年制大专、高级技术工人培养等多层次办学体制。基本实现“一专业，一实体，一基地”的办学模式。有中药类、药学类、医护类、机械加工类、现代信息类等32个专业，在校生共有11873人。

实现多媒体教学，被确定为省级高技能人才培训基地建设项目单位。中药专业有16个实训室，600个工位；汽修专业有3个实训室、1个大型维修车间，共有80个工位；机电专业有5个实训室150个工位；护理专业有25个实训室250个工位，计算机专业有20个实训室1000个工位，能满足年培训1000人以

图 121 2018 年 3 月 28 日，中药传统技能大赛（张延林 摄）

上技能人才的需要。

与 55 家企业共建校内外实训基地，100 余家企业达成合作关系。与京东集团合作共建电子商务专业，建成实训室 1 座、特色馆 1 座、运营中心 1 座，培训中心 1 座，使用面积 2400 平方米，开展技能培训；与亳州市残联联合建设 6000 平方米的亳州市残疾人康复中心作为康复针灸推拿和养老护理专业的实习实训基地，与安舜环保设备有限公司合作建成机械加工中心 1 座，学校提供场地和设备，作为机械加工技术专业学生的实习实训基地，公司负责经营，并生产部分产品。与同程艺龙科技有限公司、茗草堂生物科技有限公司等知名企业合作，建立"校中厂"。

本年度，亳州中药科技学校承办 2018 年安徽省职业院校技能大赛（中职组）"华善杯"医药卫生和客户信息服务大赛；入选全国职业院校实习管理 50 强案例，是安徽省唯一入选的中职学校；通过国家中等职业教育改革发展示范校建设项目验收，完成示范校建设整体目标任务的 63 项子任务、498 个验收点。在 2018 年安徽省职业院校技能大赛中，中职组获 5 枚金牌 5 枚银牌 2 枚铜牌、高职组获 1 枚金牌 3 枚银牌。在 2018 年全国职业院校技能大赛中职组护理技能赛项中，吴翔宇获二等奖，李进获三等奖，在此类赛项实现国赛零的突破。

（张晓银）

民办教育

【概况】2018 年，亳州市出台《亳州市中心城区非营利性民办学校财政补助方案》，鼓励支持社会力量投资办学。全市共有民办学校 736 所，在校生 3336956 人，教职工 23107 人（专任教师 17015 人）。其中，中等职业学校 3 所，在校生 10197 人，教职工 437 人（专任教师 423 人）；基础教育学校（高中、初中、小学）139 所，在校生 189945 人，教职工 11570 人（专任教师 9359 人）；幼儿园 594 所，在园幼儿 136814 人，教职工 11100 人（专任教师 7233 人）。

【民办学校管理】2018 年，亳州市完善民办教育监管制度，规范民办学校的审批、招生信息发布、年度办学情况检查、财务和资产等管理制度，规范并促进民办学校发展。开展民办学校年检工作，查处民办学校违规招生行为，依法依规取缔 8 所幼儿园、3 个幼儿看护点、1 所中学，审批 5 所幼儿园、1 所中学。建立健全定期与不定期相结合的检查评估制度，督促民办学校依法办学，坚持人才效益第一，全面贯彻党的教育方针，加强教学基础设施建设，优化办学条件，不断提高教育教学质量。举办中小学民办学校校长培训班，135 人参加培训。出台《关于加强民办学校党的建设工作的实施意见》，加强全市各级各类民办学校党建工作。

（张秀礼）

高等教育

·概述·

【概况】2018 年，亳州市共有高等教育学校 3 所，其中，全日制普通高等教育学校（亳州学院、亳州职业技术学院）2 所，在校生 13035 人，教职工 893 人，其中专任教师 816 人；成人高等教育学校（亳州电大）1 所，在校生 15686 人，教职工 140 人，其中专任教师 85 人。

（张秀礼）

【4 家单位被安徽省亳文化研究会授予“亳文化研究基地”】2018 年 4 月 15 日，安徽省亳文化研究会在亳州宾馆召开发展规划座谈会，谋划亳文化 2017—2022 年研究发展规划，传承弘扬亳州历史文化，助推文化旅游产业发展，服务建设文化强省战略。

安徽省政协原副主席王鹤龄、省政府原副省长宋明、亳州市政协主席汤涌、亳州市委副书记方晓利出席会议并讲话。市政协党组副书记、副主席，亳州职业技术学院党委书记张俊民出席会议。会议由省亳文化研究会副会长、安徽财贸职业学院党委书记耿金岭主持，副会长、省行管局原党组成员、纪委书记郭景斌作研究会工作报告。

亳州学院党委副书记、副校长张立驰，《江淮时报》副总编辑、著名媒体人常河，省文史馆馆员、历史文化研究中心主任翁飞先后作主题发言。

会议举行授牌仪式，授予亳州学院、亳州职业技术学院、古井集团和市文旅集团 4 家单位为省亳文化研究基地。

（张珺）

·亳州学院·

【概况】2018 年，亳州学院以“善学善教，育己育人”为校训，坚持“地方性、应用型、特色化”办学定位，围绕建设地方高水平应用型本科高校目标，推进转型发展、开放发展、创新发展和服务发展，以教育学类、中药学类、食品科学与工程类、旅游管理类等专业为特色，构建基础学科与应用学科交叉融合，教育学、工学、医学、经济学、管理学、文学、艺术学多学科协调发展的学科专业体系。开展校地、校企、校政、校校合作，搭建产学研合作平台。占地面积 61.67 公顷，建筑面积 25.3 万平方米。学院图书馆纸质藏书 70 余万册，中外文期刊 839 种，电子图书近 70 万册，中外文数据库 28 个。

与中国人民大学哲学院联合主办《中国涡阳老子道文化学术会议》等 5 场学术会议，承办“第九届外国专家江淮行活动”“安徽省陈独秀研究会 2018 年会及新文化运动与马克思主义的传播学术研讨会”“安徽省药学会制药工程专业委员会 2018 年科技与教育研讨会”“亳州市中医药发展学术研讨会”。

图 122　2018 年 6 月 8 日，亳州学院马克思主义学院揭牌仪式暨“习近平新时代中国特色社会主义思想”学术交流会（李飞　摄）

组织党的十九大精神宣讲活动275场次，调整二级院系党总支1个，增设2个党总支，成立11个学生党支部，启动机关教辅单位党支部调整工作。修订院系党政联席会议、总支部委员会议议事规则。

本年度，亳州学院获“安徽省语言文字工作先进单位”“安徽学生资助工作优秀单位”。

【学科专业建设】2018年，亳州学院落实省、市一流学科专业和高水平大学建设实施方案，谋划学校一流学科专业建设，重点建设中药学、食品工程与科学、文化产业、旅游管理、教育学等一批优势特色学科专业，确立中药学学科四大平台建设方案。新增本科专业6个，学校本科专业共有15个，涵盖6个学科门类，学科专业体系进一步健全。成立中药学院、设立院士工作站，开展中药学研究，为亳州市中医药产业的纵深发展和世界中医药之都建设提供人才支撑和科技支持。

【师资队伍建设】2018年，亳州学院实施人才战略，外引内培并举，引进教授、博士高层次人才21人（含柔性引进2人），紧缺专业人才27名；9位教师在职攻读博士学位；11名教授成为安徽省高校高层次人才专家库人选；1名教授作为省政府特殊津贴人选，2名教授获批省高校学科（专业）拔尖人才学术资助项目人选、3名副教授获批省高校优秀青年骨干人才国内访学研修项目人选、1名副教授获批高校优秀青年人才支持计划项目（重点）人选、4名讲师获批省高校优秀青年人才支持计划项目（一般）人选；1名教师成功当选为第七批安徽省战略性新兴产业技术领军人才人选。4名教师分别获亳州市首批突出贡献、拔尖人才和优秀人才称号。24名副高级以上职称（或博士研究生学历）教师为市科技项目评审专家。4位教师通过教授任职资格评审，7位教师通过副教授任职资格评审、18位教师通过讲师任职资格评审、20位教师通过助教任职资格评审。拓宽2018年师资培训渠道，2人参加国培、6人参加教育部组织的网络培训示范班、34人参加省教育厅组织的新教师岗前培训并全部取得合格证书。6人攻读国内外访问学者、13人参加单科进修、6人到企业挂职锻炼、9人在职攻读博士研究生。7位教师在职取得硕士学位。

【教学科研】2018年，亳州学院优化课程体系，强化实践要求，提升应用型人才培养质量；推动教学改革，出台本科学分制实施方案；推行体育俱乐部和艺术俱乐部制；承办皖北高校智慧课堂建设会议，推进“互联网+课堂”的教学改革，推广翻转课堂、MOOC、微课等教学方法，推进智慧课堂试点工作。科研水平提升，2人分别获全国教育规划重点项目、教育部人文社科青年项目立项；4人获省哲社规划重点项目；13人获省教育厅高校人文社科重点项目；2人获安徽省社科创新项目，1人获上海外语社委托项目；37人获市社科联项目。卢宝伟获省科技重大专项，张胜利获省自然科学基金青年项目；7人获省教育厅高校自然科学重点项目。发表论文192篇，发明专利公布36项，其中发明授权3项，实用新型30项，外观设计3项。

【人才培养】2018年，亳州学院成立马克思主义学院，突出课堂主阵地，深化思政课程改革，提升课堂亲和力；推进共青团改革，提升青马工程质量，实施第二课堂成绩单制度；构建覆盖全员、贯穿全程、齐抓共管的“大思政”工作格局，初步建立“三全”育人体系。在全国高等学校商业精英挑战赛国际贸易竞赛总决赛中获一等奖1项，实现学科与技能比赛国家级一等奖零的突破，171人次学生在国家、省、市学科技能比赛中获奖，亳州学院学生会获“安徽省十佳学生会”。

【招生就业】2018年，亳州学院安排招生专业34个，其中本科专业15个，专科专业19个。招生总计划3300个，录取考生3300名，总录取率100%；报到3071名，总报到率93.06%。首次开展安徽省高校普通专升本招生工作，首次开设成人教育本科专业，全日制在校生人数达7990人。成立创新创业学院，提升就业创业服务水平。举办大型招聘会，参会用人单位420家，提供就业岗位4500个；举办专场就业宣讲计32场次，提供就业岗位计590个；共完成各类创业培训 9 期，共培训学员 1737 人次。2018 届毕业生共计 1571 人，就业率 98.22%。

【校企合作】2018 年，亳州学院新增校企合作单位 19 家，推动横向课题到账经费提升。与企业共建重点实验室、工程技术中心 7 项，市科技局批准校企合作科研课题 3 项，取得一系列专利和科研成果。推进国际合作办学与交流，与泰国博仁大学、韩国又松大学签订协议，在国际合作办学项目、学生交流、教师交流等方面开展合作。

【地方文化传承】2018 年，亳州学院推动传统文化的创造性转化和创新性发展，坚持以文化人，坚持文化研究和服务地方相结合，提升学生的综合人文素质和对传统文化的认同感、归属感。被安徽省亳文化研究会授予“亳文化研究基地”，发挥安徽省亳文化研究基地与“亳文化研究中心”平台，打造“亳文化”特色品牌，推动传统文化进校园、进教材、进课堂、进社区活动。出版“亳文化研究丛书”10 部，亳文化研究丛书体系完善。《亳州学院通讯》亳文化专栏被表彰为省级特色栏目。

（熊文强）

·亳州职业技术学院·

【概况】2018 年，亳州职业技术学院开设有药学院、医护系、管理学系、智能工程系、信息工程系、建筑工程系、基础教学部、思想政治理论课教学研究部和继

图 123　2018 年 5 月 7 日，亳州职业教育活动周启动（刘勤利　摄）

续教育学院 9 个二级教学单位，共 41 个专业，建有国家级职业技能鉴定站、安徽省中医药科学院亳州中医药研究所、五禽戏大师工作室，国家创新发展行动计划 10 项，国家级实训基地 2 个，省级实训示范中心（实践教育基地）14 个。

各类全日制在校生 7200 人，其中中医药特色和大健康产业链相关专业学生数占全院学生总数的 70%。毕业生就业率在 98% 左右，创业率 2.5%，对口就业率在 85% 左右。与安徽中医药大学联合举办本科教育，专升本班考研录取率 43%，创历史新高；与沈阳药科大学、蚌埠医学院、合肥工业大学开展本科层次函授教育和自学考试，在籍学生 2632 人。

评出享受国家奖学金的学生 3 名、享受国家励志奖学金的学生 147 名；省双优生 44 名；市级先进班集体 1 个、市级优秀学生干部 2 名、市级三好学生 3 名。各类奖、助、贷、勤、减、补、免惠及学生共 5961 人次，资金累计 1045.27 万元。落实亳州籍毕业生每人补贴学费 2000 元政策，共发放 644 人，合计 128.8 万元。

学院教职工 347 人，高级职称 9 人，副教授、副研究员、副主任医师等副高级职称 74 人，享受国务院特殊津贴专家 1 人，享受市政府津贴教授 6 名；省学术与技术带头人 1 人，省级专业带头人 3 人，省级教学名师 3 人，省级教坛新秀 6 人，省级双师型教师 119 人，市级优秀人才、学术和技术带头人、拔尖人才 20 人，博士 7 人，硕士学位及以上教师 166 人。

完成北大门、南大门、学生宿舍楼建设、体育场、足球场、排球场及健身器材场地基础项目施工，实施校园道路白改黑工程、实训楼及实训厂房改造、荷花池改造施工、平安校园工程、校园东门绿化、医护系实训楼室内装饰施工等建设项目，投资共计 3337 多万元。

本年度，亳州职业技术学院

党的基层组织标准化建设全部达标。被安徽省亳文化研究会确定为安徽省4家亳文化研究会研究基地之一。获安徽省第十三届大学生职业规划大赛暨大学生创业大赛创客之星（银奖）。承办安徽省职业院校中药传统技能大赛（高职组），学院药学院参赛学生获3个一等奖，1个二等奖。承办2018年“源和药业杯”全国中医药知识暨中药技能大赛。承办2018年“济人杯”安徽省中医药健康文化知识大赛，学院代表队获三等奖。

【专业与课程建设】2018年，亳州职业技术学院调停专业10个，申报中医学、财务管理、工业机器人技术和服务外包4个新专业。立项省级以上质量工程项目18项，其中课程建设项目4项、省级教学研究项目5项（其中重大1项，重点1项）、省级实践教育基地与示范实训中心建设项目3项、省级教学团队2项、省级教学成果奖4项（其中二等奖1项，三等奖3项）。

【干部师资队伍建设】2018年，亳州职业技术学院轮岗交流和选拔任用干部23名，其中提拔任用正科级干部3名、副科级干部8名，调整干部12名。引进高层次人才3人，评聘教授1人、副教授5人、高校讲师15人。公开招考、考核聘用硕士研究生担任教师、辅导员共7人。认定“双师型”教师21名。150多名教师分别参加在职就读博士、国内访学、“国培省培”企业见习和骨干教师等专题培训。获批亳州市首届突出贡献人才1人、首席专家1人、拔尖人才3人、优秀人才1人，占全市6%。

【教学科研】2018年，亳州职业技术学院获全国职业技能大赛奖项3项，其中二等奖1项，三等奖2项；获省级技能大赛奖项25项，其中一等奖4项，二等奖6项，三等奖15项；获其他全国协会、学会技能大赛奖项6项，其中一等奖1项，二等奖3项，三等奖2项。对接省赛、国赛，继续推进课程改革，举办“中药四级”考试、“护理技能大赛”以及“针灸推拿大赛”。立项安徽省教育厅人文社会科学重点项目4项，省教育厅自然科学重点项目10项（其中重大1项），省职教协会2018年职业教育规划课题12项，亳州市社科规划课题6项。

完成亳州世界中医药之都建设人才需求现状调查与分析、亳州职业教育专业建设与服务地方经济发展契合度2项大调研任务。完成亳州市药业发展重大调研项目4项，继续开展已获批的2项亳州市第二批皖北科技创新团队的建设工作，申报亳州市重大科技专项2项，与企业、市政府政研室合作申报并审批项目7项，联合沪谯药业申报1项。12月24日，学院承担的全国第四次中药资源普查（岳西县普查）通过验收，并在安徽省10个县中排名第一，获得综合评比一等奖和最佳实物收集丰富度奖。

【校企合作与实训基地建设】2018年，亳州职业技术学院与亳州市内外大中型企业开展人才培养、科学研究等相关交流与合作，与源和堂药业、济人药业合作举办全国中医药知识暨中药技能大赛、省级中医药健康文化知识大赛，与安徽中医药大学、安徽广播电视大学开展校际合作，巩固与安徽古井集团、天源迪科、华佗国药、北京同仁堂等30多家大型企业的校企合作关系，新建校企合作单位15家，完成31项实验实训建设项目，办学的硬件条件得到改善。

【就业创新创业】2018年，亳州职业技术学院共计录取全日制学生2864人，其中三年大专1939人，五年制大专480人，三年制中专355人，中药学专升本班90人，实际报到2589人，报到率为90.4%，其中亳州籍学生占40%以上。开展创业模拟实训5期，网络创业培训4期，创业意识培训3期，共计培训1560人。毕业生2189人，就业2159人，就业率为98.63%。

【“止戈专项奖学金”设立】2018年9月17日，安徽中医药大学督导员、学院原院长方成武教授在亳州职业技术学院设立“止戈专项奖学金”，该奖学金将奖给在全国职业技能大赛A类赛事获一等及以上奖的学院在籍学生，每获奖一次奖励1万元，旨在激励学生提高专业技能，弘扬工匠精神。

（张　珺）

·安徽广播电视大学亳州分校·

【概况】2018年，安徽广播电视大学亳州分校（以下简称“亳州电大”）有编制21个，实有教职工49人，聘用30人。其中，本科以上学历36人，硕士3人，高级职称7人，中级职称17人。学校占地3.4万平方米，建筑面积2.3万余平方米，拥有教学楼、培训楼、学生宿舍楼和食堂等。有200人多功能会议室2座，100人多功能会议室2座，多媒体教室8个，计算机机房9座，联网计算机500余台。

全市共招生7295人，其中校本部2611人。亳州奥鹏学习中心与西安交通大学、东北师范大学、南开大学、东北大学、北京语言大学、东北师范大学等8所学校联合办学，在籍生1102人。

挂牌成立“亳州社区大学”“亳州老年开放大学”，探求创办老年大学教学实体班及远程老年开放大学学习方法。面向社会举办创业培训、创业意识培训、模拟实训、网络创业培训多期，培训人数共计1692人。承办创业大讲堂4期，每期200余名近百家企业参会。

三县电大完成更名，分别为安徽广播电视大学涡阳学院、安徽广播电视大学蒙城学院和安徽广播电视大学利辛学院。

本年度，亳州电大获“国家开放大学招生工作优秀集体”。

【2018年春季国开学士学位授予仪式】2018年4月12日，亳州电大在学校西会议室举行2018年春季国开学士学位授予仪式。仪式由副校长张立峰主持。校长张向东、校长助理宋敏、部分辅导员及10余名学位获得者参加仪式。2017年秋季申请学位的学员52人，其中校本部22人。

【2018年春季本科毕业论文答辩】2018年4月13日，亳州电大举行土木工程本科毕业论文答辩。本次答辩工作由安徽电大城市建设学院教研室主任鲍晓君主持，亳州职业技术学院教师杨闪闪和亳州电大教师李井军参加。本次答辩拉开2018年春季本科毕业论文答辩工作的序幕。春季亳州分校（含县级电大）本科毕业论文答辩共计15个本科专业786名学员。亳州电大成立集中实践教学环节领导小组和毕业论文评审委员会，本着严格、严谨，公正、公开的原则，统一部署毕业论文的指导安排，监督毕业论文工作开展的过程，严格进行毕业论文的评审与验收等相关工作。

图124　2018年4月12日，亳州电大春季国开学士学位授予仪式

（孙能顺　供图）

【“亳州市创业大讲堂”第九讲】2018年7月11日，由亳州市人社局主办、亳州电大承办的“亳州市创业大讲堂”第九讲在亳州电大六楼会议室开讲。本次讲座邀请安徽省讲师韩东栋就“演说的力量”为主题进行授课，全市创业培训班学员近300人参加。本次讲座旨在让参会人员通过学习企业管理者公共演说能力技巧，增加企业管理者个人魅力，展现企业管理者应有的格局和风范，树立良好企业管理形象，调动员工积极性，促进经济发展。

【优秀毕业生表彰】2018年12月27日，亳州电大举行2017年度国家开放大学、安徽电视大学奖学金颁发暨优秀毕业生表彰仪式。副校长王学杰主持。经三县学院及分校本部辅导员评选、推荐，省校初审、公示、国家开放大学终审及公示，亳州电大获2017年度国家开放大学奖学金30人，国家开放大学“希望的田野”奖学金2人，安徽电大奖学金23人，国家开放大学优秀毕业生1人，安徽电大优秀毕业生9人。

（孙能顺）

科 技

图 125　2018 年 8 月 8 日，亳州市科普教育中心建成（马魁侠 供图）

概　述

【概况】2018年，亳州市科技局实施创新驱动发展战略，全面深化科技体制改革。修订创新发展行动计划，加强组织领导，强化部门配合，完善工作机制。建立科技计划项目申报、评审、立项、实施、监管、验收、成果管理和科技政策评估咨询机制，建成亳州市科技专家库，为企业项目评审和科技创新政策兑现提供智力支持，已入库专家307名。

首次组织实施市级科技重大专项，出台《亳州市科技重大专项项目管理办法》《亳州市科技重大专项资金管理办法》，围绕生物医药、农产品深加工、智能制造与装备、生态环保与新能源、新材料、电子信息等产业，开展重大共性关键技术、产品和标准的研发攻关以及推广应用示范工作。

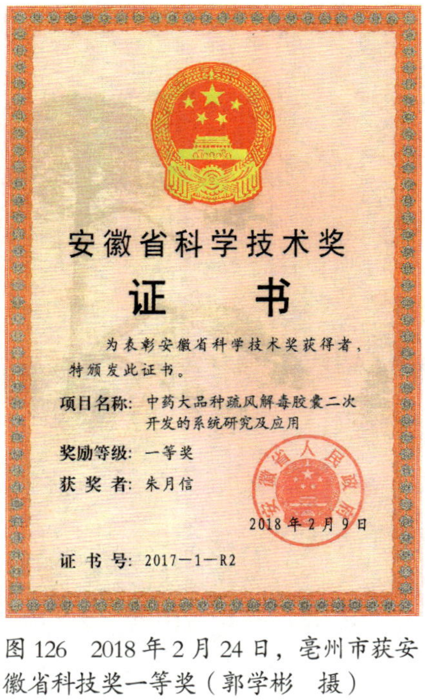

图126　2018年2月24日，亳州市获安徽省科技奖一等奖（郭学彬　摄）

加强科技项目监管。利用“安徽省科技创新云平台”“安徽政务服务网亳州分厅”，推进科技项目立项、评审“网上办、集中批、联合审、不见面”，提高项目立项、评审效率；加强科技监督和评估，注重科技计划项目的过程管理，完善多部门和县区联动的监督检查机制，强化科技项目的成果和绩效导向。

加快构建以企业为主体的创新体系，推动产业优化升级，促进科技成果转化，多项工作实现突破性进展，为全市经济社会转型发展提供强有力的科技支撑。

【科技创新主体培育】2018年，亳州市科技局加强高新技术企业申报工作。摸排“三期”高新技术企业328家，聘请专家开展集中培训指导。新认定高新技术企业49家，是建市17年的总和。高新技术产业累计实现增加值比上年同期增长16.1%，全省排名第10位。推进亳州经济开发区争创省级高新技术开发区。协调有关部门制定产业发展规划和可研报告，1月8日安徽省人民政府下发《关于同意安徽亳州经济开发区更名为安徽亳州高新技术产业开发区的批复》。财政支持力度加大。科技财政投入预算2亿元，比上年增加1.85亿元，创建市以来最高投入。全社会研发经费支出6.21亿元，比上年增长26.7%，高于全省平均水平7.8个百分点，位居全省第六位；落实企业享受研发费用税前加计扣除总额2.78亿元，落实高新技术企业所得税减免3002万元。聚力招才引智。推进将院士工作站纳入招商引资考核办法，激发各单位招才引智动力。从科技专项经费中单列2000万元用于各类人才奖励。建立“首席专家工作室”制度，开展市级产业创新团队评选工作，加强人才梯队建设，引进高层次创新人才45人。

【科技创新平台建设】2018年，亳州市科技局支持技术创新中心和重点实验室建设。安徽济人药业有限公司“中药提取安徽省技术创新中心”获科技厅批准组建，安徽协和成药业饮片有限公司“中药饮片制造新技术安徽省重点实验室”通过省科技厅专家认定，获批建设。支持科技企业孵化器和众创空间建设。组织亳州青年创客空间申报省级科技企业孵化器认定，组织亳芜现代产业园区众智空间、蒙城县“互联网＋众创空间”、利辛县电商公共服务中心申报省级众创空间备案。支持国家级农业科技园区、科技特派员工作站和星创天地建设。加快开展道地中药材工厂化快繁、物联网技术与中药材智能化生产的研究与示范工作，邀请复旦大学教授来亳州调研，提前谋划农业科技园区验收准备工作。推荐6家单位申报2018年度省级科技特派员工作站，3家科技特派员工作站获批立项获48万元经费支持。涡阳县安盛树莓星创天地、世茂花茶获批星创天地。支持亳州市安晨中医药产业技术研究院建设，为中医药产业提供集基础研究、小试、中试、小型生产及孵化转化一体化物理平台。抓好院士工作站建设，推进企业与院士合作，组织新建院士工作站申报省科技厅登记备案，全市有10家院士工作站。

【科技成果转移转化】2018年，亳州市科技局落实科技创新政策。对符合省创新政策及市级创新政策支持的奖励、资助、配套项目资金全部足额兑现落实到位，支持2017年科技奖补项目213个，兑现资金2773万元。16个省科技重大专项和重点研究与开发项目获立项，争取省财政资金1700万元。济人药业承担的国家重点研发计划中医药现代化研究重点专项，获批经费202万元。开展产学研对接活动。举办2018年中国亳州离岸孵化成果对接会、“四送一服”双千工程产学研合作对接会，开展科普活动周等活动，全年共组织开展产学研对接和业务工作培训26场次，征集技术需求39个。组织49个成果参加庆祝改革开放40周年省科技创新成果展。开展送科技下乡活动。开展农业科技咨询服务，发放科普小知识宣传资料2000份、农业种植养殖图书200本。组织企业申报科学技术奖。推荐“白酒固态发酵过程中质量控制检测技术体系的构建及应用”等6个项目参加2018年度省科学技术奖励评审。安徽古井贡酒股份有限公司“白酒固态发酵过程中质量控制检测技术体系的构建及应用”等两个项目拟获省科学技术三等奖、亳州学院“论大学实践教学体系”拟获安徽省社会科学奖二等奖。联合中华中医药学会谋划设立华佗中医药奖，在按市委市政府要求组织相关部门对设立方案进行细化。

【知识产权保护】2018年，亳州市科技局知识产权创造能力提升。全市共申请发明专利2945件，授权发明专利470件，有效发明专利1245件，万人发明专利拥有量增速居全省第一位。知识产权保护能力加强。查处假冒专利案件119件，立案处理专利侵权纠纷案件7件（已结案），出具电商侵权判定咨询意见1件，断开电商侵权链接40个。组织10家企业开展知识产权贯标工作并通过省局验收。获评国家知识产权示范企业1家、国家知识产权优势企业7家、省知识产权优势企业5家，涡阳二中入选安徽省首批知识产权试点学校，获评知识产权荣誉数量为历年最高。促进科技与金融深度结合。13家企业开展专利质押贷款，贷款总额6998万元。开展知识产权宣传培训。以“4·26”知识产权宣传日为契机，开展知识产权进企业、进园区、进校园活动；举办知识产权各类培训10余次，创新主体和社会公众的知识产权意识提高。

（郭学彬）

气 象

【概况】2018年，亳州市年平均温度16.2℃，比常年偏高1.3℃，为1966年（有完整气象资料）以来最高（与2017年持平）。四季平均气温均较常年偏高，其中春季、夏季平均温度异常偏高，秋季显著偏高，冬季（2017年12月—2018年2月，下同）略偏高。年降水量950.4毫米，较常年偏多1.4成。春季降水显著偏多，秋季显著偏少，夏、冬季略偏多。根据气候年景等级评估，2018年为正常气候年景。

全市、县（区）气象全部行政审批项目、公共服务事项进入安徽省政务服务平台。完成审批和公共服务事项的动态调整，落实“减证便民”举措，梳理行政审批和公共服务事项的办理流程和申请材料，减少审批申请材料64%，审批时间缩短至2个工作日以内。防雷和气球施放安全隐患纳入市政府重大安全隐患挂牌督办平台管理。

市气象局落实防雷安全监管责任，在亳州晚报发布防雷公告，督促企业落实防雷安全的主体责任，联合工商局、安监局、消防支队等开展联合执法检查11次，下达24份责令限期整改通知书，督促整改53条隐患，完成7项重大安全隐患挂牌督办。

年内开展世界气象日、防灾减灾日、安全生产宣传月、科普日、法制宣传日等大型气象科普宣传活动14次，举办科普宣传讲座32次，科普讲座收听人数6000余人，发放科普宣传资料4.7万份，发表科普宣传稿件60余篇。联合市科协开展全市中小学生全民科学素质知识竞赛，在全省气象科普讲解、科普作品创作、知识竞赛中，3人获三等奖，2个作品获二等奖，1个作品获三等奖，1个作品获优秀奖，市气象局获优秀组织奖。2018年涡阳县气象科普馆、涡阳县西阳镇郭寨社区被认定为全国气象科普教育基地。

获批省局科研项目3项，在研省级项目共5项，在研市级项目5项。组织参加申报2019年省局科研项目5项，申报亳州市重大科技专项项目1项、亳州市第四批产业创新团队1个。在省级以上刊物交流或发表论文35篇，获得优秀论文3篇。牵头研发的《安徽省防雷安全监管系统》正式上线运行。

年内新增高工3人，高工占比19.3%，2人入选第四批中青年科技骨干，2人入选第四批基层台站青年业务技术骨干，2人入选气象部门远程培训兼职教师，1人入选市级干部教育培训师资库优秀师资。

本年度，市气象局获全省气象部门综合考评特别优秀达标单位，全省"重大气象服务先进集体"，省政府对市政府气象防灾减灾考核第一名，2017年度市政府效能考核优秀等次。市、县气象局全部被授予安徽省文明单位；涡阳县气象局被授予全国文明单位。

【年度重大气候事件】年初遭遇低温雨雪冰冻灾害 2018年1月3—4日，亳州市普降暴雪到大暴雪，其中利辛降雪量29.1毫米，创同期历史雪深极值；与历年同期相比，最大积雪深度均排前五，其中谯城为历史第五，涡阳、蒙城、利辛为历史第二，均少于2008年。1月24—25日全市再次出现大到暴雪，全市极端最低气温达-14.9℃。两次强降雪、低温冰冻天气对农业生产、交通运输、民众生活等方面均造成不利影响。

台风影响个数多，"温比亚"风雨灾害重 2018年有11个台风登陆中国大陆，有5个影响安徽省。其中有3个影响亳州市，分别为台风"云雀""摩羯""温比亚"。出现时间均集中在8月，其中"云雀"和"摩羯"均为外围云系影响亳州市，全市出现小到中雨，部分地区大到暴雨。

8月16—20日，受台风"温比亚"影响，亳州市出现连续降水天气，其中17日夜里到18日出现暴雨到大暴雨，过程雨量普遍超过100毫米，最大谯城区颜集镇304.5毫米，并伴有雷暴和7~8级阵风，最大瞬时极大风速20.6米/秒。强风雨造成亳州市部分乡镇受灾，全市大部分地区出现城市内涝、低洼地区积涝、农田积水和渍涝。

图127 2018年11月7日，亳州民航气象站（马魁侠 供图）

夏季平均气温近五年最高，高温强度一般 夏季气温显著偏高，极端性不如2017年。6月11—17日、7月13—26日、8月6—12日出现3段较集中的高温天气，全市平均高温天数为28天，较常年（历史全市平均16.6天）偏多11.4天。

全市夏季平均气温26.5℃，为2013年以来最高，2000年以来第二。全市极端最高气温为38℃，明显低于2017年的39.5℃，高温极端性不如2017年。

夏、秋季出现阶段性干旱 6月前期和7月前期全市高温少雨，全市平均最长无降水日数达14天，其中涡阳23天，高温少雨造成亳州市轻到中旱，部分地区重旱，对亳州市夏收夏种有不利影响。

9月和10月全市持续久晴少雨天气，降水量仅为常年同期的1~3成，全市出现中到重旱，持续干旱对冬小麦的播种和出苗有不利影响。

【气象综合观测网络建设】截至2018年年底，全市建成100套多要素自动站、25套城市雨量站、9套乡镇单雨量站、20套农田小气候仪、11套高速公路气象站、14套自动土壤墒情监测站、14套能见度站、10套大气电场仪、4套闪电定位系统、4套卫星数据接收站、4套GPS/MET水汽通量观测站、4个国家自动站、4套生态环境气象监测站、2套车载移动气象站、1个机场气象站、

1部C波段双偏振天气雷达和1部风廓线雷达，气象灾害监测站平均间距6千米。全市气象探测设备运行稳定，自动站业务可用性99.94%，居全省第二位；气象数据可用率99.99%，居全省第一位。数据传输率99.89%。

【气象预报预警】2018年，亳州市新建雷电、能见度等气象灾害监测平台。2018年亳州市24小时综合预报质量64%，位列全省第一位，其中24小时晴雨预报质量89%，位列全省第一位。全年共发布寒潮、暴雨（雪）、强对流、雾霾等预警信号129次，平均预警时效6.7小时。年内共制作各类服务材料253期，编发预报预警短信676条。发送微博2409条，其中新浪微博获市政府政务微博考评二等奖。

【气象防灾减灾】2018年，亳州市委一号文件连续6年将“建设8个气象防灾减灾标准化乡镇和8个示范村”列入市农业农村重点工作。截至年底，在全市建成48个气象防灾减灾标准化乡镇、48个示范村、12个示范社区，标准化乡镇覆盖率达53.3%。与民政、地震部门联合创建6个安徽省综合减灾示范社区，5个国家综合减灾示范社区。全市先进气象灾害防御管理所和镇村优秀气象信息员评选和表彰。1名乡镇气象信息员获全国气象局气象服务贡献奖。

推进基层突发事件预警信息发布平台向全市所有乡镇延伸。蒙城县开展基层防灾减灾标准化试点建设。更新各级党政领导、25个行业主管部门、重点防御单位、防汛责任人等气象灾害预警责任人信息，将3万余预警责任人信息纳入预警服务平台。实现短信、邮件、传真、微博、微信等预警信息发布手段多样化。

【人工增雨】2018年，亳州市常态化开展人工增雨作业改善空气质量。利辛、涡阳、蒙城县已被认定为省级人工影响天气标准化县。全市建成12个固定人影标准化作业点，配备人影作业车12辆、牵引式火箭发射装备24套、人影弹药防爆箱20套。全市气象部门以大气污染防治和农业生产需求为目标，常态化开展人工增雨作业，全年开展人工增雨作业149点次，共发射火箭弹633枚。

图128 2018年6月19日，亳州市人工增雨作业（马魁侠 供图）

【助力蓝天保卫战】2018年，亳州市气象、环保合作助力蓝天保卫战。气象、环保、PM2.5专家组每天开展空气污染扩散条件及空气质量预报会商，共同做好重污染天气预警服务。2018年共开展会商488次，联合制作发布重污染天气预警9期。

服务大气污染防治。市气象局联合市环保局、省气科所申报亳州市科技重大专项项目。申报亳州市第四批产业创新团队，开展亳州市重污染天气气象扩散条件和静稳天气指数预报研究。联合市信息局建立环保、气象大数据平台。涡阳县政府与国家气象卫星中心合作研发卫星遥感综合应用业务系统。

【亳州市科普公园建设】2018年，亳州市推进科普公园（防灾减灾中心）建设。该工程是皖北首个集气象监测预报预警、科普教育、游览休闲为一体的主题文化公园，公园以漳河为脉，分为“两区一带”。北区建设市防灾减灾科普教育中心、气象防灾减灾中心和多普勒雷达塔楼；南区建设综合气象观测、农业气象观测、大气成分观测、雷电观测等设施。亳州市防灾减灾科普教育中心位于市防灾减灾中心，融合气象、科技、地震、人防、消防5个主题元素，截至年底，项目基本建成。

（马魁侠）

防震减灾

【概况】2018年，市地震局完善

防震减灾宣教机制。推进防震减灾知识列入市委党校教学计划。省地震局张有林副局长到市委党校为秋季主题班全体学员作《地震灾害及防震减灾工作》专题报告。发挥志愿者和民间救援力量的作用，依托蓝天救援队、天狼救援队组建防震减灾科普志愿者队伍，开展宣教活动。

开展系列科普宣传。2018年是汶川地震10周年，围绕“防震减灾，你我同行”主题，4月14日，市地震局联合市教育局、市科学技术协会在市地震局应急指挥中心举办全市防震减灾知识大赛；组织开展“行动起来 减轻身边的灾害风险”为主题的防灾减灾开放日活动；5月10日，围绕“行动起来，减轻身边的灾害风险”主题，市地震局会同市防震减灾工作领导小组相关成员单位在市中心魏武广场开展广场科普宣传。

统筹传统媒体和新媒体，扩大防震减灾知识宣传覆盖面。4月21日—5月20日在亳州新闻综合广播FM88.2分时段播放防震减灾科普知识；防灾减灾日宣传周期间，在市广播电视台新闻综合频道、农村频道和都市频道，每天各三次播出防震减灾公益宣传片；在《亳州晚报》开辟专栏，用4个分版刊登防震减灾科普宣传知识。利用移动短信平台共发送防震减灾宣传短信15万条次；利用新媒体开展防震减灾知识手机有奖互动。5月9—12日，利用手机微信平台开展汶川地震10周年系列纪念活动暨亳州市首届防震减灾知识手机有奖测试活动。

融合人防地震特色开展科普宣传。利用人防多媒体防空警报LED屏幕播放防震减灾宣传片；利用人防机动指挥车和便携式防空警报器保障防震减灾应急疏散演练、科普宣传；在市基层武装暨人防办公室规范化建设中，给乡镇人武部配备人防地震应急包、组织疏散演练、发放防震减灾知识读本。

落实年度震情跟踪工作部署，推动涡阳地震台建成使用。涡阳地震台水温、水位前兆观测数字化仪器及辅助设备分别于6月22日、9月27日完成安装。

强化市县数据共享与业务协同，推进地震前兆数据互联互通项目落到实处。推进亳州市地震前兆互联互通项目建设，完成市地震监测站与蒙城地震台、涡阳地震台、利辛地震台后台数据库的连接；实现全市地震监测台站前兆数据的互联互通，形成亳州市区域前兆台网。

本年度，市地震局获全省地市级防震减灾工作考核先进单位。利辛县地震局获全省县级防震减灾工作综合考核先进单位。

【震灾预防】2018年，核定建设工程抗震设防要求91项，完成建设工程抗震设防竣工验收33项。项目全部实行网上办理，网上办事办结率100%。

强化农村民居和乡村公共设施抗震设防指导。市地震局结合美丽乡村建设，实施农村民居地震安全示范工程，创建完成5个农村民居地震安全示范村；开展城乡老旧房屋抗震性能鉴定与加固工作，结合农村危房改造工作，完成10990户农村危房抗震性能加固改造工作。

【应急救援】2018年，市地震局协调，将2018年地震应急演练纳入全市应急演练计划，并将应急演练完成情况列入市政府2018年应急管理绩效考核内容。5月15日，市地震局联合谯城区政府在亳州第十六中学开展防震减灾应急综合演练；5月28日，市地震局联合亳州市消防支队开展地震应急救援实战拉动演练；9月18日，亳州市2018年人防地震应急救援综合演练在市消防支队培训基地举行。通过近乎实战的演练，检验预案的有效性和可操作性，提升全市防震减灾应急处置水平。

【科普教育基地建设】2018年，亳州市依托市防灾减灾科普教育中心，建设防震减灾科普教育基地。市防灾减灾科普教育中心建筑面积3720平方米，融合气象、消防、人防、地震、科技5项防灾减灾主题元素，采取设计施工一体化的建设方式。市防灾减灾科普教育中心布展全面完成，在进行验收。在省级防震减灾示范学校创建省级防震减灾科普基地。市地震局投资90万元在省级防震减灾科普示范学校亳州第八中学建设校园防震减灾科普馆，并成功创建省级防震减灾科普基地。

（王洪仁）

文 化

图 129　2018 年 4 月 23 日，之意书社（张延林 摄）

概　述

【概况】2018年，市文化旅游局实施文化民生工程，开展文化惠民活动，补齐公共文化场馆建设短板，着力完善公共文化服务体系。承担农村文化建设专项补助项目和公共文化场馆免费开放两项文化民生工程，落实“月督察、月通报、月排名”制度，截至11月，专项补助资金全部到位，全市农村公益电影放映17543场，完成任务数的112.54%，送戏下乡2635场，完成任务数的200%，为全市1424个农家书屋配送图书106215册，提前超额完成2018年文化民生工程任务。全市组织群众文化活动800余场次、开展城市广场公益演出300场、组织扶贫文艺宣传演出79场、送戏进敬老院300场，丰富城乡人民群众精神文化生活。

参与省内外各项文化活动。组织参加“2018安徽省少儿书画大赛”，获一等奖11名、二等奖16名、三等奖31名；组织参加“2018安徽省‘六一’少儿文艺会演”，全市共58个节目进入决赛，获二等奖2名、三等奖2名，打破32年来没有作品入选会演的局面；组织参加“第二届安徽省群星奖戏剧（小品）曲艺门类评选”入围2个作品。

推进文创产品开发工作。在“2018中国旅游商品大赛”中获银奖，是安徽省历届参加大赛获得的最高奖项，也是2018年省内唯一获银奖的旅游商品。在“2018年度安徽旅游商品研发设计大赛”中获银奖；在“2018中国特色旅游商品大赛”上获银奖；在“2018安徽百佳文创旅游商品创意大赛”上获铜奖。

【文化产业管理】市文化馆完成内部装修，场馆功能配置加速推进；城市展览馆、北关历史街区等5个全民阅读基层示范点建成并对外开放；完成627个数字农家书屋建设；完成4个乡镇（街道、社区）综合文化服务中心示范点创建和50个贫困村综合文化服务中心建设任务；完成蒙城县应急广播系统建设，启动国贫县利辛县应急广播系统建设，申报资料已报国家局审批；五禽戏群众文化普及活动通过第三批国家公共文化服务体系示范项目验收，全市公共文化服务体系建设进一步完善。围绕“唱响主旋律、传播正能量”持续打造精品，市广播影视产业园获评“安徽省广播影视产业园区”，亳产电影《美丽的抉择》《爱的传递》分别获2018年美丽乡村国际微电影艺术节最佳故事片、第三届横店儿童电影节最佳公益短片奖，在省级广播电视节目技术质量奖评审中，亳州市获2项组织奖和19项节目奖，梆剧《春暖花开》和《仙乡药嫂》《一树梨花白》分别入选文化和旅游部全国优秀现实题材舞台剧展演及安徽省戏曲创作孵化计划。挖掘亳州传统文化，创新开展“博物馆欢乐奇妙夜”活动，打造全国首家夜间开放的博物馆；组织亳州文物“走出去”，联合南京六朝博物馆举办“曹操宗族墓群文字砖拓片全国巡展”活动。组织全国媒体和网络达人到亳州旅游体验，结集出版《遇见亳州》游记；组织编撰出版《殷商亳都》《魅力亳州》《寻味亳州》《亳州旅游指南》等文化旅游丛书。保护利用非物质文化遗产，在北关历史街区设置非遗直播间，组织开展剪纸、糖画、面塑等非遗展演活动40余场次。

图130　2018年2月20日，亳州城市广场公益演出（张星辰　供图）

【文化遗产保护】2018年，市文化旅游局落实《亳州国家历史文化名城保护条例》，建立历史文化名城保护目录，累计摸排不可移动文物932处、可移动文物8232件。加强文物传承保护，推进花戏楼修缮工作，完成姜桂题公馆、江宁会馆修缮。组织亳州文物走出去，联合南京六朝博物馆举办“曹操宗族墓群文字砖拓片全国巡展”活动。保护利用非物质文化遗产，在北关历史街区设置非遗直播间，组织开展剪纸、糖画、面塑等非遗展演活动40余场。3月，全市有21处县区级文保单位被公布为第三批市级文物保护单位。截至年底，全市各级文物保护单位共计231处，其中国家级7处，省级38处，市级66处，县区级120处。开展《安徽省非物质文化遗产条例》宣传，完成市级第二批非物质文化遗产代表性传承人评审工作和省级第六批非遗传承人推荐工作。完成“华佗五禽戏”申报人类非物质文化遗产代表作项目文本和视频制作，推进五禽戏申报世界非遗工作。

【文化市场管理】2018年，亳州市推进文化市场综合执法改革，制定出台《亳州市进一步深化文化市场综合执法改革实施方案》。建立健全主城区市场轮动执法错时执法检查制度和对县区市场“月巡查，月通报”制度。组织开展网吧市场、演出市场、出版物市场、旅游市场秩序整顿等专项整治行动；部署开展“清源2017”“净网2017”“护苗2017”“秋风2017”专项行动，推进全市文化旅游市场秩序综合整治行动。全市共出动文化市场执法检查34583人次，检查经营单位16933家次，立案查处违规经营单位144家次，警告114家次，罚款126家次，责令停业整顿2家次。开展案件评查、专项督察和举办培训班，提高综合执法能力和水平。《涡阳县花沟镇长毛唢呐艺术团未经批准举办营业性演出》被文化部评定为“全国十大重大案件”，《张洪杰擅自设立广播电台案》被省新闻出版广电局评为“行政处罚优秀案卷”。

（张星辰）

图131 2018年12月4日，博物馆亳博书屋（张星辰 供图）

【博物馆工作】2018年，市博物馆首次引进机器人讲解员，将人工智能与讲解服务相结合，向公众提供更优质的参观体验，开创“安徽省首家引进智能机器人的博物馆”。首创“博物馆欢乐奇妙夜”系列精品社教活动，开展20场次，参与市民和游客6.72万人，打造“安徽省首家夜间开放的博物馆”。

推进“曹操宗族墓群文字砖拓片全国巡展”活动，整合曹操宗族墓群出土的近600文字砖资源，依托“曹操”为主题、以馆藏大量珍贵汉文字砖为主线，组建专业团队走进南京六朝博物馆，开展为期2个月的“曹操宗族墓群文字砖拓片全国巡展”，并缔结为友好博物馆。先后走进市第一中学、第五中学、第七中学等校园，开展“流动博物馆进校园”“非遗进校园”系列公益社教活动。

（张星辰）

【图书馆工作】2018年，亳州市图书馆引入RFID项目建设，实现馆员流通、自助借还、快速点清、微信借阅、虚拟图书馆、防盗功能、自助办证等功能。通过地方图文数字化及全文识别项目、政府公开信息整合项目及网事典藏项目等先进的技术手段保存亳州地方文献。在历年数字资源采购的基础上，完成中国知网、万方医学网、读秀等数字资源的采购工作。新增知网查重系统，涵盖期刊、博硕士学术论文、会议论文、报纸、专利全文的比对数据库及其他特色资源。新增EBSCO数据库，包含生物医学库全文、实证护理主题评论数据库等10个常用外文书库全文。新增网上报告厅，提供视频学习资源。新增上业乐听，包含11个系列的有声读物平台。新增环球英语，含有出国、职业、应用、职称英语学习资源。

亳州市图书馆向亳州市民免费开放，全年无休。按照公共图书馆服务“公益性、基本性、均等性、便利性”的基本要求，共办理借书证1.5万张，其中市民读者1.1万张。全馆接待读者37.8万人次，图书流通量10.9万册次，数字资源点击率18万人次。通过网站、微信公众号等形式，实现对市民读者线上线下相结合服务。通过引入“不占座系统”，为读者提供更为有序的自修环境。先后服务中医药知识技能大赛、亳州职业技术学院传统体育项目裁判员培训、中医药文化传播等多个活动64场。在第28次全国助残日，结合亳州市“残疾人文化进家庭”活动，组织50余名残疾人到盲人阅览室参观学习。采购买盲人数字阅读听书机400台，联合县区图书馆为广大盲人读者提高服务。

亳州市图书馆利用法定节日和“世界读书日”“图书馆服务宣传周”“科普日”“全民读书月”等特殊时间点，组织开展“遇见阅读·美好成长”读书月活动、“共读共行，同心同行”诵读、“阅读之星”颁奖暨读者座谈会等主题活动。创新开展暑假小小志愿者活动，传递为公众服务的志愿精神。配合安徽省公共图书馆联盟活动，开展“我与图书馆的故事”系列征集活动，征集内容包含摄影作品、微视频、主题征文3个方面。根据中国图书馆学会阅读推广委员会的活动，开展第六季馆员书评征集活动。

（张　珺）

新闻出版

【概况】2018年，亳州市加强对市县各级广播电视台广播电视节目播前三审制度和重播重审制度的执行监督，按照三审三查相关规定，开展对各级广播电视台落实情况进行督察，要求各相关节目播出单位制定详细的节目审查执行制度和审查流程，严格执行节目播前三审三查制度，确保播出内容可控、现场可控、流程可控。

对全市图书音像出版物发行市场进行随机抽查，检查主城区出版物市场各类违规出版物、违禁出版物以及非法出版物等。出版物市场基本平稳有序。

开展对全市报纸、期刊，连

图132　亳州市图书馆（张珺　摄）

图 133　2018 年 1 月 1 日，文化惠民演出（张延林　摄）

续性内部资料出版物等平面媒体的督察，重点对电子出版物出版单位的登记项目、设立条件、出版经营情况、遵纪守法情况、内部管理情况等内容核查，未发现违法违规现象。

监管全市网络视听等新媒体，重点查处淫秽、暴力、侵权盗版等违法违规网络视听节目，注重网络舆论引导，规范完善舆情监控制度和监控网络，最大限度地挤压负面信息的传播空间，努力营造文明健康的网络环境。

在省级的广播电视节目技术质量奖评审中，亳州市获 2 项组织奖和 19 项节目奖。

【文化惠民工程】2018 年，亳州市建立“村村通”广播管理两月一督察常态化的长效机制，全市农村公益电影共放映 17140 场，完成全年 15588 场次的任务，完成 60% 以上新片率任务。开展爱国主义教育影片展映公益活动和进校园活动。推进谯城区、利辛县开展农村公益电影室外（室内）固定放映点建设工作。全市农家书屋图书完成图书更新 106215 册，其中，省版 20895 册，占比 20%，署版 85320 册，占比 80%。开展农村少年儿童的读书征文活动，收到优秀作品组稿 107 篇。组织全省读书朗诵电视大奖赛选拔，借助“农家书屋”资源优势，为各中小学学生开展农村少年儿童阅读实践活动。40 家大型实体书店组织开展图书惠民月活动，通过图书折扣促销、图书阅读推广活动，举办文化惠民“快乐读书吧”进校园、文化惠民流动售书三下乡。

【新闻出版行业管理】2018 年，亳州市完成广电系统 206 名记者证年检工作，进一步完善新闻记者管理制度，规范新闻采编行为；完成全市 153 家出版物发行单位、98 家印刷企业年度检验和资料上报工作；规范安徽日报等 4 家新闻单位驻亳州记者站的管理，完成记者站的年度核验工作，完成全市 8 家内部资料性出版物的年度核验工作。上报市 2017 年度一次性内部资料性出版物汇总材料。组织开展农村电影市场发行放映月报、打击“黑广播”月报、非法卫星电视接收设施整治开展情况季报、广播电视设施安全保护工作月报、印刷复制市场检查情况双月报等各项统计月报工作。

规范播出机构行为。重点抓好春节、两会等重大活动安全保障期安全播出工作，做好暑假期间网络视听节目播出工作、“十一”期间广播电视安全播出和网络安全重要保障工作，确保安全播出零事故。核查市台和安广网络存在的问题，要求立即停播并开展整改核查；要求各相关节目播出单位严格执行节目播前三审三查制度，确保播出内容可控、现场可控、流程可控；开展对全市各级广播电视节目播前的三审三查制度落实工作的督察，在设施设备的上要求加强保护和排查，在全市范围内开展广播电视发射塔安全大检查，彻底消除安全隐患，确保播出工作安全无例外。

推进无线覆盖网向数字化升级，推进市有线电视网络整合发展工作，推进高清数字频道建设，市台摄像设备在 2017 年全部实现高清化，编辑设备在 2018 年 10 月份实现高清化。推进应急广播体系升级，加快与省应急广播体系的并轨。利辛县纳入省级应急广播体系建设试点。推进广电大楼建设。推动全市印刷业向绿色印刷、先进的制造服务业和数字印刷转型。有序推进数字农

图 134　2018 年 11 月 23 日，亳州市新华书店“农家书屋”图书配送活动启动（刘勤利　摄）

家书屋建设。2018 年按照不低于总数 30%，2019 年不低于 80% 的目标，在全市范围内拟建 649 个数字农家书屋，其中，谯城区 246 个、涡阳县 181 个、蒙城县 117 个、利辛县 105 个。

（张星辰）

广播电视

【概况】2018 年，亳州市广播电视台围绕传播力建设这个核心，坚持内宣与外宣并重、传统媒体与新媒体共融、创新与创优并举等措施，坚持正面宣传为主的方针，加强舆论引导，增强广电融媒体的传播力和影响力。

创新宣传方式，推出多个新专栏和系列报道。特别是《亳州新闻联播》栏目平均每月推出 2 个系列报道和专栏，从经济、文化、社会等各个角度反映全市成绩和变化。“新时代 新气象 新作为”“脱贫攻坚在行动”系列报道，“请您回家 助您创业”“五大发展看亳州·春风行”“榜样”等专栏，用温暖的事例，感人的画面，翔实的数据，以正能量导向进行宣传引导。

推进广电中心项目建设。强化完善安全、质量管理体系，把控工程进度，严格执行安全生产责任制和国家建筑质量标准，工程质量、安全生产等方面均达到合格要求，被市经开区树为榜样工程并通报表扬。主附楼主体工程完成，墙体砌筑完成；室内回填全部完成；幕墙龙骨开始安装；水电、通风、消防等安装 40%。

按照省局通知要求，自查广播电视发射塔的安全情况，根据广播电视发射塔检测鉴定报告存在的问题进行整改。配合省局开展无线地面数字电视落地工作，扩大有效覆盖。购置一台多功能网络直播车，并完成改造，投入使用。采购一批高清非编设备，实现电视新闻节目制作全部高清化。《政风行风热线》全媒体演播室于 3 月正式投入使用，实现两个广播频率的热备份播出。技术装备品质提升，为完成市委市政府工作部署，实现新闻宣传社会效益最大化提供保障。

通过公开招考，招录 12 名播音主持、新闻采编、新媒体等岗位人员；选拔任用 5 位主管级以上管理人员；开展“拔尖人才”评比活动，10 余名优秀员工被评为“拔尖人才”；采取“走出去、请进来”的方式，定期开展业务学习交流，分期对新闻采编、工程技术、播音主持等岗位的工作人员进行技能培训，提高全台整体业务能力。举办第一届职工运动会、徒步活动等文体活动，丰富职工精神文化生活。

本年度，市广播电视台获省级新闻奖一等奖 4 个，三等奖 1 个，播音主持二等奖 2 个。其中《推行“一块田”盘活农村耕地资源》荣获安徽电视新闻奖一等奖，纪录片《星星的孩子》荣获电视社教类一等奖、安徽新闻奖一等奖、国家新闻出版广电总局 2017 年第四季度国产优秀纪录片。广播方面，获安徽新闻奖（广播类）一、三等奖各 1 个；安徽广播新闻奖一等奖 1 个，二等奖 1 个，三等奖 3 个；播音主持奖获得 1 个二等奖、2 个三等奖；技术奖金鹿奖获 2 个二等奖，4 个三等奖；获广播电视创新奖三等奖 1 个。药都时空微信荣获“2016—2017 年度城市广播电视融合创新最具影响力微信公众号”。

【重大主题报道】2018 年，亳州市广播电视台主要新闻栏目围绕习近平新时代中国特色社会主义思想和党的十九大精神学习宣传贯彻，先后开设“在习近平新时代中国特色社会主义思想指引下新时代 新气象 新作为”专栏和“在习近平新时代中国特色社会主义思想指引下新时代 新作为 新篇章”等专栏。在“纪念改革开放4 0周年”宣传报道中，开设“40年改革创新路”“40年改革获得感”专栏，突出“改革标识”，通过图文视频等多种形式，全面梳理回顾全市改革开放40年来的标志性事件和发展成果，以点带面展示改革开放辉煌历程，用小切口反映大主题，从地区、行业、企业、家庭等视角开展采访报道，多角度反映经济发展、社会进步、人民幸福，全面展现改革开放40年来全市各地区、各领域、各行业的发展变化，反映亳州人民的获得感、幸福感。围绕各类重大主题，推出各类专栏48个，播发稿件2620余篇。

【重大活动报道】2018年，亳州市广播电视台先后对省市“两会”、全市推进五大发展督察调度会议、药博会等重大活动进行全方位、多维度、高强度报道，营造喜庆热烈、鼓舞人心、积极向上的舆论氛围。市“两会”召开期间，开设两会特别报道“奋进新时代 亳州更出彩”专栏。省“两会”召开期间，栏目派出两组记者分赴合肥，每天发出关于亳州市代表团的最新动态以及亳州市省人大代表、政协委员议案建议和提案的相关内容。4月，安排六组记者参与“五大发展看亳州·春风行”集中采访活动。5月起，开设“环境保护和环境督察整改”“聚焦省环保督察”“环保成员单位领导访谈”专栏，全方位对全市相关环保会议、环保问题督察整改情况等进行报道，为环保工作营造浓厚的舆论氛围。药博会召开前后，推出专栏“喜迎药博会”和系列报道“打造世界中医药之都”，带领市民了解全市如何加快产业转型升级、强化质量监管、做强相关产业，努力形成打造世界中医药之都的核心竞争力。

【典型人物报道】2018年，市广播电视台在《亳州新闻联播》《药都时空》等栏目开设“好人在身边”“榜样”“身边正能量”“亳州市第一届突出贡献人才风采”“亳州市第一届首席专家风采”等专栏，对节假日坚守工作岗位的劳动者，身边的亳州好人、安徽好人、中国好人等进行不间断报道，传递正能量，全面展示全市各行各业敬业爱岗、奉献创新的事迹，把社会主义核心价值观传播到每个人心中。

【舆论监督】2018年，亳州市《沟通——政务零距离》《政风行风热线》栏目加强反馈报道，确保群众反映的问题件件有落实、事事有回音。通过《沟通》平台共反映117个问题，其中102个问题得到有效解决，整改成功比例在87%以上。《政风行风热线》“市长有约”特别直播节目正式开播，现场为群众答疑释惑，解决问题。《政风行风热线》接听各类热线2206个，其中场内答复211件，场外按时办结1979件。《药都时空》节目继续发挥关注民生、联系群众的优势，先后就“环保督察在行动”“乡镇非法加油站点死灰复燃”“贫困户安全饮水工程被破坏”“部分小区门口存在赌博机”等加强监督报道，引起有关部门高度重视，推进问题解决，得到群众好评。

【对外宣传】2018年，市广播电视台主动加压，使大批反映全市重点工作、全市人民群众精神风貌的新闻稿件在省台和央视播出，展示亳州形象。电视在《安徽新闻联播》共计发稿454条，在央视发稿28条，其中，央视《新闻联播》2条；广播在省台发稿360篇，其中在《全省新闻联播》发稿120篇，在央广发稿12篇。

【融媒建设】2018年，亳州市药都时空微信公众号稳居全省微信影响力排行榜（媒体类）前列，用户数超过27万。9月，国家新闻出版广电总局发展研究中心新媒体研究所联合数熙科技共同发布全国地级城市台微信传播力榜，药都时空微信公众号排名位居全国城市台第一位。掌上亳州APP内容不断充实，用户数稳定增长，突破10万户。市“两会”期间，新媒体部策划推出H5《田小甜的朋友圈》，通过“两会”内容与微信朋友圈的密切集合，点击量10万+。新闻报道《来不及解释了！赶紧上车，“亳州”号班车2018再出发》受到省委宣传部新闻阅评组表扬。新媒体直播实现常态化。药博会期间，新媒体连续进行3场直播，联合亳州市中级人民法院举行三县一区联动的“抓老赖”大型直播，每一场新闻直播，点击量均在5万次以上。

（夏丽丽）

亳州晚报社

【概况】2018年，《亳州晚报》围绕中心，服务大局，在做好常规新闻宣传报道的基础上，以强化主题策划提升党报影响力，以深入践行“走转改”加强报道传播力，以加强评论提升舆论引导力，推出一批精品主题策划和新闻报道，多篇报道获省、市新闻阅评的好评。在融媒体建设中，以《亳州晚报》品牌为基础，多翼并举，打造媒体矩阵，突出党报功能，规范发展、有序发展、创新发展、健康发展，基本形成“报、网、端、微”的媒体格局。

本年度，丁静、曾莹莹撰写的通讯《“精神脱贫”让陆暗楼村亮起来》，汝平、蒋海涛撰写的通讯《秸秆经纪人：让“一缕烟”变成“一沓钱”》，赵菲菲、汝平撰写的网络专题《辛勤耕耘收获金色大地》分别获安徽新闻奖一、二、三等奖。汝平、杨文刚撰写的通讯《农民不种地 收入不减少》，蒋加磊撰写的通讯《别了“实体窗口”快了办事速度》，陈璐撰写的通讯《足不出户就能“货比三家”》分别获安徽经济新闻奖一、二、二等奖。

【主题策划】2018年，亳州晚报社围绕市委、市政府中心工作，推出“五大发展见行动”“新时代 新气象 新作为”“乡村振兴看亳州”“扶贫日特别报道——我和你”“从中华药都到世界中医药之都”“40年改革获得感、风云录”等一批主题策划。

其中“新时代 新气象 新作为”栏目，从首篇《给你一个支点　助你创梦未来　我市扎实推进创新平台建设》稿件，到随后推出的创新发展的亳州实践、改革先行的亳州探索、内陆开放的亳州路径、文化建设的亳州担当、民生改善的亳州温度、精准脱贫的亳州攻坚、生态文明的亳州样板、管党治党的亳州答卷等近20篇稿件，每篇新闻报道均有记者手记，把学习宣传贯彻中共十九大精神具体化、生动化，为全市广大干群凝聚力量，传递经验，激发干劲，营造浓厚的舆论氛围。

以现代中医药产业的各个主体组成为切入点，分别从药农、药商、药企、药市等亳州现代中医药产业出现的新变化、新气象入手，以新字为重点，展现亳州药业经济发展盛景。

围绕脱贫、乡村振兴等市委市政府中心工作，深入践行“走转改”，推出“脱贫攻坚在行动”“我的扶贫故事”“乡村振兴看亳州”“枫桥经验在亳州”“榜样”等多个接地气的栏目和系列报道。多篇报道被国家和省有关媒体转载。

【新闻评论】2018年，亳州晚报社组织编辑记者加强评论工作，不断增强党媒的舆论引导力。

在药品药材综合整治工作中，做好对动态工作和举措成效的报道，并组织采编人员撰写言论，在头版陆续推出4篇评论员文章。《坚决打赢药品药材综合整治攻坚战》《读懂“严管就是厚爱”的深意》《规范是为明天走得更远》等评论，从当前全市着力打造“世界中医药之都”的高度入手，以“严管就是厚爱”、

图135　2018年8月9日，亳州市记者演讲比赛（张延林　摄）

读懂综合整治背后的深意和亳州药业发展未来可期为主题。

在“环保督察”宣传报道工作中，《亳州晚报》做好正面典型报道，发表《坚决打赢环保问题整改工作攻坚战》等2篇本报评论员文章，另根据整改工作成效，相继配发《“名企”被查，再显严打环境违法的决心》《环保“最大罚单”不是最终目的》《法律牙齿咬下去，身边环境美起来》等多篇评论，在“朋友圈”引起较强反响。

以全市现代中药产业集聚发展基地政策兑现大会为切入点撰写的《政府兑现承诺 重过亿元奖补》、反映江淮风暴执行攻坚的《只有戳到“麻骨”上方能治好“老赖”病》等言论，使《亳州晚报》发挥了党媒在传递党和政府声音、沟通党和人民联系、引导社会舆论方向、激励民众意志的作用，为全市经济社会发展营造良好的舆论氛围。

【媒体融合】2018年，亳州晚报社在融媒体建设中，以党报为龙头，以品牌为基础，报纸、网站、客户端、微博微信等多翼并举，相融发展，融合意识不断增强，融合格局初步形成，融合产品陆续呈现。

机制融合。报社借迁入新的办公大楼之际，利用新的办公区域设置推进媒体融合。根据工作需要，在办公区域设置上，采取新闻采编各部门相对打通，集中办公。将新闻中心更名为全媒体新闻中心，除了报纸采编原来设置的时政、社会、周刊、摄影等部门外，同时将新媒体发展部和网络部都纳入全媒体新闻中心，统一指挥、统一协调。

平台融合。打通端口。为适应媒体融合发展，报社搭建集网络、掌媒与传统媒体统一融合的“亳州云”媒体平台，逐步打造亳州市媒体融合大数据中心。平台集全媒体内容生产、发布管理、可视化产品制作等功能模块于一体，可同时向多个站点提供“PC网站+手机网站+手机客户端+微博+微信”多终端一体化的新闻发布服务，支持图文、音、视频全媒体直播。正在着手把中国亳州网PC端与亳州头条后台打通，实现PC网站新闻、手机网站、手机客户端新媒体生产内容的共享互通。同时，着手完善移动采编功能。

筹建中央厨房。报社以搬迁新办公大楼为契机，与北大方正公司联系，筹备全媒体采编中心及数字资源管理系统，即报社中央厨房建设。中央厨房建成后，将全面完善报社新闻内容生产、协作、分发的机制和新闻采编业务模式，最终实现全市重大活动报道“一体策划、一次采集、多种生成、多元传播、全面覆盖”的传播效果。

产品融合。报社在新闻等系列产品的生产和推送上，除传统的文字、图片之外，在音视频、H5、互动等方面发力，强化融合效应。

推进H5作品传播。在两会期间，制作《新时代 新征程——政府工作报告解读》H5作品，得到广泛传播；制作《招才引智》H5作品，用通俗易懂、适合网络传播的方式，全面解读亳州人才政策；制作《有奖环保举报》H5作品，宣传环保整治有奖举报政策。制作长图解读，结合亳州市统计数据、亳州市秸秆禁烧政策、经济普查等重要工作，让广大网友一图看懂重要政策和文件。

推进重要活动直播。对重大活动实行文图直播、视频直播，并尝试记者出镜直播。中国亳州网、亳州头条手机客户端对政府新闻发布会进行视频直播；9月14日，报社亳州头条客户端对浙江大学教授、央视百家讲坛主讲人于中华在道德中宫的书法讲座进行直播。后台数据显示，部分海外人士登录观看，在一定程度上提高亳州知名度。

对“江淮风暴”三区一区联合抓“老赖”、小记者到进公交宣传“做文明乘客”、亳州交警对机动车限号演练进行文图直播。

推进互动产品生产。开发制作小游戏等网络程序，开展线上答题知识测试。十九大知识在线测试活动，参与网民1万余人；联合市地震局开展“5·12”防灾减灾日知识在线测试，参与人数2万余人；联合市司法局开展宪法在线知识测试，参与人数6万余人。

【微视频产品】2018年，亳州晚报社利用重要节点和活动，推进微视品产品的创意、制作和生产。初雪之际，推出的无人机航拍视频作品《雪中老街》，在新华社客户端发表，获点击率突破80万次；5月芍花盛开季，通过镜头记录下药农、游客在花海中的喜悦，制作《笑满芍花海》短视频，在新华社客户端发表，点击量超过110万次；麦收季节，记者走进午收一线，用收割机驾驶员的视角记录，推出微视频作品《收歌》，在新华社客户端发表后，获阅读量42万次；父亲节期间，应新华社约稿，在建安文化广场展开街头采访，表达亳州市民对父亲的深情感言；在“五大发展看亳州”采访活动中，推出的《2分钟带你伴着春风看亳州》微视频，获全市“五大发展看亳州”新媒体类一等奖（2017年航拍作品《麦收》获省网宣办组织的“五大发展看安徽”航拍大赛一等奖）；拍摄的《空中看亳州》VR作品，无人机在不同点以全景的方式展现，读者可以体验VR交互式观看现场快报道；说唱视频作品《这里是亳州 千万别读毫》，在微信发布后，点击量10万+，受到人民网《安徽日报》《安徽广播》电视台等20余家媒体关注；摄制微电影《随礼》，倡导移风易俗。

（詹秀秀）

地方志

【概况】2018年，中共亳州市委党史和地方志研究室（以下简称“市委党史和地方志研究室”）编纂地情书。编印12期《亳州大事记》（月刊），合计12万字。在此基础上，编纂《亳州大事记（2018）》合订本。及时准确记述全市每月发生的大事、要事、特事、新事，努力为领导决策、改革开放和加快发展提供服务。督促指导涡阳编印《涡阳大事记》，每月一期；谯城完成《谯城大事记（2017）》和《谯城大事记2018》，每季度一期。

推进村镇志、企业志编纂。谯城区的《城父镇志》（传统志体版）出版；利辛县《阚疃镇志》完成送审稿，计有图片300余张、文字30万字。《解甲集村志》修改稿完成，计有图片200余张、文字22万字。协助《古井贡酒志》申请纳入中国名酒志文化工程，获中国地方志指导小组办公室批准。指导古井集团启动《中国名酒志——古井贡酒志》编纂工作。

服务地方经济社会发展。做好志书、年鉴及各类地情资料的宣传、发行工作。开展“读志用志”活动，送志书进机关、进校园、进社区、进农村，做好常规性赠书及来访咨询服务并组织宣传教育活动。单位主要负责人参与调研活动，并在市政协“文化遗产传承、保护和利用”专题协商会上做专题发言。协助古井集团查找资料，申请“九酝酒法”纳入吉尼斯世界纪录并被成功获批。加强资料保护领域的工作，提高地方志工作者信息服务能力。谯城区参与市区历史文化名城保护与开发利用等工作；涡阳志办参与省级园林城市创建工作，协助做好中国影像方志安徽篇涡阳编录工作。

本年度，《亳州年鉴（2017）》获全国地市级综合年鉴质量评比三等奖、中国版协年鉴质量评比综合奖二等奖和3个单项奖、全省年鉴编纂出版质量评比年鉴综合奖特等奖。亳州市二轮志书编纂和综合年鉴编纂在全省率先实现“两全”目标。

图136 2018年6月27日，《中国名酒志·古井贡酒志》培训会召开

（程诚 供图）

【《亳州年鉴（2017）》获奖】2018年，《亳州年鉴（2017）》分别获国家级及省级奖，创历史最好水平。在中国地方志指导小组和中国地方志学会联合组织的第五届全国地方志优秀成果（年鉴类）质量评比中，《亳州年鉴

（2017）》获全国地市级综合年鉴三等奖，是全省地级市唯一获得的最高奖项。在中国出版协会年鉴工作委员会主办的第六届年鉴编纂出版质量评比中，《亳州年鉴（2017）》获中国出版协会授予的综合奖二等奖和中国出版协会年鉴工作委员会授予的3个单项奖（检索、编校质量和出版时效质量一等奖、框架设计二等奖、装帧设计二等奖）。在省地方志办公室和省地方志学会联合举办的第四届全省年鉴编纂出版质量评比活动中，《亳州年鉴（2017）》获年鉴综合奖特等奖，这是亳州自建市始在全省年鉴质量评比获得的最高奖项；另，《谯城年鉴（2017）》获年鉴综合奖一等奖；《蒙城年鉴（2017）》获编校检索专项奖。

【亳州市在全省率先实现综合年鉴编纂全覆盖目标】 近年来，亳州市加大县区综合年鉴业务指导力度，鼓励引导《涡阳年鉴》《蒙城年鉴》《谯城年鉴》《利辛年鉴》实现一年一鉴、公开出版。《蒙城年鉴》从2013年起实现一年一鉴、公开出版；《涡阳年鉴》2016年起实现一年一鉴、公开出版；《谯城年鉴》《利辛年鉴》2017年起实现一年一鉴、公开出版。截至2018年，全市、县（区）实现年鉴编纂全覆盖，即实现“一年一鉴、公开出版”。在8月21日省志办下发的《关于全省地方综合年鉴全覆盖任务完成情况的通报》中，亳州市排名居前列。

【《亳州年鉴（2018）》出版面世】 《亳州年鉴（2018）》由方志出版社出版。这是自2002年开编起，亳州市连续编纂出版的第17卷《亳州年鉴》。

《亳州年鉴（2018）》以马克思列宁主义、毛泽东思想、邓小平理论、“三个代表”重要思想、科学发展观、习近平新时代中国特色社会主义思想为指导，全面系统地记载2017年亳州市政治、经济、文化和社会发展的基本情况，为广大读者了解亳州、研究亳州提供了权威性、系统性的信息资料。全卷设35个类目，163个分目，33个次分目，910个条目。总计65.6万字。

本卷年鉴卷首彩页延续《亳州年鉴（2017）》的设计思路，继续设置“药都亳州”“酒乡亳州”“数字亳州”“亳州要事”4个栏目，突出亳州的地方特色和年度特色。篇目设置力求更加科学合理，逻辑更加清晰，归属更加得当；语言力求简洁、准确、平实、不溢美、不隐恶，条目力求有深度、有特色，有效信息量增加；正文收录部门图片145幅，图文并茂，可读性更强。

图137　2018年，亳州市综合年鉴实现编纂出版全覆盖（孙静　摄）

【明嘉靖《亳州志》点校版出版】 2018年，市委党史和地方志研究室组织人员查找资料，点校整理明嘉靖《亳州志》，至年底，明嘉靖《亳州志》点校版由方志出版社出版。

明嘉靖《亳州志》是明嘉靖四十三年（1564），亳州知事李先芳主编。全书共四卷。在《卷一》中，分郡代纪、郡图、郡县表、帝系表、秩官表、建置考、田赋考7类。其中，秩官表、建置考均为上、下两卷。《卷二》分学校考、兵卫考、材胥考、古迹考4类，其中，古迹考分上、下两卷。《卷三》分商纪、魏纪、秩官列传3类，其中，秩官列传分上、下两卷。《卷四》为人物列传，分上、下两卷。其中，上卷有夏侯氏传、桓氏传、嵇氏传、戴氏传；下卷有忠义传、孝友传、列女传、方外传、外传。明嘉靖《亳州志》内容丰富，为后世研究亳州市地域文化留下了宝贵资料。

（孙　静）

档　案

【概况】2018年，市档案局贯彻落实中办《关于加强和改进新形势下档案工作的意见》省、市两办《实施意见》，档案工作列入市委对市直机关领导班子和领导干部综合考核、市政府对各县区政府目标管理绩效考核工作内容。市档案局印发《各县区档案工作目标管理绩效考核评分细则》，组织对三县一区开展档案工作目标管理绩效考核，及时将考核结果上报市政府。三县一区将档案工作纳入当地直属机构及政府目标管理绩效考核，建立档案工作考核机制。

服务精准扶贫工作。将精准扶贫档案工作列入工作重点，加强对精准扶贫档案工作的调研、指导和培训工作。到利辛县孙集镇宋寨村开展为期9天的驻村蹲点调研，制定出贫困户档案模板，在全市推广应用。对县区档案业务指导人员进行专题培训，对精准扶贫档案验收和接收进馆工作进行安排部署。指导各县区档案局完成“贫困村”已出列村的扶贫档案验收工作。服务环境治理工作。组织抽调5名业务骨干，配合环境核验小组，做好环境污染源档案收集、整理和归档工作，为市委市政府决策提供第一手资料。服务巡视巡察整改工作。为完善市巡视巡察整改工作任务，专门派人多次上门指导巡视巡察档案归档整理工作。

结合“6·9”国际档案日，在魏武广场开展“档案见证改革开放”集中宣传活动，围绕改革开放40周年开展档案征集活动，在亳州档案微博、微信平台进行宣传，让档案走近社会、贴近百姓。

【依法管档治档】2018年，市档案局根据《中华人民共和国档案法》《中华人民共和国档案法实施办法》修改情况，及时完善公共服务和中介服务清单建设，完成网上办事大厅办理事项的修改工作，对35家市直单位开展档案安全执法检查，对存在突出问题的单位下发整改通知书。在全市范围内组织档案法律知识测试，加强档案法律法规的宣传。

【档案指导服务】2018年，市档案局对市政协、市救助站、市公路局、市财政局、市人大、市水务局、市信访局、市环保局、市国土局、市不动产登记中心、市委办、国祯生物质热电有限公司和市直有关律师事务所等单位的档案进行指导20余次。围绕文书档案、照片档案、精准扶贫档案、档案法律法规等专题开展档案培训4次，市直单位100余名专兼职档案员参加培训。指导县区针对精准扶贫档案集中开展培训，400余名扶贫干部参加培训。

服务国有企业。为古井集团举办一期专题档案培训班，对集团的基建档案作了详细的讲解。到古井集团进行具体档案指导。服务律师事务所等社会组织。对涡阳、蒙城、利辛县及市直律师事务所开展有针对性的档案业务指导。帮助其建立档案管理制度、确定档案收集范围、规范整理、安全保管，对律师事务所规范管理、发展壮大、提高管理效率等起到极大的作用。指导重大建设项目档案工作。对市重大建设项目进行指导和培训。对市水务局一涵四闸和市公路局涡河隧道及国祯生物质热电厂项目档案进行指导。对市公路局南扩一路及绕城快速建设项目、市水务局一涵四闸建设项目档案组织开展验收工作。

【档案标准化建设】2018年，市档案局对那些基础设施较好、设备比较齐全、档案科学化管理水平较高的单位加大指导力度，组织专题指导和定向服务。蒙城县河道管理局、亳乐律师事务所等23家单位的档案工作通过省级档案工作目标管理认定，达到档案标准化管理水平。

【数字档案馆建设】2018年，市档案局正式开展数字档案馆项目建设，投入155.6万元专项资金用于建设数字档案馆项目。完成数字档案综合管理系统、虚拟数字档案室、数字化加工管理系统、电子阅览室等建设，并通过专家组验收。可以顺利接收全市OA系统内形成的所有电子文件和业务办理流程，形成电子档案文件包，在数字档案馆中保存并提供利用。

（潘小华）

医疗卫生

图 138 2018 年 6 月 15 日，亳州市开展无人机救援演练（张廷林 摄）

概　述

【概况】2018年，亳州市承办全省健康脱贫三年攻坚工作会议，在全国健康扶贫三年攻坚行动工作会议上作书面交流；在省委组织部、省扶贫办举办的培训会议上，市人民政府副市长应国君作健康脱贫工作经验交流；《中国扶贫》杂志以《医养结合，给五保老人一个安心的晚年》为题对亳州失能"五保"老人集中供养工作的做法和成效进行专题报道。《安徽省卫生计生动态健康脱贫专刊》介绍亳州市健康脱贫工作的举措和成效。

亳州市智慧医疗信息化工作通过国家四级甲等测评，受邀在全国医院信息网络大会上作报告，北京市、山东省、辽宁省、山西省、广西壮族自治区等地和安徽省10余市到亳州市考察学习智慧医疗信息化工作。

本年度，亳州市智慧医疗信息化工作获全国基础卫生信息化创新大赛最具潜力奖。亳州市通过国家中医药管理局组织的现场评审，成为全省第一个成功创建"全国基层中医药工作先进单位"的市。

【医药卫生体制改革】临床路径管理。2018年，亳州市出院患者实施临床路径比例为78.39%，与2015年工作启动时相比，公立医院临床路径人数增加27倍，药占比、耗材占比、抗菌药物使用率、次均住院费用分别平均下降9.6%、4.9%、14.7%和519元，平均住院日缩短0.4天，减轻患者就医负担。在全省考评中位居第一名。

综合医改试点。在蒙城部分医疗机构试点，截至2018年年底，在收支两条线管理、编制周转池、财政补偿机制改革等方面取得成效，群众就医获得感明显提升。2018年5月，蒙城县因"推动公立医院综合改革、化解公立医院债务成效明显"被省政府通报表彰。

医改核心指标落实。全市县级以上公立医院药品耗材占比32.17%，医疗费用增幅9.43%，百元医疗收入消耗卫生材料费用21.39元，人员经费支出占比39.66%，县级公立医院医疗服务收入占业务收入比重31.56%，住院患者按病种付费比例为64.17%，医改核心指标运行良好。

图139　2018年1月18日，亳州市医疗专家到农村开展卫生服务（陈显锋　摄）

【健康脱贫工程】2018年，亳州市共勾选健康脱贫政策133.32万条、审核133.27万条、通过126万条，审核率、通过率分别为99.96%、94.43%。对全部有意愿体检的贫困人口每年开展一次免费健康体检。

全市增发慢病证30418个，共发慢病证122557个。开展送药上门服务47993人次。累计筛查确诊15种大病8930人全部得到救治，救治率100%。全面落实综合医保政策。全市203.67万人次贫困人口享受"三保障、一兜底、一补充"综合医保政策，"一站式"即时结算医药总费用113057.26万元，总报补100678.54万元。

全市各级投入8000万元用于乡、村两级医疗机构标准化建设，规范化建设率在90%以上。继续为286个贫困村招聘1名本科临床医生，已招聘72名；对当年取得全科医师证并在乡、村医疗机构服务3年以上的医生，一次性奖励5000元，已奖励48人。

【计划生育服务】2018年统计年度，亳州市稳妥实施全面两孩政策。建成市级"一次登记全程服务"信息管理平台，共办理各类证件99897件。其中，生育服务登记卡90199件、生育证4226件、独生子女父母光荣证3629件、流动人口婚育证明1843件。

推进"村为主"经常性工作。开展"村为主"示范乡镇创建活动，表彰计划生育"村为主"示范乡镇10个。对在省考评中受表彰的蒙城县，授予"亳州市人

图 140　2018 年 9 月 1 日，全省健康脱贫三年攻坚工作会议在亳州召开（李路　供图）

口和计划生育工作优秀县区”称号并进行奖励；对在市县区考评中被纳入“重点帮助”的单位实行“评先否决”。

落实计划生育奖励政策。2018 年，亳州市确认奖励扶助对象 53627 人（其中扩面 37973 人），发放奖扶资金 5045.404 万元，5 月底前全部发放到户。在特扶方面，共确认特扶对象 927 人，除按国家规定每人每月 340 元标准发放外，对失独家庭每人每月增加 1000 元，共发放 454.14 万元；手术并发症人员在国家规定基础上每人每月增加 100 元。在长效节育奖励方面，对往年落实长效节育措施的二女户每人每年奖励 500 元。在城乡居民养老保险补助方面，对参加城乡居民养老保险的计生家庭每人增加补贴 30 元，对独生子女死亡或伤残等特殊困难群体，由县区财政按每人 3000 元的最高缴费标准代缴全部养老保险费。在城镇无业居民和企业退休职工一次性奖励方面，共为破产企业职工兑现一次性奖励 1153 人 230.6 万元。在独保费方面，共对 71901 人兑现独生子女保健费 1601.097 万元，并通过“一卡通”形式发放到户。为 36 名计划生育特殊困难家庭失能老人发放护理补贴 8.76 万元；为失独家庭发放春节、端午节、中秋节慰问金 376 户次 22.56 万元；为 11 名失独家庭人员发放紧急慰藉金 3.3 万元；为 687 名计划生育特殊困难家庭人员按照 180 元／人标准代缴新农合个人缴费部分费用 12.366 万元，并开辟医疗绿色通道。救助计划生育困难家庭 1151 户 158.8 万元，助学成才 433 人 151.7 万元，大病救助 97 人 41.1 万元，为基层计划生育专干代缴意外伤害保险 5355 人、9.665 万元。

【失能“五保”老人集中供养】2018 年，亳州市通过甄别工作“求精准”、全程护理“三统一”、日常照护“五结合”、财政投入“全保障”、托管试点“稳推进”等措施，推进失能“五保”老人集中供养工作。截至 2018 年年底提供入住的医养结合乡镇卫生院 78 个，准备床位 741 张，招聘护工 181 人。全市符合入住条件的 670 人，有意愿入住卫生院 442 人，有意愿入住率 100%，入住老人满意率 100%。集中供养后，全市 316 名不能自理的老人中有 63% 的能够基本自理，242 名不能行动的老人中有 76% 的能基本行动，265 名患病老人中有 95% 的病情得到基本控制、60 名有褥疮的老人中有 82% 的已经愈合。中央、省、市有关媒体和《中国社区报》都进行专题报道，国家扶贫部门和省政府领导到亳州调研，均给予高度评价。

【智慧医疗信息化平台建设】2018 年，亳州市建成市级全民健康信息平台。接入医疗机构 1534 家，实现全市范围四级医疗卫生机构信息共享，互联互通，实现患者预约挂号、报告单查看、移动支付、服务质量评价等功能，方便群众看病就医。

建成电子病历、健康档案、全员人口三大基础数据库。市级全民健康信息平台每天从各医疗机构抽取数据 160 万条，电子病历数据库汇集就诊数据 8.5 亿条，为跨机构业务协同应用、主管部门业务监管提供有力支持。

建设较为实用的应用系统。全市通过双向转诊系统向上转诊 14601 例、向下转诊 11615 例，远程会诊 770 余例；挂号预约记录近 12.2 万人次、发送满意度调查短信 186.1 万余条，对县区、二级及以上公立医院和乡镇卫生院 100 多个指标进行统计，进一步强化监管手段。2017 年、2018 年“新农合”筹资全部网上办理，其中 2018 年全市筹资 439.67 万人 9.67 亿元。

【公共卫生应急管理】2018 年，亳州市按照《安徽省卫生应急工作规范化建设实施方案》要求，开展卫生应急工作规范化建设县创建工作，蒙城县创建成功。推进县级卫生应急工作规范开展，引导基层加强卫生应急能力建设，提升应急工作水平。

成立公共卫生安全预警预测小组，每月开展一次传染病疫情、职业中毒、食物中毒等公共卫生安全形势预警预测分析，并作出风险评估。建立健全疫情监测点、网络实验室，合理布局，加强内涵建设，增强病因快速调查诊断和有毒物质的检测能力。

各级医疗机构根据《亳州市突发公共事件医疗救援应急预案》要求，开展医学救援活动，2018 年，市 120 指挥中心共计出诊 23434 次，接回病人计 19782 人，长途转诊 637 人；2018 年，完成政府指令性重大公务活动安全保障应急任务 73 次；开展重大突发公共事件紧急医学救援 7 起。

组织专家制定《亳州市防汛减灾卫生应急预案》《亳州市重污染天气卫生应急预案》，完善卫生应急预案体系。制定 2018 年度全市应急预案演练计划，按照演练报备计划组织演练。开展亳州市 2018 年学校结核病疫情处置桌面推演、直升机紧急医疗救援演练等。

2018 年，亳州市报告并成功处置突发公共卫生事件及相关信息 4 起，其中较大事件 1 起，一般事件 1 起，未分级事件 2 起，无死亡。较上年发生情况相比，传染病类事件减少，中毒类事件持平。

【爱国卫生运动】2018 年，亳州市建立市容环境综合整治四级网格长效机制，开展城乡环境卫生整治活动，加大改厕力度，加强病媒生物监测与蚊虫灭杀工作。4 月，亳州市正式递交病媒生物防制达标验收申请。10 月 10–12 日，安徽省爱国卫生运动委员会办公室安排评估专家组对全市创建省级卫生城市病媒生物防制工作进行现场评估验收。之后，针对反馈问题全面整改。截至 2018 年年底，全市成功创建 2 个省级卫生镇、18 个省级卫生村（社区）、26 家省级卫生先进单位。

（李　路）

中医药事业

【概况】2018 年，亳州市贯彻落实《中医药法》及相关政策。制定《贯彻落实中医药发展战略规划纲要（2016—2030 年）实施方案》，每年市、县区政府安排 300 万元中医药专项资金用于中医事业发展。

【“四名”工程建设】全市 4 家县级公立中医院新院建成使用，床位从 1940 张增至 4200 张。华佗中医院脑病科等 11 个专科、蒙城县中医院心病科等 6 个科室分别获省、市级“十三五”中医重点专科。华佗中医院创成“三甲中医院”。举办四省一市中医药健康产业峰会；华佗国医馆正式开馆。

“十三五”基层中医药服务能力提升工程。全市 89 个乡镇卫生院、13 个社区卫生服务中心全部建成中医馆，所有社区卫生服务站、85% 以上的村卫生室具有中医药服务能力。

【亳州市华佗国医馆开馆】2018 年 9 月 9 日，亳州市华佗国医馆正式开馆。华佗国医馆是亳州市委、市政府打造“世界中医药之都”的重要举措之一，对于促进亳州市中医药事业发展具有重要意义，也是一项利民惠民的德政工程、民生工程。华佗国医馆开诊后，共有国医大师等各类知名中医专家 70 位到国医馆坐诊，覆盖呼吸、胃肠、妇科、肾脏、糖尿病、儿科、内科杂症等方面，满足了不同患者的诊疗需求，国医馆药材种类与坐诊专家处方同步更新，由 200 余种丰富至 350 多种。共为 3103 名患者提供了预约就诊、现场诊疗、取药煎药等一条龙诊疗服务。

（李　路）

疾病预防控制

【概况】2018 年，亳州市完成疾控类民生工程任务。全市救治艾滋病病人 931 人，救治贫困结核病人 596 人；实施接种 1470823 剂次；完成职业病监测个案卡报告 4084 张。

【艾滋病、结核病等重大传染病防治】艾滋病人随访检测率 95.1%，在治病人 1772 例，治疗覆盖率 95%，完成年度工作目标。处置学校结核病 69 起，疫情处置率 100%，密切接触者筛查率 100%，未出现学校结核病聚集

图 141 2018 年 9 月 9 日，华佗国医馆正式开馆，名中医坐堂为市民诊治（刘勤利 摄）

性疫情。完成中央财政、省财政项目工作任务，开展艾滋病、结核病、性病防治宣传工作。聘请 100 名在校大学生担任市防治艾滋病宣传形象大使。

【适龄儿童预防接种】全市适龄儿童建证率 98.97%，以乡镇为单位适龄儿童 22 剂次国家免疫规划疫苗报告接种率在 92% 以上。加强市疫苗和冷链管理工作，处置“疫苗事件”，与食药监局联合开展《疫苗流通和预防接种管理条例》贯彻实施情况督察工作，组织专家制定《亳州市预防接种管理操作规程（试行）》并下发。做好疫苗针对重点传染病及 AEFI 监测工作，各项疫苗相关疾病监测指标均达到国家要求。开展脊灰灭活疫苗查漏补种工作。开展第 32 个全国儿童预防接种日宣传活动。在“我家亳州”APP 公示全市预防接种门诊信息以及“安徽医疗便民服务平台”开展预约接种服务，方便群众。

【全民健康生活方式行动】市政府下发《亳州市十三五慢性病综合防治规划》，市卫生和计划生育委员会、市体育局、市妇联等相关部门落实各项慢性病综合干预措施，倡导健康生活方式。全市各县区启动全民健康生活方式行动，推动健康单位、健康食堂等健康支持类环境建设，与卫生城市、文明城市等创建工作相结合，将健康支持性环境建设纳入政府推动的各项活动中。在亳州电视台播放《减油篇》《口腔篇》等公益广告，累计播放 1224 次。组织开展健康巡讲，覆盖人群 1176 人次。开展世界无烟日活动，在市医院设置戒烟门诊。

【地方病防治】组织开展“十三五”地方病防治规划中期评估，卫生、财政、教育等部门协同配合，共同落实地方病防治各项工作措施。重点加强地方病监测，组织开展碘缺乏病监测、饮水型地方性氟中毒监测、水碘调查等。开展防治碘缺乏病日宣传，市区联动开展现场宣传咨询活动，发放印有防治碘缺乏病宣传主题的环保购物袋 500 余个、碘缺乏病防治知识宣传折页 1000 余份，接受宣传教育群众 500 余人。

【严重精神障碍患者管理】市委、市政府多次召开会议研究人员队伍建设、医疗救治经费保障和关锁精神障碍患者解锁问题，投入 4000 万用于市精神专科医院建设，从市、县财政中统筹 200 万元专款用于贫困精神障碍患者医疗救治和供养。市精神病医院自独立运营始，门诊 56049 人次，收治住院精神障碍患者 2407 人次。成立精神卫生中心，加强对基层的技术指导和评估。2018 年，全市累计录入国家严重精神障碍信息系统的在册患者 23490 人，报告率 4.6‰，管理率 97.22%，规范管理率 88.15%，服药率 95.7%，规律服药率 59.64%，精神分裂症服药率 95.24%，精神分裂症规律服药率 61.4%，面访率 89.15%，各项工作指标均超过国家和省要求。

（李 路）

妇幼保健

【概况】2018 年，亳州市建成流动人口区域协作站 32 个，基本覆盖流出人口较集中的地区。稳步实施留守儿童健康关爱工程，组织医务人员对留守儿童进行免费健康体检，举办留守儿童监护人培训班。

立案查处“两非”大要案件 26 件，3 人被判处有期徒刑，22 人被吊销执业医师和助理执业医师资格证，1 家医疗机构被吊销执业许可证。

免费婚前检查 11.46 万人，婚检率 97.3%，疾病检出率 9.8%；新生儿疾病筛查 5.6 万人，筛查率 98.2%；有 63544 人接受免费孕前优生健康检查，完成全年任务的101%，其中筛查出具有出生风险因素的12268人，极大降低出生缺陷风险发生率。全市剖宫产率在33%左右，控制效果良好，位居全省前列。

全年孕产妇系统管理率、3岁以下儿童系统管理率和7岁以下儿童保健覆盖率分别在85%、85%、90%以上，实际完成率为86.5%、86.56%、90.67%。

举办新生儿疾病筛查、妇幼卫生信息、预防艾滋病梅毒和乙肝母婴传播、助产技术、儿童保健5个继续教育培训班，共培训市、县、乡级检验、新筛、儿保、助产、信息统计、母婴阻断项目技术人员1500余人次。

规范《出生医学证明》管理。2018度出生医学证明首次办理告知率100%，签发率99%以上，无1例违规办理举报、投诉案件发生。

开展市级计划生育手术并发症和病残儿及鉴定工作，完成计划生育手术并发症鉴定24人，病残儿医学鉴定8人。

本年度，蒋斐斐获“亳州市母婴安全服务技术能手”称号，并获“亳州市五一劳动奖章”。

【妇幼重大公共卫生服务项目】2018年，亳州市开展妇幼重大公共卫生服务工作。

艾滋病、梅毒和乙肝母婴传播预防。举办全市预防艾滋病、梅毒和乙肝母婴传播项目培训班。2018年全市孕产妇艾滋病、梅毒、乙肝检测率超过99%以上，检测出HIV阳性孕产妇9例，梅毒阳性孕产妇118例，乙肝表抗阳性孕产妇1938例，所有阳性感染者及所生婴儿均进行规范的母婴阻断服务。

“农村育龄妇女增补叶酸”项目。2018年全市发放叶酸22.1万瓶，新增服用人数5.25万人，目标人群叶酸服用率在90%以上。

农村妇女宫颈癌、乳腺癌免费检查项目。2018年全市完成宫颈癌筛查4.59万人，完成乳腺癌筛查1.51万人。

孕前优生检查。全市顺利通过6月份与11月份两次省级孕前优生检查实验室质控。全年完成免费孕前优生检查6.14万人，目标人群覆盖率在80%以上，任务完成率108%。

【出生缺陷综合干预和救治】2018年，亳州市围绕孕前、孕期、新生儿各阶段推进出生缺陷综合防治工作。开展免费孕前优生健康检查、婚前医学检查和农村育龄妇女增补叶酸项目做好一级预防；开展免费孕期基本保健、自费产前筛查做好二级预防；开展免费新生儿遗传代谢性疾病和听力障碍筛查，启动全市新生儿先天性心脏病筛查进行三级预防。

制定《亳州市新生儿先天性心脏病筛查项目工作方案》，召开全市新生儿先天性心脏病筛查项目启动会议。召开全市产前筛查工作推进会议，将产前筛查工作纳入全市卫生、计划生育和民生工程考核，要求各县区卫生计生部门切实采取措施，加强宣传、督导和监管，依法规范辖区产前筛查技术管理。

在全市范围内开展以胎儿21三体综合征、18三体综合征和13三体综合征为目标疾病的孕妇外周血胎儿游离DNA产前筛查工作。下发《关于规范有序开展孕妇外周血胎儿游离DNA产前筛查工作的通知》，并按照通知要求审批市筛查中心的采血点。

开展对各县区年分娩量大于1000的县级助产机构、民营医院、乡镇卫生院的母婴保健技术服务和产科质量专项检查，重点查处非法开展产前筛查的违法行为。截至12月底，已筛查17830名孕妇样血清学样本（筛查率29.68%），其中高风险数达869例，能随访到的确诊9例，已终止妊娠。

筛查TSH和PKU58806例（筛查率96.76%），先天性肾上腺皮质增生症筛查38926例（筛查率64.05%），串联质谱筛查26298例（筛查率43.27%），听力筛查58489例（筛查率96.23%）。确诊甲状腺功能减低症55例，高苯丙氨酸血症11例，甲基丙二酸血症7例，中链酰基辅酶A脱氢酶缺乏症1例，3-甲基巴豆酰辅酶A羧化酶缺乏症1例。

出生缺陷救治。2018年全市出生缺陷近40人次申请相关救助，8人获得救助金，累计救助金额6.5万元。为新生儿疾病筛查确诊患儿提供治疗建议、免费定期复查、随访、特殊食品购买和新农合直补，免去患儿家长奔波之苦，这些患儿均已得到规范的治疗和随访，生长发育正常。

【母婴安全保障】2018年，亳州市召开“全面保障母婴安全”新闻发布会，14家省、市级媒体参加新闻发布会。召开母婴安全保障工作专题会议。举办全市母婴安全服务技能竞赛。

全面开展妊娠风险评估与管理。自2018年1月1日起全面启动孕产妇妊娠风险筛查与评估管理工作。转发省卫生计生委《关于加强母婴安全保障工作的通知》文件，要求开展助产的各医疗单位按照《通知》要求印制“绿（低风险）、黄（一般风险）、橙（较高风险）、红（高风险）、紫（传染病）”五色标识贴纸和相关表卡，落实首诊筛查责任、风险评估责任和对高危人群的管理职责。

危重孕产妇和新生儿救治中心能力建设。抓好危急重症救治网络建设，提升孕产妇和新生儿危急重症临床救治能力，规范危重孕产妇和新生儿转诊流程，提高妇幼健康服务人员技术水平，保障母婴安全。分2期举办亳州市助产技术暨危急重症救治管理培训班，培训全市各级各类医疗保健机构的从事孕产期保健服务人员800余名。

助产技术监管。将产科质量、控制剖宫产率纳入民生工程妇女儿童健康水平提升工程项目和计划生育目标管理责任制考核，实行季度考核，定期通报。开展对各县区年分娩量大于1000的县级助产机构、民营医院、乡镇卫生院的母婴保健技术服务和产科质量专项检查，重点督查危重孕产妇救治和非医学因素剖宫产手术情况，并按季度下发督导通报。全市剖宫产率控制在33%左右，控制成效良好。

【妇幼信息管理和监测】2018年，亳州市共上报孕产妇死亡6例，死亡率为8.64/10万，5岁以下儿童死亡数273例，死亡率3.93‰，国家及省市级出生缺陷医院监测共上报出生缺陷病例403例，出生缺陷发现率为6.63‰，淮河流域出生缺陷监测上报病例300例，出生缺陷发现率为19.13‰，监测结果与省级、国家级监测数据基本一致。

（李　路）

卫生监督执法

【概况】2018年，亳州市各级卫生计生监督机构，组织开展各专业的日常性卫生监督执法工作。全市应监督6230户，实际监督6666户次；立案查处308起，移送司法机关2起，查处率100%。结案279起，结案率90.88%，实际执行罚款121.5万元。其中市级立案查处30起，已结案27起，实际执行罚款7.14万元。无行政复议和行政诉讼案件。

完成卫生计生重点监督抽检任务。全市承担国家“双随机”任务743家，关闭47家，完成率93.67%，完结率100%；依法查处9家单位，责令限期改正，并对整改情况进行跟踪督查。

实行“双随机一公开”、聘请第三方检验检测机构随机抽检生活饮用水、直饮水、游泳池水及其他公共场所、餐饮具和消毒产品等相关产品，建立和完善执法全过程记录制度。为执法人员配备新的手持执法终端和执法记录仪及快检设备，建成陈述申辩、调查询问和听证全过程记录室和信息化影音记录系统。

开展卫生监督内部稽查和层级稽查。对违法行为和投诉举报线索及时依法查处。

开展食品安全企业标准备案工作。受理食品安全企业标准备案775个，其中567个通过审核，需完善后再申报的208个；已办结775个，办结率100%。

将所有卫生相关的行政许可事项全部进驻网上办事大厅，严格按照承诺时限进行受理、审核、审批和发证。开展政务服务事项材料精简工作，精简比例60%，为群众提供更优质的服务。共办理各类行政许可297家。其中，公共场所卫生行政许可238家，消毒产品生产企业许可35家，放射诊疗许可24家。

【公共卫生专项监督检查】2018年，亳州市组织开展公共卫生专项监督检查工作。重点公共场所专项监督抽检。共检查游泳场所63户，检查集中空调单位12户；抽检游泳场所50户次，其中抽检不合格38户次，行政处罚8起，罚款6400元。

护卫健康二号行动。完成全市30家农村集中式供水单位、4家卫生监管机构的基本情况调查，开展4次“农村饮用水卫生安全邀你行”安全体验活动，并在电视、网络等媒体进行宣传报道。对33台自动售水机出水水质进行抽检，11台水质不合格，合格率66.7%。抽检结果及时进行公示，并责令相关经营单位停止制售，查明原因，消除卫生安全隐患。

医疗废物处置专项监督检查。采取县、区自查，市级进行随机督查的形式开展，对违法行为依法查处，共处罚54件，罚款10.4万元。对医疗废物处置和污水处理监督检查情况进行4次通报。

护卫健康三号行动。重点检查药店、超市和商店等销售尿布等卫生用品单位，共抽查31家销售单位的23种尿布等卫生用品，结果全部合格。

学校卫生与健康专项监督检查。结合学校综合评价工作和双随机抽检工作，对学校开展传染病防控和生活饮用水卫生等监督检查工作。综合评价学校907家，合格率为91.10%。组织开展“主动检测，知艾防艾，共享健康”为主题的学校艾滋病执法监督宣传工作。

医疗机构依法执业专项整治。对辖区内医疗机构依法执业工作开展全面监督检查，并在各级各类医疗机构全面张贴《安全就医温馨提醒“1234”海报》，共张贴海报4200余份，畅通广大群众的投诉举报渠道，指导群众安全就医。在诉求平台受理61起，投诉举报案件查处率100%，已办结58起。在平台已对医疗卫生机构和医务人员的不良执业行为进行计分167起。全市受理的诉求均在规定时间内回复安徽省卫生计生委执法举报受理中心或者诉求人，未接到诉求人的重复举报。共立案处罚医疗机构违法行医案件29家，其中民营医疗机构11家。

【非法行医治理】2018年，亳州市建立查处非法行医考核机制，严厉打击非法行医。按照《亳州市2018年非法行医查处及民营医院依法执业监管工作考评方案》，实行季度督查评比、通报，落实“个案销号”制度。加大对民营医院依法执业监管工作进行检查，要求县区每季度对民营医院进行一次全覆盖检查，市每季度随机抽查2家民营医院，并将结果纳入年终总评。

对符合个体诊所申办条件的，简化审批流程，破解医疗机构设置规划束缚；对持有乡村医生资格证书或助理医师资格证书、执业医师资格证书，尚不具备申办个体诊所条件的，结合当地实际，在城区内可按照要求申请卫生室或转型为社区服务站等形式，并按村卫生室配置标准许可其诊疗范围；在农村可根据便民等需要批准申请一村多室，并减少环节、提高办证效率。对于无证非法行医，采取零容忍坚决予以打击查处取缔。

全市共立案查处非法行医场所164家，已结案140起，执行罚款93.18万元。

【“互联网＋卫生监督”】2018年，亳州市在市区内开展“互联网＋卫生监督”视频在线监督试点工作。项目包括：医疗废物、放射诊疗辐射防护、餐饮具集中消毒单位、集中式供水单位和游泳场馆在线监督。免费为88家试点单位安装卫生监督视频在线监督系统，并纳入“全市视频数据平台”项目建设，实现数据共享。截至2018年年底，项目现场施工阶段基本完成。项目全部完成后，卫生监督执法人员可以通过手机终端或视频监控大屏实现在线监督。

（李　路）

医疗卫生机构

【概况】截至2018年年底，全市共有各级各类医疗卫生机构1890个，其中医院78家（包括综合医院54家、中医院7家、中西医结合医院5家、专科医院12家），乡镇卫生院92个，村卫生室1288个，社区卫生服务中心14个，社区卫生服务站101个，妇幼保健院（所、站）5个，疾病预防控制中心5个，卫生计生监督所（局）5个，采供血机构1个，计生药具机构1个。全市实有床位22387张，每千人口拥有床位4.27张；全市在岗卫生技术人员19992人，其中执业（助理）医师7198人，每千人口执业（助理）医师1.37人；注册护士8904人，每千人口注册护士1.70人。

全市建成10个紧密型医共体，实现每个县区至少建立1个紧密型医共体的目标。全市县域内就诊率86.2%，其中蒙城县、谯城区在90%以上。

【社会办医】2018年，全市新批准设置社会资本举办的二级及以上医疗机构5家，新增床位1086张，财政兑现社会办医补助资金1098万元；建成医养结合机构11家，新增各类医疗护理型床位1010张。

·亳州市人民医院·

【概况】2018年，亳州市人民医院门急诊量1100547人次，出院100857人次，住院手术18874人次，介入手术3379人次，三四级手术占比74.27%；住院均次费用8056.28元，门急诊均次费用256.32元；床位使用率88.18%，平均住院日8.88天。

落实“三保障一兜底一补充”政策，基本医保、大病保险、医疗救助、“351”政府兜底和“180”补充医保之间无缝衔接。贫困人口出院结算13956人，占补偿总人次的19.24%，实际补偿比例为89.93%，贫困人口（贫困户+参照人群）大病保险、民政救助、政府兜底及特慢病180补充医保共计3702.5万元。

完成政府指令性任务100余次，其中，院前急救科出车80余次。完成387名医师定期考核、80余名退伍军人伤残鉴定、580余名看守所在押犯人常规体检、28人暂予监外执行医学诊断；应急救治疑似中毒、重大交通事故、甲型H1N1流感救治、窨井事故20余起。选派援疆医生1名。

开展人文关怀示范医院创建工作。推进新一轮改善医疗服务行动计划，创新医疗服务模式，全面开展便民惠民服务。推进优质护理。全年住院患者护理满意度98.93%，较2017年上升0.5个百分比。

本年度，亳州市人民医院完成健康促进医院创建工作，在2018年5月份省级健康促进医院验收中，被评为优秀等次。

【医院综合改革】2018年，亳州市人民医院建立健全公立医院运行新机制。完善补偿机制。争取政府加大投入共计6500万元。6月1日起，院3.0T磁共振平扫价格下调5%，每年可为患者让利约106万元。7月1日起及时调整部分医疗服务价格及降低医保药品支付参考价，执行2017年版安徽省医疗保险药品医保支付参考价，此次下调价格涉及537个品种，降幅最高达54.31%，平均降幅9.22%。

严控药品和耗材占比。2018年药占比（不含中药饮片、谈判药品）为28.10%，同比下降0.62个百分点，耗材占比为12.52%，同比下降0.67个百分点。

推进支付方式改革。开展以“临床路径+按病种收付费”为模式的支付制度改革，落实相关实施方案和奖惩措施，制定按病种收费实施方案，严格诊疗规范，开展归档病历和运行病历专项督查，控制次均费用不合理增长。2018年实行按病种付费和临床路径管理的病种数分别为183种和454种，按病种付费执行率53.89%，临床路径管理的病例数占比67.21%，在3次省临床路径专项检查中，在全省市级三甲医院中排名居于前列。

开展医联体工作。与8个卫生院开展医共体医学检验、病理标本统一送检合作，与6个卫生院开展医共体影像中心信息一体化建设，在5个卫生院开展远程会诊工作。对乡镇卫生院技术骨干、村医开展常见病诊断、临床技能免费培训，医共体医务人员可免费到亳州市人民医院进修学习。定期到卫生院指导授课，帮助古城卫生院建立ICU及血透中心。推进医共体五项机制创新，出台托管乡镇卫生院方案，开展涡阳义门卫生院紧密型医共体前期考察，组织人员外出学习紧密型医共体建设经验，开展医共体中心药房前期准备工作，探索卫生院托管工作。开展城乡医联体建设，与蒙城县第二人民医院、涡阳县中医院、利辛县人民医院等县医院签订医联体合作协议，开展对口支援、帮扶、预约转诊等协作，推动区域医疗资源的整合和共享。2018年开展医联体会诊20例，医疗队共开展坐诊、巡诊、查房556人次，下派专家81人次，举办学术讲座21次，培训各类医务人员745人次，开展2期医共体成员单位技术骨干和村医临床技能培训班，免费接收卫生院医务骨干进修33人，开展影像诊断服务4168人次，开展检验项目1389人次。加强与50余家上级医院医联体、医疗联盟或专科联盟的联系，组织华西医院、301医院和湘雅医院远程会诊145例，医院获华西医院远程管理团队奖。

规范药品耗材使用管理。推

行新一轮药品、耗材及试剂集中招标和带量采购，严格执行药品和医用耗材采购“两票制”。加强短缺药品监测工作，执行短缺药品监测月报告制度。加强合理用药管理，严格落实基本药物制度，优先配备使用国家基本药物，从严控制抗菌药物和营养类、辅助用药使用，制定严格的医嘱点评标准，对一类切口手术、抗菌药物、麻精药品、重点监控药品进行处方点评，全年开展12次处方点评工作，点评病历1200份。加强重点药品监控管理，利用信息化手段，对安徽省重点监控药品、安徽省辅助用药药品、挂网采购药品、用量金额排名前10位的药品进行限量采购，限量方案根据临床使用情况定期调整。每月对重点监控药品使用金额进行排名，对使用金额前10名的药品进行重点处方点评，对不合理使用情况进行通报及处罚。

【学科建设和人才队伍建设】2018年，亳州市人民医院开展省级重点学科中期评估自评工作，推进儿科、全科医学科、呼吸内科和心血管内科4个省级重点学科建设。申报省级特色培育专科科建设。申报省级特色培育专科候选学科，骨科和ICU纳入省级特色培育专科候选学科建设。启动临床优先发展学科遴选工作，确定骨科、普外科、妇产科、ICU、神经内科、内分泌科、消化内科、耳鼻咽喉头颈外科、超声医学科为院级临床优先发展学科。

开展两批本、专科工作人员公开招聘工作，共招聘基础人才97人，招聘硕士研究生19人，博士1人。开展人才遴选工作。加大人才培养力度。全年共组织医师外出学习培训491人次，院内培训11252人次，其中，赴德国学习培训3人次，派出医疗业务骨干到上级医院进修87人次。开展“杰出青年人才”“管理干部后备人才”选拔工作，共选拔“杰出青年人才”30名、“管理干部后备人才”20名。

【科研教学】2018年，亳州市人民医院获省级科研项目1项，国家级继教项目共3项，省级继教项目共8项，市级继教项目共44项，全院共发表论文338篇，其中SCI论文5篇，中文核心期刊论文14篇，统计源期刊62篇。推进教学相长。共接收安徽医科大学、安徽理工大学、合肥职业技术学院、亳州中药科技学院等院校临床、医技实习生206人。成立内外妇儿教研室，开展安徽理工大学本科班及安庆医药专双主体教学班教学工作。全年共接收全科专业新学员52人，毕业28人，在培学员共93人，开展规培学员理论培训20场次，操作培训及考核40场次，教学督查活动6次，培训全科师资77人，外送师资参加省级培训50人，派师资外出参加学习共150余人次。

在2017年度全省住院医师规范化培训四个“十佳”人员评选中，亳州市人民医院获4个“十佳”称号，成为唯一一家获得此项荣誉的地市级医院。其中规培生邹小田被评为“安徽省十佳住院医师”，林紫薇被评为“安徽省十佳专业基地主任”，马兰被评为“安徽省十佳带教老师”。夏玲霞被评为“安徽省十佳住培管理工作者”，并被中国医师协会评为2018年全国住院医师规范化培训“优秀住培管理工作者”。

【优质医疗资源整合】2018年，亳州市人民医院推进MDT工作和医疗中心建设。在原有6个MDT管理基础上，新增肺癌、乳腺癌、恶性淋巴瘤、多发性骨髓瘤4个MDT。通过多学科的交叉、整合、集中的MDT诊疗模式，全面评估疾病的基础上，形成一个相对统一的治疗意见，最大程度地为患者提供安全合理、优质有效的医疗服务，全年共完成MDT 260例。

【急救能力建设】2018年，亳州市人民医院推进胸痛中心、卒中中心、创伤中心和妇儿危重症救治中心建设，全面提升急救能力。健全胸痛中心领导组织和专家组织，建立院前急救、急诊、介入、心内科等相关科室的多学科协作机制，畅通转诊通道，建立胸痛病人时间管理制度，提高急救效率。组织胸痛中心专家赴古井、古城、大杨等乡镇卫生院开展胸痛急救知识培训并设置胸痛中心急救点，成功救治193名胸痛患者。推进卒中中心建设，召开专题会议，研究解决存在问题，组织院内卒中知识培训与学习，建立急诊、神经内科、影像中心等科室多学科协作机制，共完成急性缺血性卒中患者静脉溶栓完成

30余例。正式成为中国创伤救治联盟“亳州市人民医院创伤救治中心建设单位”。推动建立妇儿危重症救治中心。成立危重孕产妇多学科急救小组MDT，规范危重孕产妇和新生儿会诊、转诊工作，完善高危筛查制度，加强高危孕产妇手术管理，畅通危重孕产妇急救绿色通道。

【智慧医疗】2018年，亳州市人民医院建立院内患者自助服务体系。在门诊部配置58台自助机，通过门诊和住院自助服务系统，实现患者自助建档发卡、挂号、缴费、打印报告单等一卡通就医服务。试点护士站结算和诊间结算，上线影像中心、药房、检验中心叫号系统，上线病历电子扫描系统，减少患者排队等候时间，提升患者就诊体验，方便病人查询。建立医院就诊服务的线上支撑体系。完善“智慧医院”APP、微信公众号、支付宝服务功能，聚焦患者的诊前、诊中和诊后服务过程，提供各种基于手机终端的线上移动互联网服务，提高就医效率，同时多渠道、多方式实现移动支付，提高支付效率。建立患者服务管理系统，实现数据统计分析及辅助决策支撑。利用合理用药软件系统，建立处方前置审核系统，拟定20万余条药品使用规则，对医师开具处方或医嘱进行动态监控。

【基础设施建设】2018年，亳州市人民医院完成北院部分升级改造工作。完成精神科内部装修的升级改造及北院急诊科的升级改造和搬迁工作，完成北院区不动产证办理和内装设计。完成南院区供水供电及消防改造。完成南院区地下井水改市政供水项目，实现新院区供水全部市政化，完成南院区供电电源改造，实现新院区全部由3.5万伏统一供电，完成南院区5、6号楼的消防改造。完成二期工程配套装修工程。完成二期工程介入导管室、CT以及核磁的装修工程。做好放疗中心扩建工程。完成放疗扩建工程的前期设计、报批、审图、招标等工作，完成土建工程80%工程量。推进结核病负压病房及实验室的改建项目，完成设计、造价、会审、招标等工作，正在施工。成功创建国家级节能示范单位。

（邓　华）

·亳州市华佗中医院·

【概况】2018年，亳州市华佗中医院成功创建为三甲医院。

市、区政府共投资4.8亿元建设涡北新院。新、旧院区平稳过渡。新院区日均在院患者1264人次。医院门急诊51万人次，出院患者4万人次。手术量5568台，同比增长5.2%，其中三四类手术占比40.4%。

设立便民门诊、用药咨询窗口。配置安装共享轮椅，免费提供轮椅、平车、雨具等物品租借5502人次。设置门诊等候休闲区，添置自助售货机，实现无线网络全覆盖。投放自助缴费办卡一体机16台，提供中药饮片配送服务。

医院出院患者平均满意度99.06%，住院患者平均满意度97.94%，门诊患者平均满意度97.74%。

开展“冬病夏至”“冬病冬防”体验月活动、“中医中药中国行”科普讲座及义诊活动30次，派出义诊人员52人次，受益群众约千人次；参与亳州市中高考、国际马拉松运动会、省智力运动会等大型医疗保障41次。

本年度，亳州市华佗中医院中药智慧煎煮项目获华东赛区“拓展医疗服务行动计划——全国医院擂台赛”主题十大价值案例，通过中央补助安徽省健康促进医院创建评估验收，并被评为优秀等次。李献华获“安徽省名中医”称号，设立安徽省名中医工作室——李献华名中医工作室；获批第二批安徽省名中医学术经验继承工作指导老师。程玉峰获“安徽省基层名中医”称号。卢航、王艳、焦楠在安徽省济仁杯“全国中医药健康文化知识大赛”中获二等奖。卢航在首届全国中医药健康文化知识大赛中获“最佳选手”称号。王德力获“安徽好医生”称号。

【医改核心指标任务落实】2018年，亳州市华佗中医院贯彻药品、高值耗材采购“两票制”，实行公立医疗机构医用设备、检验试剂网上集中采购。医院药占比（不含中药饮片）29.19%，耗材占比4.55%，高值耗材网采率100%，检验试剂网采率60%。医院临床路径管理病种数154种，入径率93.04%，完成率90.29%，完成临床路径管理病例数占出院总数的90.29%。按病种付费执行率64.36%。百元医疗收入消耗的卫生材料费用小于20元。人员经费占医院业务支出比重39.33%。

落实“351”“180”等健康扶贫政策。加强新农合慢性病管理、贫困患者身份核实，控制不合理检查、不合理用药、挂床住院、分解住院等行为。推进编制周转池工作，322名职工纳入医院周转池。

推动分级诊疗工作。全年接收上转1215人，其中急危重转诊372人，院下转309人。派驻帮扶专家670人次，查房232人次，带教手术144台次，开展家庭医生签约活动，组织大型义诊16次。开设远程专家门诊，提供远程专家诊疗服务。开展院内疑难病会诊52例，远程会诊12例，一体机心电远程会诊36例。医院托管薛阁社区卫生服务中心，参与分院管理、经营和收益分配，建设医共体试点中心药房，统一采购药品、统一用药范围、统一药款支付。

【诊疗能力建设】2018年，亳州市华佗中医院完善科室设置，成立病理科、输血科；推进亚专科发展，完成糖尿病科分科，成立脾胃病科。加强专病建设，审批通过医院第一批9个科室共10个专病。推动胸痛中心、卒中中心、创伤中心建设。规范三新项目申报和追踪管理。可独立开展心脏造影技术，腹腔镜下阑尾、胆囊、子宫切除术等。完善急诊急救管理流程，参与突发公共卫生事件医疗救援出车接诊3412次。重视多学科协作诊疗中心建设，组织院内MDT会诊8次，保障院内疑难复杂病例诊治工作。

推进临床药学学科建设，成立临床药学室。加强合理用药，组织规范门诊处方、中药颗粒剂及中成药处方的专项活动，点评医院处方7000余份。成立智慧化煎药中心，规范医院中药煎煮流程，实现煎煮提质提速，降低医院管理成本。

在涡北院区门诊楼设立中医综合治疗区、中医护理特色门诊、脑病康复治疗区。

推进“全国基层中医药工作先进单位”创建。2018年，中药饮片收入1803.4万元，较上年增长16.5%。非药物治疗人数2.56万人次。实施中医护理方案31种，开展护理中医适宜技术30项10万余例。

【医疗安全管理】2018年，亳州市华佗中医院健全医院三级质控网络，加强医院运营核心指标监测，确保医疗质量和安全。加强质控验证，完善医院质量监测指标库，运行监测包含服务量、服务质量、满意度等在内的115项指标，收集不良事件21类393件。

2018年，运行病历总体合格率90%，归档病历甲级病案率90.68%。上报传染病卡1403张，食源性疾病227例，无传染病暴发及聚集性症候群等异常情况发病。加强手卫生管理、医疗废物管理，开展院科两级培训。建立细菌耐药预警机制，实施抗菌药物分级管理。做好科普知识宣传培训。

【教学科研】2018年，亳州市华佗中医院接收来自安徽中医药大学、亳州职业技术学院等校的实习生、见习生及乡镇卫生院的进修生218人。选拔优秀师资力量承担亳州职业技术学院课堂教学及实践教学任务。申报国家级继续教育项目1项，完成省市级继教项目21项，累计培训3704人次。开展临床教学PPT授课大赛等教学活动，组织住院医师培训、医务人员三基培训及考核工作。

首次与院外合作联合申报市科技重大专项（研发类）科研课题，全年共获中医药项目建设资金157.8万元。推进重点专科研究室建设，组织开展重点专科研究室建设论证会、建设推进会、重点专科科研课题申报研讨会，举办医学科研课题设计及申报辅导讲座。

成立安徽省名中医刘健工作室亳州工作站，开展安徽省科技重大专项“中药配方颗粒质量控制与标准制定关键技术及临床研究”项目。

完成区域医疗健康平台信息接口改造，完成与省医学影像云对接任务。

实现医生电子病历中电子签名工作，上线院级心电系统、门诊自助机、导医分诊叫号系统，优化门诊就诊流程。完成医院煎药流程改造，完善信息数据联通，实现院内医生开单、煎药、发放的流程追溯管理。

（李　路）

体　育

图 142　2018 年 5 月 13 日，亳州上万人展演五禽戏（刘勤利　摄）

概　述

【概况】2018年，亳州市推进“体育强市”建设，不断深化体育事业改革，推进体育工作全面、协调、可持续发展。全国全民运动健身模范市顺利通过省局上报国家体育总局，2019年度将迎接国家体育总局考核验收。

实施体育文化精品工程，开展省体育文化品牌创建活动。完善全民健身场地设施。加大五禽戏推广普及力度，推广普及7万人。组织开展50万人同时习练五禽戏展示活动。承办安徽省第一届智力运动会。承办2018年安徽省“最强舞王”广场舞大赛暨“我要上省运”广场舞选拔赛（亳州市海选赛）等活动。

本年度，亳州市参加安徽省第一届智力运动会象棋、五子棋等8个项目的比赛，获“优秀组织奖”。参加安徽省第二届休闲大会徒步、广场操舞等12个项目的比赛，获“优秀组织奖”和“体育道德风尚奖”。参加2018年安徽省青少年锦标赛等各个类别的选拔赛。参加安徽省第十四届运动会，实现奖牌总数、金牌总数和团体总分新突破。

【群众体育】2018年，亳州市完善全民健身场地设施。以社区为依托，和华体集团签订协议，采用PPP模式推进，建设20个社区文体中心。完成“十五分钟健身圈”年度建设任务，在公用地块、闲置用地上建设篮球、羽毛球、乒乓球、五人制足球场等场地100余片；在小区内外安装健身路径100余套，比上年有较大幅度增长。华体集团投资1000万元，建成3500平方米气膜馆并投入使用。开展综合性群体活动30余项次，举办2018年亳州国际马拉松赛、2018年全国越野摩托车大奖赛（亳州站）、2018年全国跳绳联赛（亳州站）、2018年中美篮球“贺岁杯”国际篮球邀请赛亳州站、2018年全国航模公开赛、安徽省第一届智力运动会等省级以上赛事20余项。举办2018年亳州市篮球联赛、第二届中小学生围棋大赛等市级赛事20余项，直接参与活动人群近40万人。完成体育社会组织年审工作。开展社会体育组织财务检查，确保公共财政投资全部用于社会体育组织活动开展。组建体育社会组织，成立风筝协会、无线电运动协会等社会体育组织9个。扶持社会部体育组织，支持体育社会组织发展经费260万余元。推进全民健身工作委员会建设，召开市全民健身工作委员会会议，调整充实工作力量，明确工作职责。组织五禽戏教学进高校，选派人员到合肥市20余所高校轮流教学。组织万人五禽戏展演3场次。开展五禽戏“三下乡”活动，赠送3.6万元体育器材，发放五禽戏指导书籍、光盘和健身养生书籍，宣传全民健身科普知识。举办2018年亳州市站点联赛健身气功五禽戏交流比赛，21个参赛队进行展演。组织省群众体育工作会议、华佗五禽戏养生健身节等万人以上习练五禽戏展演活动3次，其中50万人同时习练五禽戏展示活动1次，获评安徽省2018年度十大体育新闻。举办亳州市健身气功五禽戏教练员、裁判员培训班，63人参加培训。开展国民体质监测，完成1700余人的监测任务，全面了解国民体质数据，分析国民体质情况，为开展全民健身活动提供参考依据。各县区均全面

图143　2018年8月4日，广场舞爱好者在亳州市气模馆参加广场舞比赛（刘勤利　摄）

完成监测任务。

【体育产业】2018年，亳州市将体育产业发展工作列入市政府重要议事日程，进行安排调度，市政府常务会多次听取专题汇报，市政府负责人经常调研、调度、督办。扶持体育用品生产，亳州安踏集团喜宝鞋业，华扬服饰、石翔服饰等企业规模不断壮大。10余家五禽戏培训机构采取“少收费、快培训、大普及”的办法，加强五禽戏教学培训，成为五禽戏推广普及的新业态；林拥城内相继建立马术训练基地、汽车露营地和烧烤营地，成为市体育产业的新亮点。PPP模式成为助力体育产业新典范，是全国首个采用PPP模式建设的全民健身文体中心项目。

图145　2018年9月8日，健身爱好者展演五禽戏（刘勤利　摄）

【体育文化与体育交流】2018年，亳州市开展省体育文化品牌创建活动，向省体育局推荐华佗五禽戏养生健身节和亳州养生国际马拉松两个体育文化品牌。华佗五禽戏养生健身节从2009年开始，已举办10届，成为知名健身品牌。亳州养生国际马拉松从2017年开始，已举办两届，在活动中，力求体育与亳州特色文化相融合，突出亳州中药文化元素，传播养生生活理念，展现药都亳州无限魅力，向全球展示古都亳州的人文魅力。加强体育文化研究，与国际健身气功联合会联合成立“国际健身气功五禽戏研究院”，设在亳州学院。加强阵地建设，建设“亳奕馆”。开展体育文化作品创作活动，创作歌曲《千年五禽》，编印《校园五禽戏》小、初、高系列丛书。搜集、挖掘、整理《亳州武术志》。经省台办、国台办批准，亳州华佗五禽戏列为2018年国台办重点交流项目，于5月17日—23日，亳州华佗五禽戏教学展演交流团一行5人到中国台湾，开展为期7天的教学展演交流活动。（杜健）

图144　2018年8月8日，中国亳州体育舞蹈全国公开赛在亳州开赛，体育舞蹈爱好者在亳州恒大体育运动中心表演舞蹈（刘勤利　摄）

【50万人齐练五禽戏】2018年12月5日，“建设体育强市 助力体育强省 全民共健身 同练五禽戏”亳州市50万人同时习练五禽戏展示活动举行。

10000余名机关、学校、企事业、社区、农村的“五进”五禽戏爱好者齐聚主习练场——亳州体育馆广场，同时习练健身气功五禽戏，全市具备条件的1000多所城乡学校师生在习练分点分别同时习练小学、初中、高中三

图 146　2018 年 12 月 14 日，2018 安徽亳州男篮邀请赛在亳州市体育馆开赛（刘勤利　摄）

个版本的校园五禽戏，总习练人数突破 50 万人，开创亳州全民健身历史先河，在全省全国尚属首次。在主习练场，万余名五禽戏爱好者有序排开，随着音乐号令，同时演示健身气功五禽戏。大型电子显示屏同步播放习练分点校园五禽戏展演画面。

2018 年是国家体育总局提倡在全国主推校园五禽戏的第一年，亳州市作为五禽戏发祥地，9 月份开始率先在校园推广。亳州市落实“体育强国”战略部署，着力建设“体育强市”，助力“体育强省”，这项活动是全省“体育强省”建设成果展示的系列活动之一。作为五禽戏的发源地，亳州市持续开展五禽戏“五进”工作，大力推广五禽戏等全民健身活动，推动全民健身蓬勃开展，奋力争创“全国全民运动健身模范市”，同时把五禽戏推向全国、走向世界。

近年来，亳州市全面推进五禽戏进机关、企业、学校、社区、农村“五进”工作，拥有辅导员 5600 名，活动点 2200 个，习练人员在百万人以上。在亳州城乡各地，每天早、晚都可以看到市民习练五禽戏。亳州市先后被国家体育总局等有关单位部门授予“中国五禽戏之乡”“国际健身气功培训基地”“国际健身气功五禽戏之都”称号。

（刘景侠）

赛　事

【2018 年中美篮球“贺岁杯”国际篮球邀请赛亳州站】2018 年 1 月 14 日，中美国际篮球贺岁杯赛在恒大运动中心举行。

本次比赛由安徽省篮球协会、安徽文一篮球俱乐部有限公司、美国斯台普斯国际体育有限公司、安徽斯台普斯体育发展有限公司（中国分公司）等共同举办，旨在为繁荣安徽省体育事业，普及推进安徽省篮球运动发展，搭建篮球运动人才培养与国际交流平台。本次中美国际篮球贺岁杯赛将在安徽省设多个分站赛，

图 147　2018 年 5 月 13 日，亳州国际马拉松开跑（张延林　摄）

图 148 2018 年 1 月 13 日，全国越野摩托车赛开赛（陈海红 摄）

其中亳州为首站。

本次比赛双方分别是安徽文一篮球队与美国斯台普斯国际代表队。安徽文一篮球队是安徽省的职业篮球队，曾获全国男子篮球联赛总冠军。美国斯台普斯国际代表队由来自美国 NBA 黄蜂队、马刺队、勇士队、老鹰队等多名球星构成。最终比分为 80 比 84，美国明星队取胜。

【2018 年亳州国际马拉松赛】2018 年 5 月 13 日，2018 年亳州国际马拉松赛在亳州市体育场鸣枪开跑。20029 名马拉松爱好者参赛。其中亳州市外人数 9746 人，外籍选手 71 人，来自肯尼亚、埃塞俄比亚、法国、德国、新加坡等 11 个国家。

本次赛事由中国田径协会、安徽省体育局、亳州市人民政府主办，安徽省田径协会、亳州市体育局承办，亳州跑吧健身长跑协会、亳州市马拉松协会协办，波动体育负责整体赛事运营，古井集团独家冠名。

比赛分为男、女全程马拉松（42.195 千米），男、女半程马拉松（21.0975 千米），短程马拉松（7 千米），亲子马拉松（3 千米）4 个项目。赛事策划全程结合亳州当地特色与文化，全程按照中国田径协会金牌赛事的标准来筹备，致力将其打造成亳州经典品牌赛事。

来自埃塞俄比亚的 KIROS 获得半程马拉松项目男子第一名，用时 1 小时零 7 分。来自埃塞俄比亚的不耶娜麦迪获得半程马拉松项目女子第一名，用时 1 小时 18 分。来自埃塞俄比亚的泰耶获得全程马拉松项目男子第一名，用时 2 小时 21 分。来自肯尼亚的海伦获得全程马拉松项目女子第一名，用时 2 小时 45 分。

2018 年亳马赛事把养生的理念贯穿全场，从赛后补给、恢复等各个方面，倾力打造中国首个养生马拉松，展示亳州中华药都的风采。

开幕式前还举行万人展演五禽戏活动、文艺表演。

【2018 年全国越野摩托车大奖赛（亳州站）】2018 年 1 月 14 日，2018 年全国越野摩托车大奖赛（亳州站）在亳州市林拥城旅游度假区开赛。来自全国各地的 20 余支车队、近 100 名越野摩托车车手参加比赛。

本次比赛由亳州市体育局、市文化旅游局、共青团亳州市委员会主办，安徽齐力体育产业发展有限公司、亳州文化旅游控股集团有限公司承办，比赛设国产 AB 组、进口 AB 组以及青少年组等组别，来自全国各地的 20 多支车队、近 100 名越野摩托车车手参赛。

【2018 年全国跳绳联赛（亳州站）】2017—2018 年全国跳绳联赛亳州站暨 2019 年跳绳世界杯赛选拔赛在亳州九中开幕。

本届比赛由国家体育总局社会体育指导中心、中国大学生体育协会、中国中学生体育协会主办，全国跳绳运动推广中心、安徽省亳州市体育局承办，亳州市跳绳协会、上海大健石体育文化传播有限公司协办，共有来自安徽、北京、山东、江苏、上海等 12 个省（市）的 55 支参赛队伍参加比赛，参赛运动员 864 名。

本次比赛共分为计数赛、集体速度赛、花样赛、集体自编赛、规定赛和传统特色跳绳五大项比赛。除竞技比赛奖项外，比赛还设有最佳人气、优秀教练员、优秀裁判员、体育道德风尚奖等奖项。旨在鼓励赛事相关人员养成遵守体育道德、开展文明竞赛的习惯，促进跳绳人才的成长与进步，让更多人参与全民健身。

【2018 年全国围棋甲级联赛亳州分站赛】2018 年 6 月 25 日，全国围棋甲级联赛亳州分站赛首场比赛在亳州宾馆举行。衢州巴格斯队对决北京中信队。本次比赛由中国围棋协会、亳州市人民政府主办，亳州市体育局承办，亳州市围棋协会协办。该项赛事共有 14 支俱乐部队，26 轮比赛，举办两轮亳州专场比赛。

【2018 年全国航模公开赛】2018 年 5 月 26 日，2018 年全国航空模型公开赛（亳州站）暨“华体杯”安徽省第四届航空模型公开赛在亳州市林拥城景区开幕。开幕仪式上，安徽省航空航海模型协会组织进行航模表演“飞行秀”，现场 1000 余名观众观看。

本次赛事由中国航空运动协会主办，安徽省体育局、亳州市人民政府承办，亳州市体育局、安徽省航空航海模型协会、安徽华体世纪体育场馆经营管理有限公司、安徽释颐源健康产业投资有限公司协办。这是亳州市第一次承办全国航空模型公开赛，填补了亳州地区同类赛事的空白，2018 年全国航空模型公开赛共 10 站，亳州是安徽第一站。

本届比赛为期两天，共设置无线电遥控电动滑翔机(P5B)、无线电遥控手抛滑翔机 (P3K)、无线电遥控火箭助推滑翔机（S8D–P）、二对二遥控空战（P3Z–4）等 9 个单项的比赛。共有来自黑龙江、江苏、上海等全国 11 个省市的 127 名顶尖航模选手参加。

图 149　2018 年 5 月 1 日，智力运动会围棋比赛（张延林　摄）

【安徽省第一届智力运动会】2018 年 5 月 1—8 日，安徽省第一届智力运动会在亳州举行。

安徽省第一届智力运动会由安徽省体育局、安徽省体育总会、亳州市人民政府共同主办，由安徽省社会体育指导中心、亳州市体育局、安徽省棋院、安徽省围棋协会、安徽省象棋协会、安徽省桥牌协会、安徽省扑克牌协会共同承办。来自全省各地 17 个代表队的 1300 多名选手参加围棋、象棋、扑克牌（掼蛋）、国际跳棋、桥牌、国际象棋、五子棋、六洲棋 8 个大项，42 个小项的比赛，其中六洲棋为表演推广项目。

【安徽省青少年空手道锦标赛暨省十四届运动会青少年部空手道预赛】2018 年 7 月 9 日，安徽省青少年空手道锦标赛暨省十四届运动会青少年部空手道预赛在亳州开赛，来自全省 15 个地市的近 300 名青少年空手道参赛人员在亳州市气模馆进行比赛。

【全民游泳健身周系列活动（亳州站）暨亳州文化旅游年消夏亳州全国公开水域游泳邀请赛】2018 年 7 月 22 日全民游泳健身周系列活动（亳州站）暨亳州文化旅游年消夏亳州全国公开水域游泳邀请赛在亳州市开幕，来自全国各地的 23 个代表队 470 余名运动员参加比赛。

（刘景侠）

社会事务管理

图 150　亳州青年创客空间（陈海红　摄）

人力资源管理

【概况】2018年，亳州市人力资源和社会保障局打造“红动人社”党建品牌，开展流动红旗支部评比12次。实施智慧人社，拓展网上办事事项，网上办事业务103项，受理网上办事申请事项65124件，正常办结43558件。全市人社系统实行首问负责制、一次性告知制、限时办结制，建立服务评价和投诉反馈机制，服务大厅日均接受各类电话、现场咨询170余起；开展行风建设明察暗访，开展行风建设督察5次，通报5次，整改问题22个，窗口单位形象提升。

利用“互联网+”数据平台，完成亳州市人事考试网站第三次升级工作，网站功能丰富，安全功能增强，网站运行更加便捷安全。在全省率先承担计算机技术与软件水平专业技术资格水平考试组织实施工作。建立皖北六市人事考试考务工作协作联动机制，与河南、山东两省建立反高科技技术手段作弊安全协作联动机制。探索机关事业单位选调新模式。

开办创业大讲堂4期，累计2800余人参加活动。举办主题为“打造‘双创’升级版，促进小微企业发展”的创业大讲堂新型培训活动第十一讲，200余名创业者及有创业意向者参加活动。

【人事人才】2018年，亳州市引进高层次人才23名。分行业动态调整岗位设置，统筹事业单位专业技术岗位结构。率先建成“互联网+人事考试安全”远程监控平台，实现标准化考点考场全覆盖，完成91项人事考试报名资审及考务组织工作，服务考生6.17万人次，发布各类考试信息1365条。实施省第九届外国专家江淮行活动走进亳州活动，6名中外专家到亳州市就中药企业发展遇到的技术难题等开展座谈培训、现场指导、技术咨询、项目对接。组织实施人社部专家服务皖北（亳州）脱贫攻坚暨“四送一服”行动计划，24名专家到亳州市就相关企业和单位提出的技术难题开展现场指导、技术咨询和项目对接。新增技能人才1.96万人，其中高技能人才3886人。李培辉等10人获批为省第七批战略性新兴产业技术领军人才人选。利辛县种子管理站潘刚和亳州市第一中学黄志山被评选为享受省政府特殊津贴人选。完成军转干部安置工作岗前培训43人，做好自主择业军转干部的服务管理和企业军转干部的维稳解困工作。专业技术人员继续教育培训完成4.6万人次。

图151 2018年6月28日，亳州市举办厨艺培训（张延林 摄）

【就业促进】2018年，亳州市城镇新增就业7.07万人，创历史新高，城镇登记失业率2.75%。实施就业扶贫工程，推广“三业一岗”就业脱贫模式，帮扶就业15864人，技能脱贫培训5946人；建设就业扶贫驿站147个，带动就业1852人，其中带动贫困人员就业835人；单独建设扶贫车间103个，招募扶贫基地123个。抓好高校毕业生就业工作，实施高校毕业生就业创业促进计划和基层成长计划，稳定提供基层特岗728个，招募“三支一扶”大学毕业生127名，发放高校毕业生求职创业补贴351人、35.1万元，离校未就业高校毕业生实名制帮扶3297人，就业帮扶率100%。实施创业促进行动，举办亳州市首届“药都创赢”创业大赛，开展创业培训7117人，开办“创业大讲堂”4期，发放创

图 152　2018 年 2 月 23 日，亳州市举办就业促进活动（张延林　摄）

业担保贷款 4.35 亿元。实施"2+N"主题招聘活动，每月逢 8、每月 6 号、每周六举办包括民营企业、退役士兵、残疾人、高校毕业生以及"四送一服"园区企业等各类专场招聘会 412 场，4627 家单位累计提供岗位 173970 个，吸引求职者 138922 人次。实施就业扶持民生工程，扶贫公益岗位安置贫困人员 3.15 万人，开发就业见习岗位 4330 个，安置 1502 人。

组织亳州学院、亳州职业技术学院、古井集团等近 50 家企事业单位参加在安徽大学磬苑校区举办的高校人才专场招聘会，提供岗位 640 余个，安徽大学、合肥工业大学、安徽中医药大学等高校的近 800 名大学生参加招聘会，现场达成求职意向 190 余个。

【劳动关系处理】2018 年，亳州市实施劳动合同制度和集体合同制度，规范企业用工管理，办理网上备案单位 3829 家，劳动合同签订率稳定在 92% 以上。完善仲裁院标准化建设，开展百名仲裁员服务千家企业活动，办理劳动人事争议案件 777 件，其中立案审理 460 件、案外调解 317 件，涉案人数 1282 人、涉案金额 1413.81 万元。加强劳动保障监察，共主动监察各类用人单位 921 家，涉及劳动者 6.01 万人，接待劳动投诉举报 459 件，追发劳动者工资待遇 2667.6 万元，以涉嫌拒不支付劳动报酬罪移交公安机关 48 起。创新建设农民工实名制登记及工资支付监管平台，在建工程实名登记、用工考勤、工资支付等环节全过程监控。全市 586 个工程项目纳入平台管理，入库农民工 11.47 万人，农民工工资专户累计入账 23.34 亿元，通过监管平台发放工资 19.74 亿元。农民工工资拖欠率降低。10 月 11—12 日，全省农民工工资治欠保支现场会在亳州市召开。

图 153　2018 年 1 月 20 日，亳州市举办毕业生供需洽谈会（张延林　摄）

【收入分配管理】2018 年，亳州市城乡居民收入实现较快增长，居民人均可支配收入 18778 元，同比增长 10.2%，增速居全省第一位，创历年来最好位次。城镇常住居民人均可支配收入 29711 元，增长 9.1%，增速比全省高 0.4 个百分点，居全省第四位。规范一次性奖励政策，完成 2018 年机关事业单位基本工资调整工作，机关事业单位工作人员待遇提高。公立医院薪酬制度改革推进。

【亳州市首届"药都创赢"创业大赛】2018 年 6 月 1 日，亳州市启动首届“药都创赢”创业大赛，参赛项目90个，涉及文化创意、互联网、医疗健康、现代农业、现代服务业等领域。7月3日，首届“药都创赢”创业大赛在亳州宾馆举行，10个项目通过前期的海选、初赛等环节跻身决赛。通过本次大赛选拔一批优秀创业创新项目，树立一批创业创新先进典型，展示创业风采，弘扬创业创新精神，在全市营造创新创业氛围。

【就业招聘日暨“大篷车”专场招聘会】2018年3月18日，安徽省就业招聘日暨“大篷车”专场招聘会在魏武广场举办，亳州市作为全省主会场，设立公共就业创业服务展区和大篷车展区。各级公共就业人才服务机构、社会保险经办机构、技能培训学校和创业培训机构均设立政策咨询台，为各类求职者和用人单位提供全方位公共就业人才服务。县区组织9辆大篷车走进乡镇，将就业创业政策和岗位信息送到求职者的家门口。100家重点企业提供就业岗位8511个。

社会保障

【概况】2018年，亳州市城镇职工养老、城乡居民养老、基本医疗、工伤、生育、失业保险参保人数分别27.33万人、226.15万人、25.04万人、25.7万人、20.61万人、16.11万人，全部超额完成年度目标任务。开展机关事业单位养老保险制度改革，完成2018年退休人员基本养老保险金待遇调整工作，涉及退休人员9.37万名，月均增资140元，补发养老金9026万元。落实城乡居民基础养老金提标政策，城乡居民养老待遇提高到119.11元/月，月均增加27元。网上办理社保关系转移接续、参保登记等社保业务9770件，异地就医累计结算4477人次。落实阶段性降低社会保险费率政策，累计减少参保单位社会保险缴费负担2.45亿元。

完成改革后退休人员基本养老金重新清算工作，为2018年基本养老金调整工作顺利实施奠定基础。

及时调度落实资金，畅通发放渠道，确保7月底前企业退休人员增加的基本养老金全部发放到位、机关事业单位退休人员增加的基本养老金基本发放到位。

成立亳州市社会保险费和非税收入征管职责划转工作领导小组。参加全省召开的社会保险费职责划转工作推进会、研讨会，做好前期工作，保障社会保险费职责划转工作的实施。

由劳动保障监察综合执法支队执笔的《亳州市农民工工资清欠治理成效及思考》调研报告在《亳州发展研究》印发。

【社会保险风险管理专项活动】2018年3月，根据省厅《关于印发〈全省社会保险经办风险管理专项活动实施方案〉的通知》要求，市人社局成立专项检查组，以现场检查评估为主要形式，以《社会保险经办风险管理检查评估指标》内容为基本标准，采取实地检查与现场培训、业务指导相结合方式，对各县区社会保险经办机构的组织机构控制、业务运行控制、基金财务控制、信息系统控制、内部控制的管理监督5大项30小项是否符合规定标准和要求进行全面检查。6月，成立专项行动工作检查验收小组，对各县社会保险经办机构进行验收。各县区均在90分以上，达到验收标准。

【机关事业单位历年欠费清欠和职业年金账户归集】2018年，亳州市根据安徽省《关于机关事业单位职业年金征缴归集有关事项的通知》要求，对在亳州市参加机关事业单位养老保险的参保单位及其参保人员开展清算。参保人员包括在职人员与退休人员，清算工作包括基本养老保险基金清算和职业年金基金清算。清算期间为2014年10月（2014年10月1日以后新成立的单位自成立之月起）至向征收机构缴纳养老保险费用（含职业年金）的上月或由经办机构发放基本养老金的上月。至年底，完成基金清算工作，涉及清算期收入287950.81万元，清算支出422807.8万元，财政补贴收入148174.43万元。2018年实现年金征缴收入57894.39万元，上划到省归集账户36241万元。

【失业保险经办服务提升年活动】根据《关于开展失业保险“经办服务提升年”活动的通知》要求，亳州市开展失业保险“护航行动”，全市发放稳岗补贴242家企业，共计发放795万元，政策惠及企业职工38384人。及时足额发放失业保险金，按规定落实求职、生育、生活、创业等补贴支出，满足失业人员和其供养亲属基本生活需要。开展社保宣传活动。按照2017年失业保险基金使用管理第三方核查通报要求，对辖区基金管理使用情况开展全方位自查，针对核查和自查发现问题建立整改清单，逐一销号解决。

【全省保障农民工工资支付工作现场会在亳州召开】2018年10月11—12日，安徽省人力资源社会保障厅在亳州市召开全省保障农民工工资支付工作现场会，各市、省直管县分管局长，劳动保障监察机构负责人（科长、支队长、大队长）参会。会议学习观摩亳州市建设领域农民工实名制登记及工资支付监管信息化平台建设，讨论2018年度省保障农民工工资支付工作考核细则和信息管理系统业务需求并征求意见，研究部署2018年度考核和中期检查评估工作。

亳州市建设领域农民工实名制登记和工资支付监管信息化平台于2017年10月正式上线运行，至2018年年底，全市12家银行38个银行网点参与监管平台合作，586个工程项目纳入平台管理，农民工实名制登记11.47万人，农民工工资专户累计入账23.34亿元，通过监管平台发放工资19.74亿元。

【“百名仲裁员服务千家进企业”】2018年，根据省人社厅、省总工会、省企业家联合会、省工商业联合会四部门联合下发的《关于开展百名仲裁员服务千家企业活动的通知》要求，亳州市制定《亳州市开展“百名仲裁员服务千家企业”活动实施方案》。6月20日举办“百名仲裁员服务千家企业”启动仪式，并开展百名仲裁员服务千家企业活动，以“送政策、送法律、送案例”为主要内容送法进企业，到阜汽集团亳州中心站、亳州制水公司、联滔电子公司等多家企业结合劳动争议典型案例讲解《中华人民共和国劳动合同法》《工伤保险条例》《中华人民共和国社会保险法》等法律法规，并利用高校毕业生招聘会现场开展“百名仲裁员服务千家企业”活动。到企业发放宣传资料数千份、服务企业几十家、服务劳动者数千人。活动中明确仲裁员工作职责，强化责任落实，听取了职工和企业诉求，耐心解答他们的咨询和疑问，展示仲裁队伍的精神风貌，解决企业一些纠纷隐患，让劳资矛盾纠纷化解在萌芽状态。

（李　冰　王振芳）

民　政

【概况】2018年，亳州市保障城乡低保对象150万人次，农村“五保”供养29863人，医疗救助591112人次，临时救助5164人次，发放困难残疾人生活补贴79991人，发放重度残疾人护理补贴60273人，保障孤儿4227人，救助生活无着社会人员2938人次，合计发放各类救助资金9.9亿元，保障和改善困难群众基本生活。

市、县（区）、乡镇（街道）、村（社区）四级关爱保护机制全面建立。全市有1334名儿童保护专干，94名儿童保护督导员。

及时下拨中央、省冬春自然灾害生活补助资金3260万元，发放棉被3700床、棉大衣500件、棉衣裤300套、绒衣裤400套，救助重建因灾倒房11户29间，维修加固因灾受损房屋5户18间，203809万名受灾群众基本生活得到有效保障。召开全市防灾减灾救灾工作会议，制定防灾减灾救灾工作任务清单，培训灾害信息员1392人，推进综合减灾示范社区创建工作，申报国家级减灾示范社区5个、申报省级示范社区6个（待批）。

培育社区社会组织，成立社区枢纽型社会组织20家、社区社会组织128家、备案社会组织336家。开展社会组织年检，推进社会组织评估，对长期不活动的“僵尸”社会组织和两年以上不参加年检社会组织，主动注销20家，给予撤销登记行政处罚17家。

完成1344个村（社区）“两委”换届工作，为广大群众选优配强9510名“当家人”，平均年龄42.33岁，较上届减少6.12岁，村书记、主任“一肩挑”675人，占比54.6%，实现村级民政专干全覆盖。出台《关于加强和完善城乡社区治理的实施意见》，进一步建立完善党委领导、政府主导、社区自治组织牵头、社会各方力量参与的社区多元共治机制。

完成第五批城区道路命名工作，新命名城区道路名称19条，更换道路名称8条。蒙城县小涧镇被评为“美丽中国，地名寻梦”三等奖，谯城区城父镇被评为优秀奖。完成皖豫界界线联检工作。完成涡阳县街道更名和街道合并工作，将涡阳县涡北街道更名为天静宫街道，撤销涡阳县城西街道和城东街道，设立涡阳县星园街道。

图154　2018年3月30日，亳州市获省级“双拥模范城”称号（杨光　摄）

组织开展2018年度全国社会工作者职业水平考试，出台奖励政策，64人通过考试，发放一次性补助6.1万元。启动“七彩春天”专业社会工作介入农村留守儿童关爱保护项目。推进志愿者服务信息化建设工作，志愿者注册人数64万人，占常住人口比列12.4%，登记志愿团体1076个，发布志愿服务项目859个，记录服务时长13.44万小时。围绕全国社会工作宣传周等重要节点，通过亳州晚报等媒体，宣传社会工作知识。

组织地方两新组织走访慰问部队。开展“药都烈士子女助医”和“药都慈善·关爱抗战老兵”活动，发放慈善救助资金16.8万元。

本年度，亳州市（谯城区）被命名为全省双拥模范城，涡阳县、蒙城县、利辛县分别被命名为全省双拥模范县，省级双拥模范城创建实现全覆盖。

【“医养护一体化”新模式】 2018年，亳州市748名重度失能五保老人入住乡镇卫生院集中供养，58所乡镇敬老院移交乡镇卫生院托管，初步实现农村五保老人“病有所医、失有所护、老有所养”的“医养护一体化”目标。

“乡镇＋部门”，明确责任体。建立以乡镇为责任主体，民政部门行业监管，卫计部门日常管理，财政部门资金保障的管理体制。在全市所有敬老院内设立乡镇卫生院分院，加挂卫生院分院牌子，卫生院人、财、物全部到位，卫生院明确一名副院长任分院院长，主管医疗服务工作，原敬老院院长经考核合格后任分院副院长，主管入住“五保”老人日常生活照料工作。

“托管＋医疗”，实现融合体。推行“托管＋医养”的模式，为“五保”老人提供集预防、医疗、保健、康复、养老及临终关怀等一体化服务。在敬老院设立诊疗室、治疗室、药房、输液室等，对护理中心进行升级改造，按1：2、1：6的标准，为轻度、重度失能“五保”老人配备专业护工，为重度失能“五保”老人制定个性化治疗康复方案，实现敬老院里能就医，卫生院里能养老。

“就医＋护理”，打造共同体。按照一院一方案的改造原则，乡镇卫生院分院将医疗区、护理区和养老区等区域相对独立设置，院内环境安静舒适，病房内干净整洁，检验室、B超室、药房等基本医疗科室保障到位。

【社保兜底脱贫】 2018年，亳州市农村低保覆盖面由2017年底的1.6%稳步提高到3.2%，达到81161户166582人，发放资金4.26亿元，月人均补助305元，同比提高7%。推进扶贫政策进城，对29214户39552名不在建档立卡范围内的城乡低保和农村“五保”对象实施“关爱工程”，统筹享受扶贫政策，推进扶贫政策“进城”，实现扶贫政策“全覆盖”。推进符合条件的光伏扶贫户转低保工作，将符合条件的5305户光伏扶贫户转低保，光伏扶贫户中低保家庭占比26%。做好低保城乡统筹、标准调整工作，市辖区及蒙城县统一城乡低保标准560元/月/人，实现低保标准城乡统筹。全市城市低保标准调整到560元/月/人，较上年提高6%，农村低保平均标准调整到460元/月/人，同比提高28%。修订《亳州市医疗救助实施办法》，特困人员住院救助比例提高到80%，低保对象提高到70%，住院救助封顶线提高到5万元/人/年。进一步规范和细化临时救助工作，出台《亳州市临时救助工作操作规程》,《关于进一步加强和改进临时救助工作的通知》。

【养老服务体系建设】2018年，亳州市推进“三级养老服务中心”建设，建设县级居家养老服务指导中心4个，街道（乡镇）养老服务指导中心26个，社区（村）居家养老服务中心130个，新增社会办养老床位650张。落实“民办公助”财政补贴政策，发放补贴资金739万元。蒙城县探索新形势下农村养老服务工作的新途径，建成297所农村社区居家养老服务中心，实现农村中心村全覆盖，为空巢、留守、失独、高龄等农村老年人群体，提供餐饮、休闲娱乐等服务。全面完成“银龄安康行动”，老年人意外伤害保险参保人数24.95万人，覆盖率30.13%，在2018年度安徽省“银龄安康行动”视频总结表彰会上作经验交流。

【优抚工作】2018年，亳州市向39199人次各类抚恤补助对象，按时足额发放抚恤补助资金1.95亿元。向8657户各类优抚对象，发放优待金（含立功受奖奖励）7392.60万元。向16688人次优抚对象发放医疗保障资金2085.3万元。严把带病回乡退伍军人认定质量关，认定符合条件的享受带病回乡退伍军人。开展优抚对象短期疗养11期。成立全市四级退役军人服务管理机构，全方位保障退役军人合法权益。

【安置工作】2018年，亳州市制定出台2018年退役士兵安置方案，接收退役士兵，在全省率先完成符合政府安排工作条件的退役士兵安置工作，受到省退役军人事务厅通报表彰。推进退役士兵培训力度，退役士兵完成培

图155 2018年10月24日，亳州市谯城区文艺工作者为老军人演出（张延林 摄）

图 156　2018 年 11 月 23 日，亳州市组织参加全省第八届少数民族传统体育运动会（张勇　摄）

训，完成率 100%，支出培训资金 388.3 万元。

（张亮亮）

民族宗教

【概况】亳州市是全省民族宗教工作大市，全市少数民族常住人口 6.9 万余人，“五大宗教”（道教、佛教、天主教、基督教、伊斯兰教）俱全。2018 年，亳州市民族宗教工作部门坚持问题导向，狠抓工作落实，民族聚居地区和少数民族群众经济社会事业不断进步，宗教领域和谐稳定。

本年度，亳州市组织参加全省第八届少数民族传统体育运动会武术、毽球、押加、蹴球等项目。获 3 个一等奖、7 个二等奖、6 个三等奖和道德风尚奖。

【民族村（社区）精准化扶持】2018 年，亳州市分四批次争取省级少数民族发展资金 517 万元（第一批次 289 万元，第二批次 44 万元，第三批次 50 万元，第四批次 134 万元），加大民族聚居地区财政投入。落实市民委委员对口帮扶制度，19 个市直单位签订 2018 年度帮扶责任书，对口帮扶 20 个民族村。

【民族团结进步工作】2018 年，亳州市开展民族团结进步“六进”（进机关、进乡村、进学校、进企业、进社区、进宗教活动场所）活动以及“民族团结进步宣传月”活动，通过开展启动仪式、文艺巡演、布置宣传栏、发送手机短信等方式，营造民族团结进步的良好氛围。

【国务院《宗教事务条例》宣传贯彻】2018 年 2 月 1 日，新修订《宗教事务条例》公布施行后，市宗教局第一时间在机关网站显著位置进行转发、政策解读，并做好后续系列宣传。先后印制新条例读本及释义 2000 余份发放县区。截至 12 月底，市县区宗教部门、宗教团体共举办学习贯彻新修订《宗教事务条例》专题培训 20 次，累计培训服务对象 3000 余人次，全市分管宗教党政领导干部、宗教部门干部、宗教界人士轮训一遍。

【民族宗教工作“四支队伍”培训】2018 年，市、县（区）民族宗教部门组织开展多次专题培训，涉及少数民族资金管理使用、新修订国务院《宗教事务条例》、全省宗教工作会议精神、十九大精神宣讲等内容，将全市乡镇（街道）分管负责人、民族宗教工作干部、少数民族干部、宗教界人士进行轮训。累计培训人员 480 人次。

（蒋运涛）

开发区建设

图 157　2018 年 5 月 26 日，利辛经济开发区项目建设（刘勤利　摄）

概 述

【概况】2018年，全市6个省级开发园区实现经营（产销）收入1636.7亿元，同比增长23.5%；实现工业总产值763.3亿元，同比增长23.5%，其中规模以上工业产值707.3亿元，同比增长16.7%；全年实现财政收入71.3亿元，同比增长21%，其中税收收入65.4亿元，同比增长34.2%；实现进出口总额7亿美元，同比增长27%；完成固定资产投资526.5亿元，同比增长29.6%。

【主导产业集聚壮大】全市开发区主导产业经营销售收入634.4亿元，同比增长13.4%；其中第一主导产业销售收入262.5亿元，第二主导产业销售收入14.4亿元，第三主导产业销售收入32.8亿元。分开发区来看，谯城经济开发区与亳州高新技术开发区大力发展中医药产业，2015年获得"现代中药产业集聚发展亳州基地"称号，亳州高新区初步形成了医药、农产品加工、中药材三大主导产业，并把现代中药作为首位产业，共有工业企业689家，其中规模以上工业81家，其中药业企业64家，占规上企业的79%；战略性新兴企业64家，其中药业企业57家，占战新企业的89%。谯城经开区大力发展中医药制造，药业经济总体规模不断壮大，高质量发展稳步提升。2018年规模以上药业企业78家，高新技术企业24家，产值192.1亿元，增长10.8%，实现药业企业税收8.9亿元，增长18%。在建续建药业项目24个，药业企业完成固定资产投资45.2亿元。涡阳经济开发区绿色装配式建筑产业集聚区入驻盛鸿科技、鸿路建材、万安塑料等30家企业，完成规模工业总产值36.2亿元，同比增长43.64%；完成税收2.74亿元，同比增长50.73%。蒙城经开区继续推动汽车及现代农机装备制造产业发展，入驻企业26家，其中规模以上企业15家，实现规模工业总产值26.7亿元，占全区规模工业总产值的23.1%。利辛经开区2018年食品产业产值32.14亿元，已入驻规模企业30家，中小企业14家。

【重大项目建设】2018年，全市开发区共完成固定资产投资526.5亿元，同比增长29.6%，其中工业投资完成206.6亿元，同比增长58.4%；基础设施投资完成52.5亿元，同比增长4.6%。亳州高新区形成康美世纪国药、中国亳州（康美）中药材交易中心、修正药业、九方制药、天祥药业、亳药堂药业、保和堂制药、誉隆亚东药业、太安堂中药饮片公司、张仲景中药等为龙头的产业集群。其中修正药业在国内中药制造业中排名第一，投资项目占地47.07公顷，总投资13.87亿元，在推进85个品种转移，设施设备已具备生产条件，项目建成全部生产后，将成为年产值200亿元的中成药生产企业。康美（亳州）世纪国药生产基地项目总投资8亿，占地26.41公顷，总建筑面积30万平方米。谯城经济开发区投资80亿元的长白山制药（亳州）产业园区项目已开工42个单体完成建筑面积约63.5万平方米，投资12亿元的双创产业园三栋厂房已封顶，投资36亿元的中青健康中药大数

图158 2018年，涡阳修正健康饮品产业园（董鹏 供图）

据产业园项目正开工建设，占地40公顷的中药饮片产业园24个项目建设接近尾声；投资10亿元的美誉药业集团、投资10亿元的广州白云山和记黄埔（亳州）制药、投资20亿元的九洲方圆制药和投资5亿元的天津达仁堂药业相继投产。

【招商引资】2018年，亳州市承接产业转移，加大长三角、珠三角等发达地区的招商引资力度，众多投资体量大、发展前景好的工业项目相继落户开发区。2018年，当年新批进区外商投资企业10个，新批进区省外境内项目236个。在建省外境内投资项目308个，其中亿元以上项目302个，在建省外境内投资项目总额1478.7亿元，同比增长19.8%。开展重点区域招商，承接产业转移，成立专门招商引资工作组，着力加大长三角、珠三角等发达地区的招商引资力度。强化产业链条招商，结合当地实际，立足产业基础、特色优势，以各园区主导产业为方向，招大引强，不断完善产业链条，提升开发区产业科技创新层次。创新招商引资方式，以借会招商、以商招商、平台招商等方式开展招商引资活动。优化招商服务环境，实行项目审批“一站式”服务，严格落实项目全程帮办制度，提高项目推进效率。

【改革创新】开发区体制机制创新。亳州高新区作为企业投资项目承诺制改革全省第一批试点区域，开展试点工作，梳理试点企业承诺事项6大类53项，为企业平均节约前期开工时间约三个月；全年共有11家参与试点企业实现开工建设，试点取得成效。

创优“四最”营商环境。强化审批服务，全面推行承诺制。开展入园项目审批事项清理压减、流程再造，最大限度提高审批效率，打造开发区全省审批时间最短、流程最优、服务最佳的营商环境。深入实施《亳州市落实创优“四最”营商环境工业建设项目施工许可证50个工作日内完成审批实施方案》，通过精简审批事项、推进并联审批、下放审批职能和权限、调整优化审批时序、实施建设项目限时办结制度等措施，压缩优化工业项目审批事项和流程进行，编制企业投资项目审批流程图，确保项目从备案、核准至工程施工许可时限从209天压减至108天。工业项目施工许可证确保实现27个工作日内完成审批手续。要总结市区三个园区首批确定的17家试点企业情况。要探索开展企业投资项目承诺制改革，亳州高新区已被纳入全省先行试点承诺制改革的3家开发区，下步要逐步推开，实行“无审批”管理。加大政策支持力度，营造尊重和支持创新创业的浓厚氛围。创新社会化服务新机制，加快培育具有多种资质的综合性全能型中介机构或中介机构联合体，建立完善信息、咨询、物流等配套服务体系，增强开发区服务功能。全面落实压缩企业开办时间、继续执行阶段性降低社会保险费率、开展电力直接交易等政策举措，挖掘降成本空间，打造成本“洼地”，切实减轻企业负担。各开发区要建立和完善“全程代办制”，入园项目实行“一站式”“保姆式”服务，为企业提供高效便捷的审批服务。推进“四送一服”双千工程，千方百计为企业排忧解难。

实行项目建设全程代办制。各开发区实行固定资产投资项目“一站受理、一次告知、全程代理、限时办结”机制。设立全程代办服务机构，抽调选调业务精、能力强的人员从事代办工作，代办服务内容包括从项目备案到竣工投产全过程需项目单位办理的事项，进一步优化营商环境，规范和简化项目建设审批手续，提高了项目审批工作效率，为投资者提供优质高效便捷的审批服务。

（市委政策研究室）

亳州经济开发区

【概况】2018年，经市委研究同意，十九里镇、谯东镇、汤陵街道部分村（社区）划入市经开区管辖，调整面积为47平方千米，调整后实际行政管辖147平方千米（含亳芜产业园区实际管辖34平方千米）。

全年亳州经济开发区GDP增速13.7%，工业投资同比增长77.6%，居全市排名第一位；规模工业增加值同比增长14.9%，居全市排名第二位；高新技术产业增加值同比增长16.7%，固定资产投资同比增长19.6%，居全市排名第三位；技改投资同比增长4.7%，限上消费品零售额

图 159　2018 年 11 月 20 日，亳州经济开发区建设（刘玉鑫　供图）

21.07 亿元、同比增长 11.4%，房地产开发投资同比增长 12.7%，均居全市排名第四位，外贸进出口总额 9785.4 万美元。81 家规上工业企业实现产值 117.5 亿元，同比增长 21.6%，64 家战略性新兴产业实现产值 106.6 亿元，同比增长 20.2%；64 家纳入基地考核企业实现产值 107.1 亿元，同比增长 20.34%；纳入基地项目实现固定资产投资 58.6 亿元。

【土地征收】2018 年，亳州经济开发区创新征迁工作模式，采取在工作组建立临时党支部等多种措施，推进征迁工作。10 天完成光明东路下穿、沿涡南路下穿征迁工作；30 余天完成古泉路铁路下穿项目征迁工作；40 天完成彭马、谢园村 9.8 万平方米房屋征收工作；40 余天完成谯东镇（第六管理区）、十九里镇 800 公顷土地和 82 万平方米房屋征收工作。累计征收土地 855.33 公顷、房屋约 101 万平方米。

【招商引资】2018 年，亳州经济开发区实现新签约项目 126 个，总投资 570.4 亿元。签约工业项目 107 个、总投资 280.03 亿元，其中亿元以上 63 个、5 亿元以上 10 个、10 亿元以上 7 个；签约现代服务业项目 19 个、总投资 290.37 亿元，其中亿元以上 14 个、5 亿元以上 3 个、10 亿元以上 4 个。实现利用市外内资 268 亿元，完成任务的 105%，同比增长 23.8%；利用外商直接投资 9006 万美元。

【项目建设】2018 年，亳州经济开发区新开工建设项目 73 个（总占地 387.05 公顷、总投资 225.45 亿元），其中工业项目 47 个；优化优惠政策兑现审查审批机制，依法依规快速兑现各类优惠政策资金 5.1 亿元，兑现各类奖补资金 1205 万元。净增规上企业 2 家，新增投试产企业 35 家、高新技术企业 3 家、限上商贸企业 13 家，孵化进出口实绩企业 2 家，在省股权托管交易中心——现代中医药及健康产业亳州专版挂牌 39 家。

【“四送一服”】2018 年，亳州经济开发区对园区总计 121 家工业企业及在建项目实行“四送一服”包保责任制。今年以来，走访企业 275 家次、发放扶持优惠政策文本 1200 余份、群发政策文件 280 个，开展政策培训会 112 次、座谈会 185 场，企业参会 2408 人次。全年，通过多种渠道搜集、办结企业问题 262 个，办结省“四送一服”平台转办问题 72 个。为企业解决了涵盖融资、人才、规划、市场等多方面的问题，如：对接敬道生物科技、汇中州中药饮片与高校开展校企合作，帮助九方制药将虎地肠溶胶囊列入省医保目录，为东方帝维解决双回路供电等问题。

【承诺制改革】2018 年，亳州经济开发区作为全省第一批三个试点区域之一，参与省发改委牵头的企业投资项目承诺制改革工作。试点工作梳理企业承诺事项 6 大类 53 项，将项目建设的 49 个推进节点整合为 9 个必要前提和 5 个阶段，还提出三项涉及人防办（市地震局）、规划、城管、供电等部门的配套改革措施。培力药业、宝龙药业、致良中药等 10 家试点企业在当年实现开工建设，为企业平均节约开工前期时间三个月，试点取得显著成效，经验将在全省复制推广。

【市容管理】2018 年，亳州经济开发区建立“五定”工作机制，120 辆道路保洁车全面开展道路保洁精细化作业，一天四冲洗、四湿扫，人工保洁不低于 16 个小时。全面取缔露天烧烤、全面整改餐饮油烟问题，对辖区内 984 家餐饮单位每天两巡察一检测，整改传菜口 788 家，加装弹簧门 912 家，安装油烟净化器 975 家；开展集中清理行动，共清理垃圾杂物 350 余吨，根除卫生死角 1100 多处；数字城管自查案件 2.9 万余个、市级发现 8000 余个，按时结案率 100%；深化控违拆违机制，拆除违法建筑 630 处，实现违建“零新增”；路段长制、河长制工作全面推行。

【环境保护】2018 年，亳州经济开发区组织 80 名网格员、120 人环保督察组、150 人环保督察组、对重点区域环保问题进行摸排；使用走航车辆 8 台、电动三轮走航车 14 辆，对辖区范围内进行不间断、全覆盖走航，发现交办问题 332 个；办结省环保督察组转办件 61 件、中央生态环境保护督察组“回头看”A 类问题交办件 4 件；第一批生态环境问题（ABCD 类）整改销号 532 件；第二批生态环境问题自验 6254 件，市直部门核验 3615 件；交办相关单位第三批生态环境问题 35 件；开展非道路移动机械检测整治工作，检测非道路移动机械设备 669 台。

【社会事业】2018 年，亳州经济开发区有建档立卡贫困户 2120 户 3691 人，完成脱贫 1911 户 3313 人。十九里镇、谯东镇、汤陵街道部分村（社区）划入管辖后，与谯城区扶贫办对接配合，完成“一户一方案，一人一措施”资料规范化整理、推进农村人居环境整治等基础工作，落实医疗、教育、就业等各项扶贫政策，开展“五净一规范”行动。开展“爱心传递·赠衣扶贫”活动，筹得捐款 66.7 万元为贫困户人口购买服装。共排查各类矛盾问题 2604 件、化解 2407 件。全面加强拖欠农民工工资治理，收缴农民工工资保证金 140 户、1.2 亿元，受理欠薪案件 166 起，清理拖欠农民工工资 3.6 亿元。发放办理失地农民养老保险 2280 人，参保总人数 4.25 万人。

【“扫黑除恶”】2018 年，亳州经济开发区利用广播、标语、横幅、图版、喷绘、墙体字、电子屏、文艺会演、授课等形式进行宣传；设立 50 个举报箱，并开通举报电话、电子邮箱、受理群众来信来访等形式，多渠道接收群众举报，拓宽案件线索来源。核查、移交涉黑涉恶多条。经开区公安分局针对九类涉黑涉恶案件共立案 17 起、破案 16 起，刑事拘留 39 人，逮捕 21 人，移送起诉 26 人，公诉 10 人，审判 10 人；打掉以鲍某某、于某某为首的涉恶犯罪集团 1 个、一般恶势力犯罪团伙 2 个（以程某为首的涉恶团伙、以王某为首的涉恶团伙）。开展“访平安”问卷调查结果显示，社会治安改善，群众生活安全感提高。

【更名申请】亳州经开区具有医药产业特色明显、区位优势明显、基础设施完善、高新技术产业发展迅速等特点。自建区以来，各项主要经济指标呈现高质量高速增长，已具备申报省级高新技术产业开发区的综合条件。经省科技厅派员实地考察、省有关部门联合专家咨询论证会论证，并综合国土资源厅、环保厅、商务厅、住建厅等各方意见，更名申请于 2018 年 12 月初上报省政府办公厅待批。

（刘钰鑫）

亳州芜湖现代产业园区

【概况】2018年，亳州芜湖现代产业园区列入全市比对的11项主要经济指标中，6项主要经济指标增幅居全市前二位，其中4项指标增幅居全市首位，分别是规模以上工业增加值增长16.1%、固定资产投资增长25%、进出口总额增长89.4%、利用外商直接投资增长205.3%。2项指标增幅居全市第二位，分别是技术改造投资增长83.3%，财政收入增长19.7%。工业投资增长45.4%，增幅居全市第三位；民间投资占固定资产投资比重73.9%，占比居全市第三位。

新增规模以上工业企业有华健生物科技、鑫泰钻石、国祯生物热电、创亿生物质燃料、万花草生物科技和广源堂药业6家，规模以上工业企业总计20家。

成立问题处置领导小组，全权负责问题项目的处置。园区共有问题项目8个，已盘活2个，盘活土地6.73公顷，推进其他6个问题项目的处置。

组织召开"安全生产月"活动部署会及高危行业强制实施安全生产责任保险工作推进会，部署"安全生产月"活动和"安全生产走基层"活动。与亳州经开区安监局开展安全生产执法互查工作。对投产企业、商贸企业、危化品等重点领域开展检查32组次，发现一般问题现场整改，发现重大隐患及时挂牌督办。对市挂牌督办的商贸企业，督促整改。开展工地巡查400余次，重污染天气企业检查频次120余次，共计开展在建项目扬尘治理100余次，累计检查800余个房建项目（含三个市政项目和县区（市）级检查情况累计）、2个混凝土搅拌站项目，下发整改通知书95份，停工整改通知书40份，整改回复率为100%。

排查整治"散乱污"企业。每周对辖区投产企业进行不定期监管检查，确保企业做好环保各项工作，做到达标排放。组织企业参加"安全生产月"宣传咨询日活动。

推进园区"四送一服"大走访活动。举办专场政策宣传和对接服务，帮助协调解决问题。召开专题会议，针对难解决、较典型的问题进行挂牌督办，采取现场办公、调度会等形式，统筹协调解决问题。组织宣讲座谈122场次，参与人数1920人，走访调研企业340家，收集反馈问题195个，其中上报省"四送一服"双千工程平台78个问题，已办结75个，3个问题在办理中。

完善安徽政务服务平台，做好政企直通车工作。按时办结安徽政务服务网企业申请事项；组织人员完善政务服务事项；做好政务服务事项申请材料取消清单的相关工作。通过安徽政务服务网共受理570件，全部按时办结。经信委、工商联、商务局、招商局平台共受理市"政企直通车"事项16件，全部办结。12月18日，发改委平台移交园区项目办，移交前受理10件市"政企直通车"事项，全部办结。

承办南京土地督察例行工作通报会议。承办皖北办、苏北办合作交流座谈会。参加合肥市阜亳商会换届大会借会招商。组织机关及部分企业党员参观安徽省庆祝改革开放40周年科技创新成果展。

本年度，亳州芜湖现代产业园区劳动保障局获"全市人力资源和社会保障系统先进集体"称号，张诚获"全市人力资源和社会保障系统先进个人"称号。2

图160　2018年11月7日，山东国创节能科技股份有限公司落地亳芜园区（田继云　供图）

家企业在“现代中医药及健康产业亳州专板”第三批次企业挂牌仪式上挂牌。

【基础设施建设】2018年，亳州芜湖现代产业园区完成君药堂、国药健康、天诺机电、名特优产业园、安徽宇利达新能源汽车等13家企业道路开口工作；办理浪潮大数据产业园及安徽宇利达新能源汽车企业四周围墙范围内的绿化迁移工作；为鑫华电力办理道路开口处路灯迁移工作，为三源堂、国药健康等企业修建临时变压器。

完成道路等15个基础设施项目的竣工验收及移交工作。完成消防站、派出所装修工程；五座旅游厕所；街头游园项目建议书报批立项及设计方案评审工作；还原小区一期电梯安装、外墙真石漆、防火窗等工程及二期人防备案工作等阶段性工作。

【招商引资】2018年，亳州芜湖现代产业园区新签约项目68个，总投资168.86亿元，其中工业项目49个，计划投资148.86亿元；商服业项目19个，计划投资20亿元。引进10亿元以上项目有维龙电气、龙骏医养结合、永康五金产业园、国创节能科技4个；5亿~10亿元项目有武汉太福药业、中研医院、泰瑞科玛医疗产业园、江门明星纸业4个；1亿~5亿元项目35个，1亿元以下项目有华希电力设备生产项目、瑞斯特瑞斯特尼龙扎带生产项目、建元呼叫中心、晨扬呼叫中心等25个。市招商引资考核领导小组下达的9个指导任务全部完成。

服务外包项目11个，签约座席5100席。自2016年起，累计签约落户迪科数金、建元数据等服务外包企业17家，签约座席8300个，其中已正式运营7家。

制订全员招商工作实施方案和招商引资目标管理考核办法，开展全员招商引资行动。做好投资项目的服务，规范招商引资合同条款，聘请法律顾问，对合同文本把关。制定园区招商引资优惠政策标准。通过“四送一服”解决问题项目招商，通过处理闲置土地激发企业产业链招商。

【项目建设】2018年，亳州芜湖现代产业园区采取多种措施推进项目建设。实施“一站式”服务，全程代办。完善“项目代办制”，由“项目帮办制”变为“项目代办制”。将园区96个项目，分包到园区24个代办人，由代办人全程帮助企业办理手续和解决存在问题。建立“每周调度”“企业负责人约谈”等工作机制。建立“政企直通车——为企服务微信群”，畅通企业解决问题渠道。简化项目办理流程，完善项目建设工作手册。力争奖励扶持资金，加快项目开工建设。优化财政扶持资金申报审批流程，提升政策兑现效率。确保招商引资优惠政策全面落实，切实推进园区项目建设。推进项目建设工作常态化。对亳芜园区逐地块梳理汇编，定期更新项目进展及项目手续办理情况，形成常态化。

推进项目68个。其中工业项目58个，物流仓储项目5个，商服项目2个，公共管理与公共服务项目2个，公用设施项目1个。年度市重点建设项目计划56个，总投资234亿元，完成固定资产投资45.41亿元。续建项目28个，15个项目全部封顶，其中7个项目已投产。计划新开工项目25个，全部实现开工。新签约项目68个，总投资168.86亿元。

图161 2018年3月8日，亳芜园区与市驻外招商组交流座谈(田继云 供图)

【财政金融】2018年，亳州芜湖现代产业园区细化部门预算编制，严格执行支出审批制度、印鉴分开保管制度、银行对账制度、岗位与人员配备等制度。推进办税服务厅建设。做好园区企业扶持资金兑现工作，为54家企业兑现扶持资金1.7亿元。加强小微企业续贷过桥资金管理，为61户企业周转贷款金额2.9亿元。亳州市葵花食品有限公司、安徽为民制药有限公司在安徽省股权交易中心“亳州专板”挂牌。推动天马（国药）科技股份有限公司“新三板”挂牌工作，引进北京国融证券进驻该公司，加快企业“新三板”挂牌进度。帮助企业融资，协调企业的贷款工作。完成亳芜国际会展大厦、蓝领公寓、邻里中心、张河整治一期项目、亳芜还原小区一期项目等5个项目的审计工作。

财政收入2.58亿元，同比增长19.7%，增幅居全市第二位。其中，地方级收入1.66亿元，同比增长4.5%。

【企业科技创新】2018年，亳州芜湖现代产业园区组织鑫泰药业与天马（安徽）国药科技股份有限公司申报第一批高新技术企业，华希电力申报第二批高新技术企业。1—11月，规模以上药业企业累计产值7.8亿元，同比增长17%。

鼓励园区发明创造和技术创新。专利申请量124件，授权量37件。依据《亳州芜湖现代产业园区支持科技创新管理办法》，兑现奖励资金33.4万元。天马国药科技股份有限公司与伊法拉电力通过国家知识产权优势企业验收。鑫泰药业、天马国药、华希电力申报2018年度省支持科技创新若干政策购置研发仪器设备补助项目。鑫泰药业、天马国药、天马生物、华希电力与伊法拉电力申报2018年度市科技重大专项项目。组织企业申报皖北贴息、“三重一创”项目资金共172.9万元，培育“专精特新”企业，促进企业发展。

（田继云）

谯城经济开发区

【概况】安徽谯城经济开发区2006年经省政府批准设立，规划面积28.36平方千米，获“首批全国农产品加工创业基地”“首批国家农业产业化示范基地”“第二批省知识产权示范培育园区”“全省首批战略性新兴产业集聚发展基地”“安徽省十佳开发区”等称号，进入培育期国家级开发区综合考核第五名。

谯城经济开发区发挥中药材资源优势，抢抓国家实施“健康中国”战略机遇和安徽省加快中医药发展政策机遇，围绕省委、省政府“努力把亳州打造成享誉国内外的世界中医药之都”的目标要求，加快建设现代中药产业集聚发展基地和中药配方颗粒生产基地，逐步形成药材种植、饮片加工、成药制造、物流贸易、科教研发等完整的现代中药产业体系。

围绕中医药制造、食品加工和电子、鞋服劳动密集型制造三大主导产业，按照产城融合发展的思路，加大投入、加快建设。

2018年实现营销收入398亿元，进出口3.2亿美元，税收收入15.8亿元。2019年1—3月规模以上工业总产值52.2亿元，增长6.1%；规上工业增加值10.2亿元，增长7.6%；实现税收收入4.25亿元，增长13%。入驻各类企业338家，其中规模以上工业企业116家。形成以安徽济人药业、协和成药业、广药集团白云山和记黄埔大南药生产基地、天津医药集团中新药业、黑龙江珍宝岛药业等为主的现代中药制造产业集群；以杉杉服饰、安踏喜宝鞋服、安踏鼎基鞋材等为主的服装鞋帽加工产业集群；以五得利面粉等为主的农副产品加工产业集群；以联滔电子、怡科电子、富威电子、康华制药机械、益源电力设备为主的电子机械产品加工产业集群；以皖北最大的春雨国际汽车城为主的汽车4S店产业集群；以天运物流、时代医药城、亿都国际商城等为主的商贸物流产业集群。

（谯城经济开发区）

【机制体制改革】2018年，谯城区委、区政府进一步明确经开区管委会及管理服务中心工作职能，承接园区工业项目规划建管安全审批管理权限，完成项目规划审批22个；设立经开区招商局、财政分局，落实9家企业招商引资优惠政策兑现初步审核，初核金额2439.47万元；成立亳州谯城经济开发区建设发展有限公司，谋划亳州市谯城区中药食品产业基金。推进智慧开发区建设，开展经开区管委会 ISO 9001 质量管理认证和 12 家企业 ISO 40001 环境体系创建工作。

【招商引资】2018 年，谯城经济开发区新签约项目 39 个，合同资金 161.5 亿元，其中超亿元项目 22 个，招商引资到位资金 120 亿元。包括投资 31 亿元的福派园亳州项目、投资 15 亿元的杭州瑞立节能电机项目、投资 15 亿元的苏州纺织面料产业园等。

【项目建设】2018 年，谯城经济开发区在建项目 30 个（其中包含 8 家房地产项目），建成和已投产项目 18 个，项目前期工作 22 个。

【基础设施建设】2018 年，谯城经济开发区完成振谯路、仙茅路人行道铺设工程、杜仲路等 12 条道路标识线工程 3.27 万米及经开区部分道路路段塌陷修复工程；配合安徽路网集团做好 PPP 交通路网工程项目，截至 2018 年年底，创八路、创九路、桐花路、亳芍路、庄周路、亳菊路通车，文帝路、仙茅路等 8 条道路在施工。完成经开区智能照明工程招标工作；完成开发区范围内羊建沟、东风沟河道清淤集中治理工作；排查道路雨污水管网 55630 米。

（卢若飞）

涡阳经济开发区

【概况】涡阳经济开发区前身是成立于 2006 年的涡阳县工业园区，2015 年 1 月 28 日，经安徽省人民政府批准更名为安徽涡阳经济开发区（省级开发区），是安徽省“产城融合”实验区。2018 年，托管 11 个社区、63 个自然村，辖区面积约 37.1 平方千米，常住人口约 4 万人。开发区下设“一办五局”，即党政办、社会事务局、经济发展局、规划建设局、招商局和财政局，有工业企业 106 家，规模工业企业 74 家，线上商贸流通企业 23 家、房地产企业 32 家。

涡阳经济开发区着力打造 4 个产业集聚区（光机电集聚区、现代医药和绿色食品产业集聚区、绿色装配式建筑产业集聚区、循环经济科技产业园）和 6 个产业集群专业镇（西阳高新产业、高炉徽酒产业、义门现代中药、龙山仓储物流、马店集绿色食品、楚店绿色能源产业集群专业镇）为主体的工业发展平台，按照征地拆迁先行、规划先行、基础设施先行、项目建设先行的原则，推进建设。

截至 2018 年年底，完成规模工业总产值 122.15 亿元，同比增长 33.6%；实现进出口总额 9531.66 万美元，同比增长 42.57%；实现入库税收 9.36 亿元，同比增长 25.64%；完成固定资产投资 144 亿元，同比增长 39.87%，其中工业固定资产投资 53.29 亿元，同比增长 32.79%，在 2018 年省级开发区综合考核中居全省第九位。

（涡阳经济开发区）

【招商引资】2018 年，涡阳经济开发区围绕构建光机电、现代中药及食品加工、绿色生态建筑产业、循环经济科技产业等四大集聚区精准招商，围绕传统产业链延伸招商，突出引进一批重点工业产业项目、外向型龙头产业项

图 162　2018 年 11 月，亳州市涡阳县东昇新能源正式投产（董鹏　供图）

图 163 2018 年 11 月 13 日，新城社区彭庄征迁动员会（董鹏 供图）

目和大型城市综合体。上报利用内资 208.3 亿元。签约项目 43 个，签约金额 139.8 亿元。

【项目建设】2018 年，涡阳经济开发区共有工业项目 54 个，其中新开工项目 32 个，续建项目 22 个；完工项目 25 个（其中 13 个 2018 年开工），分别是东昇新能源、佳格新能源、鑫佳机械、锌锫砂加工、阳继科技、华杰涂料、博科达、启特机械、标准化厂房三期、美凯兰、三期综合楼、圣雅、生产基地一期、凯丰工艺品、华都变、足浴包生产、光机电二期、锦信达服饰、谷神种业、徽荣电器、泰山石膏、彩高新材料、开发区(楚店)污水处理厂、西阳污水处理厂、楚店污水处理厂；基础设施和社会事业 4 个，分别是：西阳产业园道路、阳光医院、崛起教育、工业邻里中心。

【拆迁安置】2018 年，涡阳经济开发区完成五里湾、西四里园、十里丁共 3 个自然村的整村征迁和彭庄周边片区的项目征迁，涉及征迁 1382 户，拆迁人口 3772 人，涉及房屋面积 25.46 万平方米。完成全部征迁协议的签订，群众房屋腾空搬家率 100%。完成王大社区小张庄，五里湾社区五里湾自然村，新城社区西四里园、站前西路第三批安置扫尾工作，何大社区的窦庄、孟庄、五里尧第三批安置扫尾工作，合计完成安置 629 户、1264 人、689 套，面积 79960 平方米，安置群众顺利入住安置小区。启动五里湾社区、七里朱社区、十里丁社区八里丁自然村的安置工作。货币化安置完成 273 户、729 人，发放购房券金额 1.96 亿元。

（董礼、侯善茹）

蒙城经济开发区

【概况】蒙城经济开发区，始建于 2001 年。2006 年 3 月经省政府批准为省级开发区，批复规划面积 1.3 平方千米。2013 年 7 月经省政府批准，面积扩至 23.79 平方千米，分为东区和南区，其中东区位于蒙城县城东南，紧邻老城区和城南新区，规划面积 13.08 平方千米；南区位于城南新区以南，规划面积 10.71 平方千米。经济开发区已建成面积 15.25 平方千米，基础设施覆盖面积 20.94 平方千米。

近年来，县委、县政府按照“产城一体、两翼齐飞”的总体思路，坚持“五个优先”（基础设施优先、社会事业优先、拆迁安置优先、聚集人气优先、集约用地优先），快速推进征地拆迁安置、基础设施建设、软硬环境提升、招商引资和项目建设进度，取得初步成效。被列为全省“产城一体化”试点园区、全省第五批新型工业化示范基地和全市汽车产业人才聚集示范区。在 2017 年度和 2018 年度全省省级及以上开发区综合考核评价工作中，分别位居第 23 位、第 17 位，连续两年进入全省开发区综合考核“三十强”。

蒙城经济开发区基本形成汽车及现代农机装备制造、食品及农副产品加工、新型建材及智能家居三大主导产业。以江淮安驰汽车、佳仕龙机械、讴神机械为代表的汽车及现代农机装备制造企业有 37 家；以强英食品、宏健食品、东升食品为代表的食品及农副产品加工企业有 35 家；以民和杭萧、中嘉环保建材、灵感科技为代表的新型建材及智能家居企业有 50 家。三大主导产业产值占全区规模工业总产值的

图 164 蒙城县讴神汽车冲压焊接项目车间（蒙城县 供图）

86%，产业集聚发展态势良好。尤其是新型建材及智能家居产业，2016年以来工业总产值年均增幅超过50%。

2018年，开发区企业298家，实现规模工业总产值115.4亿元，同比增长12.48%；实现规模工业增加值24亿元，同比增长22.45%，战略性新兴产业产值同比增长53.52%；完成固定资产投资71.2亿元，同比增长55.6%；实现财政收入8.6亿元，同比增长12%。引进比太黑晶硅、好彩头食品、万能纸浆塑模等22个工业项目，协议总投资85.3亿元，其中1亿~5亿元工业项目10个，10亿元以上工业项目4个。

（蒙城经济开发区）

【招商引资】2018年，蒙城经济开发区引进比太黑晶硅项目、好彩头食品生产基地及休闲食品总部项目、万能纸浆塑模生产项目、宏桥生物质发电项目等22个工业项目，协议总投资85.3亿元，其中1亿~5亿元工业项目10个，10亿元以上工业项目4个。

【项目建设】2018年，蒙城经济开发区在建社会投资项目共32个，其中新开工项目11个，续建项目21个。按照“四督四保”要求，建立完善包保制度、调度制度、约谈制度等5项制度推进项目建设。截至2018年年底，民和杭萧钢构、中嘉铝合金模板、襄大农牧、盛大油脂、盛客电动车产业园、佰世达木业、傲尊电子、酷柒笔记本8个项目投产，其余项目按序时进度加快推进。

【基础设施建设】蒙城开发区共规划路网105千米，已建成路网61千米，在建路网30千米。2018年完成总投资1.31亿元、总建筑面积5.4万平方米的食品物流科技园物流基地一期项目；开工建设完成总投资约2亿元的创业园标准厂房二期项目；完成总投资1.49亿元的供电公司望月路等11个项目；实施总投资5700万元食品物流科技园物流基地附属设施项目。

2010年起，县政府按照“产城一体、两翼齐飞”的总体思路，坚持“基础设施优先、社会事业优先、拆迁安置优先、聚集人气优先”的原则先后启动城南新区及西片区基础设施建设，着力打造以商贸、金融、文化、居住为主，具有皖北水乡特色的现代化城市新区。至2018年累计建成路网68千米、水系景观37千米、燃气管网48千米、供水管网60千米、绿化80万平方米。

【“一区多园”】2017年起，蒙城县将田桥家居园、板桥新型建材产业园、双涧农副产品加工产业园、吕望布艺绣花产业园等乡镇特色园区纳入开发区范畴，探索实施“一区多园”管理模式。基础设施建设加快推进，2018年田桥家居产业园完成总投资8000万元、总建筑面积约5万平方米的标准厂房一期项目，田桥家居产业园完成总投资4800万元、全长4.5千米的沈庄路等5条道路道排及绿化工程。产业园软实力持续提升，成立马上办办公室，实行全程代办服务，对田桥家居园、吕望布艺绣花产业园等部分特色产业园制订专项优惠政策，同时规定入驻其他产业园的项目均可享受开发区同等优惠政策。完善的基础设施，优化的营商环境吸引佰世达木业、北家建材等8个项目先后落户乡镇产业园，带动乡镇经济发展，初步形成各具特色、统筹协调、联动发展的产业发展格局。

（刘巧红）

利辛经济开发区

【概况】安徽利辛工业园区在2006年2月被批准为省级开发区，位于县城西北部3千米处。2014年11月经省政府批准更名为安徽利辛经济开发区。经开区规划面积12.36平方千米，截至2018年年底，共入驻企业216家，投产192家，规上企业90家，累计完成工业投资额5.46亿元。利辛经济开发区围绕“一区三园”战略布局，主导产业不断发展壮大，其中食品产业园以农副产品加工为主，共入驻规模企业30家，中小企业14家，其代表企业有浩翔农牧、东华面粉、永润生物、阿三生煎、牧洋食品等；丝网服饰产业园以生产加工丝网、服饰为重点，新入驻14个项目，其代表企业有富亚纱网、婉悦家纺、嘉利网业等；机械与电子信息产业园以精密电子配件、汽车零部件生产加工为重点，入驻新兴产业企业6家，其代表企业为千福鑫、智强电子、江淮扬天、乔威数控等。

2018年，利辛经开区实现经营（销售）收入141.99亿元，同比增长20.16%；规模工业总产值97.78亿元，同比增长21%；规模工业增加值21.86亿元，同比增长17%；完成固定资产投资14.99亿元，同比增长30.1%；进出口总额0.44亿元美元，税收收入5.1亿元。

【体制机制改革】2018年3月，中共利辛县委办、县政办联合印发《利辛县经开区体制机制改革和创新发展实施方案》的通知，县经开区管委会下辖五村一社区。辖区人口31482人，耕地面积1392.93公顷。成立第一、第二管理区负责村级日常事务工作。

【项目建设】2018年，利辛经济开发区开展春季项目集中开工仪式，共8个重点项目参与开工仪式，涵盖包装材料、环保科技等多个产业和领域，总投资10亿元，其中亿元以上项目2个。

在建项目有宝业绿色建筑产业园、三聚绿汇生物质、金凤凰纺织产业园、速克消防、佑逸管业、文峰报废车解、杰达纺织、牧洋油脂、伯希和户外装备、艾伦米奇、跃腾工艺共11个。

【“一区三园”】2018年，县经开区聚焦产城一体发展，规划建设“一区三园”，实现优势产业的集群发展。

食品产业园。食品产业园共入驻规模企业30家，中小企业14家。今年以来，食品产业园新签约阿三生煎、牧洋食品2家企业，分别投资1.18亿元、0.3亿元。食品产业园标准化厂房新签约企业5家，总投资约6000万元。

丝网服饰纺织产业园。丝网服饰集中区，占地约18.67公顷，已入驻婉悦家纺、雪文服饰、嘉利网业等14个项目，已全部投产。金凤凰纺织产业园5000台喷水织机织造项目，总投资5亿元，规划用地20公顷，已供地6.73公顷，8栋厂房已封顶，综合楼、污水处理厂等在建，预计2019年上半年投产。

机械与电子信息产业园。机电产业园已入驻中浦机电、智强电子、乔踞精密制造、乔威数控、千福鑫精密机械科技有限公司、万成辉精密机械等战略性新兴产业企业6家。

（利辛经济开发区）

图165 2018年5月26日，利辛中煤新集板集电厂（刘勤利 摄）

县（区）概览

图 166　2018 年，涡阳水禽优良栖息地（潘子丰　摄）

谯城区

【概况】2018年，亳州市谯城区辖21个乡镇和3个街道，面积2226平方千米，总人口168.3万人。实现地区生产总值361.3亿元，同比增长9.0%；规模以上工业增加值同比增长10%；战略性新兴产业产值同比增长6.8%；高新技术产业增加值同比增长4.9%；完成固定资产投资同比增长18.8%；社会消费品零售总额200.7亿元，同比增长12.0%；完成财政收入42.3亿元，同比增长17.6%；完成外贸进出口总额4.03亿美元，同比增长37.9%；城镇常住居民人均可支配收入32342元，同比增长9.2%；农村常住居民人均可支配收入14160元，同比增长10%。

粮食总产9.6亿千克。中药材标准化种植、设施蔬菜、水果产业面积分别是2万公顷、2.33万公顷和2333公顷。新创建省级蔬菜标准园5个、标准化养殖示范场15家，新增农业“三品一标”认证19个，新认定无公害农产品产地、绿色食品原料基地9个。农机托管服务实现全覆盖。主要农作物耕种收机械化率93%。培训新型职业农民1350人。新增农民专业合作社932家、家庭农场62家、市级以上农业产业化龙头企业15家。适度规模经营面积7.33万公顷。规模以上农产品加工产值增长15%。

实施各类工业项目172个，新增规模工业企业20家。年产值超亿元企业有65家。培育“两化”融合企业3家。技改投资增长25%。花茶基地入驻企业240家，投入生产138家，产值15亿元。新增GMP认证药业企业3家。现代中药产业固定资产投资27.9亿元，实现产值223.7亿元。实施技术创新项目69个。新认定高新技术企业12家，总数达25家，实现总产值81亿元。省级工程技术研究中心10家。新增省级以上知识产权示范企业3家、省知识产权管理规范试点企业4家。获安徽省名牌产品1个，驰名商标1件。“药都汇创邦”众创空间等创新平台获批。

实施服务业重点项目14个，完成投资133.6亿元。举办23项文化旅游年活动，游客量在1100万人次以上，实现旅游收入90亿元。创建省级优秀旅游乡镇2个、AAA级旅游村庄2个，省级旅游示范村6个；新增十八里镇柴洼特色民俗村等一批乡村旅游点。推进电子商务发展，新增农村电商网点60家、总数311家；华佗镇获批2017年度省级农村电商示范镇。强化金融服务，投入1750万元风险补偿金支持企业融资，累计为企业提供资金支持92.7亿元。培育内外贸市场主体，新增进出口实绩企业11家、限额以上企业35家。

推进“放管服”改革，创优“四最”营商环境。国家税务总局亳州市谯城区税务局正式成立。减少区级政府权力事项248项，编制公共服务事项921项。强化“互联网+政务服务”，办结事项160万件。落实注册资本认缴制、“一照一码”等商事改革举措，全面推行“双随机、一公开”监管方式。推进“四送一服”双千工程常态化，受理企业问题1331件，办结率98.4%。开展“春风行动”，为企业招工4972人。药都农商行主板上市报证监会待批。全国中小企业股转中心正式受理安徽易元堂国药“新三板”挂牌申请。新增省区域性股权托管交易中心挂牌企业41家。减免企业税负1.65亿元，惠及企业

图167 2018年11月9日，北部新城表彰会（张延林 摄）

7389家。激发市场创业活力，新增企业3800家、个体工商户1.1万户。

签约项目77个，总投资372.8亿元。引进亿元以上项目47个，总投资365.9亿元，其中5亿元以上项目19个。推进投资50亿元的谯城区万达广场项目建设，投资15亿元的福派园（亳州）食品产业园项目即将落地。62个省重点项目完成投资145亿元，130个市重点项目完成投资210亿元，146个区领导分包项目完成投资240亿元。

组卷上报建设用地367公顷，完成土地储备420公顷，为市区两级解决建设用地460.3公顷。总投资74.6亿元的谯城区产城一体创新示范等6个PPP项目加快实施。完成东台路、小农场土地收储等城建重点征迁项目36个，征地368.1公顷，拆除房屋面积123万平方米。完成棚户区改造任务1773套。建成保障性住房1.2万套，5#~9#还原小区在还原入住。完善城市路网。完成元参路、建安路等9条道路建设。改造蓝天小区等3个老旧小区5万平方米；实施药都路、芍花路等道路两侧楼体夜景亮化工程；对东城海子、汤陵沟等10个水体进行清淤治理、绿化和景观提升。

完成全区乡镇总体规划和控制性详细规划修编。2017年度13个乡镇政府驻地建成区、6个省级中心村和9个市、县级自主中心村建设任务基本完成。新建、增容16个乡镇污水处理厂，美丽乡村省级中心村污水处理站达22个。全面完成3333.3公顷2018—2019年度农田水利“最后一公里”和933公顷高效节水灌溉等工程建设任务。完成1万公顷高标准农田项目和亳药花海休闲观光大世界二期治理工程。硬化非建档立卡村通村道路工程220千米。改造农村公路危桥21座。做好牛集涡河大桥及接线工程、G344谯城段等5个纳入区交通基础设施的PPP项目前期工作。编制完成三级林长制方案。造林1200公顷，建设森林生态廊道50千米，新建和完善农田林网13800公顷，义务植树216.5万株。

推进中心城区环境卫生整治，开展城区道路保洁监管负责制。实施环境卫生一体化管理，城区231座公共厕所和1060万平方米主次道路保洁管理全部市场化运行。实施城市街巷立面改造，拆除高空楼体广告设施5300平方米，完成魏武大道、人民南路等道路门头店招改造2.3万平方米，出新楼体3.9万平方米。完成古泉路、光明西路农民工市场建设改造任务。城市管理指挥中心加强，“五车”监管等6大平台受理数字城管案件48万件、结案率99%。开展农村环境“三大革命”。整治拆除农村破旧房屋1.2万间，实施墙体立面提升461万平方米，完成改厕任务2.5万户。5786千米县乡村道路全面启动清扫保洁工作。开展精神文明创建，98人获评道德模范、中国好人、安徽好人等荣誉。

整改中央、省、市转办和交办的各类环境问题3996个。对中心城区和城郊8个乡镇污染源进行全面排查治理。推进大气污染防治。21座空气自动监测站全部建成使用。城市规划区烟花爆竹全面实现禁燃禁放。开展全区砖瓦窑厂整治工作。依法拆除53家无资质搅拌站。推进城区餐饮服务单位安装油烟净化设施，2657家餐饮单位污水油烟达标排放。全面取缔城区露天砂石料场11家、散煤场8家。秸秆禁烧实现“零火点”，秸秆综合利用率91.6%。全面推行河长制，“一河一策”实现全覆盖。整治入河排污口78个，完成包河、小洪河等5条河流河道和污染整治。关闭或搬迁禁养区内畜禽养殖场124家，整改规模养殖场398家，清理“小散乱污”企业57家。做好土壤污染防治，规范化处置固体废弃物。

民生支出67.9亿元，32项民生工程全部完成。新增就业岗位1.5万个，转移农村劳动力2.2万人，城镇登记失业率保持在4%以内。城乡居民低保年人均提高至6720元。发放社会保险资金9.4亿元。城乡居民合作医疗参保143万人。农村“五保”分散供养标准、集中供养标准分别提高36.8%、28%。失能“五保”老人集中供养率86%。改造农村危房2200户。解决农村居民安全饮水问题4.3万人。

财政性教育总投入12.5亿元。新建、改扩建幼儿园10所，维修改造农村义务教育学校176所，完成丹华小学、汤陵小学及7号、9号还原小区小学配套工程，推进亳州六中、十一中、二十中建设。开展敬老院划转卫生院试点、药品联动监管等多项医改试点。华佗中医院通过等级医院评审。推进谯城区人民医院项目建设。新建、提升改造村级综合文化服务中心66个。各类文化产业单位600余家。非物质文化遗产项目26个。推广五禽戏等全民健身运动。计划生育家庭奖励扶助全面落实。

整改省、市挂牌督办安全隐患75处。开展全区277个村（居）民委员会换届选举工作。推进“七五”普法，开展法律“七进”活动120余场次。调解社会矛盾纠纷9500余件，免费办理法律援助案件1526件。强化社会治安综合治理，开展“扫黑除恶”专项整治。加强国防动员、双拥共建和优抚安置工作，推进三级退役军人服务站建设。开展第四次全国经济普查清查。

本年度，谯城区成为全省首批脱贫摘帽县（区）之一；被授予“全省双拥模范城”称号；被评为“全省就业工作先进集体”。济人药业“中药大品种疏风解毒胶囊二次开发的系统研究及应用”项目获安徽省科学技术奖一等奖。“全国基层中医药工作先进单位”通过复核验收。北关历史旅游街区成功申报2018年省级现代服务业集聚区；古井白酒特色小镇入围省级第二批特色小镇，十河芍花养生小镇获评省级特色旅游小镇，大周村被列入2018年中国美丽休闲乡村；古井镇药王村田园综合体项目被评为首批省级田园综合体示范项目。

【谯城区成为全省首批脱贫摘帽县（区）之一】2018年，谯城区扶贫资金投入18.8亿元，增长12.5%。重点实施脱贫攻坚系列工程，推广“四带一自”产业扶贫模式。建设特色种养业扶贫基地，落实到户项目3.2万个，覆盖扶贫户2.8万户、覆盖率87.2%；494个经营主体带动贫困户总数2.3万户，占全区贫困户总数的72%；58个贫困村建成特色种养扶贫基地60个，实现全覆盖。统筹实施智力扶贫、金融扶贫、光伏扶贫、健康扶贫、就业扶贫等扶贫措施。强化扶贫对象动态管理，新识别贫困户769户1750人，整户清退343户898人。推进“重精准、补短板、促攻坚”专项整改，定期开展扶贫专项督导，健全稳定脱贫长效机制，做到脱贫不脱帮扶、脱贫不脱政策、脱贫不脱项目。实现3884户7571人成功脱贫，贫困发生率降至0.57%，成为全省首批4个脱贫摘帽县（区）之一。

【谯城经济开发区申报国家级技术开发区】2018年，谯城经济开发区推进国家级经济技术开发区申报工作。谯城经济开发区有投产企业279家，续建、新建项目47个，亿元以上项目36个。实现固定资产投资100亿元、增长15.6%；规模以上工业企业116家，总产值235亿元、增长13%；经营销售收入380亿元、增长15.5%；税收16亿元、增长23%。完成食品产业园项目道路及配套设施建设；启动双创产业园（中医药）建设项目；桐花路、亳芍路等6条道路竣工通车；振谯路、文帝路等8条道路加快建设；疏通道路雨污水管网56千米。谯城经开区在全省考核中位居前列。

【陵西湖公园建设】2018年，陵西湖公园经过3年打造，重现三河交汇原生态湿地风光。亳州市谯城区陵西湖公园位于北部新城核心区，总投资约3亿元，南北长2千米，总面积86公顷，其中水域面积34.5公顷。陵西湖北接亳宋河、陈治沟，南入涡河，三河交汇，南北向条状分布，是皖北地区一片天然湿地。在公园整体设计中，陵西湖保留原生态树木、芦苇荡，新建廊亭、栈桥、景观桥，恢复并打造大面积湿地、滩涂和多个岛屿，形成丰富多样的水岸和滨水空间，建有慢行步道和自行车道。陵西湖由“臭水沟”，变成人们休闲郊游的“水上江南”。

（胡振威）

涡阳县

【概况】2018年，涡阳县辖20个镇、3个街道和1个省级经济开发区，面积2110平方千米，人口170万人。实现地区生产总值300.3亿元，增长11.0%，增速居全省第二位、全市第一位。城镇常住居民人均可支配收入26416元，增长8.9%；农村常住居民人均可支配收入11956元，增长10.2%。社会消费品零售总额127.1亿元，增长11.7%。财政收入24.4亿元，增长16.8%。固定资产投资170.6亿元，增长24.7%。

粮食总产15.11亿公斤。品牌小麦种植面积7万公顷。农产品加工产值127亿元，增长8%。市级以上龙头企业108家，农业产业化联合体35家，市级农民专业合作社136家，家庭农场96家。全县规模经营土地面积7.78万公顷，中药材种植面积9600公顷，蔬菜种植面积3万公顷。

新增规模以上工业企业43家。规模以上工业企业总计213家，实现产值244.68亿元，同比增长19.23%；规模工业增加值52.22亿元，同比增长13.6%；工业产品销售率99.53%；规模工业实现税收2.23亿元；战略性新兴产业实现产值56.14亿元，同比增长37.17%；高新技术产业实现增加值14.69亿元，同比增长61.4%。新增省级专精特新企业5家。中国—东盟医药行业合作论坛在源和堂药业召开。

新增限额以上商贸企业40家，限额以上消费品零售额增长12.7%。423个村级电商服务站全面提标，3个电商镇、10个电商示范村加快建设，33家“四通一达”电商快递服务中心投入使用，40家企业入驻阿里巴巴电商平台。

实施重点项目273个，总投资644亿元。121个省市重点项目完成投资290亿元。鸿路一期、泰山石膏等17个项目建成投产。荣盛科技、圣雅服饰等7个项目当年开工、当年投产。连续三年举办国际徽商大会涡阳招商专场。实际利用内资412亿元，增长20%。利用外资1.84亿美元，增长10.6%。新增进出口实绩企业9家，进出口总额1.51亿美元，增长30.4%。在合肥举办2018世界制造业大会和2018年中国国际徽商大会涡阳招商专场暨创新发展论坛，集中签约23个项目，总投资191亿元。共签约招商引资项目103个，总投资354.9亿元。工业项目73个(其中，亿元以上工业项目57个，5亿元以上项目15个，10亿元以上项目6个)；完成新建省外亿元以上项目48个，总投资225.48亿元，任务完成率120%；累计到位资金127.8亿元，任务完成率116%。

推进开发区发展。新增规模工业企业15家，新增产业就业人员6000余人。新建道路9.3千米、管网23.7千米，新建标准化厂房15万平方米。工业邻里中心等配套设施建设推进，推进鸿路二期、信和光能建设。管理运行机制完善，实现审批“一站式”受理、“一站式”办结。

实施土地增减挂297公顷，工矿废弃地复垦667公顷，报批土地606公顷，盘活“僵尸企业”低效闲置用地11公顷。乐行集团信用等级升为“AA”级，融资金额61.2亿元，发行棚改专项债32.5亿元。新增四板挂牌企业8家。颍淮农商银行涡阳支行正式开业。

新增法人企业3380家，新增个体工商户11796家。全社会研发经费投入1.9亿元，万人发明专利拥有量1.3件。引进高层次人才团队7个，12人受到市委表彰。新增工程技术研究中心市级以上研发平台5个，新增博士后工作站1个。推进全国农民工返乡创业试点县建设，开展“涡阳老乡、请您回家”活动，1165名涡阳籍老乡返乡创业。

完成《涡阳县空间规划（2017—2030）》《涡阳县海绵城市专项规划》编制。建成顺河路、石弓山路等7条城市道路，完善雨污管网38千米，新增供水管网40千米、燃气管网48.5千米。“五馆二中心”主体工程完工。碧桂园龙城、名邦学府等商住小区交付入住。新增城市绿化面积120万平方米。

实施“三大行动计划”。实施“上善若水”行动计划，落实三级“河长制”，拆除住家渔船和养鱼网箱，推进黑臭水体治理，71处入河排污口全部完成整改。实施“深呼吸”行动计划，落实重污染天气应急响应，构建三级“林长制”体系，完成造林1933公顷。启动“创城”行动，实施城区三轮车、电动四轮车整治。

坚持“城镇同价、一元通达”的惠民政策，推进城乡客运一体化。新建公交枢纽站2处，首末站21个，275辆新能源公交车投入运行，开通6个镇的8条线路。建成公交智能调度系统和银联移动扫码支付业务，实现“手机扫一扫，轻松坐公交”。

实施城关街道西园、东风、向阳等片区棚户区、城中村改造，西苑、旭日安置小区开工建设。完成2个老旧小区改造，新建社区服务中心2个。建成涡河景观道路40千米。推进向阳大道沿

图 168　2018 年 6 月 30 日，涡阳城乡专线开通（张延林　摄）

路建筑立面改造和老城历史文化街区项目建设。新建改建公厕 73 座，新建街头口袋公园 2 处。

完成 10 个集镇建成区、8 个省级美丽乡村中心村建设。新兴红色小镇、曹市英雄辉山等 6 个核心景区基本建成。义门镇获评全省十大旅游古村镇，入选省级中药养生特色小镇。完成造林 1733 公顷，新建完善农田林网 1.2 万公顷。

推进农村人居环境整治，全县 78 个贫困村、1025 个自然村完成整治。2.5 万户农村家庭完成改厕，农村改厕“涡阳模式”被人民日报、新华社等媒体报道。实施城乡环卫一体化 PPP 项目，农村环卫保洁全覆盖。被评为全市农村人居环境整治三年行动示范县。

推进“四好农村路”建设。投资 8 亿余元，实施民生工程道路共计 1096.5 千米。推行“路长制”，开展路警联合行动，查处车辆近千辆，卸载超载货物 2.2 万吨。创建农村公路品质示范路，选择 4 个镇（街）作为全县“四好农村路”示范镇。投资 7000 余万元，完成 100 千米示范路养护和 57 座危桥重建、加固工程；投资 470 余万元，完成 52 处县道公路交通安全隐患的排查整治；投资 600 余万元，完成村道生命防护安保工程。

做好中央环保督察“回头看”和省、市环保督察反馈问题整改，完成城区 9 条黑臭水体治理，整治入河排污口 71 处。拆解住家渔船 637 条，拆除渔业禁养区渔具 1.23 万件。完成 867 家规模畜禽养殖治污设施标准化建设。20 个集镇污水处理厂建成运行。清理砂石料场 147 处，拆除非法砂场码头 91 处。城区全面禁止燃放烟花爆竹。秸秆禁烧实现“零火点”。

实施村级产业扶贫项目 871 个，到户产业扶贫项目 16.83 万个，贫困村“一村一品”特色产业项目全覆盖，村集体经济收入在 20 万元以上。建成扶贫驿站、扶贫车间 85 家，开发公益岗位 18685 个，28382 名贫困劳动者实现就业。兴建 78 个“爱心超市”。完成贫困户危房改造 3420 户。新投放扶贫小额贷款 2.27 亿元。落实健康脱贫政策，累计报销贫困人口医疗费用 2.78 亿元。投入教育扶贫资金 2110 万元资助 20306 名建档立卡贫困家庭学生。25 个贫困村出列，脱贫 12947 人，贫困发生率降至 0.96%。

投入 61.1 亿元用于民生事业，占全部财政支出 87.2%。完成 32 项民生工程。新增城镇就业人员 1.26 万人，转移农村劳动力 1.85 万人，城镇登记失业率低于 3%。开发就业专项岗位，2133 名符合安置条件的退役军人上岗。落实城乡居民医疗保险补偿资金 7.75 亿元、大病保险补偿资金 6662.87 万元，住院实际补偿比例 68.24%。发放农村低保金 8670.74 万元、“五保”供养资金 4153.95 万元。完成棚户区改造 3756 户。残疾人康复中心和 5 个农村居家养老服务站点投入使用。新建“四好农村路”1097 千米，改造危桥 58 座，以县道为骨架、乡道为支线、村道为脉络的农村公路网络基本形成。推进城乡道路客运一体化，7 条城乡“一元公交”线路运行。五里湾等 6 个安置小区交付使用，1.24 万征迁群众迁新居。

推进教育事业发展。涡阳二中入选首批 15 家全省知识产权教育试点学校，实现近 5 年高考清华、北大零的突破。完成农村学校改薄 21 所，新建改建扩建幼儿园 17 所，五小分校建成，四小分校、二中新区加快建设。推进健康涡阳建设，推进“三医”联动改革，建成县域紧密型医共体2个，县中医院被省中医院托管，推进中医院内科综合楼建设。新建群众健身场所54处，群众体育活动连续四年受到省级表彰。承办全省首届智力运动会国际象棋、桥牌赛事。全省首个县级融媒体中心在涡阳挂牌。举办2018道祖圣诞拜祖大典暨涡阳老子道文化国际学术研讨会。

开展“扫黑除恶”专项斗争和传统“盗抢骗”犯罪专项整治，打掉涉恶犯罪团伙15个，抓获犯罪嫌疑人156人，实现现行命案侦破100%。开展“深重促”专项行动，创建“三无”镇10个、村（社区）321个。建立金融债务风险应急处置机制，清收不良贷款1.12亿元。开展安全隐患排查和挂牌督办案件整改，安全生产事故起数、死亡人数、受伤人数“三下降”。加大食品药品监管，应急处置能力增强，人民群众安全感、满意度提高。

实施131项改革任务，“最多跑一次”事项压减到54项，“最多上一次”事项增加到1296项。累计网上办事160多万件，即时办结率100%。

动态调整简政放权“四个清单”，取消行政许可事项20项，申请材料精减率61.9%，工业项目施工许可、不动产登记、企业开办审批时限分别压缩至27个、5个和3个工作日。推进“四送一服”，举办政策宣讲会300余场次，走访企业1000余家，对接资金6.1亿元，解决用工1800余人，办结企业反映问题256个。推进商事制度改革。施行“五十七证合一”。建立“安徽省政务服务网、县市场局实体政务大厅、基层市场所服务大厅、镇（街道、开发区）服务大厅、社区居委会全覆盖免费代办点”五级服务网络，将企业注册登记压缩至3个工作日办结。强化“双随机，一公开”监管，随机抽查企业1017家，检查结果全部进行公示。

本年度，涡阳县157人入选“中国好人”“安徽好人”“亳州好人”。全国核心价值观“百场讲坛”、中国首届农民丰收节《丰收中国》走进涡阳；大美涡阳“四季歌”微视频在中央广播电视总台一套播出。涡阳县入选全国“2018十大最美揽夏地”。源和药业获评农业产业化国家重点龙头企业；“涡阳糖焖蒜”“涡阳槐花”获国家地理标志认证；正宇面粉居全国小麦粉加工业50强第29名；“涡阳糖焖蒜”入选“安徽老字号”。国家农产品质量安全县创建工作通过农业部验收。在2017年安徽省脱贫攻坚年度考核中，涡阳县综合考评位列全省第一方阵。获评全省城乡道路客运一体化示范县。民营经济发展受到省委、省政府通报表彰。城关社区卫生服务中心、城东社区卫生服务中心创建成“省级示范社区”，涡北社区卫生服务中心创建成“国家级示范社区”。安徽中医药大学第一附属医院涡阳分院在涡阳县中医院揭牌。

【区划调整】2018年，涡阳县着眼于建设宜居宜业50万人口的现代化中等城市目标，涡阳县撤并城东、城西街道成立星园街道，涡北街道更名为天静宫街道的区划调整工作。经过报批审核等程序，2018年7月21日，涡阳县星园街道和天静宫街道正式挂牌成立。

【品牌农业建设】涡阳县是全国优势农产品（小麦）产业带建设示范县、国家级、省级现代农业示范区、全国粮食生产标兵县、全国首批农村土地承包经营权抵押贷款试点县。2018年，涡阳县推进“一粒种子”“一颗大豆”“一棵槐树”“一根苔干”“一片药材”“一栏畜禽”产业发展，“涡阳槐花”“涡阳糖焖蒜”获国家地理标志认证。专用品牌粮食种植12.4万公顷，总产65.4万吨，建成66个专用品牌粮食生产达标村，强筋优质小麦、高蛋白大豆种植面积位居全省第一位。推进农村集体产权制度改革，383个村（居）集体资产清产核资全覆盖，100个村开展农村“三变”改革试点。培育农业产业化联合体和龙头企业，同丰种业与中科院、省农科院共同组建优质小麦育种联盟。承办“2018年安徽春季农业生产现场会”。

【财政管理绩效进入全国百强】2018年，涡阳县率先在全省上线国库集中支付电子化系统，实现财政监督现代化，财务管理更加透明。8月，在财政部2017年度全国县级财政管理绩效综合评价中，涡阳县获第68位，受到财政部通报表彰。融资工作：乐行集团信用等级升为“AA”级，实施融资项目14个，融资金额61.2亿元。实施PPP项目4个，撬动72亿元社会资本参与公共领域建设运营，黑臭水体治理PPP项目评选为国家示范项目。

【中共中央宣传部“核心价值观百场讲坛”在涡阳开讲】2018年8月3日，由中共中央宣传部宣教局、光明日报社共同主办的“核心价值观百场讲坛”工程第75场活动在涡阳县举办。中央党校哲学教研部副主任、博士生导师董振华作题为《信仰与价值的追问》的讲座，光明网、《光明日报》客户端、光明网新浪微博进行现场直播。900余人听讲座，247万网友收看节目，29.3万网友通过微博、论坛等参与交流互动。

涡阳县多种措施培育和践行社会主义核心价值观。挖掘涡阳老子道家文化核心内涵和思想精髓；传承涡阳新四军第四师红色基因；开展讲习活动；开展道德模范评选活动，91人入选亳州好人、27人入选安徽好人、38人入选中国好人，中国好人上榜人数居全省排名前列。推进公共文化服务体系建设，建成“五馆三中心”；举办传统老子庙会暨中国·涡阳老子道文化系列活动；中国人民大学“哲学与传统文化教学实践基地”落户涡阳，为践行社会主义核心价值观搭建平台。

图169　2018年9月8日，中央广播电视总台“丰收中国”栏目组走进涡阳（董鹏　供图）

【中央广播电视总台第七套节目“丰收中国”走进涡阳】2018年9月8日，中央广播电视总台第七套节目“丰收中国”走进涡阳，进行节目现场正式录制，庆祝首个“中国农民丰收节”。涡阳县1000余名群众观看演出。

节目开场大联欢《庆丰收》中的民舞、唢呐、锣鼓展示新时代涡阳人民奋发向上的精神风貌。歌曲《干扣面》、音乐舞蹈情景剧《孔子问礼》、舞蹈表演《苔乡情、苔乡美》；涡河憨腔、棒骨舞、龙灯舞等节目，展示涡阳县的地方文化。

【涡阳县获评2018“最美揽夏地”】2018年，涡阳县不断提高“讲好涡阳故事，传播好涡阳声音”能力和水平，发掘新时代涡阳在实现奋力跨越发展中的人和事，拍摄讲述新时代涡阳美好生活的《探春，新时代的春天有多美》、讲述涡阳道家文化和夏收场景的《揽夏，风吹麦浪》、讲述“中国地理标志”产品“涡阳大豆”育种故事的《瞰秋，收获的季节唱一首丰收之歌》、讲述老子故里涡阳脱贫攻坚和乡村振兴故事的《品冬，“上善若水”的冬之韵味》四个微视频，登陆中央广播电视总台“大美中国”节目。涡阳县因此在中央广播电视总台发起的2018“最美揽夏地”评选活动中，获2018“最美揽夏地”称号和“大美中国·网络人气奖”。

【鸿路钢构·涡阳绿色装配式建筑生产基地项目建设】涡阳绿色装配式建筑生产基地项目——鸿路钢构位于涡阳经济开发区繁华大道南侧、西外环东侧、真源大道北侧、涡楚河西侧，由安徽鸿路钢结构（集团）股份有限公司投资36亿元建设，占地155公顷，建筑面积118.25万平方米，分三期建设。

一期项目投资16亿元，占地70.46公顷，总建筑面积50.25

万平方米，包括一栋37跨、40万平方米的生产厂房。项目采用领先低碳绿建技术，建设37条绿色建筑钢结构生产线，主要产品为装配式钢结构建筑的主体结构、墙板、楼梯、阳台等部品部件，2018年实现全部投产。

二期项目投资7.6亿元，占地32公顷，总建筑面积26.6万平方米，建设40条绿色建筑钢结构生产线。2018年已投产25条，包括配套机器人集成、重机、薄壁轻钢别墅、立体车库、开平剪切配送、节能板6个项目。

三期项目投资12.4亿元，占地51公顷，总建筑面积41.4万平方米，2018年，40跨基础全部完工，推进1~16钢结构、室内地坪、以及整个厂区环形道路建设。

（董　鹏）

蒙城县

【概况】2018年，蒙城县辖17个乡镇（街道）、1个省级经济开发区，人口144.8万人。实现地区生产总值294.4亿元，同比增长9.8%；财政收入33.2亿元，增长17.6%；规模工业增加值增长11.6%；固定资产投资增长16.8%；社会消费品零售总额130.7亿元，增长11%；进出口总额9947万美元，增长24.4%；全县城乡常住居民收入可支配收入18617元，增长10.3%；全县农村常住居民人均可支配收入13091元，增长10.0%。城镇常住居民人均可支配收入29795元，增长9.3%。全县金融机构人民币各项存款余额总计367.95亿元，增长11.3%；贷款余额305.65亿元，增长19.9%。三次产业比由19.4∶39.3∶41.3调整为18.2∶38.7∶43.1。

全年粮食总产154.7万吨，建设粮食绿色增产示范片15个，新增市级以上现代农业示范园15个，成为皖北首家上海市市外蔬菜主供基地。兑现现代农业奖补资金7254.1万元，新增家庭农场442家、合作社306家、产业化示范联合体3家。新增省级绿色循环养殖示范场1家、市级15家。发展“虾稻共作”特色产业3066公顷，辐射9个乡镇，带动农民增收1.8亿元。实施大中型灌区配套工程等项目9个，完成“三沟”整治970千米，新建及加固桥涵1347座。投入资金3200万元，深松深翻耕地5.33万公顷。主要农作物“耕、种、收”综合机械化水平99%，农机社会化服务全程托管模式在全省推广。开展农村“三变”改革试点51个村，农村集体产权股份制改革试点97个村，村均集体经济收入29.3万元。创新农业投资方式，成立兴农发展投资公司。

新增战略性新兴产业企业6家，总数达17家，产值增长30%。三宝钢构等11家企业成功认定为国家高新技术企业，纳入高新技术产业统计企业35家，产业增加值增长25.8%。上海电气生物质发电项目建成投产，华能风力发电项目加快建设。实施林驰电子等技改项目67个，工业技改投资增长20%。兴蒙投资公司设立南创等产业基金5支，总规模16亿元。与江南大学、合工大、中科院等17家高校、科研院所开展产学研合作。完成授权专利406件，其中发明专利193件。培育省名牌产品3个、市政府质量奖2个。

新进规模以上工业企业22家。汽车及现代农机装备制造、食品制造及农产品加工、新型建材及智能家居“三大产业”产值占工业总产值75.7%。江淮安驰年产1万辆M5生产线建成投产，全年生产各类汽车3.4万辆。茂盛自动化机械设备项目加快建设，农机大市场项目签约落地。新型建材及智能家居业加快发展，民和杭萧装配式建筑、佰世达木业、中嘉环保建材项目顺利投产。好彩头休闲食品项目成功落地，襄大饲料项目建成投产，规模以上农产品加工企业78家，实现产值51亿元。东升食品等3家企业通过国家级“两化”融合管理体系评定。兑现支持工业企业发展专项资金6497万元。

编制马集镇鹤庵村等乡村旅游规划9个。立仓镇被评为省级优秀旅游乡镇，篱笆镇郭集社区、立仓镇薛庙村被评为省级乡村旅游示范村，森林公园被评为AAA级旅游景区。开展文化旅游年系列活动37项，吸引游客260万人次，带动旅游收入4.2亿元。推进“两中心、一站点”电商服务体系建设。培育庄周街道等市级电商特色小镇3个，建成许疃镇矿西村等电商示范村10个，发展城乡电商服务网点160个，实现电商交易额10.5亿元。新发地农副产品批发市场年交易额突破25亿元，被认定为农业农村部定点市场。金融服务实体经济，通过“税融通”“劝耕贷”等金融创新产品，累计发放贷款7.3亿元，续贷过桥资金周转贷款7.1亿元。城投集团为中小企业提供综合性金融服务15亿元，蓝博供水等5家企业在省股权托管交易中心挂牌。

启动《蒙城县城市总体规划（2012—2030）》修编，编制各类规划23个。第一人民医院门诊急诊大楼、中医院新区、森林公园慢行系统建成使用，图书馆、档案馆基本建成，职教园区、广电中心、邻里中心、乐土驿站等项目加快建设，17.8千米的G237、S305绕城一级公路改建工程完成招标。新建望月路南段等道路12条15.7千米，改造嵇康路等老城区道路4条12.3千米。建成庄周C区等安置小区108.1万平方米，新开工东光小区等棚户区改造项目4个22.2万平方米。分配安置房8858套、面积90.1万平方米。改造老旧小区15.5万平方米。建成运营第三水厂，改造供水管网17千米。在全市率先建成LNG天然气调峰站，铺设天然气管网33千米。疏通老城区雨水管网131千米，新建污水管网70.4千米。新增绿地57万平方米，新建小型健身广场、停车场30个。

推进乡村振兴基础设施建设，累计投资15.4亿元。建成许疃镇土桥村等省级美丽乡村8个，实施乡镇政府驻地建成区和小集市整治12个，新建改建休闲广场54个、农贸市场8个、文化礼堂51个、党群服务中心59个。推进农村环境“三大革命”，开展“三清四拆”专项整治，清理垃圾16.2万吨，拆除破旧废弃房屋4万余间，完成农村改厕2.6万户，“清洁村庄”整治达标率99.1%。推进“四好农村路”建设，建成通自然庄硬化路600千米，开通城区至辛集、白杨城乡一体化公交线路，落实各级路长290名。实施危房改造2880户，新建改建农村危桥100座，改造升级农村电网517千米。

推进全国文明城市创建，持续开展“五大秩序”和集贸市场、居民小区等十个专项整治行动，整改问题4356件。铺设人行道7.8万平方米，取缔占道经营、店外店916户，拆除违规设置广告牌687块、违法建筑1.3万平方米。强化智慧城市“三大中心”运营管理，投入资金4.1亿元，建成视频数据平台二期工程，安装视频监控13468路，实现综治安全、环保监控、智慧交通、光伏扶贫等领域共享应用。推行城区园林绿化管养、城乡卫生保洁市场化运作模式，管理水平提高。加强农村宅基地管理，遏制违法建房行为。

建成乡镇污水处理站14个，铺设污水管网222千米，16个空气监测站投入使用。完成中水回用、污泥处理处置、垃圾处理厂扩容、污水处理二厂二期工程。整治入河排污口17个，实施城区黑臭水体整治项目9个16.2千米，开展农村黑臭水体排查工作。编制完成水源地保护专项规划，建成国控、市控涡河水质自动监测站2个，水源水质在线监测系统进一步完善。涡河出境水质常年保持Ⅳ类，完成省下达目标考核任务。推进城乡生活垃圾焚烧发电项目，宏桥生物质沼气发电循环利用项目签约落地，装机总容量21兆瓦。加强林业生态基础建设，完成人工造林2066公顷、农田林网2万公顷、生态廊道164千米，创建王集乡省级森林城镇1个、双涧镇郭湾村等省级森林村庄8个。做好中央环保督察“回头看”工作，办理信访交办案件24件。累计办结省市环保督察交办问题1894件、“全民参与·环保风暴”交办问题812件。整治建筑工地38个、砂石料场151个、散煤经营点15个、机动车维修涂漆企业167家，安装餐饮店油烟处理设施929家，取缔“散乱污”企业31家。城市规划区内全面禁燃烟花爆竹，秸秆禁烧实现卫星监测“零火点”目标。PM2.5年平均浓度56.9微克。实施规模畜禽养殖场污染整治592家，实现治污设施全覆盖。抓好加油站点油气回收工作，改造双层油罐282个。推进土壤污染防治，确定污染详查点54个。构建网格化环境综合整治体系，在全市率先推行生态环境专员制度，派驻乡镇生态环境专员25名，实现城乡环保监管全覆盖。实施“河长制”，排查整改问题373项。落实“林长制”，设立各级林长864名，推进森林生态廊道管护工作。强化耕地保护，划定粮食生产功能区10.4万公顷、重要农产品生产保护区2.13万公顷。建设高标准农田1.38万公顷，新增耕地205.8公顷。

图 170　2018 年，蒙城城市新区（蒙城县　供图）

开展“千家知名企业招商攻坚”活动，新签约项目 62 个，协议总投资 256.2 亿元，其中亿元以上工业项目 37 个。投资 18 亿元的比太光电材料产业园、投资 10.2 亿元的瑞川电器产业园、投资 10 亿元的安美利特建筑环保新材料等项目成功落地。万能环保塑模制品等 28 个项目开工建设，亿喜年食品等 17 个项目建成投产。成立庄子贸易公司，新增鑫汇服饰等进出口实绩企业 11 家，总数达 24 家。推进“蒙城老乡，请您回家”活动，转化落地项目 1071 个，带动返乡投资 5.5 亿元，实现就业 2.1 万人次，评选“优秀企业家带头人”“优秀创业人才带头人”44 名。新增私营企业 3203 家、个体工商户 7052 个，发放就业创业贷款 1.2 亿元。

谋划“三重一创”“大新专”等项目 396 个，总投资 740 亿元。实施中央预算内投资项目 11 个，总投资 33.2 亿元，完成投资 19.8 亿元。118 个省市重点项目完成投资 193.3 亿元，增长 58%。112 个政府投资项目完成投资 61.9 亿元，增长 13%。牧原饲料、盛焰设备制造等一批项目建成投产，涡河蒙城枢纽、庄周 110 千伏输变电工程等重大项目开工建设。加强与社会资本合作，文教等 3 个 PPP 项目包完成投资 13.7 亿元。全力保障项目建设用地需求，完成征地 665 公顷、拆迁 45.8 万平方米；完成城乡建设用地增减挂钩项目 800 公顷，获批用地指标 466.66 公顷。

坚持“布局集中、用地集约、产业集聚”的原则，推行“一区多园”管理模式。突出基础设施建设和生产性服务业项目配套，占地 21.33 公顷的食品产业园孵化基地基本建成，10 千伏线路延伸工程、分布式能源供热项目、创业园标准厂房二期、田桥家居产业园一期进展顺利。推进项目重组和闲置厂房利用，重组润达家具等项目 4 个，盘活土地 15.53 公顷；引进恒鑫户外用品等 40 家企业，盘活闲置厂房 20 万平方米。开发区入驻企业 298 家，实现工业总产值 140 亿元、财政收入 8.6 亿元，分别增长 15%、12%，跻身全省经济开发区“三十强”，被列为省级园区循环化改造试点。完善园区企业全程代办服务制度，办理各类服务事项 300 余件。

投资 27.6 亿元，完成 32 项民生工程年度任务。新增城镇就业 14583 人、转移农村劳动力 27900 人，城镇登记失业率 3.8%。城乡居民社会养老保险参保缴费 66.2 万人，发放养老保险金 2.4 亿元。完成城乡低保统筹和低保扩面试点任务，农村低保金每人每月增加 100 元，农村低保覆盖面 3.2%。新建农村居家养老服务中心 188 个，实现行政村全覆盖。创新推行“医养结合”养老试点，62 名完全失能“五保”老人入住卫生院集中供养。投入 16.6 亿元，建设三义中学新校、三阳路小学等城乡中小学幼儿园24所，完成“全面改薄”项目68个。汇贤中学、红缨幼儿园、腾翔教育学校等社会办学项目开工建设。高考本科达线率61%，高中教育获全市教育教学成果一等奖。党政主要领导干部履行教育职责督导考核工作获省优秀等次，三义路小学获第二批“全国中小学中华优秀文化艺术传承学校”称号。推进县域医共体“五项机制”创新试点，公立医院综合改革成效明显，受到省政府通报表扬。举办首届“庄子文化周”系列活动，出版《庄子研究通讯》，与中国社科院文化发展中心共同召开《庄学研究》新闻发布会。“中国曲艺之乡”品牌持续提升，推进“中国古琴之乡”创建。新入选“中国好人”4人，继续保持“中国好人”全国第一县。举办首届农民丰收节，承办全国健身瑜伽公开赛、“新星杯”全国拔河比赛、安徽省智力运动会、环江淮万人骑行大赛。在第十四届省运动会中，获金牌12枚。开展第四次全国经济普查，完成“十三五”规划中期评估工作。

“七五”普法顺利通过省市中期验收。健全落实社会治安综合治理领导责任制，社会治安防控体系进一步完善。开展扫黑除恶专项斗争，侦办涉黑涉恶类犯罪案件43起，打掉恶势力团伙10个、恶势力犯罪集团2个。推进信访“三位一体”包保化解工作，开展“深督导、重化解、促落实”专项整治行动，化解信访积案138件。落实防范化解重大风险工作举措，县域重大风险总体可控。推进安全生产风险管控“六项机制”制度化规范化，排查整改安全隐患3500余处。引导制定移风易俗村规民约，促进村民自治。推动军民融合发展。完成退役军人信息采集工作。

图171 2018年9月1日，蒙城县城关街道学院社区举行第六届居委会换届选举大会（张晴晴 摄）

本年度，蒙城县获“全国法治县创建先进单位”称号；通过“全国第一批河湖管护体制机制创新试点县”验收；农村“一块田”改革入围“中国改革开放40年地方改革创新40案例”评选；入选第二届中国地方投融资平台县级百强；获全国优秀城乡规划设计奖；获评全国畜牧业绿色发展示范县、全省第一批脱贫攻坚“摘帽县”、省首批“健康脱贫示范县”“安徽省中小学校责任督学挂牌督导创新县”“全省就业工作先进单位”“全省人工影响天气标准化示范县”“全省制造业发展增速10快县”“全省电子商务进农村全覆盖工作先进县”。人口计生工作位列全省一类县第五位，连续五年受到省级表彰。

【脱贫攻坚“摘帽”】2018年，蒙城县投入财政专项扶贫资金3.4亿元，整合涉农项目资金3.1亿元，推进脱贫攻坚“八大工程”。按照“六看六确保”“七个不落、一个不少”的工作要求，实施“重精准、补短板、促攻坚”专项整改行动，持续巩固提升脱贫质量。实施“双基”项目42个，完成投资27.3亿元。坚持“两业”促“两生”，产业扶贫项目村均11.7个，户均5.2个，到户覆盖率99.6%。光伏扶贫电站累计收益1.1亿元，13759户贫困户增收4127.7万元，贫困村光伏电站集体收入2016.5万元。脱贫8295人，贫困发生率降至0.81%。国办系统数据质量、扶贫项目库建设、光伏运维效益位居全省前列，就业扶贫入选“全国人社领域精准扶贫20个典型案例”，产业扶贫、医养结合、居家养老等扶贫模式被中央及省级多家主流媒体相继报道。

（乔春林 王丽娜）

图 172　2018 年 5 月 22 日，蒙城县十里井乡贤馆（孙静　摄）

【蒙城县入围全国文明城市提名城市行列】2018 年，蒙城县入围全国文明城市提名城市行列。

近年来，蒙城县开展文明城市创建活动。对新城区进行大开发、大建设，对老城区进行逐步改造。强化城市管理，将文明城市创建任务细化到各责任单位，全面推行文明创建网格化管理，建成经济开发区、城南新区，建成“智慧城市运营中心”，每年开展交通秩序、经营秩序、建筑秩序、卫生秩序等四大秩序专项整治活动。建成文明创建“啄木鸟”随手拍平台，实行城区路段长责任制，结合全市每月考评和暗访，建立和完善文明创建问题“找、交、销、查、考”工作机制，将多种途径发现的问题及时转交责任单位进行整改。对老城区进行综合改造，推进文明创建项目建设，城区基础设施和公共服务设施逐步完善。继 2003 年、2005 年蒙城县连续两届被省文明委命名为全省“创建文明县城工作先进县”，2008 年、2011 年连续获全省“文明县城”称号，其间，2009 年城关镇获“全国文明村镇”称号；2014 年，首获“全省文明县”和“全省未成年人思想道德建设先进县”两项称号；2017 年 6 月，获评“第二届全省文明示范县”和“第三届全省未成年人思想道德建设工作先进县”称号，为皖北唯一获此两项荣誉的县区；2018 年 2 月，被中央文明办确定为“2018—2020 年创建周期全国文明城市提名城市”，为皖北首批获此荣誉的县区。

（葛云飞）

利辛县

【概况】2018 年，利辛县辖 23 个乡镇 361 个村（居）委会，辖区面积 2004.5 平方千米，人口 167.89 万人。实现地区生产总值 235 亿元，较上年增长 9%；固定资产投资增长 13%；财政收入 22.4 亿元，增长 12%；规模工业增加值增长 11%；社会消费品零售总额 118 亿元，增长 12%；进出口总额 4500 万美元，增长 10%；金融机构年末各项存款余额 375 亿元、贷款余额 237 亿元，分别比年初增加 30 亿元和 46 亿元；城镇常住居民人均可支配收入 28950 元，农村常住居民人均可支配收入 11760 元，分别增长 8.5% 和 9.5%。

粮食总产 120 万吨。托管、流转土地 5.85 万公顷，发展现代生态农业产业化示范主体 15 家、农业产业化联合体 13 家，新增国家级龙头企业 1 家、市级以上农业产业化龙头企业 10 家、规模以上农产品加工企业 6 家、农民专业合作社 23 家、农机专业合作社示范社 13 家、家庭农场 24 家，新增认证企业 22 家、认证农产品 46 个。规上农产品加工产值增速 23%。改造提升种养结合示范场 15 个，规模养殖比重 84%。支持城北镇果蔬产业园、程家集镇镇西村黄桃基地、王市镇高寨村瓜果基地等特色种植业扶贫基地建设。推进农机社会化服务全程托管，耕种收综合机械化水平 91.6%，实现午秋两季农机作业托管全覆盖。茨河治理、阜蒙河治理、高效节水灌溉等水利重点工程完工，建设高标准农田 6020 公顷。实施土地增减挂项目 466.67 公顷，复垦工矿废弃地 33.33 公顷，新增耕地 133.33 公顷。开展“大棚房”（即以农业大棚为名进行非农业建设，属违法建设）问题专项清理整治行动，清理违规“大棚房”用地 2.45 公顷。

推进县经开区体制机制改革，年内经开区共入驻企业 200 家，投产 178 家，实现工业增加值10.36亿元，同比增长21.86%。共有规模工业企业164家，完成工业投资20.19亿元、技改投资7.5亿元。推动技术创新，培育省级企业技术中心和工业设计中心2家，获高新技术企业认定10家，授权发明专利91件。推进“三重一创”，加快“两化”融合，获批安徽省智能工厂1家、“两化”（指贯彻国家制定的工业化和信息化融合管理体系标准）融合贯标企业3家。翰联色纺入选工信部2018年制造业与互联网融合发展试点示范项目，富亚纱网荣获工信部第三批制造业单项冠军称号，瑞虎肥业被国家知识产权局授予知识产权优势企业，奥斯博医疗器械获批安徽省第六批信息消费创新产品，恒盛食品获批安徽省第二批绿色工厂，丽人木业、九州天极被列入全省工业领域节能环保产业“五个一百”推介目录。新增驰名商标1件、地理标志商标1件、安徽名牌产品4个。三产活力迸发。巩固国家级电子商务进农村综合示范县创建成果，培育电商特色小镇3个、电商示范村10个，实现电子商务交易总额12.47亿元。实施“两中心、一连锁”项目，建设商贸中心1个、配送中心1个、连锁直营店10个。文化体育旅游年“嘉年华”活动贯穿全年，治未病养心园创建为国家AAA级旅游景区，鸿运农庄成功创建四星级农家乐。

新签约亿元以上工业项目30个，同比增长20%。其中，5亿~10亿元项目5个，10亿元以上项目2个。新建亿元以上省外资金项目21个，到位省外资金92亿元，实际利用外资1.66亿美元。投资5亿元的金凤凰纺织产业园一期工程开工建设，一次性可承接10家转移企业；投资25亿元的利辛（吴江）纺织产业园在利辛注册成立16家公司，部分企业入驻过渡性厂房投入生产。安贝惠牛肉、金麦粒馒头等项目进驻食品产业园，乔威数控、乔踞精密制造等项目在机电产业园建成投产。实施省重点考核项目46个、市重点考核项目79个，分别完成投资90亿元和144亿元。泰达恒信50兆瓦风电项目开工建设，宝业装配式建筑、三聚绿汇生物质等项目推进，板集煤矿复建工作全面展开。启动实施PPP项目，推进市政基础设施项目，国省干线建设工程完成招标，职教园区项目和县城污水处理运维项目进入招标程序。

推进“多规合一”，完成地下空间暨人防工程综合利用规划、2018年省级美丽乡村中心村规划编制，建成“多规合一”空间规划协同信息平台，实现三维电子报批软件试运行。新建开源路、长春东路等城区道路9条，建设公园、广场3个，新增绿化面积32万平方米，中沟地下管廊主体工程完工。新建、续建住宅小区25个，完成棚户区改造1605套（户），分配公租房1556套。完成2017年度11个集镇建成区369个项目、9个省级中心村144个项目建设，启动2018年度11个省级中心村173个建设项目。建设国省干线公路50.3千米，实施农村道路畅通工程302.46千米，改造农村道路危桥22座。新建、改造配变台区166台、10千伏线路193.87千米、低压线路349.16千米，建设大型沼气工程1处，维修户用沼气池719口。开展“六项行动”和城市管理综合整治百日攻坚行动，实施“四创一建”推进工程，完成“两治三改”违法建设专项整治三年行动拆除任务；城市网格化管理模式和“大环卫”管理体制初步形成。

投入35.46亿元，完成33项民生工程年度建设任务。新增城镇就业人员1.26万人，转移农村劳动力3.6万人，城镇登记失业率低于4.0%。城市低保标准提高6%，每人每月560元。补贴336万元，为224个残疾儿童实施抢救性康复治疗。宝璋医院、县二院改扩建一期工程完工，县医院通过三级综合医院设置。推进薄弱学校改造项目建设，新建、改建幼儿园10所，建成使用城区学校14所，改造校舍运动场6.08万平方米。高考一本达线率16.31%，较上年增长7.1%。利辛十中、机电科技学校、衡水中学利辛分校3所高中阶段学校开始招生，中小学责任督学挂牌督导创新县顺利通过省市评估。组织“送戏进万村”692场、农村电影放映4152场，举办农村体育活动1868场，建设基层综合文化服务中心13个。县级矛盾纠纷联合调处中心建成使用，社会治安视频监控系统实现城乡重点区域全覆盖。开展扫黑除恶专项斗争，破获涉黑涉恶刑事案件54起，打掉黑恶势力犯罪团

图 173　2018 年，利辛县城区广场一角（利辛县　供图）

伙 18 个，采取刑事强制措施 191 人。建立县级突发预警事件信息发布中心。强化食品药品安全监管。完善风险管控“六项机制”，整改市县挂牌督办重大事故隐患 160 处，实现事故起数、人员伤亡、财产损失“三个下降”。“七五”普法完成中期验收工作。

开展非法集资风险、互联网金融领域风险等排查 10 余次，定期对融资担保公司和小额贷款公司进行现场检查，不定期开展各类交易场所清理整顿“回头看”。实行金融信用红黑名单制度，对查实的金融类违法案件，将相关人员纳入黑名单，实行金融行业禁入。清收银行业金融机构不良贷款 1.14 亿元，不良贷款率 1.5%。

国家税务总局利辛县税务局顺利挂牌，县乡村三级退役军人服务管理组织正式成立，招聘村军群专干 325 名。推进“放管服”改革，取消行政许可事项 4 个、部门政务服务事项申请材料 54 项；成立“四送一服”工作组，走访企业 1007 家次，帮助企业解决问题 251 件；“四送一服”平台累计办结问题 56 个，办结率88.89%。完善多层次资本市场，翰联色纺在全国中小企业股份转让系统获批挂牌，京威纺织、凯盛汽车、飞亚强磁性软纱门 3 家企业在安徽省股权交易中心“专精特新板”挂牌，芳草医疗器械、咔优食品等 8 家企业在“现代中药及健康产业亳州专板”挂牌。推进农村集体产权制度改革，完成农村集体资产清产核资，启动 23 个乡镇 120 个村集体资产股份制改革试点，以及 69 个村的“三变”（即农村资源变资产、资金变股金、农民变股东）改革工作。实行村居换届选举“三项制度”改革，完成村居换届选举工作。开展律师专业调解民商事纠纷试点，建立调解工作室 2 个，聘请律师调解员 24 名。开展“利辛老乡，请您回家”和助力青年学子创业活动，收集创业线索 1350 条，开展创业培训 210 人次，发放创业担保贷款 7612 万元。

办理人大代表议案建议 71 件、政协委员提案 240 件，办复率 100%。网上办事大厅实现“最多上一次”1404 条、“最多跑一次”70 条，累计受理群众申办事项 120.8 万件，办结 105.5 万件，满意率 99.9%。“政企直通车”微信平台累计办结问题 762 个，办结率 99.61%。累计受理省长、市长、县长热线群众诉求 4.46 万件，办结率 100%。办理市政府工作问题清单事项 83 个。

本年度，利辛县成功创建国家级妇幼健康优质示范县、全国基层中医药工作先进县；全国第二批水生态文明城市建设试点通过验收；全国主要农作物生产全程机械化示范县创建工作通过农业部初审；获批首批安徽省健康脱贫工程示范县、安徽省“四好农村路”示范县、“全省群众体育先进集体”。板集电厂项目获国家优质工程金质奖；“利辛香椿”获国家地理标志保护产品称号；县图书馆被评为全国县级二级图书馆，胡集镇被省文化厅命名为“安徽民间文化艺术之乡”。马店孜镇创建为安徽省优秀旅游乡镇，程家集镇赵桥村创建为安徽省乡村旅游示范村。

【脱贫攻坚】2018 年，利辛县投入扶贫资金 30.76 亿元，实施到村项目 3700 个，到户项目 31 类、901215 个，年度脱贫 9219 户、20354 人，顺利通过省第三方监测评估。开展脱贫攻坚大排查，共排查 80817 户，查出问题 73846 条，完成整改 64034 条，整改率 86.71%。坚持应进必进、应退必退，开展动态调整，整

图 174　2018 年 10 月 13 日，利辛县美丽乡村建设（利辛县　供图）

户清退 639 户 2247 人，整户新识别 1082 户 2727 人，自然增加 3604 人、自然减少 12780 人。创新实施“金银林”工程，累计种植苗木 4733.33 公顷，覆盖贫困户 31437 户、72524 人，亩均可收益 4000 元以上。突出“一村一品”，90 个重点贫困村特色产业发展全部达标。推行“公司 + 基地（合作社）+ 贫困户”模式，带动 52686 户贫困户从事特色种养业。完善光伏扶贫收益分配办法，累计发电 2.26 亿千瓦时，收益 2.68 亿元。拓宽就业扶贫渠道，全县建设扶贫驿站 114 个，通过开发护路员、保洁员等公益岗位吸纳就业 14139 人。累计发放扶贫小额信贷 9474 户，贷款金额 4.29 亿元。落实“寒门圆梦”计划，累计发放资助资金 2748.89 万元。探索实施失能“五保”老人“医护养”结合模式，乡镇敬老院全部移交乡镇卫生院管理，集中入住失能“五保”老人 433 人。建设乡镇残疾人之家 23 个、村级残疾人工作站 361 个，残疾人精准康复率 76.1%。完成危房改造 2496 户，易地扶贫搬迁户脱贫率 96.2%。累计发放低保金 9217 万元、“五保”供养金 4712.6 万元、医疗救助金 7560 万元。基层基本公共服务领域投入，8 大类 19 项指标全部达标。推进农村环境“三大革命”和人居环境整治，累计改厕 70910 户，建设“户户通”道路 1368 条 268.9 千米，整治自然村 507 个。查处扶贫领域问题 85 件，处理 105 人。

【污染防治】2018 年，中央和省市环保督察累计交办利辛县环境问题 3547 个，年内整改销号 2442 个，其余 1105 个按时间节点加快整改。依法查处各类环保违法案件 274 起，行政处罚 331 人，行政拘留 266 人，刑事拘留 13 人，罚款 293.3 万元。

开展蓝天保卫战，主城区全年禁放烟花爆竹，城市规划区燃煤锅炉全部整改到位，完成 7 家企业挥发性有机物治理、91 家加油站（点）254 个双层罐改造，15 个建筑工地安装扬尘防治监测仪，9 家渣土运输公司更换使用全封闭新型环保车辆，19 个商住小区实施污染防治措施，1083 家餐饮饭店安装油烟净化设备，拆除违法码头 88 家，淘汰黄标车 698 辆。

开展碧水保卫战，强化“河长制”工作，设立各级河长 1059 名，全年巡河 1.4 万余人次，整改销号市河长办督察交办问题 494 条；整改入河排污口 77 个，治理黑臭水体 6 条，依法取缔关闭企业自备水井 26 眼，建设乡镇驻地污水处理厂 24 座、省级中心村污水处理站 44 座，境内主要河流常年保持 III 类水质标准。

开展净土保卫战，排查清理非正规垃圾堆放点 12 个、漂浮垃圾点 2 个，设置无害垃圾填埋点 1286 个、有毒有害垃圾回收站（点）370 个，回收转运有毒有害垃圾 256 吨；生活垃圾焚烧发电项目加快建设，餐厨垃圾泔水处理站建成使用。持续改善生态环境。完成全国第二次污染源普查任务，对环保重点企业和关键部位实行严格监管。

推进西淝河“清水廊道”和“三河同清”（茨淮新河、西淝河和阜蒙河）工程建设，全面沟通城区水系，治理沟河 4 千米。推进“林长制”改革，设立各级林长 976 名、护林员 1028 名，完成人工造林 6800 公顷，建设森林生态廊道 26.5 千米、绿道 125 千米，申报创建省级森林城镇 1 个、森林村庄 7 个，全县森林覆盖率 17.34%。

（房付韬）

建制镇

图 175　2018 年 9 月 27 日，古井镇乐酒家园（李琼　供图）

谯城区古井镇

【概况】2018年，古井镇总面积118平方千米，耕地7533公顷，辖12个村委会，160个自然村，人口8.2万人，集镇规划区20平方千米，建成区13平方千米，镇区常住人口3.6万人。是中国老八大名酒之一古井贡酒的产地。财税收入1.8亿元。

古井镇调整优化白酒产业结构，形成酿酒、彩印、饲料加工、特色旅游四大主导产业。引导企业做品牌、重质量、创市场。拥有“店小二”“金坛子”白酒商标中国驰名商标2个；“曹操贡”“难得糊涂”“唐坊”“老贡”“好运人家”“酒巷”“青花瓷”“天蕴皖”“青瓷潭”“皇驾”白酒商标省著名商标10余个。为企业招工送工332人，超额50%完成招工任务。新增规模工业企业4家，实现工业总产值32亿元。

与安徽路网集团合作，采取PPP模式，投资近2.7亿元的小康路、人民路建设完成。投资4600万元、建筑面积2.2万平方米的幸福安置小区主体工程完工。

对2018年拟脱贫户，制定精准帮扶措施，落实帮扶资金1274.68万元，全镇种植扶贫10户，落实种植补贴4.35万元；养殖扶贫6户，落实养殖补贴1.8万元；发展特色种养殖业贫困户316户，落实扶贫资金37.26万元；贫困户农饮水补贴835户，每户补贴60元；落实双基工程资金1040万元，848名贫困户受益；全镇共665户贫困户享受林业扶贫政策，打卡发放林业种植补贴106.9万元。古井镇拟脱贫86户、204人通过第三方评估，年底古井镇贫困发生率降至0.37%。

有“五保”户324人，其中集中供养75人，发放“五保”金111万元；低保户1643户，2532人，发放低保金600万元；优抚对象564人，全年发放优抚金268.2万元。实施危房改造63户,94人。“一事一议”项目投资203.18万元，修建水泥路3161米，下水道1000米，路灯160盏。“庄庄通”建设投资1927万元，修建水泥路3.4万平方米，砂石路14.8万平方米，砖渣路10.4万平方米。新农合筹资任务完成92.45%。

全镇医疗业务收入2511万元，比上年增长15%；药占比23.53%，低于全省35%的比例。孕前优生健康任务382对全部完成，总计完成388对，超额完成6对；计生奖扶新增223人，特扶奖励1人，核实准确率100%；为一孩发放独保费1237人次，共计7.422万元；落实长效节育措施奖励奖165人次，共计1.65万元；代缴计生家庭新农合7607人，136.93万元。

土地增减挂钩及基本农田治理 第一轮组卷36.97公顷，地块全部复垦完毕，通过区国土局初验。第二轮增减挂钩组卷33公顷。

排查出各类矛盾纠纷292起，调处292起，矛盾纠纷调处率100%。

本年度，古井镇敬老院被纳入全区医养结合试点单位。

【招商引资】2018年，古井镇发挥地域优势和产业优势，打造“徽酒名镇”，推进招商引资工作。新上技改项目28家，固定资产投资8.9亿元；招商引资项目23家，实际到位资金11.3亿元。

亳州市正启和双创产业发展运营有限公司投资兴建的电子创业园、小康路、人民路、幸福小区等项目全面完成主体工程；投资8000万元的远大包装材料有限公司投产；投资1亿元的安徽宣德包装材料有限公司包装制品生产线建设项目完成相关程序办理；投资12亿元的药王村田园综合体项目实施。

【环境治理】2018年，古井镇做好垃圾分类处理工作。成立专项工作领导小组，印制明白纸3万余份，制作标语横幅70余条。配备村级环卫专干，具体负责全村城乡环境综合治理和垃圾分类处理工作，设立镇有害垃圾回收站、建筑垃圾填埋点、13个村级有害垃圾回收点、164个无害化垃圾填埋点，安装安全警示标志和标牌。对村环卫专干、保洁员、回收点人员进行业务培训，确保垃圾分类回收正常开展，并把此项工作纳入村干部全年绩效考核；建立农村垃圾分类处理长效工作监督管理体系。通过四项举措开展农村环境综合治理工作，有序开展生活垃圾保洁、运输、处理设施规划、建设、运行和监管工作，提高农村生活垃圾无害化处理能力和水平。

全镇各有害垃圾回收点收集有害垃圾179.364吨，投入有害垃圾回收经费近30万元，其中塑料制品59520千克，旧衣物81583千克，农药袋8170千克，塑料农药瓶10685千克，玻璃农药瓶19406.5千克，无害化垃圾填埋坑使用率100%；2018年市、区农村清洁工程检查综合排名中，月评比综合成绩位于全区前列。古井镇13个村167个自然村，农村硬化道路368千米，基本实现村村通水泥路，户户通渣石路的建设目标。镇配备一辆15吨洒水车、两辆8吨洗洒车、4辆0.5吨洒水车、9辆0.7吨洒水车、2辆3吨洒水车、1辆洗扫车、两台手持式吹扫机、一台背负式吹扫机、两辆小型高压冲洗机。定期督导考核，兑现奖惩，坚决避免“雨天一脚泥、晴天一身灰”现象。提升农村硬化公路等级和管理水平，改善经济发展环境。

完成上级交办的环保案件106件的整改并销号。污染源普查工作全面完成，辖区内81家白酒企业全部完成煤改气并安装污水预处理设备，12家沙石料场全部取缔。畜禽养殖业综合整治中，投入资金835万元，关停养殖场58家，整改90家并全部通过市区环保部门验收，禁养区内关闭拆迁养殖场10家。投入资金96万元对全镇散煤、白术炕和小锅炉进行治理。重污染天气期间，全镇12家烤花厂、1家搅拌站、1家砖窑厂采取停业应急减排。加大PM2.5监测力度，利用走航车辆对全镇实施24小时空气监测，发现问题立即整改，确保全镇环境质量持续改善。

【特色小镇建设】2018年，古井白酒小镇被评为亳州市首批特色小镇。申报省级特色小镇。

古井白酒小镇规划面积3.48平方千米。围绕产业“特尔强”、功能“聚而合”、形态“小而美”、机制“新而活”的发展战略，通过项目带动，发展白酒产业，注重白酒产业链的延伸，促进白酒产业升级，提升白酒产业附加值，重点发展酒类酿造、酒类研发、酒类生产、酒类包装、物流以及电商平台搭建等产业环节，打造白酒全产业链条，以白酒产业升级带动古井白酒小镇创新创业、文化传承。

交通四通八达，105国道就近通过，距泗许高速入口仅10千米，距亳州市中心城区20千米；产业基础良好，以白酒产业为主导，拥有88家白酒企业、4个全国驰名商标和多个安徽省著名商标；文化旅游资源丰富，拥有AAAA级景区中国白酒博物馆，“北魏古井”“宋代古井”“明清窖池群”“明清酿酒遗址”等酒文化旅游资源为国家级文物保护单位；综合设施齐全，教育、医疗、文体中心、金融机构、商业街等公共服务设施完备，给水、排水、电力、环卫等基础设施完善，是典型的宜居、宜业、宜游的特色小镇。

【美丽乡村建设】2018年，古井镇投资800万元改造镇区4千米雨污水管网进行升级改造，实现镇区内雨污分流，污水全部进入污水处理厂处理后达标排放。投资30万元完善小洪河景观带，增加居民娱乐休闲的场所。规范城建联席会议制度，对集镇实行城镇规范化管理。全镇共审批居民建房714户，企业建设53户，拆除违法建筑5户，依法规范全镇的建设管理秩序。开展镇域基础设施建设、维护工作，对镇域

图176　2018年11月3日，古井镇玉泉广场（怀会志　摄）

内的主要道路栽植绿化苗木 3.7 万株；安装路灯 448 盏，并对所有街道的路灯进行维护；改厕 1145 户。

后老家美丽新村基本完成建设任务，通过全市美丽乡村检查验收。建成高标准为民服务中心 1058 平方米、村史馆 354 平方米、图书室 160 平方米、文化大礼堂 510 平方米、幼儿园 1 所、污水处理站 1 处、文化体育广场 1 处、休闲娱乐广场 2 处、乡村大舞台 1 处、公厕 1 座，为方便居民日常生活，新村内安装景观灯 34 盏、路灯 121 盏，修水泥路 26 条，接通 10 千伏电力线，并通过省级电力示范工程验收。新村内绿化工程全面完成，绿化面积 7 万多平方米，绿化率 40%。

【观光田园建设】2018 年，古井镇药王村田园综合体项目土地流转 766.67 公顷，投资 1900 万元打通药王村至国道 105 线主干道。整合项目建设资金 1.21 亿元用于基础设施建设。其中，整合农发项目资金 3584 万元用于高标准农田建设项目基础设施建设；整合市级文旅专项资金 1000 万元，用于项目区景观打造；整合市区共建专项资金 2000 万元，参照“亳药花海大世界”项目政策执行，在土地流转、技术服务等方面给予政府补贴。整合区交通局资金 1900 万元，用于项目区主干道路建设。整合水务引水工程及水系建设资金 1644 万余元，用于项目区引水工程及景观水系建设。

（吴号召）

谯城区双沟镇

【概况】2018 年，谯城区双沟镇辖区面积 180 平方千米，耕地面积 1.16 万公顷，辖 18 个行政村，人口 9.8 万人。有“亚洲最大的人工核桃种植基地”之美誉，是重要的蔬菜、优质粮、中药材产地。是“全国文化先进镇”“全国体育先进镇”“安徽省民间文化艺术之乡”“安徽省优秀旅游镇”“安徽省书香之乡”等称号。

全镇财政收入完成 1160.7 万元。招商引资 8 亿余元，引进项目 19 个，安排就业 300 余人，农作物秸秆再利用项目 3 个。

镇电子商务服务中心年收发订单 50 万余件，农村淘宝网店增加，药都银行双沟支行存贷款分别达到 4.32 亿元和 3.7 亿元；全镇个体商户 3250 家，居民人均可支配年收入 12837 元。

推进基层党组织标准化建设，累计投入 300 万余元，打造 18 个村级“党群活动中心”。完成“村两委”换届选举工作，选优配强村两委班子 150 人。

开展扫黑除恶宣传工作。印制宣传手册 5000 余份，墙体标语 200 个，过路横幅 50 余条，大型宣传牌 15 个，办理线上信访案件 73 件，线下接待调解案件 190 余件。

镇医院门诊人次 8.6 万人，住院人数 7000 余人次，全镇家庭医生签约服务 2.7 万余人，有偿签约人数 1 万人，成立 9 个服务团队，优先与辖区内的慢性病人、空巢老人、残疾人、妇幼保健对象等愿意接受家庭医生式服务的重点人群签订家庭医生式服务协议书，实现贫困户全覆盖。

投资 800 万余元，建设学校宿舍、食堂、活动中心；区级以上骨干教师 30 余人，中考成绩居全区农村中学前列。

加强流动人口管理，流动人口建档率 100%，在常州市钟楼区建立市级区域协作站点并申请省级协作站，在纪楼敬老院开展医养结合试点。

低保救助困难群体由 816 户 1896 人扩展到 1441 户 2899 人，低保覆盖面 3%，做到应保尽保，应退尽退；重点优抚对象 882 人，发放优抚金 360 万余元。“双沟镇失能五保老人集中护理中心”投入使用；开展残疾人帮扶工作，建成双沟镇残疾人活动中心和 4 个村级残疾人活动之家。

投资 200 万余元，建设无害垃圾填埋点 170 余处，改建有害垃圾收购点 18 处，三官集镇增加 19 辆垃圾三轮车，1 辆大型垃圾转运车，每村有配备 1 台 2.5 吨洒水车。境内交通主次干道沿线、河流沿线和街道沿线暴露垃圾基本清除，“牛皮癣”现象基本消失。建立健全食品药品安全综合协调机制，召开食品药品安全监管及“四员”培训会，通过固定宣传专栏、橱窗专栏、过街宣传横幅、发放宣传单等手段，宣传食品药品安全知识，悬挂宣传横幅 100 余幅，发放宣传单及宣传手册 1000 余份。

全镇代办点网络畅通，建立全镇网上办事大厅代办员微信群，制定AB岗制度，共受理5005件，及时办结4986件。全镇养老保险缴费人数34875人，完成比例77%，共缴费697万元；贫困人员1251人录入就业意愿和帮扶措施，开发“七员一岗”175个。

拆除违法建房25间，拆除违法建房和违法用地面积5500余平方米，查处非法取土10余次，扣除非法车辆10余辆次，打击村霸、街霸、地方恶势力等违法行为。

取缔超范围、无证无照经营加油点8家，打击非法生产、经营、运输、储存违法违规行为，加大对重点自然村，重点人和长期经营的网点的排查和监控，对10条农村公路和所有校车的幼儿园组织专项治理大检查，累计查处无牌无证农用三轮车152人次，非法载客105台次，说服警示教育469人次，对辖区内的浴场、超市、娱乐场所、锅炉、网吧等进行全面检查，发现安全隐患11处，均已整改完毕。

规范书香村居和移风易俗工作。镇文联下辖7个协会常年开展活动，“四关五会”拥有会员700余名，常年演出，双沟剧团、红脸王剧团参与戏剧惠民演出；全镇创办农民读书会42个，镇书香办、文化站为农民读书会赠书2000余册；举办双沟非遗文化艺术节，受到省、内外媒体关注。

依纪依规受理和处理问题39件，立案13人，给予党纪政务处分13人，清退收缴违规资金近10万元。

本年度，双沟镇清洁工程环境综合整治工作获全市清洁工程检查第二名，区级检查第一名。

【基础设施建设】2018年，双沟镇新建枣钱路13千米、建设非贫困村畅通工程18千米，设置各类护栏、警示标牌近千个；做好城乡公交选址；维护公路4处；引江济淮建设，完成投资780万元，建设引水管道6.2千米；建设污水处理厂，总投资2500万，日处理污水5000吨；美丽集镇建设，完善105国道镇区内辅道及和谐路、人行道、雨污水、绿化、供水等设施，总投资近9000万元天然气城镇管网工程开工建设，亳州至机场快速路三官大桥等项目开工建设。

【结构调整】2018年，双沟镇有人工栽植核桃666.67公顷，孙集村前梁村民组53.33公顷核桃开始挂果；以刘庄、邹李村为中心，发展藏红花133.33公顷。以“公司+农户”的模式，40家产业化公司带动小辣椒种植面积1333.33公顷，在孟大村实施千亿斤粮食增产项目，新打机井100余眼，新建桥梁38座，疏浚河沟近7千米；全面落实河长制，投入近3000万元，疏浚宋汤河、洺河、油河、沙河、老油河5条河流，实现“河畅、水清、草绿、景美”。实施农机作业托管累计面积2万公顷，实现“一村一社”的农机专业合作社布局。城乡建设增减挂钩上半年实施复垦面积新增耕地40.7公顷，超额完成任务3.4公顷；下半年组卷31公顷，实施完成11.6公顷。

【精准脱贫】2018年，双沟镇进行“两册一审”，共计新识别贫困户67户158人，清退35户72人；加大贫困户精准施策，落实光伏产业扶贫项目100万元、种植养殖产业扶贫项目65万元；“四带一自”金融扶贫项目签约448户；“七员一岗业”扶贫项目签订合同176户；危房改造141户，林业扶贫受益1429户，拨付资金273万元，惠及民生的医疗保障及教育扶贫项目全覆盖等项目，新增宣传性墙体标语横幅60处，广播政策宣传累计超过500小时，政策宣传类“一封信”，教育和医疗类实现全覆盖，宣传手册发放2000余本；撰写扶贫稿件30篇。

宣传防诈骗、非法集资、网络平台非法融资等知识，鼓励群众参与打击和处置非法融资、集资工作。

【环境治理】2018年，双沟镇开展蓝天保卫战、建设纪楼水文检测站、双沟镇大气监测站、开展散乱污企业的治理、做好各类污染源的排查，开展窑厂整顿、砂石料厂整顿、开展散煤治理、馍店浴室饭店煤改气39家；落实空气质量临时特别管控措施；做好“ABDS”类别环境案件的整治，整治A类中央环保督导3件、华东局和安徽省督导类16件、市督导类85件，全部销号整改；拆除碎石场、大蒜加工厂、塑料颗粒、非法搅拌站等小污染企业11家，关闭停产无资质无环评企业6家。打击非法采砂10起，焚烧非法采砂船8只，砸毁非法采砂设备52台。关闭搬迁油河两侧500米范围内9家养殖场；午秋两季秸秆禁烧实现零火点。

【双沟非遗文化艺术节】2018年5月10日至13日，亳州市双沟非遗文化艺术节在双沟镇举行。主题是“传双沟非遗文化 促双沟跨越发展”。开展“四关五会展演”和非遗民俗文化展演活动，包括双沟非遗项目展、亳州非遗项目展，知名书画家书画展等，还举办非遗文化艺术节美食展、特色产品展。旨在更好的挖掘、弘扬、提升双沟镇以四关五会为首的非物质文化遗产，加快双沟文化资源向旅游资源的转化，把双沟镇打造成中国民俗文化艺术之乡。

双沟镇是一座有1000余年历史的文化古镇，民间文化艺术非常繁荣，尤其是双沟“四关五会”即双沟南关龙灯会，有300余年的历史；双沟西关狮子舞，有140年的历史；双沟北关竹马会，起源于明末清初；双沟教门高跷会，有400余年的历史；以及起源于清朝乾隆年间人民群众喜闻乐见的双沟大班会。

双沟镇现有“四关五会”民间舞蹈表演传承队伍3000余人。“四关五会”被列入市级以上非物质文化遗产保护名录，其中“大班会”被列为省级非物质文化遗产。

（左凤华　申从珊）

涡阳县义门镇

【概况】2018年，义门镇辖区面积86平方千米，其中古镇区面积2.3平方千米；人口8.9万人，其中回族1.79万人，城镇人口2.6万人。

义门镇产业特色明显。传统中药材种植及中药饮片、颗粒、制剂生产，苔干种植、加工，熏牛肉制作销售为主导产业，义门苔干被命名为国家地理标志产品，有上市企业源和堂药业，省级龙头企业颐生堂及福顺食品、恒发食品、义门苔干公司等规模企业。实现固定资产投资5.8亿元，工业总产值51亿元，财政2085万元。安徽省春季农业生产现场会在涡阳县召开，全县3个看点，义门占2个。源和堂药业和义门堂万亩山核桃基地受到省、市领导高度评价。

图177　2018年3月2日，双沟镇群众舞狮表演（张延林　摄）

义门镇文化历史悠久。拥有省级文保单位清真寺及市、县文保单位7处。是汉代孝子韩伯俞故里，捻军起义主战场。曾经设立山陕会馆，商贾云集，南北交融，形成独特的回族饮食文化，“义门熏牛肉”享誉全国，“清真羊肉汤”被评为亳州市十大知名美食。

推进脱贫攻坚工作。共实施危房改造342户，补助资金738.6万元。开发公益岗位822个，建设扶贫驿站（车间）4个，兴建4个“爱心超市”，288户669人实现脱贫，贫困发生率将降至1%以下。

推进环境保护。共整治河下码头砂石料场26处，入河排污口8处，规模养殖场8处，塑料颗粒厂6处，受理查处环保举报投诉百余起。南窑砂场整治被评为全市的环保问题整改样板，市政府给予特殊奖励200万元。植树造林400公顷，清理网箱2000余个，清理住家渔船150艘，新修道路40余千米，新制路牌标识370余块，新建防护栏10余千米。将河下码头建设成为湿地公园。

开展“扫黑除恶”专项行动。悬挂扫黑除恶标语200余条，图

图 178 2018 年，涡阳县义门镇武举民族村养殖项目（蒋运涛 摄）

版 200 幅，壁字 800 余条，办理扫黑除恶案件 3 起，抓获盗抢骗逃犯 7 人，抓获各类逃犯 13 人。化解信访积案 7 件，调处新发生信访案件 50 余起，查办市长热线、行风热线和县领导批转信件 780 余件。全面落实“一镇一团队，一村一顾问”的村级法律顾问制度。

少数民族村精准扶贫工作。争取上级少数民族发展资金 172 万元，完成 1200 平方米的智能温控香菇养菌房及设备，年创利 20 万元，4 个少数民族村平均每村增收 5 万元。

本年度，义门镇获评省电子商务示范镇、安徽旅游十大古村镇、省中药养生特色小镇。

【义门镇获评“安徽旅游十大古村镇”】2018 年，义门镇推进义门古镇 AAAAA 级旅游景区建设。共改厕 884 户，拆除破旧房屋共 1800 余间。完成投资 4000 余万元的省道 307 义门段升级改造工程。完成省道 307 两侧建筑立面改造，完成真源南、北路示范段立面改造工程；完成庙集路民族风情街改造和真源大道入口牌坊建设。完成集镇建成区改造部分项工程建设，包括：真源南、北路、文昌路道路路面升级改造及绿化、亮化；桥南文化体育广场建设；桥北污水处理厂建设；镇文化中心、民族服务中心、四桥服务中心建设；新建改建公厕 6 座；改造公厕 6 座；停车场 6 处，街道停车位划线 320 个；新增环卫设施，拆除私搭乱建。投资 1.3 亿元实施古镇改造工程，庙集路民族风情一条街、光明街、胜利街、向阳街的立面改造基本完成。南窑美丽新村建设基本完成。12 月 21 日，在安徽省文化和旅游厅主办的安徽名山古村旅游宣传推广大会上，涡阳县义门镇被授予“安徽旅游十大古村镇”，为亳州市唯一获此荣誉的镇。

（董 鹏）

涡阳县高炉镇

【概况】高炉镇是千年古镇、皖北名镇、酿酒之乡，全国小城镇建设重点镇、安徽省优秀旅游乡镇。2018 年，涡阳县辖 15 个村（居）委会，辖区面积 120.7 平方千米，耕地面积 7400 公顷，林地 1066.67 公顷，人口 7.5 万人。

完成财政收入 1660 万元，固定资产投资 5 亿元，申报新增规模企业 4 家，新增限额以上商贸流通企业 3 家，完成工业总产值 22 亿元。

推进基础设施建设。完成 6 栋公租房项目建设，54 户上岸渔民搬入新房。新建过路涵 200 座、桥 9 座，新打机电井 100 眼，机电井房 100 座，清淤沟渠 1.94 千米，水沟清淤 87.16 千米，新建拦水溢流坝 2 座，购置太阳能杀虫灯 100 盏，栽植田间林网 17000 株。新建村级道路 8.5 千米，加宽道路 10.7 千米。

开展脱贫攻坚。推进“春夏秋冬”四季攻势和“重精准、补短板、促攻坚”专项整改行动，贫困户识别更加精准，基本信息更加准确，帮扶责任进一步压实，帮扶措施更加精准。落实光伏发电项目，964 户贫困户每户每年增收 3000 元。落实温氏养猪项目，4 个行政村每村可获得 16 万元集体收益。全镇贫困人口纳入低保 2223 人，享受“五保”供养 402 人，贫困残疾人享受救助 931 人，救助孤儿 36 人。累计发放低保救助款 108.23 万元，“五保”供养金140.07万元，贫困残疾人救助资金27.24万元，孤儿救助金35.64万元。有214户543人脱贫，最后一个贫困村代集村实现整村出列。

推进杨瓦房省级中心村建设；申报陆杨巩韩省级中心村和杨大、五爱市县自主建设中心村项目。推进建设双轮大道和迎宾大道道路提升工程，推进农村人居环境整治基础工程，利用村村通广播、壁字、壁画等形式进行宣传，赢得群众参与和支持。完成改厕2300套，砖砌式改厕560套，拆除破旧废弃房屋3258间，农村人居环境改善。

清理沿涡河砂石料场12家，非沿河煤矸石料场1家、非法搅拌站5家，清理沿河的垃圾、秸秆、简易房、旱厕完毕。关闭沿涡河禁养区内养殖场3家，非禁养区养殖场全面排查整改提升43家。对已完成整改的4处固废问题做到“回头看”，巩固工作成果。封堵生活污水入河排污口，并网到污水处理厂。市长热线反馈问题整改57个，中央、省、市、县累计交办环保问题91件，整改完成82个，序时推进9个。

【杨瓦房省级中心村建设】杨瓦房村位于高炉镇东南部，距镇政府所在地高炉集2千米，村庄面积30.67公顷，人口380户1440人，外出务工人口870人，耕地146.67公顷。

高炉镇争取上级资金近400万元，自2017年10月至2018年6月在杨瓦房村实施省级中心村项目建设。新建污水处理站一座及主次管网2300米，解决了村民生产、生活污水排放难题；新建便民服务大厅140平方米，法制文化广场2000平方米，方便村民就近办事、就近开展文化娱乐活动。开展农村人居环境整治“三大革命”。新建公厕2座，实施绿化、亮化、沟塘清淤和外立面改造提升等工程，推进“小花园、小菜园、小果园”建设。杨瓦房村人居环境改善，村庄基本公共服务功能完善。

（董　鹏）

蒙城县小涧镇

【概况】蒙城县小涧镇为安徽省千年古镇、全省优秀旅游乡镇、省级生态乡镇、亳州市第二届文明乡镇。2018年，蒙城县小涧镇辖区面积117平方千米，耕地7300公顷，人口6.7万人，辖小涧、郭店、西王集3个居民委员会，尖山、齐山、红城、狼山、灵山、窑山、蔡海、赵塘、双楼、吴圩、新太平11个村民委员会，共178个自然庄，272个村民小组。

新增家庭农场、农业专业合作社6家；加快推进农业产业化进程，引导农民规范流转土地，新增流转土地266.66公顷；推行农机托管服务，农机托管率100%；发展林业产业扶贫173.33公顷，发展林下经济133.33公顷；发展药材种植160公顷、新增洋葱种植33.33公顷；申报特色种养殖610户；完成粮食烘干塔建设一座；新增双锁山休闲农庄1家，在申报省级文化旅游休闲农庄；完成小涧社区黄柏村农田水利治理项目；实现午秋两季秸秆禁烧零火点，秸秆还田和综合利用率100%。

脱贫158户386人。全镇18座村级光伏电站实现收益258.3万元，运用财政资金94.364万元奖补615户贫困户发展特色种养殖产业。为贫困人口开发公益性岗位166个，组织贫困户参加技能脱贫培训64人。办理贫困户慢性病证82人，贫困家庭签约

图179　2018年1月20日，小涧镇双锁山改造（小涧镇政府　提供）

医生每月定期走访，为1556户3733人代缴新农合。614名学生获99.7万元教育资助；77户贫困家庭获资助11.5万元。办理贫困户授信220户1071万元。林业扶贫166.66公顷，惠及1143户2715人，林业生态补助全部打卡到位。发放困难残疾人生活救助48.33万元；重度残疾人护理补贴36.846万元。新增低保人口814人。

排查矛盾纠纷23起，调解23起；开展安全生产和食药品安全大排查，开展交通安全、烟花爆竹、建筑安全、危化品、校园安全等重点领域专项整治；转变计生职能、做好服务。推行居家养老服务中心建设，建成并投入运营14个，为老人提供每天中、晚两餐。推进安徽政务服务网的推广应用。

全年立案9件，信访了结24件，给予党纪处分13人。

【美丽乡村建设】2018年，小涧镇推进灵山三里井中心村美丽乡村建设。开展破旧废弃房屋整治，打造美丽村容村貌。推进农村“三大革命”，实行日常保洁市场化运作，完成与保洁公司交接，加强监管，健全长效机制；开展破旧废弃房屋拆除，做到“三拆除”“三清理”“三整治”，实现村庄整体统一，物件归放有序，提升村庄特色，打造村庄亮点，彻底改善农村人居环境。建立垃圾分类处理体系，实行有害垃圾有偿回收。落实环保问题整改，加强全镇环保督察，完成畜禽、养殖场的环保设施建设、砂石料场的整治工作。推进“双锁山”绿化，投入400万余元资金，栽种树木近2万棵。

（李良阳）

蒙城县双涧镇

【概况】蒙城县双涧镇为国家第三批综合改革试点镇、安徽省十佳绿色生态乡镇、安徽省十佳宜居宜业乡镇、亳州市文明乡镇、亳州市乡镇示范工业功能区。2018年，双涧镇辖区面积145平方千米，耕地面积9600公顷，人口90942人。辖23个行政村，4个集市，284个自然庄，308个村民小组。实现社会生产总值19.66亿元。被评为全县综合考评第三名，全县农业发展第一名等奖。

全镇9200公顷小麦产量稳定增收，完成三线三边林业种植任务56.38公顷；全镇贫困户自种香椿、桂花209.2公顷；培育壮大专业合作社和家庭农场等新型经营主体，新增合作社和家庭农场56余家。土地增减挂钩项目推进工作完成复垦133.33公顷，超额完成全年任务。

完成固定资产投资6.82亿元，完成中小企业171户、新增个体261户、落地规模企业1家（上海电气）；谋划项目16个。

打造21个村级党群活动中心，新建6个村室。曹店村党总支获全市首批“五星级党组织”称号，完成村（社区）党组织和村（社区）(居)民委员会的换届选举工作，共推选出村两委干部159名。加强对流动党员管理，对外出党员调查摸底，建立台账。

完成全镇432户未脱贫户分年度脱贫计划措施的制定，包括扶贫小额信贷、公益性岗位、残补、教育补助、水费补贴、林业产业扶贫、光伏受益、特色种养殖奖补等各项政策。打造阜西村广志中药材“产、加、销”模式，扩大中药材加盟种植基地34.66公顷；在原有3家扶贫加工厂的基础上打造施湖村雨衣加工扶贫

图180 双涧镇老集村省级美丽乡村水杉大道（王丽娜 供图）

车间、杨圩村户外用品生产扶贫车间，带动贫困户就地就近就业50余人；培育阜庙村雨衣厂、双涧村皮包厂等2个非贫困村扶贫车间，均建成并投产；开发各类岗位400余个。

发放春荒救灾资金45万元、临时救助132人，实施低保扩面工作，建成24个村级居家养老服务中心，完成1个镇级残疾人之家和23个级村残疾人工作站的建设，结合政策标准及时兑现716名重度残疾人的相关待遇；建成失能“五保户”供养中心，现有12名重度失能“五保户”入住，实现生活、就医、护理全流程保障。提倡移风易俗新观念，宣扬好家风、推介好典型、发出新倡议，涌现出拖拉机迎新娘（白杨张文杰）、爱心唤醒脑瘫夫（王湾张保娟）、双残夫妻乐向上（丁土楼丁双振）等一批先进典型。推进平安双涧建设。医疗技术水平和服务能力加强；实施文化惠民工程，各村均建设农家书屋。

【美丽乡村建设】2018年，双涧镇推进农村环境“三大革命”，开展“百村示范、千庄整治”工作，全镇23个村、266个自然庄，均达到清洁村庄要求，2个自然庄具备美丽村庄的建设条件。美丽乡村“乡愁老集”暨集镇建成区改造基本完成；2018年度的省级美丽乡村郭湾村完成立项、环评。

（刘　青）

利辛县城关镇

【概况】2018年，利辛县城关镇辖城东、城西、城南、城北、滨河5个办事处，共15个社区和20个村，面积122平方千米，耕地面积6266.67公顷，户籍人口16万余人，常住人口24万余人。财政税收1.08亿元，城镇人均可支配收入24589元，农村人均可支配收入9799元，完成固定资产投资3200万元。全镇3930名贫困人口和一个贫困村全部顺利通过省第三方评估验收。完成房屋征收面积17万平方米，征收土地280公顷。午秋两季实现“零”火点的秸秆禁烧目标，秸秆还田率在98%以上。

顺利交付三巽一号院、骨科医院、文德一号院等出让地块，确保八中、十中等十四所学校的顺利开工建设和改扩建。启动李郢、王前桥、杨小庄、刘竹元、刘本庄等棚户区改造工作，完成棚改1575套。安置聂庄、桥口、东寨及李张庄约2000余人。分别从三巽1号院、文德艺墅、文德1号院回购安置房源共计8.6万平方米，金水湾19万平方米房源即将交付安置。

审核上报特色种养业产业项

图181　2018年，利辛县城关镇新貌（孙凯　摄）

目64个，申报资金996.99万元。其中特色种养殖项目49个，申报资金595.9万元；林业扶贫项目12个，申报资金314.73万元；农机补贴项目1个，申报资金56.13万元；其他扶贫项目2个，申报资金30.23万元。全镇特色种养第一批惠及贫困户499户，拨付资金1887040元；特色种养第二批惠及贫困户13户，拨付资金54400元。强英鸭业分红共涉及5个重点村，惠及贫困户406户，分红资金15万元；富康村的利辛县大自然养殖专业合作社，吸纳贫困户虚拟入股100户，2018年度每户收益500元，共计5万元全部打卡发放到位。

筹资3000万元，打造武杨楼、武寨、吕桥3个美丽新村建设，硬化道路14千米、整治沟河12公理、整治水塘11面、安装路灯380盏、新建活动广场1.8万平方米，达到环境绿化、路灯亮化、道路硬化的美丽乡村建设标准，顺利通过省级验收并获全市第一名。

制止违建23处，总面积3700平方米；拆除违法建设26处，10310平方米，保护耕地1公顷，违法建设比上年同期下降60%以上。

建立健全社区调解中心、帮教中心，调解各类社会矛盾632起，开展社区矫正工作。

排查安全隐患79项，整改79项，拆除非法加油站点5处，没有发生较大的安全事故。

开展社会事业大调研，汇总各项需解决问题1780条，其中户口问题218条，办理慢性病证1181条，办理残疾证367条，帮扶责任人联系方式错误14条。所有问题已分门别类汇总完毕，并已提交各职能部门进行解决。推进教育均衡工作，改建功能室5038平方米，硬化校园道路10000平方米，添置图书54555册，购置计算机901台，音体美器材679件，新修操场2.2万平方米，顺利通过国检验收。开展规范生育秩序治理，落实各种避孕节育措施1571例，落实率及时率在95%以上。推进畅通工程全覆盖，筹集资金5400万元，完成贫困村道路修铺28.26千米，完成撤并村公路修铺24.5千米。新农保、新农合工作均全面完成目标任务。

【环境保护】2018年，城关镇拆除危旧房屋1203间，拆除旱厕1530个；重点围绕西淝河、阜蒙河流域沿线，拆除23个沙石料场码头，并进行复耕、还原；拆除西淝河500米以内的养殖场27个，拆除违法建筑139处，整改72个养殖场。全面完成大棚户整治工作；关闭不达标养殖场14家，整改127家，对11家砂石料场全面进行复垦还耕，清理无资质搅拌站6家。围绕大气污染防治工作，全面完成县委县政府交办的禁燃禁放工作，实现午秋两季零火点的目标任务，实现对城区近郊所有水泥路面洒水作业的全覆盖。

【脱贫攻坚】2018年，城关镇通过排查，补录贫困户197户799人；清退贫困户36人，标注回退2970人。实施精准帮扶，落实光伏补助2208户3312人；产业带动务工139户，落实“公益岗位”505人；通过张贴光荣榜等形式动员464个子女家庭主动汇寄赡养费97.09万元，通过教育、感化越来越多的子女主动承担起赡养义务；共落实教育帮扶资金48.05万元，惠及321位贫困户家庭。购置各类家具463套，安装移动公厕290座，解决困难饮水565户，完成危房改造290户，全镇1253位帮扶责任人共帮助贫困户实现微心愿2587个，完成生态林320公顷，虚拟带动3800户。

（李永涛）

利辛县阚疃镇

【概况】2018年，利辛县阚疃镇辖9个社区居委会、13个村委会，256个自然庄，总人口11万人。辖区面积116平方千米，耕地总面积5826.67公顷。财税收入3299.59万元。完成村两委换届选举工作，新选配村两委干部53名。新建村级活动场所5个，22个村完成标准化建设。

小麦种植面积6533.33公顷，药材57.33公顷。秋种玉米3326.67公顷，大豆1986.67公顷，水稻733.33公顷。开展各类技能培训及新型农民培训21次，2100余人。为208户自种自养的贫困户落实特色种养补贴约56.61万元，为1554户贫困户落实林业产业扶贫134.89公顷，已打卡发放生态林补贴202.3万元。

新增耕地 12.67 公顷，完成工矿废弃地复垦 6 公顷，土地增减挂项目 20 公顷。

完成参保人数 33931 人；新农合参保人数 89960 人。安排贫困劳动力就业 994 人，分配安排保洁员、水塘看护员、光伏管理员、护林员、护路员，公益事业岗位等工作岗位。

工业企业 81 家，其中规模以上企业有 5 家。招商企业 17 家，引资规模 9.63 亿元，共有亿元企业 5 家，17 家企业均已落户建设。

上报期内出生 1265 人。新落实奖特扶对象 57 人，孕前优生健康检查完成 523 对，兑现独生子女保健费 28.4 万元，节育奖励 2.43 万元。新增低保户 512 户 1276 人，残疾人贫困精神病药费补助 176 人；贫困残疾人生活救助 1578 人；申请残疾人护理补贴 1144 人，冬季共救灾 1250 户，2745 人，秋季共救灾 372 户，968 人。发放高龄老人高领补贴 1428 人。

完善 2016 年度省级中心村张湾社区、大桥社区的各项功能建设及基础、公共服务设施建设；2017 年省级美丽乡村刘圩村苏庄主体工程完工；完善原有省级中心村的各项功能建设及基础、公共服务设施建设；对人民路、老利风路、省道 308 及 224 线集镇公共设施和基础设施建设进行管理维护。

排查各类矛盾纠纷 109 件，化解成功 101 件。排查安全隐患 6 处，下达整治通知书 6 份，责令整改隐患 6 项。网上办事大厅各窗口及各代办点共受理 19446 件，办结 19446 件，办结率 100%，代办点和窗口实现零投诉。

【脱贫攻坚】2018 年，阚疃镇脱贫 412 户 995 人，未脱贫户 408 户 981 人，贫困发生率 0.98%，五个重点贫困村全部出列。阚疃镇、村两级均成立脱贫攻坚工作领导小组，5 个重点贫困村成立驻村工作队，对帮扶责任人重新进行结对；全镇 55 座村级光伏电站共计 9390 千瓦容量，发电收益共计 1255.67 万元，作为村集体经济收入使用。为 146 户未脱贫户实施危房改造工程；5 个重点贫困村共投资 150 万元建设 5 座特色种养产业扶贫基地，投入运行使用。为 149 名学前教育阶段贫困户家庭在校生落实教育扶助 6.52 万元，为 648 名义务教育阶段贫困户家庭在校生落实寄宿补助 44.6 万元，为 976 名贫困户家庭在校生落实“寒门圆梦”教育扶助 147.11 万元，为 117 名贫困户家庭职业教育在校生落实“雨露计划”教育扶助 17.55 万元；确定 816 名贫困户就职公益性岗位，岗位包括：护林员、保洁员、光伏电站看护员、农村水塘管理员，已发放工资 587.52 万余元；在 5 个重点贫困村建立 5 座扶贫驿站，预计投资 150 万元，全部施工完毕；为 7799 人落实代缴 2018 年新农合参合金共计 140.38 万元，代缴 2018 年“家庭医生”签约服务费 38.99 万元，给贫困户发放“健康服务证”；为 382 户有劳动能力、有意愿的贫困户办理小额贷款 1767 万元，帮助贫困户发展产业；有低保供养人员 974 户 2322 人，“五保”集中供养 173 人，分散供养 476 人。

（利辛县阚疃镇）

图 182　2018 年 11 月 6 日，阚疃镇中小学开展科普活动（方林飞　摄）

人物

图 183　2018 年 3 月 3 日，老街国学展演（张延林　摄）

2018年中国好人榜亳州人物

【助人为乐好人】

王启发

王启发，男，1966年3月生，谯城区薛阁街道马元社区人。亳州市公证处党支部书记、副主任。

2007年7月，他在办理一起4名儿童溺水死亡证据保全公证中，为3个贫困家庭垫付公证费，帮助他们讨回公道，并连续5年春节看望他们，帮他们走出阴影。其中的一个小女孩在他的帮助下，考上亳州职业技术学院。王启发力所能及地帮助困难群体。家住市区的王某因身体残疾，没有收入，他和女儿只有靠政府的救济来生活，王启发定期给他们父女送去生活费，帮助他们申请廉租房，并拿出1万余元为他们装修。2014年父女两人搬进新房后，他继续为其支付水费、电费。自2013年始，王启发委托亳州学院每年为他选择两名品学兼优的贫困生进行帮扶，并承诺一直帮扶下去。

2010年、2012年，王启发先后获第二届、第三届“亳州市道德模范提名奖”；2016年，被推选为中共亳州市第四届党代表；2017年10月，被评为“安徽好人”；2018年1月，入选“中国好人榜”，获“安徽省优秀公证员”“全国最美法律服务人”称号。

袁兴书、刘　颖

袁兴书，男，1981年10月生；刘颖，女，1978年5月生，涡阳县义门镇药材村人，谯城区大杨镇郭万小学校长。

2012年，袁兴书的妻子刘颖在魏武大道曹操公园东门附近开一家早餐店，开业后，每到周末，袁兴书、刘颖夫妇就免费为光荣院的老人们送油条，因此被称为“油条夫妻”。为了保证老人们周日能准时用餐，他们店里有一条不成文的规定：在没有准备够“爱心油条”前，早餐店绝不卖出一根油条。得知情况的顾客都表示理解，并愿意等候。营业6年来，袁兴书、刘颖夫妇每周都准时把爱心油条送到光荣院，风雨无阻，从未间断。

夫妻二人事迹先后被《亳州晚报》、亳州电视台、安徽电视台等媒体专题报道。2013年12月，夫妻俩被评为“亳州好人”；2018年1月被评为“安徽好人”，9月入选“中国好人榜”。

【见义勇为好人】

楚俊清

楚俊清，男，1967年10月生，蒙城县三义镇楚楼村人。

2017年11月8日11时许，利辛县望疃镇辛沟村曹西路口发生惊险的一幕：一辆停在路边的三轮车忘记拉上手刹，顺着河沟滑进水里，车上5人全部落水。危急时刻，下乡卖馍路过的楚俊清立即丢下车子，踏进水沟，先将离他最近的幼童救上来，然后返身，把另外2名幼童拉上岸，随后又与陆续赶来的村民一起，救起落水女子和另1名幼童。楚俊清一边给孩子们的爷爷打电话，一边安排将因落水惊吓而脸色煞白、浑身发抖的落水者送到附近的村民家中休息，随后便骑上三轮车去卖馍。天寒地冻，50多岁的楚俊清不假思索的一跳，从刺骨的水沟中挽救了5条生命。

2017年11月楚俊清被评为“亳州好人”“安徽好人”；2018年2月入选“中国好人榜”。

贾石帅

贾石帅，男，1991年6月生，利辛县阚疃镇宋圩村人。

2012年和2016年的冬天，他两次救起4名落水儿童。2017年12月27日，在杜桥庄桥南水面捕鱼的贾石帅，突然听到有人呼救。他循声赶到，只见路边河水中有两名小孩在拼命挣扎。他来不及脱衣，就扎进深水里，抓住一个孩子举过头顶，拼命往岸边游，闻讯赶来的村民把孩子拉上来。接着他又扎进水里去救另一个孩子，当接应的村民把第二个孩子接下后，贾石帅已筋疲力尽，只能由岸边的村民搀扶才艰难上岸。孩子送往医院后，由于抢救及时均平安脱险。

2017年12月贾石帅被评为“安徽好人”；2018年3月入选“中国好人榜”，9月荣获“第六届亳州市道德模范”称号。

宋志伟、张义军、张小伟、王廷峰

宋志伟，男，1995年1月生，涡阳县城东镇田小庙村人，就读于成都一所大学；张义军，男，1986年12月生，涡阳县城东镇田小庙村张窑人；张小伟，男，1988年7月生，涡阳县城东镇田小庙村张窑人；王廷峰，男，1976年5月生，涡阳县楚店镇李楼村人。

2018年3月1日下午5点多，在涡阳县城东街道田小庙村的一条道路上，发生一起因为雨天路滑导致的轿车与返途校车发生剐蹭翻车坠入河中的交通事故。从高炉办事路过的张义军、张小伟、王廷峰三人急忙下车，跳入水中进行救援，在水下将伤员拉出车厢，拖上岸边，反复进行数十次潜水才将车内8人全部拉出拖到岸边，然后把伤员交给周边群众继续救援，并拨打120救护车后才回去换衣保暖。宋志伟从涡阳县城返回城东家中时，途经肇事地点，看到许多人围在河边的岸上，见状跳入冰冷的河水中，与众人一道将年近五旬因车祸昏迷在水里的校车司机救上岸。

2018年3月，宋志伟、张义军、张小伟、王廷峰四人被评为“亳州好人”“安徽好人”，6月入选“中国好人榜”。

邵 凯

邵凯，1974年6月出生，亳州市蒙城县乐土镇双龙社区村民。

2018年5月7日，邵凯早早起床，从房内把电瓶车推到院内，就看到路上由东向西行驶的三轮电瓶车一头扎进深水沟里。邵凯一边喊人一边冲出院子向沟赶去，到沟边邵凯纵身一跃跳进2米余深水沟里，冰冷的沟水，刺透邵凯的全身，邵凯游到三轮车前，掀开三轮车顶篷，把压在篷下的老人救下来，救出老人后，邵凯又游到三轮车后把淹在水里一沉一浮小孩抱在怀里向岸游去。邵凯的喊声惊到附近的村民，村民从家中拿来长绳，大家合力将落水的宋治春祖孙4人拉上岸。直到祖孙4人全部被救上岸，邵凯这才游上岸回家换衣服。

2018年5月邵凯被评为“亳州好人”；8月被评为“安徽好人”；2018年12月入选“中国好人榜”。

【敬业奉献好人】

董思记

董思记，1980年7月生，中共预备党员，蒙城县城关街道桃园社区人。蒙城二中的一名普通教师。

2014年8月，董思记主动申请援疆，他克服地域环境不适的困难，支教和田地区一中，为学生传道授业解惑，给当地教师传授先进的教学理念。2015年8月，董思记二度援疆，虽身兼和田地区二中副校长，但依然扎根教学第一线。

2017年10月董思记被评为“亳州好人”；2018年1月被推选为第十三届安徽省人大代表，同月被评为“安徽好人”，4月入选“中国好人榜”，9月荣获“第六届亳州市道德模范提名奖”。

魏香三

魏香三，男，1964年11月出生，中共党员，蒙城县双涧镇赵巷村人。蒙城八中副校长、安徽省特级教师、蒙城县化学名师工作室主持人。

魏香三教学不拘教案，因材施教；坚持春风化雨，耐心释疑；坚持伏案奋疾，笔耕不辍。30年如一日辛勤执教，使得魏香三荣获了“名师”称号，全国性的中学化学教学教研先进表彰大会上多次出现他的身影。成为“名师”后，他到县教育局主动请缨，成立蒙城县化学名师工作室，自费给工作室成员订阅关于化学学科教学的书籍与杂志，帮助青年教师快速成长，改革教学方法，提高教学质量。化学名师工作室已有10余篇论文在国家、省级刊物上发表，工作室连续3年被蒙城县授予“教科研工作先进集体”。

2016年7月魏香三被评为“亳州好人”“安徽好人”；2018年8月入选“中国好人榜”。

【孝老爱亲好人】

许长琴、许长荣

许长琴，女，1946年7月生；许长荣，女，汉族，1958年12月生，亳州市谯城区花戏楼街道仙源社区居民。

被誉为“最美母亲”的全国道德模范许张氏，因为悉心照顾瘫痪儿子40年，感动了国人。2013年12月23日，老人去世，留下常年瘫痪在床的儿子许全意。“你就放心吧，只要我不死，我就会照顾好俺哥的。”这是母亲临终前，许长荣的承诺。如今，许长琴、许长荣姐妹接过“爱的接力棒”，五年如一日坚守病榻，代替母亲继续照顾瘫痪的同胞兄弟许全意。许全意原本全部瘫痪的身体，现在不仅能伸手，双腿也能轻松伸蜷，精神更是好许多。许氏姐妹说，如今一家人的生活很是充实满足，她们也曾像母亲一样回绝一些爱心人士的帮助，表示会用自己的双手、用一生去完成对母亲的承诺，会把许全意当作宝贝一样一直宠爱下去。

2016年1月，许长荣被评为孝老爱亲类“亳州好人”。2018年7月，许长琴、许长荣被评为“安徽好人”，10月姐妹俩入选“中国好人榜”。

【诚实守信好人】

杨春秋

杨春秋，女，1964年3月出生，涡阳县经开区何大社区人，大专文化，高级会计师，涡阳县春秋商贸有限公司董事长。

杨春秋从事商贸运营20余年，销售产品无一假货；面对商业暴利从不动心，三次拒绝“诱惑”守住信用；还款从不拖延，低价出售房屋提前还款。她坚持打造爱心品牌，回馈社会，积极参与各项公益活动，在公司成立“下岗工人之家”“下岗职工就业基地”，让107名下岗职工有稳定工作，帮助近百名困难儿童完成学业。公司先后获“诚信单位”“重合同守信用单位”“爱心企业”等称号。

2016年，杨春秋被推选为“第四届亳州市人大代表”；2017年，被评为“安徽省三八红旗手”；2018年5月，被评为“亳州好人”，6月被评为“安徽好人”，9月获“第六届亳州市道德模范”称号，11月入选“中国好人榜”。

2018年安徽好人榜亳州人物

【见义勇为好人】

周　轩

周轩，男，1994年6月生，中共党员，江苏宜兴人，安徽省合肥市蜀山区中国人民解放军陆军炮兵防空兵学院学员。

2018年3月7日，周轩和战友到安徽蒙城县小辛集乡开展扶贫走访，刚回到乡政府食堂，遇到食堂隔壁一民房发生火灾，厨房内着火的油锅点燃了屋顶，旁边的煤气罐岌岌可危！周轩和战友第一时间进入现场，端起冒火的油锅就往屋外跑，随后拧紧旁边煤气罐的阀门，合力将煤气罐拖到屋外的空地上，及时处置一起火灾隐患，排除险情。周轩的右手在救火行动中不幸烧伤。

周轩见义勇为的行为赢得当地干群的赞誉。中央电视总第7套栏目和中国军视网等媒体先后报道周轩的先进事迹。2018年3月，周轩获评“蒙城好人”；2018年4月，被评为见义勇为类“安徽好人”。

【助人为乐好人】

张　侠、张晓杏、张三贞、张　磊

张侠，女，1971年6月生，小学文化，家庭主妇，谯城区汤陵社区居民，四姊妹中的老大；张晓杏，女，1977年8月生，本科学历，小学教师，市经开区中央公园小区居民，四姊妹中的老二；张三贞，女，1980年12月出生，初中文化，全职妈妈，市经开区中瑞国际花园小区居民，四姊妹中的老三；张磊，女，1982年12月出生，初中文化，谯城区光明小区居民，四姊妹中的老幺。

四姐妹的母亲李凤琴是一位普通老人，一生与人为善，乐于助人，在去世前说服家人签署眼角膜捐献书，去世后，成为亳州角膜捐献第一人，让3位患者重见光明。

在母亲的感召下，四姐妹在李凤琴老人去世五周年忌日里一同签署器官（角膜）捐献书，为母亲献上一份特殊的礼物。

2018年5月，张峡、张晓杏、张三贞、张磊被评为助人为乐类“安徽好人”。

刘　峰、李淑兰

刘峰（1968—2018）男，中共党员；李淑兰，女，1969年10月生，蒙城县篱笆镇刘庙村村民。

2016年，刘峰被诊断为吉兰—巴雷综合症，经长期治疗后但病情没有得到好转。一天，刘峰向妻子李淑兰提出捐献遗体的想法，得到李淑兰的支持，并决定一起捐献。“我们只想尽自己的最后一份力帮一帮有需要的人。”李淑兰说。刘峰夫妇的决定得到在部队服役的儿子的理解和支持，2018年7月4日，刘峰夫妇医院签订人体器官捐献协议。2018年9月11日20：37，刘峰去世，12日凌晨1点左右，蒙城县红十字会陪同合肥一家眼科医院和蚌埠医学院，取眼角膜，3点左右将遗体运走。

2018年9月，刘峰、李淑兰被评为助人为乐类“安徽好人”。

王双喜

王双喜，男，1980年9月出生，谯城区花戏楼办事处桑园社区居民，谯城区青年志愿者协会会长。

10余年来，王双喜组织带动身边的人捐款捐物扶危济困：帮扶贫困儿童、参与“圆梦大学”、慰问孤寡贫困老人、连续6年参与爱心送考，多次配合有关部门开展法律普及、文明创建等公益活动，组织“环保百人绿色最美亳州行”，沿着涡河、小洪河沿岸捡拾垃圾，被人称赞为“社会爱心活动家”。2016年6月18日中午11时许，谯城区颜集镇4名落水儿童溺水身亡，水深河宽，需要多名专业人员打捞。王双喜第一时间通知冬泳协会的精干队员和天狼救援队赶往儿童落水事发地，和打捞救助人员研究打捞方案，并不顾水质污染、烈日炎炎，通过近3个小时的努力，把落水儿童全部打捞出水。当王双喜从网上看到患有先天性脑瘫的韩南艳小朋友因家庭困难、无钱治疗时，他连夜联系身边的朋友、公益人士。第二天一大早，就组织几十人为韩南艳现场捐助10000余元，并积极联系省内专家，为韩南艳申请免费治疗。王双喜2009年开始参加公益活动，8年间，他牵头发动社会各界爱心人士所捐钱物总价值400余万元。

2018年11月，王双喜被评为助人为乐类“安徽好人”。

赵子春

赵子春，男，1962年9月1日生，利辛县巩店镇赵庄村人。

2006年始，赵子春将1名被遗弃在路边的女婴捡回家中收养后，10余年来已先后收养28名孤残儿童，并将他们陆续抚养成人。

2006年4月15日，赵子春听说一名出生才20天左右的女婴被人遗弃在赵庄村附近的一个路口，便立即赶过去，将孩子抱回家中。就在第二天，赵子春的儿子告诉他，看见邻村一名婴儿被人遗弃在水沟边，赵子春就将这名男婴也抱回家。这2名弃婴都不是健康的孩子，分别患有先天性脑积水、先天性心脏病和严重的唇腭裂。为了让两个孩子健康成长，经多方奔波、查询，2006年、2017年赵子春给两个孩子分别在上海和杭州做了心脏手术和唇腭裂手术。为此，赵子春花光了家里多年来的积蓄，又借了不少外债。对他收养弃婴的行为，很多亲戚朋友不理解，甚至有人怀疑他收养孩子的动机。面对不理解和质疑，赵子春始终没有动摇过。至今，他已经先后收养28名孤残儿童，还给孩子们共同生活的家取了个名字——“爱心之家”。这些孩子进入“爱心之家”后，情况渐渐好转，有的已经结婚成家，有的被爱心人士领养，有的被送到利辛县儿童福利院。在“爱心之家”里还常年生活着17名孤残儿童。

2018年12月，赵子春被评为助人为乐类“安徽好人”。

【孝老爱亲好人】

王传荣

王传荣，女，1969年4月生，利辛县阚疃镇公路村大于庄村民。

王传荣19岁时嫁到阚疃镇公路村大于庄，与侯辉结婚。在大于庄，她是有口皆碑的好孙媳妇、好儿媳妇、好嫂子、好婆婆、好奶奶。

在这个家里，爷爷奶奶年事已高，婆婆有精神疾病，还有弟弟妹妹。王传荣精心伺候爷爷奶奶。奶奶弥留之际拉着王传荣的手，流着泪说，这个家全靠你了。王传荣承诺，一定给弟弟妹妹们成好家，让他们过上好日子。她借贷为爷奶体面送终。她从不嫌弃婆婆有精神病，每日饭菜做好端给公公婆婆吃。2011年，公公赶集晚归，不料被车撞伤。住院期间，她为公公洗脸、洗脚、喂饭，端屎端尿。她拉扯弟弟妹妹长大，给二弟、三弟盖好房子，并为他们娶回媳妇。妯娌三个互尊互爱，三家的孩子不分彼此。儿媳妇进门7年，婆媳间从未红过脸。只有小学文化水平的她每天读书，给孙侄树立书香传家的榜样。

王传荣如今赡养着公公婆婆，带着俩孙子，照看着侄女、侄子读书，种着2公顷地。3家17人其乐融融，幸福美满。

2018年9月，王传荣被评为孝老爱亲类“安徽好人”。

另：董思记、袁兴书、刘颖、宋志伟、张义军、张小伟、王廷峰、杨春秋、许长荣、许长琴、邵凯均事迹见中国好人榜。

2018年亳州好人榜

表13

姓名	性别	籍贯	职业	荣誉类别
程树峰	男	利辛县	工人	诚实守信
袁小带	男	蒙城县	农民	诚实守信
葛灵敏	男	谯城区	个体户	诚实守信
丁金良	男	蒙城县	司机	诚实守信
杨春秋	女	涡阳县	个体户	诚实守信
刘华军	男	谯城区	民营企业家	诚实守信
杨成良	男	涡阳县	农民	诚实守信
邓卜法	男	涡阳县	农民	诚实守信
郑　瑞	女	涡阳县	个体	诚实守信
张　旭	男	蒙城县	公交司机	见义勇为
周维保	男	蒙城县	个体户	见义勇为
宋志伟	男	涡阳县	学生	见义勇为
张义军	男	涡阳县	农民	见义勇为
张小伟	男	涡阳县	农民	见义勇为
王廷峰	男	涡阳县	农民	见义勇为
周　轩	男	蒙城县	军人	见义勇为
王兴华	男	涡阳县	代理村主任	见义勇为
王学青	男	蒙城县	农民	见义勇为
代　祥	男	利辛县	农民	见义勇为
戴阿伟	男	利辛县	农民	见义勇为
代德群	男	利辛县	农民	见义勇为
张帅帅	男	利辛县	农民	见义勇为
蔡训祥	男	利辛县	农民	见义勇为
丁纪彩	男	涡阳县	农民	见义勇为
刘海山	男	蒙城县	工人	见义勇为
葛　跃	男	蒙城县	教师	敬业奉献
刘　巍	男	蒙城县	警察	敬业奉献
梁淑生	男	亳州市	车间主任	敬业奉献
候传宇	男	涡阳县	守陵员	敬业奉献
张　飞	男	亳州市	公交司机	敬业奉献
邓学民	男	蒙城县	公务员	敬业奉献
卢　慎	男	蒙城县	公务员	敬业奉献
武友群	男	利辛县	农民	敬业奉献
李佳荣	女	蒙城县	大学生村干部	敬业奉献
王海洋	男	涡阳县	警察	敬业奉献
许海标	男	蒙城县	公务员	敬业奉献
王　英	女	涡阳县	农民	孝老爱亲
主敬敬	女	谯城区	无	孝老爱亲
姚　永	男	蒙城县	退休教师	孝老爱亲
江思明	女	经开区	个体户	孝老爱亲
武万超	男	利辛县	农民	孝老爱亲
高慧芳	女	蒙城县	务农	孝老爱亲
孙秀荣	男	谯城区	农民	孝老爱亲
高玉玺	男	涡阳县	公务员	孝老爱亲
董素侠	女	利辛县	农民	孝老爱亲
邓韩氏	女	涡阳县	农民	孝老爱亲
罗　峰	男	谯城区	工人	孝老爱亲
马素英	女	涡阳县	农民	孝老爱亲
李二修	男	蒙城县	农民	孝老爱亲
曹玉凤	女	谯城区	务农	孝老爱亲
相学纯	男	涡阳县	退休	助人为乐
张芳田	男	蒙城县	工人	助人为乐
王　建	男	利辛县	农民	助人为乐
路玉兰	女	谯城区	清洁工	助人为乐
段性桃	男	涡阳县	工人	助人为乐

续表 13

姓名	性别	籍贯	职业	荣誉类别
邵　凯	男	蒙城县	农民	助人为乐
张显旺	男	蒙城县	企业	助人为乐
武腾腾	男	谯城区	个体户	助人为乐
萧　相	男	利辛县	公务员	助人为乐
张志昂	男	蒙城县	退休干部	助人为乐
单三毛	男	亳州市	公务员	助人为乐
康茂强	男	谯城区	工商户	助人为乐
岳金敬	男	涡阳县	农民	助人为乐
刘　峰	男	蒙城县	农民	助人为乐
李淑兰	女	蒙城县	农民	助人为乐
赵子春	男	利辛县	农民	助人为乐
李博文	男	利辛县	押运工	助人为乐

2018 年获评安徽省“月评十佳”志愿者典型

【个人典型】

张西军

张西军自退休以后，将自己有限的时间、积蓄、精力用来帮助他人，为社会贡献力量。他以雷锋为榜样，拾金不昧，助人为乐，见义勇为……多年来，张西军用他的实际行动赢得社会的广泛赞誉，其事迹被多家媒体多次报道。他曾获“中国好人”“感动亳州”人物、亳州市“十佳文明市民”、亳州市第一届“亳州市道德模范”“我最感动的江淮志愿服务个人优秀典型”“亳州市春运优秀志愿者”、亳州市“学习雷锋好榜样”、全国“时代楷模第十二届爱心中国公益形象大使”等称号。

2018 年 3 月，张西军被评为安徽省“月评十佳”志愿服务个人典型。

赵玉珊

赵玉珊，亳州市公安局交警支队直属四大队的一名民警，曾先后被亳州市公安局授予嘉奖 3 次、个人三等功 1 次、优秀共产党员 3 次。2017 年，赵玉珊参加校园交通宣传活动时，了解到学校里有一批缺少关爱、家庭贫困的学生群体。2017 年，赵玉珊发起并成立“一花一世界”公益组织，希望尽最大努力去帮助这些处于困境中的学生们。该公益组织自成立始，共建立困难学生档案 60 余份，帮扶学生 15 人（9 户），走访家庭 30 余次，筹集善款 12032 元，捐赠服装、鞋子近 300 件，开展精神帮扶和心理辅导近 20 次，组建一对一帮扶家庭 3 户。

2018 年 10 月，赵玉珊被评为安徽省“月评十佳”志愿服务个人典型。

张志昂

张志昂，上海市离休干部。2007—2016 年，张志昂老人组织的沪蒙爱心助学小组共组织爱心人士志愿资助 1000 余名贫困学生，捐款 61.95 万元，按照每名受助学生每年 500 元的标准，有超过 1200 人次的学生受益。老人用实际行动践行“奉献、友爱、互助、进步”的志愿服务精神。

2018 年 11 月，张志昂被评为安徽省“月评十佳”志愿服务个人典型。

曹　洁

曹洁，全国优秀志愿者获得者，亳州市著名公益慈善人物，曾荣获“感动亳州”人物、“学雷锋标兵”“亳州好人”等荣誉称号。“帮助别人，快乐自己”，她始终将这一信念作为追求，积极参与各种公益活动。开展中高考志愿服务、春运义务帮扶旅客等活动，定期看望慰问孤寡老人、福利院儿童，传递公益正能量。10 多年来，她个人累计募捐超过 30 万元，捐赠书籍、衣服等物品价值超过 10 万元，动员爱心人士捐资捐物超过 120 万元。

2018 年 12 月，曹洁被评为安徽省“月评十佳”志愿服务个人典型。

【集体典型】

亳州市残疾人公益集善协会

亳州市残疾人公益集善协会于 2015 年 12 月份，由丁玉峰、闫书见、李如德、朱团结等 50 余人发起成立。该协会自成立后，以“搭建一个实现残疾人自我人生价值的平台”为核心目标，以“把年龄大的残疾人当作自己的父母，年龄小的残疾人当成自己的孩子，同龄的残疾人当成自己的兄弟姐妹”为助残理念。协会秉承着“政府搭台、协会唱戏、企业助力，人人公益，扶残助残”的思想，组织成立“一个人的美发师”志愿服务队，吸收200名美发师志愿者，设立42家阳光助残服务站，为残疾人义务美发12000人次。成立亳州市残疾人创业电商孵化基地，吸纳就业200余人次，其中残疾人近百人。

2018年1月，亳州市残疾人公益集善协会被评为安徽省“月评十佳”志愿服务集体典型。

亳州市无偿献血志愿者协会

亳州市无偿献血志愿者协会成立于2015年，前身为亳州市亳爱志愿服务队，协会共有100余名志愿者。自成立之日起，协会不仅定期组织志愿无偿献血，还通过组织丰富多彩的活动，号召更多人参与无偿献血活动，传递爱的正能量。截至目前，已开展无偿献血志愿服务近50场次，志愿服务时间5300小时，志愿者总献血量6万毫升，器官捐献登记志愿者35例，已实施捐献3例，造血干细胞捐献者7例。

2018年5月，亳州市无偿献血志愿者协会被评为安徽省“月评十佳”志愿服务集体典型。

【项目典型】

蒙城阳光公益协会“情系大凉山　奉献一份爱”志愿服务项目

“情系大凉山　奉献一份爱”——捐建四川大凉山希望小学志愿服务项目是由蒙城阳光公益协会组织发起的，主要是为贫困山区上学难的儿童创造一个温暖、舒适的学习环境，让他们能拥有一个充满希望与幸福的未来，让其身心健康，快乐成长。项目自启动以来，先后组织志愿者700多人次，主要以募捐、物品资助、贴心交流、心理辅导等形式开展志愿服务活动，累计资助贫困山区留守儿童146人（2016年资助34名贫困山区儿童、2017年资助52名贫困山区儿童、2018年资助60名贫困山区儿童），参与3所大凉山希望小学的捐建活动，筹集资金34万元捐建了大凉山昭觉县拉一木乡德育传承爱心希望小学，消除学校安全隐患，并解决了学生上学难的问题。

2018年6月，该项目被评为安徽省“月评十佳”志愿服务项目典型。

蒙城乐生关爱留守儿童“珍爱生命 预防溺水”志愿服务项目

关爱留守儿童“珍爱生命、预防溺水”志愿服务项目是由蒙城乐生爱心公益联合会于2016年发起实施，主要以提高学生防溺水安全意识和自护自救能力、营造安全稳定的社会环境为目标。三年来，该项目累计组织1100余人次，开展防溺水宣传240场次，受教育面超过100万人次，溺水事故明显减少，较2015年同期，事故发生率下降近70%，死亡人数下降83%。

2018年7月，该项目被评为安徽省“月评十佳”志愿服务项目典型。

谯城区青年志愿者协会“护卫母亲河　天蓝绿水行”志愿服务项目

“护卫‘母亲河’天蓝绿水行”志愿服务项目实施于2009年，由谯城区青年志愿者协会组织发起，该项目以保护母亲河两岸生态环境为目标，将每周末作为项目活动时间，通过徒步捡拾垃圾、打捞水面漂浮物、植绿护绿、宣传环保知识等形式，引导市民共同护卫“母亲河”。截至2018年年底，开展活动1000余次，参与人员8万人左右，志愿服务时长100万余小时，捡拾（打捞）垃圾废弃物100余吨，累计护卫“母亲河”两岸环境的徒步里程约1.3万千米，带动一大批人参与到环境保护的公益行动中。该项目曾被省内外多家媒体报道，护卫“母亲河”天蓝绿水行项目先后荣获亳州市感动药都项目典型、安徽省第十一届志愿服务优秀项目典型、2018年学雷锋志愿服务“四个100”先进典型等称号。

2018年9月，该项目被评为安徽省“月评十佳”志愿服务项目典型。

（市文明委）

附　录

图 184　2018 年 3 月 2 日，民俗展演（张廷林 摄）

亳州市 2018 年国民经济和社会发展统计公报 *

一、综　合

初步核算，全年生产总值（GDP）[①]1277.2 亿元，按可比价格计算，比上年增长 10.1%。分产业看，第一产业增加值 210.4 亿元，增长 3.8%；第二产业增加值 496.8 亿元，增长 11%；第三产业增加值 570 亿元，增长 12.1%。三次产业结构由上年的 17.7 ∶ 40.1 ∶ 42.2 调整为 16.5 ∶ 38.9 ∶ 44.6，其中工业增加值占 GDP 比重为 31.3%。人均 GDP24547 元，比上年增加 2162 元。

2018 年全市生产总值及其增长速度表

表 14　　　　单位：亿元

指　标	绝对数	比上年增长（%）
生产总值	1277.2	10.1
第一产业	210.4	3.8
第二产业	496.8	11.0
工业	399.8	10.9
建筑业	97.2	11.3
第三产业	570.0	12.1
交通运输、仓储和邮政业	40.7	4.8
批发和零售业	89.1	5.0
住宿和餐饮业	24.2	7.5
金融业	70.5	10.6
房地产业	71.1	5.7
营利性服务业	151.5	33.9
非营利性服务业	116.4	2.0

年末全市户籍人口 656.8 万人，比上年增加 6 万人；常住人口为 523.7 万人，城镇化率 41%，较上年提高了 1.2 个百分点；全年出生人口 10.5 万人，人口出生率为 16‰；死亡人口 3.8 万人，死亡率为 5.8‰；人口自然增长率 10.3‰。

全年居民消费价格比上年上涨 2%，其中食品价格上涨 2.0%。商品零售价格上涨 2.4%。工业生产者出厂价格上涨 1.9%，工业生产者购进价格上涨 6.8%。

2018 年全市居民消费价格比上年涨跌幅度表

表 15　　　　单位：%

指　标	比上年涨跌幅度
居民消费价格	2.0
其中：食品	2.1
居住	1.0
衣着	2.3
生活用品及服务	1.2
医疗保健	2.8
交通和通信	1.0
教育文化和娱乐	2.9

全年城镇新增就业 7.1 万人，比上年增长 11.7%，提供就业岗位 17.4 万个，开发就业见习岗位 4330 个，安置就业见习 1502 人。年末城镇登记失业率 2.75%，较上年下降 0.13 个百分点。

二、农　业

全年粮食作物种植面积 875.5 千公顷，比上年扩大 5.5 千公顷，建设优质专用粮食生产基地 138.7 千公顷。油料种植面积 7.4 千公顷，扩大 1.3 千公顷。棉花种植面积 1.6 千公顷，扩大 0.1 千公顷。蔬菜种植面积 68.3 千公顷，扩大 3.6 千公顷。中药材种植面积 56.6 千公顷，扩大 6.8 千公顷。

全年粮食产量 487.8 万吨，下降 2.6%。其中，夏粮 302.3 万吨，下降 3.6%；秋粮 185.5 万吨，下降 0.9%。油料产量 3.9 万吨，增长 5.1%。棉花产量 0.2 万吨，增长 11.8%。蔬菜产量 269.9 万吨，增长 6.8%。

2018 年全市主要农产品产量表

表 16　　　　单位：万吨

产品名称	绝对数	比上年增长（%）
粮食	487.8	−2.6
油料	3.9	5.1
# 花生	3.5	−
油菜籽	0.3	−
棉花	0.2	11.8
烤烟	0.02	−
药材	24.7	−
蔬菜	269.9	6.8
瓜果	38.1	−

* 本公报数据为初步统计数。部分数据因四舍五入的原因，存在与分项合计不等的情况。

年末全市生猪存栏123.3万头，比上年下降0.7%；全年生猪出栏260.7万头，增长2.9%。肉类总产量30万吨，增长4.8%，其中猪牛羊肉产量21万吨，增长2%。禽蛋产量7万吨，增长2.5%。牛奶产量0.8万吨，增长16.7%。水产品产量5.1万吨，增长1.8%。

年末全市农业机械总动力780.5万千瓦，比上年增长3%。成为全国唯一实现主要农作物生产全程机械化示范县区全覆盖的省辖市。加强农产品质量安全监管工作，新建农产品安全民生工程快速检测体系77套。新认证“三品一标”企业38家、产品73个，新增巩店香椿等3个国家地理标志保护产品。

年末市级以上农业龙头企业549家，较上年新增6家，其中国家级4家，省级50家。全市新建农民专业合作社省级示范点（社）11个，年末拥有农民专业合作组织19905个，合作组织成员111.2万人。获批省级以上休闲农业示范点1个、省五星级“农家乐”1个，建成扶贫农家小院40家。

三、工业和建筑业

年末全市规模以上工业企业905户。全年规模以上工业企业[2]实现增加值比上年增长11.8%。国有企业和股份制企业生产增长较快，增幅分别比规模工业高了1.9个和0.4个百分点。

2018年全市规模以上工业增加值表

表17　　　　单位：%

指　标	比上年增长
规模工业增加值	11.8
其中：国有企业	13.7
集体企业	−11.1
股份合作企业	−2.1
股份制企业	12.2
外商及港澳台商投资企业	−1.1
其他企业	−3.2
其中：国有及国有控股企业	13.8
其中：大中型工业企业	12.9

全市32个工业行业中，23个保持增长，增长面71.9%。煤炭开采和洗选业增长51.4%，农副食品加工业增长9.8%，酒、饮料和精制茶制造业增长12.6%，医药制造业增长7.8%，电气机械和器材制造业增长61.5%，五大主导行业对全市规模以上工业增长贡献率65.9%。高新技术产业增加值增长16.1%。战略性新兴产业产值增长14.8%；农产品加工产值增长10.1%；高新技术产业产值增长17.5%。

规模以上工业统计的主要产品产量中，精制食用植物油增长26.5%、鲜、冷藏肉增长20.4%、白酒增长2.7%、服装增长55.7%、塑料制品增长38%、商品混凝土增长125.6%。

全市规模以上工业企业经济效益综合指数267.7%。企业主营业务收入增长2.9%；利税增长5.2%，其中利润增长4%。农副食品加工业，食品制造业，酒、饮料和精茶制造业，医药制造业，

2018年全市主要工业产品产量表

表18

产品名称	单位	绝对数	比上年增长（%）
小麦粉	万吨	200.8	−5.9
鲜、冷藏肉	万吨	4.2	20.4
白酒	千升	125114.8	2.7
方便面	吨	4617.3	−43.9
人造板	万立方米	63.0	−2.0
精制食用植物油	万吨	1.1	26.5
饲料	万吨	22.8	150.5
塑料制品	万吨	9.2	38.0
水泥	万吨	223.3	−12.5
商品混凝土	万立方米	992.5	125.6
砖	万块	132056.4	−17.8
石墨及碳素制品	吨	2267.8	1.0
服装	万件	5085.2	55.7
布	万米	8860.4	42.6
光电子器件	万只	326.7	1.1
电光源	万只	12.9	21.6

金属制品业，非金属矿物制品业，木材加工和木、竹、藤、棕、草制品业，计算机、通信和其他电子设备制造，电力、热力生产和供应业，煤炭开采和洗选业等10个行业利润均超亿元。

全年全社会建筑业增加值97.2亿元，比上年增长11.3%。房屋建筑施工面积661.5万平方米，比上年减少106.1万平方米；房屋竣工面积405.4万平方米，比上年增加67.6万平方米。

四、固定资产投资

全年固定资产投资③比上年增长18%。其中，工业技术改造投资增长81%；民间投资增长22.5%。分产业看，第一产业投资增长118%，第二产业投资增长45.4%，第三产业投资7.8%。分行业看，工业投资增长51.5%，其中制造业投资增长53.7%。

2018年全市行业固定资产投资增长速度表

表19　　单位：%

行　　业	比上年增长
农、林、牧、渔业	118.0
采矿业	505.3
制造业	53.7
农副食品加工业	180.0
酒、饮料和精制茶制造业	619.8
医药制造业	56.8
非金属矿物制品业	-38.0
汽车制造业	6.8
电力、燃气及水的生产和供应业	4.9

续表19

行　　业	比上年增长
交通运输、仓储和邮政业	-19.2
信息传输、软件和信息技术服务业	-44.1
批发和零售业	1030.3
住宿和餐饮业	-16.9
房地产业	3.2
教　育	-5.2
卫生和社会工作	6.7
文化、体育和娱乐业	20.0

全年房地产开发投资364.9亿元，比上年增长13.5%。商品房销售面积627.7万平方米，增长8.2%；商品房销售额392.4亿元，增长16.7%。

全年共实施重点项目725个、完成投资1150亿元，其中亿元以上项目516个，比上年增加134个。新开工亿元以上项目266个，增加62个；亿元以上在建工业项目210个，增加57个，其中新开工亿元以上工业项目111个，增加29个。383个省重点项目累计完成投资826.4亿元，投资完成率147.9%，位居全省第1位；207个计划新开工项目已开工222个（含储备项目开工32个），开工率107.3%，位居全省第4位；竣工项目124个，竣工率140.9%，位居全省第2位。投资完成率、开工率、竣工率等指标持续位居全省前列。市经开区群康药业中药饮片生产、亳芜产业园区汉盛中成药生产、谯城区美誉医药产业园、涡阳县绿色生态建筑生产中心、蒙城县盛客电动车产业园、利辛县万成辉机电机械装备生产等105个亿元以上重大产业项目建成投产或主体完工。市经开区梧桐树纺织产业园、亳芜产业园区浪潮云计算产业园、谯城区长白山制药中医药产业园区、涡阳县鸿路钢构绿色装配式建筑生产、蒙城县华能150兆瓦风电、利辛县板集煤矿复建等38个超10亿元重大项目加快建设。

五、国内贸易

全年社会消费品零售总额590亿元，比上年增长11.6%。按经营地统计，城镇消费品零售额440.2亿元，增长11.6%；乡村消费品零售额149.8亿元，增长11.7%。按消费形态统计，商品零售额518.6亿元，增长11.1%；餐饮收入71.4亿元，增长15.7%。其中，限额以上单位零售额195.8亿元，增长12.3%。

限额以上企业商品零售额中，吃、穿、用类商品零售额分别比上年增长20.8%、11.5%和9.9%。其中，粮油类增长24.8%，肉禽蛋类增长16.3%，服装类增长11.7%，化妆品类增长9.4%，日用品类增长2.4%，中西药品类增长8%，家用电器和音像器材类增长15.4%，石油及制品类增长11.2%，汽车类增长7.1%。

商贸流通示范创建成效显著，获批首批国家级供应链创新与应用试点城市。新增3家“安徽老字号”企业、8家国家级绿色餐饮和国家级酒家酒店企业。

新建改造5个农贸市场、5个社区菜店。

六、对外经济和旅游

全年进出口总额8.3亿美元，比上年增长25.4%。其中，出口7.2亿美元，增长19.1%；进口1.2亿美元，增长87.4%。从出口经营主体看，生产型企业出口增长7%，贸易型企业出口增长99%。从出口商品看，机电产品和高新技术产品出口分别增长86.3%和6.9%。大力实施外贸主体培育壮大工程，孵化进出口实绩企业63家。先后组织44家企业参加境内外展会，达成出口成交额近亿美元；组织112家企业参加首届中国国际进口博览会。

全年新批外商投资企业7家；实际到位省外资金722.3亿元，增长36.1%；实际利用外商直接投资9亿美元，增长15.4%。组织参加2018世界制造业大会和中国国际徽商大会，全市集中签约和招商活动签约项目73个，总签约金额795亿元，同比增长10.7%。推动企业“走出去”开展对外合作，培育3家外经主体。

全年入境旅游人数10.4万人次，比上年增长32.2%；国内游客2697.9万人次，增长18.4%。旅游总收入205.8亿元，增长19.9%。其中，旅游外汇收入2254.7万美元，增长27.9%；国内旅游收入204.4亿元，增长19.9%。年末全市共有4A级旅游景点(区)7处，星级酒店16家，旅行社30家。建成北部游客集散服务中心、林拥城景区旅游服务综合体，新建旅游停车场36个、旅游标识标牌160块，新建改建旅游厕所200座。推出“道源问道”中华传统文化之旅精品示范线路，获批国家级中医药健康旅游示范基地1个、省级2个。大力实施旅游富民工程，推出乡村旅游精品线路7条，成功创建省优秀旅游乡镇6个、旅游示范村12个，获批省乡村旅游创客示范基地3个。

2018年全市出口主要分类及地区分布表

表20　　　　单位：万美元

指　标	绝对数	比上年增长（%）
出口额	71751	19.1
其中：中药材	20854	−9.5
机电产品	12371	86.3
高新技术产品	2206	6.9
其中：一般贸易	64790	19.4
加工贸易	6942	15.2
其中：新加坡	2167	59.4
韩国	8408	30.8
美国	8657	34.2
其中：对亚洲	48688	13.1
对欧洲	5228	−8.4
对北美洲	9436	30.5
对非洲	4362	119
对拉丁美洲	2696	108.4
对大洋洲	1035	53.2

七、交通和邮电

全年交通运输、仓储和邮政业增加值40.7亿元，比上年增长4.8%。

全年公路旅客运输量3496万人，下降13.3%，公路和水运货物运输量35027万吨，增长3%；公路旅客运输周转量30亿人千米，下降9.4%，公路和水运货物运输周转量983.4亿吨千米，增长5.5%。全年港口货物吞吐量255万吨，下降76.1%。

年末全市民用汽车拥有量57.8万辆，比上年增长14.5%，其中私人汽车49.9万辆，增长14.7%。轿车拥有量24.4万辆，增长16%，其中私人轿车23.6万辆，增长16.1%。全市城区年末公交营运车辆1240辆，出租车营运车辆3005辆。

全年邮电业务总量④102.6亿元。其中，电信业务总量84.8亿元；邮政业务总量17.8亿元。年末本地固定电话交换机总容量31.8万门，比上年增加3万门。本地固定电话用户21.3万户；移动电话用户386.5万户。年末基础电信运营企业计算机互联网宽带接入用户113万户，增加25.9万户。

八、财政、金融和保险业

全年财政收入200.1亿元，比上年增长17.1%，其中地方财政收入112亿元，增长18.4%。全部财政收入中，增值税增长5.3%，营业税下降66.7%，企业所得税增长34.5%。财政支出343.6亿元，增长5.7%，农林水、教育、医疗卫生、社会保障分别增长0.7%、9.6%、6.8%、12.6%。全力支持脱贫攻坚，强化脱贫资金保障，投入各类扶贫资金24.8亿元，较上年增长92%，有力保障了脱贫攻坚任务落实，蒙城县、谯城区全省首批脱贫摘帽。不断加大财政民生投入，全市民生支出292.5亿元，占总支出的85.2%。深入实施33项民生工程，累计投入164.3亿元，同比增长13.9%，年度目标任务全部完成。

年末全市金融机构各项存款余额（人民币口径，下同）2112.7亿元，比上年末增加269.4亿元，增长14.6%。其中，非金融企业存款余额440.1亿元，增长13.8%；住户存款余额1277.7亿元，增长13.9%。金融机构各项贷款余额1662.8亿元，比上年末增加325.6亿元，增长24.4%。其中，短期贷款705.4亿元，增长7.6%；中长期贷款935.7亿元，增长39%，中长期贷款中个人消费贷款414.2亿元，增长39.8%。

年末全市共有9家证券公司营业部，开户股民（含基金）总数8万个，比上年增长21.2%。全市共有保险公司36家，其中，财产保险公司18家，人寿保险公司18家。全年保险业保费总收入82.6亿元，增长17.2%。其中，财产险业务保费收入31.7亿元，增长18.6%；人身险业务保费收入50.8亿元，增长16.3%。赔款和给付21.6亿元，下降16.8%。其中，财产险业务赔款和给付支出20.6亿元，增长47.6%；人身险业务赔款和给付支出7亿元，下降42.1%。

九、教育和科学技术

年末全市普通高校2所，在校学生1.3万人。各类中等职业学校（不含技工学校）24所，在校生6.2万人。普通高中27所，在校生8.5万人，高中阶段毛入学率93.5%，比上年上升0.2个百分点。普通初中267所，在校生23万人，初中阶段适龄人口入学率100%。小学1115所，在校生53.1万人，小学学龄儿童入学率100%。各级各类成人学校毕业生1.1万人。全面实施免费义务教育，受益学生76.3万人。“教育扶贫联络员架起农村娃扶智连心桥”的工作经验被国家扶贫领导小组推荐为“2018年全国扶贫优秀案例”。高考实现历史性突破，考入北大、清华的学生总数突破8人。

年末全市有各类专业技术人员[5]5.3万人，比上年增长2.1%。全市新认定高新技术企业49家，全社会研发经费增长26.7%。获评国家知识产权示范企业、国家和省知识产权优势企业13家，获批建设省技术创新中心、省重点实验室各1个，获批省重大新兴产业专项和省重大科技专项11项，新增省技术创新示范企业、省级企业技术中心14家，青年创客空间获评省级科技企业孵化器，市中医药产业技术研究院正式成立。聚力招才引智，新建高水平创新平台5个，新增院士、博士后科研工作站6家，引进高层次创新人才45人。全年受理专利申请6154件，授权专利2007件。亳州经济开发区获批省级高新技术产业开发区。

2018年末全市金融机构人民币各项存贷款余额表

表21

指　标	年末数（亿元）	比上年末增长（%）
各项存款余额	2112.7	14.61
其中：非金融企业存款余额	440.1	13.80
住户存款余额	1277.7	13.85
各项贷款余额	1662.8	24.35
其中：短期贷款余额	705.4	7.59
中长期贷款余额	935.7	39.01
#个人消费贷款	414.2	39.85

2018 年全市各类教育发展情况表

表 22　　　　单位：万人

指　标	招生数	在校生数	毕业生数
普通高等教育	0.5	1.3	0.4
中等职业教育	2.8	6.2	2.2
普通高中	3.1	8.5	2.6
普通初中	7.9	23.0	6.7
小学	9.0	53.1	7.9
特殊教育	0.05	0.4	0.01

十、文化、卫生和体育

年末全市共有专业艺术表演团体 286 个，文化馆 5 个，公共图书馆 5 个，博物馆 6 个，乡镇综合文化站 85 个，省级文化产业示范园区 1 个，省级文化产业示范基地 3 个。全市农村公益电影放映 17543 场，送戏下乡 2635 场，为全市 1424 个农家书屋配送图书 10.6 万册。全市组织群众文化活动 800 多场次、开展城市广场公益演出 300 场、组织扶贫文艺宣传演出 79 场、送戏进敬老院 300 场，完成 627 个数字农家书屋建设。全国重点文物保护单位 7 处，省级重点文物保护单位 38 处，市级重点文物保护单位 66 处。国家级非物质文化遗产名录 3 项，省级名录 38 项，市级名录 112 项。广播电台 4 座，中波发射台和转播台 1 座，广播人口覆盖率 100%。电视台 4 座，有线电视用户 7.2 万户，电视综合人口覆盖率 100%。全年出版报纸 2 种，总印数 1007 万份。市文化馆正式建成，市广电中心主体封顶，市数字档案馆基本建成，市博物馆成为全省首家夜间开放的博物馆。

年末全市共有卫生机构 1890 个，其中医院 78 个，卫生院 92 个，社区卫生服务中心（站）115 个，妇幼保健院（所、站） 5 个，疾病预防控制中心 5 个。卫生技术人员 19991 人，其中执业（助理）医师 7197 人，注册护士 8904 人。医院、卫生院实有床位数 21454 张。全年诊疗 2252.6 万人次。村卫生室 1288 个，乡村医生和卫生员 5228 人，农村有医疗点的村占总村数的 100%。参加新型农村合作医疗的农业人口 562.4 万人，参合率 105.7%。

年末全市共有体育场地 1440 个，其中体育场 17 个，体育馆 2 座。全年在国际和国内的重大比赛中，亳州市运动健儿获 30 枚金牌、26 枚银牌和 43 枚铜牌。“全民健身”系列主题活动蓬勃开展，全年共举办百人以上群众体育活动 170 次，其中现代体育项目群众活动 131 次，民间传统体育群众活动 39 次。初步建成“十五分钟健身圈”，市体育馆正式投用，国际全程马拉松赛、全国航模公开赛等 20 余项知名赛事在亳州市举办。

十一、城市和美丽乡村建设

全年共投入城市建设维护资金 15. 6 亿元。市区新修主干路网 26.8 千米，配套设施正在完善。市主城区新增道路补盲摄像机 3100 台；新增医院、学校、景区、龙头企业重点部位补盲摄像机 1500 台；市视频数据平台摄像机接入 6.3 万台。城市日供水综合能力 16.1 万吨，自来水普及率 99.5%。液化气年家庭用量 0.2 万吨，用气人口 35.4 万人，城市气化率 97%。年末园林绿地面积 3708.2 公顷，建成区绿化覆盖率为 37.3%，人均公共绿地面积 15.9 平方米。中心城区发展边界增加到 218 平方千米，城市蓝线、绿地布局、建设用地性质得到科学优化调整。三县一区新城区路网、电网、水网、绿化、亮化等基础设施加快推进，老城区老旧小区、雨污分流管网、小街巷改造和断头路打通等工程有序实施，新城建设、老城改造齐头并进、持续提速，群众居住环境进一步改善。

全年全市新农村建设规划 48 处，规划面积 934.7 万平方米，竣工面积 565.3 万平方米，搬迁农户 7223 户。全年市级美丽乡村财政专项投入 42959.8 万元，省级中心村编制建设项目 645 个。深入推进农村环境“三大革命”，建成乡镇污水处理设施 80 个，改造农村厕所 10.2 万户，回收有毒有害垃圾 3583 吨。拆除农村破旧房屋 248.3 万平方米。完成城乡建设用地增减挂钩项目 2066.67 公顷，整改违法用地 232.27 公顷，补充耕地 2000

公顷，建成高标准基本农田6.07万公顷。建设“四好农村路”2060千米，改造农村公路危桥152座，新增通客车建制村40个。完成农村电网升级改造投资2.7亿元。铺设天然气镇镇通管道84.9千米。村级红白理事会实现全覆盖。

十二、人民生活和社会保障

全年城镇常住居民人均可支配收入29711元，比上年增长9%。人均消费性支出19402元，增长7.2%。其中，食品烟酒支出增长7.6%，衣着增长9%，居住增长6.8%，教育文化娱乐服务增长6%。城镇常住居民恩格尔系数[⑥]为30.9%，比上年提升0.1个百分点。年末城镇常住居民人均住房建筑面积50.8平方米，比上年增加6.5平方米。

全年农村常住居民人均可支配收入12756元，比上年增长10.1%。人均生活消费支出10768元，增长9.4%。其中，食品烟酒支出增长6.7%，衣着增长50.2%，居住增长14.4%，交通通信下降44.1%。农村常住居民恩格尔系数为34.2%，比上年下降0.9个百分点。年末农村常住居民人均住房建筑面积53.6平方米，比上年增加1.1平方米。

年末全市参加城镇职工基本养老保险27.3万人，城镇职工基本医疗保险25万人，参加失业保险人数为16.1万人。全市参加工伤、生育保险人数分别为25.7万人和20.6万人。被征地农民养老保险制度全面推进，年末被征地农民参保人数15.8万人。全市城乡低保水平进一步提升，全年发放低保金4.7亿元，城镇低保年末保障1万人，农村低保年末保障16.7万人。

年末全市有各类收养性社会福利单位床位3.2万张，收养各类人员1.1万人。城镇建立各种社区服务设施648个，乡镇、街道及县（市、区）级社区服务中心88个，综合性社区服务站101个。全年销售社会福利彩票3.1亿元，筹集公益金3226.8万元。

十三、资源、环境和安全生产

全年批准建设用地2200.1公顷，建设占用耕地1648.5公顷，出让国有土地使用权1229公顷。补充耕地2191.9公顷，基本农田保护面积51.3万公顷。人工造林10.3千公顷，建设森林生态廊道360千米。

全市已发现各类矿产8种，已探明储量的矿产4种，煤炭储量50.6亿吨。

全市用水总量量10.5亿立方米。年平均气温16.2℃；年日照总时数2002.9小时。年平均降水量950.4毫米。市科普公园和防灾减灾科普教育中心基本建成，市交通气象监测预警系统建成投入使用。

年末全市有各类气象台站5个，自动观测点147个，市、县级环境监测站4个。全市有3个国家级生态乡镇、26个省级生态镇、56个省级生态村、12个市级生态镇、94个市级生态村。

全市9个水功能区全部达标。涡河龙亢断面水质保持Ⅳ类，西淝河马店孜断面水质保持Ⅲ类，涡河涡阳义门大桥断面水质保持Ⅴ类及以上，涡河岳坊大桥断面水质基本保持Ⅴ类及以上。

全年市区环境空气质量优良天数为223天，空气优良天数比率为61%，同比上升4.5个百分点。PM2.5平均浓度为56微克/立方米，比上年下降11.1%。集中式饮用水水源地水质达标率100%。区域环境噪声平均值为54.5分贝，交通噪声平均值为67.9分贝。建成烟尘控制区1个，面积为169平方千米。建成环境噪声污染达标区面积42.6平方千米。

全年共发生各类安全事故90起、死亡70人、伤56人，按可比口径，分别同比下降35.7%、25.5%和48.6%。全市亿元GDP生产安全事故死亡人数为0.06人。开展城乡基础设施隐患大排查大整改活动，排查单位或风险点5万余处，排查隐患1200余处，整改1197处，整改率99.8%。

注：

①生产总值及各产业增加值绝对数按现价计算，增长速度按可比价格计算。

②规模以上工业统计范围为年主营业务收入2000万元及以上的企业。

③固定资产投资统计范围为计划总投资500万元以上项目及房地产。

④邮电业务总量按2010年不变价格计算。

⑤各类专业技术人员不含企业人员。

⑥恩格尔系数是指居民食品消费支出占全部消费性支出的比重。

（亳州市统计局、国家统计局亳州调查队）

亳州国家历史文化名城保护条例

（2017年10月31日亳州市第四届人民代表大会常务委员会第七次会议通过
2017年11月17日安徽省第十二届人民代表大会常务委员会第四十一次会议批准）

第一章 总 则

第一条 为了加强历史文化名城的保护，传承和弘扬优秀历史文化，根据《中华人民共和国城乡规划法》《历史文化名城名镇名村保护条例》和有关法律、行政法规，结合本市实际，制定本条例。

第二条 本条例适用于亳州国家历史文化名城（以下简称历史文化名城）的规划、保护、利用和管理。

涉及文物保护的，适用文物保护法律、法规的规定。

第三条 历史文化名城的保护遵循政府主导、社会参与、保护为主、合理利用的原则，统筹经济社会发展与历史文化遗产保护的关系。

第四条 市、区人民政府负责历史文化名城的保护和监督、管理工作。

乡镇人民政府、街道办事处负责本辖区内历史文化名城的日常巡查、报告等工作。

第五条 市城乡规划主管部门会同文物主管部门负责历史文化名城的申报、保护规划的编制与实施、监督、管理等具体工作。

文化旅游、城市管理、房产、住建、国土资源、环保、发展改革、民政、公安、交通、民族宗教等有关主管部门在各自职责范围内做好历史文化名城保护工作。

第六条 市、区人民政府应当将历史文化名城保护工作纳入国民经济和社会发展规划，并将历史文化名城保护专项资金列入本级财政预算。

第七条 任何单位和个人都有权提出历史文化名城保护的意见和建议，举报破坏历史文化名城的行为；发现有保护价值的街区、建筑物、构筑物，应当向文物主管部门报告。

鼓励企业事业单位、社会团体、个人以捐赠、资助、开展志愿者活动等形式参与历史文化名城的保护。

第八条 对在历史文化名城保护工作中做出突出成绩的单位和个人，市、区人民政府按照国家和省有关规定予以表扬和奖励。

第九条 市、区人民政府应当组织开展历史文化名城保护的宣传教育活动，普及保护知识，增强全社会保护意识。

第二章 保护范围

第十条 历史文化名城保护范围包括北关历史文化街区、历史城区和历史文化风貌区。北关历史文化街区为核心保护区。

（一）北关历史文化街区是指东至新华北路、南至和平路、西至寺西街和柴家沟、北至涡河南岸以内围合的区域。重点保护对象为：花戏楼、南京巷钱庄、北京寺等重要文物保护单位及周边区域；白布大街、筢子巷、帽铺街、南京巷、洪济桥、打铜巷、老砖街、里仁街、大有街等街巷两侧古民居和老商铺集中的区域；

（二）历史城区是指东至蒙城路、南至利辛路、西至涡阳路、北至和平路以内围合的区域。重点保护对象为：古地道、华祖庵、道德中宫、城里清真古寺等重要文物保护单位及周边区域；人民北路、半截楼、曹巷口、夏侯巷、问礼巷、辘轳弯、黉学巷口、薛家巷、柳湖街等古街巷；古城墙遗址；文物古迹、历史建筑、老商铺、古民居、名人故居、重要历史事件旧址等；

（三）历史文化风貌区是指主城区内除北关历史文化街区、

历史城区区域外以文物古迹为依托，体现文物景观、环境风貌和其所在历史时期文化特色的一定范围的区域。重点保护对象为：曹氏宗族墓群、汤王陵等历史风景区；曹操、华佗、花木兰、陈抟等名人故里环境风貌；薛阁塔、江宁会馆、八角台等文物景观风貌；涡河景观带等河湖水系的人文景观。

第十一条　市人民政府建立历史文化名城保护名录。

保护名录的范围包括：

（一）北关历史文化街区、历史城区和历史文化风貌区；

（二）历史建筑；

（三）地下文物埋藏区、古遗址、会馆、钱庄、古民居、老字号、古树名木、古井、古酒窖池；

（四）传统地名；

（五）非物质文化遗产；

（六）经国家、省、市人民政府批准公布的文物保护单位，直接列入保护名录；

（七）市人民政府确定应当列入保护名录的其他保护对象。

第十二条　具备下列条件之一，未公布为文物保护单位，也未登记为不可移动文物，建成50年以上的建筑物、构筑物，市人民政府可以确定为历史建筑：

（一）具有历史文化价值的；

（二）具有建筑艺术价值的；

（三）体现科学技术价值的；

（四）具有其他价值特色的。

建成30年以上具有特殊历史、科学、艺术价值或者纪念意义的，可以确定为历史建筑。

第十三条　市人民政府应当定期组织开展历史文化资源普查工作。对具有保护价值且未列入历史文化名城保护名录的街区、建筑物、构筑物，应当采取措施实施预先保护。

第三章　保护措施

第十四条　北关历史文化街区、历史城区和历史风貌保护区保护规划应当依据历史文化名城保护规划单独编制，依法批准后向社会公开。

第十五条　编制或者修改城乡规划、土地利用总体规划以及其他专业规划，应当与历史文化名城保护规划相衔接。

第十六条　历史文化名城保护范围内的建设活动，应当符合保护规划。不得建设损害传统风貌的建筑物、构筑物和其他设施；不得损毁保护规划确定保护的建筑物、构筑物和其他设施；不得损毁属于非物质文化遗产组成部分的实物和场所。

第十七条　在历史文化名城保护范围内建设的，应当按照城市规划的要求控制建筑高度，不得破坏主要观景点与主要景观对象之间的视线通廊，保证历史文化名城保护规划规定的保护范围内建筑高度的分区控制要求。

第十八条　历史文化名城保护范围内的活动应当符合保护规划的要求，并遵守下列规定：

（一）禁止采砂、开矿等破坏传统格局和历史风貌的活动；

（二）禁止占用保护规划确定保留的园林绿地、河湖水系、道路等；

（三）禁止修建生产、储存爆炸性、易燃性、放射性、毒害性、腐蚀性物品的工厂、仓库等；

（四）在核心保护区范围内，拆除历史建筑以外的建筑物、构筑物或者其他设施的，应当经市城乡规划主管部门会同市文物主管部门批准；

（五）对道路、供水、排水、供电、环卫、消防等基础设施进行改建的，应当制定专项措施，延续传统格局；

（六）设置户外广告不得破坏历史文化街区、历史建筑外观风格；

（七）在核心保护区范围内，除因必要的基础设施和公共服务设施外，不得新建、扩建建筑物、构筑物；

（八）禁止在历史建筑上刻画、涂污。

第十九条　北关历史文化街区街道、建筑物的保护应当遵守下列规定：

（一）重修区域内古街巷时应当保持街道、巷道原有的线型、空间结构及外观、石板地面装饰等特有的建筑风格；

（二）规范住户门牌、街巷路牌和街巷历史文化宣传标牌；商铺应当安装仿古风格的门额招牌；

（三）居民维修、改建、翻建沿街传统建筑物、构筑物和古民居、老商铺的，应当经市城乡规划主管部门批准，其建筑形式、建筑装饰应当采用民居形式的硬山、坡顶、灰瓦、青砖清水墙。维修时应当保持原貌。建筑立面禁止使用与传统风格不相适应的装饰材料；

（四）对濒于损毁的沿街国有的商铺房、古民居房应当及时进行翻修或重建。属于非国有的商铺房、古民居房的，应当督促责任人限期修复；

（五）在建筑物、古民居修缮时，不得挖坑取土，垒墙筑院，不得破坏体现古亳州商贸风格特色的黑门白封板、砖雕、石雕、木雕、彩绘、瓦当、木门插板、柱础、牛角弯梁等建筑构件。

第二十条　历史城区的保护，应当体现历史风貌，保持原有路网格局、街巷特色和名称。

第二十一条　在历史城区保护区域内的建设控制地带内进行新建、改建、扩建活动的，应当符合保护规划要求，按照批准的规划许可要求施工，并遵守下列规定：

（一）在高度、体量、立面、色彩等方面与重点保护范围内的传统格局和历史风貌相协调；

（二）不得破坏历史环境和人文景观特征；

（三）不得危及重点保护范围内的建筑安全。

第二十二条　历史文化风貌区域应当保持文物古迹所在地的自然地貌、整体格局和空间形态。

历史文化风貌区的改造、建设，以开辟与历史风貌相协调的绿地、广场为主。根据保护规划需要建设文化旅游设施和管理用房的，其建筑物的体量、造型、风格和色彩，应当与文物古迹相协调。

第二十三条　市人民政府根据历史建筑的历史文化、艺术价值、存续年限、完好程度等实行分类保护，制定分类保护技术规范，并予公布。

第二十四条　建立历史建筑保护责任人制度。历史建筑的保护责任人按照下列规定确定：

（一）国有历史建筑，其代管人为保护责任人；没有代管人的，其使用权人为保护责任人；代管人、使用权人均不明确的，由市城乡规划主管部门会同文物主管部门、房产主管部门指定保护责任人，并予以公示；

（二）非国有历史建筑，其所有权人为保护责任人；所有权人下落不明或者权属不清的，代管人为保护责任人；无代管人的，使用人为保护责任人。所有权人、代管人、使用人均不明确的，由市城乡规划主管部门会同文物主管部门、房产主管部门指定保护责任人，并予以公示。

第二十五条　历史建筑的所有权人或者使用权人负责建筑物的养护和安全防范，保持建筑的原有风貌，接受有关部门的指导、检查和监督。

历史建筑的维护和修缮由所有权人负责，维护和修缮应当按市城乡规划主管部门会同文物主管部门审定的保护方案实施。

历史建筑有损毁危险，所有权人不具备修缮能力的，区人民政府应当采取措施予以保护。

任何单位或者个人不得损坏或者擅自迁移、拆除历史建筑。

第二十六条　在古地道及已探明但尚未发掘的遗址保护范围内进行其他建设工程的，应当报请有权机关批准，并依照有关法律、法规的规定办理相关手续。

第二十七条　严格保护古城墙遗址，保留现有古城墙遗址上建设道路的原有位置、格局，保持其现状道路空间尺度；不得在遗址上挖掘、取土，损坏城墙基础。

第二十八条　在文物普查中发现的古民居，尚有修复价值且未列入文物保护单位的，应当予以修复并依法列入文物保护单位。

对于具有亳州传统建筑风格且具有一定建筑年代的古民居，由市城乡规划和文物主管部门予以认定、公布。

第二十九条　研究整理体现亳州历史文化内涵的传统地名。需要恢复或者更名的，按照规定程序办理。

第三十条　历史建筑、古树名木、不可移动文物等历史文化名城保护对象应当设置保护标志牌。保护标志牌载明保护对象的名称、编号、区位、存续时间、保护类别、文化信息等内容。

保护标志由市人民政府统一式样，区人民政府组织设置，在保护对象纳入保护名录后6个月内设置完成。

任何单位和个人不得擅自设置、移动、涂改或者损毁保护标志。

第四章　合理利用

第三十一条　市、区人民政府可以采取以下措施促进保护对象的合理利用：

（一）通过资金扶助、依法减免费用、开发权益奖励等措施支持合理利用；

（二）依法设立管理运营企业或者组织，对历史文化资源进行整合、挖掘和宣传；

（三）采取收购、产权置换、租赁、托管等方式取得非国有文物保护单位、非国有历史建筑的所有权或者使用权；鼓励企业、社会组织和个人通过依法购买，或者在不变更产权的情况下收购、置换、租赁、托管等方法合理利用；

（四）鼓励国家机关、企业事业单位、基层自治组织和社会组织将符合条件的历史建筑作为公共开放场所；

（五）支持非物质文化遗产代表性项目传承人在历史文化街区、不可移动文物、历史建筑中开展非物质文化遗产的传承和展示活动。

第三十二条　保护对象的合理利用，应当充分挖掘文化内涵，支持开展文化创意、休闲旅游、文化研究、传统手工业、非物质文化遗产传播、文化体验、开办展馆和博物馆等特色经营活动或者公益活动。

第三十三条　市、区人民政府鼓励整理、挖掘、研究和利用历史文化资源，打造区域品牌，开发具有地方特色的文化艺术产品。

第五章　法律责任

第三十四条　国家机关及其工作人员有下列行为之一的，由上级人民政府责令改正；对直接负责的主管人员和其他直接责任人员，依法给予处分；构成犯罪的，依法追究刑事责任：

（一）未按照规定建立历史文化名城保护名录的；

（二）未组织编制保护规划的；

（三）未按照法定程序组织编制保护规划的；

（四）擅自修改保护规划的；

（五）未将批准的保护规划予以公布的；

（六）未按照规定设置保护标志的；

（七）未按照规定制定相关道路、供水、排水、供电、环卫、消防等专项措施的；

（八）不履行监督管理职责或者发现违法行为不予查处的；

（九）法律法规规定的其他违法情形。

第三十五条　乡镇人民政府、街道办事处及其有关的工作人员未按照本条例第四条规定开展历史文化名城保护日常巡查和现场保护等工作的，由区人民政府责令改正；情节严重的，对负有直接责任的主管人员和其他直接责任人员，依法给予处分。

第三十六条　违反本条例规定，有下列行为之一的，由城市管理部门责令停止违法行为、限期恢复原状或者采取其他补救措施；有违法所得的，没收违法所得；逾期不恢复原状或者不采取补救措施的，城市管理部门可以指定有能力的单位代为恢复原状或者采取其他补救措施，所需费用由违法者承担；造成严重后果的，对单位并处5万元以上10万元以下的罚款，对个人并处1万元以上5万元以下的罚款；造成损失的，依法承担赔偿责任：

（一）违反本条例第十八条第四项规定，未经批准，拆除历史建筑以外的建筑物、构筑物或者其他设施的；

（二）违反本条例第十八条第五项、第六项规定，对传统格局、历史风貌或者历史建筑造成破坏性影响的。

第三十七条　违反本条例第十八条第八项规定，在历史建筑上刻画、涂污的，由城市管理部门责令恢复原状或者采取其他补救措施，处50元的罚款。

第三十八条　违反本条例第三十条第三款规定的，由城市管理部门责令限期改正；逾期不改正的，对单位处1万元以上5万元以下的罚款，对个人处1000元以上1万元以下的罚款。

第三十九条　违反本条例规定，在历史文化名城保护范围内有下列行为之一的，由城市管理部门责令停止违法行为、限期恢复原状或者采取其他补救措施；有违法所得的，没收违法所得；逾期不恢复原状或者不采取其他补救措施的，城市管理部门可以指定有能力的单位代为恢复原状或者采取其他补救措施，所需费用由违法者承担；造成严重后果的，对单位并处50万元以上100万元以下的罚款，对个人并处5万元以上10万元以下的罚款；造成损失的，依法承担赔偿责任：

（一）采砂、开矿等破坏传统格局和历史风貌的；

（二）占用保护规划确定保留的园林绿地、河湖水系、道路等的；

（三）修建生产、储存爆炸性、易燃性、放射性、毒害性、腐蚀性物品的工厂、仓库等的。

第四十条　违反本条例规定的行为，法律法规已有法律责任规定的，从其规定。

第六章　附　则

第四十一条　本条例自2018年1月1日施行。

亳州市城市绿化条例

（2018年8月24日亳州市第四届人民代表大会常务委员会第十六次会议通过 2018年9月29日安徽省第十三届人民代表大会常务委员会第五次会议批准）

第一章 总 则

第一条 为了促进城市绿化事业的发展，保护和改善城市生态环境，根据国务院《城市绿化条例》和有关法律、行政法规，结合本市实际，制定本条例。

第二条 本条例适用于本市行政区域内城市（含县人民政府所在地的镇）绿化的规划、建设、保护和管理。

古树名木的保护和管理，按照有关法律、法规规定执行。

第三条 城市绿化应当坚持科学规划、因地制宜、生态优先、植护并重、全民参与的原则。

第四条 市、县（区）人民政府应当把城市绿化建设纳入国民经济和社会发展规划，制定年度计划，将城市绿化工作经费列入本级财政预算。

第五条 市城市绿化行政主管部门，负责全市城市绿化工作。

县（区）人民政府应当确定城市绿化行政主管部门，负责本行政区域内城市绿化工作。

城乡规划、城管执法、发展改革、国土资源、住房城乡建设、财政、水务、林业、交通运输、房产、环保、公安等部门按照各自的职责，做好城市绿化的相关工作。

开发园区管理机构按照本条例的规定和本级人民政府确定的职责，做好责任区域内的绿化工作。

第六条 城市绿化植物选择，应当优先使用本土植物、遮阴乔木、抗风树种，限制易产生飞絮的植物品种种植，已经种植的应当逐步改良或者更替。

鼓励和支持城市绿化科学技术研究，培育和引进适应本地自然条件、地域特色的多样化植物品种，优化植物配置类型。

第七条 市、县（区）人民政府应当组织开展群众性城市绿化活动，鼓励、引导单位和个人以投资、捐赠、志愿服务等方式参与城市绿化建设。

任何单位和个人对损害、破坏城市绿化及其设施的行为，有权进行劝阻和举报。

对在城市绿化工作中做出显著成绩的单位和个人，由人民政府给予表彰奖励。

第二章 规划和建设

第八条 市、县人民政府应当组织城乡规划行政主管部门、城市绿化行政主管部门等共同编制城市绿化规划，确定城市各类绿地的控制线（以下简称城市绿线），并纳入城市总体规划，经依法批准后，向社会公布实施。

城市绿化应当保护和利用原有林地、河流水系、湿地、历史文化遗址等自然、人文资源，形成具有地域历史文化特色的生态环境。

第九条 城市绿线不得擅自改变。因城市规划调整或者城市基础设施建设等公共利益需要，确需改变的，应当按照原审批程序报批。

改变城市绿线不得减少规划绿地的总量。因改变城市绿线而减少规划绿地的，应当就近落实相同等级、面积的规划绿地。

第十条　市、县人民政府组织城乡规划、水务和城市绿化等行政主管部门编制湿地公园、综合公园等规划，加强城市及周边地区林地、河流水系、湿地等自然生态区域的保护和建设。

市、县人民政府应当确定永久保护绿地，建立永久绿地保护名录，向社会公布，并在永久保护绿地的显著位置设立告示牌。

第十一条　建设项目应当配套规划绿化用地，其绿地率应当达到下列标准：

（一）新建居住区不低于35%；

（二）城市园林景观道路不低于40%；道路红线宽度超过50米的，不低于30%；道路红线宽度在40米至50米的，不低于25%；道路红线宽度小于40米的，不低于20%；

（三）机关团体、文化娱乐、教育体育、卫生、科研院所等单位一般不低于35%；

（四）商业区、金融服务、交通枢纽、市政公用设施等一般不低于20%；

（五）产生有毒有害气体等污染的工厂不低于30%，并根据国家标准设立不少于50米的防护林带。

属于旧城改造项目，前款规定的绿地率可以适当降低，但是降幅不得超过5个百分点。

历史文化街区不得减少原有绿地面积。

第十二条　城市新区建设时应当在300米半径内规划建设一处2000平方米以上的公园绿地，500米半径内应当规划建设一处5000平方米以上的公园绿地。旧城区改造中，应当优先规划建设公园绿地。

第十三条　鼓励利用屋顶、楼面、墙体、阳台、桥体、公交站点、停车场等建（构）筑物发展立体绿化和开放式绿化，但不得侵害他人合法权益或者影响建筑物安全和公共安全。

室外公共停车场、停车位，具备绿化条件的，应当配植遮阴乔木、绿化隔离带、铺设植草地坪，建成林荫停车场。

除安全、军事、保密单位外，城市道路两侧单位的实体围墙，应当逐步拆墙透绿。

单位和居住区内有可以绿化的空地，应当进行绿化。

第十四条　城市道路应当栽植行道树。主干道行道树胸径不得小于12厘米，其他道路行道树胸径不得小于10厘米。

行道树应当选择适宜本地的树种，乔灌花草结合，体现立体化、特色化，不得影响车辆、行人通行要求。

城市绿化带回填土应当低于路侧石10厘米。

第十五条　城市绿化工程的设计，应当委托具有相应资质的设计单位承担。

工程建设项目的附属绿化工程设计方案，按照基本建设程序审批时，应当有城市绿化行政主管部门参加审查。

建设单位必须按照批准的设计方案进行施工。设计方案确需改变时，应当经原批准机关审批，并不得减少绿化指标。

第十六条　城市绿化工程的设计，应当体现亳州历史和人文元素，城市公共绿地和居住区绿地的建设，应当以植物造景为主，选用适合本地自然条件的树木花草，并适当配置泉、石、雕塑等景物和服务设施，满足市民休闲、娱乐、健身和亲近自然的需求。

第十七条　建设项目附属绿地的规划和建设应当与主体工程同步规划、同步设计、同步交付使用。

配套绿化工程因季节原因不能同步交付使用的，应当向城市绿化行政主管部门说明情况，并且在第一个绿化季节完成绿化，并接受城市绿化行政主管部门的监督检查。

城市中空闲土地或者超过3个月未开工建设的土地，土地使用权人和建设单位应当进行绿化、铺装或者遮盖。

第十八条　城市绿化工程竣工后，建设单位应当依法组织竣工验收，并在竣工验收合格后15个工作日内，将绿化工程的竣工验收相关资料报送所在地城市绿化行政主管部门。

第三章　保护和管理

第十九条　城市绿化养护管理责任人按照下列规定确定：

（一）政府投资建设的城市绿地的绿化，由所在地城市园林管理机构或者有关部门负责；

（二）单位或者个人投资建设的城市绿地的绿化，由投资建设单位或者个人负责；

（三）单位或者个人捐赠、志愿服务等方式建设的城市绿地的绿化，由所在地城市园林管理机构负责；

（四）铁路、公路、河道等管理范围内的防护绿地的绿化，根据职责分工由相应的主管部门负责；

（五）居住区绿地的绿化，实行物业管理的，由委托的物业服务企业负责；未实行物业管理的，由产权人或者所在地街道办事处负责。

前款规定以外绿地的绿化，绿化养护管理责任不明确的，由所在地县（区）人民政府确定的管理单位负责。

政府及其部门作为绿化养护主体的，可以采取政府购买服务的方式实施绿化养护。

第二十条 养护管理责任人应当按照绿化养护技术规范，做好绿化设施维护和树木花草养护工作，并采取相应措施保障安全和清洁。建立健全养护管理制度，制定防灾减灾、防病虫害等措施，及时补种缺损苗木，保持树木花草繁茂和绿化设施完好。

城市绿化行政主管部门应当对绿化养护管理责任人履行养护管理责任情况进行监督，并给予技术指导。

城市绿化的养护管理费用，由养护管理责任人承担。

第二十一条 任何单位和个人都不得擅自改变城市绿化规划用地性质或者破坏绿化规划用地的地形、地貌、水体和植被。

因城市规划调整或者城市基础设施建设，确需改变城市绿化规划用地性质的，应当按照原审批程序重新审批，并向社会公布。

第二十二条 任何单位和个人都不得擅自占用城市绿化用地。

因工程建设等特殊原因，确需临时占用城市绿化用地的，应当经城市绿化行政主管部门同意，并按照有关法律法规的规定办理临时占用手续。

临时占用城市绿化用地的时间不得超过一年。确需延长的，应当在期满前30日内申请办理延长手续，延长时间不得超过一年。临时占用期满后，应当及时归还并在规定的期限内恢复原状。绿化用地恢复不得低于临时占用前绿化用地标准，且应当与周围绿化环境相协调。

第二十三条 禁止擅自在城市道路绿化带上开设出入口。

因城市建设确需开设出入口的，城乡规划行政主管部门在审批时，应当征得城市绿化行政主管部门和公安机关交通管理部门同意后，方可批准实施。

第二十四条 养护管理责任人应当按照树木花草自然生长的规律，定期对养护管理的树木花草组织修剪。

树木生长影响市政管线、交通安全以及居民采光、通风和居住安全的，绿化养护管理责任人应当及时组织修剪。

绿化养护管理责任人、电力部门及其他市政设施维护单位需要在公共绿地修剪树木的，应当告知绿化行政主管部门。

第二十五条 城市规划区内树木，任何单位和个人不得擅自迁移或砍伐。

城市树木更新，进行迁移或者砍伐的，城市绿化行政主管部门在报经本级人民政府批准前，应当组织专家论证，并公开向社会征求意见。

对人身安全和交通、管线设施安全等构成威胁的，养护管理责任人应当经城市绿化行政主管部门批准后迁移或砍伐。

树木需要迁移但无迁移价值的或者无法迁移、树木发生病虫害无法挽救或者自然枯死，确需砍伐的，应当经城市绿化行政主管部门批准。

经批准砍伐树木的，申请人应当按照“伐一补一”的原则，按照城市绿化行政主管部门确定的期限、地点和规格补植同种树木，并保证树木成活；确实无法补植的，应当按照城市绿化行政主管部门的要求采取其他补救措施。

第二十六条 有下列情形之一的，有关单位或个人可以先行采取扶正、砍伐树木或者临时占用城市绿地等措施消除险情，但是，应当及时报告城市绿化行政主管部门和绿地管理单位：

（一）因不可抗力造成树木倾倒并危及管线、交通设施、建（构）筑物安全；

（二）因抢险救灾、突发事件处置等紧急情况；

（三）法律、法规规定的其他情形。

第二十七条　禁止下列损害城市绿化及其设施的行为：

（一）倚树搭建，钉栓刻画树木，围圈树木以及利用树木、护栏搭晒衣物和其他物品；

（二）在公共绿地和道路两侧绿篱内饲养家禽家畜或者种植蔬菜等农作物；

（三）在绿地内挖土、焚烧、非法摆摊设点、私搭乱建，堆放物品、停放车辆、倾倒生活垃圾、污水等废弃物，向树穴、树池内倾倒妨害树木正常生长的物质或者硬化树穴、树池；

（四）进入设有明示禁入标志的绿地或者在绿地内露宿；

（五）随意攀折树枝、采摘花果、破坏草坪、绿篱等，造成花草树木损害；

（六）其他损害城市绿化及其绿化设施的行为。

第二十八条　城市绿化行政主管部门应当加强绿化资源调查、监测和监控，建立城市绿地保护管理信息平台，实现信息资源共享。

城市绿化行政主管部门应当定期向社会公布城市绿化资源状况以及发展成果、发展规划等基本情况。

第二十九条　城市绿化行政主管部门应当会同相关部门建立工作协调机制，采取日常巡查、随机抽查等方式，加强城市绿化工作监督检查，依法查处违反城市绿化管理规定的行为。

第四章　法律责任

第三十条　有下列行为之一的，由城市绿化行政主管部门予以处罚，造成损失的，依法承担赔偿责任：

（一）违反本条例第十一条规定，建设项目竣工后未达到规定的绿地率标准的，责令限期改正，并按照建设工程管理有关法律法规的规定予以处罚；

（二）违反本条例第十五条第三款规定，建设单位未按照批准的城市绿地建设工程设计方案组织施工的，责令停止施工、限期改正或者采取其他补救措施；

（三）违反本条例第二十一条、第二十二条规定，未经批准擅自改变城市绿化规划用地性质的、擅自占用城市绿化用地的、经批准临时占用城市绿化用地但未及时归还恢复原状的，责令限期退还、恢复原状，并处所占绿地面积每平方米2000元以上1万元以下的罚款；

（四）违反本条例第二十三条规定，擅自在城市道路绿化带开设出入口的，责令停止侵害，恢复原状或者采取其他补救措施，并处以每平方米绿地2000元以上1万元以下的罚款；

（五）违反本条例第二十五条规定，擅自砍伐、迁移树木的，责令停止违法行为，按照规定补植树木或者采取其他补救措施，可以并处以每棵树2000元以上1万元以下的罚款；

（六）违反本条例第二十七条规定，损害城市绿地及设施的，责令停止侵害，限期改正、恢复原状，并处200元以上1000元以下的罚款。

第三十一条　违反本条例规定的行为，有关法律、法规另有处罚规定的，从其规定。

第三十二条　违反本条例规定，城市绿化行政主管部门和相关行政主管部门及其工作人员玩忽职守、滥用职权、徇私舞弊的，由有权机关依法给予处分；构成犯罪的，依法追究刑事责任。

第五章　附　　则

第三十三条　本条例所称城市绿化用地，包括公园绿地、生产绿地、防护绿地、附属绿地（含道路绿地、单位绿地、居住区绿地）和其他绿地等。

第三十四条　本条例自2018年12月1日起施行。

索　引

主题索引

本索引采取主题分析索引法，按索引词首字汉语拼音字母顺序排列，同声同韵字按声调、同音字按笔画顺序排列，若首字相同则按第二字音序排列，依次类推。索引词后的阿拉伯数字表示该词所在页码，数字后的英文字母 a、b、c 分别表示该页文字的左、中、右栏。

A

B

C

D

E

F

G

H

J

K

L

M

N

P

Q

R

S

T

W

X

Y

Z

图表索引